KB199360

1894년 농민전쟁연구 4

─농민전쟁의 전개과정─

한국역사연구회 지음

역사비평사

▨ 필자소개

배항섭(裵亢燮) : 고려대 강사
김인걸(金仁杰) : 서울대 교수
고석규(高錫珪) : 목포대 교수
서영희(徐榮姬) : 가톨릭대 강사
이영호(李榮昊) : 인하대 교수
양진석(梁晋碩) : 단국대 강사
박진태(朴珍泰) : 성균관대 강사
박찬승(朴贊勝) : 목포대 교수
정은경(鄭銀景) : 한양대 강사
조재곤(趙宰坤) : 국민대 강사
왕현종(王賢鍾) : 연세대 강사

책을 내면서

숱한 아쉬움을 남긴 채 1994년 한 해도 기울었고 많은 기대와 의욕을 안고 시작했던 농민전쟁 100주년 기념 5개년 연구사업도 이제 거의 막을 내릴 때가 되어간다. 100주년이 바로 엊그제이지만, 세인의 기억 속에서는 마치 또 100년은 지난 것처럼 아득하기만 하다. 100주년은 지났어도 농민들의 이상은 여전히 실현되지 않은 채, '세계화'란 구호 앞에서 오히려 더 큰 위기를 맞게 되는 현실 때문인지도 모르겠다. 비록 그렇지만 100년 전 농민들이 추구한 숭고한 이상은 언제까지나 남아 있고, 또 기억될 것이다. 그러한 정신이, 또 그러한 경험이 있음으로 인하여 우리의 역사는 풍부해지고 나름의 건강성을 유지해가리라 믿는다.

작년 5월 20~21일 양일간에 걸쳐 '1894년 농민전쟁의 역사적 성격'이란 제목으로 4차, 5차년도 연구의 합동 심포지엄을 세종문화회관 대회의장에서 열었다. 회원들과 일반 청중들의 열띤 호응 덕분에 활기찬 기념의 자리를 가질 수 있었다. 이 책은 그때 발표한 농민전쟁의 전개과정에 관한 글들을 보완 정리한 공동연구논문집으로 4차년도의 성과물이다. 연구회의 기념사업은 단지 기념을 위한 행사로 기획했던 것이 아니었다. 그러나 행사를 무사히 마쳤다는 안도감과 함께 밀어닥친 또다른 일의 부담들이 연구의 마무리를 하루하루 미루게 하였고, 마침내는 1년이란 세월을 훌쩍 넘겨버렸다. 독자 여러분들께 진 빚을 어떻게 갚을 수 있을지 모르겠다.

짜임새있는 전체 구상 속에서 호기있게 공동연구를 시작했지만, 그 안에 놓여있던 많은 장벽들을 끝내 모두 넘지는 못하였다. 꼭 정리했어야 할 농민전쟁 일지가 빠져버렸고, 전투과정에 대한 상세한 고증도 미흡한 채로 마무리되고 말았다. 그런 속에서나마 부지런히 새로운 자료들을 찾아 치밀하게 비교 분석하여 의미있는 해석을 시도한 연구자들이 있어 이 책에 활력을 불어넣어주었다고 믿는다.

이제 본 공동연구의 구성과 기획 의도들을 간단히 밝혀두고자 한다.

4

이 책의 주제는 농민전쟁의 전개과정이다. 전개과정이라고 하면 언뜻 전투과정의 실상을 떠올리게 된다. 그러나 그것은 단지 전개과정의 일부분일 뿐이다. 따라서 바람직한 연구목표는 농민전쟁 각 단계마다의 발전과정을 일관된 기준을 가지고 추적해서 농민전쟁의 종합상을 재구성하는 데 두어져야 한다고 보았다. 다시 말하면 농민전쟁의 역사적 성격을 다룰 5차년도 연구를 위한 기초작업이라고 할 수 있겠다.

한편 농민전쟁의 전개과정을 다룬다고 하면 흔히 호남 일대를 중심으로 농민군의 발자취를 따라가보는 그런 차원에 그치곤 하였다. 본 공동연구에서는 제1부 농민전쟁의 단계별 전개과정, 제2부 농민전쟁의 지역사례, 제3부 농민전쟁의 주변동향 등으로 나누어 주력군의 움직임뿐만 아니라 지역사례, 주변동향까지도 포괄하는 더 폭넓은 전개과정을 밝히고자 하였다. 편의상 세 개의 부로 나누고 있지만 각 부에 주어진 역할들이 개별 분산적이지 않고 하나로 묶여짐으로써 전체 상을 파악할 수 있는 그런 연구가 되도록 구상하였다.

먼저 제1부는 전봉준을 중심으로 한 농민군 주류의 활동에 초점을 맞추되, 시간적인 연속성이란 측면에서 농민전쟁의 단계별 전개과정을 다루었다. 각 단계마다 주체세력, 조직, 지향, 전투양상 등이 어떻게 변화 발전하고 있었는가를 추적하여 각 단계별 위상을 정립해내고자 하였다. 그리고 아울러 농민전쟁을 18·19세기 농민항쟁의 귀결이자 근현대 민중운동의 시점(始點)이라고 보아 민중운동사의 연속선상에서 조명해보고자 하였다. 1, 2차의 봉기와 집강소기는 물론이고, 거기에 더하여 1890년대 초반 민중의 동향이나 고부민란, 그리고 농민전쟁 이후의 동향까지를 살피는 까닭은 그러한 의도에서이다.

제2부는 공간적으로 제1부의 대상지 이외에 1894년 당시 농민의 저항적 움직임이 있던 여타 지역 전체의 사례를 연구대상으로 하여 농민전쟁을 전국적 관점에서 비교 고찰하고자 하였다. 충청도, 경상도, 호남 남부, 그리고 황해도와 강원도 지역에서의 농민전쟁 사례들을 가능한 한 구체적으로 분석함으로써 지역운동이 지니는 특징이나 농민전쟁의 주류적 흐름과의 상관성 여부 등을 살폈다. 그리하여 거기서 확인되는 상호 연관 또는 단절의 계기들을 분석함으로써 전국

적 차원에서 농민전쟁의 의미를 평가할 수 있는 단서들을 마련해보고자 하였다. 이것은 농민전쟁의 민족사적 의의를 밝히려는 작업의 일환이기도 하다.

제3부에서는 농민전쟁의 전개과정에 직접·간접적으로 영향을 미쳤던 주요 사건, 즉 청일전쟁과 갑오개혁에 대해 살펴봄으로써 농민전쟁 자체만이 아니라 농민전쟁을 중심으로 한 1894년 전체의 역사를 밝히고자 하였다. 청일전쟁이나 갑오개혁을 독자적인 주제가 아닌, 농민전쟁 전개과정상의 변수로서 분석하여 농민들이 그것들을 어떻게 인식·대응하고 있었으며 또 그것들은 농민전쟁에 어떤 영향을 미쳤는가를 분명히 드러내고자 하였다. 이러한 시도는 1894년의 역사상에서 청일전쟁과 갑오개혁이 지니는 위상을 바로 정립하는 데도 큰 도움이 될 것이다.

이와 같은 전체 구상에서의 의도들이 우리의 개별 연구들 속에서 얼마나 충실히 반영되었는가는 독자 여러분들이 판단할 일이나 자신감보다는 솔직히 두려움이 앞선다. 다만 주어진 여건 속에서나마 책이 나올 때까지 나름대로 최선을 다하려고 노력했다는 말을 사족처럼 달아둔다.

짧은 기다림은 원망을 사겠지만 오히려 너무 긴 기다림은 새로운 반가움을 줄 수도 있다는 허튼 소리를 감히 믿고 이렇게 책을 내놓는다. 무어라 변명할 말을 찾는 고민은 그만하고, 그동안 인내하며 지켜봐준 연구회 동료회원들께 감사하고, 특히 본 기념사업 후원자인 역사비평사의 장두환 사장께 깊은 감사의 뜻을 전한다. 언제나 게으른 연구자들의 무질서한 원고들을 꼼꼼하게 정리하여 한 권의 멋진 책으로 꾸려내주는 상냥한 목소리의 김윤경 편집장께도 감사드린다. 그리고 그동안 수고했던 공동연구자들과 함께 자축한다. 곧이어 나올 5차년도의 연구에도 많은 애정을 가지고 격려하여 농민전쟁 100주년 기념 연구사업이 유종의 미를 거둘 수 있도록 도와주기 바란다.

1995년 10월

한국역사연구회 1894년 농민전쟁 100주년 기념 제4차년도 연구반

1894년 농민전쟁연구 4

― 농민전쟁의 전개과정 ―

제 1 부 농민전쟁의 단계별 전개과정

1890년대 초반 민중의 동향과 고부민란

배 항 섭
고려대 강사

1. 머리말

1894년의 농민전쟁이 일어나게 된 객관적인 배경은 당시 조선사회가 안고 있던 내부 문제들과 개항 이후 가속되는 외세의 침탈이라는 안팎의 모순에서 찾을 수 있다. 또한 봉기가 고을 단위로 고립되어 있던 민란과 달리 전국적 차원에서 일어난 데는 이 시기 들어 급격히 교세를 확장해가고 있던 동학교단의 조직이 기여한 바가 적지 않다.

그러나 객관적인 조건이나 동학교단 조직의 기여만으로 농민전쟁의 발발 원인을 설명하는 것은 부족하다. 농민전쟁이 일어나기 위해서는 무엇보다 그것을 수행해나갈 수 있는 주체적 역량이 마련되어야 하기 때문이다. 주체적 역량의

12

요체는 객관적 조건의 변화에 따른 민중의 '불만 증대'와 의식의 성장, 그것을 조직해낼 수 있는 운동지도부의 존재, 그리고 지도부와 민중의 결합을 통한 추진세력의 형성이 될 것이다. 동학교단의 조직도 이러한 움직임과 결부될 때 비로소 의미를 가질 수 있음은 말할 필요도 없다.

이러한 문제를 해명하는 데 관건이 되는 것이 바로 1892년 가을부터 전개된 일련의 '敎祖伸寃運動'과 1894년 1월에 일어난 고부민란이다. 물론 의식의 성장이나 지도부의 형성이 이 시기에 들어 비로소 이루어진 것은 아니다. 멀리는 조선후기에 이루어진 사회경제적 변화, 가까이는 1860년 이후 집중적으로 일어난 다양한 민중운동의 경험, 그리고 개항 이후 서구와의 접촉, 그 과정에서 보여준 지배층의 태도 등은 의식의 성장이나 지도부의 형성에 훌륭한 토양이 되었다. 그러나 "대개 東徒는 壬辰년(1892)부터 싹이 자라났다"고[1] 하였듯이 농민전쟁의 직접적인 前史를 이루는 것은 '교조신원운동'과 고부민란이다.

'교조신원운동'과 고부민란에 대한 연구는 최근 들어 활발하게 이루어져서 구체적인 사실에 대해서는 많은 부분이 밝혀졌다.[2] 특히 주목되는 것은 1893년 3월의 보은집회와 같은 시기에 전라도 금구에서 별도의 집회가 열리고 있었다는 점과, 그것을 주도한 '金溝聚黨勢力'의 존재를 밝히고 이들에 의해 농민전쟁이 준비되어갔음을 밝힌 점이다.[3] '금구취당세력'에 대해서는 동학교단의 南接과도 구별하고 있는데, 이들은 이미 금구집회 한 달 전에 있었던 복합상소를 전후한 시기부터 교단의 움직임과는 별도로 斥倭洋運動을 전개하였고, 이 과정을 통해 1893년 3월이면 독자적인 집회를 가질 정도로 그 세력이 성장하였다고 한

---

1) 崔永年, 〈東徒問辨〉《東學亂記錄》上, 155쪽
2) 최근의 연구성과는 다음과 같다.
　金義煥, 1970〈1892·93年의 東學農民運動과 그 性格〉《韓國史研究》5；趙景達, 1982〈東學農民運動과 甲午農民戰爭의 歷史的 性格〉《朝鮮史研究會論文集》19；鄭昌烈, 1985〈古阜民亂의 研究〉(上)·(下)《韓國史研究》48·49；李離和, 1989〈전봉준과 동학농민전쟁 (1)〉《역사비평》계간 7호；張泳敏, 1991〈東學의 大先生伸寃運動에 관한 一考察〉《白山朴成壽敎授華甲紀念論叢—韓國獨立運動史의 認識》；張泳敏, 1992〈1894年 古阜民擾 研究〉(上)·(下)《韓國學報》68·69；愼鏞廈, 1993〈古阜民亂의 沙鉢通文〉《東學과 甲午農民戰爭研究》일조각；박찬승, 1993〈1892, 1893년 동학교도들의 '신원'운동과 '척왜양'운동〉《1894년 농민전쟁연구 3》
3) 조경달, 위 논문；정창렬, 위 논문. 이하 '교조신원운동'과 고부민란에 대한 연구사 정리는 정창렬, 위 논문을 토대로 정리하였다.

다.

또한 이들은 보은집회에 참여한 남접과 합세하여 서울로 쳐들어가 貪官汚吏를 제거하고 倭洋을 掃破할 계획을 가지고 있었음도 밝혀졌고, 1893년 11월에 있었던바 조병갑을 처벌한 다음 전주를 점거하고 이어서 상경한다는 '농민전쟁 봉기계획'('사발통문 거사계획')을[4] 주도한 세력도 '금구취당세력'과 상당부분 겹쳐지는 것으로 추정하고 있다. 그러나 운동의 주체나 성격이라는 점에서는 상당한 분리가 있었는데, 금구취당은 '종교적 반대세력'이었고, 탐학한 지방관의 척출을 전국 차원에서 막연하게 제기하였으나, '농민전쟁 봉기계획'에서는 운동 주체의 성격도 농민적 반대세력이었고, 탐학한 지방관의 척출도 스스로의 힘으로 특정 고을에서 실현하려는 구체적인 운동이었다는 것이다.

1894년 1월에 일어난 고부민란에 대해서는 그것이 동학과 전혀 관계없는 농민반란이었다는 점, 전봉준이 민란의 폭발 그 자체에 조직자로서 직접 개입하지는 않았고 폭발 후에 지도자로 등장하였다는 점, 고부민란은 향촌자치기구를 민란의 중간매개기구로 활용함으로써 종래의 민란과 질적으로 성격이 다른 지속성을 가질 수 있었으나, 향촌자치기구가 민란 '난민'과 민란 지도부의 중간 매개기구였다는 사실은 동시에 민란이 국지적 제약성을 벗어날 수 없게 하였다는 점 등이 주장되었다. 그러나 고부민란의 전개과정에서 "농민군의 현실파악이 고부라는 한 읍의 차원에서 조선 왕조사회 전체에 관련된 문제의 차원으로 승화, 확대되어"갔으며, 또 동원의 매개체도 종래의 향촌자치기구와 달리 "당시로서는 지역적 한계성, 분산성을 극복할 수 있는 유일한 매개체였던 동학교문조직이 새로이 구상"되었던 것으로 이해하였다.

그러나 '교조신원운동', '농민전쟁 봉기계획', 고부민란, 농민전쟁의 발발 등 각 각의 움직임에 나타나는 조직이나 의식 면의 특징, 각 단계별 움직임 속에서

---

4) 종래에는 1893년 11월에 이루어진 이 계획의 구상이 사발통문과 같은 문서에 포함되어 있었고, 사발통문의 내용도 이미 난리를 연상시킬 만한 자극적인 내용을 담고 있었을 뿐만 아니라, 사발통문이 飛傳된 데 대해 민중이 난리를 구가하는 반응을 보이자 여기에 대한 선후책의 차원에서 이 계획이 이루어진 것으로 파악하는 만큼 사발통문과 '거사계획'은 직결된다는 이해를 토대로 '사발통문 거사계획'으로 명명되어왔다(정창렬, 위 논문 참조). 그러나 후술하는 바와 같이 이 계획은 사발통문과 직접적인 관련을 가지지 않는다. 또 이 계획은 명백하게 사실상의 농민전쟁을 상정하고 있으며 봉기의 대략적인 전개구상을 중심 내용으로 하고 있는 만큼 그 성격을 분명히 하기 위해 이 글에서는 '농민전쟁 봉기계획'으로 쓰고자 한다.

14

보이는 변화와 그 계기 내지 배경, 그와 관련한 각 움직임간의 유기적인 관련성 등에 대해서는 아직까지 해명이 미흡하거나 연구자간에 견해가 엇갈리고 있는 부분이 적지 않은 만큼[5] 엄밀한 재검토가 요청된다.

예컨대 북접과 그 지향을 달리하고 남접과도 구별된다는 '금구취당세력'에 대해서도 그러한 세력이 존재했다는 사실 자체는 밝혀졌지만, 이들이 형성되는 배경이나 구체적인 형성과정은 어떠하였는가, 또 이들이 '교조신원운동'에서 차지하는 독자성은 어느 정도이고, 거기서 전봉준이 차지하는 위치는 어떠하였으며, 그때 전면적으로 등장하였던 척왜양 구호는 어떤 의미를 가지는 것인가, 또 '농민전쟁 봉기계획'은 어떤 조건과 움직임 속에서 마련되었는가, '교조신원운동'에서 전면에 등장하였던 척왜양 구호가 '농민전쟁 봉기계획' 단계에서는 완전히 사라지는 것은 어떤 이유이고, 이것은 조직적 기반이 동학교단의 '교조신원운동'에서 고부라는 한 고을의 민란으로 바뀐 점과 어떤 관련이 있는가, '농민전쟁 봉기계획'과 고부민란 및 농민전쟁은 어떤 관련이 있는가, 고부민란의 폭발과 전봉준의 관계는 어떠하며, 고부민란은 농민전쟁과 관련하여 어떤 의미를 가지는가, 전봉준이 중앙권력(민씨정권)을 대상으로 한 대규모 항쟁을 구체적으로 구상한 시점이나 그 구상을 행동으로 옮기기 시작한 시점은 언제인가 하는 점 등에 대해서는 해명되지 않았거나 석연치 않은 부분이 적지 않다.

본고에서는 기왕의 연구를 토대로 하면서 몇 가지 새로운 자료들을 활용하여 '교조신원운동'에서 농민전쟁이 일어나기까지의 과정에 대해 위에 제시한 문제들을 중심으로 살펴보려고 한다. 특히 민중의 동향 및 지도부와 민중의 결합과정, 그 과정에서 일어나는 조직과 의식 면에서의 변화, 변화의 계기 내지는 배경 등에 유의함으로써 각 단계의 움직임이 가지는 유기적 관련과 계기적 변화, 발전과정의 일단을 해명해보고자 한다.

---

5) 구체적인 견해 차이는 서술과정에서 검토하기로 한다.

2. 1890년대 초반 민중의 동향과 동학

1) 민중의식의 성장과 민중운동의 동향

1876년의 개항과 함께 시작된 외부로부터의 충격은 조선사회 전반에 걸쳐 중요한 변화를 가져왔다. 그러한 변화는 민중세계에도 영향을 미쳐 민중의 의식이 성장하는 하나의 계기가 되었다.

민중의 의식의 성장은 특히 개항 이후의 정치 경제적 변화와 밀접한 관련이 있었다. 우선 경멸해 마지 않던 倭洋에게 어이없이 굴복해버린 지배층의 나약한 자세나 외세에 의존하여 권력을 지키려는 태도는 지배이데올로기나 지배층의 허구성을 스스로 폭로하는 결과가 되어 민중의 의식 성장에 적지 않은 영향을 미쳤다. 1893년 3월 보은집회에서 나온 다음과 같은 표현은 그 점을 집약적으로 보여준다.

감사의 병폐는 이미 심해져서 무고한 중생을 모두 도탄에 빠뜨리고 있다. 목숨 귀하기는 같은데 어찌 한쪽에만 이렇게 잔혹한가. 또 倭洋이 임금을 위협함이 극에 달하였으나 조정에서는 이를 부끄러워하는 자가 없으니 '임금이 욕을 당하면 신하는 죽어야 한다'는 의리는 어디로 갔는가.[6]

개항 이후 외세와의 접촉과정에서 지배이데올로기마저 스스로 내팽개친 지배층의 허구성이 적나라하게 지적되고 있다.

또 개항 이후 외국과 통상이 이루어지고 외국인의 이주가 많아짐에 따른 곡가를 비롯한 물가 앙등이나,[7] 각종 개화정책의 시행에 따른 세목의 신설이나 세액의 증대는 민중의 반발을 사고 있었다.[8] 여기에 더하여 이미 그 허구성을

6) 〈聚語〉《東學亂記錄》上(이하 생략) 3월 23일, 115쪽
7) 김경태, 1994〈갑오 이전 방곡령사건과 일본의 부당배상 요구〉《국사관논총》53. 실제로 외국인의 이주가 물가상승에 얼마나 영향을 미쳤는지에 대해 구체적으로 확인하기는 어렵지만, 민중의 움직임과 관련하여 중요한 것은 일반인들 사이에 외국인의 이주가 물가상승의 주요 요인으로 인식되고 있었다는 점이다(崔鳳吉, 《歲藏年錄》甲午 3월 1일조 참조).
8) 《駐韓日本公使館記錄》1, 43쪽 ; 志良以染之助, 明治 27년 6월 《甲午朝鮮內亂始末》大阪駿駿堂, 6쪽〔정창렬, 앞 논문(하), 122쪽에서 재인용〕; 졸고, 1994〈개항기(1876~1894) 민중의

스스로 드러내고서도 오히려 외국과의 통상을 이용하여 더욱 심하게 수탈만 일삼는 지배층의 행태는[9] 더이상 국왕의 명령조차 먹혀들지 않을 정도로 극심하였다. 이러한 사정 속에서 몰락을 재촉당하던 민중의[10] 일각에서는 나라 안팎의 문제를 해결하기 위해 스스로 나서려는 움직임이 준비되어갔다. 그것은 보은집회 당시 취회중민들의 주장을 採探하여 보고한 어윤중의 狀啓를 통해서도 엿볼 수 있다.

> 탐묵의 자행은 外交[개항―필자] 이래로 더욱 거리낌이 없어 사악한 무리들이 제 각기 앞다투어 剝害를 일삼는다. 비록 制裁를 가하라는 〔國王의―필자〕命이 있었으나 아무런 효력이 없으니 우리들이 조정에 고하여 탐관오리를 逐出하려고 한다.[11]

한편 개항 이후의 변화 속에서 이루어진 민중의식의 성장은 보은집회에서 "일찍이 듣기로 각국에 역시 民會가 있어서 조정의 정령 중에 民國에 불편한 게 있으면 회의하여 講定한다고 한다. 이것이 근래의 사례인데 어찌 匪類라 하는가"[12]라고 한 데서도 드러나듯이 서구의 정치제도나 사상의 유입과 그에 대한

일본에 대한 인식과 대응〉≪역사비평≫ 계간 27호, 232쪽 참조

9) "풍작이었음에도 불구하고 방곡령을 내리고는 미곡을 매집하였다가 미가가 폭등할 때를 노려 이를 방매하여 거액의 이익을 얻"고 있던 조병갑의 행태에서 잘 드러나듯이〔巴溪生, 〈古阜民擾日記〉≪駐韓日本公使館記錄≫(이하〈고부민요일기〉로 약칭), 54쪽〕이 시기 지배층의 수탈은 개항 이후의 통상과 밀접한 관련이 있었다.

10) 개항 이후에도 조선후기 이래의 三政과 관련한 전통적인 형태의 수탈행위가 계속되었다. 19세기 말에서 20세기 전반에 걸쳐 경북 예천에서 살던 金秉河의 경우는 이에 따라 몰락해가는 농가의 모습을 전형적으로 보여준다〔金秉河, ≪自行錄≫. ≪自行錄≫은 19세기 말에서 20세기 전반에 걸쳐 예천에서 살던 金秉河(1875~1949)가 쓴 글이다. ≪충북사학≫ 2(1989)에 신영우 교수의 해제와 함께 원문이 실려 있다〕.

11) 〈聚語〉, 122~123쪽. 필자는 최근 교조신원운동에 관해 당시에 필사한 것으로 보이는 몇 가지 자료들을 접할 수 있었다(자료를 제공한 측의 사정상 입수경위에 대해서는 다음 기회에 밝히기로 한다. 이하에서는 편의상 〈교조신원운동 관계문서〉로 표기하기로 한다). 그 중에는 양호선무사 어윤중이 보고한 장계를 필사한 것도 들어 있었는데 국사편찬위원회에서 편찬한 ≪東學亂記錄≫에 나온 그것과 몇 군데(밑줄친 부분) 차이가 있었다. 대동소이하지만 일단 차이나는 부분을 밝혀두기로 한다.
貪墨之橫行 自外交以來 尤爲無憚 群邪雜進 剝害(剝割)爲事 雖有懲創之命(「八」命) 實無學效之實 渠欲上告朝廷 斥逐(斥逐)貪汚(괄호 안은 ≪동학란기록≫)

12) 〈聚語〉, 123쪽

일정한 이해를 토대로 한 것이었다. 이러한 의식상의 변화는 "聖明이 위에 있는 데, 생민이 도탄에 빠졌으니 왜 그런가. 민폐의 근본은 구실아치의 부정에 있고, 구실아치의 부정원인은 탐관에 그 뿌리를 두고 있으며, 탐관이 범하게 된 것은 집권자의 탐람에 있다"[13]하여 부패의 원인을 구조적으로 파악함으로써 집권세력의 핵심부까지도 부정해나갈 수 있는 기반이 되는 것이기도 하였다.

개항 이후의 이러한 변화는 민중운동에도 영향을 미쳐 일각에서는 이전 시기와는 차원을 전혀 달리하는 양상이 나타났고 '반외세'의 구호가 본격적으로 등장하기 시작했다. 일본의 영향을 받은 개화정책의 실시에 대한 반대라는 성격도 가진 1882년의 임오군란은 대표적인 사례이다. 하급 군병들은 범궐을 하였고, 핵심적인 집권관료들을 죽였으며, 나아가 민비를 죽이려는 시도를 하였을 뿐만 아니라 일본공사관을 습격하여 불태웠으며 개화파에 대해서도 공격하였다. 비록 대원군이 배후에서 영향을 미쳤다 하더라도 이전 시기의 어떠한 민중운동과도 격을 달리하는 행동이었다.

범궐이나 집권세력의 살해는 19세기 후반의 변란에서도 거의 예외없이 최후의 목표로 예정되어 있었지만 한번도 이루어진 바가 없었다.[14] 더구나 아무리 행패가 심한 수령일지라도 함부로 구타조차 하지 못했던 '민란난민'의 의식수준에서는 상상조차 할 수 없는 행위였다.[15] 또 일본공사관을 습격한 것은 개항 이후 민중이 일본에 대해 처음으로 가한 집단적 공격으로도 볼 수 있다. 군란의 주체인 하급 군병들은 주로 도시의 하층민들로 구성되어 있었으며, 이들은 사실상 농촌에서 유리된 빈농, 무토지민이 전화된 존재였다.[16] 또 군란에 참여했던 하급 군병들은 군란이 진압된 후 지방으로 숨어들어 화적활동을 전개하고 있었음을 고려할 때[17] 이러한 움직임은 민중의 의식성장과 관련하여 주목된다.

일부 화적집단에서도 '擧義伐倭'를 주장하는 세력이 나왔고,[18] 이미 대외적 위

13) 〈東匪討錄〉 《韓國民衆運動史資料大系 1》(이하 생략) 여강출판사, 320쪽
14) 졸고, 1992 〈19세기 후반 '變亂'의 추이와 성격〉 《1894년 농민전쟁 연구 2》 역사비평사 참조
15) 이 시기 민란난민의 의식수준에 대해서는 졸고, 1994 〈동학농민전쟁의 배경〉 《근현대사강좌》 제5집 참조.
16) 조성윤, 1994 〈임오군란〉 《한국사》 12 한길사 참조
17) 김양식, 1994 〈개항 이후 화적의 활동과 지향〉 《한국사연구》 84, 88쪽
18) 《日省錄》 高宗 18년 11월 6일

기의식이 고조되던 1860년대부터 '반외세'적인 주장을 내걸었던 변란에서도 개항 이후가 되면 伐倭를 주장하거나 국제정세를 이용하여 거사를 일으키려는 세력이 등장하는 등 외세의 침략과 관련된 움직임이 두드러지게 나타났다.[19] 이와 같이 향촌사회를 떠난 세력에 의해 주도되었고, 또 제한적이나마 전국적인 차원의 조직이나 활동을 보여주고 있던 변란이나 화적집단에서는 일찍부터 '반외세'의 구호가 제기되거나 외세와 관련된 움직임이 나타나고 있었다.

그러나 향촌사회를 기반으로 한 민란에서는 아직까지 별다른 변화가 없었다. 물론 개항 이후에 들어 사회적 모순이나 지배층과의 마찰이 상대적으로 증대하면서 민란도 어느 때보다 빈발하였다. 1862년 이후 상대적으로 뜸하던 '민란'이 격증하는 것은 1880년대 후반부터였다. 이러한 양상은 1890년대에 들어서 더욱 심해져서 농민전쟁이 일어나기 1년 전인 1893년에는 전국에 걸쳐 60여 회 이상의 민란이 일어났고,[20] 1894년에 들어와서는 "민란이 없는 고을이 없다"는 표현이 나올 정도였다.[21] 민란의 빈발과 함께 일부 지역에서는 '都所'를 설치하여 일시적으로나마 향권을 행사하거나,[22] 독자적으로 公稅를 거두는 등 객관적으로는 국가권력에 반대하는 모습을 보여주기도 하고,[23] 민란 기간도 1개월 이상씩 지속되는 등 이전과 다른 양상을 보이기도 하였다.

그러나 대부분의 경우 기본적인 형태나 내용 면에서 이전 시기의 그것과 커다란 차이가 없었다. 發通聚會, 呈訴, 봉기로 이어지는 전개과정, 고을 단위에 매몰된 투쟁공간, 賦稅문제와 관련된 邑弊矯捄가 중심이 된 투쟁구호, 주로 富民家에 대한 공격이나 이서배의 殺傷 등으로 나타나는 투쟁양상 등은 여전하였다.[24] 개항 이후에는 외세의 침탈과 더불어 '봉건적' 모순이 더욱 증폭되었지만,[25] 새로운

19) 졸고, 1992 앞 논문, 285~286쪽 참조
20) 고종년간의 민란에 대해서는 韓㳓劤, 1971 ≪東學亂 起因에 關한 硏究≫ 서울대 한국문화연구원 ; 박광성, 1979 〈고종조의 민란연구〉 ≪인천교대논문집≫ 14 ; 김양식, 1989 〈고종조 민란연구〉 ≪용암차문섭교수화갑사학논총≫ 참조
21) ≪일성록≫ 고종 31년 2월 30일
22) 1892년 전라도 나주에서는 난민들이 會費라는 명목으로 매결당 1냥 2전씩을 거두고자 하였다〔≪각사등록≫(영인본) 54권, 129쪽〕.
23) 1890년 8월 경상도 함창민란에서는 수령을 쫓아낸 다음 향청에 도소를 마련하고 향권을 집행하는 모습을 보여준다〔≪각사등록≫(영인본) 11권, 436쪽〕.
24) 주 20)과 같음
25) 특히 일본으로 미곡 유출이 확대되면서 미곡의 상품화를 독점하기 위해 방곡령을 이용하여 농산물을 싼값으로 매점하였다가 방곡령을 해제한 다음 방매하여 매곡 유출에 따른 이익을 독점하

돌파구를 마련하지 못하고 있었다. 특히 개항 이후가 되면 '반봉건'뿐만 아니라 '반외세'의 과제를 동시에 해결해야 했지만, 민란에서는 '반외세'와 관련된 구호가 전혀 제기되지 못하고 있었다.

그러나 일어나지 않는 고을이 없을 정도로 빈발하는 민란에서 분출되는 힘은 대규모의 '반란'을 예고하는 것이었다. 이미 1862년의 농민항쟁 때도 사태의 추이를 관찰한 한 유생지식인은 '난민' 가운데 능력있는 지휘자만 있다면 반드시 '不測한 變亂'이 일어날 것이라 하여 이러한 집단적 소요가 목적의식적인 집단에 의해 이용될 때 그것은 '변란'으로 치달을 수 있다는 점을 걱정스럽게 진단하고 있었다.[26] 실제 이러한 분위기를 타고 민심을 선동하는 자들이 나타나기도 하였고,[27] 이필제란 때도 민란에서 터져나오는 폭발적인 힘을 이용하자는 주장이 제기되기도 하였다.[28] "민란이 없는 고을이 없"을 정도로 민란이 빈발하는 1890년대에 들어와서는 "동서남북의 여러 읍들이 서로 [민란을 일으켜주기를 기대하면서—필자] 바라보는" 분위기가 형성되었고[29] 이에 따라 혁명이 일어날 것이라는 소문이 돌기도 하였다.[30] 빈발하는 민란에서 분출되는 에네르기는 그것을 조직해낼 수 있는 지도부만 있다면 전국적인 항쟁이나 '혁명'도 가능해질 만한 분위기를 만들어갔던 것이다.[31]

는 행위는 지방관들의 보편적인 행태였다(러시아 大藏省 著/金炳璘 譯, 1983 ≪舊韓末의 社會와 經濟≫, 215쪽). 고부군수 조병갑의 행위는 이런 식으로 수탈을 강화해간 대표적인 사례이다 (주 9) 참조).

26) 壬戌民擾…若有能指揮者數人在其中 必有不測之變 而究其由 則宇宰之貪饕 豪强之武斷 甚於塗 炭 民不堪其患 雖百訴而無伸寃之處 則寧一死而得暴怨之意也 起若衆狗吠聲聚若群蟲 成雷勢(李丹 石,〈時聞記〉壬戌夏)

27) ≪晉陽樵變錄≫ 掌令鄭眞東上疏

28) 졸고, 1992 앞 논문, 296쪽

29) 李容珪, ≪若史≫ 1893년조 말미 1년 회고 부분

30) 당시 한국에 거류하던 한 서양인은 "나라 안에 불평들이 노골화되고 혁명이 일어날지 모른다 는 소문이 유럽 거류민 가운데 돌고 있었다"고 하였다(한국교회사연구소 역주, ≪뮈텔주교일기 1≫ 1891년 11월 6일).

31) 조선왕조의 타도를 목표로 한 일련의 변란에서는 민란의 열기를 이용하여 거사하려는 움직임이 일찍부터 구체화하기도 하였다. 변란은 상대적으로 일찍부터 왕조타도나 '반외세'의 문제를 제기하였고, 또 제한적이나마 전국적 차원의 활동을 보여주고 있던 만큼 그들의 조직이나 의식이 민란의 에네르기와 결합될 경우 그것은 혁명적 상황으로 치달을 수도 있었다. 그러나 이들은 조직적 기반이 향촌사회와 유리되어 있었고, 강한 엽관적 성향을 보여주던 그들이 내건 왕조타도라는 목표는 당시 일반 대중의 의식수준에 비추어볼 때 지나치게 과도한 것이었다. 따라서 대중과의 결합에 근원적인 한계가 있었다. 변란은 1866의 병인양요와 1871년의 신미양요를 전후

2) 동학교세의 확산과 '변혁지향세력'의 입도

이러한 분위기와 관련하여 주목되는 점은 동학교세의 확장과 그것을 이용하려는 세력의 본격적인 대두이다. 1883년 공주 목천군 김은경의 집에 동경대전 간행소를 세운 이래 동학은 강원도 산간지방을 벗어나 충청지방으로 진출하면서 교세가 확장되기 시작했다.[32] 1886년에는 충청지역뿐만 아니라 경상도와 전라도, 경기도에서까지 교도들이 몰려들었다.[33] 교세는 1890년대에 들어 더욱 급격히 성장하였다. 특히 전라도에서는 1888년에 최시형이 직접 전주와 삼례지역을 순회한 다음부터 교도들이 몰려들기 시작하였다.[34]

교세의 급격한 확장은 동학교단에 몇 가지 변화를 가져왔다. 우선 관의 탄압이 심해졌다. 전라, 충청도의 교도들은 敗家蕩産하거나 체포 구금되는 자들이 속출하여 동학교도들이 더이상 견디기 어려운 지경에 이르렀다. 최시형을 체포하려는 관의 추적도 심해졌다. 대표적으로는 핵심 측근인 강시원 등이 체포된 1885년의 충청감사 심상훈과 단양군수 최가진의 탄압, 측근교도 4명이 피살되고 서인주 등이 체포된 1889년의 탄압,[35] 그리고 최시형이 강원도 인제로 피신한 1890년의 탄압, 1892년 충청감사 조병식의 탄압 등을 들 수 있다.[36]

두번째로 교도들의 급격한 증가는 교도들에 대한 교단의 일원적 장악을 어렵게 하였다는 점이다. 교세가 확산되는 1884년부터 교단에서는 六任制를 실시하

한 시기에 집중되었지만 개항 이후에도 끊임없이 이루어졌다. 그러나 그 이전과 마찬가지의 한계를 노정함으로써 거사에 성공하지 못하고 있었다(변란의 특징과 한계에 대해서는 졸고, 1992 앞 논문 참조).

32) 박맹수, 1993 〈동학의 교단조직과 지도체제의 변천〉《1894년 농민전쟁 연구 3》 참조
33)〈天道敎會史草稿〉《東學思想資料集 (壹)》(아세아문화사 영인본, 1979, 이하 생략), 412쪽
34) 위의 글, 432쪽. 이러한 사실은 최근 발견된 《殉敎畧歷》에서도 확인된다. 여기에는 92명의 순교자에 대한 약력이 기술되어 있는데, 이 가운데 1894년 이전에 입도한 교도가 76명이다. 연도별로 보면 1888년 1명, 1889년 1명, 1890년 11명, 1891년 21명, 1892년 11명, 1893년 14명, 1894년 13명, 1888년에서 1894년 사이로 추정되는 교도가 4명이어서, 88년 이후에 교도가 급증하고 있음을 알 수 있다(南原敎區, 1923 《殉敎畧歷》). 또 이 무렵 전라도 "고산현에도 동학이 대단히 널리 퍼져 있다는 소문"이 나돌고 있었다는 사실도 이러한 분위기를 보여준다(《뮤텔주교일기 1》 1892년 1월 14일).
35)〈侍天敎歷史〉《東學思想資料集 (參)》, 598쪽
36)〈天道敎會史草稿〉, 436쪽

여 조직의 정비를 꾀하였으나,[37] 교도가 급증하는 1890년대에 들어서는 획일적인 통제가 불가능한 지경에 이르렀다. 이에 따라 최시형은 1891년에 道統의 체계를 세우기 위해 正淵源과 禁淆雜을 강조하는 통유문을 내리기도 하였으나 역부족이었다. 교도들끼리 서로 분쟁하는 일이 잦아졌으며, 도통의 宗脈이 문란해져만 갔다.[38] 교단 내의 이러한 분위기는 특히 이 무렵 급격히 증가한 호남지방의 교도들에 대해 "道를 아는 자가 드물다"고[39] 하였듯이 道보다는 다른 뜻을 가지고 입도한 자들이 적지 않았다는 사실과 밀접한 관련을 가지는 것이다.

도보다는 다른 뜻을 가진 자들은 동학을 단순한 治病의 수단으로, 혹은 移山移海하는 術數로, 혹은 배고픔을 면하기 위한 방편으로 여기는 자 등 다양하였다.[40] 그 가운데 주목되는 부류는 '세상이 바뀌기를 바라는 마음'에서 동학에 입도한 변혁지향적인 자들이다.

이 시기에 변혁지향적인 교도들이 대거 입도한 배경은 1892년 8월 손화중포가 관련된 고창 선운사 비결사건에 대한 吳知泳의 평가에서 구체적으로 드러난다. 선운사 투솔암의 석불에는 비결책이 들어 있으며 "비결이 세상에 나오는 날은 그 나라가 망할 것이오 망한 후에 다시 흥한다"는 소문이 있었다. 1892년 8월 손화중포에서는 이 비결을 탈취하였고, 이후 동학교도가 급증하였다 한다. 여기에 대해 오지영은 다음과 같이 자신의 견해를 밝히고 있다.

　이 사건에 대해 누구나 한번 생각할 일이라고 하노라 … 道닦는 사람으로서 秘錄에 뜻을 두는 것은 道를 爲해 그리한다는 것보다는 道하는 그 사람의 思想程度라 할 수 있으며, 또는 그 당시 朝鮮國家에 百姓된 者의 感情如何를 잘 엿볼 수가 있는 것이다. 東學의 道는 말부터 '今不聞古不聞 今不比古不比之道'라 함과 같이 道를 채 알기도 전에 道 그것이 秘錄 그것을 꼭 취해 볼 必要가 있을까 하는 것은 絶對 아닐 것이오, 다만 道에 들기 前에 그 사람의 心理가 먼저 世上이 바뀔 것을 바라는 데 있었다 할 것이며, 道에 든 그 마음부터 또한 世上이 크게 바뀐다는 데서 感

---

37) 위의 글, 430쪽
38) 위의 글, 436쪽
39) 위와 같음
40) 〈취어〉, 122쪽(주 133)과 같음) 및 107쪽 ; 黃玹, 《梧下記聞》 首筆(《東學農民戰爭史料大系》 1 여강출판사, 1994. 이하 생략), 47쪽 ; 최승희, 1981 〈書院(儒林)勢力의 東學 排斥運動 小考〉 《韓㳓劤博士停年紀念史學論叢》 ; 〈捕盜廳謄錄〉 하(保景文化社 영인본, 1985) 戊辰 6월 黃載斗地異山謀逆告變, 521쪽 참조

情된 것이라고 할 것이다. 이 일로 말미암아 불 같은 指目이 일어남에도 不拘하고 世上 사람들이 물밀듯이 東學에 들어오는 것도 알 수가 있는 것이다. 道를 타고 온 다는것보다도 秘錄 그것이 道人의 손으로부터 發見되었다는 것을 異常히 여기는 마음이 먼저 있었던 때문이라 함이 過言은 아닐까 한다. 다시 말하면 世上에는 큰 가뭄이 들어 萬物이 모두다 말라죽으려 할 즈음에 때마침 東學이라는 바람이 불어 구름을 일으키고 단비를 장만하는 機微의 속에서 自然의 衝動으로 그리함인가 한 다.[41]

비결사건을 계기로 '세상이 바뀔 것을 바라는' 민중이 큰 가뭄 끝에 단비를 만 난 듯이 동학에 입도하였음을 말해준다. 주목되는 것은 이때 교도들이 동학에 입도한 계기가 동학의 교리에 대한 이해나 공감에 있었던 것이 아니라 조선왕 조가 멸망하고 새로운 세상의 도래를 예언하는 비결을 동학도들이 취하였다는 사실 자체를 '이상히 여기는 마음'에 있었다는 점이다.

주로 무장, 고창, 영광, 홍덕, 고부, 부안, 정읍, 태인, 전주, 금구 등 훗날 농 민전쟁의 중심세력을 형성하는 곳에서 집중적으로 일어난 이러한 교도들의 급 증에는 '姦民思亂者', '천주를 속이고 道를 어지럽히는 자'들로 표현되는 변혁지 향적인 인물들의 선동이 중요한 요인으로 작용하였으며, 앞의 선운사 비결 탈 취사건은 그러한 사정을 상징적으로 보여주는 사례였다.

(호남의) 姦民思亂者들이 이를 빌미로 선동하자 동학당에 歸依하는 자들이 마치 시장에 몰려가는 듯하였다. 그리하여 우도로부터 좌도의 산골짜기까지 동학도가 없 는 고을이 없었는데 그 수가 수십만이나 되었다. (이들은) "무장의 산골 절벽 속에서 용당선사의 讖訣을 얻어 난을 일으킬 수 있게 되었으니 때를 놓쳐서는 안된다"는 유 언비어를 개별적으로 전파하여 癸巳年 2월 湖西의 보은현에 모두 모이게 하였다.[42]

'간민사란자'들이 교단 내의 일각에서는 일찍부터 존재했을 수도 있지만, 이 들이 뚜렷이 부상하기 시작한 것은 '세상이 바뀌기를 바라는' 교도들이 대거 입 도하는 1892년을 전후한 무렵부터였다. 그것은 1892년에 내린 통유문에서 "천

---

41) 吳知泳, ≪東學史≫(草稿本, ≪東學農民戰爭史料大系≫ 1 여강출판사, 1994. 이하 생략), 437~439쪽
42) 黃鉉, ≪梧下記聞≫ 首筆, 46쪽

주를 속이고 이치를 어그러뜨리며 세상을 속이고 백성을 속이는 자는 모두 도
를 어지럽히는 자"들이라 하여 이들을 경계하고 있는 데서 짐작할 수 있다.[43]
  '간민사란자'들의 성향을 일률적으로 규정할 수는 없겠지만, 이와 관련하여
재부산 일등영사 加藤增雄이 동학의 연원을 설명하며 부기해둔 다음과 같은 지
적은 시사해주는 바가 크다.

    지금은 [동학이—필자] 조선남도에 만연하여 그 당에 이름이 오른 자가 수만 명
  을 밑돌지 않는다고 합니다. 이와 같은 형세이므로 다른 야심을 품고 草莽에 숨어
  있는 자 역시 이 무리를 이용하려고 하며, 또 이들의 聲名이 점차로 요란해지게 되
  자 다른 민란난민들도 이 동학도의 명의를 이용하여 지방관들을 위협하게 되고 여
  기서 진짜 동학도와 가짜 동학도의 구별이 생기게 되었습니다.[44]

  동학교세의 급격한 확장과 함께 그것을 이용하여 자신들의 '야심'을 펴려던
자들이 본격적으로 대두하였음을 말한다.
  동학을 이용하여 '야심'을 펴려던 인물 가운데 하나가 바로 이 무렵 동학에 입
도한[45] 전봉준이었다. 전봉준은 동학에 입도한 이유에 대해 공초에서는 동학의
'守心敬天'이 가지는 뜻에 동감을 한 때문이라고 한 바 있다.[46] 그러나 일본영사
관이 취조하는 다른 자리에서는 "단지 마음을 바로 한다는 것 때문이라면 물론
동학에 들어갈 필요가 없지만, 동학당의 소위 '경천수심'이라는 主意에서 생각
할 때는 正心 외에 '협동일치'의 뜻을 포함하고 있기 때문에 結黨하는 것의 중
요함을 본다. 마음을 바로 한 자의 일치는 간악한 관리를 없애고 보국안민의 업
을 이룰 수 있기 때문이라고 생각한 탓이다"고 하였다.[47]
  여기서 주목해야 할 것은 전봉준은 이미 동학에 입도할 무렵부터 탐관오리를
축출하고 보국안민의 대업을 이루려는 구상을 하고 있었다는 점, 그리고 그가

43) 〈천도교회사초고〉, 437~438쪽
44) 〈재부산 일등영사 加藤增雄의 보고〉《주한일본공사관기록》 2, 92~93쪽
45) 전봉준의 입도 시기에 대해서는 여러가지 설이 있으나, 전봉준 스스로는 1892년부터 동학에
    관여하였다고 밝힌 바 있다〔〈동학당 대두목의 후속심문〉《동경조일신문》 1895년 3월 6일자
    (강창일, 1988 〈갑오농민전쟁 자료발굴 : 전봉준 회견기 및 취조기록〉《사회와 사상》 창간호,
    261쪽에서 재인용)〕.
46) 〈全琫準供草〉 再招問目 《東學思想資料集 (壹)》(이하 생략), 333쪽
47) 〈동학당 대두목의 후속심문〉(강창일, 1988 앞의 글, 262쪽에서 재인용)

동학에 입도한 가장 중요한 요인은 당시 확산일로에 있던 동학에서 자신의 구상을 실현시킬 수 있는 가능성, 즉 마음을 바로 한 자들끼리의 '협동일치'와 '결당'의 가능성을 포착하였기 때문이라는 사실이다. 바로 동학이 국지성과 고립성이라는 근본적인 한계를 가지고 있던 민란을 뛰어넘을 수 있는 조직적 기반을 갖추고 있었고 거기에는 마음을 바로 한 자들, 곧 자신과 뜻을 함께 할 동지들이 있었기 때문이다.[48]

그러나 앞서 선운사 비결사건에 대한 오지영의 평가에서 드러나듯이 세상이 바뀌기를 바라는 대다수 교도들의 의식수준은 동학을 변혁의 무기로 활용하겠다는 적극적인 측면보다는 다만 새로운 사회의 도래를 알리는 운명의 열쇠를 획득한 하나의 메시아로 인식하는 수동적 측면이 강하였음을 말해준다. 아직 그 스스로가 변혁을 추진하는 주체로 자각하였다기보다는 자신들을 억압과 침탈로부터 해방시켜줄 수 있는 변화의 도래를 갈망하는 염원자 정도의 의식수준에 머물러 있었던 것이다. 따라서 동학을 이용하여 '야심'을 펴려던 전봉준 등 지도부와 '세상이 바뀌기를 바라는' 교도들 사이에는 적지 않은 의식상의 차이가 존재하였고, 그 조직적 결합도 그만한 한계를 가질 수밖에 없었다.

또 이 무렵에 입도한 변혁지향적인 세력들이 가진 '뜻'이나 그것을 실현하는 방법이 모두 전봉준과 같은 것은 아니었다. "야심을 품고 초망에 숨어 있던 자들" 가운데는 전봉준과 지향을 달리하는 자들도 적지 않았다. 스스로 "鷄龍山에서 開國하라는 天命을 받았다"하며 領相 吳泰源, 左相 金炳一, 右相 吳啓源 등을 미리 정해둔 바 있던 일단의 무리들도 "먼저 滅洋倭한 후에 무리를 불러모아 大小李閱을 盡滅하"려는 계획을 가지고 이의 실현을 위해 "해마다 상경하여 시세의 추이를 엿보았고, 갑신정변 때도 四賊과 왕왕 상종을 하였으며 仁源, 愚葉, 水演 등이 금구 원평의 都會에 참여하였고, 亘葉을 보은도회에 투입하였다"고 하였다.[49]

이외에도 보은집회에는 '南朝鮮'을 건설하려는 세력도 혼입해 있었고,[50] 농

---

48) 동학경전에는 "입도한 세상사람 그날부터 군자되어 무위이화될 것이니 지상신선이 아니냐"(《교훈가》《용담유사》)라 하여 입도가 지상신선의 조건으로 되어 있다. 이 점에서 동학은 당시 만연해 있던 정감록류의 민간종교와 달리 교리 자체가 종교적 응집력을 가지고 있었다. 여기에 더해 교단지도부가 꾸준한 포교활동을 펼침으로써 동학조직은 지속적으로 확산되고 있었다.

49) 〈뮈텔문서〉 문서정리번호 1893-51

50) 李復榮, 《閔記》 제8, 癸巳 3월 29일

민전쟁 기간중에도 "東徒大將軍은 이씨로 14세이나 천문과 지리에 능통하고 남조선에서 나왔는데, 정병 10만 명이 뒤따라왔다"는 소문이[51] 나기도 하였다. 또 진주 일대에서 활동한 白樂道 등 일단의 동학도들은 吏判, 方伯守令의 관직을 미리 정해놓고 있었으며,[52] 황해도에서는 농민전쟁 직후에도 이른바 '東學餘黨'이 중심이 되어 척왜양을 내걸고 '변란'을 기도한 바 있다.[53] 이로 미루어볼 때 이전 시기의 변란의 흐름을 계승하는 일단의 세력들 역시 동학을 이용하여 거사를 도모하였음을 알 수 있다.[54] 이것은 이후 전봉준과 같이 '보국안민'의 뜻을 가지고 있던 세력이 지도노선을 확립하는 데 적지 않은 난관이 존재함을 의미한다.

동학교세가 확장되는 1890년 초반에는 '야심'을 품고 동학을 변혁의 무기로 활용하려는 '간민사란자'들이 본격적으로 등장하기 시작하였다. 이들은 세상이 바뀌기를 바라고 있던 민중을 적극적으로 동학으로 끌어들이고 있었다. 이러한 움직임은 곧 전봉준 등 변혁지향적인 지도자들과 세상이 바뀌기를 바라던 민중이 동학조직을 매개로 결합해가기 시작했음을 말한다. 민중운동은 1890년대 초반에 들어 동학을 포착함으로써 새로운 국면을 열어가고 있었던 것이다. 그러나 아직까지 지도부와 세상이 바뀌기를 바라는 대다수의 교도들 사이에는 의식상의 차이가 적지 않았고, 동학을 이용하려 하면서도 전봉준 등과는 성향을 달리하던 인물들의 존재라는 장애가 가로놓여 있었다. 교조신원운동은 이런 분위기 속에서 전개되었다.

---

51)《駐韓日本公使館記錄》 1, 15쪽
52)《栢谷誌》 當宁 甲午
53)〈重犯供招〉《東學亂記錄》 下, 563~569쪽. 이들은 淸國에 가서 馬大人으로부터 鎭東倡義士 印信과 職帖을 받아왔으니, 우선 군사를 이끌고 군수와 관속을 屠戮한 후 軍器를 탈취하여 해주로 가서 정월 초3일에 각 읍이 大都會하여 해주부와 각 읍을 屠戮하면 馬大人이 병사를 거느리고 올 터이니 합세하여 京城으로 直向하여 倭洋을 討滅하고 각 大臣을 誅滅한 후 海島中의 實鄭이 卽位할 것이라는 말을 퍼뜨리며 동모자를 규합하였다. 19세기 후반에 빈발한 전형적인 변란의 양상을 그대로 보여주고 있다.
54) 이들의 행태가 엽관적 성격을 드러내고 있으며, 정감록적 사상을 기반하고 있다는 점 등에서 19세기 후반에 전개된 일련의 변란과 궤를 같이하는 것으로 보인다(졸고, 1992 앞 논문 참조).

3. '敎祖伸寃運動'과 변혁지향세력의 움직임

동학교세의 확장은 관으로부터 전례없이 가혹한 탄압을 불러일으켰다. 전라, 충청도의 교도들은 패가탕산하거나 체포 구금되는 자들이 속출하여 더이상 견디기 어려운 지경에 이르렀다. 심지어 동학교도는 족보에서 제명되고 친우나 친지들과 절교상태에 이르기까지 하였다.[55] 이에 따라 교조의 신원과 포교의 자유에 대한 교도들의 요구가 고조되었다. 1892년에 들어와서는 최시형의 측근 가운데서도 "吾道의 운이 언제 형통할 것이냐"는 의문을 제기하는 자가 있었고,[56] 徐仁周, 徐秉學 등 교단 내의 변혁지향적인 인물들은 수차례에 걸쳐 교조의 신원운동을 주장하기에 이르렀다.[57]

그러나 여기에 대해 최시형이 끝내 허락하지 않자 드디어 교단 내의 일부 인물에 의해 신원운동이 준비되었다. 1892년 10월 서인주와 서병학은 최시형의 허락없이 공주에서 취회하였다.[58] 이때 모인 동학도들은 충청감사 조병식에게 〈各道東學儒生議送單子〉를 제출하였다. 그 내용을 요약하면 다음과 같다. ① 동학은 邪學이 아니라 유불선을 합일한 것으로 유교와는 대동소이하다. ② 밖으로는 서양 오랑캐의 학[西夷之學]이 우리나라에 혼입하고, 倭의 해독이 邊境에서 다시 날뛰고 있다. 특히 일본은 통상을 통해 이익을 독점하여 錢穀을 탕갈함으로써 백성들이 지탱하기 어렵다. 안으로는 흉역의 무리가 일어나고 화적의 무리가 날뛰고 있다. ③ 가혹한 탄압으로 교도들이 극심한 고통을 당하고 있다. 체포된 교도들을 석방해 달라. ④ 최제우의 伸寃을 조정에 啓達해 달라.[59] 기본

---

55) 〈淸菴權秉悳先生自敍傳〉 《韓國思想》 15, 327~328쪽
56) 〈天道敎會史草稿〉, 436쪽
57) 〈侍天敎歷史〉, 595쪽
58) 공주집회를 전후한 시기인 10월 17일 최시형은 교도들에게 신원의 방편을 생각하라는 '立義文'을 내린 바 있다〔〈各道東學儒生議送單子〉 《韓國民衆運動史資料大系(東學書)》(여강출판사, 1985. 이하 《東學書》로 약칭), 57~60쪽 ; 〈天道敎會史草稿〉, 440쪽〕. '입의문'과 공주집회의 전후관계는 불분명하다. 그러나 서인주 등이 이미 수차례의 '신원운동'을 주장한 점과 여기에 대해 최시형이 지속적으로 반대해온 점 등으로 미루어볼 때 '입의문' 작성에는 포교의 자유를 요구하는 교도들의 요구나 서인주 등이 사실상 신원운동을 준비해간 분위기가 미친 영향이 컸을 것으로 보인다.
59) 《東學書》, 57~60쪽

적으로는 동학이 유교와 다르지 않다는 점을 강조하면서 교조의 신원과 포교의
자유를 요구하는 종교적 측면에 목적이 있었으나, 日商의 미곡유출에 따른 폐
해를 구체적으로 언급하며 반대하고 있어서 주목된다.[60]

조병식은 10월 22일 〈題音〉을 내려 동학은 異端일 뿐이며 '邪學의 餘派'라고
규정하고, 금단 여부의 문제는 조정에서만 처분을 내릴 수 있다고 하였다.[61] 그
러나 10월 24일에는 각 읍에 〈甘結〉을 내려 동학금단에 따른 폐해를 엄금토록
지시하였다.[62] 이러한 반응은 '邪學의 餘派' 내지는 邪學, 異教로 규정되어 극심
한 탄압을 받던 동학의 입장에서 볼 때 고무적이었다. 특히 1890년대에 들어 유
교화 경향을 보이며 '제도화된 종교'로 방향을 잡아가던 교단지도부로서는[63] 더
없는 호기로 받아들였다.[64] 그 결과가 바로 10월 27일에 이루어진 삼례집회 개
최 결정이었다.[65] 최시형은 반대 입장 내지 소극적 태도를 취하던 공주취회 때와
달리 교도들에게 강경한 어조의 통문을 돌려 11월 3일 삼례에 집결시켰다.[66]

삼례취회에서 주목되는 것은 전봉준의 존재가 최초로 가시화한다는 점이다.
최근 발견된 ≪南原郡東學史≫에 따르면 삼례집회에서 訴狀을 작성한 것은 서병
학이었고, '魁首'는 서인주였다. 서병학에 의해 소장이 작성되기는 했으나, 탄압
이 두려워 소장을 告呈할 마땅한 사람이 없던 차에 자원해서 나선 인물이 바로
右道의 전봉준과 左道의 柳泰洪이었다 한다.[67] 전봉준이 어떤 위치에 있었는지

---

60) 일본상인에 의한 미곡 유출은 방곡령사건에서도 알 수 있듯이 대표적인 경제적 침탈의 하나였
   으며, 이에 따른 폐해는 농민전쟁의 중요한 원인이 되었다(여기에 대해서는 하원호, 1991 〈곡물
   의 대일수출과 농민층의 저항〉 ≪1894년 농민전쟁 연구 1≫ 참조). 1894년 5월 전라도 蝟島에
   서 농민군에 잡혀 화물과 錢財를 약탈당한 바 있는 일본인 貿穀商 日高友四郎이 전한 농민군의
   말은 미곡유출에 대한 농민들의 피해와 그에 대한 반발이 구체적으로 나타난다. "현재 이곳 근
   방의 미가의 폭등을 초래한 것은 해외유출이 심히 많은 데서 연유한다. 그러므로 너희들 일본인
   들이 이 내지까지 들어와서 미곡을 매집하면 토착민들이 졸지에 기근으로 죽을 지경이 된다. 따
   라서 금일부터 방곡을 嚴行하게 될 것이므로 ⺶숭도 실어내지 못한다"(≪駐韓日本公使館記錄≫
   3, 210쪽).
61) ≪東學書≫, 67~68쪽
62) 위의 책, 68~70쪽
63) 장영민, 1991 앞의 글, 244쪽
64) 반대입장 내지 소극적 태도를 취하던 최시형이 공주취회에서와 달리 교도들에게 강경한 어조
   의 통문을 돌려 삼례에 집결하도록 지시한 것도 이러한 맥락에서 이해할 수 있을 것이다(통문
   내용에 대해서는 〈天道教會史草稿〉, 440~441쪽 참조).
65) 〈천도교회사초고〉, 440쪽
66) 위의 글, 441~443쪽

는 확인할 수 없으나, 삼례집회에서 전봉준이 보여준 이러한 태도는 이후 전봉준의 존재가 뚜렷이 부각되는 중요한 계기가 되었을 것으로 보인다.

여기서 동학교들은 전라감영에 두 차례의 의송을 올렸는데, 내용은 충청감영에 올린 것과 대동소이하고[68] 감영의 반응 역시 충청감영의 그것과 유사하였다. 기본적으로 포교의 자유에 목적이 있던 교단지도부는 집회 결과에 대해 "비단 사방에 소문이 났을 뿐만 아니라 兩營의 關飭으로 指目이 없을 것"이라 하여 전라감사의 〈감결〉이 내려진 바로 다음날인 11월 12일 통문을 돌려 해산을 지시하였다.[69] 그러나 일부 교도들은 해산할 기미를 보이지 않았다. 이들은 복합상소를 주장하며 모여 있었다.[70] 교단에서는 11월 19일 다시 "복합상소에 대해서는 法軒의 지시에 따르고 즉각 귀가하여 도로에서 방황하지 말라"는 통문을 내렸으며,[71] 11월 21일에는 전라감영에서도 "동학교도들이 아직 해산하지 않았으니 교도에 대한 토색을 엄금하여 安接케 하라"는 〈감결〉을 각 읍에 다시 내렸다.[72]

그러나 이들은 해산하기는커녕 재차 공주, 新都 등지에서 다시 집회를 가지며 자신들의 뜻을 관철시키고자 노력하고 있었다. 앞에 언급한 〈교조신원운동 관계문서〉 중 松永牛二郞 등 일본인 2명이 '동학당'에 관한 탐지를 위해 수원, 공주 등을 돌고 와서 보고한 자료에 따르면 공주 삼례집회가 끝난 다음인 1892년 12월 1일에도 공주, 옥천, 換江[황간? ─필자], 西營, 新都 등 충청지역의 교도들과 전라도 각 읍의 동학도들이 공주에 모여(이하 '제2차 공주집회'로 표기) 충청감사에게 다음의 3개 조항을 요구하였다고 한다.

---

67) 崔炳鉉, 1924 《南原郡東學史》. 최병현은 1924년 당시 천도교 남원교구장으로 있던 인물이다. 전봉준과 함께 소장 吿를 자원한 유태홍은 1889년 동학에 입도하여 농민전쟁에도 참여한 남원지역의 대표적인 동학교도였으며, 최병현에 앞서 1918년 2월부터 1921년 12월까지 남원교구장을 역임한 인물이다(南原郡宗理院, 1924 《宗理院史附東學史》).

68) 《동학서》, 75~78쪽. 《南原郡東學史》에 따르면 이때 서인주는 감영에서 파견된 營將 金始豊에게 "忠君孝父母의 道로 安心修道하며 各安其業하거늘 爾官吏輩가 修道人을 陽害하야 掠財殺人하기에" 집회하였다고 하여 동학교도에 대한 관리들의 탐학과 수탈이 집회의 주 원인임을 밝히고 있다.

69) 위의 책, 78~80쪽

70) 〈천도교회사초고〉, 444쪽

71) 《동학서》, 83~84쪽

72) 위의 책, 85쪽

一 飭令忠淸道內農民一體 歸依東學事,
一 嚮當有逮浦東學之令地方官吏中 有收賂于東學人者 今嚴令該收賂官吏 可使爲刷還事,
一 監司周巡偏村僻邑 自爲摘奸事

이들은 감사의 해산 명령을 받고 공주에서는 해산하였으나, 그 후 다시 新都에 모인 바 있었다고 하였다.[73]

또 하나 중요한 사실은 이때 전봉준과 김개남, 김덕명, 손화중 등도 전라도 일대의 교도들을 이끌고 독자적인 활동을 하였다는 점이다. 이들은 茂長군수가 동학교도들로부터 빼앗은 돈 1천 냥을 돌려받기 위해 수백 명을 이끌고 갔는데, 금구 원평에 도착하니, 무장의 座首와 吏房이 돈 1천 냥을 되돌려주자 비로소 해산하였다.[74] 이러한 사실은 일부 변혁지향적인 교도들이 삼례집회에서 해산한 이후에도 교단의 지시를 따르지 않고 곳곳에서 독자적인 행동을 하고 있었음을 알려줌과[75] 동시에 훗날 농민전쟁의 최고 지도자가 되는 전봉준, 김개남, 손화중, 김덕명 등이 이미 이때부터 함께 행동하며 하나의 세력을 이루고 있었음을 구체적으로 보여주는 것으로 대단히 주목된다.

한편 공주·삼례 집회는 교단지도부가 주도하였지만, 거기에는 다음의 글에서 잘 드러나듯이 동학금단을 빙자한 관리들의 침탈과 이에 반대하는 일반 민중의 참여가 중요한 배경이 되었다.

조병식의 탐학은 실로 근고에 들어보지 못한 것이다. … 동학금단에 대해 말하

73) 〈교조신원운동 관계문서〉. 그러나 교단측 기록에는 이 사실이 기록되어 있지 않은데, 이것은 '제2차 공주집회'가 교단지도부와는 무관하게 이루어진 것이기 때문인 듯하다. 다만 오지영의 ≪동학사≫에는 "이에 서인주, 서병학 등이 충청관찰사 조병식에게 書를 呈하고 이어 전라관찰사 이경식에게 書를 致코저 할쌔…선생이 글을 보내어 營門에 致하기를 曰…" 하여 전라감영에 정소한 글의 내용과 거기에 대한 감영의 대응 등을 기술한 다음 "차시 충청감사 조병식에게도 동일한 사의로써 訴를 올렸더니…"라고 되어 있어서 전라감사에게 訴를 올린 전과 후 두 차례에 걸쳐 충청감사에게 訴를 올린 것으로 기록되어 있다.
74) 南原郡宗理院, 1924 ≪宗理院史附東學史≫
75) 물론 여기에는 전라도 일대의 교도가 중심이 되었겠지만, 교단의 직접적인 영향하에 있던 수원의 동학교도들도 삼례집회에 참여하고 있었다는 사실(≪뮈텔주교일기 1≫ 1893년 1월 6일)에서 볼 때 다양한 성향의 교도들이 참여하고 있었던 것으로 보인다. 이 점은 후술하는 바와 같이 금구집회의 성격이나 이른바 '금구취당세력'의 독자성과도 관련하여 주목된다.

자면 말로는 聞異를 稱託하지만, 생각은 오로지 재산을 빼앗는 데 있다. 돈이 없는 자는 혹은 맞아 죽거나 형배를 당하고 또 민인 가운데 稍食其力者에게는 억지로 동학의 이름을 씌운다. 이에 그 무리가 혹은 참지 못하여 그 당을 불러모아 한 목소리로 營下에 운집하였고 기필코 甘心이 생기니 그 道臣이 속으로 겁을 집어먹고 다시는 침학하지 않겠다는 뜻으로 列邑에 글을 보냈다. 그 후 그것을 默許하는 것이라 칭하여 더욱 꺼리는 바가 없어지고 올 봄에 이르러 극에 이른 것이다.[76]

이와 같이 공주·삼례 집회에는 교조의 伸寃이나 종교적 목적과는 전혀 무관하게 聞異를 빙자한 관리들의 불법적 침탈에 견디지 못한 민인들도 참여하고 있었다. 따라서 교단측의 의도와는 달리 반봉건적 성향을 드러내는 요구가 강하게 제시될 수밖에 없었다. 관리들에 대한 摘奸이나 조세거납 문제가 제기된 것은 그 대표적인 예이다.[77] 그러나 동학이 이단이 아니라는 점, 교도에 대한 불법적 탄압을 금지해 달라는 교단측의 종교적 요구가 전면에 제시되었고, 반탐학 구호도 그러한 요구와 결부된 형태로 나타나고 있었다.

이것은 위의 인용문과 제2차 공주집회의 요구나 삼례집회 이후 전봉준 등의 ✚행동을 통해 알 수 있듯이 집회의 배경이 동학교도에 대한 탄압과 침탈에 있었고, 교단측의 지시가 집회의 직접적인 계기가 되었기 때문이기도 하지만, 아직까지는 '道보다는 세상이 바뀌기'를 바라는 교도들의 열망을 조직해낼 수 있는 전봉준 등 지도부의 조직적 역량이 확고하지 못하였기 때문인 것으로 이해된다.

그러나 공주·삼례 집회를 통해 교단과 성향을 달리하는 세력의 독자적인 움직임이 점차 가시화하기 시작하였다. 삼례집회 직후 최시형에 대해 '法軒'이라는 상징적 명칭을 공식적으로 부여하고 이후 오로지 법헌의 지휘를 따르라는 통유문을 돌린 것도 바로 그러한 사정 때문이었다.[78]

동학금단에 따른 폐해를 중단시키겠다던 감영의 약속은 제대로 이행되지 않았다. 교도들에 대한 침탈은 오히려 이전보다 더욱 심해졌다.[79] 이인기, 노병무, 임병구 등이 三道御使를 사칭하여 교도들을 침탈하기도 하였고,[80] 서학의

---

76) 〈聚語〉宣撫使探採趙秉式貪虐狀聞, 129쪽
77) 주 73), 83) 참조
78) 〈天道敎會史草稿〉, 443쪽
79) 위의 글, 445쪽
80) 〈侍天敎歷史〉, 598~599쪽 ; 〈天道敎會史草稿〉, 445쪽

무리들이 동학교도들을 해치고자 한다는 소문이 돌기도 하였다.[81] 이미 삼례집회 무렵부터 복합상소 문제가 다시 제기되고 있었으나,[82] 최시형은 복합상소에 대해 부정적이었다. 복합상소를 주장하며 해산하지 않던 교도들에게 자기 직업에 성실하며 제때 납세하라 하여[83] 일단 충청, 전라 양영에 대한 신원의 호소로 만족하는 선에서 체제와의 타협을 추구하고 있었다. 그러나 전보다 심해진 탄압과 거듭되는 교도들의 요구에 굴복하여 12월 6일 복합상소 문제를 논의하기 위해 보은에 都所를 차렸고, 1893년 1월에는 드디어 伏閤上疏를 결정하였다.[84]

복합상소는 그것이 비록 종교운동의 외형을 띤 것이긴 하지만 중앙권력을 직접적인 상대로 하는 움직임이었다는 점에서 대단히 중요한 의미를 가진다. 수령을 상대로 읍 단위에서 고립적, 국지적으로 이루어지던 민란과는 차원을 달리하기 때문이다. 또 복합상소가 전국적 항쟁의 직접적인 계기가 된 것은 아니었지만, 이때부터 교단지도부와는 지향을 달리하는 변혁지향적 세력의 움직임이 구체화하기 시작했다. 그것은 공주·삼례 집회와 그에 대한 관의 반응과도 밀접한 연관이 있다.

공주·삼례 집회는 교단측이나 동학을 이용하려던 세력에게 서로 다른 의미에서 자신감을 갖게 하였다. 전례없던 전국적이고 집단적인 시위운동의 경험과 관측의 유화적인 반응은 교단이나 변혁지향적 세력 모두에게 새로운 가능성을 보여주고, 또 자신감을 주었다. 우선 1890년대 이후 '체제내화'의 노력을 경주해온 교단은 관측이 보여준 예상 밖의 유화적인 반응을 통해 그 가능성에 대한 자신감을 얻을 수 있었다. 도소의 설치와 복합상소의 단행은 한편으로는 극심한 탄압에 따른 교도들의 요청과 변혁세력의 추동이 작용한 측면이 있지만, 다른 한편으로는 충청, 전라감사가 보여준 상대적으로 유화적인 반응에서 자신감

---

81) 〈天道敎會史草稿〉, 445쪽
82) 위의 글, 444쪽
83) 위와 같음. 여기서 이미 이때부터 교도들 일각에서 조세를 거납하자는 반봉건적인 움직임이 대두되고 있었음을 엿볼 수 있다. 이 점은 일련의 교조신원운동 과정에서 그를 이용하여 '뜻'을 펴려던 변혁지향적인 지도부와 취회중민의 결합과 관련하여 중요한 시사를 준다. 주 67), 72) 등에서 보이는바 1892년 12월의 제2차 공주집회에서도 반봉건적 요구가 주조를 이루고 있었고, 후술하는 바와 같이 보은집회 단계에서도 반봉건 개혁요구가 기저를 이루고 있었으며, 또 그것이 구체적인 요구조건으로도 제시되고 있었다는 점과 함께 취회중민들의 근본적 지향이나 요구의 성격을 암시하기 때문이다.
84) 〈천도교회사초고〉, 445~446쪽

을 얻고 체제와의 타협가능성을 포착하였음을 의미한다.[85]

교단측이 보은에 도소를 설치하여 교단의 총부를 노출한 것도 그러한 맥락에서 이해된다. 동학교단은 1887년 3월 보은 장내에 육임소를 개설한 적이 있으나, 1889년 관의 습격을 받아 강무경 등 4명이 살해되는 피해를 입고 인제로 피신한 적이 있다.[86] 이러한 피해를 겪고도 교단총부를 노출하였다는 것도 체제와의 타협가능성을 포착한 데서 온 것으로 볼 수 있을 것이다.[87] 또 그것은 공주·삼례 집회 직후에 이루어진 복합상소의 내용을 통해서도 확인된다. 복합상소는 거의 대부분이 도의 연원과 동학의 교리를 설명하여 동학이 유교와 다를 바가 없음을 강조하는 데 할애되고 있는 반면, 공주·삼례 집회에서 강력하게 제기하였던 외세의 침탈과 수령이나 토호들의 탄압에 대한 언급은 없어지거나 현저히 약화되고 어조도 한층 부드러워졌기 때문이다.[88]

한편 변혁지향세력의 독자적인 움직임도 '교조신원운동'과 도소의 설치를 계기로 가시화하기 시작하였다. 이들이 동학에 입도한 이유가 바로 동학을 이용하려는 데 있었던 만큼 이들은 한편으로는 관리들의 불법적인 침탈을 받던 민중을 동학으로 끌어들이기도 하였고,[89] 다른 한편으로는 그들을 동원하여 '교조신원운동'을 추동하기도 하였다.[90] 이들이 두 차례의 '교조신원운동'을 겪고 도소가 설치된 후 복합상소 때부터 독자적인 활동을 시작하는 것은 '교조신원운동' 과정에서 보여준 교도들의 호응, 특히 도소가 설치된 후 '구름처럼' 모여드는 교도들의 모습을 통해[91] 동학교단이 충분히 변혁의 무기가 될 수 있음을 새삼 확인한 데서 온 것으로 이해된다.

이들의 움직임이 좀더 조직적으로 전개되기 시작하는 것도 이 무렵부터였다.

---

85) 주 76)의 내용은 그러한 사정을 극명하게 보여준다.
86) 〈천도교회사초고〉, 432~433쪽
87) 그러나 교단총부를 노출한 것은 다른 한편으로는 교단의 태도를 한층 타협적으로 만드는 계기가 되었을 것으로 보인다. 당시 교단지도부의 태도로 볼 때 정부와의 전면전을 원하지는 않았던 만큼 교단총부를 노출한 이상 정부와의 관계를 개선할 필요가 더욱 절실해졌기 때문이다.
88) 복합상소문은 〈천도교회사초고〉, 449~452쪽 ; 吳知泳, 《東學史》(간행본), 433~436쪽 등에 실려 있다. 조금씩 서로 다른 부분이 있으나 의미를 부여일 만한 차이는 아니다. 체제와의 타협을 추구하는 교단측의 태도는 1894년 9월 18일 제2차 농민전쟁이 시작될 때까지 지속되었다 (졸고, 1994 〈충청지역 동학농민군의 활동과 동학교단〉 《백제문화》 23).
89) 黃玹, 《梧下記聞》 首筆, 46쪽(주 42) 참조)
90) 주 42), 76) 참조
91) 〈천도교회사초고〉, 446쪽

앞의 ≪南原郡東學史≫에 따르면 복합상소가 결정되는 1893년 1월 10일 전봉
준은 직접 '昌〔倡의 오기―필자〕義文'을 작성, 전라도 각지로 돌려 같은 시각에
各郡의 衙門에 붙이도록 한 듯하며, 남원·운봉·곡성·구례 등지에서 같은 시
각에 방문을 붙인 것으로 기록되어 있다.[92] '창의문'의 구체적인 내용은 실려 있
지 않으나, '창의'라는 데서 알 수 있듯이 단순히 '교조신원'을 요구하는 내용은
아니었을 것으로 보이며, 남원·운봉·곡성·구례 등 각지에서 거기에 호응하고
있다는 점은 이미 이때도 전봉준은 전라도 각지의 인물들과 일정한 조직적 결합
을 확보하고 있었음을 보여준다.

한편 서울에서는 복합상소에 앞서 서인주와 서병학이 곧장 "병대와 협동하여
정부간당을 소탕하고 조정을 개혁하자"고 주장하였다.[93] 복합상소 직후인 2월
14일 밤 서울 Gifford 학당의 문, 2월 18일 미국인 존스(H. J. Jones)의 집, 2
월 20일을 전후하여 프랑스공관 그리고 보은집회가 열리기 10여 일 전인 3월 2
일에 일본공사관 벽 등에 척왜척양을 주장하는 괘서가 붙었다. 특히 존스의 집
과 프랑스공관에 붙은 글에는 3월 7일을 명시하여 성토, 소파할 것임을 천명하
고 있었다.[94] 이러한 모습은 교단측의 태도와는 전혀 다른 움직임이었다.

또 교단측이 "각자 安業하라"는 국왕의 말을 전해 듣고 순순히 귀향한 데 반
해, "是時에 無賴子弟 혹 道人이다 하여 擾民 作鬧하는 자 有하고, 혹 宗徒로 종
사하는 자도 信者 不篤하여 修道 不誠하여 스스로 世人의 指目을 招하는지라"라
는[95] 표현에서도 알 수 있듯이 교단지도부와 지향을 달리하는 세력들은 교단의

---

92) 이 사실은 구례의 유생이 쓴 ≪嶺上日記≫ 계사년 2월 10일에도 기록되어 있다.

93) 〈천도교회사초고〉, 449쪽 ; 〈天道敎創建史〉≪東學思想資料集≫ 2, 143쪽. 이러한 움직임이
   얼마나 신빙성이 있는지는 알 수 없으나, 〈교조신원운동 관계문서〉의 내용 가운데 1893년 4월 15
   일(양력) 서울을 출발하여 4월 24일 사이에 과천, 수원을 거쳐 공주까지 가서 '동학당'의 정황을 탐
   지하고 온 일본인 松永牛二郞 등 2인의 보고문은 이와 관련하여 시사해주는 바가 크다. 이에 따르
   면 복합상소 때 수원 근처의 수많은 촌민들이 세자의 탄신일을 전후하여 과거보러 가는 유생들과
   섞여 서울로 올라갔고, 공주에서도 지난해(1892년) 12월(양력) 충청도와 전라도의 동학도들이 충
   청감사에게 요구한 바가 받아들여지지 않자 이때 상경한 동학도들이 매우 많았으며, 이들은 서울
   에 가서 동학도들이 장차 난리를 일으키려 하여 정부에서 급히 捕吏들을 파견하였다는 소문을 들
   었다 한다. 이것은 복합상소 시기에 서울로 올라간 동학도들이 매우 많았음을 구체적으로 알려준
   다. 동학도들이 난리를 일으키려 한다는 소문은 병대와 합세하여 간당을 소탕하고 조정을 개혁하
   려 한 서인주 등의 계획과 관련이 있는 것으로 보인다.

94) 정창렬, 앞 논문(상), 133~135쪽

95) 〈천도교회사초고〉, 452쪽

통제를 벗어나 독자적인 움직임을 전개하고 있었다. 서울에서는 일련의 괘서가
나붙었고, 금구를 비롯하여 영동·보은·목천 등지에도 둔취해 있었다.[96] 또 전
라도에서도 교도 수천 명이 삼례에 모여 전주감사에게 글을 보내어 "장차 수십
만이 倡義하여 서울로 가서 倭洋을 제거하고 丙子年의 치욕을 씻겠다"고 한 바
있다.[97]

복합상소를 전후한 시기 경향에서 전개된 동학교도들의 움직임에서 주목되는
점은 두 가지이다. 하나는 반외세적 측면이 두드러지면서 '척왜양창의' 구호가
처음으로 제기되었다는 점이다. 외국공관에 붙은 일련의 방문은 대표적인 표현
이다. 이 점은 이전 시기의 통문이나 대정부 요구와는 차이가 난다. 공주집회에
서도 서학에 대한 반대, 왜의 경제적 침탈에 대한 반대는 있었으나, 왜양 자체
에 대한 반대와 동시에 그를 직접 쳐부수겠다는 의지의 표현은 없었다. 또 보은
에 도소를 차린 직후인 1892년 12월에 정부에 보낸 〈朝家回通〉이나[98] 복합상
소문에도 동학을 서학으로 칭하여 탄압하는 데 대해서는 명백하게 반대하고 있
지만, 외세 그 자체에 대한 반대요구는 보이지 않는다.

다른 하나는 반봉건적 측면에서 지방관리들의 침탈에 대한 반대 정도가 아
니라 중앙정부에 대한 직접적이고 물리적인 공격을 기도하기도 하였다는 점이
다.[99] 이미 공주·삼례 집회 때부터도 지방관리들의 침탈에 대한 반대나 그와
결부된 조세거납은 주장되어왔고, 〈조가회통〉이나 복합상소문에도 지방관리들
의 침탈문제가 중요한 한 요소로 제기되고 있었으나, 중앙권력에 대한 직접적

---

96) 金允植, 《續陰晴史》 上, 261쪽
97) 李復榮, 《聞記》 癸巳 3월 8일. 이외에도 金允植, 《續陰晴史》 上, 3월 8일, 258쪽에는 "忠
孝烈로 三難으로 삼기 때문에 掃破倭洋하여 大義를 이루고자 한다"라는 글을 전라감사에게 보냈
다고 기록되어 있고, 경상도 예천의 유생 朴周大의 일기인 《羅巖隨錄》 계사 2월조, 〈196. 東
學黨興完伯書〉과 〈뮈텔문서〉에는 감영에 정소한 글의 내용이 상세히 나오는데 그 내용은 3월 11
일 보은에 걸린 방문과 같다. 또 《승정원일기》 고종 30년 2월 25일조에 실린 유생 朴齊三의
상소에는 "동학당이 게시한 통문 4통과 完營에 呈訴한 문자는 신하가 차마 들을 수 없고 차마 말
할 수 없는 것이었다"는 표현이 나오며, 〈천도교회사초고〉, 453쪽에도 "수천 명이 감사에게 억울
함을 호소하였다"는 사실을 기록하고 있다. 〈미국외교문서〉(국방군사연구소 소장, 문서관리번호
SN-576) 1893년 4월 20일조에도 일본공사관에 붙은 벽보와 함께 번역되어 실려 있으며, 내
용은 《羅巖隨錄》이나 〈뮈텔문서〉에 실린 것과 같다.
98) 〈조가회통〉의 내용에 대해서는 《東學書》, 86~91쪽 ; 〈천도교회사초고〉, 446~448쪽 참조
99) 1893년 2월경에 전주감영에 올린 등소에도 "신하가 차마 말할 수 없"을 만큼 과격한 내용이
포함되어 있었다(《승정원일기》 고종 30년 2월 25일. 주 97)의 인용문 참조).

인 타도 움직임이 등장한 것은 이때가 처음이었다.

이와 같이 2월 중순부터 3월 초 사이에 서울과 지방(특히 전라도지방)에서 전개된 일련의 움직임에서 두드러진 특징은 중앙권력과 왜양 자체에 대한 직접적이고 물리적인 공격을 표명한 점이다. 이러한 움직임에서 중심을 이룬 것은 전라도지방의 동학의 여러 무리, 갈래였으며, 그러한 움직임 속에서 남접이 자연스럽게 이루어졌을 것으로 이해되고 있다.[100]

그러나 이러한 움직임을 모두 동학교도의 소행으로 보기에는 의문이 간다.[101] 이 시기 동학교도의 움직임이나 그들이 요구한 내용은 서인주 등이 "정부간당을 소탕하고 조정을 개혁하"려 한 움직임과 전주감영에 등소한 내용에 "신하가 차마 들을 수 없는" 표현이 들어있다는 점을 제외하고는 거의 대부분이 척왜양에 경도되어 있었다. 불란서, 미국 등 외국공관에 붙은 방문의 내용은 '예의지국'에서 횡행하는 서학에 대한 반대에 거의 국한되어 있고, 척사론적 분위기가 물씬 풍기고 있다. 동학교도의 이름으로 전주감영에 올린 등소의 내용도 척왜양에 집중되어 있다. 특히 내용상으로도 왜에 대해서만이 아니라 洋夷에 대해서도 기한(3월 7일)을 정하여 그때까지 철수하지 않으면 병대로써 쳐부수겠다는 격렬한 공격의지는 이전 시기의 움직임에서 볼 수 없던 모습이다.

방문을 붙인 주체도 '白雲山人 弓乙先生', '鳥不人 三角山' 등으로 나와 있고, '己走巳言有反絲 兎勿目力在幸丸', '遂落兩頭 日兮月兮 口橫一木 先王去水' 등 파자로 된 메시지를 남기고 있으며,[102] 일본인 장사치 앞으로 보낸 방문도 그 발신인이 '朝鮮國 三師員羽草'로 되어 있어서[103] 19세기 후반에 빈발하던 변란세력의 분위기를 강하게 느낄 수 있다. 또 미국인 선교사 존스의 집에 붙은 벽보에 대해서는 "해고되어 쫓겨나 불만을 품은 어느 학생으로부터 나온 것 같다. 왜냐하면 거기에는 프로테스탄트들에 대해 너무나도 잘 알고 있는 얘기를 하고 있기 때문이다"라는 관측이 있기도 하다.[104]

---

100) 정창렬, 앞 논문(상), 136~142쪽

101) 장영민, 1991 앞 논문, 250~251쪽 ; 박찬승, 1993 앞 논문, 357~358쪽

102) 《구한국외교문서 10》(미안 1), 고종 30년 2월 18일, 문서번호 1071 奇包學堂門前耶蘇敎
　　排斥檄文貼付에 관한 件, 718~719쪽 ; 〈뮤텔문서〉 정리번호 1893-54, 1893-61

103) 《구한국외교문서 2》(일안 2), 고종 30년 3월 2일, 문서번호 2280 東學徒의 嚴戢要請,
　　385쪽 ; 《일본외교문서(한국편)》 5, 문서번호 208 朝鮮國東學黨의 擧動에 대한 情報의 件, 附
　　屬書 日本商旅關展見, 461~463쪽

따라서 이 시기에 전개된 일련의 척왜양운동과 '반정부' 움직임에는 다양한
성향의 부류가 섞여 있었던 것으로 보인다. 또 주 97)에 제시된 바 전주감영에
올린 정소 내용으로 볼 때나 "우리는 왜양을 剿滅할 뿐이다"라고[105] 한 주장에서
볼 때 분명히 척왜양 구호를 전면에 내걸고 있으면서도 한편으로는 "차마 신하
가 말할 수 없"는 내용도 담고 있어서[106] 반정부적인 구호와 척왜양 구호가 착종
되어 있음을 알 수 있다. 이러한 경향은 보은·금구 집회에도 그대로 이어지는
만큼 그 배경과 그것이 가진 의미에 대해서는 후술하기로 한다.

복합상소 이후에도 각지에서 해산하지 않은 교도들의 움직임이 이어졌고, 여
기에 더하여 교단측의 기대와는 달리 오히려 관리들의 침탈은 배가되었다. 이
에 따라 최시형은 관리들의 침탈로 목숨조차 연명하기 어렵게 된 교도들을 구
하고 최제우의 신원을 얻기 위한 대규모 집회의 개최를 결정하게 된다. 그것이
바로 3월 10일의 보은집회였다.[107]

보은집회와 관련하여 주목되는 사실은 교조신원과 관련된 주장은 거의 제기
되지 않고 척왜양 구호가 전면에 제기된 점, 같은 시기에 전라도 금구에서 또다
른 집회가 열렸다는 점,[108] 그리고 삼례집회부터 전면에 떠오르기 시작한 전봉
준이 이 금구집회를 통해 뚜렷한 지도자로 등장한다는 점이다.

한편 금구집회를 주도한 것은 전봉준이었고,[109] '금구취당'은 척왜양운동을 전
개한 가장 중심적인 세력이었으며, 보은집회에 참여한 남접과 연합하여 보은취
회의 척왜양과 관련한 發文揭榜를 주도한 것으로 이해되고 있다. 이때 보은에
참여한 서장옥·황하일 등 남접과 전봉준의 '금구취당'은 각각 별도의 세력이면
서도 내면적으로는 깊숙한 연관을 갖고 있었다는 것이다. 이와 같이 이들의 움

---

104) 《뮤텔주교일기 1》 1893년 4월 6일조
105) 김윤식, 《속음청사》 상. 258쪽
106) 주 97) 참조
107) 〈천도교회사초고〉, 453쪽
108) 정창렬, 앞 논문(상). 143쪽. 金在洪의 〈嶺上日記〉에 따르면 같은 무렵에 경상도 밀양에서도
   동학교도들의 집회가 있었다고 한다.
109) 이때 집회를 주도한 인물로는 호서의 서병학, 호남의 金鳳集·徐長玉 등으로 나오나 김봉집
   은 전봉준의 가명이었다(조경달, 앞 논문, 126쪽 ; 정창렬, 앞 논문(상), 123쪽). 또 전봉준은
   金鳳均이라는 가명도 쓰고 있었는데, "동학당의 수령으로 지목된 고부의 한 인물=그는 일본인
   에 대하여는 항상 김봉균이라는 이름으로 말하는 것으로 보인다"(〈동학당의 진상 7〉 《이륙신
   보》 1894년 11월 16일자)고 하였으며, "특히 일본인들에게는 김봉균이라는 僞稱을 쓰고" 있었
   다(〈조선의 一活火〉 《이륙신보》 11월 20일자).

직임은 여러가지로 교단지도부와는 다른 점이 많았으며, 별도의 집회를 열고 있었다는 점에 주목하여 '금구취당세력'은 늦어도 금구집회가 시작된 3월 중순에는 독자적인 취당을 가질 정도로 완강한 세력으로 성장하였던 것으로 이해되고 있다.[110]

이들은 상경하여 탐관오리를 축출하고 왜양을 소파할 계획이었으나, 실패하고 만다. 실패한 요인에 대해서는 금구취당세력이 보은집회의 남접세력과 연합하려는 경향을 드러내자 교단측이 보은에서 서둘러 도주함으로써 금구세력의 보은집회 참여를 원천적으로 봉쇄하였기 때문이라는 점, 아직 금구취당과 남접이 연합된 고리가 허술하고,[111] 충분한 지도력과 노선이 확립되지 않았기 때문이라는 점 등이 지적되고 있다.[112]

그러나 금구집회와 보은집회의 관계에 대한 이해 그리고 금구취당세력이 조직력의 측면에서 취약점을 드러낼 수밖에 없었던 배경 등에 대해서는 해명이 미흡하다. 이에 대한 이해는 여러가지 측면에서 이루어질 수 있을 것이나, 여기서는 일련의 '교조신원운동' 과정에서 금구집회가 가지는 독자성의 정도나 내용, 독자성을 발휘할 수 있는 가장 중요한 기제인 조직력에 대해 취회중민들과 지도부의 결합 정도 등을 통해 살펴보기로 한다.

종래에는 척왜양 구호나 상경하여 왜양을 掃破하고 탐관오리를 축출하려는 움직임을 '금구취당세력'의 소행인 것으로 파악하였으며, 또 '금구취당세력'은 보은집회에도 일부 세력을 보내어 보은집회까지도 정치적인 성격의 집회로 변질시키고 나아가 보은집회의 남접세력과 연결하여 서울로 쳐들어가려는 계획이었던 것으로 이해하여왔다.[113]

이 가운데 보은집회와 금구집회를 구별하고 왜양소파의 움직임이 금구집회의

---

110) 정창렬, 앞 논문(상), 122~125쪽 및 144쪽
111) 위 논문, 142~143쪽 및 130쪽
112) 박찬승, 앞 논문, 372~373쪽
113) 정창렬, 앞 논문(상), 128~132쪽. 금구취당세력이 보은의 남접계와 합세하여 상경하려던 구체적인 근거의 하나로 이들이 원평에서 충주로 이동하고 있었음을 지적한 데 대해서는 院坪이 전라도의 원평이 아니라 보은군 산외면 원평리라는 반론이 제기되고 있다(장영민, 1993 앞 논문, 253쪽 참조). 그러나 정확한 목적은 알 수 없지만, 금구집회에서 보은으로 합세하려 한 소문이 있었을 뿐만 아니라(김윤식, 《속음청사》 상, 264쪽 ;〈취어〉, 111쪽), 실제 금구집회에 참여했던 세력의 일부는 보은으로 오다가 진산에서 어윤중을 만나 효유를 받고 해산한 일이 있다(김윤식, 같은 책, 269쪽. 《남원군동학사》에도 같은 사실이 기록되어 있다).

소행이라는 이해의 중요한 근거 가운데 하나가 바로 4월 1일 선무사 어윤중이 보은집회의 중민들을 모아놓고 해산을 종용하는 자리에서 보은집회의 두령으로 알려진 徐丙鶴이[114] 어윤중에게 한 말이다.

이 자리에서 서병학은 불행하게도 동학에 들어와 사람들의 지목을 받게 된 것을 후회하는 말과 함께 금구집회에 대해 "호남취당은 얼핏 보면 〔우리와―필자〕 같지만 종류가 다르다. 發文揭榜은 모두 그들의 소행이다. 정형이 극히 수상하니 원컨대 公은 상세히 살펴보고 판단하여 우리 黨과 混同하지 말라"고 하였다.[115] 그러나 이미 그의 어조에도 발뺌을 하려는 분위기가 짙게 배어 있지만, 서병학은 보은집회에서도 병든 자와 식대를 못 낸 자들을 남겨둔 채 야반 도주하였으며,[116] 뒤에는 捕將 兼 道巡察使 申正熙에게 붙어 南部都事라는 자리를 차지, 관군의 앞잡이가 되기도 하는 자인 만큼[117] 그의 말을 액면 그대로 받아들이기는 어렵다.

서병학이 '호남취당'이라고 명명한 데서 암시하듯이 '금구집회'에는 교단과 지향을 달리하는 일군의 세력이 참여하고 있음이 분명하다. 그러나 주목해야 할 것은 우선 금구집회와 보은집회를 전혀 별개의 집회로 보는 것은 곤란하다는 점이다. 그것은 "보은집회와 금구취당은 聲氣가 통한다"고 한 점[118], 그리고 무엇보다 금구집회에 모였던 이들이 어윤중에게 "우리가 모인 것은 道主 최시형의 분부에 따라 척왜양을 하기 위한 것이며, 또 수령의 침학이 고통스러워서이다"고 한 데서[119] 확인된다. 바로 금구집회의 직접적인 계기도 교단측의 지시에 있었음을 알려주기 때문이다.[120]

---

114) 〈聚語〉, 110, 121쪽
115) 〈취어〉, 123쪽
116) 〈취어〉, 121쪽
117) 〈천도교회사초고〉, 461~462쪽 ; 《동학란기록》 상, 684쪽
118) 《日省錄》 고종 30년 癸巳 4월 5일
119) 金允植, 《續陰晴史》 上, 269쪽
120) 금구집회가 어떤 경로로 이루어졌는지에 대해서는 구체적으로 알 수 없다. 그러나 주 119)에 나오는바 최시형의 지시에 의해 모였다는 기록, 그리고 주 75)에 보이는바 교단의 직접적인 영향하에 있던 수원의 동학교도들도 삼례집회에 참여하고 있었다는 사실(《뮈텔주교일기 1》 1893년 1월 6일)에서 미루어볼 때 적어도 교단측의 지시를 빙자하여 교도들을 금구로 모이도록 한 것으로 추측된다. 따라서 여기에는 변혁지향적인 교도들뿐만 아니라 다양한 성향의 교도들이 참여하고 있었으며, 이 역시 금구집회의 '독자성'이 가진 한계를 드러내는 대목이다. 금구집회의 대표적인 주도자로 지목되는 인물이 남접으로 분류되기도 하지만 일찍부터 교단의 핵심인물로

두번째로 '금구취당'만이 아니라 교단측에서도 척왜양 구호와 반탐학 요구를 제기하였고 특히 척왜양을 강조하고 있었다는 점이다. 보은집회에서도 전면에 등장한 것이 척왜양 구호였음은 주지하는 대로이다. 또 보은집회에서 어윤중 등 관군측과의 공식적인 접촉에서 오고간 대화나 榜文 등에서는 "왜양을 치다가 죽는 것은 오히려 삶보다 현명한 것이다", [121] "(탐관오리들을) 만약 지금 소청하지 않으면 언제 國泰民安이 있을 것인가" [122]라는 표현이 나오고, 어윤중도 보은집회에 모인 중민들에게 "너희들이 올라가서 서울을 경동하는 것은 절대로 안 된다" [123]는 말을 하고 있었다.

보은집회에서 나온 척왜양 구호와 반탐학 요구를 주도한 것은 '금구취당'에서 보낸 인물들이나 보은집회의 남접세력이었다 하더라도 방문이나 관군측과 이루어진 접촉을 금구집회세력이나 남접이 전담했다고 보기는 무리일 것이다. 설사 금구세력이나 남접세력이 전담하였다 하더라도 보은집회 기간 내내 척왜양의 구호가 전면에 제기되고, '斥倭洋倡義旗'가 내걸린 데 대해 교단측에서 어떠한 제지도 한 적이 없다.

교단측에서도 이미 이전의 공주·삼례 집회나 복합상소 시기부터 비록 포교의 정당성을 강조하려는 측면이 강하였지만, 왜양에 대해 또 동학금단을 빙자한 탐학에 대해 반대해오고 있었다. 특히 척왜양에 대해서는 교단측에서도 오히려 강조하는 입장이었다. 교단의 핵심인물인 손병희 등의 이름으로 된 '문장초건'의 내용에도 척왜양이 매우 강도 높게 강조되고 있으며 교단측의 입장으로 보이는 "斥和의 본뜻을 얻지 못하여도 어찌 감히 항명하여 물러나지 않겠는가"라는 말에서도 [124] 교단측이 척왜양을 강조하였음이 확인된다. 요컨대 변혁지향세력과 교단측, 금구집회와 보은집회를 막론하고 전면에 내건 구호는 척왜양이었던 것이다.

그러나 교단과 변혁지향세력이 척왜양 구호를 제기한 배경이나 의도에는 차

활동하고 있던 황하일이었다(金允植, 《續陰晴史》 上, 264쪽)는 기록도 금구집회가 교단측과 긴밀한 관계 속에서 이루어졌음을 짐작케 한다.
121) 〈취어〉, 115쪽
122) 〈취어〉, 112쪽
123) 〈취어〉, 123쪽
124) 〈취어〉, 115~117쪽. '문장초건'의 서명자 중 〈취어〉에 宋秉照로 나와 있는 인물이 〈교조신원운동 관계문서〉에는 宋秉熙로 되어 있어서, 손병희의 誤記인 것으로 보인다.

40

이가 있었다. 먼저 교단측의 척왜양 구호는 체제내화 움직임의 연장선에서 이
해할 수 있다. 척왜양 구호와 충효를 강조한 점은 동학이 西學과는 전혀 다르다
는 사실 그리고 유학과 같다는 사실을 집약적으로 보여줄 수 있었기 때문이다.
보은집회의 일부에서 무장을 하자 교단에서 이를 엄금한 일은[125] 이들의 진정한
의도가 어디에 있었는가를 짐작케 한다. 이들의 주된 관심은 포교의 자유를 확
득하는 데 있었다. 이들은 창의의 사유가 국왕에게 제대로 전달되어 자신들이
'匪類'가 아님을 인정받기만 하면 척화의 본뜻을 얻지 못하여도 언제라도 물러
날 준비가 되어 있었다.[126] 교단지도부의 기본적인 목표는 어디까지나 동학포교
의 자유를 공인받는 데 있었다.[127]

그러나 변혁지향세력이 척왜양 구호를 전면에 제기한 배경은 교단측과는 전
혀 다르며, 이 시기 변혁지향세력의 독자성, 이들의 조직적 기반, 의식수준, 지
도부와 취회중민의 결합정도와 관련하여 중요한 의미를 가지는 것이다. 척왜양
구호와 관련하여 현재 학계에서는 "교조신원의 종교적 주장은 철회되고 민중과
의 연대하에 민중의 현실적 정치적 요구를 충족시킬 수 있는 '왜양을 타파하여
나라의 은혜에 보답하자'는 슬로건이 전면에 부각"된 것으로 이해되고 있다.[128]
그러나 공주·삼례 집회와 뒤이은 1892년 12월의 '제2차 공주집회'에서도 취회
중민들의 지향에는 반탐학 등 반봉건적 측면이 강하게 깔려 있었다. 또 '농민전
쟁 봉기계획'이나 고부민란 단계에서는 척왜양 구호가 사라지고 '반봉건'적 구호
가 전면에 제기되었다. 그리고 농민전쟁의 시작을 알리는 무장포고문도 '반봉건'
적 측면을 강조하고 있으며, 무엇보다 농민전쟁의 발발과 더불어 제시된 구호
나 행동도 '반외세'보다는 압도적으로 '반봉건'에 치우쳐 있었다. 따라서 보은·
금구 집회에서 '척왜양' 구호가 전면에 등장한 배경이나 의미에 대해서는 새롭
게 접근될 필요가 있다.

당시 민중이 생활 속에서 느끼는 가장 절박한 요구는 지배층의 불법적 침탈
에 대한 금단 등 '반봉건' 개혁에 있었다. 우선 '교조신원운동'이 시작되는 직접
적인 계기도 바로 교도들뿐만 아니라 일반 민인들에게까지도 지방관의 불법적

125) 〈취어〉, 114쪽
126) 〈취어〉, 118쪽
127) 박찬승, 앞 논문, 361쪽
128) 김의환, 앞 논문, 148쪽

침탈이 가해진 데 있었다.[129] 이에 따라 이미 공주·삼례 집회와 제2차 공주집회에서도 지방관리들의 침탈 반대, 조세거납 등의 사실에서 보이듯이 '반봉건'적 요구가 제기되었다.[130] 보은집회에서도 관군측과의 공식적 접촉이나 방문에서와 달리 비공식적 채탐과정에서는 "생령들은 방백수령의 탐학무도와 토호들의 무단절제로 도탄의 지경에 이르렀다. 만약 지금 소청하지 않으면 언제 국태민안이 있을 것인가"라는 강력한 '반봉건' 성향을 보이고 있었다.[131]

또 앞서 언급했듯이 금구집회에 모였던 이들도 "우리가 모인 것은 道主 최시형의 분부에 따라 척왜양을 하기 위한 것이며, 또 수령의 침학이 고통스러워서이다"고 하였다.[132] 교단에서 척왜양을 지시하였기 때문에 그것을 전면적인 구호로 내걸기는 했지만, 한편으로는 수령의 침탈에 대한 반대 등 '반봉건'적인 요구가 기저를 이루고 있었던 것이다. 당시의 관리들이나 지식인도 한결같이 지배층의 불법적 침탈을 반란의 원인으로 지적하였고,[133] 구체적으로는 "前 충청감사와 前 영장 윤영기가 締結和應하여 무고한 자를 함부로 죽이고 민간의 재물을 횡탈하여서 이 취회를 기른 것이다"고 하여[134] 前 충청감사와 前 영장의 불법적인 침탈이 보은집회의 주 원인임을 밝힌 바 있다.[135]

최근 발견된 〈栗山日記〉는 이러한 분위기와 관련하여 매우 중요한 사실을 알려준다. 여기에 따르면 按諭使 魚允中과 中軍 洪啓喜가 '東學魁首'를 만나 罷兵

---

129) 주 76) 참조
130) 주 68), 73), 83) 참조
131) 〈聚語〉, 112쪽
132) 주 119)와 같음
133) 〈취어〉 前司諫權鳳熙疎, 107쪽
134) 〈취어〉, 123쪽
135) 이러한 점은 보은집회에 모인 중민들의 성분에 대한 어윤중의 분석에서도 드러난다. 어윤중은 집회에 몰려오는 자들의 성분을 ① 재기가 조금 있으나 뜻을 얻지 못한 자, ② 탐학이 횡행하는 것을 분하게 여겨 그것을 제어하고 백성을 위하여 목숨을 바치려는 자, ③ 外夷가 우리의 利源을 빼앗는 것을 통분으로 여겨 크게 반대하는 자, ④ 탐관오리의 침학을 받으면서도 호소할 길이 없는 자, ⑤ 경향에서 土毫의 武斷에 위협받아 스스로 보전할 길이 없는 자, ⑥ 경향에서 죄를 짓고 살기 위해 도망다니는 자, ⑦ 營邑의 屬吏로서 의지할 곳이 없이 떠돌아다니는 자, ⑧ 양식이 없는 농민과 이익을 남기지 못하는 상인들, ⑨ 우매한 자로 풍문으로 듣고 들어와 樂地로 삼는 자, ⑩ 부채에 시달려 견디지 못하는 자 등으로 구분하였다(〈취어〉, 122쪽). 이러한 분류가 반드시 집회중민의 요구와 일치하는 것은 아닐테지만, 위에 구분된 항목들 가운데 봉건적 침탈과 관련된 것이 가장 큰 비중을 차지하고 있다는 데서 집회에 모인 중민들의 분위기를 엿볼 수 있다.

42

歸家할 것을 타일렀으나, 그 괴수는 다음과 같은 자신들의 요구를 구체적으로
제시하고 그것이 시행되면 곧 해산하겠다고 하였다.

一. 斥倭洋事　　　一. 閔氏逐出事　　　一. 戶布革罷事
一. 當五革罷事　　一. 各邑稅米精持事　一. 着木綿不通外國物色事[136]

'반외세'를 주장한 1항과 6항을 제외한 나머지 4개의 항목은 모두 '반봉건' 구
호로 볼 수 있으며, 특히 제2항에서는 이들이 탐학한 지방관의 축출 정도가 아
니라 민씨정권의 퇴진을 구체적으로 요구하였음이 확인된다.

이와 같이 취회중민들의 지향은 기본적으로 '반봉건적'인 데 있었다. 또 전봉
준도 "간악한 관리를 징치하고 보국안민을 이루기 위해" 동학에 입도하였고 "全
羅一道의 탐학을 제거하고 매작권신을 쫓아내면 팔도가 하나가 될 것"이라고[137]
하였듯이 지도부에서도 '반탐학', '반침탈'의 중요성을 충분히 감지하고 있었다.
그럼에도 불구하고 복합상소 시기부터 척왜양 구호가 전면에 등장하고 보은·
금구 집회에서도 공개적인 방문이나 깃발, 격문 등에서 척왜양 구호가 주조를
이룬 것은 당시 변혁지향세력이 도달해 있던 조직 및 의식 면에서의 한계를 반
영하는 것이다.

금구집회를 주도한 전봉준은 입도할 당시부터 중앙권력까지 타도의 대상으로
상정하고 있었다. 그러나 앞서 언급한 바 있듯이 금구집회든 보은집회든 거기
에는 다양한 부류의 교도들이 참여하고 있었다.[138] 또 '세상이 바뀌기를 바라는
마음'에서 입도한 대다수 교도들도 세상이 바뀌기를 바라는 열망은 강렬하였지
만, 스스로를 사회변혁의 주체로서 자각한 것은 아니었다. '비결이 세상에 나오

---

136) 〈栗山日記〉 癸巳 3월 15일. 〈栗山日記〉는 1893년 당시 충주에 살던 유생 金永相의 일기이
　다. 이에 대한 해제는 《동학농민전쟁사료대계》 16(1995 여강출판사 간행 예정) 참조. 어윤중
　이 동학괴수를 만났다고 기록한 일기의 날짜가 3월 15일로 되어 있다. 3월 15일은 어윤중이 아
　직 보은으로 내려오기 전이었다. 어윤중은 3월 17일 都御使로 파견되었다가 3월 25일 兩湖宣撫
　使로 改差되었으며 보은 장내리 집회장소에 도착한 것은 3월 26일이었다. 일기의 저자는 충주에
　世居하던 유생이었는데, 들은 풍문을 적은 탓으로 일기에는 날짜상의 착오가 있는 듯하다. 그러
　나 보은취회에서 이러한 반봉건의 요구가 구체화하고 있었음을 알려준다는 점에서 중요한 의미
　를 가진다.
137) 〈全琫準供草〉 再招問目, 328쪽
138) 주 40), 120) 참조

는 날 나라가 망할 것'이라는 참언을 믿고 동학이 그 비결을 입수하자 동학이야
말로 세상의 도래를 알리는 '메시아'라는 인식에서 입도자가 폭증한 사실에서
볼 때 아직은 새로운 세상의 도래를 염원하는 수동적 측면이 강하였다. 따라서
전봉준 등 지도자급 인물들과 달리 중앙권력 타도는 물론 민란의 수준을 벗어
나는 '반란'의 대열에 뛰어들 수 있는 여지가 협소하였다. 말하자면 지도부와 취
회중민간에는 의식상의 괴리가 있었다. 이런 맥락에서 볼 때 보은·금구에서
반외세 구호가 전면에 제기된 중요한 배경 중의 하나는 전국 차원의 '반란'을 조
직하려던 지도부가 중민들의 의식수준이나 정서를 고려하여 내놓은 전술적 차
원에서 받아들일 수 있다.

척왜양은 19세기 후반 대외적 위기의식의 고양과 외세의 침탈 속에서 이에
대응하기 위해 등장한 중요한 대응논리 중의 하나였으며, 민중세계에도 깊숙이
각인되어 있던 일종의 '時代的 情緒'였다.[139] 특히 척왜는 이미 개항 이전부터
민중에게 강력한 대일적대감이 형성되어 있었던 만큼 전국적인 차원에서 대중
들을 동원하는·데는 강한 호소력을 지니고 있었다. 여기에 더하여 복합상소 직
후 교도들 사이에 "왜양이 生等〔동학교도ㅡ필자〕이 斥和를 한다는 이유로 國父
를 위협하여 동학인을 소탕하도록 强請하였다"[140]는 인식이 널리 유포되어 있었
다.

따라서 '반란'이 아니라 倡義, 그것도 척왜양을 위한 倡義는 "民擾가 地境을
넘으면 반란이 된다"[141]는 의식을 보여주던 농민들을 전국 차원의 항쟁에 동원
하는 데 좋은 명분이 될 수 있었다.[142] "동학의 무리는 이미 팔로에 만연하여 거
의 수만이 넘는다. 겉으로는 洋夷를 가탁하여 안으로는 思亂을 품고 있다"[143]고
한 어윤중의 지적도 내부적으로는 '반봉건적' 지향이 중심을 이루면서도 겉으로
는 척왜양을 명분으로 내걸고 있었음을 확인해준다. 또 "창의는 다른 이유가 아

---

139) 특히 민중이 가지고 있던 반왜정서에 대해서는 졸고, 1994 〈개항기(1876~1894) 민중의 일
   본에 대한 인식과 대응〉《역사비평》 계간 27호 참조.
140) 〈聚語〉, 117쪽
141) 張奉善, 〈全琫準實記〉《井邑郡誌》〔《동학농민전쟁연구자료집》 1(여강출판사, 1991)에
   재수록〕, 353쪽
142) 창의, 특히 척왜양을 위한 창의를 명분으로 '반란'을 도모한 예는 이미 19세기 후반 변란에서
   도 익히 찾아볼 수 있다(졸고, 1992 앞 논문 참조)
143) 〈취어〉 계사 3월 23일, 115쪽

니라 오로지 척왜양을 하기 위한 뜻이다. 그러니 비록 巡營의 甘飭과 主官 面諭가 있다 하더라도 중지할 수 없다"고[144] 한 데서 나타나듯이 척왜양 구호와 그것을 위한 '창의'는 자신들의 집회가 지배질서를 어지럽히는 '반란'이 아님을 강조함으로써 민란의 범주를 넘어서는 전국 차원의 집회에 정당성을 부여하는 중요한 명분이 되고 있었다. 이는 "임금이 욕을 당하면 신하는 죽어야 한다"는 인식과도 궤를 같이하는 것이기도 하다.

척왜양을 강조한 것과 관련한 두번째의 배경은 3월 10일 걸린 '보은관아통고'의 내용을 통해 미루어 짐작할 수 있다. 거기에는 "원컨대 閣下도 뜻을 같이하고 힘을 합하여 忠義의 士吏들을 모아 함께 輔國하기를 바란다"고 하였다. 이것은 무엇보다 당시 전봉준을 비롯한 지도부가 보국안민을 위해 광범위한 연합세력의 구축을 꾀하고 있었기 때문인 것으로 보이지만, 충군애국에 대한 강조 등에서 드러나듯이 지도부가 가지고 있던 근왕주의적 성향과도 맥을 통하는 것이었다.

척왜양 구호가 전면에 두드러지게 나타난 세번째 배경은 취회중민과 지도부간에 놓여있던 의식상의 괴리나 광범위한 민족역량의 결집을 고려한 전술적 측면뿐만 아니라 변혁지향세력의 조직역량의 미숙, 그에 따른 지도노선의 미확립이라는 데서도 찾을 수 있다. 먼저 금구집회 역시 기본적으로는 교단의 지휘에 의해 이루어졌고, 교단에서도 척왜양 구호를 지시하고 있었다. 변혁지향세력은 아직까지 독자적인 조직적 기반을 채 갖추지 못하였고, 동학교단의 움직임에 편승하여 그것을 이용하려는 수준에 머물러 있었음을 말해준다.[145] 또 앞서 살핀 바와 같이 보은·금구에 모인 사람들 가운데는 전봉준과 뜻을 같이하는 자들도 있었지만, 거기에는 엽관적 지향을 가지고 동학을 이용하여 변란을 기도하려는 자 외에도 단순히 교조의 신원과 포교의 자유라는 종교적 목적에서 참가한 자, 治病이나 재앙으로부터의 도피라는 개인적 救福을 위해서 온 자, 有無相資에 끌려 糊口를 위해 온 자 등 다양한 부류가 혼재하였다. 이러한 다양한 집단을 통일적으로 조직하여 '輔國安民'의 대열로 끌어들인다는 것은 대단히 어려운 문제였고, 전봉준 등은 아직 그럴 만한 지도력을 확보하지 못하고 있었다. 특히 전봉준과는 달리 19세기 후반 변란세력과 유사한 성향을 가지고 동학을

144) 〈취어〉, 111쪽
145) 주 119), 120) 참조

이용하려 하면서도 교단측과 마찬가지로 '滅倭洋'을 전면적인 구호로 내걸고 있던 세력의 존재는 전봉준 등이 지도력을 발휘하는 데 방해가 되었을 것이다.

요컨대 척왜양 구호는 변혁지향세력과 교단측이 서로 다른 의도에서 접근하여 만난 접점이자 양면의 의미를 가지는 것으로 볼 수 있을 것이다. 그러나 척왜양 구호는 포교의 자유라는 종교적 목적에 경도되어 있던 집회의 성격을 정치운동화하는 단서는 되었지만 동시에 그들의 한계를 보여준다.

척왜양의 분위기는 '宗社를 위협하는' 구체적인 침략행위나 여기에 준하는 사건이 매개되지 않고서는 '의병'의 봉기 등 집단적인 물리적 충돌로까지 발전하지는 않았다.[146] '교조신원운동' 당시 농민들은 倭洋이 나라의 심복에까지 들어와 준동하고 있는 사실에 대해 정서적으로는 매우 분개하고 있었으며, 일각에서는 "우리의 利源을 빼앗아가는 外夷를 온 나라의 義旅와 함께 협력하여 물리치자"는 주장을 제기하기도 했으나[147] 구체적인 침략행위가 가시화한 상황은 아니었다. 따라서 척왜양 구호는 십중팔구 반역자로 몰리고, 목숨까지 걸어야 하는 '반란'의 대열에 뛰어들게 할 만큼 설득력있는 구호는 아니었다.[148]

---

146) 이러한 점에서 왜선의 빈번한 왕래, 경복궁 침입, 청일전쟁 등 가시화한 왜의 침략행위가 직접적인 계기가 되었던 2차 봉기와 분명한 차이가 난다. 전봉준이 2차 봉기를 일으킨 직접적인 원인은 일본군에 의한 경복궁 침범이라는 구체적 행위에 대해 그것을 국토에 대한 침략행위로 판단하였기 때문이다. 전봉준은 군사적 침략행위가 아닌 단순한 통상행위에 대해서는 침략행위로 받아들이지 않고 있었다(《全琫準供草》再招問目, 340쪽). 이후의 의병전쟁은 물론이고 왜에 대한 집단적인 물리적 공격이 일어난 임오군란이나 갑신정변 당시의 사정도 같은 맥락에서 이해할 수 있을 것이다(임오군란, 갑신정변 당시 일본에 대한 민중의 인식에 대해서는 졸고, 1994 앞 논문 참조).

147) 〈취어〉, 123쪽

148) 개항이 되었다 하더라도 일본인과의 접촉은 개항장 등 일부 지역에 국한되어 있었으나, 內地 行商이 본격화하는 1880년대 후반부터는 일본상인들의 활동무대도 내륙으로까지 확대됨으로써 한국인과 일본인들의 접촉범위도 그만큼 확대되었다. 이에 따라 양국인 사이의 충돌도 더욱 잦아졌다. 특히 日商에 의한 미곡유출은 충청도와 전라도 일대에도 심각한 피해를 끼쳐 일부에서는 일상의 미곡유출에 대해 자신들의 생존을 위협하는 행위로 받아들일 정도였다(주 60) 참조). 따라서 '교조신원운동' 당시에도 일찍부터 이에 대한 반대요구가 제기되었고(주 59) 참조), 농민전쟁 당시에도 중요한 요구조건 중의 하나였다(김윤식, 《속음청사》 상, 324쪽). 그러나 이러한 행위는 주로 포구를 중심으로 몇 명의 일상에 의해 행해지고 있었다. 또 농민군들도 통상 자체를 반대한 것이 아니라 개항장 밖에서 행해지는 잠상, 밀매행위를 반대하고 있었던 만큼〔(전봉준공초) 재초문목, 340쪽;《대한계년사》(상), 86쪽〕. 각지에서 산발적인 충돌은 있었지만 전국 차원에서 '의병'을 일으켜 대처할 상황은 아니었다. 그러나 '반왜 정서'가 팽배해 있었다는 점은 그것이 구체적인 침략행위와 결부될 때 광범위한 대중적 호응을 얻을 수 있고, 그에 따라

46

따라서 보은·금구 집회에서 제기된 척왜양 구호를 종래와 같이 "민중의 현실
적 정치적 요구를 충족시킬 수 있는" 구호로 파악하는 것은 무리이며, 오히려
아직까지 조직적, 이념적 역량을 갖추지 못한 변혁지향세력의 현실을 알려주는
지표로도 볼 수 있을 것이다.[149] 이미 공주·삼례 집회 때부터 취회중민들의 사
고의 저류에는 '반봉건' 지향의식이 강하였고 지도부 역시 '반봉건적'인 구호를
중요한 한 요소로 제기하였지만 '척왜양' 구호 속에 묻히고 만 것이나, 금구집회
시 전봉준 등이 기도한 "상경하여 왜양을 소파하고 탐관오리를 축출한다"는 계
획이 실패한 요인도 바로 이러한 한계 때문이었다. 따라서 전봉준 등의 변혁지
향세력은 보은집회의 해산소식을 접하고는 해산하지 않을 수 없었다. '농민전쟁
봉기계획'과 고부민란은 그러한 한계를 극복해가는 과정이었다.

전면적 '반왜 항쟁'으로 폭발할 수 있는 조건이 잠재해 있음을 의미한다. 일본에 의한 경복궁 침
입 이후에 일어난 2차 전쟁은 그 대표적인 예가 될 것이다.
149) 이와 관련하여 지적해둘 점은 복합상소 직전에 서인주와 서병학이 "병대와 협동하여 정부간
당을 소탕하고 조정을 개혁하려 하였다"는 점이다. 우선 이것이 사실이라면 전술적으로 커다란
오류일 것이다. 당시 민중의 의식수준을 고려해볼 때 충분한 준비나 조직적 기반도 없이 이런 행
동을 한다는 것은 모험이며, 오히려 민중과의 괴리만 초래할 뿐이기 때문이다. 전봉준 등과 일찍
부터 밀접한 교류를 해왔고, 또 '徐布'라는 말이 나올 정도로 변혁세력 내부에서 영향력이 컸던
서인주가 이런 생각을 가지고 있었다면, 그것은 이 시기에 변혁세력의 조직적 결속에 장애로 작
용, 거사의 실패를 가져온 하나의 요인이 되었을 것이다. 그렇다면 서인주나 서병학과 전봉준을
구별하여 검토할 여지도 없지 않다. '徐布'라는 용례를 중요한 근거로 삼아 서장옥(서인주)을 전
봉준의 스승격인 인물로 설정하기도 하나(조경달, 1993 〈1894년 농민전쟁에 있어서 동학지도
자의 역할—徐丙鶴, 徐仁周를 중심으로〉《역사연구》2, 76쪽), 이후 농민전쟁의 전개과정을
볼 때 서장옥이 그렇게 비중이 큰 인물로 보이지는 않는다. 앞에 언급한 《남원군동학사》에 나
오는바 서인주가 '魁首'로 활동하였고 서병학이 소장을 작성한 삼례집회에서 전봉준이 訴頭로 '自
願'하고 나섰다는 사실도 이들과 전봉준의 관계가 조직적으로 결합된 밀접한 관계가 아니었음을
암시한다. 삼례집회 이후에도 전봉준은 김개남, 손화중 등과는 행동을 함께 하였지만, 서인주와
의 관계는 보이지 않는다. 따라서 徐布, 法布의 구분은 어디까지나 교단 내에서 상대적으로 전봉
준 등 변혁지향적인 교도들과 친연성을 가진 구교도 가운데 대표적인 인물로 서장옥을 지목하여
붙인 명칭이지, 서장옥이 전봉준 등을 규합하여 하나의 세력을 형성한 최고지도자적인 인물인
것으로는 여겨지지 않는다.

4. '農民戰爭 蜂起計劃'과 古埠民亂

1) '농민전쟁 봉기계획'과 조직·구호의 전환

보은·금구 집회에 비추어볼 때 '농민전쟁 봉기계획'과 고부민란에서는 몇 가지 특기할 만한 변화가 나타난다. 우선 보은·금구 집회에서 전면에 제기되었던 척왜양 구호가 사라지고 '반봉건'적 성격의 구호가 전면에 등장한다는 점이다. 두번째로는 동학교단의 움직임에 편승하여 목적을 달성하려던 모습이 사라지고 고부라는 특정 고을, 나아가 고부 일대에서 변혁지향적 동학교도들간에 형성되어가던 지역적 연계를 기반으로 교단지도부와는 전혀 관계없이 운동을 추진하려 한 점이다.

'輔國安民'을 실현하기 위한 계획의 추진 구상도 '교조신원운동' 단계에서는 곧장 서울로 직향하여 왜양을 掃破하고 탐관오리를 축멸하려는 것이었으나, '농민전쟁 봉기계획' 단계에서는 후술하는 바와 같이 먼저 고부성을 점령하고 이어 전주성을 함락한 다음 서울로 쳐들어가는 경로로 바뀐다. 이 점은 변혁세력의 의식과 조직 면에서 중대한 변화가 일어났음을 의미한다. 이러한 변화는 보은·금구 집회 등의 경험과 관련이 있을 것으로 여겨지지만 보은·금구 집회 이후 이들의 동태에 대한 자료가 매우 소략하기 때문에 그러한 변화가 일어나게 되는 구체적인 배경이나 과정을 살피기는 어렵다. 여기서는 보은·금구 집회 이후 동학교도들의 동향, 그리고 '농민전쟁 봉기계획'이나 고부민란의 구체적인 내용과 전개과정에 대한 검토를 통해 그 맥락을 추적해보기로 한다.

먼저 조직적 기반이 '교조신원운동' 등 동학교단의 직접적인 움직임에서 고부라는 한 고을의 민란으로 바뀌게 된 것은 보은·금구 집회 이후 동학교도들의 동태와 밀접한 관련이 있다. 보은·금구 집회가 해산된 다음에도 동학교도들이 완전히 해산한 것이 아니었다.[150] "보은집회 이후 東學徒가 더욱 熾盛하여 知禮 三道峰 아래 모여 있다"거나, "晉州 德山에 그 본거지가 있다"는 소문이 낭자하였고,[151] 청나라의 전차에 대포와 군수품을 싣고 서울로 오고 있다는 소문이 나

---

150) 이같은 사정은 "自昨春報恩經擾以後 餘黨尙此聚散無常"이라는 표현에서도 잘 드러난다(《일성록》 고종 31년 6월 14일조).

돌기도 하였다.[152] 6월에는 진산의 동학도들이 동학을 반대하는 금산을 공격한
일이 일어났고,[153] 상주 牛腹洞과 호남 頭流山 등에 屯聚해 있으며, 贓吏를 죽
이지 않고 부당하게 빼앗아간 것을 민간에 돌려주지 않으면 다시 모일 것이라
고 豪言하고 있었고,[154] 충주에서 會集하여 서울로 올라간다는 소문이 들리기도
하였다.[155] '교조신원운동'에서 계획한 왜양을 소파하고 탐관오리를 축출하려던
운동이 좌절되기는 했지만, 거기서 분출된 열기는 사그라들지 않고 곳곳에 도
사리고 있었던 것이다.

이와 함께 주목되는 점은 보은·금구 집회를 겪은 이후 전라도 일대에서는
교도들간에 지역적 연계가 이루어지기 시작했다는 사실이다. 보은집회 이후 해
산, 귀가한 교도들에 대한 관리들의 횡포와 침탈은 관리들과 교도들 사이에 극
단적인 적대감을 조성하였고,[156] 교도들 사이에는 집단적 자구책이 본격적으로
마련되어갔다. 그것은 다음과 같은 기록에서 알 수 있다.

　　各地 道人이 解散 以後에 各地 官吏들의 동학당 逮捕侵虐이 前日과 조금도 다름없어
　安居의 望이 없는지라 道人들은 할 수 없이 官屬과 對抗策을 講究할 밖에는 다른 도리
　가 없음을 알고 各包各接이 서로 團結을 지어 어느 지방에서 일이 생기든 하면 그 卽時
　로 보발을 띄워 그 부근 그 부근으로부터 솔밭을 흔들고 일어서서 잡혀가는 사람을 빼
　앗아 놓기로 하였다.[157]

151) 《慶尙道固城府叢瑣錄》 1894년 4월 7일
152) 《뮤텔주교일기 1》 1893년 5월 14일
153) 《주한일본공사관기록》 6, 31쪽
154) 金允植, 〈沔陽行遣日記〉 《續陰晴史》上, 1893년 5월 16일, 276~277쪽
155) 金允植, 위의 글, 1893년 7월 27일, 281쪽
156) 이외에 각 고을에서도 동학교도에 대한 침탈은 극에 달하고 있었다. "각 군 각 면에 鄕約稧를
　　설립하고 報恩及院坪에 參禮하고 來한 道人은 狗肉을 强餇하고 압박이 무쌍하야 如何言에든지 言
　　必稱 동학하든 놈이라 하였다"(《남원군동학사》)하여 향약계를 조직하여 교도를 핍박하고 개고
　　기까지(동학교도들은 개고기를 먹지 않았다) 강제로 먹였다는 기록은 그 점을 극명하게 보여준
　　다.
157) 《東學史》(간행본) 443쪽. 《東學史》(草稿本)에도 이와 유사한 기사가 고부민란 이후의
　　기사 속에 혼입되어 있다 "당초 관리측으로부터⋯東學黨 잡는 것을 돈벌이로 알고 하는 것이었
　　다. 그러나 세월은 限이 없고 돈양은 限이 있어서 許多한 東學軍에 許多한 歲月을 두고 돈이라는
　　것을 이루 다 當해내는 수가 없었음에야 어찌 하리오. 죽기는 마찬가지니 차라리 힘으로써 對抗
　　하자는 議論이 成立되어 古阜, 扶安, 井邑, 泰仁, 高敞, 茂長 등 各地에 있는 東學黨들은 特別한
　　團結을 지어 어느 方面에서든지 일이 있는 時는 地境地境마다 파발을 세워 奇別이 가는 대로 晝
　　夜를 不分하고 일 있는 곳으로 모여드는 法을 만들어 뒀든 것이다"(草稿本, 450~451쪽).

관리들이 교도들을 체포해가면 각 포, 각 접이 서로 연락하여 잡힌 사람을
빼앗아가는 일이 많아진 것은 그러한 자구책의 표현이었다.[158] 이와 짝하여
변혁지향적 교도들의 변혁에 대한 열망은 더욱 강렬해졌다. "그때쯤은 도인
이 모여 앉으면 道談보다도 난리 이야기가 많았다"는 데서 그러한 분위기를
엿볼 수 있다.[159] '도담보다도 난리를 이야기하는' 변혁지향적 세력들은 고부
일대를 중심으로 지역간의 연계를 획득해 나가며, 단결을 통해 '힘으로 대항'
한다는 '반란'의 싹을 키워나가고 있었던 것이다.

  이러한 움직임은 다른 지역보다 전라도에서, 전라도 가운데서도 孫和中包에
서 가장 먼저 시작되었다. 그것은 앞서 언급한 무장 선운사의 비결사건 이후 변
혁지향적인 사람들이 손화중包로 대거 몰려들었기 때문이다.[160] 또 지역간에 연
계가 이루어진 무장, 고창, 영광, 장성, 흥덕, 고부, 부안, 정읍 등지는[161] 호남
에서도 관리들의 침학이 가장 심한 곳이었고,[162] 均田使 金昌錫에 의해 집중적
으로 피해를 본 지역으로[163] 무장기포를 전후한 전쟁의 초기단계에서도 농민군
이 가장 집중적으로 동원된 지역이기도 하다.[164]

  또 하나 주목되는 점은 고부, 정읍, 태인 등지는 농민군 지도자인 전봉준, 김
개남, 손화중의 거주지였다는 사실이다. 이전부터 이들 사이에는 일정한 교류
가 있었던 사실을[165] 고려할 때 이 일대의 포접조직간에 연계가 이루어진 데는

---

158) 위와 같음
159) 위와 같음
160) 위와 같음
161) 위와 같음. 《동학사》(초고본), 450~451쪽에는 고부, 부안, 정읍, 태인, 고창, 무장 등지
    로 나와 있다.
162) 〈天道敎會史草稿〉, 448쪽
163) 金容燮, 1968 〈高宗朝의 均田收賭問題〉 《東亞文化》 8 ; 왕현종, 1991 〈19세기 말 호남지
    역 지주제의 확대와 토지문제〉 《1894년 농민전쟁 연구 1》 역사비평사 참조
164) 黃玹, 《梧下記聞》 首筆, 52쪽
165) 주 74) 및 237) 참조. 또 "때때로 먼 곳에서 온 손님이 여러 날 머무는 일이 있었으나 그들이
    마을 사람들과는 사귀지 않았다.……그는 이번의 변란이 일어나자 아무것도 돌아보지 않고 급히 일
    어나 난당을 지휘하였다. 고부민란에 달려가기 며칠 전 서너 명이 그를 방문한 적이 있는데 그들
    은 전혀 본 적이 없는 인물들로서 후에 알고 보니 모두 동학당의 중요 인물이었다"〔菊池謙讓,
    1939 《近代朝鮮史》 하(동학백추위 편, 1991 《동학농민전쟁연구자료집》 1 여강출판사에 재
    수록), 171~172쪽〕는 데서도 고부를 중심으로 한 인근 지역의 지도자들간에 꾸준한 교류가 있
    었음을 짐작할 수 있다.

50

이들의 의식적 노력이 작용했을 것으로 보인다.[166] 이러한 변화는 '교조신원운동' 단계까지는 교단의 움직임을 추동하기는 했으나, 기본적으로 교단의 움직임에 편승하여 '야심'을 펴려던 변혁세력에게 독자적으로 활동할 수 있는 조직적 기반이 마련되어가는 과정이었다.

한편 '농민전쟁 봉기계획'과 고부민란에서 나타나는 또 하나의 변화는 척왜양 구호가 사라지고 '반봉건적' 구호가 전면에 등장한다는 점이다. 앞서 살펴보았듯이 보은·금구 집회까지만 하여도 지도부와 취민들간에는 의식 면에서 적지 않은 간극이 있었다. '척왜양 창의'가 전면에 제기된 것도 취회중민들의 의식수준을 고려하여 민란의 범위를 벗어나는 집회에 정당성을 부여하려 한 지도부의 노력과 관련이 있었다. '농민전쟁 봉기계획'과 고부민란 단계에 와서 중앙권력을 투쟁대상으로 삼으면서도 '척왜양' 구호를 탈각시킬 수 있었던 것은 조직적 기반의 변화와도 관계가 있지만, '교조신원운동'을 거치는 동안 거기에 참여했던 취회중민들의 의식이 성장한 점과도 밀접한 관련을 가지는 것이었다.

'교조신원운동'은 취회중민들에게 중요한 경험을 제공하였다. 공주·삼례 집회에서는 각지에서 모인 취회중민들이 직접 감사와 담판하였으며, 복합상소에서는 직접 국왕을 상대로 협상을 벌인 바 있다. 보은·금구 집회는 복합상소에서 제시한 국왕의 약속이 지켜지지 않자 포교의 자유를 획득하기 위해 일으킨 전대미문의 '대규모 시위'였다. 이 모든 것은 일반적인 민란과는 격을 달리하는 일대 사건이었다.

특히 그 과정에서 관이나 조정에서 보인 상대적으로 유화적인 반응은 취회중민들로 하여금 그들의 힘을 자각하게 만들었고, 한층 대담한 행동을 취하게 하였다.[167] 이는 또 취회중민들의 인식의 지평이 확대되고 의식이 성장해가는 과정이기도 했다. '교조신원운동'은 각지에서 모인 민중의 경험이 집단적으로 교류되는 중요한 계기가 되었고, 바뀌어가는 세상을 체험하는 자리였으며,[168] 스

166) 보은·금구 집회에서 해산한 이후 전봉준과 김개남 등은 호남지방에서 敎衆을 거느리고 "혹은 모이기도 하고 혹은 흩어지기도 하면서 갑오년까지 이르렀다"(《侍天敎歷史》 癸巳 11월조)는 기록도 고부, 태인, 정읍 등지의 교도들간에 자구책이 강구되고 각지의 포접간에 연계가 이루어져간 분위기를 암시하는 것으로 보인다.
167) 주 76) 참조
168) 이러한 점은 많은 사람들이 접촉, 교류하던 시장이 가진 사회적 기능을 주목한 다음과 같은 관찰을 미루어 보더라도 알 수 있다. "시장에서는 서촌의 어민과 동촌의 농민이 鹽魚와 곡물을 교

스로를 변혁주체로 자각하고 새로운 세상을 만들어가려는 지도부의 의식이 세상이 바뀌기를 바라기는 하지만 아직까지 변혁주체로서의 자각을 결여하고 있던 취회중민들에게 전파되는 과정이었기 때문이다[169]

이와 같은 의식의 변화 확산과 관련하여 주목되는 것은 집회시에 내걸린 방문이나 격문의 내용, 취회중민들이 요구한 내용이다. 2월에 있었던 전주감영에 올린 등소나 보은집회 초기의 방문, 官側과 접촉한 대화까지만 하여도 '오로지 척왜양'만이 목적이라는 표현이 등장할 정도로[170] 척왜양과 그를 위한 倡義라는 논리에서 집단행동의 정당성을 구하고 있었다. 그러나 점차 척왜양만이 아니라 반탐학, 나아가 집권세력에 반대하는 구호, 나아가 왜양이라는 외부의 적뿐만 아니라 탐관오리와 민씨집권세력 등 내부의 적도 보국안민을 위해 제거해야 할 대상이라는 내용이 구체적으로 등장하였다.[171] 일각에서는 탐학한 지방관, 나아가 집권 민씨세력을 반대하고 왜양을 소파하려는 움직임이 등장하기도 했다. 이것은 결국 보국안민의 주체로서 스스로를 자각한 결과이자 반탐학, 반집권세력의 행위도 더이상 난리가 아니라 '보국안민'을 위한 의거로 인식하고 있음을 보여준다. 스스로를 '민당'으로 표현한 것도[172] 그러한 분위기를 반영하는 것이다.

환하는 데 그치지 않는다. 시장의 하루는 관습을 달리하는 각 읍의 인민이 서로 모여 정치적으로 위험하다는 소문, 收稅官吏가 가혹하다는 불평, 怪力亂神에 관한 마을의 이야기, 祭式葬禮, 혼례의 풍속, 가족의 안부, 생활상의 잡사 등으로부터 혹은 某村에는 천하의 대학자인 某진사가 있다거나, 某邑에서는 마부와 외지인의 싸움이 있었다거나, 某鄕에서는 유령이 나왔다는 등 다양한 인민들이 서로 하루 동안 잡담을 하며 각 읍의 교제, 각자의 친선을 맺는 좋은 기회이기 때문에 시장이 사교의 一機關임을 알아야 하고(하략)"[菊池謙讓, 1896 ≪朝鮮王國≫ 民友社(東京), 243쪽].

169) 전봉준의 경우 입도시에 이미 보국안민의 핵심으로 왜양이라는 외부의 적만이 아니라 내부의 간당을 척멸해야 한다는 인식을 확고히 가지고 있었고, 그 스스로를 보국안민의 주체로 자각하고 있었다. 그러나 앞에서 살펴보았듯이 '세상이 바뀌기를 바라는', 상대적으로 변혁지향적 교도들도 아직 스스로를 변혁의 주체로 자각하였다기보다는 다만 세상이 바뀌기를 염원하는 수준에 머물러 있었다.

170) 김윤식, ≪속음청사≫ 상, 258쪽 ; 〈취어〉, 111쪽

171) 민씨집권세력에 대한 축출요구는 주 136) 참조. 또 "생령들은 방백수령의 탐학무도와 토호들의 무단절제로 도탄의 지경에 이르렀다. 만약 지금 소청하지 않으면 언제 국태민안이 있을 것인가"는 표현에서도(〈취어〉, 112쪽) 탐학한 방백수령과 토호의 제거가 '보국안민'의 전제로 되고 있음을 알 수 있다.

172) 〈취어〉, 123쪽

52

방문이나 격문, 요구내용 등을 통해 드러나는 인식은 지도부의 그것일 것으로 보이나, 일련의 집회는 그러한 인식이 급격히 확산됨으로써 취회중민들이 집단적으로 공유할 수 있는 계기가 되었을 것으로 여겨진다. 이는 곧 이전까지는 王化의 대상, 목민의 대상 혹은 민란에서 보이듯 왕법을 어기는 지방관에 반발하는 정도의 의식수준에 머물러 있던 이들이 나라 안팎의 적을 제거함으로써 종사를 지키고 성도를 밝히는 주체임을 자각해가는 과정이었다. 따라서 고부 일대에서 '도보다 난리'를 이야기하며 지역적 연계를 이루어가던 교도들은 이미 '세상이 바뀌기'를 단순히 염원하는 정도가 아니라 '교조신원운동'을 통해 스스로를 변혁주체로서 자각해가던 '민중'이었다.

농민들과 함께 생활하며 '濟世安民'의 뜻을 다져나가는 한편[173] 보은·금구 집회 이후 전라도 일대의 지도자급 인물들=동학의 변혁지향적 접주들끼리 교류해나가던[174] 전봉준 등이 '교조신원운동' 단계와는 조직과 구호 면에서 양상을 전혀 달리하는 '농민전쟁 봉기계획'을 구상한 것은 이러한 분위기를 배경으로 한 것이었다.[175]

173) 〈全琫準供草〉 再招問目, 329쪽 및 332쪽에 '濟世安民'을 향한 전봉준의 뜻이 잘 나타나 있다.
174) 주 174), 237) 참조. 또 보은집회 이후 전봉준, 김개남 등은 "혹은 모이기도 하고 혹은 흩어지기도 하면서 갑오년까지 이르렀다"(〈시천교역사〉 계사 11월조)는 표현에서도 그러한 사정을 엿볼 수 있다.
175) '농민전쟁 봉기계획'의 배경에 대해서는 전봉준이 1893년 11월에 고부농민 40여 명과 함께 조병갑에게 불법의 시정을 요구하였으나 구금만 당하게 되자 '농민전쟁 봉기계획'이라는 더욱 과격한 행동을 계획하게 된 것이라고 하여[정창렬, 앞 논문(하), 99쪽], 전봉준이 정소에 직접 참여하였으며 또 그 경험이 '농민전쟁 봉기계획'의 중요한 계기가 된 것으로 이해하고 있다. 그러나 이러한 이해는 몇 가지 점에서 석연치 못하다. 무엇보다 전봉준 스스로가 "매번 所志는 내가 제작하였으나 呈訴는 원민들에게 하게 하였다"고 하여 정소에는 참여하지 않았음을 밝히고 있다(〈全琫準供草〉 再招問目, 330쪽). 또 당시 전봉준은 금구집회를 주도한 혐의로 수배중인 처지였다는 점을(《일성록》 고종 30년 4월 10일조) 주목할 필요가 있다. 일찍부터 보국안민의 대업을 꿈꾸던 그가 '사소한' 등소를 위해[전봉준은 공초에서 정월 이전에는 고부에서 민장 이외의 대단한 등소는 하지 않았다고 밝히고 있다(〈全琫準供草〉 再招問目, 331쪽)], 수배중인 신분으로 직접 관아에 찾아가는 모험을 하였다고 보기는 어렵다. 또 수배대상자였던 전봉준이 정소를 하였다가 구금을 당했으면서도 별다른 문제 없이 그냥 풀려났다는 점도 정황상 납득하기 어렵다. 따라서 전봉준이 등소에 참여한 것으로 보기는 어려울 것이다.
한편 11월의 정소운동을 통해 전봉준은 고부라는 특정 고을에서 탐학한 지방관의 척출을 스스로의 힘으로 실현할 수 있는 가능성을 새로이 발견하였고[정창렬, 앞 논문(하), 131쪽], 이것은 '농민전쟁 봉기계획'을 수립하는 중요한 계기가 된 것으로 이해하고 있다. 그러나 1862년의 농민

'농민전쟁 봉기계획'을 알려주는 문서 내용을 보면 아래와 같다.

가)
계ᄉ십일월 일
癸巳十一月 日

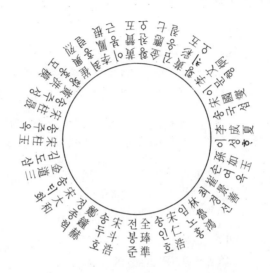

국이이집ᄀ좌ᄒ
各里里執綱座下

나)
우   여   격문   ᄉ방   비전   물논   성비   미일눈ᄆ   구구
右와 如히 檄文을 四方에 飛傳ᄒ니 物論이 昇沸ᄒ얏다. 每日亂亡을 謳歌ᄒ던

민즁   처처   눈이
民衆드른 處處에 모여서 말ᄒ되 「낫네 낫서 亂離ᄀ 낫서」「에이 참 즐되얏지

항쟁 이래 민란은 곳곳에서 일어나고 있었으며, 1890년대 들어서는 無邑不然할 정도로 빈발하고 있었다. 이러한 분위기는 혁명이 도래할 것이라거나, 지도자만 있으면 거대한 반란으로 발전할 수도 있다는 觀見을 낳기도 하였고, 이필제란에서는 실제 민란의 힘을 이용해야 한다는 주장이 제기되기도 했다(주 26), 28), 30) 참조). 따라서 이미 오래 전부터 보국안민의 대업을 꿈꾸던 전봉준이 민란에서 분출되는 민중의 폭발적인 힘을 몰랐다고 보기는 어려울 것이다.
그럼에도 불구하고 전봉준이 동학에 들어가 동학조직을 이용하여 거사를 단행하려 한 것은 오히려 민란이 가진 폭발적인 힘뿐만 아니라 그것이 가진 취약점—국지성과 고립성—까지도 동시에 알고 있었기 때문에 동학조직을 통해 그러한 취약점을 극복할 수 있음을 포착하고 동학에 들어간 것으로 보는 것이 타당할 것이다. 동학에서 협동일치와 결당하는 것의 중요함을 보고 그를 통해 보국안민의 업을 이루기 위해 동학에 들어갔다는 전봉준의 진술에서도 그러한 의도를 엿볼 수 있다(주 47) 참조).

그양 이티로 지니서야 百姓이 혼사람이ᄂ 어틔 ᄂ며 잇겟ᄂ」ᄒ며 期日이 오기
문 기다리더루

다)
(A)

　　이씌에 道人드른 善後策을 討議決定ᄒ기 爲ᄒ야 古阜 西部面 竹山里 宋斗浩가에

　都所를 定ᄒ고 每日 雲集ᄒ야 次序를 決定ᄒ니 그 決議된 內容은 左와 如ᄒᄃ

(B)
一. 古阜城을 擊破ᄒ고 郡守 趙秉甲을 梟首홀 事

一. 軍器倉과 火藥庫를 占領할 事

一. 郡守의게 阿諛ᄒ야 人民을 侵漁혼 貪吏를 擊懲홀 事

一. 全州營을 陷落ᄒ고 京師로 直向홀 事

(C)
右와 如히 決議ㄱ 되고 ᄯ루서 軍略에 能ᄒ고 庶事에 敏活혼 領導者될 將…

(어하 판독 불능)

이 자료의 내용은 크게 가), 나), 다)의 세 부분으로 나누어볼 수 있다. 이 자료와 관련하여 중요한 점은 ①각 항의 상호 관련 문제, ②각 항의 사실이 이루어진 시점, 특히 다)의 봉기계획이 어느 시점에 마련되었는가 하는 문제, ③다)의 (B)에 결의된 계획을 실현시키기 위한 구체적인 행동이 착수된 시점은 언제

였는가 하는 문제, 그리고 이와 관련하여 '농민전쟁 봉기계획'과 고부민란의 관계에 대한 해명 등으로 요약할 수 있다.

위 문서는 한 사람의 필체로 씌어졌다는 점, 서명자 중 하나인 송국섭은 당시 나이가 어렸다는 점, 〈선후책〉의 결의사상 4개 항목 중 서울로 직향한다는 부분은 고부민란 단계에서 기도된 바 없었다는 점 등을 지적하여 문서의 신빙성을 회의하기도 한다.[176] 그러나 문서가 발견된 곳이 '농민전쟁 봉기계획'에도 참여하였고 농민전쟁 당시에도 접주로 활동한 송대화의 집이었다는 점, 그리고 무엇보다 문서 내용에 나타난 사실이 당시의 정황상 충분한 개연성이 있다는 점 등에서 볼 때 문서 자체의 신빙성을 부정하는 것은 무리로 보인다. 문제는 위에 지적한 ①~③의 문제를 어떻게 해명할 것인가 하는 데 있다.

가)~다)항이 발생한 시점에 대해서는 3개 항의 내용이 모두 1893년 11월의 정소운동을 위한 사발통문과 직결되는 사건이며, 시간적으로 간극이 있기는 하지만 대체로 11월 말 조병갑이 익산군수로 전임되기 이전에 이루어진 것으로 보기도 하고,[177] 1893년 11월에서 1894년 3월 1차 봉기 시기까지 4~5개월에 걸쳐 이루어진 사실들을 엮어놓은 것이라고 이해하기도 한다.[178]

먼저 자료의 구성을 보면 가)는 1893년 11월에 고부읍의 각 리 집강들에게 돌린 사발통문의 일부이다. 나) 부분은 "우와 여히 격문을 사방에 비전하니"라는 구절로 미루어볼 때 이 무렵에 나온 어떤 격문에 대한 민중의 반응을 적은 기록이다. 따라서 사발통문의 내용은 가) 부분에서 끝나고 사발통문에 실린 내용은 떨어져 나간 것으로 보인다.[179]

어떤 격문에 대한 반응을 적은 나) 부분에 대해서는 대체로 그 격문이 1893년 11월에 돌린 가)의 사발통문인 것으로 파악하여 나)의 반응을 사발통문에 대한 그것으로 보고 있다.[180] 문맥상 격문에는 어떤 중요한 사건의 발발을 예고하는 내용이 담겨 있는 듯하나, 주목되는 점은 여기에 나오는 '난리'라는 표현이다. 일반적인 민란에 대해서는 '난리'라는 표현을 잘 쓰지 않았기 때문이다.[181]

---

176) 사발통문의 사료적 가치와 신빙성에 대한 논의는 ≪나라사랑≫ 15 ; 愼鏞廈, 1993 〈古阜民亂의 沙鉢通文〉 ≪東學과 甲午農民戰爭硏究≫ 일조각 참조.
177) 정창렬, 앞 논문(하), 101~105쪽
178) 愼鏞廈, 1993 앞 논문, 124~126쪽
179) 위 논문, 124쪽
180) 정창렬, 1985 앞 논문(하), 101쪽 ; 신용하, 1993 위 논문, 125쪽

나)의 '난리를 구가하'였다는 반응을 사발통문=격문에 대한 그것으로 보아 사발통문의 내용이 난리를 연상시킬 만큼 몹시 자극적인 것이었으리라는 추정을 하기도 한다.[182] 그러나 훗날 전봉준은 민란이 일어난 데 대해 "온 고을의 인민이 참고 또 참다가 종말에는 더 참을 수 없어서 起鬧하였"고,[183] 고부민인들은 조병갑의 학정을 참고 또 참는 동안에 고부읍과 전주감영에 수차례 등소를 하였지만,[184] "정월(1894년) 이전에는 고부 일읍의 民狀일 뿐 대단한 정소는 하지 않았다"고 하여[185] 고부민란이 일어나기까지는 일반적인 등소와 차원을 달리하는 '대단한' 사건이 도모되지 않았음을 밝히고 있다. 이로 미루어볼 때 이 시기에 고부민인들이 고부읍이나 감영에 올린 등소의 내용은 대체로 여타의 통문과 마찬가지로 읍폐교구를 위해 모여서 논의하거나 등소를 하자는 내용 정도였을 것으로 추정되는 만큼, 계사년(1893) 11월에 만든 사발통문에도 민중이 '난리'를 연상하며 '其日'이 오기를 기다릴 만한 내용이 들어 있었다고는 생각되지 않는다.[186] 따라서 나) 부분을 사발통문에 대한 반응으로 보기 어렵다. 문맥상 원래 민란과 차원이 다른 어떤 중요한 사건을 예고하는 격문이 사발통문과는 별도로 제시되어 있었을 것으로 보이나 현재로서는 확인할 수 없다.

한편 중요한 사건을 예고하는 나)항의 '其日'에 대해서는 ① 계사년(1893)의 等狀, ② 고부민란, ③ 3월의 제1차 농민전쟁의 어떠한 약속한 날 또는 막연히 난리가 일어날 '기일'일 수도 있는 것으로 이해하기도 하며,[187] 정황상 사발통문

---

181) 당시 사람들이 민란과 변란을 구별하여 인식한 데 대해서는 졸고, 1994 〈동학농민전쟁의 배경〉 《근현대사 강좌 5》 한울출판사 참조.

182) 정창렬, 앞 논문(하), 101쪽

183) 〈全琫準供草〉 初招問目, 309쪽

184) 이때 고부민인들은 고부읍뿐만 아니라 전주감영에도 등소를 하였지만, 구체적인 날짜나 등소처는 불분명하고 자료에 따라 차이가 난다. 먼저 〈全琫準供草〉의 初招問目에서는 1893년 11월과 12월에 등소를 하였고, 11월에는 40여 명이 등소하였다가 체포당하였으며, 12월에는 60여 명이 등소하였다가 쫓겨났다고 하였지만(〈全琫準供草〉 初招問目, 313~314쪽) 등소처가 어디였는지는 불분명하다. 〈全琫準供草〉 再招問目에서는 1894년 1월, 2월, 3월간에 監營과 고부읍에 여러 차례 정소를 한 것으로 진술하였다(〈全琫準供草〉 再招問目, 330~331쪽).

185) 위와 같음, 331쪽

186) 전봉준 스스로도 1894년 정월 이전에는 그런 사실이 없음을 토로하고 있을 뿐만 아니라, 당시 민인의 의식수준이나 일반적인 민란의 행태에 비추어볼 때 난리를 연상시킬 만큼 자극적인 내용의 격문을 공개적으로 돌린다는 행위 자체도 납득하기 어려운 점이다.

187) 신용하, 앞 논문, 125쪽

이나 그와 비슷한 내용을 담고 있는 어떤 문서에 대한 반향을 과장한 것으로 추정하기도 한다.[188]

그러나 그것을 1893년의 등장으로 해석할 경우 이 시기에는 '대단한' 등소가 없었음을 감안할 때 난리까지 연상하며 '기일'을 기다렸다는 내용과 거리가 있다. 또 고부민란으로 상정할 수도 있겠으나, 현재로서는 사발통문이 작성된 1893년 11월부터 고부민란이 일어난 사이에 '난리'를 구가할 만한 어떤 격문이 나왔음을 뒷받침해주는 자료가 어디에서도 발견되지 않는다.[189] 고부민란도 발발 자체는 격문 등을 통해 조직적으로 준비된 것이 아니라 자연발생적으로 일어난 것으로 보인다.[190]

또 3월 20일의 무장기포나 포고문에 대한 반응으로 보기에는 그 사건 자체가 바로 '난리'가 난 '기일'이기 때문에 '기일'을 기다렸다는 점과 상충되고, 제1차 농민전쟁의 어떤 약속한 날에 대한 반응으로 보기에는 이미 '난리'가 일어난 상황이었기 때문에 역시 '난리'를 구가하며 '기일'을 기다렸다는 내용과 상응하지 않는다. 사발통문이나 그와 유사한 내용을 담고 있는 문서에 대한 과장된 반향으로 보기에는 '기일'을 기다렸다는 민중의 반응 등이 대단히 구체적이다.

위 문서는 원본이 아니라 훗날 씌어진 것임을 고려할 때[191] 나) 부분은 문서 작성자가 回想하는 과정에서 착각하여 다른 언젠가의 상황을 마치 사발통문에 대한 반응인 것처럼 잘못 기록했을 개연성을 배제하기 어렵다. 현재까지 발견된 자료들을 종합해볼 때 사발통문이 씌어진 1893년 11월부터 1894년 3월 무장기포가 일어나기까지 '격문'이 飛傳되고 그 격문에 대해 민중이 '난리'가 났다는 반응을 보이면서 '기일'을 기다렸다는 내용을 가장 가깝게 충족시킬 수 있는 사건은 2월 중순 전봉준이 전라도 각지에 격문을 날린 일이다. 격문은 고부 1읍만이 아니라 전라도 일대 모든 고을에 함께 봉기할 것을 촉구하는 내용이었던 만큼 민중도 단순한 민란이 아닌 '난리'로 받아들였을 개연성이 크다. 또 각 지역에 대해 齊聲奔義할 것을 촉구하는 내용인 만큼 민중들도 그 격문의 내용이 실현되어 '齊聲奔義'가 이루어지는 날을 기다렸을 것이고, 그것은 바로 '其日'을

188) 장영민, 앞 논문(상), 184쪽
189) 정창렬, 앞 논문(하), 102쪽
190) 이 글 제4장 참조
191) 사발통문은 원본이 아니라 사발통문 서명자 가운데 한 사람인 송대화가 갑진년(1904)에 동학이 '합법화'한 이후 고향에 돌아와 쓴 것으로 추정되고 있다(신용하, 앞 논문, 129쪽).

기다렸다는 내용과도 합치하기 때문이다.[192]

다)는 '농민전쟁 봉기계획'에서 고부민란, 농민전쟁으로 이어지는 전개과정을 이해하는 데 핵심이 되는 부분이다. 우선 (B)의 결의사항은 (A) 부분의 "이때 도인들은 〈善後策〉을 토의 결정하기 위하여"라는 구절로 볼 때 '어떤 사건'이 있은 다음에 그에 대응하기 위해 만들어진 것이다. 문제는 '어떤 사건'의 내용과 이어지는 (B)의 결의사항이 이루어진 시점이다.

정창렬은 (A)의 '어떤 사건'에 대해서는 그것이 1893년 11월에 돌린 사발통문에 대한 '민중의 반응' 자체를 말하는 것으로 이해하였다. 즉 11월에 조병갑에게 정소하였으나 받아들여지지 않자, '농민전쟁 봉기계획'을 결심하여[193] 대단히 '자극적인 내용'을 담고 있었던 것으로 추정되는 사발통문을 돌렸고 사발통문에 대해 민중이 나)와 같은 반응을 보이자 전봉준 등이 (B)를 결의하였으며, 그 시기는 대략 11월 말경인 것으로 추정한다.[194]

신용하는 (A)에 대해서는 명확히 언급하지 않았지만, (B)에 대해서는 제1항과 3항은 고부민란의 준비단계에서 결정된 것일 수 있지만, 제2항과 4항은 고부민란에서 전혀 실행되지 않은 것인 만큼 고부민란이 해산되어가던 2월 말 내지 3월 초 무렵 전봉준이 고부를 빠져나와 손화중, 김개남 등과 함께 북접에서 분리, 독립된 '茂長南接都所'를[195] 차린 이후 결의된 사항이고, (C) 역시 1차 전쟁 직전의 일로 3월 중순경에 이루어진 것으로 추정하였다.[196]

장영민은 (A)의 '이때'에 대해서는 1893년 12월에 조병갑에게 올린 2차 정소가[197] 실패로 돌아간 때로부터 1894년 1월의 고부민요가 일어나기 전 사이인 것으로 추정하였다.[198] 그러나 고부민란에서 전주를 함락하고 서울로 직항하려는 기도가 없었음을 강조하여 (B)의 제4항, 그리고 제4항을 필연적으로 야기시킬 제1항

---

192) 격문의 비전 사실과 구체적인 내용에 대해서는 주 247) 참조.
193) 정창렬, 앞 논문(하), 99쪽
194) 위와 같음, 107~108쪽
195) 이 시기에 무장에 '남접도소'가 설치된 것으로 이해하고 있으나, 그것은 금산의 '동학도소'를 오인한 것으로 보인다. 여기에 대해서는 주 251) 참조.
196) 신용하, 1993 앞 논문, 124~126쪽 참조
197) 12월에 올린 2차 정소에 대해서는 고부군수 조병갑이 11월 30일부로 익산군수로 전보발령이 난 상태였기 때문에 고부민들이 올린 2차 등소의 등소처는 고부군수 조병갑이 아니라 전주감영이었다는 견해도 있다[정창렬, 앞 논문(하), 107쪽].
198) 장영민, 앞 논문(상), 184~188쪽

은 고부민란 이전에 계획된 목표가 아니라 민란의 발전과정 속에서 새롭게 정립
된 것으로, 나아가 고부민란의 진행과정에 비추어볼 때 고부민란 단계에서도
이러한 결의는 실재하지 않았을 가능성이 큰 것으로 보고 있다.[199]

사발통문의 내용이 일반적인 민란의 그것과 유사하였으리란 점, 나)의 반응
을 사발통문에 대한 것으로 보기 어렵다는 점은 앞에서 살핀 바와 같다. 또 전
봉준 스스로 "누차 營邑에 정소하였으나, 끝내 들어주지 않으므로 기포하였다"
고 하였다.[200] 이러한 점으로 미루어볼 때 전봉준이 다)의 봉기계획을 마련한
시점은 11월 고부군수 조병갑에게 등장을 올린 다음이 아니라, 12월 전주감영
에까지 등소를 하였으나 그것이 전혀 받아들여지지 않고 오히려 잡아 가두거나
쫓아내기만 하는 현실을 목도한 다음, 즉 전주감영에까지 정소한 다음인 12월
에서 고부민란 발발 사이의 어느 시점인 것으로 생각된다.[201]

---

199) 장영민, 위 논문, 184~188쪽 및 121~126쪽
200) 〈全琫準供草〉 再招問目, 330~331쪽
201) 이와 관련하여 음력 3월에 만경, 전주지역을 순회하며 '동학당'에 대해 견문하고 온 한 일본
  인의 보고는 시사하는 바가 크다.
  "애초 이 당이 봉기한 원인은 道 및 郡守의 가렴에 기인한 것이었다. 작년 10월중의 일[10월중
  에도 '적지않이 민심이 불온한 일'이 있었다는 사실은 〈고부민요일기〉에서도 확인된다(《주한일
  본공사관기록》 1, 54쪽―필자)이었는데, 그곳 군민은 그곳 지방관이 탐욕스럽기 그지없음에
  분개하여 관청에 몰려들어 寃訴하려고 하였다. 그때 이 군의 관리는 도망쳐 전주로 달려와서 감
  사의 보호를 요청하였다. 그래서 군민들이 전주로 가서 감사에게 哀訴하였는데, 감사는 지극히
  냉담한 대접을 하고 또한 말하기를, 나라의 비용이 급하여 郡官으로 하여금 불시의 징발을 시켰
  던 것으로서 결코 군관이 탐욕한 데서 온 것이 아니라고 도리어 탐관오리를 庇護하는 말투였다.
  이에 군민은 크게 격앙하여 '더이상 요즘의 지방관에게 공명청렴을 기대할 수가 없다. 오히려 울
  분을 풀고 스스로 설욕할 수밖에 없다'는 말을 남기고서 고부로 돌아왔던 것이다. 그런데 이 군
  으로부터 10여 리쯤 떨어진 海濱의 지방관이 이보다 앞서 창고 3동을 설치하여 양곡을 쌓아두었
  었는데, 군민들은 전주를 떠나자마자 이를 파괴하고 미곡 수만 석을 탈취하여 군읍으로 가지고
  와서 인민에게 평등하게 분배하여 이를 먹이고 또한 관청에 소장하였던 軍器를 끄집어내어 군비
  를 가다듬고, 이해 음력 2월에 이르러서는 保國安民倡大義라는 큰 깃발을 펄럭이며 완전히 반항
  의 결심을 보이기에 이르렀다. 그래서 사방 이웃이 이 기세에 휩쓸려 찾아와 가담하는 자가 많았
  고 칭하기를 동학당이라 하였다(그 수효가 1천 2~3백 명이라고도 하고 혹은 8~9백 명이라고
  도 한다)"(《주한일본공사관기록》 1, 15쪽).
  몇 가지 사실관계에 오류가 보이나, 감영에 정소를 올렸음에도 감사가 오히려 조병갑을 비호한
  사실이 고부민인들로 하여금 '스스로 설욕'할 결심을 하게 만든 결정적 요인이었음을 알 수 있다.
  '선후책'은 이러한 분위기 속에서 마련된 것이며, 전주감영의 함락을 결정하게 된 것도 감사의 작
  태에 분개하여 "더이상 지방관에 공명청렴을 기대할 수 없"음을 확인하게 되었다는 맥락에서 이
  해할 수 있을 것이다.

한편 (B)항의 결의사항과 (C)항이 이루어진 시점에 대해서는 앞서 언급했듯이 그 일부 조항이 고부민란에서 전혀 기도되지 않았다거나 기도될 수 없는 내용이었다는 이유로 고부민란 이전에 계획된 것이 아니라 고부민란의 전개과정 혹은 제1차 농민전쟁이 발발할 즈음에야 이루어진 것으로 이해하기도 한다.

물론 (B)의 결의사항은 일반인들이 받아들이기에는 '엄청난' 내용을 담고 있었던 만큼 거사모의에 가담한 소수의 인물끼리 결의한 비밀이었을 것으로 여겨진다. 또 고부민란에서도 특히 제4항 전주성의 함락과 京師直向은 기도된 바 없다. 그러나 중앙권력을 목표로 한 봉기계획은 이미 일찍부터 막연하게나마 지도부의 머리 속에는 구상되어 있었다.[202] '교조신원운동' 과정에서도 중앙권력을 직접 공격하려는 움직임이 있었고,[203] 보은집회에서는 전주감영을 공격하려 한다는 소문이 돌기도 하였다.[204] 이것은 '교조신원운동' 단계부터 이들이 보여준 인식의 수준과도 짝하는 모습이다. 이들은 이미 '교조신원운동' 단계부터 지방의 방백수령에 대한 掃淸만을 주장한 것이 아니라 중앙권력의 핵심에 있던 민씨세력까지 축출하려는 목적의식을 명백히 보여주고 있었기 때문이다.[205]

따라서 서울로 직향하는 일이 당장 실현되지 못했다 하여 '농민전쟁 봉기계획' 당시에 결의되지 않았다고 보는 것은 무리이다. 오히려 전주성을 함락하고 서울로 쳐들어간다는 계획은 '농민전쟁 봉기계획'에 나타난바 '반란'의 순차적인 전개에서 최종 목표로 설정되었던 것으로 이해된다. 말하자면 다)-(B)의 '농민전쟁 봉기계획' 가운데 제4항이 고부민란에서 당장 기도되지는 않았다 하더라도 중앙권력을 목표로 한 전국적 항쟁은 '농민전쟁 봉기계획' 단계에서 이미 구상되어 있었으며, 고부민란은 그러한 구상과 유기적인 관계 속에서 이루어졌던 것이다. '전주영을 함락하고 서울로 직향'하는 일이 고부민란에서 일어나지 않은 것은 그것이 '농민전쟁 봉기계획' 단계에서 계획되지 않았기 때문이 아니라

---

202) 전봉준이 동학에 입도한 동기에 대해 동학에서 "결당하는 것의 중요함"을 보고 "마음을 바로 한 자의 일치는 간악한 관리를 없애고 보국안민의 업을 이룰 수 있기 때문이다"고 한 점에서도 (주 47) 참조) 이미 동학에 입도한 당시부터 전봉준의 머리 속에는 '보국안민'의 대업이 구상되어 있었음을 알 수 있다. 보국안민의 대업을 이루는 것이 일반적인 민란의 수준에서 가능하리라고는 생각하지 않았을 것이다.

203) 주 123) 및 김윤식, 《속음청사》, 262쪽 참조

204) 李復榮, 《日記》 癸巳 3월 29일

205) 金永相, 《栗山日記》 계사 3월 23일(주 136) 참조)

후술하는 바와 같이 아직 봉기계획을 실현할 조건이 충분히 구비되지 않은 상황에서 고부민란이 일어났기 때문인 것으로 보인다.

이상과 같이 살펴본바 '농민전쟁 봉기계획'을 알려주는 문서의 내용을 요약하면 다음과 같다. 가) 부분과 나), 다) 부분은 직접적인 관련 속에서, 더구나 시간의 추이에 따라 전개된 일련의 움직임을 기록한 것으로 보기는 어렵다. 가) 부분은 계사년(1893) 11월에 돌린 일반적인 민란의 경우와 유사한 통문으로 본문은 떨어져 나가고 서명만 남아 있는 것이고, 나)는 정황으로 볼 때 고부민란이 진행중이던 1894년 2월 중순 전봉준이 전라도 각지에 띄운 격문에 대한 반응으로 보인다. 다)는 1894년 12월 전주감영에 대한 정소까지 아무런 성과없이 수포로 돌아가자 스스로의 힘으로 부패한 사회를 바로잡고 '濟世安民'하려는 의도에서 고부를 중심으로 한 소수의 변혁지향적 인물들이 결의한 봉기계획을 담고 있는 것으로 이해된다.

다)-(B)의 결의사항을 볼 때 그 대체적인 구상은 조병갑에 대한 불만이 팽배해 있던 고부에서 민란을 일으킨 다음 인근 읍의 '난민'을 규합하여 전주영을 함락하고, 여기서 전라도 일대의 변혁세력을 규합하여 서울로 직향하여 탐관오리를 축출하고 倭洋을 掃破한다는 구도였던 것으로 보인다. 그러한 계획을 실현하기 위한 첫 단계가 바로 고부민란이었다.

2) 고부민란과 '輔國安民'의 倡義 선언

고부민란의 이해에서 중요한 점은 '봉기계획'과 고부민란의 관계, 고부민란 발발에서 전봉준이 차지하는 위상, 고부민란과 농민전쟁의 관계 등이다. 그러나 구체적인 자료가 미흡하고, 또 자료마다 커다란 차이를 보이기 때문에 그 실상에 접근하기가 어렵다. 여기서는 〈全琫準供草〉나 '농민전쟁 봉기계획' 등의 내용 검토를 통해 '봉기계획'이 고부민란을 거쳐 농민전쟁으로 구체화해 나가는 과정에 대해 조직이나 의식 면에서의 변화와 특징을 중심으로 살펴보기로 한다.

우선 거사 착수시점에 대해 전봉준 등은 봉기계획을 결의한 직후 곧바로 상기 4개 조항을 행동으로 옮기려 하였으나, 조병갑이 11월 30일부로 익산군수로 轉任 발령되었기 때문에 봉기계획을 보류하였고, 얼마 후인 1894년 1월 9일 조병갑이 고부군수로 仍任되자 민란이 발발한 것으로 이해하기도 한다.[206] 말하자면 봉기계획을 행동으로 옮기려 한 시점은 그것을 결의한 직후였고, 봉기계획이 보류된 주 원인은 고부군수 조병갑의 전임이라는 것이다.

그러나 앞서 살핀 바와 같이 '농민전쟁 봉기계획'이 결의된 것은 1893년 12월에 감영에까지 등소한 다음인 것으로 여겨진다. 또 '봉기계획'이 11월에 결의되었다 하더라도 단지 조병갑이 익산군수로 전보 발령된 사실만으로 계획을 보류하였다고 보는 것은 설득력이 떨어진다. 조병갑은 익산군수로 전임되기는 했으나, 여전히 사실상 고부군수로 재직하고 있었다.[207] 따라서 이미 조병갑의 처단을 제1의 목표로 설정할 만큼 사태가 악화되어 조병갑에 대한 고부민들의 원한이 뿌리깊은 것이었음에도 불구하고 단지 익산군수로 전임되었다 하여 계획을 유보했다고 보기는 어렵다.

고부민란의 진행과정 등을 함께 고려할 때 '농민전쟁 봉기계획'은 결의 즉시 당장 실행에 옮기려 했던 것이 아니라 일단 행동목표를 설정해놓은 다음, 그것을 실현할 만한 일정한 조건을 마련해나간 것으로 보인다.[208] (A)에 나오는 '次序'라는 구절에서도 알 수 있듯이 (B)의 4개 항은 행동목표를 순차적으로 적어놓은 것이다. 그 내용은 이미 민란 차원을 벗어난 것이었고, 특히 제4항은 고부 1읍만으로는 행동에 옮길 수 없는 목표였다. 그 목적하는 바가 민란의 차원을 벗어나는 것이었던 만큼 일반적인 민중의식의 수준에 비춰볼 때 고부민이 그대로 따라줄지 그 여부도 문제가 되겠지만, 인근 읍의 호응이 없이는 계획을 구체적인 행동으로 옮기는 것 자체가 대단히 무모한 일이었기 때문이다.

따라서 설사 봉기계획을 11월 말에 세웠다고 하더라도 그것을 그때 실행하지 않은 근본적인 원인은 조병갑의 전임 발령이 아니라 다른 데 있었던 듯하다. 그것은 무엇보다 후술하는 바와 같이 아직 거사를 일으키기에는 준비가 부족했기 때문인 것으로 보인다. 이것은 곧 고부민란의 발발 자체가 그 준비과정부터 시종일관하여 전봉준의 의도하에 조직적으로 계획된 것으로 보기 어려움을 말한다. 그러한 사정은 고부민란의 전개과정을 통해서도 엿볼 수 있다.

---

206) 정창렬, 앞 논문(하), 107~108쪽
207) 정창렬, 위 논문(하), 107~108쪽
208) 전봉준이 인근 읍의 지도자들과 교류를 계속하는 한편, 자신이 직접 나서지는 않았지만 등장을 대필해주는 등 조병갑에 대한 반대운동을 배후에서 조종한 것도 조병갑에 대한 고부민들의 원한을 이용하여 고부 차원에서 봉기의 분위기를 조성해가기 위한 행동이었던 것으로 보인다.

우선 발발 당시의 모습을 기록한 관련자료들을 검토해보면, 크게 두 가지로 나눌 수 있다. 하나는 고부민란의 발발이 전봉준 등 지도부에 의해 조직적으로 계획된 것이었음을 보여주고, 다른 하나는 발발 초기에는 일반적인 민란의 양상과 비슷했던 것으로 나와 있다. ① 巴溪生은 〈全羅道古阜民擾日記〉에서 민란은 1월 10일 '새벽'에 시작되었으며 이때 "민군들은 누구나 할 것 없이 5척여의 죽창으로 무장"하고 곧장 수령 조병갑의 침소로 쳐들어간 것으로 기록하고 있다.[209] ② 張奉善의 〈全琫準實記〉에도 밤중에 乞軍을 조직하여 '난민'을 동원, 선동하여 무장하고 동헌을 습격하였으며, 가는 길에 죽창을 만들어 가졌다고 기록하였다.[210] 또 ③ 일제시기의 연구인 田保橋潔의 《近代日鮮關係의 硏究》에는 전봉준이 등소운동부터 주도하였으며, 그 연장선에서 고부민란을 조직하여 '새벽'에 관아로 쳐들어간 것으로 나와 있다.[211] 이러한 모습은 일반적인 민란의 양상과는 격을 달리한다. '새벽' 혹은 '밤중'이라는 시점을 택해 죽창으로 무장하고 곧장 수령의 침소로 쳐들어갔다는 것은 조병갑을 죽이겠다는 의지의 표명으로밖에는 볼 수 없다. 적어도 목적의식적으로 민란 이상의 거사를 기도한 세력 내지 지도부가 존재하지 않고서는 이루어지기 어려운 행동들이다.

그러나 다른 자료나 연구에서는 일반적인 민란과 유사하게 시작한 것으로 기록되어 있다. ④ 《梧下記聞》에는 "[조병갑의 탐학에 ─ 필자] 백성들이 견딜 수 없어 약속을 하지 않았는데도 수천 명이 모여서 陳情號訴하려 하였으나, 조병갑이 전주로 달아났다. 이것이 2월 초순의 일이다"고 하였다.[212] ⑤ 崔永年의 〈東徒問辨〉에서는 읍민 수백 명이 明禮宮洑의 收稅문제로 等訴하면서 시작되었다고 하였으며,[213] ⑥ 이복영의 《南遊隨錄》에서도 고부민들이 처음에는 訴怨하기 위해 官門 밖에 모였는데, 몇 명에 불과하였으나 점차 소문을 듣고 모인 자가 많아져 무리를 이루었으며, 전봉준이 거기에 뛰어들고 선동하여 민란으로

209) 巴溪生, 〈古阜民擾日記〉, 54쪽. 오지영, 《동학사》(간행본), 466~467쪽에도 이와 흡사하게 서술하고 있다.
210) 張奉善, 1936 〈全琫準實記〉 《井邑郡誌》(동학농민전쟁백주년기념사업추진위원회 편, 1991 《동학농민전쟁연구자료집》 1에 재수록), 353쪽
211) 田保橋潔, 1940 〈東學變亂〉 《近代日鮮關係의 硏究》(《동학농민전쟁연구자료집》 1에 재수록), 227~228쪽
212) 黃玹, 《梧下記聞》 首筆, 49쪽
213) 崔永年, 〈東徒問辨〉 《東學亂記錄》 上, 157쪽

64

발전한 것으로 그리고 있다.[214] ⑦ 또 4월 초에 전주지역을 돌며 '동학당'에 관하여 채탐한 한 일본인의 보고에도 군민들이 처음에는 관아로 몰려가 수령의 탐욕에 대해 寃訴하려 하자 조병갑이 전주로 도망을 갔고, 군민들이 다시 감영으로 가서 애소하였으나, 감사가 오히려 조병갑을 비호만 한 데 분개하여 일어난 것으로 적고 있다.[215] 이밖에도 菊池,[216] 김상기,[217] 장도빈,[218] 박영철[219]의 글에서도 고부민란이 일반적인 민란과 마찬가지로 등소 내지 소원으로 시작하였으나, 전봉준 등 지도부가 개입하면서 양상이 달라진 것으로 나와 있다.

이와 같이 고부민란의 초기단계에 대해서는 자료에 따라 서로 다른 내용을 담고 있고, 또 전봉준이 고부민란 준비단계부터 직접 개입했는지의 여부를 구체적으로 확인하기 어렵지만, 다음과 같은 공초 내용은 이와 관련하여 주목된다.

문 : 虐政을 自初로 行하였은즉, 何故로 卽時 起鬧 아니하였느냐.
공 : 一境人民이 忍之又忍하다가 終末에는 不得已하여 行함이니라.
문 : 汝는 被害함이 없는데 起鬧는 何故오.
공 : 一身의 害를 爲하여 起包함이 어찌 男子의 事가 되리오. 衆民이 寃歎하는 故로 民을 爲하야 除害코자 함이니다.
문 : 起包時에 汝가 어찌 主謀가 되었느냐.
공 : 衆民이 다 矣身을 推하야 主謀하라 하기에 民言을 衣함이니다.
문 : 衆民이 汝로 主謀하라 할 때 汝家에 至하였더냐.
공 : 衆民 數千名이 矣家 近處에 都聚한 고로 自然히 된 일이올시다.[220]

---

214) 李復榮, 《南遊隨錄》 甲午 4월 9일. 古阜民有將訴怨聚于官門外 始不過若人 而市中從者幾十人 一境聞之 而從之者又幾十人 成百成千居 然成徒矣 東學人全明肅者往投之 自爲狀頭之計 曰吳輩若不成所求 反受其禍 不加遣散 遂取官倉米食之 營邑許其所求 諸民曰吳被成吳求去矣 明肅勢孤暫散 率其徒復聚言于衆 曰爾食官米罪當死 等死 盍圖其以生 從者乃衆云云
215) 《駐韓日本公使館記錄》 1, 15쪽
216) 菊池謙讓, 1939 《東學黨의 亂》 《近代朝鮮史 (下)》(동학백추위 편, 《동학농민전쟁연구자료집》 1에 재수록), 169~172쪽
217) 金庠基, 〈東學과 東學亂〉 《東亞日報》 1931년 8월 21일~10월 9일까지 36회 연재분 중 9월 19일자 제4장 〈東學黨의 始末〉(《동학농민전쟁연구자료집》 1에 재수록), 64쪽
218) 장도빈, 1936 〈갑오동학란과 전봉준〉(《동학농민전쟁연구자료집》 1에 재수록), 35쪽
219) 박영철, 〈50년의 회고〉[信夫淸三郎, 1935 《육오외교─일청전쟁의 외교사적 연구》 제1장 동학당의 난(《동학농민전쟁연구자료집》 1에 재수록), 120쪽에서 재인용]
220) 〈全琫準供草〉 初招問目, 309~310쪽

민란은 "조병갑의 학정을 '참고 또 참다가 종말에는 부득이 하여' 일어났"으며, 전봉준은 이미 모인 '난민'들의 추대를 통해 지도자로 등장하였음을 알 수 있다. 이 점은 곧 전봉준이 민란의 준비단계부터 조직적으로 개입했던 것은 아니었음을 암시한다. 그 스스로가 주도하여 통문을 돌리는 등의 방법으로 민란을 준비하여 조직하였다면 이미 농민전쟁의 최고 거두로 체포되어 문초를 받는 마당에서까지 숨길 이유는 없었을 것이기 때문이다.

민란 초기단계에 대한 서로 다른 설명과 공초 내용을 종합해볼 때 고부민란은 '더이상 견딜 수 없'을 정도로 팽배한 조병갑에 대한 고부민의 원한이 자연발생적으로 민란 발발 직전의 상황으로까지 치닫게 되고, 그에 따라 모여든 고부민들이 전봉준을 지도자로 추대하자 이미 '농민전쟁 봉기계획'을 세워두고 그의 실현에 필요한 조건이 무르익기를 기다리던 전봉준이 후술하는 바와 같이 아직 인근 읍의 지도자들과 합의를 보지 못한 등 준비가 미흡하였지만, 그러한 분위기를 이용하여 거사를 일으키려 결심함으로써 발발한 것으로 이해된다. "기회만 엿보고 있던 전봉준이 탐관오리 조병갑에 대한 원성으로 인심이 소란해진 틈을 타 민란을 선동하였다"는 기록,[221] 그리고 고부민들이 무리를 이루자 전봉준이 뛰어들어 선동을 했다는 ⑥의 기록, 군수의 불법과 그에 대한 시정 요구가 받아들여지지 않자 "민심은 더욱 흥분, 동요케 되고 한편에서는 전봉준이 정익서, 김도삼 등과 같이 크게 민심을 선동하여 그의 '除暴救民', '濟世安民'의 본 목적을 표방하여 직접 행동의 지도자로서 드디어 1894년 정월 14일에 흥분된 민중과 도중을 거느리고 크게 일어나"라는 표현[222] 등은 그러한 사정을 대변한다.

'난민'의 뜻에 의해 주모자가 되었다 하였으나, 이미 수배대상자이자 일찍부터 '濟世安民'의 대업을 이루기 위하여 '농민전쟁 봉기계획'까지 마련해두고 있던 전봉준이 지도자로 등장하였다는 사실은 고부민란이 이미 단순한 민란과는 다를 수밖에 없음을 의미한다. 그 스스로도 자신은 조병갑에게 피해를 입은 바가 별로 없으나 "世事가 日非하기로 慨然하여 一番濟世하자는 뜻"으로 일어났다 하여,[223] 단순히 고부 一邑 차원의 폐정개혁만이 아니라 '濟世' 차원에서 행동하

---

221) 張奉善, 앞 논문, 352쪽
222) 김상기, 앞 논문, 64쪽
223) 〈全琫準供草〉再招問目, 332쪽

였음을 밝히고 있다. 이는 고부민란에 임하는 전봉준의 의도가 다만 고부민란의 지도자로서가 아니라 민란을 '경사직향'을 최종 목표로 한 전국적인 봉기계획으로 연결시키려는 데 있었음을 보여준다.

따라서 민란의 양상도 처음부터 여느 민란과 다른 점이 많았다. ①, ②의 기록도 그러한 분위기를 대변하지만, 이외에도 처음부터 "진영은 정숙하였고, 호령은 명석하여 여느 席旗軍(일본에서 농민들의 봉기시에 蓆旗를 내세우고 일어난 데서 온 말―필자) 같지가 않았'다거나, 조병갑을 쫓아낸 것이나 다름없고, 관아를 점령하여 탐묵한 이서배를 징치하였으며, 창고를 헐어 곡식을 나누어 가지는 등 '난민'들로서는 요구하던 바를 일정하게 쟁취하였음에도 불구하고 해산하지 않고 민란이 장기적으로, 또 조직적으로 지속된 것도 바로 지도자가 있었기 때문이다.[224]

그러나 민란이 전봉준의 뜻대로만 전개된 것은 아니었다. 무엇보다 '농민전쟁 봉기계획'을 수행할 만한 주체적 역량이 충분히 갖추어져 있지 않았기 때문이다. 그것은 지도부와 '난민'간에 의식상의 차이가 노정되었고, 또 인근 읍의 호응이 없었다는 사실에서 확인된다.

지도부와 '난민'간의 갈등은 민란 초기부터 나타났다. 乞軍을 조직하여 민인들을 동원한 다음, 총포로 위협하여 강제로 가담케 하였다는 기록은[225] 바로 밤중에 무장하고 관아를 쳐들어가는 등 처음부터 일반 민란과는 양상이 달랐던 움직임에 대한 민란'난민'들과 지도부간에 존재하는 의식상의 차이와 그것을 극복하려는 지도부의 노력을 동시에 보여준다. 이러한 갈등은 이후로도 계속되며 민란을 더 높은 단계로 발전시켜나가는 데 걸림돌로 작용했다. 관아를 점령한 후 창고의 곡식을 헐어 나누어 가지는 등 그들의 요구가 일정하게 관철되자 '난민'들은 "요구하는 바를 이루었으니 돌아가겠다"고 하였다.[226]

그러나 이미 단순한 민란과는 차원을 달리하는 '농민전쟁 봉기계획'을 마련해두고 그를 통해 '제세안민', '보국안민'을 이루려던 지도부로서는 그러한 분위기를 용납할 수 없었다. 지도부는 위협 혹은 설득을 통해 '난민'들의 이탈을 방지하고자 하였다. 전봉준은 해산하려는 '난민'들에게 "너희들은 官米를 먹었으니

---

224) 巴溪生, 〈古阜民擾日記〉, 54쪽
225) 張奉善, 앞 논문, 352~353쪽
226) 주 214)와 같음

죽을 죄에 해당한다. 그러니 함께 살길을 도모하자"고 하였다.[227] 또 지도부는 "책임을 자신들에게만 한정하지 않고 각각 마을의 동장, 집강들에게 모두 다같이 책임을 지게" 하는 "교묘하고 지혜로운 수단을 꾸며" 민란을 지속시켰다.[228] 이러한 협박과 설득 때문에 "군중은 수령들과 의견이 일치하지 않게 되어 해산하고자 하였으나 죄과를 얻을까 두려워하여 그렇게 하지 않았던" 것이다.[229]

지도부의 존재는 민란이 장기화하는 데는 결정적으로 중요한 의미를 가지는 것이었지만 동시에 지도부와 '난민'간의 의식상의 차이는 내부적인 결속에 한계를 노정할 수밖에 없었다. 고부민란이 초기의 폭발 이후 봉기계획의 4개 조항에서 결의한바 반란을 순차적으로 확산해 나가려 한 계획대로 진행되지 못하고 별다른 진전 없이 상당 기간을 지체하다가 끝내 해산하고 마는 것도 이 때문이었다.

2월 25일 백산으로 陣을 옮긴 뒤에도 전봉준이 '난민'들에게 "함열 조창에 나아가 전운영을 격파하고, 전운사 조필영을 징치할" 것을 촉구하였으나, "군중은 이에 응하지 않았다. 그것은 민요가 월경을 하면 반란의 칭을 받는다는 이유"였고, '난민'들은 해산하고자 하였다.[230] 이러한 사정은 1932년 10월 고부 일대의 답사에서 얻은 촌로들의 증언을 토대로 한 菊池의 다음과 같은 서술에서도 엿볼 수 있다.

폭민들은 전봉준을 수령으로 추대하여 받들었다. 읍내의 노인들은 관군이 토벌하러 올 것을 두려워하여 군중이 해산할 것을 원하였고, 읍민들도 소란스런 거리에 뛰어드는 것을 두려워하여 군중을 떠나도록 하는 상황이었다. 이때 전봉준은 모인 사람들에게 백산에 집합한 뒤 백산의 창고를 열어 관곡을 빼앗도록 명령하고, 빈궁한 백성들을 구제하는 데 스스로 앞장서서 백산으로 향하였다.[231]

'난민'들의 대체적인 분위기는 일반적인 민란의 양상을 벗어나는 '반란'에는 동의하지 않았기 때문에 '난민'과 지도부는 의견의 일치를 보지 못하고 있었던

---

227) 위와 같음
228) 巴溪生, 〈古阜民擾日記〉, 55~56쪽
229) 張奉善, 〈全琫準實記〉, 353쪽
230) 위와 같음
231) 菊池謙讓, 1939 앞 논문, 169~170쪽

68

것이다.[232] 대부분 '난민'들의 의식은 여전히 일반적인 민란의 범위를 벗어나지
못하고 있었다.[233] 이러한 괴리는 결국 신임 고부군수로 부임한 朴源明의 효유
가 쉽게 奏效하는 중요한 요인이 되었고,[234] '난민'들이 해산하자 전봉준도 피신
하지 않을 수 없었다.[235]

고부민란이 전봉준의 의도대로 전개되지 못한 데는 지도부와 민란'난민'간의
의식상의 괴리뿐만 아니라, 인근 읍의 호응이 없었다는 점도 중요한 요인으로
작용하였다. '농민전쟁 봉기계획'에 나오는 4개 항의 행동강령은 민란의 양상을
벗어나는 반란을 순차적으로 확산해 나가는 방식이었다. 제1항 "조병갑을 죽이
고"라는 부분부터 일반적인 민란의 양상을 벗어나는 것이고, 특히 제4항 "전주
성을 함락하고 경사로 직향한다"는 내용은 단순히 고부 읍민만으로는 결행하기
어려운 내용이었다. 그를 위해서는 인근 읍의 호응이나 조직적인 연계가 요구
되었기 때문이다.

이러한 강령이 채택될 수 있었던 것은 앞서 살펴보았듯이 고부 일대에서 동
학 포접조직간에 일정한 연계가 이루어지고 있었고, 또 거기에는 '교조신원운동'
을 통해 스스로를 변혁주체로서 자각해가고 있던 변혁지향적 인물들이 집중적

---

232) 金邦善의 《林下遺稿》에도 지도부와 민란중민간의 갈등에 대해 다음과 같이 지적하고 있
다. 全明叔等懼禍及身 收民家銃奪民家農器 造鎗釖之屬 爲拒逆官軍之計 民有識見者 疑其作亂
新郡守朴源明 請鄭一西金道三 誘以禍福 解散衆民 全明叔知事不成 率砲軍五十名 往投茂長東學人
孫化中.
233) 東學人全明肅者往投之 自爲狀頭之計 曰吳輩若不成所求 反受其禍 不加遽散 遂取官倉米食之
營邑許其所求 諸民曰吳成吳求去矣(李復榮, 《南遊隨錄》 甲午 4월 9일). 여기서 난민 일반의 의
식수준과 목표는 조병갑의 축출과 부당하게 빼앗긴 재물의 환수에 있었음을 알 수 있다. 또 《남
원군동학사》에도 지도부와 난민의 결합 정도에 대한 주목할 만한 내용이 들어 있다. "고부군수
조병갑이 虐民誤政함을 因하야 고부인민과 말뭇市(말목장터를 말하는 듯함—필자)에 회동회집
하야 조병갑을 축출하고 白山에 조병갑이 虐民吸取하야 저장하여 하여 노혼 백미 오백여 석을
훗터 궁민을 구제하고 其後에 民團은 漏散되고 但 所餘者는 道人 불과 3백여 명인대 도인의 會
集團도 疑雲이 萬疊에 散會의 機味가 발생하려 할 시에 전봉준이 拔釖揮空 若失此時면 吾道人은
生去無路이니 若一人이라도 散去者가 있으면 칼로 베히리라". 여기서는 일반 난민은 물론 최후
에 남은 도인들까지도 흔들리고 있었음을 보여주어 지도부와 민란난민과의 결합 정도가 취약하
였음을 알 수 있다.
234) 張奉善, 앞 논문, 354쪽
235) 黃玹은 이러한 사정에 대해 "고부민란이 일어나자 사람들에 의해 우두머리로 추대되었다. 그
러나 미처 그의 간모를 마음대로 펼치기도 전에 난민들이 흩어져버렸으므로 봉준 또한 급히 도
망쳐 숨었다"(《梧下記聞》 首筆, 52쪽)고 표현하였다.

으로 존재하였기 때문이지만, 전봉준 스스로도 인근 읍과의 연계를 꾸준히 모색해오고 있었다.[236] 그러나 고부민란의 발발이 인근 고을의 지도자들과 완전한 합의하에 이루어진 것은 아니었다. 〈全琫準實記〉에는 이러한 사정에 대해 "부하를 잃은 봉준이 몸소 방문하여 구원을 청함에 화중은 시기상조를 역설하였으나 전씨의 간원에 응하지 않을 수 없었다"고 하였다.[237]

여기서 주목되는 것은 전봉준의 요청에 대해 손화중이 거부나 놀라움을 표현한 것이 아니라 '時機尙무'라는 의견을 말했다는 점이다. 이것은 곧 이들간에 이미 이전부터 어떤 식으로든 봉기에 대한 논의가 이루어져왔음과 아직 봉기에 필요한 조건문제 등과 관련하여 봉기시기에 대해서는 합의를 보지 못한 상태에서 고부민란이 일어났음을 동시에 보여준다.

인근 읍의 지도자들과 합의를 보지 못한 상황에서 민란이 발발하였기 때문에 고부민란이 일어나자 민란에는 인근 읍의 인물들도 일부 참가하기는 했지만,[238] 조직적인 호응이나 연계가 이루어지지는 못하였다. "隣郡 도처에서 동정을 표하여 대체로 악평하는 자는 없었"으나, "아직 자진하여 이들에게 합세하여 자기 머리 위의 악정을 없애려는 자"도 없었던 것이다.[239]

이와 같이 고부민란의 발발은 곧 '경사직향'을 최종 목표로 한 '농민전쟁 봉기 계획'의 착수를 의미하였지만 준비가 부족한 상태에서 이루어진 것이었다. 때문에 지도부와 민란'난민'간에는 갈등이 노정되었고 이웃 읍의 호응도 받지 못한 속에서 停頓되는 모습을 보여주었다.[240] '난민'들은 관아에서 일단 물러나기는

---

236) 주 165)와 같음. 전봉준, 김개남, 손화중, 김덕명 등이 함께 행동하는 구체적인 사례가 이미 1892년 11월의 삼례집회 직후부터 나타나는 것으로 보아 적어도 삼례집회 이전부터 이들간에는 일정한 교류가 있었음을 알 수 있다(주 74) 참조).

237) 張奉善, 앞 논문, 354쪽

238) 甚至於悖謠之輩 請張興訛旁嗾隣邑浮浪之徒(《일성록》 고종 31년 2월 22일)

239) 巴繫生, 앞의 글, 54쪽

240) 정창렬은 "민란이 폭발함에 전봉준, 정익서, 김도삼, 최경선 등이 지도자로 등장하였고, 고부의 향촌자치기구가 민란중민과 지도자층의 중간매개기구로서 등장함으로써, 고부민란은 일시적인 폭발로서 그치지 않고 지속적인 운동으로 전개되었다. 이것은 종래의 민란과는 질적으로 성격이 다른 것이었다. 그러나 고부의 향촌자치기구가 민란중민과 민란지도부의 중간매개기구였다는 것으로 말미암아, 고부민란은 국지적 제약성, 즉 지역적 한계성을 벗어날 수 없었다"[정창렬, 앞 논문(하), 131쪽]고 하였다. 그러나 향촌자치기구가 중간매개기구로 등장한 것은 일반적인 민란에서도 쉽게 볼 수 있는 사실이다. 또 민란이 국지적 제약성을 벗어나지 못한 근본적인 원인도 전봉준 등은 이미 전국 차원의 항쟁을 구상하고 있었고 고부민란은 그것을 향한 첫출발이었

했지만, 바로 해산하지 않고 말목장터에 둔취해 있었다. 관아를 점령한 것도 아니고 해산한 것도 아닌 '미묘한' 상황이 상당 기간 지속된 것이다.

그러나 이 시기에 전봉준 등이 아무런 대책 없이 시간만 보낸 것은 아니다. 이미 목숨을 걸고 '반란(京師直向)'을 기도하였음을 미루어볼 때도 이들이 그냥 한가하게만 있었으리라고는 보이지 않는다. "(1월) 17일 民軍은 馬首[頃의 誤記 -필자]驛에 모였다. 首領 이하 많은 의논이 있었으나, 軍機 비밀로 얻어들을 수가 없었다. 이날 다시 13명의 精銳兵을 뽑았다. (중략) 이후의 상황에 의하면, 민군은 서로 교대하여 인원감소를 보이지 않을 뿐 아니라 죽창을 갖고 삼삼오오 서로 왕래하는 자가 끊이는 일이 없었다"는 기록을 볼 때 지도부에서는 민란이 발발한 후 1주일여가 지나도록 인근 읍의 호응이 없고 오히려 '난민'들과도 의견의 불일치를 노정하자 논의를 통해 일단 장기전의 태세를 갖춘 것으로 보인다.[241]

그러면서 한편으로는 인근 읍의 호응과 합세를 추동해갔다. 그것은 2월 15일에는 민요가 재기한다는 소문이 낭자하였고,[242] 2월 19일이 되면 민요가 재기되어 사방에서 無賴, 潑皮가 모여들기 시작하였다는 사실에서 엿볼 수 있다.[243] 또 "음력 2월에 이르러서는 '保國安民倡大義'라는 큰 깃발을 펄럭이며 완전히 반항의 결심을 보이기에 이르렀다. 그래서 사방 이웃이 이 기세에 휩쓸려 찾아와 가담하는 자가 많았고 칭하기를 동학당이라 하였다(그 수효가 1천 2~3백 명이라고도 하고 혹은 8~9백 명이라고도 한다)"[244]고 하여 이 무렵이면 각지에서 '난민'들이 몰려들어 천여 명 정도의 세력으로 불어났고, 이때의 깃발에는 읍호가 등장하였다.[245] 외면적으로도 민란의 양상을 완전히 벗어났고, 민란과는 차

으나 그에 필요한 준비가 미흡하였다는 점, 곧 인근 읍의 호응이 없었다는 점과 지도부와 민란 '난민' 사이에 가로놓인 의식의 차이에서 찾아야 할 것이다.

241) 또 전봉준은 이 기간 동안 수차례에 걸쳐 전주감영에 조병갑의 처벌을 요구하는 등소를 한 듯하며(≪주한일본공사관기록≫ 1, 15쪽 ; 〈전봉준공초〉 재초문목, 330~331쪽), 민란이 일어난 지 열흘이나 지난 뒤늦게 감영에서 관관을 파견하였다는 소문(〈고부민요일기〉, 55쪽)이나 裨將이나 軍校를 파견하여 설득하였다는 소문(최영년, 앞의 글, 157쪽)도 이와 관련이 있을 것으로 보인다. 조병갑은 고부민들의 '원수'와 같았던 인물인 만큼 그에 대한 처벌을 요구한 것은 해산하려는 고부민인들을 계속 묶어두기 위한 방편이었던 것으로 여겨진다.

242) ≪日省錄≫ 高宗 31년 2월 15일

243) 崔永年, 〈東徒問辨〉, 157쪽

244) 주 201)과 같음

245) 〈語錄〉 東學推考. 〈語錄〉에 대한 자세한 설명은 장영민, 1992 앞 논문(상), 179쪽 참조

원을 달리하는 '보국안민'의 창의를 선언하고 있음을 알 수 있다. 이와 같이 고부민란이 재기하였다는 소식이 들리자 2월 22일 전라감사 김문현은 각 읍에 명령을 내려 군사를 모아 대비하게 하였다.[246]

이로 미루어볼 때 전봉준은 停頓된 반란에 새로운 돌파구를 찾기 위해 인근 고을을 중심으로 동지들을 설득, 규합하는 노력을 한 것으로 보인다. 설득이 어느 정도 성과가 있었는지는 알 수 없으나, 앞에서 보이듯이 전열을 새로이 가다듬고, 주변 고을에서도 농민들이 참여하고 있음을 볼 때 민란을 벗어나는 '반란'의 본격적인 착수를 결심할 만큼은 되었던 듯하다. 특히 주목되는 것은 이때 전봉준이 전라도 각지에 함께 봉기할 것을 공개적으로 촉구하는 격문을 띄운 점이다.

난민의 규모가 천여 명 정도의 세력으로 불어나자 전봉준은 그 여세를 몰아 민란을 전라도 전역으로 확산하여 '봉기계획'을 실천에 옮기고자 전라도 각지로 '보국안민'을 위한 '倡義檄文'을 날렸다.[247] 그 내용은 다음과 같다.

守牧之官은 治民의 道를 모르고 生貨의 본원으로 삼는다. 여기에 더하여 전운영이 창설됨으로써 폐단이 煩劇하여 민인들이 도탄에 빠졌고 나라가 위태롭다. 우리는 비록 草野의 遺民이지만 나라의 위기를 坐視할 수 없다. 원컨대 각 읍의 여러 君子들은 齊聲奔義하여 나라를 해치는 적을 제거하여 위로는 宗社를 보전하고 아래로는 백성들을 편안케 하자.

〈古阜民擾日記〉에도 여기에 대해 다음과 같이 기록되어 있다.

민군의 수령은 앞서 비밀리 58주의 동학당에게 격문을 띄웠다. 그 목적은 다만 1군의 이해일 뿐만 아니라 우선 전운영을 파괴하고 나아가 폐정을 釐革하려고 함에 있는 것이다. 兵粮은 먼저 郡倉의 세곡을 빼앗아 이에 충당한다는 것이다.[248]

---

246) 黃玹, ≪梧下記聞≫ 首筆, 50~51쪽
247) 종래에는 巴溪生의 〈古阜民擾日記〉, 黃玹의 ≪梧下記聞≫ 등을 이용하여 2월 22일 전후인 것으로 추정했으나[정창렬, 1985 앞 논문(하), 126쪽], 李復榮, ≪南遊隨錄≫ 갑오 2월 20일에 고부에서 각지로 격문을 돌린 사실을 기록하고 있어서 늦어도 2월 20일 이전에 격문이 발해진 것으로 보인다.
248) 파계생, 〈고부민요일기〉, 56쪽

72

이것은 명백히 민란의 차원을 넘어서는 '반란'을 선동하는 격문이다. 전봉준은 이 격문을 통해 일개 고을의 범주를 명백히 벗어나는 문제를 제기함으로써 민란을 인근 지역으로 확산시키려 한 것이다. 이 격문이야말로 공개적으로 '보국안민'을 위해 일제히 일어날 것을 각지에 촉구하는 본격적인 '倡義선언'인 것이며, '농민전쟁 봉기계획'의 제4항을 실천에 옮기기 위한 사실상의 농민전쟁을 기도한 것이다.[249]

주목되는 것은 여기서 제기된 내용은 '교조신원운동'에서와 같이 '반외세'에 경사된 것이 아니었다. '보국안민'을 위한 '창의' 목표도 척왜양에 있는 것이 아니었다. 오히려 '齊聲奔義'의 당위성을 탐락한 지방관과 전운영의 폐해 제거에 두고 있었다. 공주·삼례 집회 때부터 취회중민들의 기저에 깔려 있던 구체적이고 현실적인 요구를 수용한 것이다. 특히 《南遊隨錄》에 실린 격문의 내용은 무장포고문의 내용과도 흡사하다. 내용상 무장포고문과 달리 제거 대상에 중앙집권층[公卿]이 빠져 있고 지방관의 차원에 국한되어 있으나, '宗社를 보전하자'는 데서도 이미 그의 뜻이 전국 차원의 항쟁에 있었음을 명백하게 보여준다.

이때 전봉준이 격문을 날린 대상은 누구였을까. 〈古阜民擾日記〉에서는 58주의 '동학당'에게 격문을 날렸다 하였다. 3월 12일에는 금산에서 동학도 수천 명이 몽둥이를 들고 흰 수건을 쓰고서 관아로 몰려와 아전의 집을 불태우는 일이 일어났다.[250] 이때 금산에서 통문을 돌린 것도 '東都所'로 되어 있는 점으로 미루어볼 때[251] 전봉준이 격문을 날린 대상은 이전부터 교류가 있던 전라도 각지

249) 격문을 발한 계기에 대해 조병갑 개인만을 문제삼지 않고 '백성'과 '세상'이라는 더 확대되고 열려진 지평이 전봉준에게 획득되어 있었기 때문이라는 점, 그리고 직접적으로는 이 무렵 관군이 공격해온다는 소문에 대한 전봉준의 대응이라는 점 등이 지적되고 있다[정창렬, 1985 앞 논문(하), 126쪽 ; 장영민, 앞 논문(하), 128~129쪽]. 그러나 이러한 파악은 봉기계획을 세울 수 있었던 배경, 봉기계획과 고부민란, 그리고 민란의 발전과정 등의 전과정을 유기적 관련 속에서 파악하지 못했기 때문인 것으로 보인다. 전봉준은 이미 오래 전부터 '백성', '세상'이라는 확대된 지평을 확보하고 있었다. 그럼에도 불구하고 '제세안민', '보국안민'을 위한 '반란'을 이때에 와서야 공개적으로 촉구하게 된 것은 앞서 언급한 바와 같은 조직, 의식 등 주체적 역량의 변화, 발전을 배경으로 하는 것이다. 또 격문을 발한 시점과 관군을 파견하였다가 오히려 포로가 된 일이 일어난 시점의 선후관계는 불분명하며, 인근 읍의 병정을 모아 재차 공격한다는 소문은 오히려 전봉준이 격문을 발하자 거기에 대해 감영이 대응한 사실을 말하는 듯하다(〈고부민요일기〉, 56쪽 ; 《오하기문》 수필, 2월 22일, 50~51쪽 참조).
250) 《오하기문》 수필, 55~56쪽
251) 議政府啓言 卽見全羅監司金文鉉狀啓 則枚擧錦山郡守閔泳肅牒呈 稱以東都所發通聚會者 至近

의 변혁지향적인 동학접주들이었던 것으로 보인다.[252]

전봉준은 일반적인 민란과 마찬가지로 당시의 민인들이 가장 절박하게 느끼던 지방관의 수탈과 탐학상 등 봉건적 모순을 전면에 제기하여 고부민란을 이끌고, 고부 1읍만의 문제가 아니라 전라도 일대 전체의 문제였던 전운영문제 등을 제기한 격문을 각지의 변혁지향적인 동학접주들에게 날림으로써 동학조직을 이용하여[253] 반란의 규모를 인근 읍으로 확대해 나가고자 하였다.

따라서 이 무렵이면 고부민란도 새로운 국면으로 전환하게 된다. 2월 중순부터 각지에서 '난민'들이 합세해오자, 2월 25일에는 고부의 '난민'들이 백산으로 진을 옮긴다.[254] 이어 전봉준은 '난민'들에게 함열 조창에 나아가 전운영을

千名(≪일성록≫ 고종 31년 3월 23일 ; ≪高宗實錄≫ 高宗 31년 3월 23일). 신용하는 이것을 茂長의 東都所로 해석하여 그것을 '남접대도소'라 명명하였으며, 농민전쟁의 전개와 관련하여 이 점에 대단히 중요한 의미를 부여하고 있다. 위 사료의 '동도소'를 전봉준이 손화중, 김개남 등과 협의하여 북접과 관계없이 독자적으로 茂長에 세운 남접대도소로 이해하였으며, 그 시기는 대략 안핵사 李容泰가 도착하여 민란 주동자들을 수색 체포하기 시작한 2월 29일에서 3월 3일경으로 추정하고 있다(신용하, 1993 〈갑오농민전쟁의 제1차 농민전쟁〉 앞의 책, 139~141쪽). 그러나 무장에 '남접대도소'를 설치하였다는 기사는 현재까지 어디에서도 발견되지 않는다. 위 사료에 나오는 '동도소'는 문맥상 금산군수가 금산 동학도의 취회에 대해 전라감사에게 보고한 내용 가운데 들어 있는 것이며, 바로 3월 12일경에 일어난 금산민란에서 통문을 발한 주체가 금산의 東都所였음을 말하는 것으로 해석된다.

252) 이러한 접주들은 앞서 고부에서 도피하여 협조를 요청하는 전봉준과 손화중과의 관계에서 엿볼 수 있듯이 이전부터 직·간접적으로 일정하게 관계를 맺어온 접주들이었을 것으로 보인다. 또 2월 25일 순천, 2월 28일 영광에서 일어난 민란이 주목된다(≪梧下記聞≫ 首筆, 51쪽). 이것이 전봉준의 격문에 따른 것인지는 확실치 않으나, 각지에서 난민들이 몰려오기 시작하고 '보국안민창의'의 깃발이 등장하는 등 완전히 '반항의 조짐'을 보이며 새로운 국면으로 접어든 고부민란이나 이 무렵 날린 전봉준의 '창의격문'과 무관하지 않을 것이다.

253) 정창렬은 전봉준이 전라도 각지의 '동학당'에게 날린 격문에 주목하여 "동원의 매개체 구상에 있어서도, 종래의 향촌자치기구와는 다른, 당시로서는 지역적 한계성, 분산성을 뛰어넘을 수 있는 유일한 매개체였던 동학교문의 조직이 새로이 구상되고 있었던 것이다"고 하였다[앞 논문 (하), 132쪽]. 그러나 앞서 살펴보았듯이 '보국안민'을 이루기 위한 동학조직을 이용하겠다는 전봉준의 구상은 적어도 동학에 입도하던 시기부터 '교조신원운동'이나 '농민전쟁 봉기계획' 단계에 이르기까지 일관된 것이었다. 다만 시기별로 이용방법과 내용이 달랐을 뿐이다. '교조신원운동' 시기에는 동학교단의 움직임에 편승하여 '뜻'을 이루고자 하였으며, '봉기계획'에서도 4개 항의 결의사항을 수행하는 데는 인근 읍의 호응이 필수적이었던 만큼, 인근 읍과의 연계를 고려하지 않고 그러한 계획을 세웠으리라고는 생각되지 않는다. 이미 고부 일대의 교도들간에 동학조직을 통해 이루어져간 일정한 지역적 연계가 '봉기계획'을 수립하는 중요한 전제가 되었으며, 동학조직을 이용하여 전국 차원의 '반란'을 일으키려 한 전봉준이 손화중 등 인근 읍의 변혁지향적인 인물들과 교류를 한 것도 결국은 동학조직에 근거한 바 컸다.

격파하고 전운사 조필영을 징치할 것을 촉구하였다.[255] 격문을 날린 데 이어
일대의 모든 고을이 공통적으로 당하고 있던 폐해의 근원인 전운영을 공격함으
로써 인근 읍민들이 호응할 수 있는 계기를 마련하고자 한 것이다.[256] 그러나
전봉준의 기대는 좌절되었다. '난민'들은 "민요가 越境하면 반란의 칭을 받는다"
는 이유로 전봉준의 주장을 거절하였던 것이다.[257] 아직 '난민'들 대부분의 의
식에는 고을 단위의 민란을 벗어난 '반란'이 자리잡지 못하고 있었다.

3월 1일 전봉준은 수백 명의 '난민'을 동원하여 줄포의 稅庫를 파괴하는 행동을
감행하기도 하였다.[258] 그러나 인근 읍의 호응은 없었다. 아직까지 인근 지도자들
과의 완전한 합의를 보지 못하였고, 전봉준의 격문에 호응하는 인근 읍의 지도자
가 있다 하더라도 각 고을에서 반란세력을 규합하는 데는 시일이 걸렸을 것이기
때문인 것으로 여겨진다. 여기에 더하여 신임군수 박원명의 효유가 奏效하여 3월
3일경이면 그렇지 않아도 민란 수준을 뛰어넘는 항쟁을 반대하던 '난민'들은 해산
하기 시작하고,[259] 3월 13일이면 완전히 해산하였다.[260] 전봉준은 부하 50여 명
만 거느리고 고부를 빠져나가 무장의 손화중에게로 갔다.[261]

그러나 전봉준의 격문이 날아간 열흘 정도 뒤인 2월 말부터 고부 인근 읍에
서 농민들의 움직임이 나타나기 시작한다. 2월 29일(양력 4월 4일) 김제의 죽산
으로부터 동쪽으로 40여 리 떨어진 곳(금구 원평 일대)에 동학이 둔집하였다는
소문이 있었다.[262] 3월 11, 12일경 동학당 약 3천여 명쯤이 금구로부터 태인을
거쳐 부안으로 가는 것을 태인에서 볼 수 있었다.[263] 3월 16일 농민군 수천 명

---

254) 파계생, 〈고부민요일기〉, 56쪽
255) 장봉선, 〈전봉준실기〉, 356쪽
256) 이 무렵 고부의 난민들이 부안을 공격한다는 소문이 떠돈 것도 같은 맥락에서 이해할 수 있
    을 것이다(≪주한일본공사관기록≫ 1, 5쪽).
257) 장봉선, 〈전봉준실기〉, 353쪽
258) 파계생, 〈고부민요일기〉, 57쪽. 여기에서 중심적인 역할을 한 것은 '교조신원운동' 등을 통해
    스스로가 변혁주체임을 일정하게 자각해가고 있던 인근 읍 및 일부의 고부민들이었을 것으로 보
    인다.
259) 장봉선, 앞 논문, 354쪽
260) 정창렬, 앞 논문(하), 113쪽
261) 金邦善, ≪林下遺稿≫ 甲午 9月 濟行日記. ≪주한일본공사관기록≫ 3, 10쪽에 따르면 이때
    까지 남아서 전봉준과 행동을 같이한 부류는 '동학당의 일단'이라 하고 있어서 '교조신원운동' 등
    의 경험을 통해 상대적으로 스스로가 변혁의 주체임을 자각해가고 있던 변혁지향적 교도였던 것
    으로 보인다.
262) ≪주한일본공사관기록≫ 1, 38쪽

이 무장 冬音峙面 堂山에 집결하기 시작하였고, 3월 16일부터 3월 18일까지는 사방에서 농민군 천여 명이 몰려들어 영광, 법성 경계에 모였는데, 이들 가운데 수백 명이 법성 진량면 황현리 대나무밭에서 죽창을 만들고 민가에서 총포 등을 마련해갔다.[264]

한편 黃玹은 "右道 일대 10여 읍이 일시에 봉기하여 열흘 정도에 수만 명이 모여들었고 동학과 '난민'이 함께 어우러진 것은 이때부터였다.…봉준 등은 茂長에서 큰 집회를 열고 그들의 생각을 민간에 널리 알렸는데…"[265]라고 하였다. 우도 10여 읍이라는 데서 볼 때 이때 움직인 농민들은 주로 고부민란 이전부터 지역간의 조직적 연계의 단초를 보이고 있던 고을의 농민들이었으며, 열흘 동안에 수만 명이 모였다고 한 데서 3월 10일경부터 인근 읍의 '난민'들이 본격적으로 합세하기 시작하였음을 알 수 있다.[266]

고부민란은 인근 읍의 지도자들과 합의가 안 된 상태에서 일어났기 때문에 초기의 폭발 이후 계획된 진전을 보지 못하고 정돈되어 있었으나, 2월 중순경 전봉준이 각지에 날린 격문으로 열흘 뒤인 2월 말부터 인근 읍에서 반란의 움직임이 가시화하였고, 전봉준이 고부를 떠난 1주일 후인 3월 10일경부터는 인근 읍의 '난민'들이 본격적으로 합세하기 시작하였던 것이다.

---

263) 《주한일본공사관기록》 1, 43쪽. 여기서는 "대장으로 추대된 자는 田明述이라 하며 연령은 40세 가량으로서 복장은 보통이었다"고 하여 전봉준부대인 것으로 기록하고 있으나, 〈侍天敎歷史〉, 614쪽에는 3월 17일 손화중이 수천의 농민군을 이끌고 태인, 부안 등지를 순회한 것으로 나와 있다.

264) 《隨錄》

265) 黃玹, 《梧下記聞》 首筆, 52쪽

266) 이 무렵이면 전남 구례 일대에서도 "요즘 화적이 벌떼같이 일어나고 동학도가 세상을 어지럽혀 길 다니기가 몹시 어려워 곧장 떠날 수 없었다"고 하여(《구례 유씨가의 생활일기》권 2 是言, 1894년 2월 22일) '동학도'의 움직임이 가시화하고 있었던 것으로 보인다. 또 《世藏年錄》〔金山에 거주하던 화순 최씨가에서 5대에 걸쳐 써내려온 일기이며, 갑오년조는 崔鳳吉(1853~1907)이 썼다. 여기에 대해서는 신영우, 1991 《갑오농민전쟁과 영남 보수세력의 대응》 연세대 박사학위논문, 13~14쪽 참조〕3월 11일조에는 이미 "이 무렵 동학이 대치하여 영남에는 최시형이라는 자가 자칭 법헌 선생이라 하며 보은 장내에 웅거하고 있고, 전라에는 田鳳俊이라는 자가 녹두장군이라 칭하며 전주 등지를 할거하고 있음"을 말하고 있고, 또 3월 20일조에는 인근의 송낙현이라는 자가 동학에 입도한 후 무리를 거느리고 와서 "4년 전에 買得한 畓을 묵혔으나 그동안에 結稅만 빼앗겼으니 畓을 물리고 그동안 낸 결세를 내놓으라"고 하며 행패를 부리다 갔음을 기록하고 있어서 이 무렵이면 경상도 일각에서도 동학도들의 행동이 가시화하고 있음을 알 수 있다.

이와 같이 고부민란이 정돈상태를 벗어나지 못하다가 끝내 민란 자체는 사실
상 해산한 뒤에야 전국적인 항쟁으로 향한 새로운 면모를 갖추게 된 요인은 按
覈使 李容泰의 만행에서도 찾을 수 있지만,[267] 무엇보다 전봉준의 노력에 의해
인근 읍의 호응이 이루어졌다는 점, 곧 지역간의 연계가 본격적으로 성립되었
다는 점에서 찾아야 할 것이다. 이는 곧 아직까지 '반란'을 수행할 만한 의식수
준에 도달해 있지 못하던 고부민이 아니라[268] '道'보다 난리에 뜻을 두고 동학에
입도한 후 '교조신원운동'을 통해 그 스스로가 '보국안민'의 주체라는 자각을 일
정하게 획득해나가고 있던 교도들이 일찍부터 '보국안민'의 대업을 구상하고 있
던 전봉준 등의 지도자와 동학조직을 이용하여 반란의 대열에 '합세'하였음을
뜻한다.[269] 조직 면에서도 의식 면에서도 '농민전쟁 봉기계획'을 추진할 수 있는
기본적인 조건이 마련된 것이다.[270] 이와 같이 본격적인 반란을 수행하기 위한

---

267) 전봉준은 공초에서 "其後의 長興府使 李容泰가 按覈使로 本邑의 來하야 起包한 人民을 東學
이라 通稱하고 列名하야 捕捉하며 其家舍를 燒灰하며 當者가 (無)하면 妻子를 捕하야 殺戮을
行하는 고로 다시 起包하얏나이다"(《全琫準供草》 初招問目, 313쪽)하여 이용태의 만행이 재차
기포한 직접적인 계기였음을 밝히고 있다. 또 《梧下記聞》 首筆, 甲午 4월 19일, 71쪽;《南
遊隨錄》 甲午 5월 1일 등에서도 "고부민인들은 탐학을 견디다 못해 訴本官〔고부군수―필자〕
하려 하면 亂類라 하고 訴營門하려 하면 逆類로 몰아 임의로 열읍에서 모병하여 鋒刀로 탄압과
살륙을 일삼는 까닭에 부득이 일어났다"고 하여 관군의 무차별적인 탄압이 무장봉기의 주요한
원인이었음을 알려준다.

268) 물론 고부민란에 참여한 모든 난민들의 의식수준이 그러하였다는 것은 아니다. 이미 지도부
에서는 '농민전쟁 봉기계획'을 구상하고 있었고, '난민' 가운데는 일찍부터 '세상이 바뀌기를 바라
는 마음'에서 동학에 투신한 후 '교조신원운동' 등에 참여하며 스스로 변혁주체로서의 자각을 일
정하게 획득한 부류도 있었을 것이다. 또 그렇지 않은 고부민들도 등소운동을 통해 지방관에 대
한 비판의식을 한 단계 진전시켜 나갔고, 민란 진행과정에서 일정하게 의식의 성장이 일어났을
것으로 여겨진다(주 201) 참조). 그러나 주 226), 227), 230), 231) 등에서 보이듯이 난민들이
가진 전체적인 분위기는 아직까지 '민란'이 보여주는 소우주성을 벗어나지 못하고 있었다. 박원
명의 효유로 대부분의 난민이 쉽게 해산하고 말았다는 사실은 그러한 사정을 대변한다.

269) 이때부터 동학과 난민이 '결합'하였다는 표현은 어폐가 있다. 앞서 살펴보았듯이 늦어도
1890년대 초반부터는 동학을 이용하여 세상을 바꾸어보려는 인물들과 '도보다는 세상이 바뀌기
를 바라는' 부류들이 본격적으로 동학에 입도함으로써 동학과 난민의 '결합'이 본격적으로 이루어
지고 있었다. 1894년 3월 20일 기포는 이와 같이 동학조직을 매개로 이미 '結黨'되어 있던 세상
을 바꾸어보려는 지도부와 '도보다는 세상이 바뀌기를 바라는' 민중이 '반란'의 대열에 '합세'하였
다는 표현이 적확할 것이다.

270) 여기에 대해서 李範奭은 "甲午全羅道古阜…民擾始起 朝廷不罪貪吏 徒治亂民 民皆入於東學
其魁田奉準者 驅亂民爲黨 猖獗湖南全道"(《確齋集》 4, 卷8 經亂錄)라 하였고, 黃玹은 "이때 동
학과 난민이 합쳐졌다"고 했다(《梧下記聞》 首筆, 52쪽). 또 "(鄭範朝) 民之始擾 由於殘虐貪饕

조건이 일정하게 갖추어지자 전봉준 등 지도부는 드디어 3월 20일에는 무장에
서 포고문을 발하기에 이르렀으며, 이때부터 본격적인 농민전쟁이 시작된 것이
다.

5. 맺음말

개항 이후에 들어 점증해간 대내외적 모순과 민중의식의 성장은 민란의 빈발
을 초래했다. 그러나 민중에게는 아직까지 이러한 나라 안팎의 모순을 타파할
주체적인 역량이 마련되어 있지 못했다. 1862년 이후 상대적으로 뜸하던 '민
란'이 1880년대 후반부터 격증하였으나, 형태나 내용 면에서 이전 시기의 그것
과 커다란 차이가 없었다. 투쟁공간, 투쟁구호, 투쟁양상 등에서 여전히 개별적
인 고을 단위의 국지성, 고립성을 벗어나지 못하고 있어서 전국 규모의 '반란'을
전망하기는 어려웠다. 또 개항 이후가 되면 변혁운동에는 '반봉건'뿐만 아니라
'반외세'의 과제를 동시에 해결할 것이 요청되었지만, 민란은 '반외세'와 관련된
구호를 전혀 제기하지 못함으로써 근원적인 한계를 드러내고 있었다. 그러나
"민란이 없는 고을이 없다"는 표현이 나올 정도로 곳곳에서 분출하던 힘이 목
적의식적인 조직이나 이념을 갖춘 집단과 연결될 때 대규모의 '반란'이나 혁명
으로 치달을 수도 있다는 觀見을 낳고 있었다.

이러한 분위기와 관련하여 주목되는 점은 동학교세의 확장과 그것을 이용하
려는 세력의 본격적인 등장이다. 동학은 1880년대 중반 무렵부터 강원도의 산
간지방을 벗어나 충청·경상·경기·전라지방 등 평야지대로 진출하면서 교세
를 급격히 확장해 나갔다. 동학교세의 확장과 더불어 주목되는 사실은 동학을
이용하여 자신들의 '野心'을 펴려는 변혁지향적 인물들과 '道보다는 세상이 바뀌
기를 바라는' 데 관심이 많던 부류들이 대거 입도한 점이다. 이러한 움직임은
곧 "야심을 품고 草莽에 숨어있던 자"들과 지배층의 수탈에 시달리며 세상이

不得聊生而然 東黨匪類 乘時合勢 致此滋蔓者也"라는 표현이나(≪日省錄≫ 高宗 31년 4월 4일),
"東學之始於湖南也 守宰方伯 貪饕不公 侵虐萬端 列邑民擾 倂時噴發 民擾不以東匪爲別 東匪不以
民擾爲異 同聲相應 公私奔激 遂爲亂逆"하였다는 기록[〈任城同苦錄〉(1986 ≪鄕土硏究≫ 2, 忠南
鄕土史硏究會에 영인 수록], 그리고 "全鳳俊本以東徒 又爲民擾之魁 自稱綠頭將軍 與亂民合勢 湖
南諸邑東徒 莫不響應"(≪時聞記≫ 甲午 正月) 등의 표현에서도 그러한 분위기를 엿볼 수 있다.

바뀌기를 바라던 민중이 동학조직을 매개로 결합해가기 시작했음을 말한다. 민중운동은 1890년대 초반에 들어 동학을 포착함으로써 새로운 국면을 열어가고 있었던 것이다.

동학을 이용하여 '야심'을 펴려던 인물 가운데 하나가 바로 이 무렵에 동학에 입도한 전봉준이었다. 전봉준이 동학에 입도한 것은 동학에서 "마음을 바로 한 자의 일치"와 그를 통해 "간악한 관리를 없애고 보국안민의 업을 이룰 수 있"는 가능성을 보았기 때문이라고 하였다. 곧 당시 급속히 확산해가고 있던 동학은 국지성과 고립성이라는 민란의 한계를 뛰어넘어 자신이 구상한 '보국안민'의 대업을 이룰 수 있는 조직적 기반을 갖추고 있었기 때문이다.

전봉준 등 변혁지향적 세력의 첫단계 움직임은 '교조신원운동'이었다. 전봉준이 전면에 부상한 것도 1892년 11월의 삼례집회에서 訴頭를 자임하면서부터였다. 변혁지향세력은 일련의 '교조신원운동'을 이용하여 탐관오리를 축출하고 왜양을 소파함으로써 國泰民安을 이루려는 계획이었으나, 실패하고 만다. 그것은 무엇보다 변혁지향세력의 주체적 역량이 취약하였기 때문이다. 이 점은 보은·금구 집회에서 전면에 등장한 구호가 척왜양이었다는 사실을 통해서도 엿볼 수 있다.

종래의 연구에서는 척왜양 구호에 대해 '민중의 현실적 정치적 요구를 충족시킬 수 있는 슬로건'이라 하여 높이 평가해왔다. 또 척왜양 구호는 보은집회와 같은 시기에 전라도 금구에서 열린 '금구취당'의 변혁지향적인 세력이 종교적 측면에 경도되어 있던 교단지도부가 주도한 보은집회까지도 정치적 집회로 바꾸고, 나아가 보은집회의 남접세력과 연합, 상경하여 탐관오리를 축출하고 왜양을 掃破하려는 의도에서 전면에 내건 것으로 이해하였다.

그러나 '금구취당'뿐만 아니라 교단측에서도 척왜양을 전면에 내세우고 있었고, 척왜양 구호도 결코 '민중의 현실적 정치적 요구를 충족시킬 수 있는 슬로건'이 아니었다.

척왜양은 19세기 후반 대외적 위기의식이 증대하면서 민중세계에도 깊숙이 뿌리내리고 있던 하나의 '時代的 情緖'였다. 그런 만큼 척왜양 구호는 전국 차원에서 대중을 동원하는 데는 강한 호소력을 지니고 있었다. 그러나 구체적인 침략행위나 여기에 준하는 사건이 매개되지 않고서는 왜양에 대한 '倡義'나 집단적이고 물리적인 대응으로까지 발전하기 어려웠다. 보은·금구 집회 당시에도 왜양의 구체적 침략적 행위가 가시화한 상황은 아니었다. 따라서 척왜양 구호는 종교운동이 정치운동화하는 단서는 되었지만, 민중으로 하여금 십중팔구 반역자로 몰리고 목숨까지 걸어야 하는 반란의 대열에 뛰어들게 할 만큼 설득력있는 구호는 아니었다.

당시의 관리나 지식인도 한결같이 지배층의 불법적 침탈을 '반란'의 원인으로 지적하고 있는 데서도 알 수 있지만, 민중이 피부로 느끼는 가장 절실한 문제는 어디까지나 지배층의 수탈과 탐학이었다. 최근 발견된 ≪栗山日記≫나 〈교조신원운동 관계문서〉 등에 나와 있는바 '교조신원운동' 당시 취회중민이 제시한 요구조건에는 민씨정권을 포함한 지배층의 수탈에 대한 반대 등 '반봉건'적 요소가 기저를 이루고 있었다.

그럼에도 불구하고 척왜양 구호가 전면에 제기된 것은 오히려 변혁지향세력의 주체적 역량이 취약하였음을 드러내는 사실이다. 그것은 두 가지 측면에서 살펴볼 수 있다. 먼저 변혁지향세력이 당시에 도달해 있던 조직 및 의식의 측면이다. 금구집회를 주도한 전봉준은 이미 입도할 당시부터 중앙권력까지 타도 대상으로 상정하고 있었다. 그러나 금구집회든 보은집회든 거기에는 다양한 부류의 교도들이 참여하였고 당시 일반 민중의 의식수준은 여전히 '민란'에서 보여준 '소우주성'을 극복하지 못하고 있었다. 또 '세상이 바뀌기를 바라는 마음'에서 입도한 교도들도 세상이 바뀌기를 바라는 열망은 강렬하였고, 새로운 세상의 도래를 알리는 '메시아'를 동학에서 발견했기 때문에 동학에 입도하였지만, 아직까지 스스로를 사회변혁의 주체로서 자각한 것은 아니었다. 따라서 전봉준 등 지도자급 인물들과 달리 중앙권력 타도는 물론 민란의 수준을 벗어나는 '반란'의 대열에 뛰어들 수 있는 여지가 협소하였다. 말하자면 스스로를 '보국안민'을 위한 변혁주체로 자각하고 있던 지도부와 취회중민간에는 의식 면에서 적지 않은 간극이 있었던 것이다.

이런 맥락에서 볼 때 보은, 금구 집회에서 반외세 구호가 전면에 제기된 중요한 배경 중의 하나는 전국 차원의 '반란'을 조직하려던 지도부가 취회중민들의 의식수준이나 정서를 고려하여 내놓은 전술적 차원에서 받아들일 수 있다. 말하자면 척왜양과 그를 위한 '창의'라는 명분을 내세운 것은 자신들의 집회가 결코 지배질서를 어지럽히는 '반란'이 아님을 강조함으로써 '민란'의 범주를 벗어나지 못하고 있던 민중이 가담할 수 있는 정당성을 부여하고자 한 의도였던 것이다.

다음으로는 변혁지향세력이 '교조신원운동'에서 차지하는 위상이라는 측면이다. 이들은 아직 독자적인 집회를 가질 만한 역량을 갖추지 못하였기 때문에 동학교단의 움직임을 추동하여 거기에 편승하는 형태의 운동을 기도하고 있었다. 보은집회는 물론 금구집회까지도 기본적으로는 교단과 밀접한 관련하에 이루어졌고, 교단지도부에서도 척왜양 구호를 지시하고 있었다. 또 금구집회에는 동학을 이용하려 하면서도 전봉준 등과는 달리 19세기 후반의 '변란'과 궤를 같이 하는 일단의 세력들이 참여하고 있었고, 이들도 교단측과 마찬가지로 '滅倭洋'을 전면적인 구호로 내걸고 있었다. 이러한 분위기가 있었기 때문에 변혁지향세력의 지도부에서도 '반봉건' 구호의 중요성을 감지하고 있었고, 취회중민의 사고의 저류에도 '반봉건' 지향이 강하였지만 척왜양 구호 속에 묻히고 만 것이다.

보은·금구 집회에 비추어볼 때 '농민전쟁 봉기계획'과 고부민란에서는 중요한 변화가 나타난다. 무엇보다 척왜양 구호가 사라지고 '반봉건'적 성격의 구호가 전면에 등장한다는 점과 교단의 움직임에 편승하여 목적을 달성하려던 것과 달리 고부라는 특정 고을을 기반으로 교단과는 전혀 관계없이 독자적으로 운동을 추진하려 한 점이다. 또 '輔國安民'을 실현하기 위한 계획의 추진도 곧장 서울로 직향하여 왜양을 掃破하고, 탐관오리를 축멸한다는 구도에서 먼저 고부성을 점령하고 이어 전주성을 함락한 다음 서울로 쳐들어가는 경로로 변화한다. 변혁세력의 조직과 구호에 중대한 전환이 일어난 것이다.

이러한 변화와 관련하여 주목되는 점은 보은·금구 집회를 겪은 이후 고부 일대에서는 관리들의 횡포와 침탈에 맞서기 위한 집단적 자구책으로 교도들간에 '道談보다는 난리를 이야기하는' 분위기가 형성되면서 지역적 연계가 이루어지기 시작했다는 사실이다. 특히 지역간 연계가 이루어진 고부 일대에는 일찍부터 '도 보다는 세상이 바뀌기를 바라는 마음'에서 동학에 입도하였으며, '교조신원운동'의 경험을 통해 변혁주체로서의 자각을 일정하게 획득해나가고 있던 교도들이 집중적으로 존재하고 있었다.

변혁주체로서의 자각을 획득해가고 있던 교도들간의 지역적 연계는 전국 차원의 '반란'을 수행할 만한 의식을 갖춘 세력이 '결당'해나가고 있었음을 의미하고, 교단의 움직임을 추동하고 거기에 편승하여 '야심'을 펴려던 변혁세력에게 독자적으로 활동할 수 있는 조직적 기반이 마련되어갔음을 말한다. 보은·금구 집회 이후 한편으로는 인근 읍의 변혁지향적 인물들과 서로 교류하면서 '濟世安民'을 위한 새로운 가능성을 모색해나가던 전봉준이 '교조신원운동' 단계와는 조직과 구호 면에서 양상을 전혀 달리하는 '농민전쟁 봉기계획'을 구상한 것은 이러한 분위기를 배경으로 한 것이었다.

'농민전쟁 봉기계획'은 '교조신원운동'에서와는 달리 민란의 형태를 확산하여 전국적 반란으로 이끌려는 계획이었다. 〈선후책〉의 내용을 통해 볼 때 조병갑에 대한 불만이 팽배해 있던 고부에서 민란을 일으킨 다음 전운영, 균전관의 침학을 공통으로 받고 있던 인근 읍의 '난민'들을 규합하여 전주영을 함락하고, 여기서 전라도 일대의 변혁세력을 규합하여 경사로 직향하여 탐관오리를 축출하고 왜양을 掃破한다는 구도였다. 그러한 계획을 실현하기 위한 첫단계가 바로 고부민란이었다.

그러나 고부민란은 '봉기계획'을 수행할 만한 주체적 역량이 갖추어진 다음에 일어난 것은 아니었다. 봉기계획은 이미 일반적인 민란의 범위를 벗어나는 것이었고, 따라서 그 실현을 위해서는 인근 읍의 호응과 그것을 결합해낼 수 있는 조직적 기반이 필수적이었고, 민인들의 의식성장이 일정하게 뒷받침되어야 했다. '교조신원운동'을 통해 전봉준과 비슷한 생각을 가진 지도자의 존재가 확인되었고, 그들간에는 일정한 교류가 있었지만, '농민전쟁 봉기계획'은 고부 중심으로 지극히 친한 몇몇 지도자들 사이에서만 이루어진 모의였다. 전봉준은 '농민전쟁 봉기계획'을 토대로 인근 읍 지도자들의 협력을 구하기 위해 논의를 계속 해나간 것으로 보이지만, 고부민란은 아직 그러한 논의가 무르익기 전에 터진 것이다.

따라서 고부민란이 전봉준의 의도적인 준비에 의해 발발한 것은 아닌 것으로 이해되지만, 일찍부터 보국안민의 업을 구상하고 있던 전봉준이 지도자로 등장한 이상 고부민란은 일반적인 민란과는 격을 달리할 수밖에 없었다. 전봉준의 의도는 고부 1읍에만 매몰된 단순한 민란에서 그치는 것이 아니라 '농민전쟁 봉기계획'에서 구상된 '전주, 서울 공격'을 통한 '제세안민', '보국안민'을 달성하려는 데 있었기 때문이다.

그러나 고부민란이 전봉준의 구상대로 진행된 것은 아니었다. 우선 조직적인 측면에서 인근 읍의 지도자와 합의한 상태가 아니었기 때문에 인근 읍의 호응이 없었다. 또 조병학의 탐학에 대한 반대를 제기함으로써 고부민들의 열망을 끌어모을 수는 있었으나, 민란'난민'들의 의식은 아직 일반적인 민란 수준에 머물러 있어서 좀체 그 범주를 넘어서려 하지 않았다. 따라서 고부민란은 초기의 폭발 이후에는 지도부와 민란'난민'간의 의식상의 괴리를 극복하지 못한 채 停頓상태에 빠질 수밖에 없었다.

고부민란이 새로운 국면으로 들어선 것은 한 달여의 소강국면을 거친 후인 2월 중순경이었다. 이 무렵부터 각지의 농민들이 모여들기 시작했고, 민란의 양상도 '보국안민창의'의 깃발을 내거는 등 완전한 '반란'의 조짐을 보이기 시작한 것이다. 이러한 분위기를 토대로 전봉준은 이 무렵 전라도 각지에 보국안민의 창의를 요구하는 격문을 띄웠다. 거기에 제시한 구호는 '교조신원운동' 때와는 달리 '반봉건'적인 성격이 훨씬 강하였다. 또 고부군뿐만 아니라 인근 읍이 동시에 고통받고 있던 전운사 조필영에 대한 징치를 함께 내걸었다. 민중이 절박하게 느끼고 있던 현실적 요구를 수용하고 민란의 확산을 통해 농민전쟁으로 나아가려는 의도였다. 그러나 아직까지 취회한 '난민'들 대다수의 의식은 민란을 뛰어넘는 항쟁을 수행하기에 회의적이었다. 인근 지역으로부터 적시의 호응도 받지 못하였다. 여기에 더하여 신임군수 박원명의 효유로 그렇지 않아도 지도부와 의식상의 괴리를 보이던 '난민'들은 해산하고 만다.

농민전쟁의 단서는 전봉준의 격문이 날아간 10여 일 뒤부터 마련되기 시작했다. 이와 같이 고부민란이 정돈상태를 벗어나지 못하다가 끝내 민란 자체가 사실상 해산한 뒤에야 전국적인 항쟁으로 향한 새로운 면모를 갖추게 된 것은 무엇보다 전봉준의 노력에 의해 인근 읍의 호응이 일어났기 때문이다. 이것은 곧 '교조신원운동'을 통해 그 스스로가 '보국안민'의 주체라는 자각을 일정하게 획득하고 있던 교도들과 일찍부터 '보국안민'의 대업을 구상하고 있던 전봉준 등 지도자가 동학조직을 이용하여 '합세'하였음을 말한다. 조직 면에서도 의식 면에서도 '농민전쟁 봉기계획'을 추진할 수 있는 주체적 역량이 일정하게 갖추어진 것이다. 이러한 과정을 거쳐 드디어 3월 20일에는 무장포고문이 발해지고, 농민전쟁이 시작되었다.

1894년 농민전쟁의 1차 봉기

김 인 걸
서울대 교수

1. 머리말

1894년 농민전쟁은 근대로의 전환기에 조선사회가 해결해야 할 반제 반봉건의 과제를 수행한 아래로부터의 변혁운동이었다. 조선의 농민들은 조선후기 이래 구체제가 안고 있던 사회모순에 대해 각종의 방법으로 그 해결을 요구해오고 있었는데, 특히 개항 이후 외래 자본(상품)의 침투는 조선의 구체제가 갖고 있던 봉건모순을 더욱 심화시켰을 뿐만 아니라 아래로부터 올라오던 사회세력들의 성장을 저지하고 일반 농민들을 더욱 몰락시키고 있었기 때문에 반봉건의 과제는 반제국주의의 과제와 표리를 이루게 되었다. 따라서 농민군들은 위 두 가지 과제를 동시에 수행해야 했고, 결국 이 농민전쟁은 개항 이후 조성된 민족모순을 해결하고 근대 민족국가를 건설하는 데서도 결정적 전기가 되는 것이었다.

근자에 들어와 새로운 자료의 발굴과 연구의 활성화에 따라 구체적 사실들이 많이 밝혀지고 농민전쟁을 설명하는 시각에서도 큰 진전이 이루어지고 있다.

그 가운데서도 농민전쟁의 전개과정에 대한 정치한 단계구분을 할 수 있게 된 것은 큰 성과라 하겠는데, 이 결과 우리는 1894년 농민전쟁이 고부 농민항쟁, 제1차 농민전쟁, 집강소 개혁, 제2차 농민전쟁의 4단계로 발전되어 나갔다는 이해를 갖게 되었다.[1]

그런데 농민전쟁의 각 단계 및 그 사이의 발전이 갖는 의미에 대한 설명에서는 아직도 많은 견해의 차이가 있다. 그 가운데서도 '고부민란' 단계에서 어떻게 전국적인 농민전쟁으로 발전되어갔는가에 대한 설명은 핵심적인 문제로 되고 있다. 일반적으로 이 두 단계 사이에 커다란 낙차를 인정하고 있는데, 그렇다면 '고부민란'은 어떻게 '농민전쟁'의 한 단계를 점하는 것인가. 고부민란이 일반 민란과 달리 농민전쟁의 한 부분으로 자리잡게 되는 이유를 더 분명히 해야 할 필요가 있을 것이다.

농민전쟁의 전개과정은 전쟁에 참여한 농민군들의 투쟁목표와 그 지향을 총체적으로 반영한다. 그것은 일차적으로 농민군 지도부의 전쟁기획과 정세판단에 의해 이끌리지만 농민군 대중의 요구와 지향을 담아내야 하는 만큼 그 자체로 면밀하게 검토될 필요가 있다.

따라서 이 글에서는 가능한 실증적 기초 위에서 농민전쟁의 1차 봉기를 당시 객관적 정세, 농민군 지도부의 전쟁 구상과 조직 기반, 농민군 대중의 구체적 요구와 투쟁활동 등을 연결지어 설명해나가고자 한다. 개항 이후의 모순구조가 농민전쟁의 기본 틀을 규정하는 것이고, 조직 기반의 문제와 관련해서는 동학교단의 조직이 기여한 바 크다. 그런데 동시에 군현 단위를 뛰어넘어 구체제가 갖고 있는 한계를 총체적으로 인식하게 되는 민중의 의식 성장과, 이를 조직화할 수 있는 지도부의 형성이 없이는 전쟁 수행이 불가능하다는 점이 주목되어야 할 것이다. 농민군에 참여하고 있는 농민들의 의식과 행동이 전쟁 수행의 기본 동력이 되는 것임은 물론이다.

---

1) 농민전쟁의 발전단계를 4단계로 나누어 체계적으로 접근한 최근의 논저는 다음과 같다. 정창렬, 1991 《갑오농민전쟁 연구—전봉준의 사상과 행동을 중심으로》 연세대 박사학위논문 ; 신용하, 1993 《동학과 갑오농민전쟁 연구》 일조각

2. 농민군 지도부의 전쟁 구상과 1차 봉기

최근의 연구들이 1894년 농민전쟁의 1차 봉기가 1894년 3월 20일 '茂長起
包'에서 시작함을 밝히면서 군현에 제한되었던 국지성을 탈피하게 된 사실이
크게 주목된 바 있다. 즉 고부민란은 국지성을 탈피하지 못하고 자진 해산하였
으며, 본격적인 농민전쟁은 무장기포로부터 비롯된다고 설명한다.[2] 농민전쟁의
1차 봉기는 3월 20일 전라도 무장현에서 일어났고, 이는 종래의 민란 형태에서
농민전쟁으로 질적 발전을 하게 되는 결정적 전기였다는 것이다. 그렇지만 고
부민란과 무장기포는 단절된 것인가. '1차 농민전쟁'은 1894년 3월 20일 무장
기포로부터 출발한 것인가. 이와 같은 의문은 봉건체제를 타파하고 중앙권력의
교체를 기도했던 농민전쟁 주체들의 전쟁 구상 및 그들의 조직적 기반과 관련
하여 음미해볼 문제라고 하겠다.

농민군 지도부가 언제부터 농민전쟁을 계획하였으며 어떻게 그것을 시행에
옮기려 하였는가하는 점은 아직도 완전히 드러나지 않고 있다. 그렇지만 전봉
준 등 농민전쟁 지도부는 1893년 교단 주도의 교조신원운동에 참여하면서 그것
을 정치운동화하려는 노력을 하였고, 그것이 비록 실패로 끝났지만 거기에서
하나의 가능성을 발견할 수 있었다. 교조신원운동 과정에서 드러난 농민들의
반봉건 열망을 정치운동으로 승화시킬 수 있는 여지를 확보한 것이다.[3] 남은
과제는 어떻게 조직 기반을 확보하고 어떠한 방법으로 전쟁을 수행할 것인가하
는 점이었다.

실제 19세기 후반은 지주제의 확대, 부세수탈의 가중 등으로 인해 봉건체제

---

2) 신용하, 1985 〈갑오농민전쟁의 제1차 농민전쟁〉《한국학보》 40(신용하, 위의 책 재수록) ;
   정창렬, 위 논문, 104~107쪽 및 127~129쪽. '고부민란'과 '무장기포'의 차별성을 더 부각시키
   는 것이 신용하의 견해라면, 정창렬은 그 차별성을 인정하면서도 객관적 모순의 동질성과 모순
   해결의 주체(전봉준집단)의 연계성을 기초로 그 사이의 내적 연관성을 강조한다. 그렇지만 정창
   렬 역시 "민란 농민군은 일단의 좌초를 체험한 자기 지양에 의해 문제파악 행동의 차원을 지역성
   의 차원에서 지방성의 차원으로 비약시켰고, 그 결과가 제1차 농민전쟁이었다"(위 논문, 84쪽)
   고 볼 것을 제안한다. 고부민란이 군수 박원명의 효유와 안핵사 이용태의 철저한 탄압으로 일단
   완전히 해산할 수밖에 없었음을 지적하는 것이다. 정창렬의 이같은 지적은 양자 사이의 단계적
   차별성을 강조하는 점에서는 신용하의 견해와 마찬가지임을 보여준다.
3) 배항섭, 〈1890년대 초반 민중의 동향과 고부민란〉 본서 수록

가 파탄을 맞이하고 제국주의의 침탈로 상품화폐경제가 변동하는 가운데 구체
제가 갖는 구조적 모순이 심화되고 있었고,[4] 이에 대한 민중 저항의 내용도 한
층 발전하고 있었다. 시기적으로 개항 이래 1894년 농민전쟁에 이르기까지 전
국 각지에서 전개된 '민란' 유형의 농민항쟁은 100여 건에 달하고 있고 특히
1893년 한 해에만 최소 65건의 '민란'이 발생한 것으로 조사되고 있는데,[5] 소규
모 단속적인 것으로부터 대규모화하고 장기화하는 조짐을 보이고 있었으며 그
가운데는 국지성을 벗어날 수 있는 객관적 조건이 성숙되면서 지역간의 연계를
확보하기 시작한 경우도 발견할 수 있었다. 그 어느 경우나 항쟁의 기초는 아직
까지 군현을 단위로 하는 것이 일반적인 현상이었지만 이서·향임층을 스스로
임명하고 절목을 만들어 읍폐를 직접 개혁하는 등의 농민군 활동에서 보듯 봉
기세력의 정치의식도 크게 성장하고 있었다.[6]

이와 같은 당시 주·객관적 조건 속에서 동학조직을 매개로 한 변혁지향적인
세력의 결집은 농민전쟁의 지도부 구성과 관련하여 결정적인 실마리를 제공한
다. 고부·부안·고창·무장 등지의 '동학당'들은 전봉준·손화중·김개남 등을
중심으로 지역간 연계를 확보하고 사회변혁을 위한 '기포'를 구상할 수 있었던
것이다.[7] 이 가운데 가장 먼저 활동을 개시한 것은 전봉준이었다. 그는 각 읍의
구조적 비리와 모순을 정확히 이해하고 있었고 그것이 만연, 폭발 직전에 있다
는 점을 확인하고 있었기 때문에 농민들의 공통적 이해가 걸린 문제를 제시한
다면 전국적인 호응이 가능할 것으로 생각하였으며, 특히 그 모순은 중앙권력
집단에 의해 증폭되고 있는 것이었기 때문에 중앙권력의 교체가 필수적인 것으
로 보았다.[8]

따라서 전봉준이 주도한 1894년 정월부터 3월까지의 '고부민란'은 과거의
민란과는 질적으로 다른 것이었다. 전봉준은 고부에서 근거지를 확보하기 위해

---

4) 한국역사연구회, 1991 ≪1894년 농민전쟁 연구 1-농민전쟁의 사회경제적 배경≫ 역사비평사
5) 백승철, 1992 〈개항 이후(1876~1893) 농민항쟁의 전개와 지향〉≪1894년 농민전쟁 연구
   2≫ 역사비평사, 316쪽
6) 백승철, 위 논문
7) 배항섭, 앞 논문
8) 〈초초문목〉《동학란기록》 하. 전봉준이 고부민란을 이끌면서 일신상의 이유가 아니라 백성을
   위해 해를 제거하고자 기포하였음을 밝힌 점, 전도민의 이해가 걸린 전운영의 문제를 제기하고
   전라 1도의 호응을 구한 것, 1도의 탐관오리를 제거하고 중앙의 권귀를 친다면 자연 8도가 하나
   가 될 것이라고 밝혔던 사실 등을 주목할 것.

1893년 11월 각 리 집강 앞으로 통문[사발통문]을 돌리고 이어 사후대책을 모색했던 것으로 여겨지는데, 그 사후대책이 이른바 '사발통문 거사계획'의 '전주성을 점령하고 경사로 직향할 사'라고 하는 일련의 구상이었던 것으로 추정된다.[9] 그런데 초기 계획은 조병갑의 교체로 실행에 옮겨지지 못했다가, 이제 1894년 정월 조병갑 재부임에 맞춰 일어난 농민들의 움직임 속에서 다시 살아나게 된다. 전봉준은 '고부민란'을 이끌면서 항쟁을 한 차원 높이기 위해 백산으로 진을 옮기기 직전, 2월 20일경 전라도 모든 읍에 격문을 띄웠다. 그 대략은 다음과 같다.

　　백성을 지키고 길러야 할 지방관은 치민의 도를 모르고 자신의 직책을 돈벌이 수단으로 삼는다. 여기에 더하여 전운영이 창설됨으로써 많은 폐단이 번극하니 민인들이 도탄에 빠졌고 나라가 위태롭다. 우리는 비록 초야의 유민이지만 차마 나라의 위기를 좌시할 수 없다. 원컨대 각 읍의 여러 군자는 한목소리로 의를 떨쳐 일어나 나라를 해치는 적을 제거하여 위로는 종사를 보전하고 아래로는 백성들을 편안케 하자.[10]

이 격문은 전라도 모든 민중의 현실적 요구를 수용하고 전도의 호응을 구한 것으로서 농민전쟁의 구상을 실천하기 위한 것으로 볼 수 있다. 이유는 그 핵심적 내용이 탐관오리를 제거하고 나아가 중앙의 권신(민영준 등 민씨정권의 핵심세력) 제거를 촉구하는 것으로 파악되기 때문이다. 그리고 여기에서 제시된 전쟁구상의 기본 골격은 이후 1차 봉기 기간의 각종 통문이나 창의문에 그대로 관철되고 있다.

---

9) 전봉준 등의 초기 전쟁 구상은 1893년 11월 고부의 각 리 리집강 앞으로 사발통문을 돌린 뒤부터 1894년 정월 조병갑이 재부임하기까지의 시기에 골격이 갖춰진 것으로 보인다. 그러나 이 구상은 1893년 12월 조병갑의 교체로 인해 일단 잠복했다가, 다음해 정월 조병갑이 재부임한 뒤 고부민들의 추대에 의해 전봉준이 모주가 되어 고부성을 장악하는 시기를 전후하여 위 초기 구상은 새롭게 적용되기 시작한 것으로 이해된다. 현재 알려진 고부의 '사발통문' 문서를 놓고 볼 때 그것을 세 부분으로 구분한다면, 내용이 확인되지 않는 사발통문(첫째 부분)에 마지막 부분의 '1 고부성을 공격하고 군수 조병갑을 효수할 사 (중략) 1 전주성을 함락하고 경사로 직향할 사' 등과 같은 계획이 포함되어 있다고 보기는 어렵다. 각 리 리집강 앞으로 전달된 사발통문에 위와 같은 내용이 기록될 수 있는 성질의 것이 아니기 때문이다. 따라서 '사발통문 거사계획'이라는 용어는 사발통문 이후의 '전봉준 등의 전쟁구상' 같은 용어로 수정되는 것이 낫다고 하겠다.
10) 이복영(1870~?), 《남유수록》(이하 《수록》으로 약함) 갑오 2월 20일

여기서 위 격문이 기포를 위한 것인가 아니면 전라도를 대상으로 단지 군현 단위의 봉기를 요구한 것인가하는 점은 의문이다. 이 지시가 있은 지 얼마 안되어 순천부사 임갑규(2월 25일), 영광군수 민영수(2월 28일)가 곤욕을 치른 바 있는데, 두 지역의 농민봉기가 민막을 교정하기 위한 종래의 민란과 같은 형태라는 점을 고려한다면[11] 일단 후자로 보아야 할 것이다. '고부민란'을 옆에서 세밀하게 관찰하고 있던 한 일본인은 이 격문이 전라도 58주(53개 군현)의 동학당을 향하여 발한 것이라고 기록하였는데,[12] 문제는 이때 동학조직의 이용이 얼마만큼 고려되고 있었는가하는 점이다.[13]

여기에서 전봉준 자신이 '고부민란'과 무장에서의 창의를 어떻게 생각하고 있었는가를 살펴볼 필요가 있다. 그는 첫번째 심문에서, "너는 피해를 본 일도 없는데 무슨 연유로 '起鬧'하였는가'라는 질문에 대해 "일신의 해 때문에 '기포'했다면 어찌 남자의 일이라고 하겠는가. 중민이 원망하고 한탄하는 까닭에 '爲民除害'코자 했다"고 답한 바 있고, 3월 초 흩어진 다음에 장흥부사 이용태가 고부에 와서 '기포인민'을 동학이라 칭하여 이름을 적어 잡아들이고 집을 불사르고 그 처자까지 잡아다가 살륙을 자행한 까닭에 '更爲起包'하였다고 하였다.[14] 그리고 두번째 심문에서도 고부에서의 '3월기포'의 뜻이 '위민제해'에 있음을 확인하고, 이어 내외 관원이 모두 탐학한가의 여부와 전라도의 탐학한 관리만을 제거하고

---

11) 황현, 《오하기문》 1필. 영광에서 봉기를 주도한 수창자 김국현 등이 순영에까지 와서 소장(의송)을 낸 사실은 영광의 농민봉기가 종래의 민란의 수순을 밟고 있었던 것을 보여준다.
12) 파계생, 〈전라도고부민요일기〉 《주한일본공사관기록》 1, 56쪽. "민군의 수령은 앞서 비밀리 58주의 동학당에게 격문을 띄웠다. 그 목적은 다만 1군의 이해일 뿐만 아니라, 우선 전운영을 파괴하고 나아가 폐정을 이혁하려고 함에 있다는 것이다. 兵糧은 먼저 郡倉의 稅庫를 빼앗아 이에 충당한다는 것이다."
13) 2월 20일 전봉준의 격문이 띄워진 뒤 감사 김문현이 전라 일부 지역에 지시한 내용이 주목된다. 《오하기문》 1필. 2월 22일자 기록에 김문현이 5진영과 금구·정읍·부안·김제·담양·무장·태인·흥덕 등 11읍에 관문을 내려 각각 병사를 조달하여 신변을 보호할 것을 지시한 기록(各調兵候用)이 있다. 이는 전봉준 등의 통문이 감영에 감지되고 있었던 사실을 반영하는 것으로 보이며, 역으로 전봉준이 자신의 영향권에서 기포가 가능한 지역을 대상으로 통문을 띄운 것임을 시사한다.
황현의 위 기록은 《오하기문》 1필에서 갑오년 정월 "고부군에서 난민이 일어났다"는 기록 바로 다음의 것이고, 바로 뒤에 25일 순천 난민, 28일에 영광군 민란이 '교정폐막'을 칭하며 일어났다는 기록이 있다.
14) 〈초초문목〉 《동학란기록》 하, 525~526쪽

자 기포했는가 아니면 8도에 모두 해당하는가를 묻는 질문에 대해서는 중앙관리들은 관작을 팔아먹기 때문에 내외관이 모두 탐학한 것으로 보며 전라 1도의 탐학관리를 제거하고 아울러 내직에 있는 '賣爵權臣'을 쫓아내면 8도가 자연히 일체가 될 것이라고 답했다. 이어 기포시 부하들은 모두 동학이냐는 질문에 대해서는 소위 접주들은 모두 동학이지만 그 나머지는 '忠義之士'가 대부분이라고 답하고 있다.

이상의 심문과정에서 확인된 사실에서 우리는 두 가지 사항을 확인할 수 있다고 생각한다. 하나는 전봉준의 '古阜起包'가 중앙권력의 교체까지를 내용적으로 포함한다는 것이며, 이는 앞서 언급한 2월 20일자 격문과 관련하여 이해할 수 있다는 점이다. 그리고 다른 하나는 전봉준이 '고부민란'과 '무장기포'를 단계적으로 구분하면서도 모두 같은 '기포', 특히 '고부기포'로 인식하고 있다는 점인데, 이는 그 자신 고부의 접주라는 동학조직상의 위치에 있었다는 사실과 관련해서 이해해야 할 것이다. 즉 전봉준은 고부접주의 이름으로 고부를 들어 기포했던 것이다. 뒤에 언급하듯이 무장에는 3월 16일부터 각지의 '동학'들이 집결하기 시작했는데, 동학도들이 이렇게 움직이기 위해서는 그 이전에 이미 '기포'의 명이 있어야 한다는 점을 고려한다면 '무장기포'에 의해 본격적인 농민전쟁이 시작된다고 하는 설명은 적절치 못한 것이 된다.

그런데 위 2월 20일자 격문이 전달된 이후 실제 전개된 상황은 전라도 내 각지의 호응이 거의 보이지 않았고, 2월 25일 고부농민군이 백산으로 옮겨간 뒤 3월 1일 고부의 海倉이 있는 줄포로 가서 稅穀을 거두어 장기전을 꾀하였지만,[15] 3월 3일 신임군수 박원명의 회유로 인해 농민군이 해산되기 시작하여 3월 3일경에는 기본적으로 해산하였던 것으로 보인다.[16] 이 시기를 전후하여 지도부 50여 명도 새로운 방향을 모색하기 위해 고부를 빠져나갔다.

그런데 농민전쟁은 '고부기포'만으로 이루어진 것은 아니었다. 전봉준이 통문을 띄운 지 10여 일 뒤 2월 29일경에는 김제의 죽산으로부터 동쪽으로 40여 리

---

15) 파계생, 〈고부민요일기〉《주한일본공사관기록》 1, 57쪽. "민군 수백 명이 줄포의 세고를 파괴하였다. 그들이 어떻게 하여 양식에 궁하지 아니하였는가를 들어보니, 조병갑이 소득한 미곡을 전부 탈취하여 이에 충당하고 있다는 것이다. 아직 2개월은 충분히 버틸 수 있을 것이라고 한다." 고부에서 서북쪽으로 20리 떨어진 부안군 소속 줄포에는 고부군의 해창이 있었다(《대동지지》). 이 해창에 고부의 세곡이 보관되고 있었다.

16) 정창렬, 앞 논문, 104쪽

떨어진 곳(금구 원평 일대)에 동학이 둔집하였다는 소문이 있었고, 3월 11, 12 일경 동학당 약 3천여 명쯤이 금구로부터 태인을 거쳐 부안으로 가는 것을 태인에서 볼 수 있었다고 한다.[17]

한편 이 시기를 전후하여 금산에서도 '東都所'에서 발한 통문에 따라 모인 농민군 천여 명이 읍의 폐단을 요구하며 군수를 핍박한 바 있다.[18] 3월 23일 의정부에서는 전라감사의 보고를 토대로 이것을 '東徒'의 '都所'에서 주도한 것으로 파악하고 통문을 발한 괴수를 체포하여 효수할 것을 지시하였다. 전라감사 김문현은 금산군수 민영숙의 보고를 토대로, 금산에서 '東都所'의 통문에 따라 모인 천 명에 가까운 숫자의 무리들이 읍의 폐단을 고칠 것을 요구한 데 따른 군수의 처리문건[十條成冊]을 의정부로 올렸는데, 이 사건을 검토하는 자리에서 의정부는 '동도소'가 나서서 통문을 발하고 인심을 선동한 것은 의심스러운 것이니 이는 읍의 폐단을 고치자는 뜻만은 아닐 것이라는 판단에서 위와 같은 지시를 내리고 있었던 것이다.[19]

그리고 3월 16일을 전후해서는 전라도 내 右沿[우측 해안가] 10여 읍의 농민군들은 무장에 집결하기 시작하였다.[20]

그런데 이 농민전쟁에는 전라도 농민군만이 참여하고 있었던 것은 아니다. 특히 충청도에서의 활동이 주목되는데,[21] 전라도 이외 지역에서의 개인적 참여는 1차 봉기 때도 다수가 확인되고 있지만, 문제는 조직적으로 참여하고 있던

---

17) 배항섭, 앞 논문

18) 《고종실록》 고종 31년 3월 23일

19) 위와 같음. 3월 23일의 의정부 논의에서 드러난 전라감사의 보고와 금산군수의 보고 가운데 보이는 '東都所發通' 문제를 무장의 남접도소가 발한 3월 20일자 무장포고문과 연결시켜 파악하는 견해가 있지만, 이 통문은 금산의 도소에서 보낸 통문으로 파악하는 것이 더 합리적일 듯싶다. 감사 김문현이 금산군수 민영숙의 보고를 토대로 장계를 올린 것을 의정부에서 받아 검토한 것이 3월 23일인데, 김문현이 3월 22일 도착한 무장현감의 보고 및 23, 24, 25일의 각 군 보고를 토대로 장계를 올린 것이 3월 27일인 점을 고려한다면(《수록》 갑오 3월 27일 계초, 3~9쪽) 시간상의 낙차가 의문시되고, 무엇보다도 무장포고문은 각 읍의 봉기를 촉구하는 통문이 아니라 창의문이었다는 점을 고려한다면 위 '동도소'는 무장에 설치되었던 남접도소라고 보기 어려운 것이다. 여기에서 주목해야 할 것은 금산군의 봉기가 동도소의 발통에 따라 이루어졌다는 점이다. 이렇게 본다면 2월 20일 고부에서 각 읍의 봉기를 요구하면서 띄운 격문에 따라 금산에 도소가 설치되고 여기에서 통문을 발한 것으로 볼 수 있는 여지가 마련되는 것이다.

20) 《수록》, 3쪽 및 《오하기문》 1필, 3월 3일자

21) 충청도 농민군의 1차 봉기 참전에 관해서는 박맹수의 글, 〈갑오농민전쟁과 동학〉(한국사연구회, 1994 《갑오농민전쟁의 종합적 고찰》 발표요지) 참조.

충청도의 농민군들이 누구의 지시에 의해 어떠한 계획하에 움직이고 있는지가
불분명한 점이다.

여기에서 4월 4일 고산현 읍성 문기둥에 걸린 榜文 내용이 시사적이다. 내용
은 장차 3,000병을 이끌고 4월 5일 고산현을 지날 터이니 매명당 짚신 1짝과
전 1냥씩을 준비하여 '天命'을 어기지 말라는 것이다. 끝에는 "東徒大將 徐(不
塡名着名)"라는 글귀가 적혀 있었다.

위의 '徐'는 서장옥을 지칭하는 것으로 이해된다. 4월 3일 이전부터 활동하
고 있던 충청도 옥천의 동학도와 진산의 동학도 등 금구 원평 북쪽으로부터 이
동하고 있던 세력을 고려할 때,[22] 위의 사실은 1차 봉기가 매천이 지적한 바와
같이 徐包(서장옥 휘하의 동학군)의 일련의 계획 속에서 추진되었음을 보여주는
것이라고 판단된다. 최근 발견된 《김낙봉이력》(1937필)에는 바로 다음과 같
이 위의 사실을 전달하고 있다.

그때[갑오년 봄]를 당하여 서장옥 관하에서 진산 방축점에 會所를 설하고 전봉준
과 상하 상응할 양으로 수천 명이 회동한 사유가 대신사[최시형]께 入聞되어[23]

이 기록은 서장옥과 전봉준 사이의 연계 속에서 1차 봉기가 준비되고 있었다
는 증거이면서, 동시에 서장옥의 관하에 있던 충청도 농민군의 조직적 참여를
보여주는 것이다. 물론 이 시기 충청도 동학도의 움직임이 모두 서장옥의 관하
에 있었던 것만은 아니었다. 4월 6일 최시형이 통문을 발하여 "호남의 교도들이
타살당하고 있어 좌시할 수 없으니 교도들은 6일 청산 소사전으로 모이라"고 지
시한 것[24]과 관련해본다면 4월 8일의 회덕 수천 농민군이 읍을 공격하여 무기
를 빼앗고 진잠으로 향하였던 움직임은 북접과 관련을 가진 것으로 파악된다.[25]

---

22) 4월 3일 감영에 도착한 금산 공형문장에는 "동학인 기천명이 진산 방축리와 충청도 옥천 서화
면에 모여있다는 정확한 기별이 도착하였는데, 읍저에 들어와 생령을 도살하리란 풍문이 낭자하
여 곡소리가 끊이질 않는다"라는 기록이 있다(《營寄》《수록》 4월 3일자). 4월 2일에는 금산군
행상 김치홍, 임한석 등이 행상과 읍민 1,000여 명을 이끌고 곧바로 진산 동학당이 모인 곳으로
가서 114명을 살해하였다는 보고가 있었고, 이어 그들이 같은 날 오후 6시경 돌아와 그들에게
음식을 먹이고 포로로 잡아온 9명을 감옥에 가두었다는 겸임수령의 보고가 있었다.
23) 《金樂鳳履歷》, 4쪽
24) 《동비토록》, 236쪽
25) 박맹수, 앞 논문

그러나 회덕농민군은 10일 진압되어 귀화하였고, 옥천 청산에 있던 동학지도부〔북접〕는 4월 16일자로 무장의 농민군에게 "기일 전에는 절대 함부로 동요하지 말고 지휘를 기다리라"고 통고하였던 것[26] 등을 보면 북접의 동향과 서포의 동향과는 상당한 차이가 있었음을 알 수 있다. 전봉준이 연락을 취하고 있던 호서의 농민군은 서장옥 휘하에 있던 세력이라고 하겠다.[27]

즉 1차 봉기는 단지 무장에 집결한 전봉준 중심의 3,000여 주력군만이 주체가 아니라 호서의 동학조직 등이 연계된 연합군이 상정될 수 있는 것이다. 홍계훈이 '양호초토사'로 파견되었던 것도 우연한 일이 아니었을 것이다. 전봉준·김개남·손화중이 서장옥의 제자였다는 점을 고려한다면, 서장옥의 활동 중단 사태[28]가 이들의 전쟁기획에 일정한 수정을 가하게 했을 가능성은 있지만 서포의 기포계획은 호남 농민군 지도부에 의해 일정 정도 성공을 거둘 수 있었다고 하겠다. 이렇게 본다면 고부를 재점령한 뒤 백산에서 휘날리던 '동도대장'의 깃발은 서포의 상징이었다고 보아야 하지 않을까.

아울러 호남의 주력군이 무장에서 출발하여 고창을 지날 때 나아가 맞았던 고창현감의 말은 농민전쟁 1차 봉기의 구상을 이해하는 데 검토를 요한다. 고창현감은 3월 22일 동학도를 접하고 곧장 감영으로 달려 3월 25일 감사의 면전에서 동학도의 의사를 전달하는 가운데, "그들의 말에 구폐교정절목이 이미 마련되었기 때문에 곧 해산하였었는데 반대로 붙잡아들이려 하는 것은 무슨 까닭인가. 장차 전주로 가서 이 이유를 감영과 안핵사한테 따질 것이다. 운운하였다"라고 보고하였다.[29] 이는 전봉준 등의 초기 전쟁구상이 무장을 출발하면서 실현되고 있음을 보여주는 것이었다. 한편 3월 23일 홍덕 공형문장은 그들이 부안 줄포로 나가면서 장차 고부군으로 향한다고 하였고, 3월 25일에 감영에

26) 《공사관기록》 1, 24쪽
27) 〈양호초토등록〉《동학란기록》 상. 4월 12일 초토사 홍계훈이 올린 〈동도죄인봉초성책〉에 私通을 가지고 충청도로 향하다가 전주에서 붙잡힌 김영배, 금산으로 가다가 잡힌 김용하 등의 명단이 있는 것도 전봉준군이 충청도 및 전라 금구 이북지역과 연락을 취하고 있었던 사실을 보여준다.
28) 조경달, 1993 〈1894년 농민전쟁에 있어서 동학지도자의 역할―徐丙鶴·徐仁周를 중심으로〉 《역사연구》 2, 79~80쪽
29) 《營奇》《수록》, 22~23쪽. 彼徒自茂長歷入高敞時 該縣監出見矣 彼言內 旣有捄弊矯正節目 故纔已解散 而進欲推捉 抑何意思 將向全州 此由向於監營及按覈使云云 該縣監馳進營下 面稟于巡使道(하략).

올린 금구현의 보고는 그들이 태인에서 점심을 먹고 원평에서 하루 자면서 "장
차 전주로 갈 것이다"라고 했다고 한다.[30]

이상과 같은 점을 종합적으로 고려한다면 서포 휘하의 농민군들이 일정한 계획
하에 전쟁을 준비하는 가운데 고부에서 문제를 제기한 전봉준이 중심이 되어 고
부에서 기포하고 무장에서 진용을 갖추는 한편, 전라도 북쪽 지역과 충청도 등지
까지를 아우르는 농민연합군 결성을 처음 계획하였던바,[31] 전주성을 점령하고 이
를 바탕으로 중앙권력의 교체를 꾀하려 한 것이었다고 볼 수 있을 것이다.

3. 반봉건농민전쟁의 수행과 전주성 입성

앞서 보았듯이 초기 고부민란은 그 형태에 있어 농민전쟁과 구별된다. 농민
전쟁은 구체제를 타파하고 중앙 권력집단을 구축하여 정권교체를 기도하였을
뿐만 아니라 그 조직이나 투쟁대상도 과거의 일반 민란과는 질적 차별성을 갖
는다. 농민군의 구성방식이나 투쟁대상이 군현 단위의 국지성을 탈피하여 전국
적인 규모로 이루어진 것이다. 그렇지만 고부민란은 전쟁 지도부의 전쟁구상과
결합되어 있었고, 전봉준이 고부민란을 이끌면서 徐包 관하 각 접의 기포를 요
구하였다는 점에서 농민전쟁의 한 부분으로 포함되는 것이었다. 실제 내용 면
에서도 농민전쟁의 1차 봉기는 군현 단위의 농민항쟁을 그 내용으로 포함하고
있었으며, 1차 봉기의 기본성격인 반봉건투쟁의 핵심 내용의 하나가 군현 단위
에서의 '폐정개혁'의 실현이었다. 농민전쟁은 기존 '민란'의 한계를 지양한 것
인 동시에 그 발전선상에 있었던 것이다.

대개 기존 군현 단위의 항쟁은 고립적으로 전개되어 반봉건의 과제를 해결하
지 못하고 실패로 끝나는 것이 일반적인 현상으로 되어왔다. 농민전쟁 지도부
는 바로 이 점에 주목했다. 군현 단위의 산발적인 항쟁을 묶어낼 조직으로서 동
학조직을 주목했고 기포를 통하여 각 읍에서 동원한 농민군의 물리력으로 봉건
모순을 해결하고자 했다. 농민전쟁의 승패 여부는 군현 단위의 지지기반 확보

---

30) 〈營奇〉《수록》, 22쪽
31) 전봉준이 공초에서 2차 봉기시 전주에서 사람을 모을 때 전라도인보다 타도 사람이 더 많았다
　　고 지적한 사실을 주목.

에 크게 의존하는 것이고, 따라서 전쟁 지도부는 농민들의 현실적 요구인 군현 단위의 문제해결로부터 동력 확보를 시도하였으니 고부민란이 바로 그 연결고리였던 것이다.

이렇게 보았을 때 농민전쟁은 전봉준이 고부민란을 이끌면서 1894년 2월 20일경 각 읍에 격문을 띄우면서 시작되었다고 볼 수 있을 것 같다.[32] 전봉준이 고부에서 격문을 띄운 지 10여 일이 지나면서부터 전단이 마련되고,[33] 3월 중순에는 1차 봉기의 진원지 무장으로 농민군들이 집결하였다. 앞서 언급했듯이 무장 冬音峙面 당산에는 농민군이 3월 16일경부터 집결하기 시작하였다. 처음 100여 명이었던 것이 16일부터 18일 사이 주야로 사방에서 모여들어 천여 명으로 불었고 그 수는 더해갔다. 이들 가운데 수백 명이 인근 법성진 진량면 용현리 대나무밭에서 죽창을 만들고 민가에서 총포 등을 마련하였으며, 군량도 일부 확보하였다. 그들은 동학을 비난하거나 반대하는 자, 그 전부터 혐의가 있다고 확인된 자들을 매로 다스리기도 하였다.

일단 준비를 끝낸 농민군은 3월 21일 짐을 꾸려 다음날 출진에 채비를 갖췄다. 무장포고문[34]이 떨어졌다. 이들은 '輔國安民'으로 사생의 맹서를 삼아 의로운 깃발을 들었다. 1차 봉기의 막이 올랐다.

호남농민군의 주력군은 3월 22일 무장에서 출발하였다. 주력군의 규모는 3,000여 명이었고 이를 이끈 지휘부는 말을 탄 20여 명으로 보였다. 무장을 떠

---

32) 현재까지 확인된 범위에서만 본다면 1차 봉기의 신호가 되었던 무장창의문은 각 읍의 봉기를 촉구하거나 동학조직의 동원을 지시한 것은 아니기 때문에 각 읍의 조직적 동원을 촉구한 문서로서는 전봉준이 고부에서 띄운 2월 20일자 격문을 주목하지 않을 수 없다. 호남 농민군이 무장에 집결하는 모습을 황현이 "右沿 10여 읍이 일시에 일어났다"고 한 것, 위 격문이 떨어진 뒤 이틀 후 2월 22일 감사 김문현이 5진영과 금구·정읍·부안·김제·담양·무장·태인·홍덕 등 11읍에 관문을 내려 각각 병사를 동원하여 신변을 보호할 것을 지시한 것, 무엇보다도 위 격문의 구조가 무장포고문은 물론 그 이후 1차 봉기의 각종 통문(격문)의 기본구조로 되고 있는 점 등이 그같은 추론을 가능하게 한다. 다만 위 격문에는 전체 전쟁의 구상이 반영되어 있지 않고 각 읍의 봉기만을 촉구하고 있기 때문에 2월 20일부터 무장 동음치면에 농민군이 집결하기 시작하는 3월 16일 사이에 조직적 동원(기포)을 위한 별개의 통문(격문)이 돌려졌을 가능성도 배제할 수 없다.

33) 배항섭, 앞 논문

34) 〈茂長縣謄上 東學人布告文〉《수록》, 1쪽. 이 무장포고문은 3월 21일경 무장현감에게 전달되었을 것으로 보인다. 이하 농민군이 무장으로부터 고부에 들어가기까지의 설명은 《수록》의 기사를 따른다.

나 고창을 거쳐 흥덕 후사포(후포리)에서 하루 묵고, 다음날 부안 줄포에서 점심을 해결한 뒤 오후 8시경 고부를 친다. 고부를 치기 위해 이전 고창에서 1대를 미리 정읍을 통해 고부로 파견하기도 하였다. 3월 23일 낮 부안 줄포의 射亭에 도착하여 쉴 때 머리 위로는 仁義禮智信 혹 順天 光州라고 쓴 깃발이 휘날리고 있었다. 주력군의 각 부대가 동학조직을 매개로 하여 전라 각 읍에서 올라온 농민군으로 구성되었음을 보여준다.

그런데 이미 고부, 무장에서부터 반봉건 전쟁은 시작되었지만 그 성공적 수행에는 많은 난관이 가로놓여 있었다. 전주성을 장악하고 전주성을 근거지로 하여 중앙의 권력교체를 꾀한다는 기본방침은 정해졌지만 농민군의 운용에는 점검되어야 할 내용이 많이 있었다. 호남 각지의 농민군 동원상태(전도의 호응여부), 호서연합군(북부지역의 농민군)의 동향, 각 군현의 동향(수령, 이향, 사족, 토호양반, 요호부민, 일반 농민 등의 움직임), 감영과 중앙권력의 대응 등은 전쟁수행의 주요 변수였다. 그 가운데 특히 감영의 저항과 중앙정부의 대응은 계속 주목해야 할 것이었다. 일찍부터 감영에서는 농민군의 동요를 감지하고 각 군현에 관문을 내려 향병, 포군을 징발하는 등 저항이 만만치 않았다. 이제 고부점령 이후 전개과정을 간략히 살피면서 전투상황, 농민군의 조직상 변화, 요구조건 및 구체적 활동 등을 검토함으로써 초기 전쟁구상이 어떻게 실현되어나갔는가를 보기로 하자.

고부점령은 전봉준공초에 의하면 안핵사 이용태의 만행에 대한 응징의 성격을 갖는다. 그렇지만 그것은 고부에서 일단 해산한 농민들에게 농민군의 위용을 확인시키는 의미를 아울러 지니는 것이었고, 무엇보다 고부성을 점령하고 전주성을 점령한 후 경사로 직향한다는 초기 전쟁구상을 실현시키는 것이었다. 이같은 계획은 큰 차질없이 진행되어 일단 3월 23일 늦은 저녁 고부를 점령한다.

고부점령 후 농민군은 무기고를 부수고 무장을 강화한 후 백산에서 기본 대오를 정비한다. 무장을 출발할 때 3,000여 명이던 숫자도 배로 늘었다. 3월 25일 농민군은 백산에서 기본 틀을 갖추고 湖南倡義大將所 이름으로 격문을 띄우고 반봉건의 기치를 높이 들었다. 동도대장의 깃발 아래 그들이 추구한 목표는 '보국안민'이었고, 그 실현방법으로는 "안으로 탐학한 관리를 버히고 밖으로는 횡포한 강적의 무리를 구축한다"는 점을 제시하였다. 농민군은 고부로부터 태인으로 나아가 금구 원평을 거쳐 전주로 향할 계획으로 진군을 시작하였다.

3월 25일, 그날로 선봉대를 원평에 보내고 본대는 3월 26일 태인으로 진군, 고부·백산·예동으로부터 태인현 용산면 화호 신덕정으로 옮겨 둔취한다. 이 날 북쪽으로 김제군에 전령을 내려서 읍내에서 거두어야 할 전곡 숫자를 정해 주고 이서로 하여금 장부를 가지고 노점에서 대기할 것을 지시하였다. 3월 28 일에는 태인 군아를 점령, 군기 확보, 29일에는 태인현에 濟衆義所 명의로 전령 을 내려 포수와 창수 각각 100명과 북·날라리·꽹가리·징 등 군물을 요구하 였다. 다시 30일 태인 관아를 점령하여 무장을 강화한다. 이때까지는 군비를 강 화하면서 세를 과시하고 주력군을 정비하는 시기라고 하겠다.

한편 이 시기 감사 김문현은 바로 직전 3월 24일 농민군이 고부군에서 무기 를 탈취하여 태인으로 직향한다는 고부 공형의 보고를 참작하여 감영 수비대책을 강 구한다. 그는 포군이 있는 각 읍에 포군으로 하여금 기계를 가지고 영문에 대령하 라는 전령을 내리고,[35] 한편 불시에 감영과 전주부의 관속(三班下人)을 점검하고 전주부 내의 인사를 초청하여 성을 지키도록 당부, 영리로 하여금 서문을, 부리는 남문을 지키도록 하고 병정 기십명도 와서 성을 지키도록 하였다.[36] 위와 같은 감 영의 지시에 의해 각 읍에서는 병정과 포군을 동원하는 등 사태가 급하게 진행되 고 있었다.[37]

---

35) 황현, 《매천야록》 1필, 갑오 3월 20일자. 황현은 감사 김문현이 남원, 장성, 진안, 용담 등 감영과 가까운 좌우도의 24개 읍에 관문을 내린 것으로 적고 있다. 이 지시에 의해 포수를 파견 한 지역으로는 여산부가 확인된다(4월 1일 여산부 보고, 포수 50명 삼례역에서 대기). 4월 1일 까지 포군을 보내지 못하고 있던 군현은 임실, 옥구, 고산, 만경, 부안, 함열, 임피, 용안 등 8읍 이었는데, 이들 읍에는 다시 비밀 관문이 전해졌다.

36) 〈營寄〉 3월 25일자 《수록》, 23쪽. 전주판관 민영승은 노약을 가리지 않고 7,000명의 인원 을 모아 4문을 각각 1,000명씩 지키게 하고 나머지는 대기토록 하였다는 기록도 있다. 한편 감 사 김문현은 3월 25일 고창현감이 달려와 전해준 농민군이 전주로 향한다는 소식과 이후 농민군 의 움직임에 대한 보고를 토대로 "금구의 동학도 수만 명이 태인 등 4읍의 군기를 탈취하여 곧 바로 전주감영에 들어올 것이다"라고 충청감영에 전보하기도 하였다(〈營寄〉 4월 4일자 《수 록》, 31쪽).

37) 《是言》(柳濟陽; 1846~1922 日記) 갑오 2월 22일자 및 3월 28일자(한국농촌경제연구원, 《구례 유씨가의 생활일기 (상)》, 23쪽). 유제양은 갑오년 2월 22일의 회시에 참석차 서울에 갔다가 여행길이 어려워 머뭇거리다가, 3월 21일 정동을 떠나 돌아오는 길에 26일 종제가 근무 하던 여산부에 도착하였는데 당시의 읍 사정을 다음과 같이 적고 있다. 아래 기록은 동시에 농민 군 본대가 금구 원평으로 나아가기 전에 이미 그들의 선발대가 원평에서 활동하고 있음을 시사 해주는 것으로도 주목된다. "종제는 야심해서야 관아로 돌아왔다.… 요즈음 동학도가 모여든 금

 이러한 감영과 각 읍에서의 움직임 속에서 농민군 본대는 드디어 4월 1일 금구
원평으로 향하여 원평에서 견고한 진을 치고 정세를 파악하며 곧바로 움직이려
하지 않았다. 금구현 공형문장은 이들 6,000~7,000명이 원평점에 도착하여 그
앞 천변에 진을 치고 다른 곳으로 움직이는 기색이 없다고 보고하였다.[38] 농민군
이 즉시 전주로 향하지 않고 금구 원평에 머물면서 정세를 파악하고 있던 것은 뒤
에 언급하듯이 이들이 원평 북쪽으로부터의 연합군 동향과 무관하지 않았던 것으
로 보인다. 즉 농민군은 4월 3일 감영군의 출진에 따라 부안으로 일단 회군하면
서도 정예부대 100여 명을 원평에 남겨놓았던바, 이는 앞서 언급한 4월 4일 고
산현에 붙었던 서장옥 이름의 방문과 관련시켜볼 때 북쪽으로부터의 연합군의
도래를 기다리기 위한 것으로 생각해볼 수 있다.[39]

 한편 이 시기 부안에서는 위 본대와는 별도로 500여 명의 농민군이 활동하고
있었다. 4월 2일 도착한 부안현감 이철화의 보고에 의하면 고부 '백산여당'이
부안에 사는 그들 동류를 움직여 하동면 분토동에 취회하고 있었는데, 무리 중
200여 명이 4월 1일 성중에 난입했다가 분토동으로 돌아갔다고 하였다. 그들은
홍기를 게양하였는데, 깃발에는 '보국안민'이라 썼고 또 작은 깃발들에는 부안,
고부, 영광, 무장, 홍덕, 고창 등 각 군현의 이름을 적었다. 이들은 또 4월 2일
부안 공형에게 私通을 띄워 장시에서 分錢收稅하는 일이 없도록 할 것을 지시하
고, 부안에서 보유하고 있던 전곡 중 군량미 10석, 錢 200냥을 즉시 보낼 것을
지시하였다. 아울러 辛在明家에서 쌀 120석을 執留하고는 指目錢 명색으로 공
형에게서 4,000냥을 독촉해서 받아냈다. 만일에 대비해 후방에서 군비를 강화
하고 있었던 것이다.

 이때 본대는 4월 2일 감영의 군사가 움직인다는 소식을 확인하고 1대를 부안

 구 원평은 전주와의 거리가 40리였다. 府中(여산부)에서는 요란스럽게 병정을 모집하고 대오를
편성하여 군대를 출동시켜 성을 지키는데 깃발이 휘날리고 북소리가 끝없이 울렸다. 대포와 창
이 빽빽하여 그 형세가 두려워할 만했다. 혹자는 '일이 곧 터져 바람에 휩쓸릴 듯할 것이다'라고
말했다"(3월 28일).
38) 〈營奇〉 4월 1일자 《수록》, 26쪽
39) 4월 1일부터 3일까지 금구 원평에 주둔하면서 농민군이 금구현을 공략하지는 않았던 사실도
이들이 원평을 북쪽으로부터 도착예정이던 연합군과의 접선장소로만 이용하고 있었음을 보여주
는 것이라 하겠다. 이해 10월 당시 금구현령 정해원의 보고에 의하면 금구는 4월 26일과 6월 11
일 두 차례만 군기를 탈취당하였다고 한다(서울대 규장각, 《고문서》 2, 1894년 10월 21일 전
라병사 보고). 4월 26일은 농민군이 장성으로부터 회군하여 전주성을 점령하기 하루 전이다.

으로 파견하여 부안의 군사에게 소식을 전하고, 4월 3일 다른 1대를 원평에 잔
류시키고 태인과 부안으로 나뉘어 회군하였다.[40) 주력부대 역시 이날 부안으로
옮겼는데, 이들은 부안 분토동에서 활동하다가 소식을 듣고 부흥역으로 옮겼
던 농민군과 함께 4월 4일 부안 상소산에 진을 쳤다. 이날 금구 원평에서 활동
하던 후속부대 일부가 관군에 타격을 받고 후퇴하여 합세한다.

부안에서 농민군들은 감영과 내통하던 공형에 난장을 가하고 읍을 장악, 군
기를 모두 거두고 이튿날 4월 5일 아침에는 읍민 중 상당수를 잡아다가 계속해
서 맹장을 쳤는데 마치 송사를 다루는 것〔決訟〕과 같았다고 한다.[41) 이를 마치
고 낮 12시경 부안의 주산인 성황산으로 진을 옮겼는데, 이때 다시 남쪽 정읍에
서 수백 명이 합세하였다. 한편 앞서 4월 4일에는 법성진의 이향에게 통문을 내
리기도 하였는데 3월 25일 백산의 호남창의대장소에서 띄운 격문내용 가운데
각 읍 小吏들의 참여를 유도하는 것과 같은 맥락의 것이었다.[42)

이같은 농민군의 활발한 움직임에 당황하여 감사 김문현은 4월 3일까지의 태
인과 부안의 보고를 토대로 병사파견을 결정, 관군은 4월 3일 오전 전주의 용머
리고개에서부터 비로소 움직이기 시작, 주력은 우령관 이곤양, 대관 이재섭 등
이 이끄는 신영(무남영)의 병정이었고 각 읍에서 올라와 대기하고 있던 포군 등
이 합세하였다. 부상·행상으로 구성된 군대와 도한, 유상, 지장으로 구성된 별
초군·수초군·산초군도 붙었다. 감영에서는 태인, 김제, 부안, 고부 등 4읍으
로 통하는 길을 막고 농민군이 경계를 넘나들지 못하도록 비밀리에 전령을 내
리고(4월 4일) 추가로 남원·창평 등에서 올라온 포군을 태인에 파견, 관군은 4

40) 4월 4일 감영에 도착한 금구현령의 첩보에 의하면 농민군은 4월 3일 오후 4시경 모두 흩어진
것으로 되어 있다(《수록》 4월 5일계초, 9~10쪽). 그렇지만 4월 4일 농민군 113명이 원평에
서 포로가 된 사실(《오하기문》 1필, 4월 4일자)과 관련해볼 때, 농민군 일부가 원평에 남아
상황을 파악하고 있었다고 볼 수 있다. 이들의 목적은 단지 관군의 정확한 진로를 파악하기 위한
것만은 아니었다. 4월 4일 고산현에 붙었던 방문과 관련하여 보면 연합군의 도래를 기다리고 있
었던 것으로 볼 수 있을 것 같다.
41) 감영의 향병징발에 동원되었거나, 농민군의 요구를 따르지 않는 자, 기존 민폐를 야기하던 자
들과 관련되어 농민군의 결송이 진행되었을 것이다.
42) 〈조선교섭사료〉《동학당휘보》 4월 4일자(양 5월 8일). 법성의 이향들에 내린 통문의 핵심
내용은, 민폐의 근본이 되는 '吏逋(이서들의 포흠)'가 근본적으로는 탐관오리 및 그 배후의 중앙
집권층에 있는 만큼 吏民을 차별하지 않을 터이니 걱정하지 말고 '吏逋民瘼'에 관한 모든 문서를
가지고 대령하면 적절한 조치를 강구해주겠다고 하는 것이다.

월 4일 원평에 잔류하던 농민군 가운데 113명을 포로로 잡고 고부, 부안 줄포로 향하려 하였다. 4월 5일까지 관군이 고부에 속속 도착, 일부는 부안으로 향하였다.

이때 관군은 각 읍에서 올라온 포군과 보부상 등의 지원을 받고 있었고, 여산부사와 김제군수는 각각 군수보납전 500냥, 300냥을 단자와 함께 바치고 있었다.[43] 관군이 몇몇 수령들의 협조로 부민들에게서 자금을 동원하고 수성을 독려하였으나 일반 농민들의 관군에 대한 지원은 거의 전무하였다. 대부분의 농민들은 관군에 대해서는 이를 갈고 피했는바, 당시 농민들의 향배에 관해 다음 황현의 기록은 매우 적절하게 표현하고 있다.

두 군대가 모두 군량미를 지니고 있지 않아 다만 민간에서 얻어먹도록 하거나 강제로 배정하여 거둔 것을 가지고 군사들을 먹였는데 '적의 진영'〔농민군〕에는 광주리와 동구미가 이어졌지만 관군은 기아의 형색이 역력하였다.[44]

이같은 상황 속에서 농민군은 관군의 방향을 파악하고 이들이 고부민을 도륙한다는 소식에 접해서 일전을 계획한다. 4월 6일 부안의 부대와 태인에 있던 부대가 고부 도교산에 집결, 백산에 이르렀다. 관군의 추격이 있자 거짓 패한 체하며 황토치에 진을 친다. 관군은 계속 핍박해 들어가 그 아래 진을 쳤다. 지명이 손소락등이니 서로 거리가 5리였다. 날이 어두워진 후 시작되어 4월 7일 새벽까지 지속된 첫번째 전투에서 농민군이 승리, 영관 이곤양과 부상반수 유병직, 서기 이돈승 등이 죽고 대관 이재섭·류수근 등은 도망쳐 4월 8일 전주로 후퇴하였다. 농민군은 향병으로 흰옷을 입은 자는 쫓지 않고 오직 감영 군사로서 검은 옷을 입은 자와 보부상으로서 등에 붉은 도장이 찍힌 천꼭지를 단 자들만 끝까지 뒤쫓으니, 어금니를 깨물고 칼을 휘두르는 것이 마치 사사로운 원한을 갚는 것과 같았다고 한다. 감영병을 물리친 농민군의 사기가 하늘을 찔렀다.[45]

---

43) 〈營寄〉 4월 8일자 《수록》, 20쪽
44) 황현, 《오하기문》 1필, 4월 7일자
45) 《양호전기》 갑오 4월 23일. "전라감영군을 크게 패배시킨 후 彼는 람의가 날로 생겨 각 읍 각 리에 방문을 붙였는데, 그 말은 임금님의 존엄까지 건드리는 것이어서 전보로 보고하기가 곤란합니다." 이 기록에서 국왕의 존엄까지 건드리는 것으로 파악된 내용이 무엇인가는 분명치 않지만 4월 18일부터 표면화된 대원군 옹립문제, 즉 '奉國太公監國'의 문제와 관련이 있을 것으로

그런데 농민군은 여세를 몰아 곧바로 전주로 향하지 않고 남하를 단행한다. 그 가장 주된 이유는 전술적인 것으로서, 여기에는 군산포로부터 임피를 거쳐 4월 7일 전주에 도착한 초토사 홍계훈의 경병과의 대적을 피하기 위한 것으로 이해되지만 동시에 읍폐민막을 교정하기 위한 목적도 무시할 수 없는 것이었다.[46] 읍폐민막의 교정은 농민군에 참여한 농민들의 절실한 요구에 부응하는 것이었기 때문이다. 한편 남하의 이유에는 북쪽으로부터 예정되었던 연합군과의 접선이 무산된 데 따른 전력의 보강 및 중앙권력 구상의 재정비 등의 요인도 고려해볼 수 있을 것이다. 이 가운데는 농민군들의 폐정개혁에 대한 요구가 가장 중요한 것이었다고 하겠고, 전라 전도의 농민군에 대한 지지를 확인하려는 의도도 동시에 작용하였다고 하겠다.

이상과 같은 계획하에 금구까지 영병을 뒤쫓던 농민군 1대는 4월 8일 동틀 무렵 홍덕으로 머리를 돌렸다. 주력군은 4월 7일 오후 2시경 고부로부터 정읍현 연지원 모천 강변에 모였다가 오후 8시경 정읍 읍내로 진입, 갇혀있던 농민군 6명을 석방하는 한편 군기를 확보하고 나서 저녁식사 후 10시경 곧바로 고부 삼거리로 향하였다.

4월 8일 오전 8시경 고부 신점으로부터 곧바로 홍덕으로 들어온 농민군은 우선 무기를 탈취하였다.[47] 이어 4월 8일 늦은 저녁 홍덕으로부터 고창으로 들이닥친 농민군 수천은 옥문을 부수고 동학도 7명을 석방하고, 읍내에 있던 殷大靜家를 불사르고 성내에 돌입, 군기를 접수하는 한편 민의 원망의 대상으로 되고 있던 호적대장을 거두어들였다. 4월 9일 12시경에는 무장으로 향하는데, 무장을 칠 때는 숫자가 더 불어나 이후 기록에는 1만여 명으로 표현된다.

한편 4월 7일 농민군에 패배한 이후 4월 9일 전라병사는 대관을 무장으로 파견하였지만 정세를 살피기 위한 것이었고, 이미 도착한 경군도 상황판단에 경황이 없었던 것으로 보인다. 초토사 홍계훈은 4월 8일까지도 감영군의 패배소식을 정확히 파악하지 못한 상황이었고, 이날 고부를 친 농민군이 홍덕으로 향

파악된다. 이 문제가 감영군을 격파하고 나서 남하를 단행하고 난 뒤에 영광에 머무를 당시 본격적으로 거론되고 있다는 점을 주목해야 할 것이다.

46) 정창렬, 앞 논문, 147쪽.

47) 고부로부터 곧장 고창 홍덕으로 향한다는 태인현 좌수의 발송문장이 농민군에게 접수되어 홍덕에 대한 상황보고는 잠시 지연되기도 하였다(〈營禀〉4월 10일자 《수록》, 34쪽).

한다는 보고에 접해서야 비로소 대관 1원, 교장 2원, 병정 200명의 파견을 명하지만, 본인은 전주부 내에 방을 붙여 동요를 진정시키고 좌도로 통하는 오목대에 유진소를 설치하고 정세를 파악하기에 급급한 형편이었다. 그는 같은 날 4월 8일 충청도에도 감사와 병사에 연락하여 동학도의 동태를 조사하여 보고토록 하였고, 전라 각 읍에 지시하여 각 읍에서 적세를 파악, 그들이 진을 치고 있는 곳이 있으면 괴수의 이름과 모인 숫자의 다소, 오가는 형지, 지명 및 산천의 험난하고 평이함, 도로의 원근 등을 상세히 파악하여 보고할 것을 지시하기도 하였다.

초토사는 이어 다음날 4월 9일 금구·태인·정읍·흥덕에 전령을 내려 행군에 만전을 기할 것을 지시하지만, 그가 정탐대 280명을 무장에 파견한 것은 그보다도 5일 지난 4월 14일이었다. 그는 4월 10일 나주와 장성에 전령을 내려 "동학배가 그곳 경계로 간다고 하니 각 읍에서 병사를 발하여 맞아 싸우고 그 괴수를 가두고 이름을 보고하라"고 지시하는가 하면, 다음날에는 각 읍에 지시하여 농상에 힘쓰고 장시가 끊이지 않게 하라고 지시하고, 또 행상, 부상배의 평민침탈이나 관속들의 작폐 등을 경계하라는 등 종전의 지시만 거듭 내리고 있었다.

한편 전라병사 이문영이 4월 15일 각 읍에 병사와 포군에 대한 징발령을 내려 올라온 병사와 포군 등을 나주, 무안 등지의 방어에 지원하기도 하고,[48] 그 일부를 초토사군에 배정하기도 하는데 이들은 숫자상으로나 사기 면에서 매우 열악한 처지에 있었던 것으로 보인다.[49] 4월 15일 경병의 추가파견이 결정된 것도 이와 같은 열세 속에서 초토사의 계속된 추가파병 요구 때문이었다. 홍계훈은 자신의 고단한 군사로는 함부로 적병을 당할 수가 없음을 하소연하고 있었다.[50]

반면 농민군의 전력은 지속적으로 강화되고 있었다. 그 가운데도 숫적인 증가는 우려할 만한 수준에 이르고 있었다. 무장을 거점으로 영광을 치고난 뒤 나주공격이 실패하기는 하였지만 무장에 거점을 일부 두면서도 영광에서 끈질기게

48) 《오하기문》 1필, 4월 15일자
49) 〈양호초토등록〉 4월 15일자 《동학란기록》 상. 초토사는 감영에서 보내온 군사 100명 중 50명만 쓰고 나머지는 돌려보내고 있었다.
50) 《양호전기》 갑오 4월 10일자

버티고 있었다. 이와 같이 농민군의 숫자가 증대되어 나가자 중앙에서도 조속한 수습을 독려하지 않을 수 없었다. 당시는 농사철이어서 농사의 보호를 위해서뿐 아니라 지나는 곳의 농민들의 합세가 더욱 염려되었기 때문이었다. 초토사가 그 같은 사정을 당하여 민영준에게 보고하기를, 농민군에 무뢰배들이 참여하여 수가 늘어나 더욱 기승을 부리지만 자신의 고립된 적은 수의 군대로는 움직이기가 어렵다고 하였다. 이에 민영준이 회신하는 전보에서 초토사가 전주에만 물러있는 것을 책하면서, "이같은 農節을 당하여 하루가 급한데 만일 하루가 늦어지면〔농민군에〕붙는 자들이 늦어진 만큼 늘어날 것이니 속히 토벌하여 제거하라"[51]고 지시한 것은 바로 농민들의 농민군 참여에 대한 우려를 생생하게 보여주는 것이었다.

이에 초토사는 더이상 가만히 있을 수만은 없는 형편이 되었다. 그는 출발에 앞서 모든 안전조치들을 취하고[52] 그것을 거듭 확인하고 나서야 비로소 움직이기 시작하였다. 초토사 홍계훈은 4월 14일 정탐대 280명을 무장으로 파견하고 본인은 4월 15일 서울에서의 추가병력 파견을 확인한 뒤 4월 18일에서야 비로소 전주를 벗어난다. 4월 14일 대관이 인솔하는 선발대를 먼저 보내고 그가 직접 움직이는 것은 사흘 뒤인 4월 17일이었다.[53] 4월 16일 초토사는 감사에게 자신이 영광으로 향하니 영광 부근의 연읍과 병영 수영에 시지하여 강진·해남으로부터 나주에 이르기까지 각자 관군을 이끌고 올라오도록 할 것을 요구, 또 순창·담양으로부터 광주·나주 경계에 이르기까지 기포를 철저히 설치하여 사람 하나 말 한 필 다른 곳으로 빠져나가는 일이 없도록 할 것을 주문하였다.[54] 그리고 4월 17일 역시 각 읍에 전령을 내려 영광군으로 향하니 각 읍에서는 만전을 기할 것을 지시하였다.

4월 18일 드디어 초토사 홍계훈이 움직이기 시작하여 금구에 출두하는데, 들려온 소식은 농민군 무리가 40~50 혹 60~70명씩 무장 굴치로부터 나뉘어 흥덕·고부·정읍 등지를 급히 지나갔다는 혼란스러운 것뿐이었다.[55] 초토사는

---

51) 《양호전기》 4월 12일자
52) 〈전령중영장〉, 〈문이전라도관찰사〉, 〈전령금구태인흥덕정읍고창〉, 〈전령전주판관〉 《동학란기록》 상, 189~191쪽 ; 〈양호초토등록〉 4월 13, 14일자
53) 4월 15일 군관과 군의 차정, 금구에 전령 내려 인부와 우마 징발. 16일 출진대관에 전령(明將 발진소식 전함), 영광으로 향할 것 지시.
54) 〈양호초토등록〉 4월 16일자 ; 〈이문전라도관찰사〉 《동학란기록》 상, 195쪽

이날 금구에 출두, 정읍(19일), 고창(20일)을 거쳐 전주를 떠난 지 4일 만에 4월 21일 결국 영광에 도착한다. 그러나 농민군은 이미 장성으로 떠난 뒤였다. 농민군은 4월 16일 함평에 도착하여 읍을 접수한 뒤 현란한 習陳 등 대대적인 시위를 하고,[56] 18일에는 나주공형에게 '봉국태공감국'의 내용을 담은 통문을 띄우는 한편, 4월 19일에는 영광에서 초토사에게 띄우는 呈文 한 장을 남기고 4월 21일 장성에 도착하고 있었다.[57]

초토사는 4월 22일에는 함평에 전령을 내려 수교와 공형을 칼채우고 나장을 정해 불같이 잡아올릴 것을 긴급 지시하는데, 이는 앞서 함평의 土民들이 농민군을 맞아들인 것[58]과 관련한 것이라 하겠다. 홍계훈은 계속해서 함평 등의 경우와 같이 열읍의 수령들이 적극적으로 방어할 자세를 갖지 않은 데 대해 불만을 토로하면서, 수령 가운데 그들을 접대하지 못하여 안달하는 경우도 있다고 하니 그 의도를 모르겠다고 닦달하였다.[59] 만일 그같은 일이 발생할 시에는 해당 수령을 왕에 보고하여 경각심을 일깨우도록 하겠다고 위협하는 것이었다. 이날 전명숙, 손화중, 정익서, 남도삼 등에 대한 체포령도 아울러 발하였다.

한편 홍계훈은 영광에 도착하여 대장 이학승으로 하여금 영병 270명(경병 200여 명)을 이끌고 앞서 떠나도록 하면서 함부로 장성 경계를 넘지 말 것을 지시했는데, 이학승이 지리를 몰라 헤매다가 장성 월평에 도착한바 4면이 모두 적이니 진퇴불능, 결국 농민군의 공격을 받고 패배했다고 ≪오하기문≫은 적고 있다.[60]

---

55) 〈양호초토등록〉 갑오 4월 18일자 ≪동학란기록≫ 상, 197쪽
56) ≪오하기문≫ 1필, 갑오 4월 18일자 함평군 보고
57) 4월 19일 초토사에게 보내는 농민군의 '정문'은 각종 민간의 폐단을 열거한 뒤, "전국에 순문하고 논의하여 위로 국태공을 받들어(봉국태공감국) 부자의 윤리와 군신의 의를 완전히 하고, 아래로는 뭇 백성을 안집하여 종사를 보전하기 바란다"는 내용을 담고 있다(≪오하기문≫ 1필, 갑오 4월 19일자). 위 '봉국태공감국'은 농민군의 중앙권력 구상과 관련된 것으로, 이미 전날 4월 18일 함평에서 나주공형에게 보내는 통문에서 표명된 바 있다. 농민군이 이같은 표방을 한 것은 그동안 농민군의 성장을 반영한 것인 동시에 초토사를 혼란케 하는 전술과 관련된 것으로 보인다. 이같은 소식에 접해 함평현감 권풍식은 농민군이 함평으로부터 장성·나주 등지로 향하고 있다는 보고를 4월 22일자로 올리고 있다(〈양호초토등록〉 4월 24일자 ≪동학란기록≫ 상, 171쪽).
58) 〈양호초토등록〉 갑오 4월 22일자 ≪동학란기록≫ 상, 199쪽
59) 위와 같음. 〈전령순창담양광주장성나주강진병영〉
60) 〈양호초토등록〉 4월 23일자 ≪동학란기록≫ 상. 〈초토등록〉에는 초토사 홍계훈이 출진대관에

104

농민군은 황룡촌전투에서 초토사의 경군마저 격파하고 곧이어 월평으로 자리를 옮기는데, 저녁식사 준비중 경군의 내습소식에 급히 군사를 재촉하여 정읍으로 향한다. 이때 말을 타고 지휘를 하는 자가 200여 명이었고, 전봉준 군대만이 아니라 전라좌도의 농민군이 모두 가세하고 있었다고 한다. 여기에서 초토사는 문수산의 벽에 막혀 그대로 농민군의 뒤를 쫓지 못하고 고창을 통하여 정읍으로 향할 수밖에 없었다. 초토사가 고창에 도착해서 정읍에 전령을 내려 3,000명분의 식사준비를 시키고 있을 때 이미 농민군은 정읍을 통과하고 있었다.

농민군은 장성으로부터 머리를 돌려 갈재를 넘어 정읍, 금구 원평을 거쳐 드디어 4월 27일 새벽 전주 서문 밖에 도착, 1만여 명의 농민군이 용두치로부터 한일자 진으로 전주성을 압박해오자 감사 김문현은 4문을 굳게 닫고 성벽을 통한 공격을 차단하기 위해 서문 밖 민가 수천 채를 불사를 것을 지시하였다. 그러나 오시가 지나자 서문이 저절로 열리고 김문현이 빠져나간 전주성에 농민군은 무혈입성하게 된다.

이상 1차 봉기의 전개과정에서 주목되는 점을 간추려본다면, 첫째 2월 20일자 격문에 나타난 반봉건 체제변혁 구상의 틀(보국안민)이 기본적으로 유지되고 있다는 점,[61] 둘째 4월 18일, 19일자로 함평에서 나주공형 및 초토사에 보낸 통문에서부터 표명된 '봉국태공감국'의 중앙정권 구상이 일관되게 지속된 점, 셋째 반봉건 과제의 수행은 과거 농민항쟁의 경험 위에서 축적된 방법이 활용되고 있었고,[62] 여기에 각 읍의 吏民이 호응하고 있었던 점, 넷째 각 읍을 순력하면서 농민군의 참여자가 계속 증가하는 등 농민군의 전력이 증강하고 있었다는 점, 다섯째 관군이 숫적 열세 속에 계속 농민군의 뒤만 쫓아다니는 결과가 되었던 점 등을 들 수 있을 것이다.

게 그들이 황룡촌에 머물고 있으니 즉시 추격하여 실기하지 말고 빠져 달아나는 일이 없도록 할 것을 지시한 것으로 기록되고 있다.
61) 백산기포 때의 구호 가운데 반봉건의 과제와 함께 반제의 과제(밖으로 횡포한 강적의 무리를 친다)가 같이 제기되었으나, 1차 봉기에서는 반봉건이 중심내용이 되고 있다.
62) 1894년 4월 19일 농민군이 함평에 있으면서 초토사에게 보낸 정문에, "불쌍한 민생이 죽음을 면하려 하나 할 수가 없어 서로 모여 몇몇이 본관[守令]에 호소하면 일러 亂類라 하고, 영문[監司]에 호소하면 지목하여 賊黨으로 몬다. 막중한 왕의 친군이 무난히 발포하고 열읍에서 병사를 모아 봉과 칼로 도륙하고 살륙을 감행하는 것이 거리낌이 없다. 선화하고 양민해야 할 사람이 이와 같아서야 되겠는가"라고 지적하고 있는 것((호남유생등 상서) 《오하기문》 1필, 4월 19일자)은 농민군의 거사가 과거 일반적인 농민항쟁의 연장선 위에 있음을 보여준다.

위에서 설명한 바와 같이 1차 봉기는 각 군현의 농민군들로 구성된 연합부대에 의해 수행되었다. 여기에는 충청 등지의 농민군의 조직적 참여도 예정되어 있었지만 기본적으로는 호남 농민군이 주축이었다. 백산의 도소가 '호남창의대장소'라 명명하였던 것도 이와 관련된 것이다.[63] 농민군 최고지도부는 전봉준·김개남·손화중이었고 각 지역에서 동원된 농민군들은 각 접주들에 의해 통솔되고 있었다. 이들의 전력은 관군의 그것을 상회하고 있었고, 기율도 상당하여 일반 농민들로부터도 환영받고 있었고,[64] 각 군현에서는 그들이 온다는 소식만 듣고도 성을 비울 정도였다. 매천이 한탄하였던바, 초토사 홍계훈은 물론 각 읍의 이서나 장교들까지 모두 겁을 집어먹고 위축되어 오가는 문서에 감히 '적'이라 배척해서 표현하지 못하고 다만 '東徒, 彼黨, 厥徒, 彼類' 등이라고 칭하고 있었던 것[65]은 일반 민의 농민군에 대한 지지와 관군에 대한 적대감을 배경으로 한 것이었다. 1차 봉기 기간 농민군에 저항했던 유일한 읍은 나주 한 곳이었다.

농민군의 구성은 지역적으로 광범위하였을 뿐 아니라 신분계층의 면에서도 다양하였고, 천민으로만 이루어진 특수부대도 운영하였다고 한다. 농민군들은 서로를 존중하여 호칭에 상하의 구별이 없었으며, 이로 인해 군기가 흐트러질 것을 우려하는 충고가 나올 정도였다.

위와 같은 농민군의 구성과 전력 때문에 그들은 철저한 반봉건의 과제를 수행할 수 있었고, 몇몇 지역을 제외한 대부분 지역에서 이서층은 물론 부호들도 그들의 요구를 거절할 수 없었다. 농민군은 과거 자력으로 해결할 수 없었던 반봉건의 과제를 그들의 물리력을 바탕으로 해결하고 있었다. 군현 단위에서 봉건권력을 무력화시키고[66] 자신들의 요구를 해결하는 데는 반드시 무장력만을 사용하였던 것은 아니다. 읍권을 장악하고 있던 吏鄕들을 십분 활용하였다. 아직 전면화되지는 않았지만 충청도에서조차 당시 읍권을 장악하고 있던 이서층

---

63) 2차 봉기시 삼례에 모여 전주로 들어갈 때 전라도 농민군보다 각 도의 농민군이 더 많았고, 논산에 들어갈 때 역시 마찬가지였다는 전봉준의 지적에서 알 수 있듯이 1차 봉기는 2차 봉기의 조직과 상당한 차이가 있었다.

64) 《오하기문》 1필, 4월 7일자. 관군이나 농민군 모두 군량의 해결을 민간에 의뢰하고 있었는데, 농민군진영에는 광주리가 줄을 이었지만 관군은 굶주린 기색이 역력하였다.

65) 《오하기문》 1필, 갑오 4월 18일자

66) "농민군은 처음 비록 각 읍의 수령들을 죽이지는 않았지만 꼭 욕보이고 협박하여 죽이지만 않았다뿐 차이가 없었다. 또 성을 함락하고 창고와 병기를 약탈하니 적이 아니고 무엇인가"라는 황현의 지적(《오하기문》 1필, 4월 18일자)은 봉건권력의 무력화를 설명한 것이라고 하겠다.

이 사태의 추이를 관망하면서 농민군에 가담할 자세를 보이고 있었던 것[67]은 당시 이서층의 향배를 보여주는 것이었다. 위 초토사의 각지 수령에 대한 경고가 반영하듯 각지 수령의 동요도 나타나고 있었다.

한편 농민군은 그들의 요구가 관철되지 않을 경우 각 관청을 부수고 무기를 수획하고, 호적대장 등 봉건모순의 주요 대상이 되는 문부들을 거두는가 하면 읍민의 원성을 사던 아전이나 장교 및 부민 토호들을 징치하였다. 그들은 기본적으로 각 군현이 갖고 있는 모순이 동질적인 것으로 판단, 농민군이 일어서면 전군현이 호응하고, 전주성의 장악을 통해 중앙권력의 교체까지도 강요할 수 있을 것으로 판단하고 있었던 것이다.

1차 봉기군의 기본 지향은 언급한 바와 같이 농민군의 무장력을 바탕으로 하여 각 군현 및 도 차원의 제반 봉건적 모순을 해결하는 것이었다. 그 전략은 전주성을 함락시켜 이를 근거로 중앙권력의 교체, 구지배체제의 변경을 기도한 것이다.[68] 서울로 직향하여 직접 중앙권력을 무력화시킨다는 구호는 '봉국태공감국'으로 드러났고, 이를 위해 각 읍에서 수행한 반봉건투쟁의 결과를 가지고 전주성에 입성하였다.

4. 전주성 철수와 '폐정개혁'의 새로운 방안 모색

위와 같이 농민전쟁은 그 이전 농민항쟁의 총귀결로서 과거의 항쟁 경험을 계승 발전시킨 것이었고, 그것은 지금까지 민중이 제기해온 사회모순의 전반적인 해결을 요구하는 것이었다. 그렇지만 아직까지도 정부는 과거와 마찬가지로 그 해결에 미온적인 태도를 보이고 있었다.

처음 중앙에서는 고부의 거사를 종전의 민란과 같은 차원의 것으로 파악, 조병갑 대신 용안현감 박원명을 고부군수로 전보 발령하고 장흥부사 이용태를 안핵사로 파견하여 사태를 파악, 읍의 폐단을 시정할 방책을 조사하도록 하였다.

---

67) 〈6월 1일(음 4월 28일)경 충청도 청풍지방으로부터 귀경한 도변 창길로부터의 청취서〉《공사관기록》 1, 45쪽
68) 4월 18일 나주공형에 보내는 통문 및 4월 19일 함평에서 초토사에 보내는 정문에 보이는 대원군 옹립문제는 농민군의 중앙권력구조에 대한 구상의 핵심이었다.

아울러 국왕도 각 군현에 윤음을 내려 농민들의 요구를 무마하려 하였고, 감사와 안핵사에게 농민들을 효유할 것을 지시했다. 이들은 지방관의 교체 정도로 문제를 해결하려 하였던 것이다. 감사 김문현은 자신의 천거에 의한 조병갑의 고부 재부임이 사태를 악화시키자 이곳에 온 관심을 집중시켰다.[69]

3월 3일 신임군수 박원명의 효유에 의해 고부농민들이 일단 해산한 듯하였으나, 이날 안핵사 이용태가 역졸 800명을 대동하고 고부에 도착하여 주지하는 바와 같이 마구잡이로 농민들을 동학도로 몰아 닦달하였다. 그러나 이미 주사위는 던져진 상태였다. 전쟁의 불길은 걷잡을 수 없게 타올랐다. 그런데도 성이 함락되어 도망나온 지방관이나 안핵사조차도 전주에 모여서 이번 사태는 민란이기 때문에 자연히 안정될 것으로 여기고 있었다.[70]

정부는 이번 사태가 고부의 문제만이 아니라는 것으로 드러나자 4월 2일 홍계훈을 양호초토사로 파견하여 문제를 수습하고자 하였다. 정부 내에서 대경장을 요구하는 일부 인사의 요구는 묵살되는 형편이었다. 고부민란과 농민전쟁을 파악하는 데서는 지배층 일반이나 정부 내에 문제를 제기하는 인사 역시 공통적 인식을 보이고 있었다. 그들 거의 모두가 탐관오리의 잘못으로부터 농민군의 항쟁이 비롯된 것으로 파악하고 있었던 것이다.

그러나 황토현에서의 감영군 패배 이후, 장성전투에서까지 경군이 농민군에게 패배했다는 보고에 접해 중앙정국은 급변하기 시작하였다. 4월 23일 장성전투에서 관군의 패배를 확인하고 홍계훈으로부터 군대의 사기 저하와 원군에 대한 요청에 접해, 왕은 선전관 2명을 파견하여 적진에 들어가 효유토록 지시하는 한편 감사 김문현과 병사 이문영을 파직하고 김학진, 서병묵으로 대체하여 그날로 내려가도록 지시하였다. 이어 이원회를 양호순변사로 삼고 그로 하여금 강화병과 청주병을 이끌고 내려와 홍계훈군을 구원하고 전체 군대를 통솔하도록 지시, 엄세영에게는 삼남염찰사로서 민은을 살피고 농민군을 토벌하는 대로 구휼하는 임무를 부과하였다.

이원회군이 추가 파견되자 서울에서는 유언비어가 날로 퍼져, 혹은 적이 전주성을 함락했다거나 혹은 이미 금강을 건넜다거나 하여 상하가 흉흉하였다. 이같은 상황 속에서 농민군의 전주성 점령을 전후하여 국왕은 청국 군대의 차

---

69) 주 13) 참조
70) ≪오하기문≫ 1필, 3월 20일자 ; 〈猶以爲民亂也 當自定〉

병을 결정하게 된다.[71] 이제 농민군에 대한 정부의 대응은 국내적인 문제를 넘어서게 된 것이다.

그런데 농민군의 전주성 점령은 전술적인 측면에서 보면 농민군에 유리한 것만은 아니었다. 순변사 이원회가 초토사의 전주방어 실패를 염려하여 공주에서 상황을 살피면서 전주로부터 호서로 빠지는 길목의 수비를 강화시켰던 데서 알 수 있듯이 농민군의 여력은 상당한 것으로 평가될 수 있는 것이었으나, 농민군의 전주성 점령 이후 사정은 변하기 시작하였다.

앞서 영광까지 진출하였던 초토사 홍계훈군은 농민군과 길을 달리할 수밖에 없어 고창을 거쳐 정읍·태인을 경과하여 4월 28일 아침에야 완산에 진을 칠 수 있었다. 홍계훈은 전주성이 떨어진 데 대한 책임 추궁을 걱정하였지만 전술적으로는 농민군이 한곳에 모임으로 해서 그들을 압박하여 타도할 수 있다는 계획을 세울 수 있었다. 게다가 양호순변사 이원회가 이끄는 기호의 강화병사, 청주병사의 원군과 전라 각지에서 새로 모집한 군사들이 도착함에 사기를 높일 수 있었다. 남산 건지산 기린봉 오목대 황학대를 잇는 긴 포위망을 구축하고 홍계훈은 날마다 각 진을 순시, 군사를 독려하고 화기 다루는 법을 훈련시키고 사닥다리를 만들어 공격의 형세를 강화하였으니 사태는 또다른 국면으로 접어들었다.

이후 전개된 전주성 공방전에서는 수차례에 걸친 농민군의 공격시도가 좌절되고 있다. 4월 28일 남문을 나와 우회하여 두무봉을 향하다가 경병에 패하여 수백 명이 목숨을 잃었고, 4월 29일 북문으로부터 황학대를 공격하였으나 역시 관군의 회선포에 의해 수백 명 사망, 회군하지 않을 수 없었다.[72]

---

71) 청병의 차병과 일본군의 파병에 대해서는 본서 수록 조재곤의 논문 참조.
    정부의 청병 차병은 4월 28일 민영준이 고종의 내락을 받아 원세개에 차병안을 제의하고, 4월 29일 시원임대신회의에서 추인받은 것으로 되어있다. 그런데 매천 황현은 고종이 청병 차병을 요청했으며 민영준이 국제조약을 들어 그 부당함을 말하자 금지시켰으나 이미 원세개가 차병을 타전한 후라 돌이킬 수 없는 것이 되었다고 기록하고, 이어 홍계훈이 보낸 적당에서 초토사에 보낸 정소문(4월 17일 영광 창의소에서 전주 유진소에 보낸 통문) 가운데 국태공을 모신다는 말이 들어 있음을 본 민비가 민영준에게 자신은 차라리 왜의 포로가 될지언정 임오군란 때와 같이 당할 수는 없다고 하고 독설을 퍼부으니 민영준이 비밀리 일본에 구원을 요청했다고 적고 있다(《오하기문》 1필, 4월 23일자).
72) 4월 30일 홍계훈은 동도배의 4~5, 6~7명 단위 散出 경계, 빠져나가지 못하도록 각 동에 지시. 이어 다음날 5월 1일 귀화를 효유하고 전봉준을 잡아들일 것을 지시. 5월 2일에는 동학과

이어 이루어진 두 차례의 대대적 공세도 효과를 거두지 못했다. 5월 1일 남문으로부터 대대적인 공격을 취했으나 관군의 회선포에 300여 명 사망, 5월 3일 이복룡부대가 북문을 나서서 유안대·황학대·완산을 공격하였지만 역시 작전 부재로 실패하고 커다란 피해만을 남겼다. 이같은 상황에 대해 황현은 포위가 오래가고 바깥으로부터의 원조가 끊기자, 싸움마다 패하고 양식이 고갈하여 농민군의 사기가 크게 저하하였다고 적고 있다.[73]

처음 농민군은 판단하길 관군이 태조의 위패를 봉안한 경기전이 있는 곳을 함부로 포화, 공격하지는 못할 것으로 여겼고, 또 감영이 떨어진 데 대한 책임 때문에 어떠한 형태로든 타협안이 제시될 것으로 생각했던 것 같다. 그렇지만 이같은 기대는 무너졌다. 신임 감사는 전황을 관망하는 자세로 아직 적극적인 대응을 하지 않고 있었고, 구감사가 도망한 상태에서 초토사는 농민군의 전주성 입성을 기회로 포위망을 좁히고 성내에 대한 무차별 공격을 가하였고, 수차 공격을 시도하는 농민군도 우세한 화력과 전술로써 제압할 수 있었다. 농민군은 수차 반격을 시도하였지만 이같은 반격은 실패로 끝나고 말았다.

이에 농민군은 새로운 대책을 모색하게 된다. 5월 3일 이복룡 군대의 패배 후에 전봉준은 적극적으로 관군과의 협상에 나서면서 차후책을 마련할 것을 결정하였으니 5월 4일 초토사에게 보낸 다음의 소지는 방향전환을 알리는 신호였다.

　　우리는 선왕의 유민이다. 국태공을 받들어 감국을 의뢰하는 것은 그 사리가 마땅하거늘 어찌 모반을 꾀하고 살해를 기도하는 것이라고 하는가. 선유하는 윤음은 보지 못하고 토포와 모병을 알리는 글만 보았다. 완영에 방포한 것을 죄로 모는데, 초토사가 방포하여 전각을 훼손한 것은 가한가. 탐관오리를 제거하는 것이 어찌 죄가 될 것인가. 완산은 국가의 소중한 곳이니 여기에 방포하는 것은 곤란하다. 오직 합하께서 선처하여 우리들의 처지를 왕께 아뢰주시길 바랄 뿐이다〔濟衆生等義所〕.[74]

위 소지는 5월 1일 이래 초토사의 효유에 대한 대응인 동시에 초토사의 방포로 인한 경기전의 훼손에 대한 경고의 의미를 아울러 갖는 것이었다. 이에 대한

　　일반 농민과 분리시키는 선전, 농민군이 옷에다 표시를 하는 것〔套書〕을 비난하였다.
73) 《오하기문》 1필, 5월 3일자
74) 〈賊黨訴志〉 《동학란기록》 상, 207쪽

초토사의 5월 5일자 대응에 따르면 농민군은 위 소지와 함께 자신들의 요구조 건(폐정개혁안)을 같이 제시한 것으로 파악되며, 초토사는 그와 같은 농민군의 요구를 거부하고 농민군의 해산만을 강조하는 것으로 나타난다.[75] 이어 5월 6 일 농민군측에서 2인의 대표자를 파견하여 안전한 해산을 보장해줄 것을 다시 요구한 것에 대해서도, 귀화를 간절히 애걸하는 까닭에 "양민으로서 적의 협박 에 못이겨 따라나선 자는 전혀 문제삼지 않겠다"고 효유한 것으로 보고되고 있 다.[76]

그렇지만 농민군이 일방적으로 수세에 몰려 모두 무기를 버리고 자진해서 전 주성을 철수한 것은 아니었다. 농민군은 전봉준의 공초에 나타나듯이 초토사와 의 일정한 합의에 따라 철수하였고,[77] 그 위용도 당당하였다. 초토사 홍계훈은 전주성을 포위한 뒤로 계속 전보를 쳐 전투상황을 보고하여 자신이 독단한다는 혐의를 벗기 위해 매번 왕의 재가를 요청하면서 상황이 관군에 유리하다는 인 식을 갖게 하여 귀화책을 모색하라는 지시를 얻어냈다.[78] 순변사 이원회가 삼례

---

75) 5월 5일 〈제사〉. "윤음을 가지고 선유하려간 사신을 죽인 것은 용납할 수 없다. 이미 괴수 전 봉준이 죽었다면 나머지의 목숨은 살려주겠다. 열읍의 폐막 가운데 가히 혁파할 것은 혁파하겠 거늘 지금 적어보낸(27개조?) 제조항은 잡스러운 것이 아님이 없고 모두 이치에 닿지 않는 것, 이는 어리석은 백성을 속이는 것이고 화를 조장하는 계책에서 나온 것들, 개과천선의 뜻이 있다 고 볼 수 없다. 군기를 반납하고 문을 열고 항복하라. 살고 싶으면 속히 성문을 열고 흩어져라. 쫓아가서 잡는 일은 없을 것이고 각 읍에 신칙하여 못살게 굴지 않도록 하겠다. (중략) 이러고도 말을 안 들으면 나오는 대로 다 죽일 것이고, 그렇지 않으면 성을 부수고 곧바로 들어가 다 없애 버릴 것이다."
　5월 5일 〈효유문〉. "어제 너희들이 고한 것은 거짓이 아님이 없다. 이러고저러고할 필요 없다. 군물을 거두어 바치고 성문을 열고 우리를 맞이하면 방에서 이른 바와 같이 다 생업에 종사할 수 있도록 하겠으며 몇백 명이라도 목숨의 위엄이 없을 것이다. 모두 호서의 양민이 귀화한 것같이 귀화한다면 민국에 큰 다행이지만, 다시 더 날뛴다면 금일 내로 결전을 불사할 것이니 오래 끌어 탈이 없도록 할 것이다."(《동학란기록》 상, 207~208쪽)
76) 《양호전기》 5월 7일자
77) 〈초초문목〉《동학란기록》 하. 공・경군이 뒤따라와 완산에 이르러 용두현에 진을 치고 성중 을 향해 대포로 공격, 경기전을 훼상한 까닭에 이러한 연유를 경군에 알렸더니 경영에서 효유문 을 작성하여 너희 소원에 따르겠다고 한 까닭에 감격하여 해산하였다.
　전주성 철수와 관련하여 정석모는 〈갑오약력〉(《동학란기록》 상, 64쪽)에서 "관찰사(김학진) 가 사절을 관군과 동학처에 파견하여 조정의 명으로써 그들을 화해시켰다. 이에 동도들은 북문 을 열고 나가고 관찰사 및 관군이 비로소 입성하니 5월 8일이었다"고 적고 있다. 그렇지만 농민 군과의 타협의 주체를 김학진으로 설명한 것은 정당한 것이 아니다(김양식, 1993 〈1, 2차 전주 화약과 집강소 운영〉《역사연구》 2 참조).

역에 이르러 홍계훈이 적을 풀어준 것을 책하였는데, 계훈이 왕의 명에 따른 것
이라고 하자 더이상 힐책하지 못하였다고 한다. 실제 홍계훈은 5월 7일 농민군
의 철수 바로 전날까지 신임감사 김학진과 순변사 이원회의 비협조에 대해 불
만을 토로하였다.[79]

이같은 조건하에서 이른바 '1차 전주화약'이 이루어졌던 것이다. 위에서 본
바와 같이 초토사 홍계훈은 5월 4일부터 제시된 농민군의 제의를 공식적으로는
부정하면서 5월 7일 북문을 농민군에 양보하였다. 농민군은 드디어 북문을 열
고 군악에 맞추어 대오를 정돈하여 출발, 관군을 가로질러 서쪽을 향하였다.[80]

위에서 본 바와 같이 '전주화약'을 이해함에 관군과 농민군측의 진술은 판이
하다. 농민군은 초토사가 자신들의 요구를 수용하겠다고 해서 성을 철수하였다
는 것이고, 관군측의 설명은 농민군의 요구조건은 법에 따라 처리할 것이며 어
쩔 수 없이 참가한 양민의 목숨은 보장할 것이니 무기를 버리고 해산하라는 것
이었다. 그렇지만 위 5월 4일자 〈적당소지〉는 관군에 대해 매우 공격적인 내용
을 담고 있는바 초토사를 당황시키기에 충분한 것이었으니, 초토사가 계속 전
문을 띄워 사태수습의 방도를 하달받지 않을 수 없었던 사정을 이해할 수 있다.

이를 이해함에 있어 우리는 농민군의 1차 봉기가 전주성 철수로 종결된 것은
수차의 전주성 공방전에서 열세에 몰리고 농번기에 농민층의 입장을 고려해야
했던 농민군 지도부의 입장과, 청병의 진주와 일군의 파병으로 서울이 위기를
맞고 있던 상황에서 조속히 초토군을 불러올려야 했던 정부측의 입장이 일치되
었기 때문이라고 파악해볼 수 있을 것이다.[81] '전주화약'은 이와 같이 관군과

78) 황현, ≪오하기문≫ 1필, 5월 8일자. "홍계훈이 전주를 포위하고 전보를 쳐 계속하여 전투상
   황을 보고, 자신이 독단한다는 혐의를 벗기 위해 매번 왕의 재가를 요청. 이에 왕의 걱정이 점차
   누그러져 적을 평정할 필요까지는 없는 것으로 판단, 귀화책을 지시. 홍계훈으로 하여금 포위망
   을 풀어주도록 함. 마침 전봉준이 계산한 날짜와 일치. 적당들이 앉고 봉준이 상좌에 앉아 술을
   쳐주니 절을 하며 가로되 접장은 진실로 하늘이 내린 분(천인)이라 하다. 드디어 북문을 열고 군
   악에 맞추어 진을 정돈하여 출발, 관군을 가로질러 서쪽을 향하여 떠남. 강화병이 성이나 공격을
   하려 했으나 홍계훈이 총을 쏘지 못하도록 지시하였다."
79) ≪양호전기≫ 5월 7일자
80) 주 78)과 같음
81) 농민군 지도부가 전주성에서 청·일의 개입소식에 접하고 민족적 위기를 해소하고자 '화약'에
   응했다고 하는 설명의 근거가 될 수 있는 다음의 자료는 더 면밀한 검토를 요한다. 이 자료는 일
   본군의 개입명분을 세우기 위한 성격이 농후하고, ≪양호전기≫에는 이날(음 5월 12일) "전로가
   통하지 않아 전보가 없다"고 기록되어 있기 때문이다.

112

농민군과의 불완전한 타협의 산물이었다. 이제 농민군은 그들 본래의 목적인 폐정개혁과 중앙권력 교체(경사직향)의 새로운 방향을 찾지 않으면 안되었으니 전주성 철수는 그 일환으로 취해진 조치였다고 하겠다.

5. 맺음말

이상 살핀 바와 같이 고부민란과 1차 봉기는 기존 민란의 한계를 뛰어넘어 중앙권력의 교체까지 이루어내고자 하는 체제변혁적 성격을 띠고 농민전쟁의 지도부에 의해 추진되었다. 당시 지방사회에서 나타나고 있던 모든 구조적 비리가 '권귀'로 표현되는 집권층의 구태의연한 자세에 기인하고 있었던 만큼, 이의 교체 없이는 지방관의 탐학으로 나타나는 온갖 부세운영의 비리는 물론 토호의 발호 등 민중이 질곡으로 느끼는 체제모순을 해결하기는 곤란하다는 판단 위에서 진행된 것이다.

그런데 이같은 체제변혁운동이 가능했던 것은 전라도 고부 일대를 중심으로 형성된 농민전쟁의 지도부와 '난리'를 바라던 농민들이 강고히 결합하고 주변 여건도 이들에게 유리하게 작용했기 때문이었다. 농민전쟁 지도부는 1890년대 초반 동학조직을 포착하여 이를 통해 문제를 해결하려던 노력이 보은·금구집회의 해산으로 실패로 돌아가자 별도의 반봉건 변혁운동을 계획하게 되었다고 판단되는바, 그때까지 제시된 '척왜양'의 구호로는 민중의 체제변혁을 요구하는 여망을 담아낼 수 없다고 판단하였다. 대다수의 농민 역시 과거와 같은 군현 단위의 고립적인 항쟁만으로는 구조화되어있던 체제모순을 해결할 수 없다는 인식하에 새로운 돌파구를 열망하고 있었다. 고부민란은 그 단초였고, 1894년

〈(5월)12일에 받은 초토사의 전보(양 6월 15일)〉《주한일본공사관기록》 1, 89쪽. "그 적도들은 전주에서 도주한 후 통문을 띄우기를 '들은 소문에 의하면 청국군의 수는 다만 3천 명뿐인데 수만명이라고 와전되었고 또 각국의 군대가 도로에 계속 줄을 잇고 있다고 한다. 그러므로 잠시 동안 병력을 퇴진할 것이다. 지금 그렇게 하지 않으면 이 다음에 후회해도 소용이 없을 것이다. 일이 이미 이런 지경에 이르렀으므로 청국군이 물러간 뒤에 다시 의기를 들까 하니, 각 군의 장졸들은 각별히 유념하여 명령을 기다리기 바란다'라고 하였다. 그리고 그 통문을 돌린 자를 잡아 그의 말을 들어보니, 그들은 5, 6백 명씩 작대하여 각처의 심산유곡에 은신하고 있다고 하므로 장차 그들을 찾아내어 초멸할 것이다."

2월 20일 전봉준이 각 읍에 띄운 격문은 실질적인 농민전쟁의 시작을 알리는 포성이었다. 이 격문은 1890년대 초반의 농민층의 동향과 동학교단 내의 일련의 움직임 속에서 교단조직이 갖고 있던 한계를 인식하고 새로운 돌파구를 마련하려던 지도부의 전쟁구상의 골격을 보여준 것이었다.

농민전쟁의 초기 전개과정은 전술적인 측면에서 본다면 무장기포까지의 준비단계, 백산 출진까지의 정비단계, 금구 퇴각까지의 정세관망기, 황토현전투 이후 각 읍을 순력하면서 세를 과시하고 장성전투를 거쳐 전주성에 입성하는 시기로 나누어볼 수 있다. 이 과정은 동학의 각 접을 통해 동원된 농민군의 물리력을 바탕으로 추진된 기존의 민란과는 차원이 다른 것이었지만, 동시에 각 군현 단위의 항쟁을 포함하고 있어서 기존 농민항쟁의 한계를 지양하는 동시에 그것을 계승 발전시킨 것이었다고 평가할 수 있다.

여기에서 주력군은 무장기포에 참여한 전봉준 중심의 3,000여 명과 고부 백산출진시 참여한 농민군 등 전라도 농민군이었지만, 동시에 호서와 금구 원평 이북지역 농민군의 참여가 예정되어 있었던 것으로 보인다. 농민군은 徐包(起包)의 휘하에 있던 각지로부터 동원된 연합군을 상정하고 있었던 것이다. 그리고 이들 농민군에는 동학도 외에도 많은 일반 농민이 참여하고 있었고, 이같은 점은 각 군현을 순력하는 과정에서 더 두드러졌다.

농민군은 전쟁 초기 관군의 동향과 관련하여 회군하고 황토현전투 이후에는 각 군현을 순력하는데, 이는 농민군이 전력상 취약하다는 전술적인 판단이나 무장 강화의 필요에서 취해진 조치만은 아니었다. 전쟁을 성공적으로 이끌기 위해 전쟁에 참여한 농민들의 요구를 수렴해내야 할 필요와 후방지원의 확보 및 연합군 형성의 차질 등 복합적인 요인이 작용한 것으로 볼 수 있다. 내용상으로 볼 때 이미 무장에서부터 반봉건전쟁은 시작되었지만, 이 일련의 전쟁과정에서 농민군은 자신들의 물리력에 기초하여 실질적인 반봉건 개혁을 시도해 나갔고 그 힘을 바탕으로 전주성을 점령하고 그 위에서 중앙권력의 교체를 기도한 것이었다고 하겠다.

그렇지만 전주성 점령 이후의 상황은 농민군측에 예상치 못한 방향으로 변화되어 나갔다. 농민군의 전주성 점령은 중앙권력에 심대한 타격을 입힌 것은 사실이지만 집권층은 그 위기를 외병의 차입이라는 반민족적인 방법으로 해결하려 하였고, 청일 양국 군대가 진주함에 이르러서는 당초의 차병 목적이 잘못된 것임을 확인하였지만 이미 엎질러진 물 격이었다. 무엇보다도 더 큰 문제는 전주성 점령이 전술상 농민군에게 절대적 부담으로 되었다는 점이다. 성밖에서는 각 군현의 농민, 이향들의 지원으로 힘을 발휘할 수 있었지만 성안에 갇힌 꼴이 되어서는 초토사군의 우세한 화력을 당해낼 수 없게 되었다. 농민군은 경기전에 대한 초토사의 방포가 갖는 문제에 대해 이의를 제기하여 궁지에 몰린 초토사로부터 전주성 철수라는 불완전한 타협안을 얻어낸 뒤 후일을 기약해야만 하였다.

따라서 농민군은 1차 봉기의 목적인 폐정개혁과 중앙정권 교체 방안을 새롭게 모색하게 된다. 전주성 철수는 약화된 농민군의 전력을 보강하고 새로운 차원의 폐정개혁을 추진하기 위해 취해진 조치였던 것이다.

집강소기 농민군의 활동

고 석 규
목포대 교수

1. 머리말

1894년 농민전쟁에는 두 차례의 봉기가 있었고, 그 사이에는 운동의 단계적 상승을 상징하는 농민적 향권의 구현체로서 집강소가 설치되었었다. 따라서 우리는 1차 봉기와 2차 봉기 그 사이 기간을 흔히 집강소기라고 부른다.

주지하다시피 논자들에 따라서는 집강소의 설치시점, 설치의 계기로서 전주화약과의 관련성 여부, 설치지역, 기능 및 역할, 성격 등에 대한 해석에서 차이가 난다. 특히 그 성격과 관련하여서는 관에 대립적, 배타적, 독자적인 지위를 갖는 통치기구냐 아니면 관의 협조하에 운영되던 자치기구냐, 또 아니면 관에 종속된 하부기구에 지나지 않느냐는 등의 이설들이 첨예하게 대립하고 있다.[1]

---

1) 이 점에 대해서는 최근에 연구사 검토의 형태를 빌어 정리된 글들이 있으므로 상세한 서술은 피한다. 다음 논문들이 집강소의 전반적인 성격을 이해하는 데 참고가 된다.
盧鏞弼, 1992 〈東學農民軍의 執綱所에 대한 一考察〉《歷史學報》133 ; 鄭昌烈, 1992 〈甲午農民戰爭의 全州和約과 執綱所에 대한 研究史的 檢討〉《水邨朴永錫敎授華甲紀念 韓國史學論叢》 ;

논의가 분분하다는 것은 그만큼 집강소 문제가 농민전쟁을 총체적으로 이해하는 데 반드시 풀어야 할 관건이라는 점을 여실히 보여준다.

집강소는 이처럼 농민들의 통치기구니, 자치행정기관이니, 도정협조기구니 하여 그 위상에 대해서는 현격한 견해차를 보이고 있다. 그러나 이를 좀더 자세히 들여다보면, 어느 경우든 집강소의 존재 자체가 인정되고 있으며, 또 기존에 있던 기구가 아니고 농민전쟁의 과정에서 새롭게 설치된 기구라는 점에서는 이론이 없는 것으로 보인다. 이는 다시 말하면, 집강소는 비록 정도의 차이는 있지만 농민들 스스로 자신들의 의지를 지방행정에 반영하기 위하여 새롭게 창출한 기구라는 점이다. 즉 농민들의 권력기구였다는 것이다. 그런 점에서 역사상 최초로 농민들은 집강소를 통해서 스스로 자신들의 의지를 향촌사회에 실현하는 소중한 경험을 가질 수 있었다.

1894년 농민전쟁기에서 집강소의 설치운영은 농민적 향권의 구체적 실현이었고, 그것은 19세기 이래 민권의 성장이란 축적된 경험 위에 이루어질 수 있었다. 민권의 실현은 곧 봉건체제에 대한 저항이었으며, 이는 저항조직을 매개로 구현되었다. 그 저항조직은 1862년 농민항쟁 수준에서의 농민적 향회가 민회단계를 거쳐 농민적 향권의 구현체로서 실현된 것이라 볼 수 있다.[2]

이 글에서는 기존의 연구성과들을 토대로 집강소 그 자체보다는 '집강소기 농민군의 활동'을 살피는 데 초점을 두고자 한다. 이는 1, 2차 봉기 사이의 상황을 시간의 연속성이란 관점에서 살펴보자는 것이다. 그리하여 '집강소기' 동안의 전개과정은 어떠했으며 그런 전개과정에 집강소는 어떤 영향을 주고 받았는가. 나아가서 '집강소기'는 농민전쟁의 전개과정 전체 속에서 어떤 의미를 지니는 시기였으며, 그런 의미를 규정하는 데 집강소는 어떤 역할을 했는가를 따져보고자 하는 것이다. 이는 집강소 이해를 위한 객관적 조건을 밝히는 과정이 될 것이다. 그렇지 않아도 복잡한 집강소 논의에 또 하나의 혼란스런 의견을 제시하는 것은 아닐까 두렵다. 그러나 객관적인 상황 속에서 생각해보고, 또 시간의 연속 속에서 생각해보는 가운데 얽힌 실타래를 풀 수 있는 실마리가 찾아

　　金洋植, 1993〈全州和約期 執綱所에 대한 硏究史的 檢討〉《史學志》26 檀國大史學會 ; 1993〈1, 2차 전주화약과 집강소 운영〉《역사연구》2

2) 高錫珪, 1991《19세기 鄕村支配勢力의 변동과 農民抗爭의 양상》서울대 박사학위논문, 244쪽

지지 않을까 기대한다.

여기서 대상으로 하고 있는 시기는 농민군이 전주화약을 맺고 전주성을 물러나는 5월 8일부터 2차 봉기의 계기가 마련되는 8월 말경까지이다.

비록 넉 달이 채 못 되는 짧은 기간이었지만, 그 사이에 여러가지 이유로 인하여 집강소의 운영이나 역할은 다양하게 변하였다. 이를 집강소의 위상과 폐정개혁의 수준에 따라 전주성 퇴각과 소극적 청원기, 분풀이식 개혁과 집강소를 둘러싼 협상기, 관민상화의 폐정개혁과 2차 봉기 준비기 등 세 개의 소시기로 나누어 살펴보기로 하자.

2. 전주성 퇴각과 소극적 청원기(5. 8~5. 19)

이 기간 동안 농민군의 활동은 폐정개혁을 촉구하면서 동시에 신변보장을 요구하는 소극적인 대응에 그쳤다. 전주성에서 퇴각하는 것은, 물론 전술적인 이유도 있었지만, 계속되는 패배에서 드러나듯 무력의 열세도 무시할 수 없었다. 홍계훈은 전주성이 이미 점령된 다음날인 4월 28일 전주에 도착해서 완산에 진을 쳤다.[3] 이날 1차 접전이 있었고, 3일에 다시 2차 접전이 있었다. 농민군은 3일의 전투에서 패한 후 4일에 濟衆生等義所 명의로 訴志를 올렸고 이에 대해 다음날인 5일에 홍계훈이 답을 내렸다. 농민군은 소지에서 초토사가 잘 처분해 줄 것을 기대하고 있었으나 홍계훈은 "여러 읍의 폐단들 가운데 그냥 둘 것은 그냥 두고 혁파할 것은 혁파할 것이거늘 지금 써올린 여러 조항들은 어지럽지 않은 것이 없고 이치가 맞지 않으니, 이는 어리석은 백성들을 홀리고 화를 즐기는 계책이 아닐 수 없다"[4]라 하여 일단 거절하였다. "지금 써 올린 여러 조항들"이란 문구 속에서 우리는 농민군이 27개조의 폐정개혁안의 처리를 요청하였음을 알 수 있다.[5] 홍계훈은 이러한 요청을 거절하면서도 군기를 바치고 속히 성문을 열고 흩어지면 따라가서 잡지 않겠으며 이를 각 읍에 알리겠다고 하였다.

---

3) 세부적인 전개양상 중 특기하지 않은 사정은 〈1894년 농민전쟁 일지〉(송찬섭·김용민 정리, 1993 《역사연구》 2)를 참고하였다.
4) 〈兩湖招討謄錄〉《東學亂記錄》上, 207쪽
5) 김양식, 1993 앞 논문, 123쪽 참조

118

같은 뜻의 효유문도 냈다. 그 다음날인 6일에는 귀화하면 각 읍, 각 면, 각 리에 칙령을 내려서 침탈하지 못하게 하겠다고 하고, 7일에는 勿侵標를 만들어주겠다고까지 하였다.[6] 해산 후의 농민군에 대한 신분보장의 수준이 점차 높아갔다. 7일에는 농민군이 다시 4일 제시한 제조항, 즉 27개조의 폐정개혁안을 국왕에게 아뢰어 시행될 수 있도록 해줄 것을 요청하였다. 그러자 초토사가 즉시 승락하고 사면의 뜻을 전하였다. 이에 농민군은 8일 전주성에서 물러나 각 지방으로 흩어졌고, 이어서 관군이 전주성을 탈환하였다.

다음날인 9일에 신임 전라감사 김학진이 전주에 입성하였고 순변사 이원회도 전주에 도착하였다. 전주성은 관군에 의해 완전히 장악되었고 그 파장은 호남일대에 미쳤다.

그러나 그런 상황은 오래 지속되지 못하였다. 청군은 물론이고 일본군이 진주해 있던 상황에서 그들에게 철수를 요청할 명분을 만들어야 했던 정부의 입장에서는 이른바 난이 평정되었음을 확인시켜야 했고, 그 구체적인 행동은 정부군의 철수로 나타내어야 했다. 5월 13일 초토사 홍계훈은 농민군이 모두 평정된 것으로 의정부에 전보하였고, 순변사 이원회는 삼례로 가 거기에 머물렀다. 이때부터 전주에 있던 정부의 군사들이 점차 떠나기 시작하였다. 먼저 總制營 領官이 병정 500명을 이끌고 전주를 떠나 군산으로 향하였다. 5월 14일 정부는 삼례에 머물고 있는 순변사 이원회를 상경하도록 결정하였다. 5월 15일경에 홍계훈은 농민군이 무기를 반납하고 귀가하여 생업에 힘쓰고 있으므로 순변사와 강화병을 회군시켜야 하며, 그래야만 일본과 청국이 무사함을 알고 돌아갈 것이라고 정부에 전보하였다. 정부는 농민군이 해산한 것으로 간주하고 5월 16일 京兵과 江華兵을 돌아오도록 하고, 평양병만 전주에 남아 민심을 수습토록 하였다. 그리고 마침내 5월 18일 순변사 이원회가 서울로 돌아갔고, 19일에는 홍계훈도 군대를 거느리고 전주를 출발하여 공주로 향하였다.

한편 전주성을 물러난 농민군은 어느 정도의 무장력과 조직을 유지하면서 사태의 추이를 관망하고 있었다. 지도부는 전주성을 철수한 직후 각지에 통문을 보내어 "청국군이 물러간 뒤에 다시 의기를 들까 하니, 각 군의 장졸들은 각별히 유념하여 명령을 기다리기 바란다"[7]라고 하였다. 또 5월 12일경 농민군들은

6) 〈兩湖招討謄錄〉《東學亂記錄》上, 209~210쪽
7) 《駐韓日本公使館記錄》1(국사편찬위원회 편), 89쪽

서로 약속하기를 "아직은 각처의 믿을 만한 곳에 몸을 숨기어 함부로 행동하지 말고 또 정부군과 청국군이 와서 추격을 하더라도 절대 싸우지 말고 시기를 기다려야 한다"[8]라고 하였다. 이처럼 농민군 지도부는 순변사 이원회가 이끄는 증원군이 전주에 도착하고 청국군이 조만간 전라도로 진군하려는 상황에서, 농민군을 적극 절제시키며 사태의 추이를 관망하였다.

각지로 흩어진 농민군을 적극 자제시킨 농민군 지도부는 또 한편으로 전주화약에서 제기된 폐정개혁안의 관철과 농민군에 대한 신변보장을 꾀하는 데 주의를 기울였다. 이를 위해 이 시기에 전봉준은 수차례의 청원을 하였다. 물론 이미 전주성 점령 이전에도 여러 차례의 청원이 있었지만, 전주성을 점령하고 있던 5월 4일경에는 27개조의 폐정개혁안을 내었다.[9] 그리고 전주성을 물러난 뒤인 5월 11일경에는 순변사 이원회에게 14개조의 '全羅道儒生等原情'을 올리고, 이어서 17일경에는 24개조의 원정을 다시 제출하여 폐정개혁을 요청하였다.[10] 초토사 홍계훈에게도 농민군에 대한 신변보장을 요구하였다. 18일에는 정읍에서 또다시 순변사 이원회에게 '東學會生等狀'을 제출하여, 폐정개혁안을 시행하도록 촉구하는 동시에 소원대로 되지 않을 경우 뒷날 다시 봉기할 것임을 천명하였다.[11]

이 시기 농민군의 목적하는 바는 공명하게 지방정치를 개혁해서 무고한 백성을 이 비참한 재난에서 구하는 것이었다.[12] 그렇지만 우리는 이 시기에 농민군이 정세를 관망하면서 비교적 소극적인 방식으로 원정을 올리는 식의 청원을 행하고 있음을 알 수 있다. 소원대로 되지 않을 경우 뒷날 다시 봉기할 것을 천명하였다고는 하나, 정부군의 주력이 호남 일대에 남아 있는 동안은 전술적인 이유로 농민군의 적극적인 활동은 여의치 않았다. 따라서 아직까지는 본격적인 의미에서 집강소의 설치와 같은 농민권력의 행사를 제대로 할 수는 없었다.[13]

---

8) 위의 책, 90쪽
9) 〈刑事裁判原本〉 제37호 〈判決宣告書原本 : 全羅道泰仁山外面東谷居農業平民被告全璋準〉(1994 《東學關聯判決文集》 총무처 정부기록보존소, 30쪽)
10) 〈全羅道儒生等原情于巡邊使李元會〉〈又原情列錄追到者〉《續陰晴史》 상, 322~326쪽 ; 〈湖南儒生等上書〉《東匪討錄》(《韓國學報》 3, 263~264쪽)
11) 〈井邑持者便來〉《東匪討錄》
12) 《주한일본공사관기록》 2, 141쪽
13) 오지영의 《東學史》에서도 "이때는 甲午五月旬間이라 東學軍과 官軍이 서로 講和를 이룬 後 官軍은 京城으로 올라가고 東學軍은 全羅道 五十三州에 執綱所를 設立하여 民間庶政을 處理케

3. 분풀이식 개혁과 집강소를 둘러싼 협상기(5. 20 전후~7. 5)

앞에서 우리는 순변사와 초토사가 모두 전주를 떠나는 5월 19일 이전까지 농민군의 적극적인 활동은 여의치 않았음을 엿볼 수 있었다. 그러다가 김학진만 외롭게 남게 되는 5월 20일 이후부터 국면은 새롭게 전환하였다. 무력을 지니지 못한 김학진은 그런 속에서나마 행정력을 유지하기 위해서 적극적으로 농민군과의 협상 테이블에 나설 수밖에 없었다.

5월 20일경 전봉준은 장성으로 가서 김학진에게 13개조의 폐정개혁 조항을 요구하였다.[14] 이때를 전후해서 김학진은 6개항의 수습방안을 제시하였다.[15] 그 중 제2항에

그대들이 거주하고 있는 각 면·리마다 집강을 두었으니 만일 그대들 중에 무슨 원통한 일을 말하고자 하는 사람이 있으면, 그 집강이 그 사유를 적어 營門으로 소를 올려 공정한 결정을 기다릴 것

이라고 하여 면·리 단위의 집강을 통한 폐정개혁의 시정이란 방안을 제안하였다. 농민들의 권력기구로서 집강소를 별도로 인정하지 않는 선에서 기존의 관변측 질서를 통해 사태를 수습해보려는 소극적인 제안이었다. 따라서 "적들은 모두 그것을 비웃었다"[16]고 하듯이 농민군측이 이런 제안을 수용하지는 않았다.

통상 '집강소 설치'라 함은 주로 농민군 집강소가 관에 의해 공식적으로 인정되었을 때를 지칭하는 뜻으로 사용하고 있다. 그러나 인정되지 않았던 때라도 농민들의 권력기구는 있었을 것이다. 그것을 농민군측의 입장에서 볼 때는 역시 집강소로 볼 수 있을 것이다. 그런 의미의 집강소라면 이것은 1차 봉기 당시 점령지에 이미 설치되었다고도 볼 수 있다. 농민군이 어떤 지역을 무력으로

되었다"(126쪽)라 하여 집강소 설치 시기를 관군이 경성으로 올라간 시점과 나란히 서술하고 있어 집강소가 적어도 그 이후에 설치되었음을 암시하고 있다.

14) 《大韓季年史》 권 2, 74쪽

15) 《隨錄》의 효유문과 《草亭集》 권 7, 公文〈再論道內亂民文〉 갑오 오월 참조. 《梧下記聞》 2필, 39쪽에는 6개 조항 중 병기환납의 일에 대한 조항이 없다.

16) 《오하기문》 2필, 39쪽

장악했을 경우 그 지역을 관리하기 위한 차비를 갖추어야 했을 것이고, 그렇게 해서 갖추어진 체제 자체는 정부의 공인과는 별도로 존재하는 것이었다. 이런 점은 19세기 반봉건항쟁의 선구였던 1811년 '홍경래 난'의 경우를 보아도 그러하다. 홍경래 난 당시 봉기군은 일어난 지 10여 일 만에 청천강 이북지역을 점령하였고 그 점령지의 지배와 봉기군 충원을 위해 각각 군현 단위로 留陣將을 두었다. 이때 유진장의 설치는 곧 봉기군의 향권 장악을 뜻하는 것이었다.[17] 이러한 현상은 1894년 농민전쟁에서도 마찬가지였다. 농민군은 1차 봉기 당시에도 각 마을의 동장이나 집강을 동원해서 공동책임을 지게 함으로써 강한 조직력을 유지할 수 있었다.[18] 일반적인 농민권력기구로서의 집강소와 관에 의해 인정되는 집강소는 그 실 내용은 같으나 다만 공식적인 위상이 달랐을 뿐이다. 따라서 공식적으로 관에 의해 인정받지는 않았으나 사실상의 집강소를 유지하던 상황에서 이를 인정하지 않고 오히려 관변측의 집강을 통해 이를 희석시키려는 김학진의 수습방안은 타협의 여지를 가질 수 없었다.

공식적인 인정 이전의 사실상의 집강소를 유지하던 상황에서 위와 같은 김학진의 수습방안은 이들 집강소를 어느 정도 공식화할 수 있는 빌미가 되었을 것이다. 그런 사정을 ≪梧下記聞≫의 5월 기록에

　　每邑의 治所에 나아가 接을 설치하고 이를 일러 大都所라 하였다. 한 사람의 接主를 두어 太守의 일을 행하게 하고 이를 일러 執綱이라 하였는데, 官의 유무를 논하지 않았다. 都所는 또 大義所라고 일컬었고, 도로에 있으면 行軍義所라고 일컬었다[19]

라고 함은 그것이었다. 집강소라 함은 이런 도소, 대도소, 대의소, 행군의소 등을 통칭하는 뜻으로 보아야 할 것이다. 都所란 일반적으로 東學徒의 사무를 보는 관청으로 이해되고 있었다.[20]

결국 5월 말경의 사정은 기왕의 관변측 논리가 적용되는 면·리 단위의 집강을 통해 사태를 수습해보려는 김학진의 어정쩡한 제안과 합법성이 결여된 농민

17) 고석규, 1990 〈18세기 말 19세기 초 평안도지역 鄕權의 추이〉 ≪韓國文化≫ 11, 388~390쪽
18) ≪駐韓日本公使館記錄≫ 1, 55쪽
19) ≪오하기문≫ 1필, 102쪽
20) ≪주한일본공사관기록≫ 1, 174쪽

군의 불완전한 지배가 교차하는 그런 상황이었다. 이런 상황하에서는 김학진의 입장에서도 관 주도의 행정질서를 회복할 수 없었고, 또한 동시에 전봉준의 농민군측에서도 확고하고 광범한 지배력을 행사할 수 없었다.

그러면 이때 호남 일대 향촌사회의 실상은 어떠했는가? 경병의 철수 분위기 속에서 농민군의 적극적인 활동이 나타나기 시작하였다. "동도는 초토사가 회군하고 오히려 징계하지 않고 무기를 거두어들이는 것을 보고는 더욱더 폭위를 떨쳐 곳곳에서 개미떼같이 둔취하였다"라고 하여 5월 19일 초토사 홍계훈의 회군을 경계로 농민군 동태에 현격한 차이가 나타나고 있었음을 강조하고 있다.[21]

이처럼 전주성에서 물러나 관망하고 있던 농민들은 정부군의 철수로 무력적인 위압이 사라지자 그동안 억눌렸던 감정을 거칠 것 없이 풀기 시작했다. 이른바 분풀이식 행동이었다.

> 한번 그 당에 들어가면 하지 못하는 일이 없었다. 남의 무덤을 파고, 사체를 받아내며, 부민을 겁탈하고, 사족을 욕보이며, 관장을 조롱하며 욕하고, 이교를 결박하는 등 천둥처럼 내닫고 바람처럼 달려서, 그 묵고 쌓인 원통하고 분한 기운을 다 풀었다[22]

하거나

> 단지 재물을 토색할 뿐 아니라 묵은 원한을 풀고자 했기 때문에 호남 일대는 혼돈의 세계가 되어 버렸다[23]

라고 함은 이런 현상에 대한 극단적인 표현들이었다.

이 시기의 폐정개혁은 이처럼 "묵고 쌓인 원통하고 분한 기운을 다 푸는" 그런 식의 개혁이었다. 분풀이는 한편으로는 억눌린 농민들에게는 시혜로 나타나기도 했다.

---

21) 정창렬, 1991 《甲午農民戰爭硏究-全琫準의 思想과 行動을 중심으로》 연세대 박사학위논문, 198쪽
22) 《오하기문》 1필, 104쪽
23) 〈甲午略歷〉 《東學亂記錄》 上, 65쪽

　동도는 항상 부호자로부터 재곡을 강탈하여 빈곤자에게 진휼하고 혹은 약탈한 미곡을 시가에 비하여 5, 6할 염가로 방매하는 등 일반 인민의 환심을 사는 데 급급한 상태였다[24]

라는 것이 그 한 예였다. 그러나 이런 류의 일시적인 시혜는 분풀이식 개혁의 부산물일 뿐 항구적인 농민적 이익이 관철될 수 있는 제도개혁과는 거리가 멀었다. 따라서 진정한 의미의 개혁이라고는 할 수 없다.

　일시적인 시혜가 수반하는 농민군의 이런 분풀이식 행동은 호남 일대의 곳곳에서 일어났고 각지에서 열렬히 호응하여 물밀듯이 퍼져 나갔고, 수령들은 그들의 자리를 지킬 수 없었다.[25]

　이런 분풀이식 행동에는 당연히 무질서, 무절제함이 나타났다. 이런 농민들의 무절제한 분풀이식 행동을 당시 농민군 지도부는 능률적으로 제어하지 못했다. 그 까닭은 무엇보다도 농민군 자체의 사정 때문이었다.

　5월 이후 전봉준은 폐정개혁의 실행을 위해 여러 고을을 순행하였다. 그러나 당시 사정을 ≪오하기문≫에서는 "〔全〕봉준이 여러 읍을 순행하면서 절제하고자 하였다. 그러나 명령은 오히려 행해지지 않았고, 각자 접을 지어 오직 강성한 자들만이 서로 우두머리임을 다투었다"[26]라 하였다. 억눌렸던 감정의 폭발이란 분위기 속에서 저마다 거칠 것 없이 행동하던 접주들의 무질서한 행동을 확고한 견제장치를 갖고 있지 못했던 전봉준이 절제시키기는 매우 어려웠다. "하루에도 한 고을에서 設接됨이 몇수십이 되는지 알 수 없었다"[27]고 할 정도의 무절제성을 보였다.

　농민군 조직 자체가 정연함을 가질 수 없었음은 다음의 기록에서도 알 수 있다.

　혹 만 명이 한 접이 되기도 하고 혹 천 명이 한 접이 되기도 하며, 혹은 백 명이

---

24) ≪주한일본공사관기록≫ 3, 210쪽

25) ≪梅泉野錄≫ 권 2, 154쪽. 賊揚言官吏不足恃 今國中大亂 吾等當代天理物輔國安民 遂收砲馬派錢粮 四下搶掠 亂民處處蜂起 千里呼應 旬月之間 三南鼎沸 守令或走竄 或被劫辱 無一人保境自守者

26) ≪오하기문≫ 1필, 104쪽. 徇列邑 欲節制之 而令反不行 各自爲接 惟强盛者 相雄長焉

27) ≪羅巖隨錄≫ 갑오 7월, 382쪽

나 수십 명도 역시 스스로 한 접이라 한다. 큰 읍은 수십 접이요, 작은 읍도 3, 4접에 이른다. 이들은 어지러이 뒤섞이고 많아서 마치 헌 솜에 불이 붙은 것처럼 어느 곳에서나 타지 않는 곳이 없고, 엎질러진 수은이 땅에 배듯이 틈마다 들어가지 않는 곳이 없었다. 봉준 등도 또한 두루 알아서 管束할 수 없었다.[28]

이런 상황 속에서 전봉준과 김학진 사이에 협상이 진행될 여건이 마련되었다. 분풀이식 개혁의 무질서함으로부터 최소한의 행정질서의 회복을 바랐던 김학진은 집강소를 통한 농민군의 사실상의 지배상태를 인정하지 않을 수 없었다. 전봉준의 입장에서도 김학진과의 협의를 통해 관의 이름으로 공인된 권위를 보장받는 것은 농민군 내부에서 자신의 지위를 확고히 하는 데 도움이 될 수 있다고 판단했던 듯하다.

이에 순창에 있던 전봉준은 금구와 나주 지방관의 문책을 요구하고, 아울러 폐의 시정을 다시 한번 재촉하였다. 한편 홍계훈과 이원회가 서울로 돌아간 이후 전라도에서는, 난민이 곳곳에서 봉기하고 천리에서 호응하여 각 읍의 수령들도 자기의 경내를 방기하는 자가 속출하였다. 이런 사정 때문에 봉건권력 측도 농민군 지도자의 협력을 구하지 않을 수 없게 되었다.[29]

그리하여 전봉준과 김학진 사이에 협상이 진행되었고, 6월 7일에 나온 김학진의 효유문은 이런 상황에 대한 긴급대처였다. 김학진은 6월 7일 농민군측에 의해 선출되는 집강소를 인정하는 새로운 수습방안을 제시하였다. 그 내용은 농민군 스스로 집강을 뽑도록 하고 그 집강에게 행정력을 양도하는 것이었다.[30] 순수한 의미에서의 농민집강소의 설치가 공식적으로 인정되는 순간이었다.

이렇게 되자 농민군측에서는 6월경에 들어서면 기왕의 동학조직에 기원하는 대도소와는 다른 수준에서 군현 단위의 집강소를 확대실시하여 수령의 역할을 대행하였다. 따라서 농민적 향권을 실현하는 기구로서의 집강소는 이 단계의 것이라 할 수 있다.

집강소 활동은 民國庶事를 관민 일동이 협의하여 행정함에 있었으며[31] 읍권

---

28) 《오하기문》 1필, 101쪽

29) 瀨古邦子, 1979 〈甲午農民戰爭に於ける執綱所について〉 《朝鮮史硏究會論文集》 16

30) 《草亭集》 권 7, 〈四諭道內亂民文〉. 爾等各就其土 擇謹愼有義者 爲執綱 隨現隨捕 以交該邑勘處 如或執綱難擅 指名報官以爲設法捕捉

31) 《東學史》, 173쪽

즉 군현 단위의 행정권 장악을 기초로 하였다. 전봉준이 "감사의 일을 대신 행하였다. 巡營의 關文과 甘結이 (전)봉준의 圖書를 받은 후에 열읍에 거행케 하였다"[32]고 하는 《若史》의 기록은 전도 차원의 행정권 장악을 의미하였다.

東黨의 세상이 되었던 것이다. 근래(5월 말경) 동학당은 이르는 곳마다 충만하여 홍덕 이남, 나주 이북 일대의 지방에서는 제반 정령이 모두 당인 손에서 나와 지방관은 단지 그 콧김을 살피는 형편이었다.[33]

그러나 6월 7일의 효유문에도 불구하고 농민군 조직상의 질서가 쉽게 회복되었던 것은 아니었다. 오히려 어떤 점에서는 혼돈상이 더해지고 있었다.

농민군은 각 읍에 할거하고 있었다. "각 지방에는 각각 巨魁라고 하는 자가 있어서 아랫사람들을 통솔하지만, 거괴들을 통솔하는 대거괴는 없다"[34]라 하듯이 거괴들간의 불일치를 드러냈다. 전봉준은 금구 원평에 의거하여 우도를 호령하고, 김개남은 남원에 웅거하여 좌도를 통할하였다. 그 나머지는 金德明, 孫和中, 崔景善 등이 각각 한 지방에 의거하여 다스리고 있었다. 충청도의 서부와 호남에서 각 거괴는 각자의 의견에 따라 각 지방에서 기포하여 자기 의사를 결행하려고 한 것 같다. "소위 거괴배란 자들이 각자 대장이라고 일컬으면서 다만 誅求만을 일삼고 약속을 듣지 않았다. 따라서 전봉준도 어찌할 수 없었다"[35]고 하듯이 집강소기 농민군 자체 통제가 대단히 어려웠음을 알 수 있다.

음력 6월 이전의 동학소란은 거의 일정한 지휘 계통이 있었던 것으로 미루어 짐작할 수 있다. 이것은 여러 전장에서 노획한 서류 중에 그들 사이에 왕래한 서류가 있었는데, 그것들을 열람해 보면 거괴와 거괴 사이에 오고간 것들이지만 그것들은 모두 음력 6월 이전의 것이었고 이번 소란에 관해서는 하나도 오고간 증적을 찾아볼 수가 없다[36]

라는 기록을 보면 오히려 6월 이후가 농민군 자체 통제에 더욱 한계를 보이고 있었음을 알 수 있다.

---

32) 《若史》(奎古4254 - 43) 권 2, 1894년
33) 《駐韓日本公使館記錄》 3, 210쪽
34) 《주한일본공사관기록》 6, 25쪽
35) 〈甲午略歷〉 6월 《東學亂記錄》 상, 65쪽
36) 《주한일본공사관기록》 6, 25쪽

이런 어수선한 가운데 6월 21일 일본군에 의해 경복궁 쿠데타가 일어났다. 집강소를 통한 농민군 질서의 확보가 어려운 상황에서 일어난 이러한 중앙정국의 변화는 농민군의 입장을 매우 어려운 국면으로 몰아갔다. 일본군의 왕궁점령이라는 민족적 위기 앞에서 김학진은 전봉준에게 다시 협상을 제안하였다. 그리하여 마침내 7월 6일 전주회담이 열리게 되었다.

4. 官民相和의 폐정개혁과 2차 봉기 준비기(7. 6~8. 25경)

1) 관민상화의 폐정개혁

6월 말경 관찰사 김학진은 전봉준 등을 감영으로 초치하였고, 이때 "관찰사와 서로 관민상화의 방책을 의논하여 각 군에 집강을 두는 것을 허락하였다"[37]고 하듯이 다시 한 수준 높여 집강소를 인정하였다. 이 시기는 바로 이런 관민상화의 원칙에 입각하여 개혁이 추진되던 시기였다. 이에 농민군은 각 公廨에 집강소를 설치하고 書記, 省察, 執事, 童蒙 등의 명색을 두어 하나의 관청을 이루었다. 수령은 다만 이름만 있었을 뿐 행정에 관여하지 못하였고 심한 경우에는 쫓겨나기도 하였다.[38]

7월 6일의 전주회담 전에 전봉준은 東學生等의 이름으로 原情을 올린 것으로 보인다. 그 내용은 농민군 자체 통제를 강화할 터이니 자신들을 匪徒로 금압하지 말 것을 청하는 것이었다. 이에 대해 김학진은 53주에 내린 감결에서 전봉준의 뜻을 적극적으로 긍정함으로써 그의 입지를 강화해주었다. 그리고 나아가 "못된 무리들이 이에 빙자하여 어지럽히는 자가 있으면 너희들 중에서 집강을 정하여 드러나는 대로 본읍으로 잡아 올리도록 하라"고 하여 농민군 집강에 의한 자체 통제체제를 다시 한번 인정하였다.[39]

김학진은 이어서 7월 8일에 또 도내에 감결을 보냈다. 여기서는 "집강을 정

---

37) 〈甲午略歷〉 6월 ≪東學亂記錄≫ 상, 65쪽. 觀察使相議官民相和之策 許置執綱于各郡
38) 위와 같음. 於時東徒割據各邑 設執綱所于公廨 置書記省察執事童蒙之名色 宛成一官廳
39) ≪草亭集≫ 권 7, 〈甘結五十三州〉 開國五百三年甲午七月. 今此革舊自新 可見天彝之良心 自此以後 俱是改過之平民 切勿以舊愆指目 ; 至於不恒之類 藉托起鬧者 亦當自其中 定執綱 隨現捉納於本邑矣

해서 금단하도록까지 했는데 수령된 자들이 오히려 수수방관한다는 말이 있으니 어찌 한심하지 않은가"[40]라 하여 집강소의 질서유지활동을 방관하는 수령들에 대해 질타하기까지 하였다. 그가 관민상화에 기초한 질서의 확보, 유지를 간절히 원하고 있었음을 엿볼 수 있다. 전봉준과의 전주회담에 대해서는 "진실된 마음으로 모두 말했다[實心悉陳]"고 해서 매우 만족해 하였고, 열읍의 집강에게 보낸 전봉준의 통문에 대해서도 그 진실됨을 극찬하였다.[41] 김학진은 사실상 전봉준의 우위를 인정하는 선에서 관민상화의 명분 확보에 발벗고 나서고 있었으며, 전봉준과 김학진 사이의 관민상화는 양측의 신뢰에 기초한 매우 확고한 것이었다.

따라서 집강소는 관에 민이 종속되는 형태의 것은 물론 아니었다. 김학진은 앞의 도내 감결에서

만약 이런 무리들로서 전처럼 어지럽히는 자가 있으면 비록 진정 동학이라 하더라도 드러나는 대로 명령을 기다리지 말고 洞中에서 함께 관에 잡아서 바쳐 털끝만큼도 소홀함이 없도록 하며 법에 따라 처리하되 또한 즉시 집강소에게도 통보하여 함께 금지하도록 하라[42]

고 하였다. 동중이라는 기왕의 행정체제에 의한 통제를 전제하면서도 집강소에게 알려 그 협조를 얻도록 할 것임을 잊지 않고 있다. 동중이 관에 보고하는 계통과는 달리 집강소에도 통지하도록 하고 있음에서 관의 위계에서 집강소가 벗어나 있었음을 엿볼 수 있다. 이는 집강소의 통치가 관에 예속된 것이 아니었음을 뜻한다.

이때 집강소의 주요한 역할은 무엇보다도 먼저 농민적 향권의 실현 곧 폐정개혁의 시도에 있었다. 아울러 '托名東學軍'의 평민침학을 견제함과 동시에 농민군 운영자금의 모집도 빼놓을 수 없는 역할이었다. 그리고 집강소는 2차 봉기의 농민군 동원의 조직적 기초가 될 수 있었다.

---

40) ≪梧下記聞≫ 2필, 64~65쪽. 이는 7월 12일에 도착한 것으로 되어 있다. 至於定執綱 設其禁
   斷之擧 而爲守土者 反爲袖手 輿言及此 寧不寒心
41) 위와 같음. 言由實心 事皆停當 懇切周詳 靡不用極
42) 위와 같음. 若或有此輩之依前作拏者 雖眞東學 隨現發 不待關飭 自其洞中 幷力捉納于官 不容
   一毫疎虞 以爲照律勘處 亦卽通及於執綱所 以爲齊心禁究

128

그렇지만 호남이나 기타 지역에 모두 수준이 같은 집강소 통치를 할 수는 없었다. 호남의 경우 흥덕 이남과 나주 이북에서는 나름대로 체계적인 조직을 갖출 수 있었다. 이른바 勝戰接 중심으로 운영되는 집강소의 경우는 비교적 조직적인 통치가 가능하였을 것이다.[43] 그러나 대부분의 지역에서는 항시적인 조직으로 있었던 것은 아니었다. 따라서 그런 지역에서 농민군 활동의 주요 양상은 다음과 같은 것이었다.

1894년 5월에서 7월까지 전라, 경상 각 지역에서 지방관이 올린 보첩을 모아 놓은 ≪邑報抄槪冊≫에서 농민군의 활동으로 주목되는 것을 보면,[44] 홍양에서는 동도 수백 명이 6월 14일에 읍폐를 규정한다면서 칼을 들고 들어와서 吏鄕을 구타하고 곧 樂安으로 갔다(6월 21일자 보고). 7월 17일에는 다시 동도 200여 명이 城中에 난입하였다가 곧 흩어져 갔다. 곤양에서는 7월 14일에 동도 50여 명이 校廳에 모여 7개 조건의 혁파를 청하였고, 다음날에는 동도가 곧 해산하여 돌아가면서 草梁面의 姜萬葉을 잡아갔다. 그리고 28일에는 향임 1명과 이서 2명을 잡아가고 稅米公納을 멈출 것 등 7개 조건의 개혁을 청하였다. 사천에서는 7월 24일 동학도 100여 명이 공해에 난입하여 8개 조건의 개혁을 요구하였다. 사근역에서는 7월 20일 동도 100여 명이 毆人奪馬했고, 30일에는 新延馬稅錢을 懲納한 吏房・兵房을 구타하였다.

그밖에 함양에서는 군기를 탈취하였고(7월 20일), 광양에서는 동도 300여 명이 捉民治罪하고서 곧 흩어져 갔고(7월 20일), 또 동학 수천 명이 전라우수영을 쳐서 軍器와 公錢을 빼앗아갔다(7월 23일). 7월 26일자에는 광양과 홍양의 동도 2천 명이 하동에서 모인다고 通奇하고 이어서 광양 동도 400여 명이 읍에 들어왔다가 돌아갔다(7월 26일).

위와 같은 것들이 집강소 시기 농민군 활동의 대강이라고 생각된다. 즉 수령을 대신하여 읍권을 행사했다기보다는 수령에게 폐정개혁을 요구하고 그것이 받아들여지면 민폐의 원인이 되었다고 보이는 이서・향임 등을 징치하고, 軍器나 公錢 등을 탈취한 뒤에 물러났던 것으로 보인다. 개혁의 요구는 일회에 그치지 않았고 단순한 청원의 수준을 넘어서서 물리적으로 강제할 수 있었다. 또한 비록 일시적이지만 이・향을 징치하는 등 읍정을 주도하기도 하였다. 이는 종

---

43) 정창렬, 1991 앞의 책, 199쪽
44) ≪邑報抄槪冊≫(奎古 5125-86), 1894년

전의 항쟁에서는 볼 수 없었던 진보적 성과였다. 그러나 제도적인 개혁 단계에까지 나아가지는 못하였다.

한편 9월 17일자 의정부의 보고에 따르면 당시까지 군기를 빼앗긴 지역이 29개처에 이르며, 자리를 비운 曠官은 임실 등 11개처에 이르렀다.[45] 그 후에도 '軍器見失'과 '曠官'은 계속 보고되고 있었다. 군기를 빼앗겼다고 해서 반드시 그 지역 지배권이 농민군에게 넘어갔다고 볼 수는 없지만 일정한 영향권하에 들어갔다고는 할 수 있을 것이다. 이처럼 광범한 지역에서의 농민군 활동은 곧 집강소의 영향력 확대를 가능케 한 조건이 되었을 것이다. 한편 지방관이 자리를 비우는 것은 결코 드문 일은 아니었지만 이때 자리를 비웠다는 것은 농민군의 지배력이 상대적으로 쉽게 미칠 수 있는 조건이 될 수 있었다. 특히 曠官으로 지적되었던 임실현감 민충식의 경우, 그 후 그가 동도에 투입하였다는 죄로 파출되고 있었음을[46] 볼 때 수령이 자리를 비운 지역의 지배권이 농민군 집강에 의하여 장악되었을 개연성은 매우 높았다. 이러한 조건 속에서 집강소는 호남 일대의 광범한 지역에서 실질적인 지배권을 행사할 수 있었을 것으로 보인다. "날마다 봉기하여 列邑을 遍行하며 軍庫를 파괴하여 병기를 모두 탈취하고, …전라도 50고을이 문득 邪匪의 소굴이 되었다"[47]고 하는 것은 이 시기 집강소 행위의 일반적인 양상과 영향력의 정도를 요약해서 보여주는 것이라 할 수 있다.

7월 15일경 전봉준과 김개남 등 농민군의 주류측이 수만의 무리를 모아 연 남원대회는 이런 상황을 상징하는 것이었다. 전봉준이 각 고을의 포에 영을 내려 읍에 도소를 두고 그 親黨을 심어 집강으로 삼아 수령의 일을 행하게 했다는 ≪오하기문≫의 기록은[48] 집강소 체제를 통해 농민군 전체를 장악하려는 전봉준의 의도를 잘 드러내고 있다. 수만의 군중을 모아 대회를 열었다는 것은 집강소 체제의 공식성을 민주적인 형식을 밟아 확보하고자 했음을 뜻한다. 즉 농민군 입장에서의 공식화, 합법화 과정이었던 것이다.

이러한 때 집강소 활동의 일반적인 원칙, 즉 이른바 정강이라 할 수 있는 것이 바로 ≪東學史≫에 보이는 12개조의 폐정개혁안이었다. 전주성 점령 당

---

45) ≪日省錄≫ 고종 31년 9월 17일 〈命龍宮縣監李周儀及任實縣監閔忠植等特令待罪擧行〉
46) ≪일성록≫ 고종 31년 12월 12일 〈全羅監司李道宰以任實縣監閔忠植錦山郡守李容德罪狀馳啓〉
47) ≪謙山遺稿≫ 권 19, 〈錦城正義錄〉 甲編, 3쪽
48) ≪오하기문≫ 2필, 61쪽. 是月望間 琫準開南等 大會于南原 衆數萬人 琫準傳令各邑布中 邑設都所 樹其親黨爲執綱 行守令之事

시 올렸던 폐정개혁 27개조가 1차 봉기의 총결로서의 의미를 지닌다면, 《동학사》의 12개조는 집강소기 개혁상황의 대강을 적은 것으로 볼 수 있다.[49]

관민상화를 이루기 위해서는 질서유지가 선행되어야 했고, 이는 농민군이나 김학진 양자 모두에게 필요하였다. 관민상화의 원칙하에서 유지되었던 이 시기의 집강소 체제는 농민군의 무절제한 투쟁을 제어하고 도내의 안정을 이끄는 데 어느 정도 효과를 거두고 있었다. 무덤을 파헤치거나 남의 재물을 빼앗는 등의 행위는 규제되고 있었다. 다만 부민의 재물 탈취는 여전하였는데 그것은 "부자를 협박하여 金穀을 빼앗아와 이를 빈민에게〔값싸게〕나누어주고… 빈부를 공통으로 하여 소수인으로 하여금 부를 오로지 하는 것을 허락하지 않았다"[50]고 하듯이 단순한 절도행위가 아니라 부의 균등화를 추구하는 농민적 개혁선상에서 행해진 것이었다. 따라서 이 시기 농민군의 활동은 비교적 절제를 보이면서 변혁을 꾀하고 있었다고 할 수 있을 것이다.

집강소를 통한 농민적 향권의 구현에는 한계가 있었던 것 또한 물론이다. 우선 농민군 내부의 여러 집단간의 이해가 엇갈리고 그로 인해 통제에 급급하여 전조직적 통일성을 이루지 못하였다. 따라서 향권의 행사가 농민적 개혁의 실현이란 측면보다는 농민들에 의한 침학을 금단하는 데 소모되는 측면이 많았다.[51]

비록 그러하나 집강소기 농민군의 활동은 결과적으로 봉건적인 질서를 현저하게 파괴하는 결과를 낳았다. 그러나 아쉽게도 봉건적인 질서를 대체할 새로운 단계의 근대적 질서를 만들어내지는 못하였다. 이것이 농민들 개혁의 한계였다.

2) 2차 봉기로의 전환

집강소기는 휴전기였다. 그리고 휴전의 조건이 전주화약이었다. 전주화약은 농민군은 전주성의 철수를, 정부측에서는 농민군에 대한 신변보장과 왕에 대한

49) 정창렬, 1992〈甲午農民戰爭의 全州和約과 執綱所에 대한 硏究史的 檢討〉《水邨朴永錫敎授 華甲紀念 韓國史學論叢》, 53쪽
50) 《東京日日新聞》 明治 27년 8월 5일(음 7. 5) ; 정창렬, 1991 앞의 책, 217~218쪽 참조
51) 집강소 시기 전라도 作亂의 일은 패전의 원인이라고 지적될 정도로 문제를 야기하고 있었다 (《東學史》, 173쪽).

폐정개혁안의 건의를 조건으로 맺은 타협이었다. 따라서 화약 조건의 실현 여부는 종전이냐, 재봉기냐를 규정하는 관건이었다. 그러나 화약을 맺을 당시 농민군은 고립된 상태였고, 두 차례의 전투에서 전력의 열세를 노출하였기 때문에 화약은 농민군의 확실한 우위 속에서 정해진 것이 아니었다. 즉 어느 한쪽의 일방적인 승리나 패배가 아닌 불완전한 타협이었다. 정부측의 이행여부는 불확실한 것이었고, 농민군의 입장에서는 그 이행을 강요할 위치에 있지 않았다. 따라서 정부측이 어떤 입장을 취하는가가 이후의 전개에 결정적인 영향을 미치도록 되어 있었다.

화약의 조건 중 신변보장은 어느 정도 이행되었다고 볼 수 있다. 문제는 폐정개혁 쪽인데, 6월 11일 校正廳을 설치한 것은 그런 조처의 일환이었다고 보인다. 그러나 교정청의 개혁이 채 윤곽을 드러내기도 전에 6월 21일 일본군에 의한 경복궁 쿠데타가 일어난다. 이 쿠데타는 상황을 반전시키는 외적 조건이었다.

경복궁 점령 소식이 호남 일대에 전해지면서 일부 농민군 진영은 동요하기 시작하였다. 6월 25일경에 강경에서는 농민군이 몰려와 마을마다 총·말, 또 양산 등을 군기에 사용할 목적으로 압수해갔다. 이들에 대해 일본측은 이들이 일본병을 적대하고 일본인은 보이는 대로 방해하려는 취지를 갖고 있다고 보고하였다.[52] 장성에서는 6월 29일에 倭兵에 대비한다는 구실하에 500~600명의 농민군이 성중에 난입하여 군기고를 열고 군기를 모두 빼앗아가는 일이 일어났다.[53] 이때의 움직임은 명백히 일본에 대한 반대였다. 이 점은

　　귀 정부에 대하여 반항할 뿐만 아니라 또한 우리 일본에 대해서도 적의를 품고 있으며 지금 귀아 양국이 동맹해서 청국과 싸우고 있는 이러한 비상시기임에도 불구하고 우리 일본군을 조선경내에서 내쫓아 버리려는 생각으로 누차 우리 군용전신을 방해하거나 또는 절단하고 우리 사관을 살해할 뿐만 아니라 더 나아가서는 각 지방에 주재하고 있는 우리 병참부를 습격하는 등의 폭거를 일삼으므로써 귀국의 일반적인 역도들이나 범죄인들과는 그 성격을 크게 달리하고 있는 자들인 것입니

52)〈忠淸道 黃山의 東學黨再發等에 관한 별지보고〉(음 7. 10)《駐韓日本公使館記錄》3, 臨庶 第44號, 236~237쪽
53)〈官府文書〉(古 80943)《古文書》2 서울대도서관(1987), 412쪽 ; 정창렬, 1991 앞의 책, 241쪽 참조

다[54)]

라고 한 보고에서 여실히 드러난다.

따라서 이러한 반일운동은 무력을 동원한 전면적인 전쟁으로 진행될 수밖에 없었다. 농민군은 자연스럽게 무장력 강화를 시도한다. 7월 초에는 능주 농민 군이 무기고를 습격하여 무기를 탈취하였다.[55)] 7월 23일경에는 농민군 수천 명 이 전라우수영을 공격하여 군기와 공전을 탈취해갔다.[56)]

그러나 아직까지 이런 움직임은 산발적이었을 뿐, 농민군 지도부에 의한 조 직적인 행위들은 아니었다. 특히 전봉준의 경우는 여전히 관망하는 태도를 보 이고 있었다. 그 까닭은 6월 말경부터 시작되었던 이른바 갑오개혁 때문이었다. 갑오개혁에 대한 일말의 기대는 농민군측으로 하여금 즉각적인 반발을 일단 유 보케 하였다. 갑오개혁에 대한 기대는 두 가지 때문이었다. 하나는 改革議案의 내용이었고, 다른 하나는 다름아닌 흥선대원군의 등장이었다.

먼저 군국기무처는 처음에 농민군의 폐정개혁 요구를 충족시켜주는 改革議案 을 채택함으로써 민심을 수습코자 하여 일련의 평등주의적인 사회제도 개혁을 선언하였다.[57)] 그리고 농민군이 전주화약 전에 원정 형식으로 제시한 폐정개혁 요구에 대응하는 경제적 개혁을 단행함으로써 민심을 무마하고 민요의 재발을 방지하려 했다. 또한 농민봉기를 유발한 책임을 물어 前 宣惠廳堂上 閔泳駿, 金 昌烈 母(巫女 眞靈君), 前 三道統制使 閔炯植 등 3명을 지목하여 국왕에게 엄단 을 촉구하기도 하였다.[58)] 이런 일련의 민심무마책들은 일단 경복궁 쿠데타에서 비롯된 위기국면을 넘기는 효과를 나타냈다.

갑오개혁을 입안·추진하는 데 중추적 역할을 하였던 유길준은 농민들의 지 지를 받는 것이 개혁 성공의 관건임을 잘 인식하고 있었는데,[59)] 그런 점이 개혁 의안에 반영되었다고 볼 수 있다. 농민들의 입장에서도 특히 갑오개혁 중 結·

54) 〈東學黨 審判에 日本領事 立會 요구〉(양 11. 27) 《駐韓日本公使館記錄》 5, 5쪽
55) 《古文書》 2, 414쪽
56) 《邑報抄槪冊》 7월 23일자 보고
57) 《議定存案》(奎 17236) 6월 28일의 議案에 "劈破門閥班常 等級 不拘貴賤 選用人材事", "公 私奴婢之典 一切革罷 禁販買人口事" 등 신분제 폐지와 관련된 혁명적 개혁안이 실려 있다.
58) 柳永益, 1990 《甲午更張硏究》 일조각, 148쪽
59) 《兪吉濬全書》 4, 376~377쪽

戶錢 兩稅의 개정에 대해서는 "새 법이 한번 반포되자 백성들은 모두 발을 구르고 기뻐하며 손뼉을 쳤다. 서양을 따르든 왜를 따르든 묻지 않고 흔연히 재생의 기색이 있었다"[60]고 하듯이 열렬한 지지를 보였다.

한편 농민군의 입장에서는 대원군이 국정에 간여할 것을 원하고 있었는데,[61] 비록 일본측의 의도된 행위의 결과이겠지만, 경복궁 쿠데타를 계기로 대원군이 재등장하여 섭정의 위치에 나아가게 되었다. 대원군은 한때 갑오개혁에 대해

> 요즈음 조정에서 改革한 정치를 너희들도 들었는가? 종전에 잘못된 폐단이 백성들에게 病害가 된 것은 일일이 교정하여 隣邦의 友誼를 화목하게 하여 더욱 和平한 복을 돈독하게 하였다. (중략) 나의 말이 이렇게까지 나왔으니 제각기 잘 알아듣고 후회하는 일이 없도록 이 諭示를 믿어주길 간절히 바라는 바이다[62]

라고 하여 개혁에 대한 적극적인 효유에 나서기도 하였다. 이러한 사정은 농민들에게는 어느 정도 고무적인 일이었고, 따라서 굳이 재봉기를 해야 할 이유는 없었다.

그러나 8월 17일 평양전투에서 일본이 청군에 대해 대첩을 거두며 승리하자 상황은 크게 바뀌었다. 이때부터 일본은 노골적으로 조선의 내정에 간섭하고 침략의도를 드러내었다. 이에 따라 제한적인 자주성을 유지하며 추진되던 갑오개혁도 개혁적 성격이 희석화하며 변질되었다.[63] 그리고 井上馨은 대원군의 抗日陰謀를 빌미로 그의 하야를 촉구하였고 대원군은 마침내 10월 21일을 기하여 정계에서 은퇴하였다. 이어서 10월 24일의 御前會議에서 井上馨이 대원군에게 주어졌던 섭정권을 취소할 것을 요구하여 국왕의 응락을 받아냄으로써 대원군은 완전히 거세되었다.[64] 이러한 변화는 대원군을 형식상의 정점으로 하여 추진

---

60) 《梅泉野錄》 권 2, 고종 31년 갑오 12월, 169쪽
61) 《大韓季年史 (상)》 권 2, 고종 31년 갑오 5월, 86쪽. 동학당이 장성에서 전라감사 김학진에게 올린 13개 조항의 폐정개혁안 중 13조에 "國太公(卽大院君) 干預國政 則民心有庶幾之望事"라 하여 대원군의 국정참여를 청원하고 있다.
62) 〈東學黨征討關係에 關한 諸報告〉〈京第109號 左水營으로 내습한 東學徒 격퇴의 件〉 중 別紙 己號, 《駐韓日本公使館記錄》 1, 243~244쪽 참조
63) 정창렬, 1991 앞의 책, 249쪽
64) 柳永益, 1990 《甲午更張硏究》 중 제2장 淸日戰爭中 日本의 朝鮮保護國化企圖와 甲午·乙未 更張, 45쪽

134

되었던 갑오개혁에 대한 농민군의 기대를 결정적으로 무산시키는 계기가 되었다.

갑오개혁의 변질과 대원군의 정치적 위상 변화가 재봉기의 직접적인 배경이었음은 ≪주한일본공사관기록≫에서 '동학당의 재흥'의 원인을 정리하고 있는 다음의 기록에서 분명하다.

무엇 때문에 일단 진정되었던 동학당이 또 다시 일어났으며 이전에 일어났던 동학도와 이번에 일어난 동학도와의 사이에 차이점이 있는지 없는지 탐지해 보았다. 그랬더니 전번에는 그들이 단순히 탐관오리들 때문에 일어났던 것이므로 전번 일어났던 東學騷亂은 관군의 실패에도 불구하고 일단은 진정될 수 있었다. 이는 정부의 개혁이 이루어지고 지방의 政事가 잘 시행되리라는 기대와 더불어 대원군도 다시 정부에 나오고 민씨일족도 이미 축출되었기 때문이었다. 그러나 그 후 혁신이 이루어지지 않고 또한 일본군이 경성에 들어옴을 호시기로 하여, 민씨일족이 여러 가지 유언비어를 만들어 동학도를 선동했던 것이다.[65]

여기서는 우선 1차 봉기가 진정된 이유를 정부의 개혁 즉 갑오개혁에 대한 기대와 그 기대를 뒷받침할 대원군의 등장에서 찾고 있다. 그리고 이어서 2차 봉기의 배경으로 "혁신이 이루어지지 않고 또한 일본군이 경성에 들어옴"을 들고 있다. 이로 볼 때 농민군의 재흥은 1차 봉기 진정의 요소들이 사라짐에 따른 결과론적 사태였음을 알 수 있다. 결국 농민군은 자신들의 정세판단에 따라 갑오개혁의 추이를 지켜보다가 그것이 그들의 기대에서 벗어나고, 더구나 대원군의 정치적 위상이 현저히 하락하여 자주성이 위협받게 되자 본격적인 재봉기의 대열에 나서게 되었던 것이다.

한편 개화파들은 프랑스혁명기에 나타났던 농민대중의 봉기와 항쟁을 평등사상에 의해 발단한 것으로 보아 사회적 대혼란의 징조로 인식하고 있었다. 그들은 그런 인식의 연장선상에서 농민군의 봉기를 부정적인 현상으로 이해하였고, 따라서 크게 경계하고 있었다.[66] 윤치호의 경우도 "동학당들이 양반들을 다룸에 있어 보여준 잔인성은 〔프랑스〕혁명 당시 프랑스 귀족들이 겪었던 유혈적 폭

---

65) 〈各地東學黨 征討에 관한 諸報告 二〉 중 〈東學黨 騷亂原因 調査結果報告書 送付의 件〉 ≪駐韓日本公使館記錄≫ 6, 26쪽 참조
66) 金容燮, 1975 〈甲申·甲午改革期 開化派의 農業論〉 ≪韓國近代農業史硏究≫ 일조각, 321쪽

력사태를 연상시킨다"[67]고 하는 데서 보듯이 역시 농민군과는 상이한 현실관을 가지고 있었다.

그러던 차에 8월 초에 이르러 삼남에서 반일 민중운동이 재연하자 이를 진압할 대책을 강구하게 되면서 8월 4일 '莠民(몹쓸 백성)'에 대한 무력 탄압까지도 불사한다는 새로운 대책을 수립하여 왕에게 건의하였다. 군국기무처 의원들이 농민군과 적대적인 긴장관계에 들어갔던 것이다. 8월 24일에는 한편으로는 탄압하고 한편으로는 선유한다는 방침 아래 의정부·탁지아문·군무아문 및 각 영으로 하여금 이에 필요한 군사적인 조치를 취하게 하였다.[68]

갑오정권의 개화파 관료들은 비록 실무경험은 부족하였지만, 자신들의 이상을 구현하는 데 필요한 개략적인 복안과 전문가적 소양을 가지고 있었다. 그러나 그들은 농민군과는 상이한 현실관을 가지고 있었고, 특히 독자적인 군사적 경제적 기반을 확보하고 있지 못하였다. 따라서 일본에 계속 의존할 수밖에 없었고, 그에 따라 개혁의 성격도 변질됨으로써 민중세력의 지지를 얻어내는 데 끝내 실패하고 말았다.

이런 상황 속에서 일본은 9월 18일에 농민군을 진압하겠다고 한국정부에 통고하였고, 21일 개화파정권은 이를 수락하였다. 농민군 토벌을 위한 일본과 개화파정권의 결탁이 성립되었던 것이다.[69]

군국기무처의 개혁이 일부 농민들에게 실익을 주는 것들이 있었고 또 겉으로 볼 때 정부의 정점에 대원군이 있었을 동안은 농민군도 우려 속에서나마 기대를 가지고 있었다. 그러나 위와 같은 일본과 개화파정권의 결탁은 이제 더이상의 기대를 가질 여지를 없애버렸다. 이에 농민군도 8월 중순을 넘어서면서부터 2차 봉기를 위해 재결집하기 시작하였다.

농민군의 조직적인 재봉기의 조짐은 8월 중순경부터 나타나기 시작하였다. 8월 15일 宣撫使 鄭敬源은 "이미 흩어졌던 자들이 다시 모이고 풀어졌던 자들이 다시 결합하고 있다"고 보고하였다.[70] 농민들의 움직임이 점차 조직화해감을 엿볼 수 있다.

---

67) 《尹致昊日記》 4, 29쪽
68) 柳永益, 1990 앞의 책, 151~152쪽
69) 정창렬, 1991 〈동학농민전쟁과 프랑스혁명의 한 비교〉 《프랑스혁명과 한국》 일월서각, 250쪽
70) 《日省錄》 고종 31년 8월 15일, 〈命宣撫使鄭敬源勿待罪事回諭〉 旣散者復聚 已解者復結

마침내 8월 25일 김개남은 좌도의 농민군 약 7만 명을 소집하여 남원대회를
열었다. 이 소식에 접한 전봉준과 손화중은 즉각 달려가 봉기를 만류하였다. 이
들은 아직도 관민상화의 집강소 질서를 지속하고자 했기 때문이었다.[71] 그러나
김개남은 이를 거부하였다. 이런 상황 속에서 전봉준 등도 9월에 들어서면서
정세의 흐름에 대한 자신의 기대가 어그러지고 농민군측 일반에 재봉기의 분위
기가 고양되어감에 따라 전면적인 봉기를 준비하게 되었다. 결국 8월 25일의
남원대회는 관민상화에 입각한 집강소 체제를 유지하려던 이 시기의 주류적 흐
름이 끝나고 본격적인 봉기의 대열에 들어서게 됨을 상징하는 사건이었다.

한편 2차 봉기로의 전환기에 집강소는 군사력 강화를 위한 거점이 되기도 하
였다. 이 점은 기왕의 동학조직 가운데 기포조직이 활성화하면서 군사조직으로
전화하는 것과 궤를 같이한다.

황현은 동학도의 조직 구성을 상세히 설명하고 있다. 그것에 따르면 동학도
들은 그 무리를 布라 하고 그것이 모이면 接이라 하는데 그 중 우두머리를 大接
主, 다음을 首接主, 또 그다음을 접주라 한다고 하였다. 또 접주 이외에 都接・
接師・講師・講長・教長・教師・教授 등이 있는데, 이는 모두 포덕시의 조직이
고, 省察・檢察・糾察・周察・統察・統領・公事長・騎砲將 등은 모두 기포시
의 조직이라 하였다.[72] 즉 접 내에 포덕시의 조직과 기포시의 조직이 각각 별도
로 있는 것으로 보았는데·이는 教政과 軍政이 분화되어 있었음을 뜻한다.[73] 이
렇게 볼 때 2차 봉기에 즈음하여 농민군이 군사역량을 강화하기 위하여는 필연
적으로 접 내의 기포조직을 활용하였을 것이다. 읍의 치소에 설치된 접이 대도
소이고 그 접주를 집강이라 불렀다는 지적을 볼 때[74] 접주에 의한 기포조직의
활성화는 곧바로 집강소의 군사조직화를 뜻하며 이런 전환을 통해 농민군은 2
차 봉기에 효율적으로 임할 수 있었다. 이처럼 대도소 즉 집강소는 군수물자의
집산지, 군사조직화의 거점이었던 것이다.

9월 이후의 기록들에서 이 점은 분명해진다. 9월 18일자로 군무아문에 올린
공문에는 다음과 같은 기록이 있다.[75]

---

71) 정창렬, 1991 앞의 책, 249~251쪽
72) 《梧下記聞》 1필, 101~102쪽
73) 정창렬, 1991 앞의 책, 217쪽
74) 《오하기문》 1필, 102쪽
75) 〈行全羅道觀察使 兼都巡察使 親軍武 南營外使 爲謄移師〉(음 9. 18) 《駐韓日本公使館記錄》

동학괴수 전봉준의 私通에 지금 이런 거사는 몹시 커서 費用이 많이 들므로 公穀과 公錢을 이용해야 하겠으니 군수미 3백 석과 銅錢 2천 량을 밤 사이 금구 원평의 도회소로 輸送하기 바란다.

이 기록은 곧 금구 원평의 도회소가 군수물자의 집결지가 되고 있었음을 말한다. 위 공문에는 이어서 도회소를 대도소, 동비회소, 행군소 등의 다른 이름으로도 부르고 있다. 이것들은 표현은 각각 다르지만, 바로 전봉준이 있는 곳을 가리킨다. 이는 전봉준 주도하의 집강소가 전시하에서 위와 같은 이름으로 불리면서 군수물자의 집결지, 군사조직상의 거점으로 활용되고 있는 상태를 보여준다.

또 위 공문에서 "동비 10여 명이 砲를 쏘며 本州(綾州)로 들어와 南原 대도소 金開南의 지휘라고 하며 公兄들을 불러내어 銅錢 2만 량과 白木 30同을 남원 대도소로 수송하라고 恐喝하며 재촉하였는데"라는 기록도 있다. 김개남의 경우도 남원 대도소를 거점으로 군사력을 강화하고 있었음을 알 수 있다. 이런 현상은 호남 일대에서 전반적으로 나타나고 있었다. "本府 각 면의 執綱訴狀과 민간의 소장을 받아보면 동비들이 대도소에서 군수물자로 사용한다는 평계로 금년 가을에 바친 세미 중 각 면과 각 리에 배정한 숫자가 매우 많았으나 砲軍들이 돌아다니며 독촉하므로 견딜 수가 없다고 각 읍에서 민망스러운 사정을 보고해 온다"고 한 전주판관 申永休의 첩보내용은 그것을 말한다.[76]

"前日에 일컬었던 法所와 도소를 지금은 唱義所로 개칭하여 군호 문자마다 모두 義자를 사용하고 있습니다"[77]라는 보고내용도 법소나 도소들이 봉기를 위한 군사조직으로 전환하고 있었음을 뜻한다. 이는 "같은 해 구월경에 泰仁을 發程하여 원평을 지나 參禮역에 이르러 그곳으로 起兵하는 대도소를 삼고"[78]라는 기록에서 대도소가 기병하는 조직, 즉 군대조직으로 전환하고 있었음을 분명히 알 수 있다. 또 집강 金順甲을 副先鋒으로 한다는[79] 것은 집강소 조직을 활용해

---

1. 130~131쪽
76) 위와 같음
77) 〈報恩東學黨에 관한 報告〉(양 11. 17) 《駐韓日本公使館記錄》 1, 172~173쪽
78) 〈刑事裁判原本〉 제37호 〈判決宣告書原本:全羅道泰仁山外面東谷居農業平民被告全瑲準〉(《東學關聯判決文集》 총무처 정부기록보존소, 1994, 30쪽)

138

서 군대 편성으로 하고 있었다는 증거이기도 하다.

집강소 체제를 근간으로 2차 봉기의 군사력 정비를 위한 구체적 준비가 되어 가고 있었음을 이상의 내용을 통해 확인할 수 있다. 따라서 봉기준비의 성공 여부는 곧 집강소 체제의 실체뿐 아니라 집강소 체제의 현실적 장악력 정도를 보여주는 증거이기도 하다. 한 일본군 대위가 농민군을 보고 "이와 같이 많을 줄은 생각지도 못했습니다. 그리고 그들은 병사를 사용할 줄도 잘 알고 있어 조선의 관병이 대적할 바가 아닙니다"[80]라고 하여 농민군의 전열이 만만치 않음을 지적하고 있는데 이는 그만큼 집강소 체제에 의한 군사준비가 성공적으로 수행되었음을 뜻하는 말이다.

5. 맺음말

이상 농민군이 전주성에서 퇴각하는 5월 8일부터 재봉기의 결정적 계기가 마련되는 8월 말까지의 서기를 '집강소기'라고 명명하여, 농민군을 대표하는 전봉준과 정부를 대표하는 김학진, 두 사람의 움직임을 중심으로 세 개의 소시기로 나누어 살펴보았다.

집강소기라 하여 이 기간 내내 또는 이 기간 동안만 집강소가 설치되어 있었다는 것은 아니다. 다만 집강소의 설치가 이 시기를 대표하는 상징적인 사건이었기 때문에 그렇게 부르는 것이다. 따라서 이 시기가 점하는 농민전쟁상의 위치는 집강소의 위상과 궤를 같이한다. 집강소는 19세기 내내 농민군의 반봉건 항쟁의 경험이 축적되어가는 속에서 이루어낸 뜻깊은 농민적 향권의 구현체였다. 그러나 역사상 맞은 한 번의 기회를 통해 농민적 근대사회를 이끌어내는 계기로 승화시키기에는 내외의 여건들이 만만치 않았다.

농민들은 근대사회의 건설이라는 과업을 수행하기에는 아직 미숙한 집단일 수밖에 없었다. 새로운 사회의 구현이란 우연이나 의욕만으로 가능한 것은 아니었다. 더구나 일제의 침략이라는 민족적 위기, 또 그 전투에서의 패배는 그런 어려운 상황들을 더욱 어렵게 한 외적 조건이었다.

79) 〈(連山)戰鬪詳報〉(양 12. 10) 《주한일본공사관기록》 1, 252쪽
80) 〈海州東匪再起와 各地東匪의 景況〉 《주한일본공사관기록》 1, 203쪽

　집강소 체제하에서 농민군은 내부의 여러 집단들간의 이해가 엇갈림으로 인해 자체 통제에 급급함으로써 농민적 개혁에 효율적으로 힘을 집약시키지 못했다. 그리고 일본군과의 전투에서 패배함으로써 자치적 경험을 축적할 시간적 여유를 지닐 수 없었다. 이처럼 집강소는 일제의 침략이라는 위기적 상황 속에서 활동할 수밖에 없었기 때문에 거기서 비롯되는 한계를 들어 농민적 향권의 실현체로서의 집강소가 점하는 역사적 의미 자체를 부정하거나 왜소화시켜서는 안될 것이다. 집강소는 역사상 최초로 농민들 스스로 자신들의 의지를 향촌사회에 실현하는 소중한 경험을 갖게 한 상징적 산물이었음에서 그 역사적 의미는 아무리 강조해도 지나치지 않을 것이다.

1894년 농민전쟁의 2차 봉기

서 영 희
가톨릭대 강사

1. 머리말

1894년 농민전쟁의 2차 봉기는 전봉준을 중심으로 전라도 고부라는 지역에서 시작된 1차 봉기와는 상당히 다른 양상을 띠고 있다. 농민군이 전주성에서 철수한 이후 전국에는 오히려 수많은 농민군 무장대가 생겨나고 있었다. 전봉준의 재기는 다만 이러한 움직임을 본격화시킨 하나의 기폭제일 뿐이었다. 따라서 2차 봉기는 사실 전봉준 부대가 본격적으로 北上하기 이전부터 시작되었으며 지역적으로도 전라도 일대만이 아닌 충청도, 경상도, 강원도, 황해도 등 전국 각 지역을 포괄한다.

그럼에도 기존의 연구는 거의 전봉준의 거사를 중심으로 2차 봉기의 원인과 경과를 추적하고, 그 목표와 지향을 평가해왔다고 생각된다. 그러나 엄밀히 말해서 전국에 산재한 각지 농민군 두령들 중 한 '거괴'일 뿐인 전봉준만을 주목한다면 그만큼 전국적 측면은 무시되고 2차 봉기 본래의 성격을 파악할 수 없게 될 것이다. 2차 봉기에는 특히 봉기를 열망하는 농민군 일반대중의 정서가 강한 추동력으로 작용했으며 그 자체로서 이미 봉기의 의의를 달성하고 있었다.

따라서 2차 봉기의 전체상은 이 기간 동안 전국 각지에서 활동한 여타의 농민군 무장대의 활동상까지 포괄적으로 서술되어야 하지만, 본고는 역량의 한계로 이러한 전국적 흐름을 상정한 속에서 전봉준 부대의 재봉기와 북상을 자리매김해보고자 한다.

한편 2차 봉기에 대한 서술에서 부닥치는 또 하나의 문제점은 부정확한 혹은 서로 상반된 자료의 문제이다. 즉 2차 봉기에 관한 자료들로서 진압군인 관군과 일본군의 토벌기록과 동학교단측 자료, 각종 개인기록 등 서로 성격이 전혀 다른 자료들 중 어떤 기록을 가장 신뢰하며 어느 정도 사실로서 받아들일 것인가가 문제가 된다. 자료의 신빙성은 언제나 논란이 되는 것이지만, 특히 2차 봉기에 관한 기록들은 가장 기본적인 재봉기 시기와 직접적인 원인, 북상 경로 및 구체적인 전투일자 등에 대해서 상당히 엇갈리는 진술들이 많다.

예를 들면 종래 논란이 되어온 전봉준과 대원군 관련설, 김개남과 전봉준의 관계, 남·북접 연합의 실체 등에 대해서도 서로 상반된 기록들이 있는데, 그 중 어떤 기록을 취하느냐에 따라 2차 봉기의 실체는 상당히 다르게 서술될 수 있겠다. 특히 유일한 봉기 당사자의 진술인 〈전봉준공초〉가 대원군, 최시형, 김개남 등과의 관계를 모두 부정하고 있는 사실을 어떻게 받아들일 것인가도 문제이다. 본고에서는 이러한 문제들을 둘러싼 종래의 논의에 대해 가능한 한 가장 합리적인 대안과 정황적 증거들을 제시해보고자 한다.

2. 재봉기 준비와 北上

5월 8일 전주성을 철수한 후 약 4개월간 전라도 일대 각 군현에서 집강소 체제를 유지하던 농민군이 다시 봉기를 시작한 배경은 여러가지로 꼽을 수가 있다. 전봉준은 〈공초〉에서 재기포의 이유를 묻는 일본영사의 물음에 "귀국이 개화를 한답시고 처음부터 민간에게 일언반구 알림도 없고 격서도 없이 率兵하고 都城에 들어와 야반에 왕궁을 격파하고 主上을 경동케 하였다는 말을 듣고, 충군애국의 마음으로 분개를 이기지 못하여 의병을 규합, 日人과 더불어 이 사실을 청문코자 했다'라고 대답하여 재봉기 목표가 일본세력 구축에 있었다고 진술하였다.[1] 따라서 농민군의 2차 봉기는 일단 '항일전'의 성격을 띠고 시작되었다고 볼 수 있겠다.

실제로 농민군은 일본군의 경복궁 점령소식이 전해지는 6월 말경부터 본격적으로 재무장을 시작하였다. '장차 왜병이 쳐들어올 것이다'라고 하며 무장, 금구, 김제, 옥구, 함열, 능주 등의 농민군이 관아의 무기고를 탈취하였고, 부안의 농민군들은 "일본 선박이 전라도 연해에 기백 척이나 정박하고 있으니 우리도 계엄하지 않을 수 없다'라고 하면서 서천 군아에 돌입하여 군기를 탈취하기도 하였다.[2] 그리고 7, 8월경에 접어들면 전라도 일대만이 아니라 충청도, 경상도 등 전국 각지에서 농민군의 무장이 강화되고 있었다.[3]

매천 황현은 6월 하순 이후 지방사회의 분위기에 대해 "이때 도로가 자주 막히고 서울소식에 이상한 말이 많았다. 사람들은 온 나라가 倭에게 먹혔다고들 했다'라고 하여 일본이 국권을 침탈한 서울 정계의 동향에 대한 지방민들의 의심과 동요를 보여주고 있었다.[4]

그런데 이때 농민군의 재무장은 단순히 '항일거병'만을 위해서는 아니었다. 일본이 청일전쟁에서 승리한 후에는 반드시 관군과 연합하여 자신들을 진압하러 올 것이라 예상하였으므로 그러한 사태를 맞을 준비를 자체적으로 하고 있었다고 생각된다. 지금까지 자신들이 수행해온 반봉건 투쟁을 스스로 보위하려는 목적의식도 있었던 것이다.

사실 1차 봉기 농민군은 전주성을 나온 후 곧바로 해산하지 않고 여전히 화약과 무기를 가지고 곳곳에 둔취해 있었다.[5] 그들은 전주성을 쉽게 내주고 나온 것에 대한 후회도 있었고,[6] 또 전주성을 떠나면서 요구한 폐정개혁이 실현

1) 〈전봉준공초〉(《동학란기록》 下 국사편찬위원회, 521~561쪽) 중 初招問目
2) 〈錦藩集略〉'별계' 7월 7일(배항섭, 1994 〈충청지역 동학농민군의 동향과 동학교단〉《백제문화》 23에 소개된 자료를 근거로 함)
3) 박종근(박영재 譯), 1989 《청일전쟁과 조선》 일조각, 199~212쪽 참조
4) 黃玹, 《梧下記聞》 2필, 36쪽. 是時 道路數梗 京信多異辭 吏民謂 擧國屬倭也
5) 위의 책 2필, 39쪽, 6월 3일조 김학진의 효유문. 今聞幾處餘黨 猶復不釋兵器 所在屯結
6) 홍성찬, 1983 〈1894년 집강소기 設布下의 향촌사정─부여 대방면 일대를 중심으로〉《동방학지》 39, 70쪽에 의하면 농민군 중 일부는 전주성 明渡에 대한 반성과 후회를 하고 있었다. 그들은 淸兵의 숫자가 단지 3천인데 수만이라고 와전되었고, 또 각국 병사가 도로를 메우며 내려온다고 해서 임시 퇴병한 것이었다고 하면서, 청병이 물러가면 다시 기병하겠다는 결심을 보

될 때까지는 무장을 해제할 수 없었던 것이다. 전봉준 등은 순변사 이원회, 초토사 홍계훈 등에게 수차례 폐정개혁안을 제시하였고, 5월 18일 순변사 이원회에게 낸 '東學會生等狀'에서는 폐정개혁안이 시행되지 않을 경우 뒷날 다시 봉기할 것임을 천명하기도 하였다.[7]

이에 전라감사 김학진은 농민군의 무장해제를 위해 전봉준과 타협을 시도하였고, 결국 집강소를 통한 '官民相和體制'를 도출해내었으나,[8] 7, 8월 집강소 체제하에서 천민층 주도의 반봉건 투쟁은 오히려 격렬하게 진행되었다. 영세 빈농층과 해방된 노비, 流民層 등이 주동이 되어 강경한 對富民 투쟁과 신분해방 투쟁을 전개하였는데, 그 과정에서 천인들의 양반사족 징치가 예사로 이루어졌으며 노비들이 스스로 문서를 태우고 從良한다든가 그 주인을 결박, 주뢰를 틀고 곤장을 치는 등의 행위가 빈번하였으므로 노비주들은 스스로 '望風燒券'하여 그 화를 피하고자 할 정도였다.[9]

일본군이 경복궁을 점령하고 있는 당시를 민족적 위기로 인식하였으며 유교적, 勤王主義的 국가의식에 사로잡혀 있던 전봉준은 김학진과의 합의를 중시하여 이를 제재하려 하였으나 일단 가동된 반봉건 투쟁의 불길은 누구도 막을 수가 없었다. 전봉준이 각 읍 집강에게 통문을 내려 부랑배의 평민 침학, 살상 등을 금지하고 무기를 반납하게 하였으나 그의 명령은 잘 지켜지지 않았고,[10] 각지의 농민군 무장대는 지도부의 노선과 상관없이 富民, 양반을 討索하거나 官屬을 징치하는 행위 등을 계속하였다.[11]

이러한 전라도 일대의 사정을 鄭碩謨의 〈甲午略歷〉에서는 다음과 같이 전한다.

全琫準이 수천의 무리를 이끌고 金溝 院坪에서 전라우도에 호령하고, 金開南은 수만의 무리로 남원성을 지키면서 전라좌도를 統轄했다. 그 나머지 金德明, 孫和

이고 있었다 한다.

7) 《隨錄》 5월 18일
8) 김양식, 1994 〈1, 2차 전주화약과 집강소 운영〉《역사학연구》 2 참조
9) 《오하기문》 2필, 95~96쪽 참조. 이때 동비의 형세가 크게 번져서 "八月中 京師聲聞頓純 全湖南陷沒 敵猖然 有割據之勢"가 있었다 한다.
10) 위의 책 2필, 65쪽
11) 위의 책 2필, 106쪽. 五月以後 琫準 筍列邑 欲節制之而令反不行 各自爲黨接 惟强盛者 相雄長焉

中, 崔景善 등은 각자의 지역에 할거했는데, 그 중 貪虐不法함은 김개남이 최고였다. 전봉준 같은 인물은 東徒에 의거해서 혁명을 도모하려는 인물이었으나 나머지 巨魁들은 각자가 스스로 대장이 되어 단지 주구만을 일삼으며 약속을 지키지 않았다. 때문에 전봉준도 역시 어찌할 수 없었고 이렇게 7, 8월간에 이르자 더욱더 무법천지가 되어 富戶들은 모두가 도망치고 賤民들은 재산을 토색할 뿐 아니라 묵은 원수까지 보복하니 호남 일대가 완전히 혼돈세계가 되었다.[12]

이러한 상황에서 남원의 김개남 부대는 가장 먼저 본격적인 재봉기의 움직임을 보였다. 순창, 용담, 금산, 장수, 남원 등 전라좌도를 호령하고 있던 김개남은 8월 25일경 남원에서 드디어 재봉기를 선언하였다. 김개남은 6월 25일 남원에 입성한 이래 60여 일을 머무르면서 군기와 세력을 모아 그 병력이 5, 6만에서 7만에 이르렀다.[13]

이때 전봉준은 남원으로 달려가 "지금 시세를 보건대 倭淸이 連兵하니 어느 한쪽이 승리하면 兵을 옮겨 우리를 공격할 것이다. 우리들은 비록 숫자는 많으나 烏合易散이어서 결국 뜻을 얻을 수 없을 것이니 歸化에 의탁해서 諸縣에 흩어져 있다가 서서히 그 변화를 보는 것이 낫다"라고 하며 재기병을 만류하였다.

손화중도 남원에 와서 "우리들이 거사한 지가 반년, 一道가 향응한다 하나 土族으로 이름있는 자가 따르지 않고 재산있는 자가 따르지 않으며 글 잘하는 선비가 따르지 않는다. 서로 接長이라 부르는 자들은 愚賤해서 禍를 즐기고 剽竊을 기뻐하는 무리들일 뿐이다.… 사방으로 흩어져 苟全을 도모함만 못하다"라고 하였으나 김개남은 "대중은 한번 흩어지면 다시 모으기 어렵다"며 재기병을 고집하였다.[14]

여기서 전봉준과 손화중의 정세판단이 옳았는지 김개남이 옳았는지는 이후 재봉기의 진행과정을 볼 때 쉽게 판단할 수는 없으나, 어쨌든 8월 25일 남원대회이후 농민군측은 재기병으로 방향을 잡아간 것으로 생각된다.

김개남을 만나고 돌아온 전봉준도 결국 9월 초순,[15] 늦어도 9월 8일 이전에[16]

---

12) 鄭碩謨, 〈甲午略歷〉《동학란기록》上, 65쪽
13) 《오하기문》 2필, 91쪽에 의하면 7만이고 3필, 1쪽 9월 22일조의 김학진 장계에 의하면 5, 6만이다. 又啓曰 卽見 完伯狀啓則 南源聚會之匪徒 爲五六萬名 持兵器 日夜跳踉 全州金溝所聚之 黨 旣化旋梗云
14) 《오하기문》 2필, 92~93쪽

각지에 통문을 보내어 재봉기를 준비하기 시작했다. 전봉준은 "지금 이런 거사는 몹시 커서 비용이 많이 들므로 公錢과 公穀을 이용해야겠으니 군수미 3백석과 동전 2천 냥을 밤 사이 금구 원평의 도회소로 수송하기 바란다"는 통문을 태인현을 비롯한 각 군현의 公兄과 집강들에게 보냈다.[17]

그리고 금구 원평지역의 농민군들을 이끌고 9월 12일경[18] 삼례로 나아가 9월 13일 여산읍과 전주성의 군기고를 습격하였다. 이때 전봉준 등은 1차 봉기시 관군이 농민군 진압을 위해 가져왔다가 전주성에 두고간 대포까지 탈취하였다.[19] 9월 16일 심야에는 위봉산성 안의 군기를 탈취하였으며, 9월 18일 삼례도회소의 이름으로 군산 등에 보낸 통문에 의하면 公穀 1천 석을 전주 대장촌으로 운반하라 하였고, 또 무장에 운반해놓은 稅穀 1천 석을 감독할 포군을 뽑아 보내라고 지시하기도 하였다.[20]

이때 삼례에는 전라도 일대 접주들로서 진안의 文季八·金永東·李宗泰, 금구의 趙駿九, 전주의 崔大奉·宋日斗, 정읍의 孫汝玉, 부안의 金錫允·金汝中·宋憙玉 등이 이끄는 4천여 명이 모였으며,[21] 崔卿宣도 나중에 합류하여 5~6일간 머무르면서 함께 재기를 모의하고는 기포 준비차 다시 광주, 나주 방면으로 돌아갔다.[22] 손화중은 삼례에는 오지 않았으나 전봉준에 호응하여 광주에서 기포하였다.[23] 1차 봉기를 같이했던 농민군 지도자 중 최경선, 손화중에게는 혹시 있을지

---

15) 전봉준은 심문과정에서 처음에 10월 초순 태인 집을 출발, 원평에서 하룻밤 묵고 삼례역에 도착하여 저막에서 조진구, 송일두, 최대봉 등 4천여 명이 모여 재기를 의논했다고 진술하였다가, 일본영사가 9월 18일 삼례역에서 발한 통문을 증거로 보이며 의문을 제시하자 10월은 착오이고 9월이라고 번복하였다(〈전봉준공초〉 四次問目).

16) 〈갑오약력〉에 의하면, 전봉준이 금구에서 9월 8일 김개남에게 급전을 보내고 있으므로, 이때는 이미 전봉준이 태인의 집을 나서 금구에 도회소를 차리고 있었던 것으로 보인다.

17) 《주한일본공사관기록》 1, 130쪽

18) 〈전봉준공초〉 四次問目에서 전봉준이 삼례에서의 재기포 날짜를 10월 12일경이라고 했다가 10월은 9월의 착오라고 바로잡은 것을 근거로 하였다.

19) 〈전라도 관찰사의 군무아문에의 보고〉 《주한일본공사관기록》 1, 129쪽 참조

20) 위의 책, 161쪽. 전봉준에 대한 심문과정에서 일본영사가 제시한 9월 18일 통문도 바로 이러한 내용들이었던 것으로 추정된다.

21) 〈전봉준 판결선고서 원본〉 《동학관련판결문집》 총무처 정부기록보존소 발행(1994), 29~31쪽

22) 〈전봉준공초〉 四次問目

23) 〈전봉준공초〉 初招問目. 그런데 황현은 《오하기문》에서 전봉준이 손화중에게 여러 차례 오라는 전갈을 보냈으나 오지 않았다는 불협조설을 취하고 있다(瑋準之北上 連檄化中連兵而化中

도 모를 해안을 통한 일본군과 관군의 후방공격을 차단하고 호남 일대의 집강소 체제를 유지하여 보수유림의 결집을 저지하라는 역할이 맡겨진 것이다.

같은 시기 김개남의 남원대도소도 군수전 2만 냥, 白木 등을 남원으로 수송하라는 명령을 능주에 발하고, 광주에도 통문을 보내어 군수전 10만 냥과 백목 100同을 거두어 보낼 것을 공형들에게 지시하는 등 본격적인 출진 준비를 갖추었다.[24]

그런데 전봉준, 김개남 등이 이러한 봉기준비를 막 시작했을 때 사실은 대원군이 보낸 밀사의 방문이 있었다.[25] 대원군의 밀사들을 남원의 김개남에게 안내한 정석모의 진술에 따르면 저간의 내막은 다음과 같다.

정석모는 서울에 머물다가 농민봉기의 소식을 듣고 전주화약 무렵인 5월 9일 전주에 내려와 있었다. 8월중 어느날 운현궁에서 그와 절친한 孟德敏이라는 인물을 부안에 내려보냈기에 만나보니, 대원군이 鄭某는 시골에서 무얼 하느냐고 여러번 관심을 표명하니 한번 만나러 가라는 전갈이었다. 그는 자신은 공명에 관심이 없다고 대답하고 전주로 돌아왔는데, 또 대원군이 金泰貞, 高永根 등 자신과 절친한 인물들을 보내어 편지를 전달하기를 "東徒 선유에 수고해달라"고 했다는 것이다.

이에 정석모는 金, 高 양인과 함께 관찰사를 만나고 전주 군집강 宋德仁을 불러 曉喩하고는 또 김개남을 귀화시키러 9월 7일 오후 4시 전주를 출발, 남원으로 향하였다. 그런데 임실을 거쳐 남원에 도착하여 김개남을 만나 대원군의 효유의 뜻을 전달하고는 감금되었다. 김개남은 "너는 나이도 어린 놈이 개화당에 붙어서 국태공을 꾀어 이런 효유문을 가져왔느냐. 이 어찌 국태공의 본의이겠

不應 及公州之敗 死者數萬 琫準始惧 貽書化中 使散衆亡命 勿徒殺生民 化中乃書起其布 合十餘萬 圍羅州). 그러나 장성유생 邊萬基가 쓴 ≪봉남일기≫ 10월 29일조의 "손화중이 급히 月坪으로부터 회군한 것은 왜선이 그믐밤에 법성포에 와서 머물렀기 때문이라 한다" 등의 기록으로 보아 손화중은 전라도 해안 방위 임무 때문에 후방에 남은 것으로 생각된다.

24) ≪주한일본공사관기록≫ 1, 301쪽(능주 9월 16일 도착, 광주 9월 17일 도착 통문)

25) 전봉준과 대원군의 내응 밀약설은 일제시기 이래 주로 천도교측 자료를 근거로 주장되어왔다. 장도빈, 〈갑오동학란과 전봉준〉(1926) ; 김상기, 〈동학과 동학란〉(1931) 등 한국인의 연구와 일본인 菊池謙讓의 〈일청전쟁과 대원군〉(1910) ;≪동학당의 난≫(≪근대조선사≫ 1939) 등이 모두 그러한 입장이다. 이들은 모두 李敦化의 ≪천도교창건사≫(1933)를 근거로 전봉준이 갑오 이전부터 운현궁에 출입하면서 대원군과 밀약하였고 재기포시 대원군이 보낸 밀사의 지시를 받았다고 주장하였다. 이상의 연구들은 ≪동학농민전쟁 연구자료집≫ 1(여강출판사, 1991) 참조.

느냐'라면서 곤장을 쳤다. 사실 鄭일행이 도착하기 하루 전인 9월 6일 남원에
도착한, 이준용이 보낸 前 승지 李建英이 국태공의 명령이라고 김개남에게 '起
兵赴京'할 것을 密諭한 직후였기 때문이었다.

김개남은 곧 鄭일행을 효수하려 하였으나 바로 그때 이미 금구에 도회소를
차리고 있던 전봉준이 9월 8일 급전을 보내어 "우리들의 거사는 나아감만 있고
물러남은 없다. 만약 國太公의 命을 따른다면 萬事가 틀어진다. 鄭아무개 일행
을 죽여서 국태공의 바램을 끊는 것이 좋다"라고 하자 오히려 살려주고 말았다
는 것이다.[26]

한편 전봉준도 대원군의 밀사 이건영을 삼례역에 유진하고 있을 때 만났으나
假稱 소모사라고 판단, 체포하라 명했고,[27] 宋喜玉을 통한 대원군의 밀서도 전
적으로 확신하지 않았다고 한다.[28] 전봉준은 나중에 체포된 후 일본영사의 심문
에 대한 대답에서도 완강히 대원군과의 관련을 부정하였다.

그는 "조정의 효유문은 한두 번이 아니나 끝내 실시한 것이 없으므로 서울에
이르러 민의를 상진하려고 재기포하였다"라고 하였고, 대원군의 효유문도 개화
파의 압력으로 나온 것이든 아니든 깊이 믿을 수가 없으므로 재기한 것이라고
하면서, '운현궁이 上來하기를 기다려서 재기한 것이 아님'을 누차례에 걸쳐 답
변하였다.[29]

당시 대원군과 손자 이준용은 농민군이 재기하면 그 토벌을 핑계로 군사를
일으켜서 개화정부를 전복하고 다시 한번 정권을 잡아보려는 계획으로 재기병
을 촉구하는 밀사를 보냈던 것인데,[30] 전봉준은 하루빨리 올라오라는 대원군의

---

26) 〈甲午略歷〉《동학란기록》上, 65~68쪽
27) 〈전봉준공초〉再招問目
28) 〈전봉준공초〉三招問目
29) 〈전봉준공초〉三招問目. 그런데 여기서 전봉준의 진술을 액면 그대로 믿을 수 있는가, 대원군
   을 보호하기 위해 거짓 답변을 한 것은 아닌가 의심해볼 수도 있다. 그러나 한 가지 분명한 것은
   재봉기의 원인을 묻는 심문에서 일본영사가 특히 대원군과의 관련을 집중적으로 캐내려 한 이유
   는 당시 일본이 대원군과 그의 손자 李埈鎔을 농민군 선동 음모로 얽어 권력에서 영원히 제거하
   고자 하는 의도를 가지고 있었기 때문이었다는 점이다. 실제로 전봉준에 대한 심문이 1895년 2
   월 9일부터 3월 10일까지 진행되고 3월 17일 교수형이 집행된 후, 이준용은 4월 교동으로 유배
   되고 대원군도 완전히 지위를 박탈당했다.
30) 〈이준용공초〉및 〈甲午實記〉8월 27일조 '이준용 음모건', '許姓告變'(《동학란기록》上, 31~
   32쪽) 참조

간절한 밀유에도 불구하고 삼례역에서 움직이지 않았던 것이다. 전봉준은 대원
군에 대해 "원래 우리나라 정치를 그르친 것은 대원군이므로 인민들이 그에게
복종하지 않는다"고 하였고,[31] "대원군은 또한 有勢한 자라. 유세한 자 어찌 시
골 백성을 위하여 동정이 있으리오"라고 하였다.[32]

전봉준 등은 다만 추수가 끝나 新穀이 나올 때를 기다렸다.[33] 사실 갑오년 여
름은 유난히 가물어서 6월부터 전혀 비가 오지 않다가 8월 26일에야 비로소 비
가 왔다. 남원 이상 경기까지는 여름비가 가을까지 이어져 대풍이었으나 유독
호남좌·우도 연해 수십 읍만이 7, 8월 양월간 하늘에 구름 한점 없이 불타는
대흉작이었다.[34] 이러한 상황은 대병력을 움직이는 데 매우 불리하였다. 흉년에
민간에서 군수곡을 거둘 수도 없었으므로 추수 후 관청에서 수납한 세곡을 군
량미로 이용할 수밖에 없는 것이었다.

군수곡과 무기가 마련되자 드디어 9월 말 삼례역을 출발, 은진 논산에 도착
한 것이 9월 그믐이었다.[35] 그러나 농민군의 근거지인 전라도 일대의 보위를 위
해 최경선, 손화중 부대를 광주, 나주에 남겨두었고 김개남의 남원부대까지 합
세하지 않아 단촐하게 4천여 직속부대만을 이끌고 북상한 전봉준은 충청도 농
민군들의 합류를 기다리면서 또 며칠을 보냈다. 마침내 10월 9일경 손병희가
이끄는 북접군의 일부가 논산에 도착하자,[36] 이들 남·북접 연합군은 충청감사
박제순에게 격문을 띄우고 바로 공주감영의 코앞에 들이닥쳤다.

충청도 내 열읍의 군기고가 모두 털리고 단지 공주, 청주 두 감·병영과 홍주
만이 보존되고 있는 상태에서 하루빨리 일본군이 파견되어 구원해줄 것만을 간
절히 바라고 있던 충청감영에서는 느닷없는 전봉준의 開戰書에[37] 화들짝 놀라
고 말았다. 그들은 소문으로 삼례와 남원에 주둔하고 있는 농민군 병대가 매우
강하고 새로 만든 兵器도 많으며 비단으로 된 군복을 입고서 군율도 정연하다
는 것을 듣고 있었으나, 여러 차례 격문만 보내고 오지 않는 데다 함정을 많이

31) 〈갑오농민전쟁 자료발굴 ; 전봉준 회견기 및 취조기록〉 《사회와 사상》 창간호(1988) 참조
32) 吳知泳, 《東學史》 '동학도 대장 전봉준 등이 경성에 압송' 편
33) 〈전봉준공초〉 三招問目
34) 《오하기문》 2필, 94~95쪽
35) 〈전봉준공초〉 四次問目
36) 우윤, 1992 《전봉준과 갑오농민전쟁》 창작과비평사, 246쪽
37) 양력 11월 15일(음 10. 18) 공주에서 鈴木 소위에 의해 일본측에 보고된 개전서의 내용은 장
　　교 200명, 병사 176,000명으로 공격하겠다는 내용이었다(《주한일본공사관기록》 1, 174쪽).

파놓고 京軍이 내려오기만 기다리고 있다는 소식에[38] 어느 정도 안심하고 있다가, 삼례역을 출발한 농민군들이 이동한 지 며칠도 안 되어 벌써 공주와의 거리 40리쯤에 도착하자 혼비백산, 구원을 요청하기에 이른 것이었다.[39]

전봉준이 10월 16일자로 논산에서 발한 격문은 일본 침략자와 조정대신을 비판하고 자신의 거사가 충군애국지심에서 나온 항일의병임을 강조하는 내용이었다.[40] 충청감사 막영의 비장 중 具完善, 洪在吉, 林基準, 玄映運 등이 농민군과 내통하고 있다는 일본군측의 첩보가 있었고,[41] 왕실측에서도 박제순에게 밀사를 보내고 있던 상황에서,[42] 전봉준의 의도는 곧 충청감영을 항일의 대의명분으로 설득하여 무혈입성을 원한 것이었을지도 모른다.

1차 봉기 때 전주성을 점거하여 정부의 폐정개혁 약속을 받아냈던 농민군은 이번에는 천하의 요새지 공주성을 점령하여 서울을 위협함으로써 소기의 목적을 달성코자 하였다. "곰곰히 생각해보니 공주감영은 산이 막히고 강이 둘러있어 地理가 形勝하기 때문에 이곳에 웅거하여 固守한다면 일병이 쉽게 공격치 못할 것이므로 공주성에 들어가 일병에게 격문을 띄워 상치코자 하였으나, 일병이 먼저 공주에 確據하였으므로 불가불 접전할 수밖에 없었다"는 전봉준의 진술은 바로 이러한 그의 의도를 잘 보여주고 있다.[43] 공주는 서울로 진격하기 위해 거쳐야만 했던 길목이라기보다는 그 자체가 2차 봉기 농민군의 목적지였다. 이는 또한 서울로 진격하여 개화정권을 전복해주기를 바라는 대원군측의 의도와는 상당히 어긋나는 것이었다.

한편 김개남의 남원부대는 전봉준이 북상한 이후 전라도 농민군의 중심지인 전주성을 수비하려고 10월 14일 드디어 남원을 출발, 전주로 향하였는데, 銃筒을 진 자가 8천 명이었고 군량미 행렬이 백 리에 걸쳤다.[44] 전라좌도 각 군의

38) 《주한일본공사관기록》 1, 159쪽. 박제순의 보고에 의해 김윤식이 일본영사관에 보낸 10월 14일자 편지 참조.
39) 위의 책, 163~164쪽. 10월 15일자 김윤식의 편지 및 16일자 편지 참조.
40) 〈宣諭榜文竝東徒上書所志謄書〉(《동학란기록》 下, 383~384쪽) 중 全琫準上書
41) 《주한일본공사관기록》 1, 161쪽
42) 鄭喬, 《大韓季年史》 上 국사편찬위원회, 93쪽에 의하면, 당시 궁중에서는 박제순과 충청도 수령들에게 밀칙을 내려 동학도와 함께 북상하여 일본병을 격파하고 신정부를 전복하라 하였으나, 개화정권이 이를 알고 오히려 밀사 체포령을 내렸다 한다.
43) 〈전봉준공초〉 初招問目
44) 《오하기문》 3필, 10쪽

巨布를 모두 취합해놓고서도 9월 하순까지 병력을 움직이지 않고 시기를 기다리던 김개남이 드디어 '率衆來會之命'을 내리고 수만의 군대로 전주성으로 향한 것은[45] 전봉준의 공주성 공격과 때를 맞춘 것이었다.[46]

3. 충청도 농민군의 참여와 공주전투

1) 북접교단의 기포령과 충청도지역의 상황

전봉준 부대가 북상하기 이전 충청도 일대에서는 이미 곳곳에 결성된 농민군 무장대가 6월경부터 활동하고 있었다. 일·청 출병과 각국 군대의 철회를 요구하며 공주지방의 동학도들이 서울로 향하겠다는 움직임을 보였고, 회덕, 진잠, 황산 일대 농민군의 소요가 있었다.[47] 7월에는 보은에 수백 명의 무장대가 둔취하여 '倡義'를 주장하였고, 공주 부근의 이인역에는 수천 명의 농민군들이 집결하기도 하였다.[48]

특히 이인역에서 聚會한 농민군들은 공주감영으로 향하려는 움직임을 보여 정부를 위협하였는데, 이에 조정에서는 鄭敬源을 양호선무사로 임명하여 이인역 동학도의 상황을 조사, 보고하라고 지시할 정도였다.[49] 정경원은 7월 15일경 부터 이 지역에 내려와 조정의 효유와 함께 북접교단과의 협조하에 각 읍 집강을 임명, 충청도 일대 동학도들을 규찰하려 하였다.[50] 그러나 8월에 들어서면 공주 부근에 집결한 농민군은 이미 만여 명을 넘어서서 公州府內 留陣을 목표

45) 〈갑오약력〉《동학란기록》上, 72쪽
46) 전봉준이 〈공초〉四次問目에서 삼례를 떠나 논산으로 향하면서 김개남에게 연달아 격문을 띄워 북상하여 후원이 되어줄 것을 요청하였으나 끝끝내 협력하지 않았으므로 마침내 끊고 상관하지 않았다고 진술한 걸 보면, 김개남의 이러한 행동은 전봉준과 상의한 것이라기보다는 독자적 상황판단에 따른 것이었다. 전봉준이 손화중과의 관계도 手下, 手上의 개념으로 말할 수 없다고 했듯이 당시 농민군 지도자들간의 관계는 상하의 명령관계가 아니라 거괴들끼리의 협조관계였다. 이후 김개남 부대는 전주에서 10월 20일경 금산으로 출발하고, 11월 11일경에는 청주성을 공격하여 전봉준 부대의 공주전투를 외곽에서 지원하였다.
47) 《주한일본공사관기록》 1, 6월 11·13·22·23일자 기록 참조
48) 〈錦藩集略〉'별계' 7월 7일
49) 《고종실록》 고종 31년 7월 9일 '有東學輩聚會 其衆甚多云'
50) 〈洪陽紀事〉 7월 20일(배항섭, 앞 논문에 제시된 자료)

로 충청감영군과 대치하는 상황에 이르렀다.[51]

그런데 이러한 충청도 농민군들의 동향은 아직은 동학교단과 상관없이 청일 개전 이후 이 지역에 일찍부터 형성된 '항일' 분위기와 전라도지방의 집강소 개혁의 영향으로 시작된 자발적인 움직임들이었다. 북접 산하 동학교도 중에서는 천안의 金化城처럼 교단의 기포령 이전에 이미 工匠을 모집하여 長銃과 火砲를 주조하면서 '率黨起包'를 준비한 경우도 있었으나,[52] 원래 최시형 등 북접 지도부의 입장은 봉기 반대였다.

최시형은 7월 이후 전봉준, 김개남 등에게 수차례 警通을 보내 兵을 풀고 귀화하도록 종용하였다.[53] 그러나 전봉준 등은 듣지 않았고, 김개남은 남원에서 최시형의 편지가 올 때마다 땅에 던지며 "崔僉知가 주제넘게 여러 일을 간섭하는구나"라고 빈정거릴 정도였다.[54]

교단에서는 8월중에도 여전히 "道人이 成規를 좇지 아니하고 각자 소란스럽게 모여 난을 일으킴을 근심한다"는 通諭文을 발표하였고,[55] 9월에 들어서는 심지어 남접을 '師門之亂敵'으로 보는 告絶文을 통해 "호남 전봉준, 호서 서장옥의 남접이 倡義를 빙자하여 평민을 침학하고 교인을 장해한다"고 비난하였다.[56]

남접 농민군들로서는 교단의 이러한 태도에 분개하여 북접교도들에게 군량과 馬料를 강징하는 등 압박을 가했던 모양이고, 이에 남·북접 동학도들간의 갈등은 남접의 銃槍머리에 북접 사람들이 모두 죽을 지경에 이를 정도였다는 기록도 있다.[57]

사태가 여기에 이르자 ≪東學史≫의 저자 吳知泳이 남·북접 화해를 위해 나섰다. 오지영은 전봉준이 삼례역에 나와 留陣하고 있을 때 金邦瑞, 劉漢弼 등과

---

51) 〈錦藩集略〉 '일록' 8월 2일, 24일 및 '별계' 8월 5일
52) 〈순무선봉진등록〉 10월 27일(≪동학란기록≫ 上, 437쪽). 김화성은 계미년쯤 보은의 최시형에게서 受道하고 목천 伏龜亭 대접주 金鏞熙, 金成之 등과 同心結義하여 자칭 三老라 하면서 각각 동·서포를 설치하고 더 널리 포교할 목적으로 돈 6천 냥을 내어 동경대전 1백 권을 발간하였다. 그 중 30권은 최시형에게 보내기도 하였는데 아들 仲七을 八道 都大正, 사위 洪致燁을 校長, 羅采益, 李善日 등은 각기 소임을 정해 기포를 준비하여 9월 그믐쯤 천안, 목천, 전의 3읍의 군기를 탈취, 세성산으로 들어갔다고 한다.
53) 〈천도교회사초고〉(1930) ≪동학사상자료집≫ 3, 아세아출판사(1979), 458~459쪽
54) ≪오하기문≫ 2필, 96~97쪽
55) 〈천도교창건사〉(1933) ≪동학사상자료집≫ 3, 153쪽
56) 〈시천교역사〉(1920) ≪동학사상자료집≫ 3, 621쪽
57) 오지영, ≪동학사≫ 南北接爭端 편

함께 보은 장내리의 최시형에게 가서 남·북접 연합문제를 논의하였다. 그 결과 북접 대도소에 모인 金演局, 孫秉熙, 孫天民, 黃河一 등은 남접을 응징하려던 '伐南旗'를 꺾어버리고 남접과의 연합을 결정하였다고 한다.[58]

최시형도 산하 두령들의 설득에 못이겨 결국 擧義를 허락하고 9월 18일에 기포령을 내렸으나, 교단측의 봉기 명분은 여전히 교도를 구하고 先師의 원한을 씻는다는 것이었다.[59] 당시 충청도의 동학교도들은 남·북접 여부에 관계없이 민보군의 학살대상이 되고 있었는데, 이러한 침탈로부터 교단을 보위하고 교도를 보호하자는 각지 두령들의 요구를 최시형은 외면할 수 없었던 것이다.

실제로 동학교도의 피해 실상은 심각한 수준이어서 교민보호라는 이유로 봉기한 米山의 동학대접주 辛在蓮의 경우, 진천 광혜원에 4~5만의 군대를 이끌고 웅거하면서

소위 호남·호서의 道儒 중 남접이라 명하는 자들은 倡義를 칭하여 도당을 모으고는 收馬收兵한다면서 平民을 침학하고 道員을 살해하였다. 그런데 그 여풍이 畿內에도 불어 新入道儒는 道의 大體를 모르고 私債를 받아내거나 남의 무덤을 파는 등 사적인 감정으로 원수를 갚으니 道가 장차 泯滅할 것이라. 이에 조칙을 받들고 師訓을 이어 행패를 금하는 방문을 각처에 기재하고 삼강오륜을 밝혀 보국안민지책을 삼으려 했다. 그런데도 진천 거주 허문숙은 민보라고 도당을 모아 인명을 살륙하고 재산을 빼앗는데 그 화를 당하는 자는 모두 도인뿐이었다. 이에 충주 등지의 道儒들이 모두 황산에 모였다. 그러나 道法에는 살륙 불가라. 堡人들을 불러 화

---

58) 위의 자료. 그런데 이러한 기록들에 대해 오지영이 남·북접 연합에서 자신의 역할을 과장한 것이라는 비판도 있다(이이화, 1989 〈오지영 동학사의 내용검토〉 ≪민족문화≫ 12). 전봉준도 〈공초〉 再招問目에서 재기포시 최시형과 의논이 없었다고 하였다. 그러나 오지영이 8월 望後에서 전봉준이 삼례역에 留陣하고 있을 때인 9월 초순 사이 북접교단에 찾아가 남·북접 연합을 이루어냈기 때문에 9월 18일 북접교단의 기포령과 함께 전봉준도 삼례역에서 각지에 본격적으로 거사 통문을 발한 것이 아닐까 생각해볼 수도 있겠다.

59) 9월 18일 북접의 봉기참여 결정에 대해 〈천도교창건사〉와 〈시천교역사〉가 공통적으로 교도보호와 선사신원을 위한 것으로 기록하면서도 〈시천교역사〉가 여전히 남접을 "斥和를 빙자한 창궐"이라 비난하고 "수만의 병력을 이끌고 공주로 향하는 전봉준을 만나거든 타일러서 그 暴擧를 그치게 하라고 했다"고 기록한 반면, 〈천도교창건사〉에서는 최시형이 손병희 등에게 "전봉준과 협력하여 師寃을 申하고 吾道의 大願을 실현하라"고 했다고 되어 있어 서로 대조된다. 그러나 이러한 모든 천도교 교단측 기록들은 일제치하에서 편찬된 까닭인지 대부분 '항일'적 색채가 없고 남접 농민군을 비난하는 태도를 취하고 있다는 점, 또 갑오 이후 한말 일제시기를 거치면서 노정된 동학교단 내의 복잡한 계파 분열이 반영되어 있다는 점을 유념할 필요가 있다.

해를 약조하였으나 허문숙당이 다시 살륙이 우심하니 피란하는 道人들이 자연히 成黨하여 각처에 都會한 것일 뿐 許黨이 없어지면 우리는 각자 귀순하겠다.[60]

라고 하고, "충청도 동학도의 피해 실상은 사실 허문숙이 士衆을 억지로 모아놓고 道人 1명 이상을 잡아오면 千金 상을 준다고 하고는 체포 즉시 참수하니 그 피해가 막심하다"[61]고 호소하였다.

이러한 허문숙당은 극단적인 민보군의 예이지만,[62] 사실 충청도 일대 농민군의 활동이 활발해지면서 反농민군의 적대감도 심화되고 있었다. 농민군들은 軍用錢 조달을 위해 도처의 부호와 양반들을 토색하였고, 양반들은 自衛를 위해 민보군을 조직, 농민군에 대항하였다. 한때 농민군에 투항했던 일부 이서층, 使卒輩들도[63] 농민군의 패색이 짙어진 이후에는 각자 다시 원래의 위치로 돌아가 농민군 토벌에 참여하였다.

공주 維鳩洞의 吳鼎善은 원래 사족으로서 용담, 금산 등 읍의 수령을 거친 사람인데, 8월중 자칭 '東徒의 핍박을 받아' 입도하여 都執과 선봉진 별군관이라는 직임까지 받았다. 그는 3월까지 용담현령으로서 錦山의 東徒 民擾를 조사하였고, 그 군의 보부상들이 珍山郡의 동학군 백여 인을 토멸한 공로로 진산군수로 승진했다가 병으로 체임되어 집에 있던 중 동학군에 入錄되었다고 하였다.[64] 그런데 농민군 토벌에 앞장섰다가 동학도로 입도하였던 그는 나중에 다시 토벌군에 협조하여 선봉진 별군관의 임무까지 띠게 되었다.[65]

온양의 박봉업은 '讀書之生'으로서 자칭 '동학배에 늑입되었다가' 背道한 경우였고,[66] 鄭濟權, 鄭錫好, 方九鉉 등은 모두 首吏로서 농민군에 들었다가 배신한 사람들이었다. 이들은 "8월중 東徒가 와서 양반과 이서를 막론하고 잡아다가 곤장

60) 〈양호우선봉일기〉 9월 25일 '충주 米山 동학대접주 辛在蓮 상소'(《동학란기록》 上, 261쪽)
61) 〈양호우선봉일기〉 9월 30일 '신재련 상서'(《동학란기록》 上, 264쪽)
62) 신재련을 동학교단 내 온건파로 보고 허문숙을 남접계 강경파로서 1893년 광화문 상소 때 강경파 疏頭였던 許延의 별명이라고 한 견해도 있으나(이이화, 1990 〈전봉준과 동학농민전쟁〉 3 《역사비평》 계간 9호, 281쪽 및 1994 〈동학농민전쟁의 역사적 의의〉 《백제문화》 23, 12쪽). 허문숙이 진짜 남접계 동학도였다면 교도 체포에 상금을 걸고, 또 체포 즉시 참수까지 하지는 않았으리라고 생각된다.
63) 〈갑오약력〉 《동학란기록》 上, 65쪽. 六月 吏胥輩 盡爲入籍于東黨 以保姓名
64) 〈양호우선봉일기〉 11월 12일(《동학란기록》 上, 312쪽)
65) 《주한일본공사관기록》 1, 199쪽
66) 〈순무선봉진등록〉 10월 23일 온양군수 첩보(《동학란기록》 上, 423쪽)

을 치고 주뢰를 틀고 혹 곡식과 돈을 가져가며 曰 爲國保民이라 하니 그 위력을 감내키 어려워 억지로 입도하였다"고 진술하였다. 殘邑으로서 동학이 아니면 동학의 화를 막기 어려워 外稱 '동학'으로 동학의 작폐를 면하려 했다가 9월중 동학배의 기세가 조금 수그러지자 모두 背道하였다는 것이다.[67] 그런데 이러한 인사들은 나중에 농민군에게 당한 이상으로 극렬하게 민보군 활동을 펼치고 있었다.

한편 청산에서 기포한 최시형은 휘하 두령들에게 군중을 인솔하고 보은 장내리의 대도소로 총집결하라는 명령을 내렸는데,[68] 여기 모인 세력은 보은의 黃河一, 姜永乘, 회인의 柳日秀, 회덕의 金福天, 충주의 成斗煥, 옥천의 朴石奎, 문의의 吳一相, 청산의 李國賓, 청주의 徐一海,[69] 영동의 孫光五, 황간의 趙景煥 등 10읍의 두령들이 각자의 근거지에서 "벌레 같은 왜적들이 경성을 범하여 君父와 宗社가 위태로우니 왜적을 치자"는 통문을 발하여 기포한 수만 명의 군사들이었다.[70] 이들은 각 읍에서 군기를 탈취하고 社倉의 환곡이나 궁방전 도조 등을 군량으로 삼아 보은 장안을 중심으로 40여 리에 걸쳐 둔취하면서 서로 연락을 취하고 있었다.[71]

여기에 이종훈, 이용구가 이끄는 경기도 농민군들도 10월 6일경 괴산을 함락시키고 나서 보은으로 합류하였다. 그밖에 보은으로 집결하지 않은 여타의 북접계 농민군들도 각자의 근거 지역에서 관아를 공격하는 등 기세를 높였는데, 특히 충청도 해안지역의 해미, 태안, 서산, 홍성, 덕산, 예산 등의 농민군들이 9월 말부터 본격적으로 활동을 시작하여 10월 초순 해미전투에서 대승을 거두기도 하였다.[72]

---

67) 〈순무선봉진등록〉 10월 26일 온양군수 첩보(《동학란기록》 上, 435~436쪽)
68) 〈천도교창건사〉 및 〈시천교역사〉(《동학사상자료집》 3, 155쪽 및 622쪽) 참조
69) 서일해(서장옥)의 2차 봉기시의 행적에 대해서는 아직 모호한 부분이 많다. 이이화는 〈양호우선봉일기〉 9월 24일(《동학란기록》 上, 260쪽)의 "유학당 서장옥 등 5~6만이 충주 용수포에 집결하여 동학당 신재련 부대와 곧 접전하려 한다"는 기록을 토대로, 서장옥이 처음에 북접을 응징하려고 군대를 일으켰다가 남·북접 연합이 성사된 이후에는 북접군을 공격하는 대신 독자적으로 청주병영 공격에 나선다고 파악하였다(이이화, 1994 《발굴 동학농민전쟁 인물열전》 한겨레신문사, 46~48쪽). 이것이 사실이라면 서장옥 부대가 보은 장내리의 대도소에 집결한 것으로 파악한 일본측의 첩보가 오류일 수도 있겠다.
70) 《주한일본공사관기록》 1, 172~173쪽
71) 이두황군이 10월 14일 농민군이 떠난 보은에 들이닥쳤을 때 보은 20리 장내에는 최시형의 처소를 비롯하여 농민군의 거처 400여 곳 수백여 호가 발견되었다 한다(〈양호우선봉일기〉 10월 14일).
72) 이이화, 〈전봉준과 동학농민전쟁〉 3, 287쪽

보은에 모였던 북접계 농민군들은 10월 초순 병력을 둘로 나누어 주력은 손병회 인솔하에 남접 농민군과 합류하기 위해 논산으로 향하고, 나머지는 최시형과 함께 일단 청산, 영동지역으로 이둔하였다.[73] 9월 말경부터 兩湖 농민군이 서로 연결한다고 떠돌던 풍문은[74] 10월 9일 호서 농민군이 논산의 전봉준 부대에 합류함으로써 현실로 나타났다. 논산에 대본영을 설치한 남·북접 연합군은 10월 20일경 논산을 출발, 드디어 본격적인 공주 공격을 시작하였다.

2) 공주전투와 농민군의 최후

남·북접 연합군이 공주성 공격에 나섰을 때 충청감영에는 이미 서울에서 내려온 경군과 일본군이 도착하여 만반의 준비를 갖추고 농민군을 맞았다. 개화정부는 전봉준 부대의 북상이 시작되기 전인 9월 초부터 경기도 안성과 죽산지역의 농민군 진압을 위해 죽산부사에 장위영 영관 이두황, 안성군수에 경리청 영관 성하영을 임명하였고,[75] 9월 21일경에는 양호순무영을 설치하여 호위부장 신정희를 도순무사로 삼았다.[76] 그리고 9월 26일에는 본격적인 농민군 토벌 전교를 내려 삼남의 농민군에 대한 진압을 시작하였다.[77]

도순무사 신정희에 의해 다시 순무영 우선봉으로 임명된 이두황은 장위영 병정을 이끌고 9월 20일 서울을 출발, 용인 - 죽산 - 음성 - 청주를 거쳐 10월 11일경 보은 장내리에 들이닥쳤으나 농민군은 이미 떠나고 없었다.[78] 10월 16일 호남 농민군이 노성, 논산에 주둔해 있으니 공주감영으로 오라는 전령을 받았으나, 목천 세성산에 농민군이 모여 있다는 청주병영의 급전에 따라 북진하여 10월 21일 세성산전투를 치른 후 공주에 도착한 것이 10월 27일경이었다.[79]

10월 2일 좌선봉으로 임명된 별군관 이규태는 교도중대와 통위영 2중대를 이끌고 10월 11일에야 서울을 출발하였다. 그는 과천 - 수원을 지나면서 일본군

---

73) 〈양호우선봉일기〉 10월 11일
74) 〈갑오실기〉 9월 28일. 兩湖巡撫營 啓曰 兩湖匪徒 互相連結 自湖西見方請援於湖南云
75) 《고종실록》 고종 31년 9월 10일
76) 〈선봉진일기〉 9월 21일
77) 《오하기문》 3필, 3쪽
78) 〈양호우선봉일기〉 9월 20일부터 10월 15일 참조
79) 〈순무선봉진등록〉 10월 25일 참조

3중대와 합류, 진위 - 성환 - 안성과 평택, 아산 - 천안 등을 거쳐 내려오다가 공주의 급보를 듣고 10월 24일 공주에 도착하였다.[80]

한편 일본은 8월 16일 평양전투 이후 청일전쟁에서의 승리가 확실시되자 이제 남쪽으로 총구를 돌려 농민군 진압에 본격적으로 뛰어들었다. 전봉준 부대가 아직 삼례를 떠나기도 전인 9월 18일 무렵부터 이미 군대를 내려보내기 시작한 일본은 전라도 일대의 농민군이 재봉기하여 북상하지 않고 그대로 집강소 체제를 유지하고 있었더라도 그곳까지 토벌에 나섰을 것이다.[81]

특히 9월 27일 새로 도임한 井上馨 공사는 곧 일본 대본영에 농민군을 완전 소탕할 1개 대대 병력을 요청하였고, 대본영에서는 후비보병 독립 제 19대대에게 농민군을 모두 살륙하라고 훈령을 내렸다.[82] 井上馨은 또한 10월 9일 외무대신 김윤식에게 "귀국 정부는 각 지방관에게 모두 우리 士官의 지휘를 따르라고 명령하십시오"라고 하여 농민군 토벌의 주도권을 가져갔으며, 그 결과 조선군 각 부대의 진퇴와 조달은 일본 군법에 따라 일본 사관의 지휘와 명령을 따르게 되었고 체포된 농민군 우두머리 및 수집된 문서도 서울의 일본공사관으로 전달되었다.[83]

이제 본격적으로 농민군 토벌에 나선 일본군의 진압전략은 농민군을 한쪽으로 몰아 몰살하는 방법이었는데, 井上馨은 "京兵은 훈련이 되어 있지 않아 토벌에 소홀할 우려가 크고 兩湖 각 읍 곳곳의 봉기당을 어찌 일일이 응적하겠는가. 양호 상하에 각기 日兵을 분파하여 한 곳에 몰아놓고 포위하여 대포로 초멸할 것"이라고 총리대신에게 밝혔다.[84]

이러한 원칙이 구체화된 後備步兵 제19대대의 운영계획을 보면, 용산에서 西路, 中路, 東路 세 길로 나누어 각각 전라, 충청, 경상도 방면으로 군대를 내려보내되, 특히 동로 분진 중대를 조금 먼저 가게 해서 농민군을 동북쪽에서 서남쪽으로 곧 전라도 방면으로 내몰아 포위공격한다는 전략이었다.

구체적으로 西路는 수원 - 천안 - 공주를 경유하여 全州府街道로 전진하되 그 진로 좌우의 은진 · 여산 · 함열 · 부안 · 만경 · 금구 · 고부 · 흥덕 지방을 수색하고

---

80) 〈순무선봉진등록〉 10월 28일
81) 〈동학당 征討를 위한 병력증강 요청〉 《주한일본공사관기록》 3, 283쪽 등 참조
82) 박종근, 앞의 책, 218쪽
83) 〈後備步兵 제19대 운영상의 訓令과 일정표〉 《주한일본공사관기록》 1, 154쪽 참조
84) 〈갑오실기〉 11월. 兩湖各邑之四處 蜂起之卒 豈可一一應敵乎 兩湖上下 各分日兵 四圍驅聚一處
    後 當試大砲而剿陷之云云

나아가 영광 - 장성을 경유하여 남원까지 정찰하게 하였고, 대대본부의 中路는 용인 - 죽산 - 청주를 경유하여 星州街道로 전진하면서 그 진로의 좌우를 정찰하되 청안·보은·청산 지방을 엄밀히 수색하라고 지시하였다. 大邱府街道를 전진할 東路는 가흥 - 충주 - 문경 - 낙동을 경유하면서 그 좌측의 원주·청풍, 우측의 음성·괴산을 수색하게 하였는데 각 중대가 농민군을 완전히 소탕하고 패잔병이나 흔적을 찾을 수 없는 정도가 되면 경상도 낙동에 집합하라고 명령하였다.[85]

그리고 각 중대가 전진할 때는 농민군이 강원도, 함경도 쪽, 즉 러시아와의 국경 쪽으로 도피하지 않도록 주의하라고 하면서, 특히 농민군이 호남에서 출진하여 공주 가까이에 이르자 동로군을 먼저 앞으로 나아가게 하여 농민군이 서로와 중로로 도망치게 하려 하였다.[86]

그 결과 서로분진대는 10월 24일, 南小四郞 소좌가 이끄는 중로분진대는 26일에야 공주에 도착하여 합세하였다. 이밖에 11월 2일에는 후원병으로 또 1중대를 인천에서 바닷길로 아산에 파견하여 홍주로 가서 여미, 해미, 예산, 신예산 등 충청도 해안지역의 농민군을 전라도 서남방향으로 구축하도록 명령하였다.

따라서 남·북접 연합군이 10월 23일경부터 공주성 공격을 개시하였을 때, 이에 맞서는 충청감영에 모인 병력은 감영군과 경군을 합친 조선관군이 약 3천 2백 명에 일본군이 2천 명 정도였다.[87]

이들과 맞서 공주성 공격에 나선 농민군측은 전봉준이 남·북접 연합군 약 4만 명을 이끌고 노성을 거쳐 공주 경천점에 도착하였고, 청산·영동 지역에서 이동해온 북접계 옥천포 농민군 수만 명은 공주대교에 둔취하였다.[88] 경천에서 전봉준은 부대를 둘로 나누어 북접계 농민군은 利仁驛 쪽으로 보내고 자신은 효포 쪽으로 진출하였다.[89]

10월 23일, 성하영이 이끄는 경리청 부대와 구완회의 순영 병력, 그리고 鈴

---

85) 《주한일본공사관기록》 1, 154~155, 162쪽 참조

86) 위의 책, 164~165쪽

87) 이이화, 앞의 글, 290쪽 및 신용하, 1994 《동학과 갑오농민전쟁연구》 일조각, 322~327쪽 참조. 신용하 교수는 〈각진장졸성책〉, 〈갑오군공록〉 등을 토대로 경군 약 2,800여 명과 각 감영의 영병 각 250~500여 명, 민보군 등이 당시 조선관군의 구성이었다고 추산하였다. 조선 주둔 일본군의 배치상황 및 지휘체계에 대해서는 박종근, 《청일전쟁과 조선》 일조각, 241쪽 참조.

88) 〈순무선봉진등록〉 10월 23일, 25일

89) 우윤, 1993 《전봉준과 갑오농민전쟁》 창작과비평사, 251쪽

木彰 휘하의 100여 명의 일본군은 이인역의 북접군을 공격하였다. 전투는 저녁 때까지 계속되어서 관군이 120여 명의 전사자를 낸 후 공주감영으로 회군하였고 농민군도 경천점으로 후퇴하였다.[90]

한편 공주 효포를 파수하던 관군이 전봉준과 옥천포군의 공주대교 회합 소문을 듣고 북상한 사이, 일단의 농민군은 24일 무인지경의 효포를 점령하였다. 성하영, 백낙완이 이끄는 관군은 다시 효포 뒷고개를 넘어와 이들을 공격하였으나 일진일퇴를 거듭하며 승부가 나지 않았다. 공주대교 쪽으로 간 홍운섭과 구상조군은 한나절을 대포를 쏘며 공격한 끝에 승리를 안고 감영으로 돌아왔다.

10월 25일, 농민군은 전봉준 지휘하에 효포에서 감영으로 넘어오는 고개인 웅치[熊峙 : 곰티]를 향해 일제히 공격을 퍼부었다. 전봉준은 장막을 드리운 가마를 타고 이들을 지휘하였고, 산야를 가득 메운 농민군들은 깃발을 휘날리며 날라리 소리와 함께 곰티를 향해 돌진하였으나 관군의 방어도 만만치 않았다.[91] 24일 저녁 금강 將旗津에 도착한 이규태군과 森尾雅一 대위가 이끄는 일본군 100여 명, 그리고 대교전투에 갔다가 온 홍운섭 부대까지 성하영군에 합세하여 천연의 요새 곰티를 방어하였으므로 농민군은 결국 70여 명의 전사자를 내고 경천점까지 후퇴할 수밖에 없었다.[92]

농민군은 일본군들이 놀랄 정도로 숫자가 많고 병사도 부릴 줄 알아서 조선 관군과 대적할 바가 아니었으나,[93] 일본군과의 전투에는 역시 열세였다. 농민군은 겨우 일본군 제2중대(1개 소대와 2개 분대)와 관군 810여 명의 방어선을 뚫지 못했던 것이다.[94]

농민군이 일단 노성과 논산 草浦 등지로 물러나자,[95] 관군은 급보가 온 해미를 구하러 이두황 부대를 파견하였고, 이규태 부대는 신창, 예산 방면으로 향하였다. 10월 25일 안면도에서 일본배에 대한 공격이 있었는데, 정산, 예산, 덕산, 온양, 대흥, 홍주, 결성, 당진, 면천, 해미, 서산, 태안 등 충청도 해안지역의 농민군 활동이 치열해졌기 때문이었다.[96]

---

90) 〈양호우선봉일기〉 및 〈公山剿匪記〉 '利仁之役' 참조
91) 〈갑오실기〉 《동학란기록》 上, 44쪽
92) 〈순무영등록〉 《동학란기록》 上, 442~444쪽 및 〈선봉진일기〉 11월 3일
93) 《주한일본공사관기록》 1, 203쪽. 11월 1일 김윤식의 편지 참조
94) 위의 책, 209쪽
95) 〈순무선봉진등록〉 11월 2일

160

10월 25일 무렵부터 홍주목사 이승우가 힘써 수비하는 홍주성을 공격하기 시작한 이 지역 농민군들은 10월 26일 예산, 대흥, 홍주의 관군과 전투하였고, 10월 27, 28일에는 덕산, 홍주를 공격하다가 赤松國封 소위가 지휘하는 일본군의 반격으로 패배, 해미로 향하였다. 11월 6일에는 이두황군에게 해미전투에서 패배하고 당진, 면천, 서산, 태안 등지로 흩어졌으며, 이들이 다시 우금치의 농민군과 합류하려고 공주지역으로 진출하려는 것을 일본군과 이두황군이 그 길을 차단하였다.[97]

한편 같은 시기 청주지방에서는 10월 21일의 목천 세성산전투에서 이두황군에게 패한 잔여세력이 다시 청주성을 공격하다가 청주병영군과 일본군의 추격을 받고 있었다. 10월 24일 청주에 도착한 일본군 본부와 제3중대 및 교도중대는 25일 이른 아침부터 연기와 문의 방면으로 정찰대를 보내어 농민군 잔당을 정탐하고는 10월 26일 오전 청주를 떠나 문의를 향해 출발하였다. 細橋市에서 농민군 1만 2, 3천을 만난 일본군은 이들을 회덕과 주안 방면으로 패퇴시켰고, 10월 29일에는 주안에서 1만 이상의 농민군이 크고작은 깃발을 세우고 북진하는 것을 만나 전투하다가 문의로 철수하였다.[98]

다시 11월에 들어 병력을 점고한 전봉준은 8일 공주를 향해 대군을 출발시켰다. 오후 2시쯤 농민군 수만 명은 경천점과 노성 쪽으로부터 맹렬한 포성과 함께 板峙로 돌격하였다. 또 다른 1대는 이인으로 진격하여 성하영 부대를 우금치까지 몰아붙였다.[99] 이들은 한밤중까지 횃불을 들고서 경리청군을 공격하여 최초의 승리를 장식하였다.[100] 갑작스런 농민군의 공격에 놀란 관군은 우금치, 금학동, 곰티, 효포 봉수대로 이어지는 전선을 최후의 방어선으로 잡았고, 森尾雅一 대위가 이끄는 일본군도 우금치에 파견되었다.[101]

다음날 아침 날이 밝자, 드디어 2차 봉기 최대의 격전인 우금치전투가 벌어졌다. 농민군은 각 진이 서로 보이는 곳에 깃발들을 두루 꽂아놓고 동쪽 판치 후봉으로부터 서쪽 봉황산 후록에 이르기까지 30, 40리에 걸쳐 산 위에 진을

96) 〈양호우선봉일기〉 10월 29일
97) 이상 역사문제연구소 편, 《동학농민전쟁 역사기행》 여강출판사, 83~91쪽 참조
98) 《주한일본공사관기록》 1, 209~213쪽
99) 〈선봉진일기〉 11월 16일 '原報狀'
100) 이이화, 앞의 글, 307쪽
101) 우윤, 《전봉준과 갑오농민전쟁》, 257쪽

쳐서 마치 사람으로 병풍을 친 듯 기세가 당당하였다. 또 금학동, 곰티, 효포 월봉 주변에도 10리쯤 떨어진 高峰에 진을 치고서 때로 고함을 치거나 포를 쏘면서 방금이라도 공격을 개시할 형세였다. 물론 농민군의 주 공격로는 우금치였으나 그밖의 지역에서도 동에 번쩍, 서에 번쩍 좌우를 어지럽힘으로써 관군을 교란시키려는 전술이었다.

오전 10시, 이인 가도와 우금치산 사이 약 10리 걸친 곳에서 농민군 1만여 명의 맹렬한 공격이 시작되었다. 동시에 三花山의 1만 명도 梧室 뒷산을 향해 전진하였는데, 농민군은 교묘하게 지형지물을 이용하여 우금치산 꼭대기로부터 약 150미터 되는 산허리까지 진격하였다. 그러나 관군·일본군 연합군은 총, 포를 쏘아대면서 농민군의 접근을 막았다.[102]

이렇게 우금치 고개를 오르다가 밀리기를 수십 차례, 농민군의 시체는 쌓이는데 고개는 뚫릴 줄을 몰랐다. 조·일 연합군의 막강한 화력은 오후 늦게까지도 여전하였고, 결국 패주하는 농민군을 좇아 남쪽 10여 리까지 추격하기에 이르렀다. 곰나루에서 웅진동을 거쳐 봉황산으로 오르거나, 이인의 검상마을에서 주봉의 새재를 통해 감영을 습격하려 했던 농민군들도 모두 관군의 방어선을 뚫지 못하고 엄청난 희생자만 낳고 말았다.[103]

11월 11일 곰티를 지키고 있던 관군은 농민군으로 위장한 채 농민군진에 접근하여 총, 포를 쏘아대니 농민군은 대포와 화약을 버린 채 각 봉우리에서 후퇴하고 말았다. 이 전투를 끝으로 12일을 전후하여 농민군은 모두 우금치 부근에서 물러났다.[104] 총 4일여에 걸친 우금치전투에서 농민군은 절반 이상이 죽어갈 정도로 치열하게 싸웠으나,[105] 결과는 훗날 무관학교 시험의 試題가 될 정도로 방어군의 善戰이었다.[106]

결국 노성 부근으로 물러난 전봉준은 11월 12일[107] 조선 京軍과 營兵에게 항

---

102) 이상 〈선봉진일기〉 11월 16일 '原報狀' 참조
103) 《동학농민전쟁 역사기행》, 79쪽
104) 〈公山剿匪記〉 '牛金峙之師' 참조
105) 전봉준은 〈공초〉 初招問目에서 2차 접전 후 1만여 명의 군병을 점고하니 남은 자는 3천여 명을 넘지 않았으며 다시 접전한 후 병사는 5백여 명에 불과하였다고 진술하였다.
106) 광무 2년과 4년 무관학교 試取에 試官 申箕善은 이규태 부대가 전봉준을 격파한 것으로써 시취하였다(〈선봉진일기〉 11월 16일).
107) 정창렬은 10월 12일의 오류라고 지적하고 그 근거로는 이 격문에 대전 한밭전투에 대해서만 언급이 있고 우금치전투를 언급하고 있지 않다는 것을 들었다(《갑오농민전쟁연구》 연세대

일연합전선을 제의하는 격문을 띄웠다.[108] 자신들의 기포는 왜적을 소멸하고 개화를 제어하자는 것이지 조선인끼리 서로 싸우자는 것이 아니라고 하면서 일본세력과 친일 개화당에 대한 응징에 관군도 함께 할 것을 간곡히 호소하였다.[109]

이처럼 농민군이 노성에 머무르면서 다시 공주를 공격할 기세를 보이자, 관군측에서는 11월 14일 森尾雅一 대위 지휘하에 일본군 1소대, 장위영병 1대대, 통위영병 200명을 노성으로 전진시켰다. 농민군은 2,500명 정도만 노성 봉화산 정상을 방어하고 있고 나머지는 논산으로 퇴각하였는데, 15일 오후 2시 관군이 도착하자 논산 남쪽 고지에서 3천여 명이 포격을 가하였다. 그러나 이들도 일본군과 관군의 공격을 받고 논산 봉화대로 퇴각하다가 오후 4시경에는 전주 방향으로 물러나고 말았다.[110]

한편 우금치전투가 한창일 때 김개남도 드디어 금산 쪽에서 진잠을 공격하면서 11월 11일부터 청주성 공격에 나섰다. 신탄과 문의 방향으로부터 수십만이 청주로 행진하여 11월 13일 맹렬한 사격을 개시하였는데, 청주성은 함락시키지 못하고 오히려 일본군의 반격을 받아 신탄진을 건너 공주 방향으로 퇴각하였다.[111] 그들은 진잠, 연산 쪽으로 후퇴하다가 공주전투에서 패하고 내려오던 전봉준 부대와 강경에서 만났다. 양 부대는 연합전선을 형성하여 관군과 싸웠으나 다시 패배하였고 이후 두 부대는 각기 흩어져, 김개남은 12월 1일 태인 種松里에서 沁營兵에게 붙잡히게 되었다.[112]

최시형이 이끄는 교단 지도부와 5~6만의 북접군은 11월 5일 청산 石城里에서 일본군, 교도병과 전투를 벌였으나 40여 명의 전사자만 내었고,[113] 금산, 진산, 고산, 용담 등으로 후퇴하였다. 11월 12일경에는 다시 2만여 군사를 모아

사학과 박사학위논문, 252쪽 주 52). 그러나 우금치전은 현재 진행중인 전투이기 때문에 언급하지 않았을 수도 있고, 또 일본군과 연합작전을 펴고 있는 관군에게 항일연전을 제기하고 있다는 점에서 역시 일본군이 주력으로 참여한 우금치전 이후에 보낸 것이라고 보는 것이 타당하다고 생각된다.

108) 〈宣諭榜文竝東徒上書所志謄書〉중 '고시경군여영병이교시민'(《동학란기록》 下, 379쪽)

109) '示京軍營兵'(〈선봉진정보첩〉11월 12일 《동학란기록》 下, 185~186쪽)에 나타난 봉기 목적도 '斥倭斥華' 혹은 '斥邪遠倭'였다. 여기서 '華'는 이이화가 밝힌 대로 '和'의 오류라고 생각된다.

110) 《주한일본공사관기록》 1, 253쪽

111) 위의 책, 249쪽

112) 《오하기문》 3필, 11월

113) 〈순무선봉진등록〉 11월 5일

황간과 영동을 경유, 전라도 전주로 가서 전봉준과 합세할 목적이었으나[114] 여의치 않자 순창에서 재집결하여 임실, 장수를 거쳐 다시 북상하였다. 그러나 무주 - 영동 용산 - 청주 화양동 - 홍주 外西村을 거쳐 충주 무극시에서 관병과 접전한 이후에는 모두 사산하여 강원도 방면으로 도망치고 말았다.[115]

전봉준은 잔여세력을 이끌고 여산, 삼례를 거쳐 전주로 들어갔으며,[116] 뒤따라 내려온 관군과 11월 25일 원평전투, 11월 27일 태인전투를 치렀으나, 전주를 중심으로 집결한 일본군·관군 연합군을 물리치지 못하였다. 11월 28일 금구에서 부대를 해산한 전봉준은 12월 2일 土人 韓信賢 등에 의해 순창 피로리에서 체포되었다.[117]

이후 패배한 농민군 잔여세력은 모두 광주의 손화중진으로 합류하였다. 그러나 선봉장 이규태를 비롯한 관군이 등장하자 광주 등지의 농민군은 바람에 날리듯 흩어지고 말았다.[118] 영광 社倉, 광주 鵝山, 장성 黃龍에 모인 농민군이 몇만 명이었으나, 11월 21일 일본선이 법성포에 상륙하니 황룡의 농민군도 일시에 흩어져 버렸다. 손화중은 수만 명의 농민군을 인솔, 德山에 留陣하였다가 도망하여 고창에서 체포되었고, 최경선도 12월 2일 체포되고 말았다.[119]

이렇게 하여 9월에 재기포한 농민군의 3개월여에 걸친 2차 봉기가 끝이 났다. 4만여 명이 넘는 남·북접 연합군이 기껏 5천여의 관군·일본군 연합부대를 이겨내지 못한 원인은 여러가지로 꼽을 수가 있겠지만, 우선은 전봉준이 북상해서 공주성을 공격하기까지의 기간이 너무 길어서 관군·일본군이 모두 모여 전열을 갖출 시간을 주었다는 점이다. 1차 봉기 때처럼 이리저리 관군을 유인하는 비정규전이 아니고 천하의 요새지인 공주성을 정면 돌파하는 전략이었다면 가능한 한 방어진이 갖추어지기 전에 기습공격을 감행했어야 했는데, 그 시기를 놓쳤다는 것이다.

---

114) 《주한일본공사관기록》 1, 218~219쪽
115) 〈천도교창건사〉 《동학사상자료집》 3, 155~157쪽
116) 《봉남일기》 11월 22일
117) 〈선봉진일기〉 12월 7일(《동학란기록》 上, 253쪽)에 의하면 전봉준이 김개남을 만나기 위해 순창에 갔다는 것이고, 《봉남일기》 11월 30일조에 의하면 국외로 망명하고자 金岩산성에 들어갔다는 소문이 있었다.
118) 《봉남일기》 11월 20일에 의하면 최경선, 손화중은 담양 동학군 李膵의 후속부대가 되어 장성에서 멀지 않은 곳에 진을 치고 있었다.
119) 《봉남일기》 11월 27일

또한 관군만이 아니라 막강한 근대적 무기를 갖춘 일본군이 진압군의 주력으로 참여한 것에 비하면 객관적 전투력의 열세도 분명하였다.[120] 물론 농민군 쪽에도 탈취한 관군의 무기이기는 하지만 야포까지 있었고 화약제조소도 있었다.[121] 그러나 역시 비정규군인 농민군이 조직된 일본군만큼 화기를 잘 다룰 수는 없었을 것이다.

농민군의 이러한 약점은 多衆의 숫자로써 보완할 수밖에 없는 문제였으므로, 농민군측에서는 사람 수가 많고적음으로써 승패를 점치면서 아무리 일본인이 강하더라도 동학당 5만 명에게는 이길 수 없다는 생각으로 일본군 1명에 동학당 100명꼴의 예산으로 전투하였으나, 그 다수는 전혀 훈련받지 못한 일반 농민들이었다는 점에서 역시 한계가 있었다.[122]

그나마 각지의 농민군 무장대가 모두 우금치로 모여 총공격을 시도했다면 또 모르지만, 공주전투가 한창일 때도 충청도 해안지역 농민군들은 일본군과 관군에게 길이 막혀 결국 합류하지 못하였다. 청주 부근의 세력과 남쪽에서 올라온 김개남 부대가 바로 공주로 합류하지 않은 것도 아쉬운 점이었다.

그러나 사실은 애초부터 근대적 무기로 무장한, 조직화된 정규군과 농민군 무장대가 전면전으로 맞서 이길 가능성은 희박하였으며, 또 전투에서의 승리여부만을 가지고 농민전쟁의 의의를 평가하는 것도 아닐 것이다. 더 큰 의의는 항

---

120) 그런데 지금까지의 연구에서 농민군의 전투력이 일본군에 비해 절대적으로 열세인 이유로 주로 무기의 저열함을 꼽아왔는데(박맹수, 1994 〈동학농민전쟁과 공주전투〉 《백제문화》 23, 65쪽 등), "일본의 총과 대포가 비록 편리하기는 하나 탄환이 날아가는 거리는 50보 미만이며 발사 회수도 3, 4차에 불과하고 손에 열기가 생기면 더 쏠 수가 없게 되는 반면, 우리의 조총은 한번 발사해서 100여 보를 날아가며 끊임없이 연발로 날아간다"는 기록도 있다(〈湖西忠義 서상 철의 격문〉 《주한일본공사관기록》 1, 125쪽).

121) 《주한일본공사관기록》 1, 255쪽. 12월 13일 일본군이 율곡읍 부근에서 고산현으로부터 오는 지방민을 잡아 심문했더니, 고산현에는 동학군의 화약제조소가 있어 사방에 초병을 세워놓고 34명이 화약을 제조하고 있다고 진술하였다.

122) 《주한일본공사관기록》 1, 216쪽. 일본군의 파악에 의하면, 당시 농민군이란 일본군이 촌락을 비우기만 하면 양민으로 있던 사람들이 無常히 변심하여 된 사람들로서, 연도의 농민들은 일본군이 촌락에 들어가기만 하면 부근 산으로 도피하여 이들이 양민인지 동학당인지 구별하기 힘들다고 하였다. 이들은 처음부터 3만, 5만의 집단으로 군대처럼 존재하는 것이 아니라, 각 수령들이 각처에 산재하면서 얼마간의 동지를 이끌고 통행할 때 연도의 농민들이 모두 부화뇌동해서 큰 세력을 이룬 것에 불과하므로, 한번 습격을 받으면 마치 폭풍이 지나간 것처럼 흔적도 없이 사라져버린다고도 하였다.

쟁에 참여한 농민들이 스스로 얻은 '자각'과 '경험'이었으며, 이로써 봉건의 시대는 가고 누구나 자기 인격의 주체로 살아가는 새 시대의 여명이 시작되는 것이었다.

따라서 전봉준이 이끄는 주력군에 참여하지 않고 강원도, 황해도, 경상도, 전라도 남부지역에서 활동한 농민들도 각자의 근거지역에서 자체적으로 적극적인 반봉건, 반일투쟁을 수행함으로써 2차 봉기의 전국적 의의를 달성하고 있었다는 점을 오히려 주목할 필요가 있을 것이다.

4. 맺음말

농민군 재봉기의 근본적인 목표는 더 철저한 폐정개혁이었지만 거사의 대의명분은 '항일'이었다. '항일'이라는 명분은 1차 봉기 때 전라도 일원에 국한되었던 거사지역을 전국으로 확대시켰다. 따라서 2차 봉기 기간에는 전국적으로 광범한 지역에서 크고작은 전투가 다양하게 일어났고, 각지에서 나름대로 관군, 일본군, 민보군 등을 상대로 전투를 치른 농민군 무장대의 숫자는 헤아릴 수 없이 많았다. 전봉준도 2차 봉기의 참여세력을 "전라일도 인민의 都聚만이 아니라 각 도 인민이 稍多했다"라고 하였다.[123]

그러면 이들은 과연 전봉준이 표방한 항일연합전선에 호응하여 참여한 다양한 사회계층들이었는가. 당시 보수유림층에서는 일본의 침략이 오히려 부차적이고 농민군의 기존질서 파괴가 더 근본적인 문제라고 느꼈으며, 농민군과의 연합보다는 일본군 혹은 개화파 정권과 결속하여 농민군 진압에 나서고 있는 실정이었다.[124]

이미 농민군과 反농민군 세력의 계급적 대치는 화해할 수 없는 단계에 이르렀고, 연합전선을 제기한 전봉준의 항일의식이 절박한 '國權意識'이라면 당시 민보군에 가담한 유생, 양반 관료층의 항일의식은 봉건적 '斥邪意識'이었다는 점에서도 도저히 연합은 이루어질 수 없었다.

---

123) 〈전봉준공초〉 初招問目
124) 농민군 패배 이후 양반유림층의 보수반동화 경향에 대해서는 홍성찬, 앞 논문 및 신영우, 1986 〈1894년 영남 예천의 농민군과 보수집강소〉《동방학지》 44 참조.

따라서 2차 봉기의 참여세력이 反日의 全사회계층으로 확대된 것은 아니었다. 2차 봉기의 주력군은 여전히 하층 빈농을 중심으로 한 농민군 무장대였고, 1차 봉기 때와 차이는 북접 산하 농민군이 대거 참여했다는 점일 뿐이었다.

한편 봉기에 참여한 농민군의 항일의식의 실체는 곧 자신들의 반봉건 개혁을 방해하는 일본에 대한 적대감이었다. 1차 봉기 이후 집강소를 거치면서 점점 더 치열해진 반봉건 투쟁의 불길은 더 근본적인 변혁을 요구하게 되었고, 그것은 개화파의 미온적인 개혁으로는 도저히 충당될 수 없는 그 무엇이었다. 그들이 궁극적으로 지향하는 혁명적 해결의 내용이 무엇이었던가에 대해서는 앞으로 더 논의가 되어야겠지만, 이미 자체적인 집강소 개혁을 경험한 영세 빈농층과 해방된 노비, 천민층들의 요구는 이제 1차 봉기 때와는 단계를 달리하는 것이었다.

물론 농민층 특유의 정치의식의 후진성 때문에 여전히 자신들만의 권력체제에 대한 구상은 보이지 않고 있으나,[125] 다만 한 사람의 세력가가 아니라 몇 명의 명사가 合意法으로 정치를 담당하게 할 생각이었다는 전봉준의 고백이 있었다.[126]

이러한 전봉준의 구상이 과연 개화파에 대한 기대였는지는 알 수 없으나,[127] 박영효, 서광범 등 급진개화파를 격렬히 성토했다는 전봉준으로서는 개화파보다는 차라리 대원군 정도의 성향을 가진 인물들과의 합작을 고려한 것이 아니었을까 생각된다.[128] 요컨대 농민군의 정치의식은 개화파와 대원군의 중간 정도에 위치한 것으로서, 농민전쟁에 대한 역사적 평가는 의식의 근대성보다는 구체제에 대한 격렬한 파괴의 공로 때문에 주어진다고 생각된다.

---

125) 봉건사회 해체기 소농민의 지향은 절대주의 권력의 수립이라는 것이 일반적인 이론이다. 조경달은 전봉준이 '忠君愛國'의 논리로 2차 농민전쟁까지를 이끌었으며, 그가 이상으로 한 사회는 '一君萬民'의 유교사회 즉 빈부를 함께 하고 소수인이 부를 오로지 가로채는 것을 용납 하지 않는 사회로서 '堯舜之化, 文景之治'의 고대사회로의 유구한 회귀였다고 평가하였다[〈1894년 농민전쟁에 있어서 동학지도자의 역할〉≪역사연구≫ 2 역사학연구소(1993), 80~81쪽].

126) 〈전봉준 회견기 및 취조기록〉 ≪사회와 사상≫ 창간호

127) 농민군은 처음 군국기무처에 의한 갑오개혁이 시작되었을 때 일반적으로 그것을 환영하였다 하고, 전봉준도 9월 초까지는 개화파와의 연합과 동맹 가능성에 대한 기대로 재봉기에 대해 신중했다는 주장도 있다(정창렬, ≪갑오농민전쟁연구≫, 242~251쪽).

128) ≪오하기문≫ 을미 3월조의 "전봉준이 형벌에 임하여 크게 박영효, 서광범 역적을 욕하고 죽었다"는 기록 참조

농민전쟁 이후 농민운동조직의 동향

이 영 호
인하대 교수

1. 머리말

　농민전쟁이 종결된 이후 개화파 정부, 농민군, 보수유생층의 삼자 사이에는 심각한 갈등이 나타났다. 농민전쟁을 진압한 정부는 作統制를 시행함으로써 물리적으로 농민군을 색출하여 재조직화를 막고자 하였고, 鄕約을 실시함으로써 농민을 교화하여 체제에 복종하는 인간으로 만들려 하였으며, 나아가 농민전쟁의 원인이 되었던 사회경제적 모순을 개혁하기 위한 조치를 취하였다. 그러나 고향을 떠나거나 숨어 지낼 수밖에 없었던 농민들은 일본의 지원에 의해 추진된 갑오개혁이나 일본에의 예속화가 가중되는 현실을 받아들일 수 없었다. 또한 농촌사회에서는 농민전쟁 과정에서 보수유생층을 핍박한 농민군이 보복을 당하기도 하였다. 그리고 개화파 정부의 근대화정책은 보수유생층의 입지를 무너뜨리는 것이었기 때문에 보수유생층의 개화파 정부에 대한 불신도 증가하였다.

이 글에서는 이러한 상황 속에서 농민전쟁에서 패배한 농민군이 어떠한 움직임을 보이고 있었는지 검토하고자 한다. 일상적 생산활동으로 돌아간 대다수 농민들이 아니라 사회변혁에 관심을 가지고 조직활동을 전개한 농민들의 흐름을 주로 검토하고자 한다. 이를 통하여 농민전쟁의 의의를 농민전쟁 이후로까지 확대해볼 수 있을 것으로 생각된다. 먼저 농민군이 패배한 뒤 보수유생층과의 대립관계를 비롯하여 농촌사회에서 겪게 되는 여러가지 갈등의 양상을 살펴봄으로써 농촌사회의 분위기를 엿보기로 한다. 그리고 그러한 탄압 분위기 속에서도 변혁이념을 간직한 많은 농민들이 재기를 위한 농민조직을 결성하고 활동하는 양상을 추적해보기로 한다.

농민전쟁 이후 농민군 동향에 대한 연구는 농민전쟁 자체의 연구에 비하여 보면 풍부한 편은 아니지만, 최근 농민전쟁 이후 농민운동의 양상에 대한 연구가 상당히 진척되고 있다.[1] 이 글에서는 기왕의 연구성과를 수렴하면서 다음과 같은 문제의식을 가지고 이 문제를 다루어보고자 한다.

첫째, 농민전쟁 이후의 농민층 동향 가운데서 특히 농민전쟁의 이념을 계승하여 사회변혁운동을 꾀한 농민조직의 존재를 확인하고 그 흐름을 추적하고자 한다. 그 대표적인 것이 東學黨과 英學黨이 될 것이다. 이것은 기왕의 연구에서

---

1) 농민전쟁 이후 농민군 동향과 관련하여서는 다음의 글들을 참고할 수 있다. 이강오, 1979 〈구한말 남학의 발생과 그 성격에 대하여〉《전라문화연구》 1 ; 정창렬, 1982 〈한말 변혁운동의 정치·경제적 성격〉《한국민족주의론》 1 창작과비평사 ; 김도형, 1983 〈대한제국의 개혁사업과 농민층 동향〉《한국사연구》 41 ; 박찬승, 1984 〈활빈당의 활동과 그 성격〉《한국학보》 35 ; 권영배, 1984 〈1896~1906 무장농민집단의 활동과 성격〉《역사교육논집》 6 경북대 ; 김용섭, 1985 〈황현(1855~1910)의 농민전쟁 수습책〉《역사와 인간의 대응》, 한울 ; 조동걸, 1986 〈의병운동의 한국민족주의상의 위치 (上)〉《한국민족운동사연구》 1 지식산업사 ; 조성윤, 1986 〈1898년 제주도 민란의 구조와 성격-남학당의 활동과 관련하여〉《한국사회사연구회논문집》 4 ; 이만열, 1987 〈한말 러시아 정교의 전파와 그 敎弊문제〉《숙명여대논문집》 26 ; 오세창, 1988 〈영학당연구〉《溪村閔丙河교수정년기념사학논총》 ; 이영호, 1990 〈갑오농민전쟁 이후 동학농민의 동향과 민족운동〉《역사와 현실》 3 역사비평사 ; 이영호, 〈대한제국시기 영학당운동의 성격〉《한국민족운동사연구》 5 ; 신영우, 1992 〈갑오농민전쟁 이후 영남 북서부 양반지배층의 농민통제책〉《충북사학》 5 충북대 ; 이윤상, 1992 〈대한제국기 농민운동의 성격〉《1894년 농민전쟁 연구 2》 역사비평사

도 언급되었지만 여기서는 기왕의 연구에서 확인되지 않은 부분을 보완하고자
한다. 특히 농민전쟁 이후의 동학당이나 영학당이 농민전쟁 당시의 농민군과
구체적으로 어떠한 인적인 맥락을 보이고 있는지를 확인해보고자 한다.

둘째, 사회변혁을 위한 농민군 잔당 조직은 동학당과 영학당이 대표적이지만
농민들은 그 이외의 다양한 조직에도 가담하고 있었다. 그것을 1895~1896년
보수유생층 중심으로 일어난 義兵運動에 대하여 농민군 잔당이 어떠한 입장을
취하고 있었는가, 그리고 종교적 성격을 강하게 띠는 南學黨과 西學黨에 농민
군 잔당이 어떠한 방식으로 가담하고 있었는지를 확인함으로써 해명해보고자
한다.

셋째, 다양한 농민조직 사이의 연계성을 확인하고자 한다. 당시 조직의 성격
이 반외세 비밀결사의 양상으로 나타나고 있었기 때문에 조직적 연계성은 확인
하기 매우 어려운 것으로 생각된다. 따라서 우선 개인적 차원의 연계성을 확인
해보고 이를 통하여 농민군 잔당의 변혁의지가 지속되고 있었음을 파악해보고
자 한다.

마지막으로 이 글에서는 농민전쟁의 주 무대였던 전라도와 충청도지방을 중
심으로 하여 검토하려 한다. 농민군 잔당의 활동도 다른 지역보다는 이들 지역
에서 활발하게 전개되었기 때문이다. 그리고 시기적으로는 농민전쟁 이후 1904
년경까지를 대상으로 한다.

2. 농민군의 패배와 농촌사회의 동요

농민군의 제2차 봉기는 일본군과 정부군의 압도적인 무력 앞에 무너졌다. 전
봉준의 농민군 주력부대는 공주의 충청감영 공격에 총력을 기울였으나 패배하
였다. 패배한 농민군은 사방으로 흩어지면서 이후 각 지역에서 일본군 및 정부
군에 의하여 처절한 진압을 당하였다.

주력부대의 패배 이후 정부군은 흩어진 농민군 패잔병을 색출하였다. 정부군
은 각 면리와 촌락 및 연해 각 곳, 궁벽한 섬이나 항구 또는 驛鎭山城 등지를 일
일이 수색하여 농민군 지도자를 비롯, 일반 농민군이나 脅從者들을 체포하고자
하였다.[2] 그리하여 전라도 각지의 농민군은 政府軍을 비롯하여 民堡軍, 守城軍

에 의하여 체포 학살되었다. 정부의 입장은 농민군 지도자들은 체포 처단하고 일반 농민군이나 귀화한 자들은 安業하도록 하는 것이었지만,[3] 진압 현장에서 벌어진 양상은 참혹하였다. 특히 광양의 경우에는 수렵하듯이 산림을 태우고 굴속을 뒤져 농민군을 살해하였다.[4]

농민군 진압이 어느 정도 완료되자 정부에서는 1894년 음력 12월 27일 농민군을 진압하기 위해 설치한 巡撫營을 폐지하고 부대를 軍務衙門으로 복귀시켰다.[5] 또한 각 지역에서 정부군 안내역을 담당하였던 參謀官・參謀士・召募士・召募官・別軍官 등의 순무영 임시직을 모두 폐지하도록 하고, 각지의 義兵・褓負商 부대도 해산하도록 함과 동시에 농민군 잔여세력은 각 지방관이 소탕하도록 조치하였다.[6] 일본군과 정부군은 1895년 1월 25일 호남에서 모두 철수하였고,[7] 정부에서는 1895년 3월 삼남 선무사, 초토사 등을 없애고, 京營에서 출정한 부대를 소환하여[8] 농민군 진압을 위한 군사작전을 완료하였다.

농민전쟁의 진압에 성공한 정부는 다시는 그러한 봉기가 일어나지 않도록 농촌사회를 단속하고자 하였다. 촌락에 숨어 지내는 接主・接師・敎長・統領 등 농민전쟁 주도층만을 체포하려 해도 그 수가 수천 명이나 되었기 때문에,[9] 봉기의 싹을 자를 수 있는 근본적인 대책을 세우지 않을 수 없었다. 당시의 정부 관료들이나 농촌의 유생들은 그 대책으로서 전통적인 作統制와 鄕約의 시행을

---

2) 〈巡撫先鋒陣膽錄〉 1894년 12월 12일 ≪東學亂記錄≫(국사편찬위원회 간행본) 上, 633~634쪽

3) 〈巡撫使各陣傳令〉 1894년 12월 9일 傳令 左先鋒李圭泰 ≪동학란기록≫ 하, 90~91쪽 ; 〈순무선봉진등록〉 1895년 1월 순무영전령 ≪동학란기록≫ 상, 662~663쪽 ; 〈순무선봉진등록〉 1895년 1월 21일 ≪동학란기록≫ 상, 687~688쪽

4) 黃玹, ≪梧下記聞≫ 3筆, 1894년 12월, 61~62쪽

5) 〈甲午實記〉 ≪동학란기록≫ 상, 57쪽 ; ≪日省錄≫(서울대학교 영인본) 고종편 31권, 1894년 12월 27일, 422쪽

6) 〈先鋒陣各邑了發關及甘結〉 1895년 1월 16일 發關湖南各邑 ≪동학란기록≫ 하, 339쪽 ; 〈순무선봉진등록〉 1895년 1월 21일 勅書 ≪동학란기록≫ 상, 688~689쪽

7) ≪札移電存案≫ 1895년 1월 25일. 이에 앞서 전라감사 李道宰는 일본군과 정부군의 철수에 대하여 "현재 匪魁 몇 사람이 체포되었지만 숨어서 틈을 엿보는 수만 명이 있어서 민심의 향배가 정하여지지 못하였는데 지금 철병하면 화가 곧 미칠 것임은 불을 보듯 분명하다. 다시 서너 달 주둔하여 인심이 조금 안정되고 지방관이 立脚하는 것을 기다려 점차 철병하는 것이 좋겠다"고 요청하여(≪札移電存案≫ 1895년 1월 11일), 철병 뒤의 사태에 우려를 표명하였다.

8) 황현, ≪梅泉野錄≫(국사편찬위원회 간행본) 권 2, 1895년 3월, 173쪽

9) ≪오하기문≫ 3필, 1895년 1월, 73~74쪽

생각하였다.[10] 농민전쟁의 재발을 막기 위해서는 지방사회의 질서를 재확립하여 동학을 비롯한 외부의 침투에 동요되지 않도록 하여야 했고, 그에 적합한 조직과 교화체계가 바로 조선시대부터 시행하여온 작통제와 향약으로 인식되었던 것이다. 또한 정부에서는 농민전쟁의 원인이었던 사회경제적 모순을 해결하기 위한 제도개혁에도 착수하여 농촌사회의 안정을 꾀하였다.

그러나 정부의 정책은 농민전쟁의 원인을 해결하는 데 있었던 것이 아니라 농민층의 동요를 물리적으로 막는 데 집중되어 있었다. 더구나 정부정책이 일본에 의존하여 추진되었기 때문에 반외세의 지향을 지닌 농민층에게 수용될 수 없었다. 개화파 정부가 붕괴되고 대한제국 정부가 성립된 이후에도 농민군이 지향한 반봉건·반외세의 이념은 국가정책을 통하여 실현되지 못하였다. 그러한 상황은 농민들의 변혁의지를 충동시키는 객관적 요인이 되었다.

한편 패배한 농민들은 살길을 찾아 귀화하거나, 동학을 배반하고 동지를 팔거나 숨어지내는 수밖에 없었다. 관군에 대항하거나 재봉기를 꾀할 수 있는 상황은 아니었다. 한편 농촌사회의 보수유생층은 농민전쟁 과정에서 입은 피해에 대한 복수를 자행하였고, 그 과정에서 농민들은 수많은 살륙과 재산약탈을 당하고, 무고에 의한 피해를 입고, 그리하여 삶의 터전을 상실하였다. 당시 그러한 사정을 몇 가지 예를 통하여 살펴보기로 한다.

농민군 지도자나 그 가족은 가산을 빼앗기고 가족이 체포되는 피해를 입었다. 김개남의 부하간부인 태인의 金文行은 가산을 빼앗기고 집이 방화되고 모친과 첩이 체포되었다.[11] 북접교단의 간부인 부안의 金洛喆(金汝仲)은 본인은 물론 친족들이 체포되는 등 가문의 피해도 컸다. 그는 석방된 뒤에도 고향에서 10개월 간 토굴생활을 하며 피신하였고, 1896년에는 토지를 헐값에 빼앗기기도 하였다.[12] 경상도 예천의 경우 농민군이 물러간 1894년 10월 집강이 통문을 돌려 동학도로서 전사한 자와 도망한 자의 토지 및 곡물을 조사하여 보고하라고 하였는데, 이것은 그 재산을 모두 몰수하기 위한 것이었다고 한다.[13]

농민전쟁시 입은 인적, 물적 피해를 보상받고자 복수를 꾀하는 경우도 많았

10) 김용섭, 1985 앞의 글 ; 신영우, 1992 앞의 글 참조
11) 이진영, 1993 〈동학농민전쟁기 전라도 태인 고현내면의 반농민군 구성과 활동〉《전라문화논총》 6 전북대 참조
12) 1993 《金洛喆歷史》(《영산원불교대학논문집》 창간호, 부록 Ⅱ), 12~13쪽
13) 《渚上日月》 1894년 10월 8일, 19일(박성수 주해, 서울신문사 간행, 상권), 225쪽

172

다. 담양의 鞠在奉은 아버지를 살해한 동학농민군 金亨順에게 복수를 꾀하였고,[14] 고산의 鄭世模는 농민전쟁시 金平淑에게 빼앗긴 재산을 돌려받고자 그 아버지를 붙잡아 고문하면서 스스로 재판하듯 하였다.[15] 表永祚는 농민전쟁시 단양에서 士族, 饒戶, 邑民에게 큰 피해를 주었던 東學巨魁인데, 1895년 6월 28일 다시 단양에 들어가 재봉기하려고 읍민을 위협하다가 6월 29일 장시에 모인 읍촌민인 수백 명에게 체포되어 강변에 매장당하였다.[16]

농민전쟁에 가담하였던 행적이 뒤늦게 드러나 체포 처벌되기도 하였다. 장흥의 崔昌凡은 1894년 12월 5일 농민군이 장흥성을 함락할 때 성내에서 내통한 인물인데, 1897년 장흥군 웅치면에서 南草를 臆買하다가 고소를 당한 뒤 농민전쟁시의 행적이 드러나 체포 처벌되었다.[17] 천안의 朴萬貴는 농민전쟁시 천안 공격에 가담하였는데 목천 세성산전투에서 패배한 이후 연기에서 은신한 뒤 직산으로 옮겨 고용살이를 하다가 체포되었다.[18] 1894년 농민전쟁에서의 행적은 그 이후에도 계속 추적의 대상이 되었고, 그로 말미암아 처벌을 받았다.[19] 1895년 6월 각 도에 東匪餘黨을 체포 처형하도록 명령을 내리는 등[20] 동학교도 및 농민군에 대한 체포령은 그 이후 통감부가 설치될 때까지 간헐적으로 지속되었다.

농민군을 색출하는 과정에서도 많은 문제점이 발생하였다. 충청도지방의 사정을 살펴보면 "匪類가 조금 잠잠해졌지만 교활한 作魁者는 산림 속에 흩어져 숨고 被勒無辜者는 차차 還集하였지만 官兵 및 儒道를 칭하는 자들이 오히려 피늑한 뒤 환집한 평민을 침해하여 破家亡身하는 자들이 많다"고 하여 농촌사회가 계속 소요하였고,[21] 이전에는 평민에 대한 양반의 침학이 문제였는데 농민전쟁 이후에는 동학에 억지로 가담하였던 양반들이 관병의 침탈을 당하여 문제

14) 《司法稟報》(법부편) 乙, 1898년 11월 고등재판소 재판장의 법부대신에 대한 질품서 제14호
15) 《사법품보》(법부편) 甲, 1895년 11월 12일 나주부관찰사의 법부대신에 대한 보고서
16) 《사법품보》 갑, 1895년 7월 8일 단양군수 來牒
17) 《사법품보》 갑, 1897년 8월 24일 전라남도관찰사의 보고서
18) 《사법품보》 갑, 1898년 9월 17일 충청남도 재판소 판사의 법부대신에 대한 보고서
19) 《光陽廉聞記》(1900년 10월);《全南各郡偵探記》(1900년 11월);《忠淸南道各邑別廉記》(1901년 9월) 참조
20) 《매천야록》 권 2, 1895년 6월, 182쪽
21) 〈錦營來札〉《동학란기록》 상, 96쪽

가 되었다.[22] 전라도의 경우에는 농민군을 색출 처단하는 과정에서 뇌물을 주고 모면하는 자도 있었다. 參謀官·召募官·民砲將·義兵將·守城將·起軍將 등이 애증이나 뇌물에 따라 '傭丐覓衣食托名砲士者'는 많이 죽이고 '鄕豪大族之染賊者'는 오히려 民砲를 칭하여, 평민들이 이를 간다고 하였다.[23]

동학교도도 아니고 농민전쟁에 가담하지도 않았지만 그 누명을 쓰게 되면 벗기 어려웠다. 동학교도를 빙자한 부민수탈이 큰 사회문제로 등장하고 있는 것은[24] 당시의 그러한 사회 분위기를 짐작케 해준다. 이러한 현상은 1904년 동학교도를 중심으로 진보회가 결성되고 그것이 일진회와 통합하여 친일화의 방향을 노골화할 때까지 지속되었다.

이와 같이 농민전쟁 이후 동학교도나 농민군들은 농촌사회에서 보수유생층에 의하여 수난을 당하였고, 농민들은 살길을 찾아 헤맬 수밖에 없었다. 그러나 그러한 갈등상황 속에서 변혁을 모색하기 위하여 새로운 농민조직 활동에 참여하는 농민들도 적지 않았다. 그들은 농촌사회에서의 갈등의 차원을 벗어나 사회적 모순을 인식하였고 그것이 반봉건·반외세운동으로 나타났다.

3. 농민운동조직의 동향

1) 義兵과 동학농민의 관계

보수유생층은 농촌사회의 질서를 무너뜨리려는 농민군을 진압해야 한다는 점에서 개화파 정부와 연대하였지만, 중세질서를 무너뜨리고 서양의 문물을 받아들여 근대화하려 한 개화파 정부의 정책에 동의할 수 없었다. 개화파 정부의 핵심인 내무대신 朴泳孝가 농민전쟁을 수습하기 위하여 1895년 3월 10일 각 지방의 "積弊를 타파하고 土民의 안녕행복을 증진"하고자 지시한 88개의 개혁조항 가운데 보수유생층에 대한 정책을 살펴보면 다음과 같다.

---

22) 위의 글, 96~97쪽
23) 《오하기문》 3필, 1895년 1월, 73~74쪽
24) 《日新》(국사편찬위원회 간행본) 1901년 3월 15일, 25일, 6월 19일, 7월 8일 등

제2조 儒任과 鄕任을 차별이 업게 홀 事
제4조 儒鄕任과 軍門職을 空帖과 借銜이 업게 홀 事
제5조 座首의 任을 偏僻히 邑中大姓에게 歸케 勿홀 事
제6조 大小民이 官庭에 跪ㅎ고 立하는 節과 民이라 稱ㅎ고 小人이라 稱ㅎ는 例
    를 一切 自便케 ㅎ고 勒行치 말을 事
제8조 都有司 掌議와 모든 幼學生 등으로 專히 科文六體룰 習ㅎ게 勿홀 事,
제23조 土豪의 武斷을 一切 嚴禁홀 事
제24조 班家奴隷의 行悖ㅎ믈 一切 嚴禁홀 事
제25조 官衙의 슈이 아니어든 吏民을 呼來 捉去치 못ㅎ게 홀 事[25]

여기서 개화파 정부는 보수유생층의 기득권을 전혀 인정하지 않고 지방사회
의 새로운 행정조직을 편성하고자 시도하고 있는 것을 볼 수 있다. 보수유생층
은 개화파 정부의 근대화정책이 이와 같이 보수유생층의 권한을 제거하는 것이
었기 때문에 동의할 수 없었던 것이다.

더구나 개화파 정부의 개혁방향이 외세에 의존적인 것도 보수유생층이 받아
들이기 어려운 점이었다. 박영효의 개혁조항 가운데 제86조에 보면 "명과 청국
을 존숭ㅎ지 말고 我朝의 개국기원이 정ㅎ엿슨즉 제반 明文과 契書等項에 청국
년호룰 記치 勿홀 事", 제87조에 보면 "인민에게 일본이 我의 독립자주룰 助ㅎ
는 형편을 효유홀 事"라고 하여 反淸·親日의 입장을 분명히 하고 있는 것이다.
뿐만 아니라 개화파는 청국으로부터 자주독립함을 국시로 내걸고 이에 반대하
거나 도전하는 자, 청국을 사모하는 자를 國賊으로 몰아 처벌한다는 방침을 세
우고 있었다.[26] 이러한 개화파 정부의 개혁은 보수유생층의 입장과는 전혀 배치
되는 것이었다.[27]

25) 《韓末近代法令資料集》(宋炳基·朴容玉·朴漢高 編著, 대한민국국회도서관) 1, 1895년 3월
    10일 내무아문 훈시, 我國의 고유한 독립기초를 세우고 百度 혁신을 위하여 百弊를 芟除하는
    건, 183~188쪽
26) 《한말근대법령자료집》 1, 1895년 1월 5일 내무아문령 제1호, 자주독립을 방해하는 자를 不
    道國賊으로 처벌하는 건, 159~160쪽
27) 경상도 예천의 朴周大는 그의 일기 1895년 5월 6일자에서 "개화 81조목을 비로소 대할 수
    있었는데 해괴한 것이 너무 많아서 차마 바라볼 수가 없었다"라고 지적하고 있는데, 그 81조목
    은 박영효의 88조목일 것으로 추정되고, 그에 대한 유생층의 입장을 단적으로 볼 수 있다(《渚
    上日月》 1895년 5월 6일).

이러한 상황에서 1895년 8월 일본낭인에 의한 민비살해사건이 일어나고, 11월에는 變服令과 斷髮令이 내리는 등 사회체제의 전면적 개편을 위한 갑오개혁이 마지막 단계에 이르고 있었다. 보수유생층이 이 단계에서 더이상 참지 못하고 무력봉기에 나서게 되고 그것이 곧 乙未義兵이었다.

여기서 관심의 대상이 되는 것은 을미의병에 대하여 농민군 잔당이 어떠한 태도를 취하였을까 하는 점이다. 농민군은 제2차 농민전쟁에서 반일 총궐기를 호소하였는데, 그때 연대의 대상이 바로 보수유생층과 지방관료들이었다. 그러나 보수유생층은 농민군의 반봉건적 행위를 더 문제시하였기 때문에 농민군이 反日倡義을 내걸고 봉기하였을 때 이에 동조하지 않고 오히려 민보군을 조직하여 농민군을 공격하였다. 일부 유생들이 반외세 의병을 일으켰던 것으로 알려져 있지만,[28] 그것이 농민군과의 연대에 의하여 추진된 것은 아니었다. 공주유생 李裕尙과 같이 농민군에 합류한 보수유생층도 있었지만,[29] 그것은 개인적인 차원이었다. 또한 농민전쟁의 주도층에 보수유생층의 일부를 포함시킬 수도 있을 것이지만,[30] 전반적으로 보수유생층과 농민군은 반외세 연대를 이루어내는 데 실패하였다.

을미의병과 농민군 잔당 사이의 관계에 대하여는 을미의병과 농민전쟁이 구호와 지향이 비슷하고 유생이 농민전쟁에도, 평민농민이 의병에도 가담한 것으로 파악한 견해도 있고,[31] 농민군 잔당이 농민전쟁의 연장선상에서 의병에 참여한 것으로 파악한 견해도 있고,[32] 보신을 위하여 동학농민이 오히려 반동학군적 儒生義陣에 기탁하는 경우가 있었다는 견해도 있고,[33] 또한 봉건유생의 척사위정사상과 농민층의 보국안민사상이 상하로 복합된 운동으로서 의병운동에 농민군 잔당이 참가하였다는 견해도 있다.[34]

을미의병은 李昭應의 강원도 춘천의병, 柳麟錫의 충청도 제천의병을 중심으

28) 《駐韓日本公使館記錄》(국사편찬위원회 번역본) 1, 123~125쪽 ; 김상기, 1989 〈조선말 갑오의병전쟁의 전개와 성격〉 《한국민족운동사연구》 3 지식산업사
29) 吳知泳, 《東學史》[《동학사상자료집》(아세아문화사 영인본) 2], 497~498쪽
30) 이진영, 1993 〈갑오농민전쟁기 '儒生'의 농민군 참여양상과 그 성격〉 《한국사연구》 80
31) 박성수, 1980 《독립운동사연구》 창작과비평사
32) 김도형, 1985 〈한말 의병전쟁의 민중적 성격〉 《한국민족주의론》 3 창작과비평사
33) 조동걸, 1986 〈의병운동의 한국민족주의상의 위치 (상)〉 《한국민족운동사연구》 1 지식산업사
34) 정창렬, 1982 〈한말 변혁운동의 정치·경제적 성격〉 《한국민족주의론》 1 창작과비평사

로 하고 경기도・경상도・전라도 지방에서도 일어났는데,[35] 각 지역의 상황에
따라 농민군 잔당과 의병과의 관계가 다른 양상을 보였을 것으로 생각된다. 여
기서는 농민군 활동이 활발하였던 충청도 일부 지방과 전라도를 중심으로 살펴
보기로 한다.

충청도에서는 민비살해사건 이후 곧바로 文錫鳳의 의병이 회덕에서 봉기하였
다. 문석봉은 반외세 항쟁을 벌이던 농민군 토벌에 앞장섰던 인물이다. 즉 그는
농민전쟁 당시 兩湖召募使로 임명되어 충청도 진잠・연산, 전라도 고산 등지에
서 보수유생층의 擧義를 촉구하였다. 그러한 문석봉이 개화파 정부 및 일본에
반대하는 의병을 일으키게 된 것이다. 문석봉은 회덕을 비롯하여 대전・공주
등지에서 세력을 규합하고 회덕관아를 습격하여 무기를 탈취한 뒤 의병운동을
전개하였다. 문석봉 의병에는 회덕의 은진 송씨 宋近洙, 진잠의 申應朝 등 이
지역 사대부들이 가담하고 있었다.[36] 그런데 주목되는 것은 이들 사대부들이 농
민전쟁 당시에는 농민군의 핍박을 받은 대상이 되었었다는 점이다. 황현은 이
를 다음과 같이 지적하였다.

호서는 원래 士大夫가 모여 사는 곳이라 칭하여 勳戚卿宰의 園林이 서로 바라보고
서로 朋黨을 이루고 武斷이 풍속을 이루었다. 남의 庄舍를 억지로 사들이고 남의 묘
자리를 늑탈하여 외로운 집과 서민의 집에서 원통함이 뼈에 사무쳤다. 동학이 일어나
어깨를 올리고 한번 소리치자 호응하는 자가 백만이나 되었다. 金宋尹 세 대족 및 기
타 宰相名家豪右들이 졸지에 피폐함을 당한 것을 이루 헤아릴 수 없다.[37]

여기서 말하는 金・宋・尹氏는 광산 김씨, 은진 송씨, 파평 윤씨를 가리킨다.
이들 대씨족을 비롯한 문벌가문의 후예들이 충청도지방에 거주하면서, 토지와
산림을 독점하여 평민의 원성을 사고 있었던 것이다. 그 가운데 회덕은 은진 송
씨의 世居地였다.

또한 황현은 진잠에서 농민군이 토호를 공격한 사례를 다음과 같이 전하고

35) 윤병석, 1981 〈의병의 봉기〉《한국사》 국사편찬위원회
36) 김상기, 1988 〈한말 을미의병운동의 기점에 대한 소고－문석봉의 회덕의병을 중심으로〉《한국
    민족운동사연구》 2 지식산업사 ; 신영우, 1994 〈충청도의 동학교단과 농민전쟁〉《백제문화》
    23 공주대 ; 이영호, 1994 〈대전지역에서의 1894년 농민전쟁〉《대전문화》 3 대전시 참조
37) 《오하기문》 1필, 59쪽

있다.

申應朝는 그때 진잠에 거주하였는데, 그 손자 一永이 불법한 일을 많이 하여 賊이 일영의 아들을 결박하여 그 음낭을 까면서 말하기를 이 도적의 종자를 남겨둘 수 없다고 하였다.[38]

이와 같이 문석봉 의병에 가담한 사대부들은 농민전쟁 당시 농민군으로부터 큰 시련을 당한 경험을 지녔다. 따라서 을미의병이 반일을 지향하고 있기 때문에 반외세 농민전쟁에 가담하였던 농민군 잔당이 가담할 수 있는 개연성은 매우 높지만, 같은 촌락에서 농민전쟁 전후의 갈등관계를 경험한 대립적인 인물과 세력들이 연대하는 것은 쉽지 않았을 것으로 생각된다.

전반적으로 보수유생층과 농민군은 그 지향하는 바를 달리하였지만 농민군의 내부적인 구성이 유생층으로부터 천민에 이르기까지 다양하였기 때문에 지역적으로는 상호 연대하는 경우도 없지 않았을 것이다. 더구나 그 공격목표가 일본인 및 그 시설 그리고 지방에서는 일본적 개화를 강요하는 지방수령이었기 때문에 그러한 보수유생층의 의병봉기에 농민군 잔당이 참여하거나 그 기회를 이용하는 것은 있을 수 있는 일이었다. 그러한 사정을 전라도의 경우에서 살펴보기로 한다.

전라도에서는 장성과 나주에서 의병이 일어나 연합하였다.[39] 나주는 농민전쟁 당시 끝까지 농민군에게 점령되지 않고 목사 閔鍾烈이 湖南招討使로 임명되어 수성군 및 민보군을 조직하여 농민군을 진압하는 데 큰공을 세운 지역으로서, 보수유생층의 영향력이 강하였다. 그런데 나주목사 민종렬이 담양부사로 갈려가고 1895년 12월 安宗洙가 나주군수로 발령되었다. 안종수는 개화파의 일원으로서 개화정책을 지방적으로 실현하고자 한 인물이었다.[40] 그는 개화파 정부가 단발령을 내리자 자신이 먼저 단발한 뒤 순검을 동원하여 직원과 유림들을 삭발하려 하였다.[41] 이 사건으로 유림들의 큰 반발을 사고, 결국 俄館播遷

38) 《오하기문》 1필, 60쪽
39) 홍영기, 1994 〈1896년 나주의병의 결성과 활동〉 《이기백선생고희기념한국사학논총》 下
40) 안종수에 대하여는 이광린, 1974 〈안종수와 농정신편〉 《한국개화사연구》(개정판) 일조각 참조.
41) 《錦城正義錄》(李炳壽, 《謙山遺稿》에 수록. 나주목향토문화연구회 번역본, 1991), 105쪽

178

이후 시기가 되어 의병이 일어나게 되었다.

전라도의 의병은 장성의 奇宇萬이 먼저 창의한 뒤 나주에 통문을 보내어 연합을 꾀하는 방식으로 진행되었다. 나주에서는 의병을 일으키면서 다음과 같이 선언하고 있다.

현재 주상께서 몽진하고 계시고 국사가 어지러우므로 의병들은 신속히 따라야 하는데도 호남이 오랫동안 침묵하고 있는 것은, 의기가 뒤떨어져서 그런 것이 아니라 동학의 난을 치르고 난 후이기 때문에 민의 힘이 소생되지 못하고 있으니 시일을 기다려야 한다.[42]

여기서 말하는 '민의 힘' 속에 농민군의 힘도 포함되는 것으로 보이지는 않는다. 의병의 주체세력이 농민군을 수렴하려는 의지는 거의 읽을 수 없다.

나주의 의병이 일어나자 먼저 1896년 1월 9일 지방아전들과 장병들 수백 명이 관청에 쳐들어가 개화파 군수 안종수를 잡아 죽였다. 나주군민들은 안종수를 처단하면서 9가지 죄목을 들었는데 그 가운데 하나는 다음과 같다.

〔안종수가〕 삭발을 독촉하던 날 낭자하게 늘어놓으며 말하기를 "향교를 설립하고 선비를 양성하며 문구를 갖추는 것이 쓸데없는 짓이다. 향교도 헐어버리고 집을 짓고 군대를 두어야 한다"고 했다. 옛 성현과 선생은 혈기를 지닌 사람으로 존경과 친애하지 않는 이가 없건마는 방자하게 향교를 헐어버려야 한다는 심사를 부리니 사람들이 벌주려는 아홉번째 이유이다.[43]

개화파 군수 안종수가 보수유생층의 터전을 허물고 그 위에 근대적인 체제를 수립하려 하였고, 그것이 보수유생층의 반발을 사고 있음을 볼 수 있다.

정부에서는 전라도 의병을 진압하기 위해 친위 제2대대를 파견하였다.[44] 아관파천 이후 개화파 정부가 이미 무너졌지만 정부에서는 의병의 해산에 주력하였다. 나주의병과 장성의병 주동자 12인에 대하여 체포령이 내렸고,[45] 그리하

42) 위의 책, 113쪽
43) 위의 책, 124~125쪽
44) 《隨錄》 1896년 4월 14일 관찰사의 무주군수에 대한 제27호 훈령, 190쪽
45) 《수록》 1896년 4월 1일 관찰사의 훈령 호외, 202~203쪽

여 '羅州之擾'는 4, 5월경에는 평정되었다.[46]

그런데 을미의병과는 별도로 나주지방에서 활동하던 농민군들이 있었던 점이 주목된다. 농민군의 잔여세력인 金順汝·黃俊三·白樂中·李敬泰 등이 체포되어 진술한 내용을 살펴보면 다음과 같다.

우리는 모두 匪類의 괴수로서 종적을 감추고 숨어서 마음을 고치지 않고 있다가 금년 봄 羅州騷擾之時 예전의 하던 짓을 다시 밟아 盂水祝天하고 聚首咀呪하다가 정적이 탄로났다.[47]

여기서 알 수 있는 것은 농민전쟁의 잔당들이 나주의 소요에 가담하였고, 그 기회를 이용하여 종교의식을 행함으로써 조직력을 강화하려 하였다는 점이다. 이들은 금구의 평민들이었는데 모두 교수형에 처해졌다.[48] 그들의 행위, 즉 농민전쟁에 참여하고 또다시 나주의 소요에 참가한 것은 가혹한 형벌로 다스려야 할 정도의 큰 범죄로 인식되었다. 의병 주동자들에 대한 관대한 처벌과는 현저하게 달랐다.

여기서 말하는 1896년 봄의 '나주소요'란 무엇을 말하는 것일까. 김순녀 등이 가담한 나주소요는 바로 나주에서의 개화파 군수 처단, 장성의병과 연합한 나주의병을 가리키는 것으로 생각된다. 장성에 비하여 나주에서 의병이 늦게 일어난 것은 동학의 난을 치러 민의 힘이 소생되지 못한 것이라고 한 점에서 보면 농민군 잔당이 이에 가담한다는 것은 납득하기 어려울지 모르지만, 그 봉기가 개화파를 처단하고 외세의 침략에 반대하는 데 있었기 때문에 동학의 잔당이 일시적으로 의병에 가담한다는 점은 가능한 일이었을 것이다. 후술할 것이지만 특히 김개남 문중의 농민군 대장 김문행이 기우만의 장성의병에 핵심 멤버로서 참여하고 있는 점에서 볼 때, 김순녀 등이 의병의 봉기를 조직확대의 기회로 이용하였던 것으로 생각된다.

황현은 의병과 동학의 관련에 대하여 다음과 같이 지적하고 있다.

---

46) 《수록》, 205~208쪽
47) 《사법품보》 갑, 1896년 8월 18일 전주부재판소 판사의 보고서 제4호
48) 《사법품보》 갑, 1896년 8월 8일 전주부재판소 판사의 법부대신에 대한 보고서 및 판결선고서

180

　머리를 강제로 깎던 초기에는 거국적으로 분노하여 의병이 일어나게 되었는데 시간이 약간 지나면서 예기가 식고 흩어져 경군을 만나면 곧 패하여 죽는 자가 셀 수 없을 정도이다. 또한 忠을 품고 義에 의지하는 자는 약간에 불과하고 이름을 얻으려는 자가 창의하고 樂禍者가 추종하고 가라지 같은 자들이 천백 명 모여 모두 義旅를 칭하고, 심지어 東匪餘黨이 얼굴을 바꾸어 추종하는 자가 절반이나 된다. 이에 잔폭하고 겁략하여 미친 도적과 다름없는 자도 있다.[49]

　여기에서 보면 의병의 하부에는 동학의 잔당들이 다수 참여한 것으로 되어 있다. 그러나 황현의 이러한 지적이 을미의병 전체에 부합하는 것으로는 생각되지 않는다. 의병의 폐단을 지적하는 과정에서 과장되게 부각된 것으로 볼 수 있을 것이다. 지역적으로는 농민군의 활동이 빈약하였던 강원도와 충청북도 지역, 또 농민군과 갈등이 심했던 충청남도 지역보다는, 황현의 거주지이기도 한 전라도 지역에 해당하는 지적일 것으로 생각된다.

　이렇게 보면 보수유생층의 을미의병과 농민군의 지향은 일치하지 않지만 반외세의 구체적인 목표를 두고서는 농민군 잔당이 지역에 따라 의병에 가담하였을 수도 있었을 것이다. 유생들의 세력과 통제가 강한 곳에서는 상대적으로 농민군세력의 참여가 적고 또 그 영향도 크지 않았을 것이다. 그러나 유생의 세력이 약하고 전투의지가 꺾일 경우 특히 아관파천 이후 고종의 해산조칙에 따라 보수유생층이 해산하고자 하였을 때 상대적으로 농민군 잔여세력이 확대될 수 있었을 것이고, 나주에서 보듯이 독자적인 세력 구축의 계기로 삼아 독자적인 의식을 행하고 결국은 또 다른 변혁운동으로 확대하고자 하였을 가능성이 없지 않다. 을미의병은 농민군 잔당이 주도적으로 활동한 주된 흐름은 아니었고, 다만 의병에 가담함으로써 동학의 지목을 피하거나 그 기회를 이용하여 재기할 목적으로 농민군 잔당이 부분적으로 참여하였던 점은 인정할 수 있을 것이다.

2) 東學黨과 英學黨의 활동

　농민군 잔당 가운데 변혁지향적인 세력이 농민전쟁 이후 어떠한 활동을 전개

---

49) 《매천야록》 권 2, 1896년 1월, 198쪽

하였는지에 대하여는 동학당과 영학당의 활동을 통하여 확인할 수 있다.[50]

1894년 농민전쟁을 주도하였던 남접계열의 일부 농민군 잔여세력은 지도부의 상실 이후에도 반봉건·반외세의 이념을 실천하기 위한 조직 확보에 몰두하였다. 그 대표적인 세력이 孫和中包 산하의 남은 접주들이었다.[51] 손화중포는 정읍·고창 지역을 중심으로 하여 전라우도를 장악하는 기반이 되었던 농민군으로서 전라좌도를 장악한 金開男包와 양립하였다.

손화중포 산하 접주들은 지도부를 상실한 가운데 崔時亨의 북접교단과 연대함으로써 재봉기를 계획하였다. 동학교단 자료인 ≪천도교회사초고≫에는 이와 관련하여 다음과 같이 기록하고 있다.

> 八月에 神師ㅣ 尙州郡 銀天으로 移接하시다.
> 時에 湖南道人 孫秉奎 洪桂寬 崔益瑞ㅣ 神師에게 來謁하고 此時 設包할 意로써 告하거늘 神師曰 此時設包가 宿火更吹함과 無異하니 한갓 無益할 뿐만 안이라 世上을 亂키 易하니라 하시다.
> 布德 三十八年(丁酉) 一月에⋯[52]

여기서 보면 손병규·홍계관·최익서라는 호남 동학교도가 최시형에게 설포를 요청한 것으로 되어 있다.

그런데 부안의 북접교단 산하 접주인 金洛喆(金汝仲)의 수기에는 다음과 같은 기록이 있다.

> 一日은 孫炳奎 洪桂寬 崔益瑞 等 八人來留於高岾山下水春店ᄒ야 九大接을 設包호다고 云云故로 先生主게셔 分付曰 洛喆이 卽往勸喩ᄒ면 卽送龜庵矣리인니 善爲曉喩ᄒ야 同下去라 ᄒ시ᄂᆞᆫ 故로 奉分付下去ᄒ야 與八人으로 同往于尙州葛項里金

---

50) 필자는 이미 동학당과 영학당의 활동과 그 성격에 대하여 검토한 바 있다(이영호, 1990 〈갑오농민전쟁 이후 동학농민의 동향과 민족운동〉 ≪역사와 현실≫ 3 ; 1991 〈대한제국시기 영학당운동의 성격〉 ≪한국민족운동사연구≫ 5). 여기에서는 기왕의 검토를 토대로 하면서 새롭게 확인하게 된 영학당 지도부의 성격을 규명하는 데 초점을 맞추었다.

51) 확인된 것은 손화중포 산하 접주들의 활동이지만 전봉준, 김개남, 최경선, 이방언 등 각 지역에서 농민군 대부대를 결성하였던 농민군 지도자의 휘하에서 살아남은 접주들의 활동을, 이 손화중포 산하 접주들의 활동을 통하여 미루어 짐작해볼 수 있을 것이다.

52) ≪天道敎會史草稿≫〔≪동학사상자료집≫(아세아문화사 영인본) 1〕, 477쪽

182

致順家矣리니 薄暮의 龜庵丈게서 自朴熙寅家로 枉臨而留宿ᄒ실시 龜庵게서 對八人
曰 君等이 爲頭目而設包혼다 ᄒ니 孫和仲屍體은 運喪 否아 혼則 皆默默不答而坐어
눌 又大責曰 頭目屍體도 不知在何處而爲頭目이라 ᄒ니 盡是無禮之說也라 ᄒ시고
卽下去ᄒ야 和仲屍體을 運喪而葬ᄒ면 天師感應之德으로 接內事은 自然大彰矣일니
與金某同下去云云 故로 卽同往ᄒ다.[53]

여기서 최익서 등은 손화중포에 속한 인물들로 분명히 등장한다. 정읍 만화
동에 거주하였던 최익서는 농민전쟁이 끝난 뒤 수배자 명단에 포함될 정도로
농민전쟁의 주도층에 속하는 인물이었고,[54] 홍계관은 농민전쟁에서 천민부대를
지휘한 홍낙관과 형제 사이로서 고창 사람이었고, 손병규는 아마 손화중의 친
족이 아니었을까 생각된다. 바로 이들이 정읍·고창·무장 지역을 장악한 손화
중포의 부하들이었던 것이다. 이들 3인 이외에 8인이 최시형을 찾은 것으로 되
어 있는데 나머지 인물들도 같은 손화중포 계열 인물일 것이다.

최익서 등은 9개의 大接을 설치하려고 최시형의 허락과 지원을 요청하였다.[55]
당시 최시형은 겨우 교단조직을 수습하기 시작하면서 충주·음성·청주·상주
등지에서 피신생활을 하고 있었다. 1896년 3월에 겨우 지방의 두령을 임명하였
는데 의병이 일어나 일부 동학교도도 가담하고 있는 상황이 자칫 동학교단에까
지 파급이 미칠까 우려하여, 1897년 2월에는 두령 임명을 중지하는 상황이었
다.[56] 따라서 남접두목 손화중의 부하가 두목의 정신을 계승하여 설포 기포하려
는 시도를 최시형은 용납할 수 없었다. 북접교단 2인자그룹의 일원인 龜庵 金
演局은 그러한 설포 요청을 거부하면서 두목인 손화중의 시체조차 찾아 장례를
치르지 못하였다고 그 부하들을 비난하였다.[57]

---

53) 《金洛喆歷史》, 27~28쪽
54) 〈先鋒陣各邑了發關及甘結〉 1895년 1월 16일 《동학란기록》 하, 341쪽. 甘結金溝泰仁萬頃井
邑金堤古阜扶安
55) 이들은 후에 영학당을 조직하여 정읍 등지에서 봉기를 꾀하게 되는데, 체포된 林碧花의 진술
에 따르면 그는 정읍거괴 최익서로부터 受道하여 접주가 된 뒤 봉기에 참여하였다고 하면서
'井邑大接'으로부터 私通을 받았다고 한다. 이 '정읍대접'은 아마 정읍 만화동에 거주한 정읍
거괴 최익서가 설포한 것으로 여겨지고, 9개의 대접을 설치하려 한 시도가 결국은 북접교단의
지원 없이 독자적으로 구체화되었던 것으로 짐작해볼 수 있다〔《全羅南道高敞郡捉得亂黨姓名
罪目幷錄成冊》(1899. 6) 참조〕.
56) 《천도교회사초고》, 476~477쪽
57) 손화중의 시신은 결국 찾지 못해 魂葬을 지냈고, 그 손자는 아직도 시신을 수습하지 못한 것을

최익서 등이 최시형을 찾은 시점은 위의 두 기록의 앞뒤를 고려하면 대체로 1896년 10~12월로 추정할 수 있다. 이들이 이 시기에 최시형을 찾아 설포하려 한 것은, 그해 봄 나주와 장성의 유림들이 의병을 일으켜 반외세 운동에 나서고 거기에 김개남의 부하인 태인의 동학접주 김문행이 가담하였고, 김순여를 비롯한 농민군의 남은 세력이 이러한 의병봉기를 계기로 조직력을 강화하려 하였던 분위기와 관련될 것이다.

당시의 분위기는 고종이 1897년 양력 2월 20일 러시아 공사관에서 경운궁으로 환궁하면서 호남에 암행어사로 파견한 李承旭의 보고를 통하여서도 확인된다. 이승욱은 호남지방의 상황을 邑弊民瘼이 더욱 심해져 吏民이 고통을 받고, 또 수령이 횡렴하고, 轉運하는 데 無名加斂하고, 蕩還이 다시 일어나고, 시장이 피폐하여졌다고 진단하고, "東匪乘時 籍托一呼 八路響應"할 상황이라는 것이다. 그리하여 "東擾가 잠시 가라앉았지만 잔당이 상존하고, 異敎가 병행하여 悖類가 이에 가탁하여 시비를 논하여 民訛가 날로 일어나니, 이때를 당하여 만약 歸一하여 방향을 급히 정하지 않으면 甲午之擾가 또한 반드시 이어서 일어날 것이다"라고 하였다.[58]

손화중포의 남은 접주들은 이러한 기회를 변혁운동에 활용하고자 하였다. 북접교단의 지원하에 설포하고 조직을 확대한 뒤 재봉기를 꾀하는 것은 어렵게 되었지만, 한편으로는 동학에 대한 탄압이 심하여 이를 피할 필요도 있었기 때문에 새로운 조직을 마련하려 하였다. 그리하여 조직된 것이 英學黨이었다. 영학당은 1898년 음력 11월에 일어난 흥덕의 농민항쟁을 배후에서 후원하였고, 1899년 음력 4월에는 봉기를 꾀하여 고부·흥덕·무장을 점령하고 고창을 공격하였다. 영학당의 봉기는 고창 공격에서 좌절되었지만 그들의 목표는 영암의 농민항쟁 세력과 합세하여 광주 및 목포, 그리고 전주를 점령하고 궁극적으로는 서울로 향하는 것이었다. 1894년 농민전쟁의 이념을 계승하여 그 뜻을 실현하려는 의도였음을 짐작할 수 있다.[59]

영학당운동의 지도자는 최익서로 확인되고, 김낙철(김여중)과 김문행, 홍계

죄송하게 생각하고 있다(이이화, 1994 ≪발굴 동학농민전쟁 인물열전≫ 한겨레신문사, 66~73쪽).

58) ≪隨錄≫ 1897년 2월 13일 암행어사 이승욱의 감결, 225~234쪽

59) 이영호, 1991 앞의 글 참조

184

관이 또한 주동자로 지목되었다. 수배자 명단의 거괴는 모두 18명으로서 정읍의 최익서·최방서·김성집, 고부의 송성일, 장성의 최사칙, 흥덕의 김재명·최치홍, 무장의 성재명, 부안의 김여중, 태인의 김문행·이덕수·김철중, 김제의 홍양범, 나주의 허관일, 광주의 이관일 그리고 거주불명의 전경조·홍낙관·홍계관이다.[60] 최시형을 찾아간 8명이 대체로 이 가운데 포함되었을 것으로 생각된다. 손병규는 행적을 알 수 없지만, 손화중의 당질 孫致凡이 참가하였다가 체포된 것을 보면 손병규의 참여 가능성도 높다고 생각된다. 이렇게 보면 최시형과 접촉하려던 손화중포의 남접세력이 일단 모두 영학당으로 조직 변화를 꾀하면서 재봉기를 추진하였다고 볼 수 있다.

영학당의 주동자로 지목된 자들을 좀더 자세히 살피기로 한다. 먼저 손화중포에 속하고 형제로 추정되는 고창 홍낙관·홍계관의 역할을 확인하기로 한다. 洪洛寬은 농민전쟁 당시 손화중의 휘하에서 천민농민군을 지휘하였는데 영학당운동에서도 거괴로 지목되었다. 그는 고창의 才人 출신이었다.[61] 홍낙관은 12월 초 고창에서 체포되어,[62] 杖 100과 3천 리 유배형에 처해졌다.[63] 영학당운동에서는 홍계관이 주요 인물로 등장하지만 홍낙관도 거괴로서 수배대상이 되고 있음을 보면 홍낙관도 주동자에 속하는 것으로 보인다. 홍계관은 제1차 농민전쟁 당시 백산기포에 홍낙관과 함께 고창의 대장으로 등장하고 있는데,[64] 영학당운동에서는 주동자로 부상하였다. 영학당운동에서 체포된 崔善五가 甲午巨魁 홍계관의 권유를 받아 영학당봉기에 참여하였다고 진술한 데서도 홍계관의 역할을 짐작할 수 있다.[65]

다음에는 김개남포에 속하였고 영학당운동의 또 다른 주동자로 지목되었던 태인 김문행이 주목된다. 그의 행적에 대해서는 후술할 것이지만 道康 金氏 김

60) 《全羅南道高敞郡就捉亂黨口招同類姓名居住幷錄成冊》(1899년 6월)
61) 신용하, 1993 《동학과 갑오농민전쟁 연구》 일조각, 75쪽. 원래는 서울 출신으로서 정치변혁운동에 가담하였다가 홍씨가 많이 사는 고창으로 내려온 것으로 추정되기도 한다(이이화, 1994 앞의 책, 162~169쪽).
62) 《동학란기록》 하, 이규태왕복서병묘지명, 1894년 12월 11일 初更 隊官李圭植上書, 467~468쪽 ; 《오하기문》 3필, 1895년 1월, 72쪽
63) 정부기록보존소 편, 《동학관련판결문집》 제15호 판결선고서 원본, 1895년 3월(피고 洪樂寬 46세), 50쪽. 여기에는 홍낙관이 농업을 하는 평민으로 기록되어 있다.
64) 《동학사》(《동학사상자료집》 2), 469쪽
65) 《全羅南道高敞郡捉得亂黨姓名罪目幷錄成冊》(1899년 6월)

개남의 동족이고 김개남 산하의 대접주로서 주로 태인에서 활동하였고, 농민전
쟁 이후에는 기우만의 장성의병에도 가담하였다가 1899년 영학당운동에서 다
시 주동자로 부각되었다. 여기서 주목하고 싶은 것은 김문행이 김개남의 부하
였다는 점이다. 이 사실은 영학당운동이 손화중포 부하들이 주도하면서 김개남
부하들과 연대를 모색한 것을 의미한다. 수배자 명단에 태인을 비롯하여 김개
남이 영향을 미쳤던 지역의 영학당 인물들이 다수 등장하고 있는 것도 이 사실
을 뒷받침한다.

다음으로는 북접교단에 속한 부안 김낙철(김여중)의 행적을 살펴보기로 한다.
김낙철은 김연국을 통하여[66] 동생 낙봉(明仲)과 함께 1890년 6월 동학에 입교
한 북접교단의 인물로서,[67] 양인이고 부안의 지주였다. 보은집회에는 부안대접
주로서 참여하였고,[68] 농민전쟁이 일어났을 때는 최시형의 지시에 따라 전봉준
과 연합하지 않고 전봉준의 세력으로부터 북접세력을 분리하면서 그와 대립하
였다.[69] 그러나 남·북접이 연합하여 제2차 농민전쟁을 전개할 때는 부안에서
기병하였다.[70]

농민군이 패배하면서 김낙철 형제는 체포되어 나주 초토영에 수감되었다가
서울로 이송된 뒤, 1895년 3월 21일 이방언·김방서와 함께 석방되었다.[71]
그러나 그는 석방된 뒤에도 고향에서 10개월간 토굴생활을 하면서 피신하였
다가,[72] 1896년 4월 김학종과 함께 상주로 가서 최시형을 만남으로써 교단에
합류하였다.[73] 이후 그는 농촌사회가 농민전쟁의 후유증을 앓고 있던 상황에
서 끈이 떨어진 각지의 두목을 비밀리에 정탐하여 동학조직의 재건에 앞장서
는 활동을 전개하였다.[74]

김낙철은 농민전쟁 이후 북접교단과 연결을 가지면서 전라도지방에서 동학조
직의 재건을 위해 활발한 활동을 전개한 대표적인 인물이었다.[75] 어떤 때는 최

---

66) 《사법품보》 을, 1903년 2월 13일 평리원 재판장의 보고서
67) 《김낙철역사》, 1쪽
68) 《동학사》, 84쪽
69) 《김낙철역사》, 3~4쪽
70) 《동학사》, 495~496쪽
71) 《김낙철역사》, 4~11쪽
72) 위의 책, 19쪽
73) 《김낙철역사》, 24쪽 ; 《사법품보》 갑, 1898년 5월 1일 경기재판소 판사의 질품서
74) 《김낙철역사》, 25쪽

시형을 가까이서 수행하기도 하였다. 손병규·홍계관·최익서 등 8명의 손화중
포 접주들이 최시형을 찾아왔을 때 김낙철은 최시형을 보좌하고 있었고, 이 일
이 전라도지방과 관련되는 일이기 때문에 최시형과 김연국은 김낙철로 하여금
그들의 설포를 막도록 지시하였고, 그 과정에서 그들 사이에 변혁운동과 관련
한 협력관계가 구축되었을 것으로 추정된다. 영학당 봉기에서 체포된 金善明이
최익서와 김여중이 괴수라고 한 점을[76] 확대 해석해본다면, 농민전쟁 당시처럼
남접계열의 최익서와 북접계열의 김낙철의 연합세력이 전라도지방에서 봉기를
꾀한 것으로도 볼 수 있을 것이다. 그런데 김낙철은 남접세력과 연계를 가지면
서도 북접교단에 충실한 입장을 취하였기 때문에 영학당의 봉기에 참여하지는
않았다.[77] 그러나 1900년 봄에는 동학당이 전주에서 반외세운동을 계획하였을
때 이에 가담하고 있어서[78] 변혁운동에 대한 김낙철의 관심이 지속되고 있었음
을 알 수 있다.[79]

이상에서 볼 때 영학당운동은 손화중포의 남은 세력이 주동이 되어 김개남포
의 남은 세력과 연대를 꾀하고 북접교단의 진보파도 끌어들여 추진한 사회변혁
운동이었던 것으로 평가할 수 있을 것이다.

영학당은 전라도에서 봉기를 꾀한 이후에도 충청도 임천·한산 등지 또는 경
상도 진주 등지에서 활동하였는데,[80] 그 이후에는 다른 운동조직으로 흡수되어
갔다. 원래의 동학조직으로 복귀하기도 하고 서학당에 투탁하기도 하였다.

---

75)《사법품보》갑, 1898년 3월 4일 전라남도관찰사의 보고서, 1904년 6월 30일 전라북도재판
　소 판사의 질품서, 1900년 3월 15일 전라북도재판소 판사의 질품서
76)《全羅南道高敞郡捉得亂黨姓名罪目幷錄成冊》(1899년 6월)
77)《사법품보》갑, 1899년 7월 全羅北道井邑古阜所捉匪類供案
78) 위의 책, 1900년 4월 2일 전라북도재판소 판사의 질품서
79) 김낙철의 교단 내에서의 활동을 더 추적해보면 그는 1898년 최시형을 대신하여 체포되어 고문
　을 당하기도 하였다. 최시형 사후 손병희와 김연국의 주도권 다툼이 벌어졌을 때 그는 김연국의
　편에 서서 활동하였다. 이때 그는 弓乙道를 칭하면서 김연국 계열의 세력확대를 도모하였다(《사
　법품보》을, 1902년 6월 27일 전라북도재판소 판사의 법부대신에 대한 보고서, 1903년 2월 13
　일 평리원 재판장의 법부대신에 대한 질품서 제4호). 1900년 7월 풍기에서의 설법식을 계기로
　손병희가 주도권을 잡게 되고 이때 4도주와 함께 5편의장, 6임을 임명하였는데, 김낙철은 便義長
　과 동시에 執綱의 직임에 임명되었다. 1901년 6월 김연국이 체포되고 김낙철의 집도 급습당했으
　나 체포를 면하였다. 김연국이 1904년 12월 6일 석방된 뒤 1907년 이용구의 시천교로 옮기자
　그도 이를 따라갔다가, 1915년 다시 천도교로 돌아왔다(《김낙철역사》참조).
80)《皇城新聞》1900년 2월 21일자 잡보 慶南東徒 ;《日新》1900년 1월 4일자

동학당이 영학당을 결성하여 변혁운동을 꾀하였다가 종식된 뒤, 특히 1900
년경을 전후한 정부의 가혹한 탄압에도 불구하고 동학당은 위축되기는 하였지
만 변혁운동을 지속하였다. 그 가운데 비교적 뚜렷한 흔적을 남기면서 변혁운
동을 꾀한 것은 1900년 봄 소백산맥 동서쪽, 경상도 서부지역과 전라도 동부지
역에서 전개된 동학당의 활동이다.[81] 그러나 그것은 봉기에까지 이르지 못하고
모의단계에서 발각되고 말았다. 동학당의 활동은 1900년 여름 남접의 대부 서
장옥 체포 이후 더욱 위축되었고, 1904년 북접교단 동학농민들이 진보회·일진
회를 결성하고 외세의 침략에 저항하는 의병전쟁이 본격화하면서 그 조직은 해
소되었다.

3) 南學黨의 성격과 활동

농민전쟁 이후 동학농민 가운데 다른 종교조직에 참여함으로써 한편으로는
탄압의 예봉을 피하고 다른 한편으로는 새로운 각도에서 변혁운동에 참여하려
는 세력도 나타난다. 그 가운데 하나가 南學 또는 南學黨이라는 것이다.
먼저 남학을 비롯하여 당시 논란이 되던 東西南北中學에 대한 논의를 살펴보
기로 한다. 남원 유생 金在洪은 동서남북학에 대하여 다음과 같이 지적하였다.

슬프다. 今世에 邪說이 橫流하여 소위 五方之學이 있다. 동학 서학 북학 중학 남
학이다. 예전에 내가 淵齋선생께 들었는데 말씀하시기를 서학은 불교의 反卒이고,
동학은 서학의 反卒이고, 남학은 기도를 위주로 하고, 중학 북학은 假道에 推附한
것이다. 그러니 사실 正을 해치고 眞을 잃음이 심하다.[82]

충청감사는 다음과 같이 보고하였다.

가만히 생각해보면 敎化가 쇠퇴하여지고 異言이 많아 시끄러운 것은 단지 동학
만은 아니다. 그외에 남학이라는 것이 있고, 남학의 별파를 북학이라 하고, 동학의
반대를 서학이라 한다. 북학이 중국의 학인지 서학이 西國의 학인지 알지 못하지만

---

81) 이영호, 1990 앞 논문 참조
82) 金在洪, ≪嶺上日記≫ 1894년 11월 3일

우민은 쉽게 현혹되어 불안하다고 한다. 이것이 곧 저것에 들어가 혹 가는 길은 다르지만 돌아가는 바는 같고 혹 처음에는 합하였다가 결국 나누어지는데 그 폐단은 마찬가지이다.[83)]

후대에 李能和는 다음과 같이 지적하였다.

　　근세에 나온 비기에 이른바 五學이 서로 번갈아 망한다는 말이 있으니 그것은 다음과 같다. 서학은 동학에 망하고 동학은 남학에 망하고 남학은 북학에 망하고 북학은 중학에 망한다. 즉 서학은 기독교요 동학은 천도교요 소위 남학은 詠歌舞蹈敎 또는 大宗敎라고도 한다.[84)]

이들 기록에서는 동서남북중학을 거론하고 있는데 이것들이 대체로 체제를 위협하는 邪學으로 인식되고 있다. 그러나 중학, 북학은 그 실체가 불분명하고, 서학은 농민전쟁 당시에는 포교가 허용되어 있었다. 따라서 문제는 동학과 함께 남학이었다.

내무대신 박영효가 1895년 2월 각 도에 視察委員을 파견하면서 "東南徒黨 及 其他不軌之類 亂萌有無事"의 조항을 두어 시찰토록 하고,[85)] 또한 그가 홍범 14조의 실천지침으로서 마련하여 지방관에 훈시하는 가운데서도 "東學과 南學 黨의 명색을 각별 禁防홀 事"라고 하여,[86)] 동학당과 남학당의 무리가 봉기를 꾀하는지의 여부를 조사하여 이를 방지하도록 지시한 것에서 보면, 문제가 되는 것은 동학과 남학이었음을 알 수 있다.

그러면 남학이란 무엇을 말하는가. 남학은 1860년경 동학이 발생할 때와 같은 시기에 충남과 전북에서 李雲圭에 의하여 창도되었다고 한다. 최제우가 이운규의 제자였다는 주장도 있지만 확인하기 어렵다. 이운규에 의해 창시된 이후 1878년경 이후부터 金恒(一夫)의 충남 연산지방을 중심으로 한 無極大道 또는 大宗敎와, 金致寅(光華)의 전북 진안지방을 중심으로 한 五方佛敎 또는 南學으로 분화 발전하였다. 이 종교는 儒佛仙을 혼합한 종교이지만 一夫系는 유교

---

83) 《札移電存案》 1894년 12월 13일
84) 이능화(이종은 역주), 1983 《조선도교사》 보성문화사, 334쪽
85) 《오하기문》 3필, 1895년 2월, 82쪽
86) 《한말근대법령자료집》 1, 1895년 3월 10일 내무아문 훈시, 184쪽

를 중심으로 불선을 흡수하였고, 光華系는 불교를 중심으로 유선을 흡수하였다. 이들을 모두 남학이라고 부르기도 하지만 특히 광화계를 남학으로 불렀다.[87] 대체로 전라우도 일대에 서학이 크게 치성한 데 비하여 남학은 전라좌도 일대에 유포된 것으로 보인다고 한 황현의 지적은 바로 이 광화계 오방불교 남학을 가리키는 것이다. 황현은 남학을 佛學이라고도 불렀다.[88]

남학은 五音呪에 의한 詠歌舞蹈를 하는 것이 특징이었다. 영가무도를 하면 병이 잘 낫고 이를 통해 신통력이 생기고 그 극치에 도달하면 신인이 된다는 믿음이 있었다.[89] 황현은 영가무도의 양상을 다음과 같이 지적한다.

불학은 또한 남학이라고도 칭한다. 연전에 처음 시작되었고, 누가 창시하였는지는 알지 못하지만 동학과 함께 일어났다. 그 교리는 같지 않지만 서로 어긋나지 않는다. 作法할 때 狂歌亂舞 跳躍誦呪한다. 그 노래에 이르기를 開南門 擊鉢羅鷄鳴山 川 月明來歌 將終必呼 南無阿彌陀佛이라고 한다. 노래가 끝나면 서로 둥그렇게 하여 踊跳擲自하기 때문에 詠歌舞蹈之學이라 한다.[90]

동학과 함께 일어났지만 그 교리는 같지 않고 영가무도하는 것이 남학의 종교의식이었다.

그러면 왜 정부에서 남학당을 지목하여 색출하도록 지시하고 있는 것일까. 진안 지역 古老들의 증언에 의하면 농민전쟁이 일어나자 "남학교도 수천 명이 주천에서 집회를 갖고 후천선계의 개벽운동의 기회를 잃지 말고 동학과 같이 총궐기할 것을 논의하였다. 그리하여 그들은 동학운동과 구별하는 뜻에서 黃袂 子를 입고 오방기 아래 출전할 태세를 갖추었다는 것이다. 그러나 이 남학운동의 기미를 안 관군이 공격해온다는 소식을 듣고는 출동 직전에 해산해버렸다"

87) 이강오, 1979〈구한말 남학의 발생과 그 성격에 대하여〉《전라문화연구》1 전북향토문화연구회 참조
88)《오하기문》3필, 1895년 3월, 99쪽
89) 이강오, 앞의 글, 134쪽
90)《오하기문》3필, 1895년 3월, 99쪽. 이능화는 남학을 영가무도교라고 하기도 하였는데, 영가무도에 대하여, "吟哦㖿呼唔 五音은 五行 근본의 天聲에 따라 陽律陰呂로 臟腑에서 나오는 것이니 혈기가 화평하면 노래도 하고 읊기도 한다. 손으로 춤추고 발로 뛰게 되어 자연히 심정이 靈虛해지고 神明이 箒應하여 조화의 이치와 격에 맞는 功을 깨달아 통하지 않음이 없을 것이다"(이능화, 앞의 책, 335쪽)라고 설명하였다.

고 한다. 증언에 의하면 "주천 앞 시내 벌판에 만 명이 넘는 교도들이 모여 동학교도가 부르는 검가에 가름하는 '남문 열고 바라치니 계명산천 밝아진다…'는 노래를 부르면서 대대리에 진출하여 기세를 올렸다는 것이다. 그런데 내부에 밀고하는 자가 있어 거사 전에 해산되었다"고 한다.[91] 이것이 정확히 언제인지는 알 수 없지만 전라감사 이도재의 지시로 1894년 12월 김성규가 작성하고 이를 1895년 1월에 이도재가 전라도지방에 반포한 향약사목의 過失相規 조항에 보면, "최근 東學佛學之類와 같이 귀신에게 기도하기를 기뻐하는 자는 그 집이 반드시 망한다"라는[92] 기록이 있어서, 이로 미루어본다면 동학과 함께 불학 즉 남학이 이미 농민전쟁 시기에도 활동하고 있었음을 알 수 있다. 남학이 단순한 종교조직으로서 수도에만 전념한 것이 아니라 동학과 마찬가지로 사회변혁의 대열에도 참여하고 있었음을 의미한다고 볼 수 있을 것이다. 따라서 동학당의 색출 지시와 함께 남학당에 대한 체포령도 내렸던 것이다.

일제하의 조사기록에 보면 다음과 같은 지적이 있다.

광화교는 전라북도 진안군 주천면 대불리 김치인이라는 자가 1888년경 오방불이라 칭하는 불교의 일파를 창설 포교한 것으로 출발한다. 김치인은 그 후 1894년 정부의 비위를 거슬러 전주 서문 밖에서 사형당했으나…[93]

이 기록은 전라감사 이도재가 1895년 3월 초 진안에서 佛學邪黨 10여 명을 체포하여 전주로 압송하여 참수하였는데,[94] 그 佛學은 또한 南學이라고 칭하기도 한다는 기록과[95] 거의 일치하고 있다. 남학당이 농민전쟁에 가담하려 하였기 때문에 탄압을 받게 되었던 것으로 생각된다.

1895년 3월 초 진안에서 남학의 지도부가 체포 처형된 이후 도통의 전수와 관련하여 갈등이 나타났던 것으로 보인다. 결국은 그것이 거룩한 순교로 믿어

---

91) 이강오, 앞의 글, 135쪽
92) 金星圭, 《草亭集》 권 7 鄕約事目, 18쪽
93) 村山智順, 1935 《조선의 유사종교》(최길성·장상언 역, 1991, 계명대 출판부), 341쪽
94) 교단측에서는 1895년 봄에 관군이 교주 一守와 광화 및 교도 6명을 합하여 8인을 체포하여 4월 16일 전주 서문 밖에서 포살 처형한 것으로 보고 이를 순교로 설명한다(이강오, 앞의 글, 117, 135쪽).
95) 《오하기문》 3필, 1895년 3월, 99쪽

져 이후 용담·무주·진안·임실·고산·전주·장수·금산·진산·연산·논산 등지에 수만의 교인을 확보하는 발전을 보지만, 교단의 분열도 생겨나 金庸培는 금강불교를 만들어 운장산, 마이산 등지에서 포교하고, 金垣培는 오방불교를 이끌고 계룡산 신도안으로 옮겨 광화교를 만드는 것으로 된다.[96]

1895년 3월 남학의 지도부를 체포하고서도 전라감사 이도재는 그해 6월 동도 외에 남학이라는 것이 무리를 지어 인심이 의구하고 騷訛가 일어난다고 상소하고 있는데,[97] 그것은 지도부의 와해에도 불구하고 그 잔존세력이 활동하고 있었음을 의미한다고 생각된다. 황현은 농민전쟁 이후 "동학에서 누락된 자들이 차차 여기에 귀의한다"고 하면서 이들도 원래는 '東學之類'였다고 파악하였다.[98] 이런 점에서 남학당의 활동은 동학농민군의 향방을 확인하는 데 중요한 의미를 지니는 것이다.

남학당은 농민전쟁중의 봉기계획 이후 또는 1895년 3월 지도부가 체포된 이후 내부적인 분열과 분화가 발생하여, 그 가운데 한 세력은 제주도로 넘어간 것으로 보인다. 김성규의 향약사목의 過失相規 조항에는 불학은 바다 가운데 나라가 있다고 말한다고 지적하고 있는데,[99] 이러한 논리에 따라 바다 가운데 있는 제주도로 옮겨간 집단이 있었던 것이다. 제주도로 집단이주한 남학교도들은 거기서 화전을 개발하면서 대정군 광청리 일대에 정착하여 살았고, 이들이 1898년 방성칠을 중심으로 한 제주도 남학당의 봉기, 즉 화전세를 비롯한 조세 문제의 시정을 요구하는 농민항쟁을 일으키게 되었던 것이다.[100]

남학당은 사회변혁운동에 구체적으로 관여하고 정부에서도 이를 불온시하였는데, 그 종교적 성격은 매우 신비주의적 요소를 내포하고 있었다. 따라서 종교적 성격이 강화되면 사회변혁운동과는 괴리될 수밖에 없을 것이다. 그러나 이러한 신비주의적 요소가 당시 사회분위기를 동요시키고 있었음은 틀림없다. 농민전쟁 이후 발생한 여러가지 와언이나 신비주의적 경향을 한두 가지 예를 들어 살펴보기로 한다.

---

96) 이강오, 앞의 글 참조
97) 《일성록》 고종편 32권, 1895년 6월 18일, 164쪽
98) 《오하기문》 3필, 1895년 3월, 99쪽
99) 《초정집》 권 7 향약사목, 18쪽
100) 조성윤, 1986 〈1898년 제주도 민란의 구조와 성격―남학당의 활동과 관련하여〉《한국사회 사연구회논문집》 4 문학과지성사

충청도 내포의 宋都事는 꿈의 계시대로 금오산에 가서 구멍을 뚫어 鐵甲을 얻어 鑿甲契를 창시하니 따르는 자가 수천 명이 되었다고 한다. 그래서 경상도 김산군에서 鑿甲軍이 일어났다는 와언이 나오기도 하였다. 이것 역시 東學流로 파악되었다.[101] 동학의 잔당이 천갑계, 천갑군을 일으켰고 그 창시과정이 신비주의적이지만 사회적으로는 소요를 초래하고 그것이 농민전쟁과 같은 사회변혁으로 전이될 가능성이 없지 않았다.

또 한 승려가 꿈을 꾸는데 임진왜란시 활약한 유정이 말하기를 "팔도의 사찰에 통고하여 영남에서 都會를 열게 되면 그 가운데서 討倭者가 나올 것이다"라고 하였다고 한다. 이에 호남의 승려들이 다수 영남으로 가고 緇流都會가 열렸다는 풍문이 있었다.[102]

또 호남에 非東非佛之學이 있는데 자칭 儒學이라고 하고, 산신과 공자를 모신다고 한다. 신도들이 남원으로부터 김제에 모였고, 全甘藷를 괴수로 하였다고 한다.[103]

1897년 2월 내부대신 南廷哲은 13도에 치안 및 풍속에 관해 고시하면서 "유언비어를 전파하여 소동을 일으키지 말고 각각 자기의 직업에 충실할 것", "讖緯不經之說이나 巫瞽祈禱하여 혹세무민하는 일들은 일체 금지할 것"을 지시하고 있는데,[104] 이로써도 신비주의적인 세력이나 변혁세력의 활동이 전개되고 있는 분위기를 감지할 수 있다.

이상에서 남학당의 성격과 활동에 대하여 살펴보았다. 동학당과의 관계에 대하여는 여러 학설이 존재하는데 다만 농민전쟁 당시 동학당의 봉기에 호응하여 봉기함으로써 그에 연대하려는 시도가 있었고, 농민전쟁 직후에는 동학잔당이 토벌되는 분위기 속에서 남학당도 탄압을 받게 되었다. 그리고 동학잔당이 이 남학당에 편입되는 경향이 없지 않았으며, 그 일부가 제주도로 들어가 사회변혁의 일환으로서 농민항쟁을 주도하였다. 농민전쟁 이후 동학을 비롯한 수많은 민족종교, 민중종교가 발생하고 이합집산하게 되는데 많은 종교들이 신비주의화되어 현실과 멀어져가는 한편에서는, 현실적인 사회문제를 제기하거나 변혁

---

101) 《오하기문》 3필, 1895년 1월, 76~77쪽
102) 위의 책, 1895년 1월, 77쪽
103) 《수록》 1895년 윤5월, 160쪽
104) 《수록》 1897년 2월 28일 내부대신 남정철의 告示十三道人民, 222~225쪽

운동을 전개하는 세력들도 존재하고 있었다.

4) 동학농민의 西學黨 투탁

농민군 잔당은 변혁이념을 지니고는 있었지만 정부의 탄압을 견디기 어려웠다. 그리하여 일부 세력은 여전히 동학당으로서 활동하였지만 또 일부 세력은 그 명분을 바꾸기도 하였다. 앞서 논의한 영학당은 대부분 농민전쟁에 참여하였던 접주 및 농민군세력이었다. 남학당에도 농민군 잔당이 다수 가입하였다. 동학당으로 지목되어 체포되는 것을 피하고 세력을 확보하기 위하여 영학당·남학당과는 달리 서양종교에 의탁하는 경우도 적지 않았다. 天主敎(기독교 구교)를 비롯하여 耶蘇敎(기독교 신교), 그리고 希臘敎(러시아 정교)에 의탁하여 이 세력을 믿고 이익을 취하거나 소요를 일으키는 일이 적지 않게 일어났다. 여기서는 농민군의 잔여세력이 천주교, 야소교, 희랍교에 투탁하여 야기한 사회문제를 살펴보기로 한다.[105]

농민전쟁에 가담한 자들이 투탁한 서양종교로는 흔히 서학으로 불리는 천주교가 가장 많았다. 천주교는 조선후기부터 포교를 시작하였고 그 과정에서 많은 박해를 받으면서 희생을 치른 결과, 1886년 한불조약 이후 그 포교가 정식으로 인정되어 전국적으로 활발한 포교가 이루어졌다. 오히려 천주교의 신부나 교당은 외교관계에 의하여 치외법권적 지위를 누렸기 때문에 범죄자나 몰락자, 그리고 농민군이 이를 도피처로 여겼다. 이들이 교당을 끼고 불법을 자행하거나 세력을 과시하는 경우가 생기고 있었다.[106] 전라도와 충청도에서 몇 가지 사례를 찾아보기로 한다.

충청도의 경우, 한산의 金善在와 徐可良은 농민전쟁에 가담하여 당시 상호 갈등을 빚던 吳應老에게 행패를 부렸는데, 1895년 여름에는 서학을 칭하면서 다시 오응로의 가산을 부수고 구타하는 행패를 부렸고, 여기에 프랑스 선교사 南一良의 비호가 있었다. 오응로는 오히려 동학인으로 몰렸다.[107] 공주에서도

---

105) 여기서는 이들 종교의 종교적 포교활동은 논의대상에서 제외한다. 그리고 이용된 자료가 정부의 재판기록이기 때문에 불법적인 활동이 부각되는 점이 한계로 나타난다는 점을 미리 지적해 둔다.
106) 이영호, 1991 앞 논문, 9~10쪽 참조

1895년 여름 이후 東徒餘匪가 서학에 붙어 촌락에 횡행하면서 잔민을 구타하고 재산을 약탈한다는 보고가 있었다.[108] 서천의 徐昌吉은 동학에 들어가 관장을 능욕하고 평민을 침학한 자인데 후에는 서학에 들어갔다.[109]

전라도의 경우, 금구의 黃處中과 朴士玉은 원래 동학을 하다가 귀화한 뒤 다시 서학에 들어가 각처에 출몰하면서 백성을 침학하다가 체포되었다.[110] 고부의 金德弘은 서학교도로서 같은 교도인 屠漢을 멸시하는 張石中을 목석으로 난타하였고, 장성의 朴京用은 서학선생으로서 20여 년 전의 채권을 행사하기 위해 교도들을 데리고 위협하다가 붙잡혔다.[111] 장성에서도 농민전쟁시 체포되지 않은 잔당이 서학에 들어가 교사의 비호를 믿고 행패가 심하였다. 프랑스 선교사 曺有道는 오히려 행패를 부린 교인을 비호하였다. 각 지방 무뢰배와 漏網匪類가 서학에 들어가 불법을 자행하여 민간에 폐를 끼치고 관장을 위협하는데 그것은 프랑스 선교사의 비호 때문이었다고 한다.[112]

이상에서 농민전쟁이 일어났던 전라도와 충청도 지방에 서학이 활발하게 포교되고 거기에 다수의 농민군들이 투탁해 들어갔음을 알 수 있다. "고부·홍주 등지의 동학여당이 서학에 투입하여 작폐가 심하다"는 지적과도[113] 일치하고 있다.

다음으로 기독교 개신교 즉 야소교는 1884년 처음 선교사가 입국하여 각 지역에 선교사 파견이나 교당의 건립이 늦었기 때문에 농민군 잔당이 투탁하는 경우는 천주교의 경우보다는 적은 편이었다. 농민군 잔당이 야소교에 투탁한 몇 가지 사례를 살펴보기로 한다.

전주의 金弘九가 미국교사를 칭하고 부안군 북면 등지의 촌락을 다니면서 受道할 만한 자를 뽑고 敎冊을 강제로 배부하자 주민들이 동학의 전철을 밟지 않기 위하여 모두 회피하였다고 한다. 그는 贖錢을 걷거나 請貸를 칭탁하면서 토색하기도 하여 재판을 받았다.[114] 이 지역에서는 미국 남장로교 선교사들이 포

---

107) 《法部來去文》, 1895년 7월 5일 법부대신 서광범의 외부대신 김윤식에 대한 조회 제305호
108) 위와 같음
109) 《사법품보》 갑, 1897년 1월 23일 충청남도 관찰사의 법부대신에 대한 보고서
110) 《사법품보》 갑, 1896년 10월 16일 전라북도 재판소 판사의 고등재판소 재판장에 대한 보고서
111) 위와 같음
112) 《內部來去文》, 1898년 6월 24일 내부대신의 외부대신에 대한 조회
113) 金允植, 《續陰晴史》(국사편찬위원회 간행본) 상 권8, 1897년 10월 20일, 439쪽

교활동을 전개하였다.

양성군 洪秉燮은 東學餘踪으로서 의병에 轉入하고 의병이 귀화하자 다시 耶蘇敎에 전입하여 용인의 敎頭 金俊熙와 함께 불의를 자행하였다고 한다. 교인을 자칭하고 평민을 침학하고 재산을 탈취하는 것이 이전의 동학이나 의병이 작폐할 때보다 심하였다고 한다. 양성 李寶京의 답 15두락과 농우 한 마리를 탈취한 것이 문제가 되어 재판을 받았다.[115]

보령의 趙德彌 및 남포의 鄭行善 등은 야소교에 들어간 뒤 행패가 심하여 체포되었는데, 1902년 음력 7월 13일 대소민 수천 명이 관가에 돌입하여 옥문을 부수고 두 사람을 끌어내어 즉시 타살한 사건이 일어났다.[116] 그들은 모두 농민전쟁시 동학의 거괴였는데 그 이후 피신생활을 하다가, 겉으로는 야소교에 의탁하고 속으로는 동학잔당을 다시 모아 보령 홍동에 십자기를 크게 세우고 세력을 확대하였다. 그들은 부자들을 가입시키고 유부녀를 탈취하고 私債를 勒捧하고 소송을 임의로 하고 結戸錢을 내지 않고 외국교인임을 내세워 수령을 무시하는 행위를 자행하였다. 관에서는 이들이 안으로는 동학을 지키면서 밖으로는 야소교를 의탁하는 것으로 파악하였다. 이들을 그대로 두면 '갑오의 난'이 다시 일어날 것이라고 우려할 정도였다.[117]

이상에서 뒤늦게 포교되기 시작한 야소교에도 동학의 전력을 지닌 자들이 다수 가입하는 현상을 볼 수 있다. 야소교의 치외법권적 지위를 이용하여 농촌사회에서 여러 이익을 확보하려는 양상도 나타났다. 개중에는 종교적 결사과정에서의 폐단이 드러나기도 하였지만, 주목되는 것은 그들의 활동 가운데 내적으로 동학의 결사를 조직적으로 확보하려는 움직임이 보이고, 그러한 움직임이 '갑오의 난'이 다시 일어날까 우려되는 양상을 보이고 있었던 점이다.

대한제국시기에는 러시아와 일본이 각축을 벌였는데 초기에는 러시아 세력이 강하였다가 후기에는 일본이 강력하게 도전하여 결국 1904년 러일전쟁으로 폭발하였다. 전반적으로 대한제국시기의 권력은 친러적 성격의 정치가들에 의하

---

114) 《사법품보》 갑, 1897년 5월 22일 전라북도 관찰사의 법부대신에 대한 질품서
115) 《사법품보》 갑, 1898년 7월 4일 경기재판소 판사의 법부대신에 대한 질품서
116) 《일신》 1902년 7월 24일, 883쪽 ; 《忠淸南北道來去案》 1(《各司謄錄》 8, 국사편찬위원회 간행본, 465~466쪽), 1902년 8월 17일 남포군수의 외부대신에 대한 보고서 제6호
117) 《충청남북도래거안》 1(《각사등록》 8, 461쪽), 1902년 8월 12일 남포군수의 외부대신에 대한 보고서 제5호

여 좌우되고 있었는데, 이러한 정치분위기에서 러시아의 문화도 일부 들어오게
되었고 그 중의 하나가 러시아 정교회 즉 희랍교의 도입이었다.[118] 친러시아 세
력은 극히 짧은 기간 동안 주도권을 쥐고 있어서 러시아 문화가 널리 확산된 것
은 아니지만, 희랍교를 빙자하여 사회문제를 일으킨 사례가 충청도지방에서 확
인되고 거기에는 농민군 잔당의 투탁이 중요한 변수로 작용하였다.[119]

  희랍교가 지방에서 문제를 야기한 것은 충청도 남포 · 한산 · 임천 등지에서였
다. 1900년 10월 러시아 국적을 지닌 貞吉堂이라는 여인이 아들 光鎭과 함께
충청도 임천으로 내려와 梁奎泰, 安鍾學, 安炳泰 등과 결탁하여 희랍교를 세웠
다. 광진은 通辯主事, 양규태는 三南都會長, 안종학은 三南上會長, 羅恩京은 上
會長 겸 大統領을 칭하였다. 그들은 임천에 도소를 설립하고 동학여당을 입당
시켜 그 세력을 급속히 확대하여 수만 명을 헤아렸다. 그 도소의 지파가 읍촌마
다 설치되었다. 십자기를 세우고 詞訟衙門을 칭하면서 聽理하자 각 읍의 이서
들이 입도하였다. 이전에 동학에 투신한 자들이 체포를 피하여 목숨을 보전하
고자 희랍교에 입교하는 자가 많았고, 화적여당들도 많았다. 그들은 掘塚, 유부
녀 탈취, 사채 수취, 재산 탈취, 사족 능욕을 자행하였다. 無恒産者는 모두 그
당에 들어가고, 有豊富者는 모두 피해를 입었다. 사대부와 부민들이 큰 피해를
입었다고 한다. 그래서 유생들이 들고 일어나 이들의 체포를 호소하였으나 오
히려 정길당을 무고한 죄로 유생들이 체포되는 지경이었다. 충남과 전북 20여
군이 그들의 선동에 휩쓸려 피해를 보았다. 결국 정길당과 안병태 · 안종학이
체포되었고, 그들의 소지품에서 火賊器械와 문서들이 발견되었다. 양규태는 도
망갔는데 양호에 私通을 띄워 그 무리를 단속하게 할 정도로 심각한 사회문제
였다.[120]

  이와 같이 대한제국시기에 러시아 세력이 확장되는 것을 기화로 하여 희랍교
를 칭하면서 한편으로는 정부의 탄압을 모면하고 다른 한편으로는 조직을 확대
하는 자들이 있었다. 희랍교의 경우는 먼저 희랍교 교당이 외국인 선교사를 중

---

118) 한국기독교사연구회, 1989 ≪한국기독교의 역사≫ Ⅰ 기독교문사, 191쪽. 러시아 정교회는
    1900년 2월 러시아공사관 안에 교당을 설치한 것이 시초였다.
119) 이만열, 1987 〈한말 러시아 정교의 전파와 그 敎弊문제〉 ≪숙명여대논문집≫ 26 참조
120) ≪訴狀≫(법부편), 1901년 음력 2월 忠淸南道 濫浦郡 居儒生白 河洙 · 李圭東 · 李鍾泰 등의
    소장, 1901년 6월 충청남도 각 군 儒生 李鍾泰 등의 소장 ; ≪일신≫ 1901년 1월 22일, 2월 9
    일, 2월 26일

심으로 형성되고 그다음에 농민군 잔당이 투탁한 것이 아니고, 러시아 세력을
배경으로 하여 자생적으로 조직을 마련하려 하였던 점이 앞서 기독교에 투탁하
여 탄압을 모면하고 세력을 확대하려 한 경우와 대조된다.

　이상에서 볼 때 농민군 잔당의 서학당 투탁은 일차적으로는 정부의 탄압을
모면하려는 것에 그 동기가 있다고 여겨진다. 투탁한 뒤에는 종교적으로 귀의
한 자도 있었을 것이고, 서양종교의 비호하에 농촌사회에서 초법적인 행동을
자행하는 경우도 있었을 것이다. 여기서 관심을 갖는 것은 농민군 잔여세력이
자신들의 사상과 지향을 유지하면서 서학당 조직을 어떻게 사회변혁운동에 활
용하였는가 하는 점인데, 기독교의 경우 그 교단 조직이 확고하기 때문에 그에
가입한 농민들이 그 조직을 봉기에 이용하거나 별도로 조직을 확보하는 것이
용이하지는 않았을 것으로 생각된다. 앞서 지적한 영학당의 경우는 서양종교를
이용하면서도 동학당 조직을 그대로 유지하고 이를 토대로 농민봉기에 나설 수
있었지만 서학당에 가입한 농민들은 그 교당과 교사 그리고 그 나라 공사관의
비호를 받을 수는 있었지만, 사회변혁운동을 위한 조직활동에는 제한이 있었다
고 생각된다. 그러나 투탁한 자들의 행위가 종교적인 것 외에 불법적인 행패인
경우도 있지만, 농촌사회의 봉건적 잔재에 대한 비판과 공격이 포함되어 있고
많은 주민들이 그들을 동학잔당으로 인식하고 있는 점에서 볼 때 사회변혁적
지향을 지니고 있었음을 전혀 부인할 수는 없을 것이다. 그리고 러시아 정교회
를 이용한 경우에는 그것이 사회변혁을 위한 어떠한 움직임을 보였는지는 확인
되지 않고 있지만, 다만 그 조직을 주동한 자들이 사회변혁에 관심을 가진 자들
이라면 영학당과 같은 활동을 전개할 수 있는 가능성은 주어져 있었다고 생각
된다.

4. 농민운동조직 사이의 연계성

　이상에서 살펴본 농민조직의 형성과 변화, 그 활동상을 종합적으로 정리하면
서 농민조직의 연계성, 변혁운동을 중심으로 한 인적 관련성에 대하여 살펴보
기로 한다.

　농민전쟁 이후 끊임없는 탄압 속에서도 동학당을 유지하는 조직은 존재하였

다. 북접교단 산하에 편입되어 있는 경우도 있고 남접계열을 이어나오는 조직
도 있었다. 동학의 탄압을 피하여 서양종교의 명분을 지닌 영학당이 출현하기
도 하였다. 동학으로부터 유래한 것은 아니지만 농민전쟁 이후 다수의 동학농
민군이 가담하여 세력이 확대된 남학당도 있었다. 신비주의적인 종교조직이 형
성되기도 하였다. 동학의 탄압을 피하여 직접 서양의 종교에 투탁해 들어가는
경우도 있었다. 이들 서학당은 변혁운동세력의 주체적인 조직은 아니지만 거기
에는 영학당과 같이 명분을 이용하면서 실질적으로 변혁운동을 꾀하는 세력도
포함되어 있었을 것이다. 또한 화적당에 편입된 농민군들도 있었고 그 화적당
이 1900년경 이후에는 활빈당으로서 변혁운동의 대열에 합류하였다. 을미의병
에는 농민군 잔당이 일부 가담하기도 하지만 지역적인 차이가 있고 또 기본적
으로 그 입장이 상호 일치하지 않기 때문에 그것을 농민군 조직으로 평가할 수
는 없지만, 1904년 이후의 의병조직에는 농민운동의 경험을 지닌 자들이 더 많
아졌을 것이다.

대체로 이들 농민조직이 농민전쟁 이후 1904년경까지 비슷한 시기에 나타났
다. 동학당은 북접교단이 정치결사를 통해 공개적인 활동을 벌이는 1904년까지
계속 활동하였고, 남학당과 영학당은 농민전쟁 직후부터 1900년경까지 활발하
였고, 활빈당은 1900년 이후 활동하기 시작하였다. 서학당은 교세의 확장을 이
루고 있지만 그에 투탁한 세력의 활동이 교단조직의 제약을 받아 더 활성화되
지는 못하였다.

지역적으로 보면 동학교단은 주로 북부지방에서 세력을 확대하였고, 동학당
의 변혁운동은 소백산맥 줄기를 타고 전라도·충청도·경상도의 접경지역을 중
심으로 이루어졌고, 영학당은 농민전쟁이 일어난 전라북도 서부지역을 중심으
로 활동하였다. 남학당은 전라도 동부지역을 중심으로 세력을 확대한 뒤 제주
도로 옮겨갔다. 서학당은 각지에서 나타났는데 천주교가 가장 세력이 강하였고,
야소교는 지역별로 각 교단이 분할 포교하였고, 희랍교는 충청도 지역에서 일
시적으로 나타났다. 화적당은 각지에서 활동하였고, 그것이 변혁세력으로서 조
직화된 활빈당은 충청도·경상도·전라도 지역에서 활발하였다.

농민들 가운데는 이들 여러 조직을 전전하면서 변혁운동에 참가한 자들도 적
지 않았다. 여기서는 이들 변혁운동세력이 여러 변혁운동조직에 참여한 실태와
그 의미에 대하여 살펴보기로 한다. 먼저 지적해두어야 할 점은 이들 농민조직

을 변혁지향적으로 활용하고자 하는 세력이 있는가 하면 개인적 치부나 세력의
확대를 위하여 기회주의적으로 이용하고 있는 세력도 있다는 점이다. 이들의
활동에 대하여는 관문서가 대부분 부정적으로 묘사하고 있기 때문에 그것이 자
료를 통해서 분명하게 잘 드러나지 않는 점도 주의해야 할 것이다.

먼저 태인의 金文行은 당시의 변혁운동조직에 두루 가담한 대표적인 실례가
될 것이다. 그는 농민전쟁→ 의병 → 영학당→ 의병 등에 참여하였다. 김문행은
도강 김씨 김개남의 동족으로서 김개남 산하의 대접주가 되어 주로 태인에서
활동하였다.[121] 제2차 농민전쟁시 공주에서 패한 전봉준과 함께 태인전투를 벌
였고,[122] 김개남이 체포되고 태인 유림들의 민보군 활동이 활발해지면서 피신하
였다. 정부군은 김문행의 가산을 몰수하고 집을 불사르고 김문행의 어머니와
첩을 체포하였다.[123]

그러나 김문행의 출신지인 태인 고현내면은 오랫동안 도강 김씨가 세거하여
그 동족이 향약 등을 통하여 그 지역을 지배해오던 곳이었으므로 김문행은 이
후 다시 본가에 돌아와 거주할 수 있었던 것으로 보인다. 그리하여 단발령 이후
의 을미의병 봉기에도 이 지역 대표로서 참여할 수 있었다. 1902년 김문행이
체포되어 진술한 내용에서 그의 행적을 엿볼 수 있다.

> 1896년 단발령이 내렸을 때 호남 유림이 장성에서 모두 모여 회의하여 상소를
> 올리고자 하여 奇禹萬이 疏首가 되었고, 그때 영남에서도 유회가 있었는데 소수는
> 盧仁球가 되었다. 본인은 장성회의에 참여하였다가 관찰사의 금지지시에 따라 罷
> 會한 후 7년 동안 두문불출하다가 1902년 음력 4월 초에 奇參衍이 편지를 보내어
> 復讐擧義를 제의하였으나 본인은 朝家의 조직이 없으므로 망동해서는 안된다고 하
> 고 다시는 서신 왕래가 없었는데 4월 20일경 전주진위대에 체포되었다.[124]

을미의병 이후 향리에서 칩거하였다고 본인은 진술하고 있지만, 1899년 영학
당운동이 전개되었을 때 그 거괴로서 지목되고 있는 것을 보면,[125] 을미의병 이

---

121) 《동학사》(《동학사상자료집》 2), 467쪽
122) 〈순무선봉진등록〉 《동학란기록》 상, 565쪽
123) 이진영, 앞 논문, 33~35쪽
124) 《사법품보》 을, 1903년 2월 13일 평리원 재판장의 법부대신에 대한 질품서 제4호
125) 《皇城新聞》 1899년 6월 23일 別報 〈南擾의 顚末(續)〉

후에도 사회변혁활동을 계속하였던 것으로 짐작되고, 역시 그의 사상 밑바닥에는 사회변혁에 대한 의지가 있었고 그것이 유연한 사회운동으로 표출된 것으로 생각된다. 1902년 같이 체포된 기삼연은 곧 석방되었으나 김문행은 1896년 의병뿐만 아니라 1894년 농민전쟁에 참여한 죄를 적용받아 종신징역에 처하여졌다.[126] 김문행의 활동은 사회변혁운동에 관심을 가지는 인물의 행동을 단적으로 보여주는데, 1894년 농민전쟁, 을미의병, 동학당 및 영학당운동, 의병의 재기 등에 두루 참여하였다. 유림들과 교류하고 있는 점에서 반외세 민족의식이 강렬하였을 것으로 생각된다.

영학당운동에 참여한 인물이 의병에 가담하고 있는 것도 발견할 수 있다. 1906년 4월 전라남도 지방에서 활동한 이백래, 양회일 의병의 유격대장을 맡은 李司維는 그 字가 之白으로서,[127] 1898년 흥덕농민항쟁을 주도한 영학당 이화삼의 친척이었다. 이지백이 영학당운동에 분명히 참여한 것은 알 수 없지만 그 운동의 전개과정을 분명히 지켜보았고 그로써 영향을 받았을 것이다. 또한 이백래, 양회일 의병에는 화순의 崔基杓·裴鳳圭, 능주의 南甲宗 등의 동학접주 또는 교도의 경력을 지닌 자들이 참여하고 있었다.[128] 농민전쟁에서 동학당 및 영학당을 거쳐 의병으로 이어지는 흐름이 전라도지방에서 확인되고 있는 것이다.

농민전쟁 이후에는 그 이전과 마찬가지로 다시 화적의 활동이 활발해졌다.[129] "영호남에 화적이 크게 일어나 여행자들이 끊어졌다"는 기록도 있다.[130] 영학당운동이나 남학당의 봉기가 종식되고 동학당의 활동도 크게 타격을 받게 되는 1900년경에는 이전부터 산간에서 활발한 화적활동을 전개하던 화적당이 보다 사회변혁적 이념을 띠고 나타난다. 그것이 바로 活貧黨이었다. 본래의 화적당이 사회변혁운동의 이념을 갑자기 지니게 되었다기보다는 이 시기에 다수의 사회변혁세력이 산간지방으로 쫓겨가면서 화적당 내부에도 이전보다는 훨씬 사회적 의미를 지니는 세력이 포진하게 되었음을 의미하는 것이라고 생각된다.

---

126) 《소장》(법부편), 1905년 5월 징역죄수 金文幸(46세)의 법부대신에 대한 청원서
127) 홍순권, 1991 《한말 호남지역 의병운동 연구》 서울대 박사학위논문, 253쪽
128) 홍영기, 1991 〈구한말 '호남창의소'에 대한 몇 가지 문제〉《한국민족운동사연구》 5, 170쪽
129) 박찬승, 앞 논문 참조
130) 《속음청사》 상 권 8, 1897년 10월 20일, 439쪽

1894년 농민전쟁에 참여하였다가 1896년 의병에 가담하고 이후 활빈당에 가담한 충청도 출신의 활빈당 대장 馬中軍의 경우가 대표적이다.[131] 또한 경상도 상주와 선산 등지에 괴한이 나타나 관군이 수색하니 그들이 "자칭 동학이라 하면서 자기들은 의병을 일으켜 왜인과 양인을 축출하겠다고 말했다는 것이다. 그 말하는 태도가 당당하고 조금도 두려워하는 기색이 없었다고 한다. 화적당이 일어난 것이다"라는 기록도 있다.[132] 이것은 동학당과 의병, 그리고 화적당이 반외세적 입장에서 일치하고 있음을 의미한다.

활빈당에 들어간 자들은 그 경력이 매우 다양하였다. 1900년 이후 활빈당이 사회문제를 내걸고 활동하였기 때문에 이전의 화적당과는 성격을 달리하는 것으로 파악되지만, 화적당으로서의 성격을 지니는 자들도 적지 않았을 것이다. 충청도 임천의 양규태는 화적당 괴수였다가 영학당과 희랍교를 거쳐 활빈당으로 흘러들어간 인물로서 살펴볼 필요가 있다. 그가 농민전쟁 당시 어떠한 활동을 하였는지는 알 수 없지만 그의 무리 가운데 화적당과 함께 동학의 잔당이 매우 많은 것으로 보아 농민전쟁에도 가담하였을 가능성이 없지 않다.[133] 농민전쟁 이후 그는 화적당에 들어가 유명한 괴수 노릇을 하였다. 그러다가 1899년경에는 전라도지방에서 세력을 확대하고 있었던 영학당에 가입하였다. 그러나 화적괴수로서 함열군에서 체포되고, 영학당 교사의 후원에 의하여 석방되었지만 영학의 교적에서는 축출되었다. 그 이후 양규태는 1900년 10월 정길당 및 안종학 등과 결탁하여 충청도 임천에서 희랍교를 창설하고 자신이 삼남도회장이 되었다. 그 뒤 그는 활빈당에 들어가 활동하였다. "저 양규태 등이 活貧黨으로 변하고 水賊으로 변하여 곳곳을 표략하여 도로가 두절되었다"라는 지적에서 분명하다.[134] 이렇게 보면 양규태는 동학농민군, 화적당, 영학당, 희랍교, 활빈당으로 들어가 활동하였음을 알 수 있다.[135] 양규태의 행동이 얼마만큼 사회변혁적

131)《매천야록》권 3, 1899년 10월, 244쪽
132)《渚上日月》1894년 10월 8일, 10월 19일
133) 양규태와 함께 활동하여 수배당했던 서천의 羅恩京은 농민전쟁시에는 접주로서 서천의 군기를 탈취하였던 자인데, 1901년 봄 희랍교 접주가 되어 민간에서 토색을 자행하였다(《忠淸南道各邑別廉記》1901년 9월). 나은경의 희랍교 내 지위는 上會長 겸 大統領이었다. 양규태도 동학과 관련이 있었을 것으로 추정된다.
134)《소장》, 1901년 11월 충청남도 남포군 유생 白成鎭 등의 청원서
135)《일신》1901년 2월 17일, 2월 26일 ;《소장》(법부편), 1901년 음력 3월 충청남도 내포 儒生 등의 청원서, 1901년 6월 충청남도 각 군 儒生 李鍾泰 등의 소장, 1901년 11월 충청남도

활동을 전개한 도덕적 정당성을 지닌 것인지는 확인할 수 없지만, 사회변혁운
동에 참여하는 사람들이 여러 조직을 광범하게 활용하고 있음을 보여준다고 생
각된다.

양규태를 토벌하려 하였던 충청도 남포 불은면의 李鍾泰(혹은 光淳)는 여러
조직에 두루 가담하면서도 기회주의적이고 이기적으로 조직을 활용하고 있었던
대표적인 예로 볼 수 있을 것이다. 이종태는 농민전쟁시에는 동학괴수였다가
추후에는 儒會에 가담하여 오히려 동학농민군을 소탕하는 행동을 보였다. 그
뒤 1901년 봄에는 희랍교 훈장이 되었다가, 법부훈령을 받아 자칭 討捕使가 되
어서는 다시 희랍괴수 梁圭泰의 무리를 소탕한다고 비인·남포·홍산·서천·
임천의 5읍 및 전라도 함열·임피·용안의 3읍을 횡행하였다. 그는 평민 중 조
금 부유한 자가 있으면 희랍교의 당이라고 지목하고 형벌을 주어 수백 수천 금
을 토색하였다.[136] 또한 남포 고읍면의 白聖辰은 경향에서 협잡행위를 자행하던
자인데 1901년 봄 은행소를 창설한다고 남포에 내려와 희랍교 두목을 얻어 행
세하면서 유부녀와 전답을 빼앗는 등의 행패를 저질러 구속되기도 하였다. 그
러다가 그는 이종태의 모사가 되어 다시 희랍교를 탄압함으로써 개인적인 치부
에 나섰던 것이다.[137] 이종태와 백성진은 동학과 농민전쟁을 이용하여 치부하려
는 자들이었고, 기회주의적으로 행동하던 자들이었다. 서학당에 투탁한 자들
가운데는 이러한 성향의 인물이 적지 않았다.

충청도 보령의 趙德弼 및 남포의 鄭行善은 본래 동학거괴로서 희랍교를 거쳐
야소교에 투탁한 경우이다. 그들은 농민전쟁에서는 군기를 탈취하여 봉기를 꾀
하였다가, 그 뒤 1900년 겨울에 희랍교에 들어갔고, 1902년에는 야소교에 들
어가 은밀히 동비여당을 불러모아 조직을 확대하였다. 그들은 지방관을 축출하
고 房任을 파견하고 평민을 체포하고 재산을 탈취하고 유부녀를 탈취하고 양반
가에 돌입하여 부인을 공갈하는 등 행패를 자행한 혐의를 받았다. 특히 "甲午
의 仇怨이 모두 儒會에 있으니 지금 마땅히 一境을 소탕할 것이다"라고 하여 보
수유생층을 공격하려 하였다.[138] 여기서 조덕필과 정행선은 농민전쟁에 참여하

남포군 유생 白成鎭 등의 청원서
136) 《忠淸南道各邑別廉記》 1901년 9월 ; 《일신》 1901년 10월 12일
137) 《忠淸南道各邑別廉記》 1901년 9월 ; 《사법품보》 을, 1901년 12월 23일 남포군수의 법
　　부대신에 대한 보고서 제3호
138) 《사법품보》 갑, 1902년 10월 柳溶根供案

였다가 희랍교에 투탁하고 그 두목들이 체포되자 다시 야소교에 투탁하고 있음을 볼 수 있다. 이들의 행동이 얼마만큼 사회변혁적 정당성을 지닌 것으로 평가될 수 있을지 확인할 수 없지만, 지방관을 축출한 행위는 반봉건적 활동이었을 가능성을 보여주고, 다른 혐의들은 보수유생층을 공격한 것과 관련되지 않을까 여겨지기도 한다. 이들은 여러 조직에 두루 관련되면서도 동학조직으로서의 성격을 버리지 않고 있는데, 이들의 활동으로 다시 갑오의 난이 일어날까 우려되는 상황은 이들 활동의 방향을 암시한다고 생각된다.

을미의병에 들어갔던 동학농민이 후에는 야소교에 투탁하기도 하였다. 앞서 지적한 양성군 홍병섭은 동학잔당으로서 의병에 들어가고 의병이 귀화하자 다시 야소교에 들어간 사례가 될 것이다.[139]

이와 같이 동학농민군에 가담하였던 자들은 그 이후 다양한 농민조직, 변혁운동조직에 흡수되어 사회변혁운동에 관심을 가지고 활동하였다. 그럴 경우 주된 관심은 반봉건·반외세의 사회운동을 전개하는 데 있었다. 의병조직이나 동학당 및 영학당운동에서는 반외세가 반봉건보다 중시되는 경향을 보이고 있었던 데 반하여 서학당에 투탁하는 경우에는 반외세적인 것보다는 반봉건적인 문제가 중요한 문제로 부각되었다.

이상에서 볼 때 1894년 농민전쟁 이후 사회변혁적 활동에 관심을 가지고 있던 남은 농민군은 반봉건·반외세의 농민전쟁 이념을 계승하여 여러가지 농민조직이나 종교조직을 이용, 사회변혁운동을 위한 조직활동을 전개하고 있었다고 할 수 있다.

5. 맺음말

농민전쟁 이후 정부의 농민전쟁 수습책이 전혀 효과가 없었기 때문에 개화파 정부 아래서나 광무정권 아래서나 농민을 중심으로 한 민중층의 안정은 이루어질 수 없었고, 그들의 생산현장으로부터의 이탈 그리고 유민화, 조직화의 경향은 더욱 두드러졌다.

---

139) 《사법품보》 갑. 1898년 7월 4일 경기재판소 판사의 법부대신에 대한 질품서

농민전쟁 이후 농민전쟁에 적극 참여한 남접세력 그리고 농민전쟁에 휘말린 수없이 많은 변혁적 농민들은 여러가지 방식으로 삶을 도모하고 사회활동을 전개하였다. 그 가운데는 종교적 신비주의의 방향으로 나아간 자들도 있고, 개인적 치부를 위해 폐단을 야기하는 자들도 있었다. 여기서 관심을 가지는 것은 표면적으로는 사회의 질서를 무너뜨리는 활동으로 인식될 수 있다 하더라도, 사회변혁을 위한 이념을 지니고 조직활동을 전개하고 무력적 봉기를 꾀한 자들의 동향이다.

농민전쟁 이후 사회변혁활동을 전개하는 자들은 계속해서 농민조직을 활용하였다. 그러한 조직으로서는 義兵, 東學黨, 英學黨, 南學黨, 西學黨, 火賊黨, 活貧黨 등의 조직을 들 수 있다.

을미의병을 주도한 보수유생층은 농민전쟁이 종결되는 과정에서 일본군과 정부군을 도와 패주하는 농민군 잔당을 농촌에서 색출하여 처단하는 실질적인 역할을 담당한 세력이다. 그러나 그들은 그 후 민비살해와 갑오개혁의 단발령 등 근대화정책에 반대하여 의병을 일으켰다. 원래 보수유생층은 봉건질서의 개혁 문제를 둘러싸고 개화파 정부와는 전혀 반대된 입장을 지니고 있었지만, 농민군이 농촌사회에서 혁명적인 반봉건 활동을 전개하였기 때문에 농민군을 배척하는 것을 급선무로 삼았다. 이제 개화파 정부의 입장에 반대하여 의병을 일으키게 되자 숨어 있던 농민군 잔당이 이를 변혁의 기회로 여기고 가담하기도 하였다. 동학접주였던 태인의 김문행과 같이 을미의병에 지도급 인사로 참여하기도 하였으나, 농민군 잔당은 어디까지나 보수유생층의 지도부와는 상당한 거리를 두고 있었고, 단지 이를 변혁의 기회로 활용하고자 하는 정도였다. 따라서 지역에 따라 차이가 있지만 농민군이 을미의병에 적극적으로 참여하였거나 그것을 주도한 것은 결코 아니었다.

남접세력의 변혁이념을 이어받은 東學黨의 경우는 동학의 북접교단과의 관계에 있어서 어려움이 있었다. 이들은 여전히 동학당으로서 활동하면서 변혁운동을 모색하고 있었고, 1900년경 동학교도에 대한 대대적 탄압 이후 크게 위축되고 1904년 북접 동학교도들이 진보회·일진회를 결성하여 친일개화적 정치운동에 나서게 되면서 사회변혁적 의미의 동학당 활동은 의미를 상실하게 된다.

동학당 가운데 주목되는 활동은 英學黨이다. 영학당은 표면적으로는 서양종교에 투탁한 것처럼 보이지만, 실질적으로는 전라도에서 가장 조직적 세력이 컸던 孫和中包의 중견간부들이 농민전쟁의 재현을 위하여 조직한 동학당의 조직이었다. 영학당은 1899년에는 자기들의 고향으로서 손화중포 세력 지역이었던 전라도 고부·정읍·흥덕·무장·고창 지역에서 다시 농민전쟁과 같은 이념·목표·방법을 동원하여 재봉기를 꾀하였다. 이것을 농민전쟁 이후 가장 두드러진 사회변혁운동으로 꼽을 수 있다. 영학당운동은 손화중포 잔여세력이 김개남포 잔여세력과 연대하여 주도하면서 전라도의 진보적 북접세력을 끌어들여 추진한 사회변혁운동이었다. 이로써 농민전쟁 이후 남은 남접세력이 농민전쟁의 이념을 계승하여 사회변혁활동을 지속적으로 전개하였음을 확인할 수 있다.

南學黨은 동학당과의 관련이 분명하게 드러나지는 않았지만 동학과 비슷한 시기에 발생하여 충남과 전북 지역에서 포교가 이루어진 종교조직이었다. 농민전쟁 시기에 동학과는 별도로 농민전쟁에 호응하는 연합적 봉기를 꾀하고 있는 점이 주목된다. 농민전쟁 이후에는 동학과 마찬가지로 지목을 받아 탄압의 대상이 되었고, 농민군이 남학당에 들어가는 경우가 있었기 때문에 농민전쟁 이후 농민군의 동향을 파악하는 데 중요한 의의가 있다.

남학당은 동학과 마찬가지로 그 종교적 방향으로 발전하는 측면이 존재하고 그러한 방향은 남학당뿐만 아니라 당시 여러 종교조직에서 다양하게 나타났다. 1900년 전후의 민족적 위기상황하에서 민족종교의 연원이 형성되는 것과 관련된다. 이러한 방향 가운데는 신비주의적 방향을 취하는 경우도 적지 않았다. 그런데 여기서 관심을 갖는 것은 그 교리의 신비주의 여부가 아니라 그 사회적 활동의 의미에 관한 것이다. 이 점에서 남학당의 일부 세력이 제주도로 건너가 조세문제에 대한 저항으로부터 비롯된 1898년의 방성칠란(제주농민항쟁)을 일으키는 주도세력이 되는 것은 주목할 만한 일이다.

西學黨의 경우 기독교 신·구교 즉 天主敎와 耶蘇敎는 그 교리체계와 교단조직이 확고하였고, 서양열강 공사관의 보호 아래 조직적으로 포교가 이루어졌다. 농민군 잔당이 이에 가입한 것은 우선 정부의 탄압을 모면하고 치외법권적 보호와 세력을 가지기 위한 것이었다. 그 교단조직이 확고한 만큼 농민군의 잔여세력이 별도의 조직활동을 통하여 사회변혁운동에 나서기는 용이하지 않았을 것이지만 사회변혁적 지향을 전혀 부인할 수도 없었을 것이다. 영학당과 같은 경우가 서양종교의 조직에 직접 편입되지 않고 독자적인 조직을 유지하면서 그 종교를 이용하여 조직을 확대하고 봉기까지 꾀한 대표적인 사례일 것이다.

러시아 정교회 즉 希臘敎는 한국에 확고한 뿌리를 내리지 못하였는데, 충남 지역에 이를 칭탁한 조직이 발생하여 그 지역 보수유생층과 일대 충돌을 벌였다. 여기에는 화적 및 동학여당이 다수 가담하였는데 그것이 영학당과 같은 사회변혁을 위한 조직활동의 일환이었는지 개인적 치부와 세력확장을 위한 길이었는지는 아직 분명치 않다.

火賊의 활동은 조선후기부터 지속되어온 것이고 농민전쟁 이후에도 계속되었다. 농민군으로서 농촌사회에 정착하기 어려운 자들은 산 속으로 피신하였고, 그들은 결국 화전민이 아니면 화적이 되었다. 따라서 농민전쟁 이후 농민군으로서 화적이 된 자들은 매우 많았을 것이다. 그런데 화적당은 도덕적 정당성을 지니지 못한 것으로 인식되고 있었는데, 당시 이들 화적당에 다수의 사회변혁적 인물들이 들어가면서 그 조직과 지향이 변화되어간 것으로 생각된다. 반봉건・반외세의 이념을 표방한 의적으로서의 活貧黨이 나올 수 있었던 것은 이러한 배경에서였을 것이다.

이와 같이 농민전쟁 이후에는 동학농민군의 잔당들이 여러 사회조직에 편입되어가고 그들 조직을 사회변혁운동에 활용하고자 하는 활동이 전개되고 있었다. 특히 김문행과 같은 인물을 비롯한 몇 가지 사례에서 확인되듯이, 농민전쟁의 경험을 바탕으로 여러 조직을 사회변혁운동의 조직으로 활용하기 위한 활동을 전개하고 있었던 점이 주목된다. 이 점이 이 시기 농민군 활동의 중요한 특징이라고 보아야 할 것이다.

이상에서 1894년 농민전쟁 이후 농민군의 동향을 조직적 측면에서 살펴보았다. 정부의 대책이 농민전쟁의 재발을 방지할 수 있는 근본적인 대책으로서 수립되지 못하였고, 따라서・농민군의 활동도 정부의 정책을 비판하면서 동시에 외세의 침투를 경계하는 변혁운동으로서 지속적으로 나타나고 있었음을 확인할 수 있었다.

제 2 부 농민전쟁의 지역사례

1894년 충청도지역의 농민전쟁

양 진 석
단국대 강사

1. 머리말

충청지역 농민군의 활동은 2차 농민전쟁기에 잘 드러난 반면 이전의 농민군의 활동에 대해서는 그다지 알려지고 있지 않다. 이는 충청지역이 2차 농민전쟁기에 본격적인 주요한 전투의 장이 됨으로써 주목을 받았기 때문이다. 이러한 사정은 전라지역을 제외한 경상, 강원, 평안 그리고 경기지역까지를 포함하는 모든 지역의 농민군 활동에 대해서도 마찬가지라고 할 수 있다. 따라서 지역에 대한 연구는 손꼽을 정도로 미흡한 상태이다.

그 중에서 충청지역 농민군의 활동은 어느 한 시기만을 강조하여 설명함으로써 왜소화된 결과를 가져왔다. 또한 결과적으로 이곳에서 전개된 농민전쟁의 중요성은 큰 관심을 끌지 못하였고, 충청지역 농민전쟁에 대한 연구는 전라지역의 그것에 비하면 매우 단편적이고 소략한 상태에 머물렀다.[1] 그러나 충청지역의 농민전쟁은 전체적인 농민전쟁의 모습을 재구성하는 데 없어서는 안될 만큼 중요한 자리를 차지하고 있으며, 농민전쟁의 성격을 규정하는 것이기도 하다.

충청지역은 일부 지역을 제외하고 농민전쟁 초기 농민군지도부를 이룬 전봉준, 김개남, 손화중 등 남접계통의 영향력이 적은 곳으로, 최시형을 중심으로 한 북접의 주된 활동무대로 알려지고 있다. 따라서 1차 농민전쟁기에서 2차 농민전쟁기에 이르는 기간 동안 별다른 활동은 지적되지 않고 있다. 그러나 충청

---

1) 이유는 다음의 몇 가지로 지적할 수 있다. 우선 농민전쟁과정에서 농민군이 봉기한 지역과 그 주력부대의 중심적인 활동무대가 전라지역이라는 점을 들 수 있다. 중앙정부도 농민군 주력부대의 동태에 주목하면서 군대를 파견하였고, 양측의 활동에 대한 기록은 자연 전라지역에 집중되었다. 둘째, 현재 공간된 자료의 문제이다. 관찬자료는 대체로 주력부대와 관련된 주도적인 인물인 몇몇 개인 혹은 그 부대의 움직임이 주가 되고 있으며, 개인의 저술도 주력부대에 기울어져 기술되고 있다는 점이다. 관찬 혹은 개인의 저술이 다른 지역의 특징적인 사건을 아울러 기록하고 있지만, 서술의 중심은 여전히 주력 농민군의 활동에 집중되었고 그 결과 활동의 중심무대인 전라지역에서의 동태에 집중될 수밖에 없었다. 따라서 전라지역을 제외한 다른 지역에 대해서는 부차적인 차원에서 혹은 농민전쟁의 전과정을 서술하면서 연계하는 정도로 서술한 정도에 머무르고 있다. 그 과정에서 자연스럽게 농민전쟁 연구자들도 그외 지역에서의 농민군 활동은 관심대상에서 그 비중이 낮아졌다. 그리고 농민전쟁과 관련하여 새로이 발굴된 자료들은 대체로 전라지역과 관련된 것들이 대부분이라는 점이다. 게다가 농민전쟁과 관련된 口傳마저도 전라 이외의 지역에서는 채집되어 정리되지 않고 있다는 점을 들 수 있다. 최근에 몇몇 연구자의 노력에 의하여 채집되고 있다 하더라도 공개적이고 체계적으로 정리되고 있지 못하다. 게다가 개인의 저술일지라도 자료적 한계로 대체로 중앙의 자료에 의존하여 서술하거나 혹은 그 개인의 활동지역을 중심으로 서술하였기 때문에 관찬자료의 서술내용과 크게 다른 것은 아니었다. 따라서 개인의 문집이나 사건기록에 대한 서술은 크게 주목할 만한 것이 드물다. 셋째, 농민전쟁 연구자들의 연구자세 및 관점의 문제이다. 우선 관찬 혹은 개인이 편찬한 자료든지 연구자들이 쉽게 구할 수 있는 대부분의 자료가 주력부대의 동태를 기록한 것이라는 점이다. 기타 지역에서의 농민군 활동에 대한 기록은 주도층의 움직임과 관련된 경우에는 자세하겠지만 그외의 것은 대체로 현상적인 서술에 머물고 있다. 게다가 전라지역을 제외한 다른 지역 농민군에 대한 활동기록들이 쉽게 발굴되지 않고 있다는 점이다. 이는 연구자들이 기타 지역 농민군의 활동에 대하여 쉽게 접근하지 못하게 하는 요인이었다. 게다가 연구자들의 관심은 일률적으로 농민군 주도층의 활동에 집중되었고, 반면에 다른 지역에 대한 관심은 거의 없었다는 점을 들 수 있다. 이러한 점들은 전국적 규모로 진행된 농민전쟁에 대한 인식을 확대하는 장애가 되는 것이기도 하다.

지역에서도 농민전쟁 초기의 남접농민군 지도부와 직접적으로 연계되는 농민군
조직들이 존재하였고, 그들은 북접교단의 지휘를 받던 농민군조직과는 성격을
달리하였다. 물론 이들은 농민군 지휘부의 전쟁에 대한 견해가 달라짐에 따라
서 전쟁에 참여하는 입장도 달랐고, 이들간의 갈등이 나타나기도 하였다.[2] 따
라서 충청지역의 농민들이 독자적으로 군사활동을 준비한 경우도 있었다.[3] 이
들 농민군들의 독자적인 활동은 농민군 주력부대에 비하여 부차적인 위치에 머
무르고 있으며, 전체 농민군의 활동을 좌우할 만큼 두드러진 것은 아닐지라도
농민군의 활동으로서 의미를 갖고 있다.

　한편 2차 농민전쟁기에 이르러 농민군의 주된 활동지역 및 격전지로서 충청
지역이 부각되었으나, 이 시기 농민군의 활동도 주력군의 움직임과 관련하여
서술되는 정도에 불과하거나 혹은 1차 농민전쟁기의 연장선상에서 기술되는 정
도에 머물고 있다. 따라서 충청지역의 농민군 활동에 대한 전반적인 서술에는
미치지 못하였다. 게다가 충청지역의 전투에 대한 서술마저도 농민군 지도부가
전략상 택하는 몇몇 지역에서 정부군 내지 일본군 혹은 儒會軍이나 의병과 접
전하는 양상에 한정하여 서술하는 정도에 불과하였다. 이로 인해 충청도지역에
서 일어난 농민전쟁의 다양한 모습을 이해하는 데 한계가 많았다.

　이는 충청도지역 농민전쟁에 접근하는 방식이 대체로 1894년 농민전쟁 전반
의 하나의 과정으로서 다루었기 때문이다.[4] 그외에 충청지역의 사례를 다룬 연
구가 있지만,[5] 충청지역의 농민전쟁을 중점적으로 다룬 작업은 아직까지 충분
하게 이루어지지 않았다고 할 수 있다.[6]

2) 〈兩湖右先鋒日記〉 9월 22~25일 ≪東學亂記錄≫ 上, 259~262쪽
3) 신영우, 1995 〈충청도지역 동학농민전쟁의 전개과정〉 ≪동학농민전쟁의 지역적 전개와 사회
　　변동≫ 새길, 119쪽 註 26)을참조
4) 농민전쟁과 관련된 많은 논고들이 발표되어 방대한 양에 이르고 있다. 이에 대해서는 역사학연
　　구소, 1994 〈1894년 농민전쟁 관련논저 총목록〉 ≪역사연구≫ 제3호에 자세하다. 여기에서는
　　모두 소개하지 않고 근년에 발표된 주요 저서를 소개하는 선에서 그치도록 하겠다.
　　　韓㳓劤, 1884 ≪全訂版 東學과 農民蜂起≫ 一潮閣(1992년 개정) ; 李離和, 1989·1990 〈전
　　봉준과 동학농민전쟁〉 ≪역사비평≫ 계간 7·8·9·10호 ; 鄭昌烈, 1991 〈甲午農民戰爭硏究-
　　全琫準의 思想과 行動을 중심으로〉(연세대 박사학위논문) ; 愼鏞廈, 1993 ≪東學과 甲午農民戰
　　爭硏究≫ 一潮閣 ; 具良根, 1993 ≪甲午農民戰爭原因論≫ 亞細亞文化史
5) 洪性讚, 1983 〈1894年 執綱所 設包下의 鄕村事情─扶餘 大方面 일대를 중심으로〉 ≪東方學志≫
　　39
6) 충청지역 농민전쟁에 대하여 살펴본 글로 梁晋碩, 1994 〈충청지역 농민전쟁의 전개양상〉 ≪百

212

본고에서는 충청지역에서 발생한 농민들의 움직임을 포함하여 농민전쟁기에 충청지역에서 활동한 농민군의 동향을 중심으로 다루어보고자 한다. 이는 농민군들의 조직기반과 1차 농민전쟁기의 활동지역을 살피고, 이후 2차 농민전쟁기를 중심으로 충청지역에서 전개된 농민전쟁의 양상을 그리려고 한다. 아울러 농민군의 활동과 관련하여 정부군, 일본군, 유회군 등 반농민군적 입장에 있던 세력들의 동향을 살피고자 한다.

그러나 본고는 자료의 제한으로 충청지역 농민군의 활동을 충분하게 검토하지 못하였고, 게다가 지역적인 특성을 고려하는 데 소홀한 감이 있다. 아울러 지역답사를 통하여 현장의 생생한 모습을 재확인하는 작업이 충분하지 않았고, 지도상으로만 살펴본 지역도 없지 않았다. 따라서 농민전쟁의 진행과정을 검토하는 데는 지명 혹은 지형상의 오류가 있을 법하다. 이러한 문제점은 많은 연구자들의 가르침을 받았으면 한다.

2. 1차 농민전쟁기 농민군의 활동

1) 농민군의 활동

충청지역 농민들은 1차 농민전쟁 이전에도 간헐적으로 활동하고 있었다. 1893년 3월 보은집회를 기점으로 동학교도들이 중심이 된 농민들의 활동은 그 예이다. 이 집회는 교조신원운동을 전면에 내세우는 등 종교적인 측면이 강하였지만 전국에서 수많은 농민들을 집결시켰다. 이 집회는 내용상 반외세를 내세우고 있었으며, 한편 봉건사회의 억압적인 제반 구조를 타도하려는 수많은 농민들의 의지를 담은 집회였다. 그러나 이 집회는 더이상의 진전은 없었다. 1894년 4월 초순경 전라지역 농민군들이 본격적인 활동에 들어감으로써 농민들의 항쟁은 새로운 단계로 진전되었다. 이는 이전의 국지적인 '농민항쟁' 단계

濟文化》 제23집(公州大學校 百濟文化研究所)의 글이 있으나, 시론적이었고 내용상 잘못된 점이 있었다. 그러한 점은 이 글에서 시정하는 바이다. 또한 근래에 신영우, 1995 〈충청도지역 동학농민전쟁의 전개과정〉 《동학농민전쟁의 지역적 전개와 사회변동》(새길)을 접하게 되어 참고가 되었다.

에서 벗어나 '농민전쟁'이란 새로운 단계로 진전된 것이었다.

이 무렵 충청지역 농민들도 새로운 움직임을 보이고 있었다. 4월경 충청지역
에서 民擾가 자주 발생하였으며, 前 兵使인 金廷珪의 武斷에 따른 作鬧를 비롯
하여,[7] 懷德,[8] 魯城,[9] 洪州[10] 외에도 鎭岑, 靑山, 報恩, 沃川, 文義, 木川 등의
곳에서 농민들의 활동이 탐지되었다.[11] 이러한 형태들은 이전에 빈번하게 발생
한 민란의 단계를 크게 벗어난 것은 아니었다. 다만 이들 농민항쟁들은 농민전
쟁이 진행되는 시기를 전후하여 발생하였으며, 전라지역 농민군의 활동과도 연
계를 지을 수 있는 것이어서 주목된다.

한편 전라지역 농민군들은 4월 말 5월 초에는 관군을 압도하고 전주성을 점
령하였다. 전라감사 金文鉉은 도망하였고, 招討使인 洪啓薰은 관망하고 있었으

---

7) ≪日省錄≫ 고종 31년 갑오 4월 11일, 영인본, 109~110쪽(이하 '영인본'은 생략). 德山군수의
　 보고에 따르면, 前 兵使인 金廷珪의 武斷이 원인이었다. 지역민들의 항쟁과정은 "처음에는 원통함
　 을 호소하였다가 紛集하는 것으로 바뀌었으며, 불을 놓고 作鬧하기에 이르렀다"라고 하여 전형적인
　 농민항쟁의 봉기단계를 거치고 있다(망원한국사연구실, 1988 ≪1862년 농민항쟁≫ 동녘).
8) ≪日省錄≫ 고종 31년 甲午 4월 12일, 110쪽 ;〈全羅道民擾報告 宮闕內騷擾의 件〉東學黨에 관
　 한 諸報告 ≪駐韓日本公使館記錄≫ 1, 영인본, 7쪽(이하 '영인본'은 생략)
9) ≪日省錄≫ 고종 31년 甲午 4월 23일, 122쪽. 賦稅수취문제와 관련하여 발생한 民擾이며, 東
　 學徒들이 군기를 탈취한 사건이다. 狀頭는 兪致福이며, 윤상건 · 박관화 등이 논의를 주도하였
　 다. 당시 魯城현감은 황후연이었다. 前 좌수 양주홍, 吏房 이석민, 大同色 김제홍 · 이민학, 倉
　 色 김광오, 校儒 김재용 · 박응진 외에 면임들의 농간이 원인이었다. 유치복을 비롯한 도망자들
　 은 9월 초까지도 잡히지 않았으며, 사건 처리는 오랫동안 지속되었다. 같은해 8월 말경에도 노
　 성현에서는 다시 군기를 탈취하는 사건이 재발하였다. 이때의 현감은 金靖圭였으나 곧바로 군
　 기문제를 처리하여 감사 박제순이 그의 유임을 건의하여 사건은 마무리되었다(≪錦藩集略≫,
　 日錄, 8월 25일 ; ≪日省錄≫ 9월 1일, 294쪽 ; 9월 2일, 295쪽 ; 9월 9일, 305쪽). 노성에서
　 발생한 연이은 사건들을 통하여 충청지역 농민들의 동향을 짐작할 수 있다.
10) ≪洪陽紀事≫ 甲午 4월. 民擾가 발생한 정확한 일자는 알 수 없으나, 직접적인 원인은 중앙정
　 부에 바치는 正供과 관련하여 해마다 발생된 逋欠 때문이었다고 한다.
11) 〈全忠兩道民亂ニ付杉村濬意見書(明治 27년 5월 22일(음력 4. 18—筆者 註) 機密 제63호 본
　 43 보고)〉≪秘書類纂 朝鮮交涉資料≫ 中(1936년 편), 329쪽.
　 이미 이때 농민들이 봉기한 지역은 전라도의 고부, 태인, 부안, 금정읍, 고창, 무장, 나주, 함평,
　 무안, 영광 등의 지역과 충청도의 상당한 지역을 포괄하고 있다. 전라, 충청 兩道 전지역의 3분
　 의 1에서 봉기하였다고 한다(〈全羅道民擾報告 宮闕內騷擾의 件〉東學黨에 관한 續報 ≪駐韓日
　 本公使館記錄≫ 1, 12쪽). 이때 충청지역의 봉기형태는 沃川 西化面의 예처럼 수천 명이 모여서
　 邑底에 돌입하는 민란의 형태였다(≪隨錄≫). 이보다 앞서 경기를 비롯한 충청, 전라, 영남지방
　 에서 이미 농민군들이 활동하려는 조짐을 보이고 있었다[〈甲午實記〉 3월 26일 ≪東學亂日記≫
　 上, 영인본, 3쪽(이하 '영인본'은 생략)].

214

며, 신임監司 金鶴鎭은 礪山에서 부임하지 못하고 있었다. 이 무렵 정부는 巡邊使로 李元會를, 廉察使로는 嚴世永을 임명하여 농민군을 치도록 하였다[12]

정부는 독자적인 힘으로 농민군을 진압하기 힘들다고 판단하고, 淸에 援兵을 요청하였다. 淸은 곧바로 提督인 葉志超, 元首인 攝士誠을 파견하였다. 청군들은 牙山 지역에 주둔하고 있다가, 일본군들이 서울을 점령하자 서울로 향하였으며, 조선정부의 요청으로 成歡에 머물러 주둔하였다. 그러나 6월 말경 일본군의 기습공격으로 청군은 素沙와 成歡에서 크게 패하였고 북향하였다. 이후 일본군은 군사적인 우위로써 조선정부에 대한 정치적인 간섭을 행하였다.

이 무렵 충청지역 농민군의 활동으로 보고된 것은 거의 없다.[13] 그러나 6월 초 高宗과 충청감사 이헌영의 대화에서 "소위 비류들은 작년 봄 보은의 起擾 이래 남은 무리들이 아직 모이고 흩어짐이 일정하지 않아서 湖西에서는 비록 호남에서 창궐하는 것만 못하나 懷德, 鎭岑 등의 읍에서는 핍박을 당하는 것을 면치 못하고 있습니다. 全道가 이번 소요 이래 지금까지 宣撫安集하는 것을 급선무로 하고 있으나 어리석은 저희 의견으로는 실로 난감합니다"라고 하고 있는 것을 보면 여전히 농민군들의 활동이 지속되고 있는 상황이었음을 알 수 있다.[14]

6월 말에서 7월 초 충청지역 농민군들은 산발적으로 활동하였다. 정부는 이에 대하여 兩湖의 도신들에게 민요와 관련하여 동학도들을 효유하라는 令飭을 내렸다.[15] 이는 농민군들이 兩湖 지역에서 여전히 활동하고 있었기 때문에 내려진 조치였다. 농민군들은 귀화한 척하였다가 다시 활동을 개시하였고, 끝내 해산할 기미를 보이지 않았다. 이때 兩湖의 농민들에 대한 정부의 대책은 주로 敎化와 賑濟였다. 그러나 정부의 효유를 통한 해결책이 효과를 거두기도 전인 6월 말 京畿지역인 南陽府에서 수령을 끌고다니고 印符을 탈취한 사건이 발생하자 이러한 대책은 무색해졌다.[16] 게다가 충청지역 농민들의 民擾는 멈추지 않았다.

---

12) 《日省錄》 고종 31년, 甲午 4월 27일, 129쪽
13) 이러한 현상은 충청지역에서는 동학교단의 영향력이 컸기 때문이라고 할 수 있다. 교주인 최시형은 전봉준, 김개남군의 활동에 대하여 탐탁하게 여기지 않았으며, 이에 대하여 호응하지 않도록 하였다고 알려지고 있다. 그리고 여기에서 '농민군'이란 용어는 충청지역의 동학교도를 포함하여 반외세 반봉건을 지향하는 농민들이 참여한 모든 부대를 지칭한다.
14) 《日省錄》 고종 31년, 甲午 6월 14일, 178쪽
15) 《日省錄》 고종 31년, 甲午 6월 23일, 189쪽
16) 《日省錄》 고종 31년, 甲午 6월 28일, 197쪽

6월 29일 '道人'을 칭하는 20여 명의 銃槍을 가진 자들이 말을 타거나 혹은 걸어서 전라도 聖堂地에서 林川郡에 도착하였으며, 이어서 作廳에 난입한 후 公兄들로부터 접대를 받고 하루를 쉰 후에 그 다음날인 7월 1일 다시 聖堂으로 갔다고 한다. 뿐만 아니라 이들은 窮民들을 진제하기 위하여 饒戶를 대상으로 곡식과 돈을 탈취하였다고 한다.[17]

7월에는 충청지역에서 作鬧가 더 빈번하게 발생하였다. 7월 3일 利仁驛에서 동학군들이 모여 作鬧하였다는 보고가 있었고,[18] 7월 5일에는 定山縣에서 冠峴面 新垈里의 進士 趙昶夏가 동학군들에게 피살당하는 사건이 일어났다. 이는 林川接이라고 칭하는 동학군들이 扶餘 쪽에서 와서 채무와 관련하여 곡식과 돈을 탈취하였고 생명을 해치기에 이른 사건이었다.[19] 이외에도 7월 7일에 舒川浦, 靑陽 등에서 동학군들이 作鬧한다는 보고가 있었다.[20] 또한 公州의 大橋 公壽院 盤松 등에서 동학군들이 수십, 수백 명이 모여서 돈과 곡식을 집류하는 사건이 일어났다.[21]

한편 報恩지방에서도 봄에 背道한 東學輩 무리들이 다시 모이고 있었다. 7월 2일경 小民인 金介釗의 생일을 빌미로 이 지역 동학도들은 報恩郡 恩角面 高升里 川邊에 다시 모이기 시작하였고, 이때 모인 자들은 수백 명에 달하였다. 이들은 '士儒倡義', 즉 兩班儒生들이 나라를 위하여 의병을 일으킨 것임을 명분으로 내세워 報恩郡守에게도 倡義하는 데 頭領이 되어줄 것을 제안하였다.[22] 이에 都約長에는 郡守를, 副約長은 자신들의 頭領을 내세웠으며, 吏房도 그 조직

---

17) 《錦藩集略》別啓, 甲午 7월 7일. 탈취한 물건을 농민군들이 진제에 사용하였는가는 알 수 없다. 단 이는 앞서 관군의 진제방식이 농민들에게는 만족을 주지 못하였음을 보여주는 것이며, 오히려 농민군들이 그에 대응하는 진제로써 호응을 얻으려 한 것으로 생각된다.
18) 《錦藩集略》日錄, 7월 3일
19) 《錦藩集略》別啓, 7월 7일
20) 《錦藩集略》日錄, 7월 7일
21) 《錦藩集略》別啓, 甲午 7월 7일
22) 이 무렵 의병을 일으킨 자는 巡營이나 兵營에 보고를 하여, 허락을 얻어야 했던 것으로 보인다. 이는 "郡守曰 雖然 若有倡義之擧 當報于巡兵兩營門是如 則彼曰 報于營門 非所不可 若當危急 何暇待營門回題乎云云"(《錦藩集略》別啓, 7월 7일)이라고 하는 것에서 미루어 짐작할 수 있다. 따라서 이들은 형식적이나마 군수에게 자신들의 조직에 가담하도록 권유하였다. 이와 관련하여 관에서도 의병에 대하여 통제를 가하려 하였다. 이후 천안 지역 의병에 대하여 군수가 단속하고 제어하도록 하라는 관문이 내렸으며, 결국 이 지역 의병은 관군에 예속되어 활동하여 실질적으로 관군에 포섭되었다(〈先鋒陣各邑了發關及甘結〉發關天安郡 27일 《東學亂記錄》下, 321쪽).

의 일원으로 삼으려 하였다. 그러나 이들의 의도는 東學徒가 중심이 된 조직을 만드는 것이었다. 그들은 양반유생들로서 창의하였음을 내세웠으나, 실제는 관군의 저지를 피하려는 의도에서 위장한 것이었다. 그들은 '背敎'하였다고 하였지만 여전히 동학도로 활동하고 있었다. 이들이 원래 기획한 조직은 자신들이 내세운 '錄名記'에 자세하게 드러나고 있다. 그에 따르면 都約長은 鄭寅亮, 約長은 任圭鎬・黃河一・李觀榮・金在顯, 吏房 李商準 등이었다. 즉 郡守에게 자신들의 조직에 가담하라고 요청하였지만, 원래의 의도는 전혀 다른 것이었음을 알 수 있다. 군수도 동학도들의 이러한 의도를 미리 알고 "官長이 된 자가 東學輩 두령이 되겠는가"라고 거절할 정도였다.[23] 이처럼 동학도들은 義兵을 가장하여 官을 이용하려 하였다.

7월 9일 舒川郡의 보고에 따르면, 57명의 동학도가 무리를 지어서 각각 銃槍을 가지고 韓山까지 이동하여 읍을 점거하고, 관청의 각 건물에 머물면서 술과 음식을 요구하였다고 한다. 이들은 '扶安東學人'을 자처하였으며, 전라도 연해에 일본 선박 수백 척이 정박을 한 것에 대한 경계를 펴기 위하여 필요한 馬匹과 軍器를 요구하였다고 한다. 뿐만 아니라 이들은 吏房과 守城砲手隊長을 인질로 잡고 총, 화약, 탄환 외에도 나귀, 말 등을 받아갔다고 한다.[24]

連山縣에서도 7월 6일 동학배 20여 명이 각각 銃槍을 지니고 쏘면서 총과 돈, 말 등을 빼앗아갔으며, 다음날인 7월 7일경에 100여 명이 다시 와서 돈을 토색하였고, 7월 8일에는 10여 명이 총을 쏘면서 마을에 들어와서 말을 빼앗아갔다고 한다.[25] 이외에도 7월 17일경에 燕岐, 韓山 지역에서 각각 作鬧가 있었다 한다.[26] 이처럼 7월 초순부터 중순경 충청지역 각처의 농민군들은 더욱 부산해졌다.

이 시기 충청지역 농민군 활동이 두드러진 곳으로는 洪州 지역을 들 수 있다. 7월 7일경에는 洪州 지역 외곽에서 '亂徒'라고 불리던 농민군들이 활동하고 있었다. 이들 농민군들은 무리를 지어서 행패를 자행하고, 재물과 가축들을 약탈하며, 무덤을 파헤치고, 부채를 강제로 거두는 등 세력이 점차 커졌다 한다. 또한 노비가 주인을 범하고, 이서가 官長을 핍박하며, 천한 자가 귀한 자를 능멸하고, 과부

23) ≪錦藩集略≫ 別啓, 7월 7일
24) ≪錦藩集略≫ 別啓, 7월 7일
25) ≪錦藩集略≫ 別啓, 7월 7일
26) 이헌영, ≪洪陽紀事≫ 日錄, 7월 17일

나 혼인하지 않은 규수를 겁탈하는 등 變故가 이들에 의하여 자행되었다 한다.[27]

7월 12일경 공주 동천점에서는 1쌍의 靑旗가 바람같이 홀연히 나타나서 驅從馬 3, 4필을 빼앗아갔다고 한다. 이들은 道人을 자칭하였으며, 자신들의 행동은 접주의 지시에 따른 것이었다고 한다. 이미 7월 9일경에도 동문루 쪽에서 "悖流들이 市街를 횡행하면서 公私의 馬驢를 빼앗아갔다"고 하는 것을 보면 이러한 행동들이 자주 자행되고 있었음을 알 수 있다.[28] 농민군의 이러한 활동들은 일본이 연안 지역에 선박을 정박한 급박한 상황이었다고 할 수 있으나, 대부분 필요한 물자를 민간에서 빼앗아감으로써 부정적 측면도 없지 않았다.

홍주 지역에서의 농민군의 영향력도 매우 컸던 것으로 보인다. 고을의 중심인 관아에서 그다지 멀지 않은 곳에서 밤새도록 주문을 외는 소리 때문에 시끄러울 정도였다 하며, "시가에서 城外의 郊坰에 이르기까지 곳곳에서 [주문을 외는 소리가―필자] 일어나지 않은 곳이 없으며 밤이 샐 때까지 끊이지 않았다"[29]고 하거나 혹은 "吏校와 奴僕들이 물들지 않은 자가 없었고"[30]라고 언급하고 있는 것을 볼 때, 이 지역 대부분의 사람들이 농민군에 동조하고 있었다고 하겠다.

즉 농민군들은 동학을 이용하여 많은 지역민들을 포섭하였고, 官屬들마저 자신들에게 가담하도록 하였으며, 그를 바탕으로 지역 내에서 영향력을 행사하고 있었다. 이는 홍주목사인 이승우가 "지금 읍속의 반이 이미 [동학에] 浸染되었으니, 며칠 지나지 않아서 저들에게 나아갈 자는 거의 없을 것이니 장차 어찌할 것인가"라고 하며 한탄을 하는 것을 보더라도,[31] 이 지역에서의 농민군들의 영향력이 얼마나 커지고 있었는가를 짐작할 수 있다.

다른 지역에서도 이와 유사한 상태인 곳이 많았으며, 농민군들은 대체로 官長을 위협하고 끌고다니거나 혹은 印符를 빼앗아갔으며, 채무를 강제로 집행하

---

27) ≪洪陽紀事≫ 7월 7일, 7월 9일, 7월 12일. 농민군의 부정적 측면을 드러내는 서술로서 이 시기의 여러 자료에 주로 기록되는 모습 중의 일부이다. 이는 농민군 활동의 부정적 측면이었지만 농민군의 모습을 일부 반영하고 있다. 반면 이러한 약탈의 주체가 농민군이 아닌 자, 즉 火賊이나 도둑의 무리들이 농민군을 칭하며 이러한 행위를 자행하는 경우도 있기 때문에 그러한 경우는 농민군의 행위와 구별할 필요가 있다. 그러나 현재로서는 양측을 명확하게 구분할 수 있는 자료는 거의 없다.

28) ≪洪陽紀事≫ 7월 9일, 12일

29) ≪洪陽紀事≫ 7월 7일

30) ≪洪陽紀事≫ 7월 7일

31) ≪洪陽紀事≫ 7월 12일

거나 사람을 죽이거나, 혹은 관청에 들어가서 위협을 하고 誅求하는 행위를 자
행하기도 하였으며, 군기를 빼앗아 마을에 들어가 돈과 곡식·말·무기 등을
빼앗았다.[32]

농민군들의 이러한 활동들은 앞서 거론한 6월 말의 정부의 회유책 이후에도 지
속되었다. 정부는 직접 宣撫使를 파견하여 지난번에 발표한 효유문을 다시 선포하
도록 하는 등 농민군들의 활동을 저지하려 하였다. 內務協辦인 정경원을 湖西宣撫
使로 파견하였다. 이는 호서지방 농민군들의 활동에 대하여 정부가 대처하는 방식
이었다. 선무사를 파견하게 된 직접적인 계기는 앞서 7월 3일경에 발생한 利仁驛
에서의 농민군들의 취회였다. 이때 정경원과 함께 湖南의 宣撫使로는 嚴世永이 임
명되었으나, 農商大臣인 嚴世永은 일이 많음을 들어 파견되지 않았다. 결국 정경
원은 호남선무사를 겸한 三南宣撫使로 임명되어 우선 충청지역에서 활동하였다.

정경원은 선무사의 활동을 수행하기에는 이미 역부족이었다. 선무사의 파견
에도 불구하고 충청지역의 농민군들은 활동을 멈추지 않았으며, 심지어 노골적
으로 그의 말을 듣지 않는 경우도 있었다. 따라서 그의 선무활동은 거의 효과를
거두지 못하였다. 선무사가 파견된 지 1개월이 지난 8월 15일과 8월 17일 중앙
정부는 이와 관련된 논의를 진행하였으며,[33] 그 결과 정경원에 대하여 견책하고
선무사와 관찰사에게 다시 효유하도록 명하였다.[34] 그러나 농민군들은 여전히
결집하면서 세력을 확장하였다.

정부의 선무대책이 효과를 거두지 못하였음은 8월에 활동한 여러 지역 농민
군들의 동향을 보면 더 자명해진다. 8월경 충청지역 농민들의 움직임은 더욱
조직적이었다. 8월 1일 동학군 1만여 명이 공주의 正安面 弓院에 다시 모였다.
이들을 이끈 자는 두령인 任基準이었다.[35] 농민군들은 '倡義'를 내세워 營門(道
臣)과 本府(判官)가 그대로 남아주기를 바란다고 하면서 집결하였다. 그들은 旗

---

32) 《錦藩集略》別啓, 7월 7일

33) 《日省錄》고종 31년, 甲午 8월 15일, 277쪽 ; 8월 17일, 280쪽

34) 《日省錄》고종 31년, 甲午 8월 17일, 280쪽

35) 任基準(任箕準)은 공주의 裨將으로서 농민군에 가담하였다가(《4.東學黨에 관한 件 附巡査派
遣의 件》東學黨 偵探에 따른 편의제공과 東學黨關係 探問調査《駐韓日本公使館記錄》1, 163
쪽), 다시 관군에 가담하였다(《雜記》《東學亂日記》下, 292쪽). 임기준은 공주에 있을 당시
감사인 박제순이 그의 수중에 있는 것 같다고 할 정도였다(《東學黨 鎭壓을 위한 第19大隊 파견
에 따른 訓令》機密諸方往 2, 機密 第210號, 《駐韓日本公使館記錄》5, 67쪽).

幟를 집어들거나 혹은 창과 칼을 잡고 공주부 안으로 들어갔으며, 길에 가득하여 마을이 시끄러웠다고 한다. 그러나 관에서는 그들의 요구를 거절하였으며, 그들에게 해산하고 관의 명령을 어기지 말 것을 요구하였다.[36] 농민군 수천 명은 다음날 공주부에 들어갔고,[37] 儒狀과 民訴로써 合辭하여 자신들의 요구를 내세웠다.[38] 그리고 8월 3일 농민군들은 차츰 흩어져 府에서 10여 리 떨어진 곳 혹은 30여 리 떨어진 곳에 각각 둔취하였다. 그리고 다음날 다시 동학배 수천 명이 府下에 모였다고 한다.[39]

농민군의 이러한 행동에 대하여 관에서는 倡義 혹은 願留는 구실이고 오히려 이들이 이러한 단서를 빌어서 作擾하려는 것으로 파악하고 있었다.[40] 이러한 것을 볼 때 농민층과 관과의 괴리감이 심하였음을 알 수 있다.

이후 공주 지역 농민군의 동태를 알 수 있는 기록은 없는 것으로 보아 이후 양쪽이 서로 대치하는 정도에서 그쳤고, 그다지 큰 대립은 없었던 것 같다. 그러나 8월 19일에 다시 수천 명의 '동학배'가 금강 근처에 둔취하였다고 하는 것으로 볼 때 농민군 진영에 새로운 움직임이 있었음을 알 수 있다. 이에 대해 감영은 관군 및 동민들을 동원하여 농민군들을 막았으며, 대치상황은 지속되었다.[41]

정경원이 의정부에 8월 17일 보고한 충청도의 상황은 "匪徒 중에서 열읍에 둔취한 자들이 이미 宣諭를 받들어서 느끼지 않는 바가 없지 않으나, 곳에 따라 미쳐 날뛰어 그대로 지난 것을 답습하고 있다"라 하고 있다.[42] 이는 2차 농민전쟁 전에도 충청지역 농민군 활동이 점차 늘어나고 있음을 보여주는 것이다.

2) 농민군 조직의 개편

1차 농민전쟁기는 충청지역로서는 2차 농민전쟁을 준비하는 과정이었다고 할 수 있다. 1차 농민전쟁기 충청지역 농민군의 활동은 대체로 道 단위 혹은 인근 지

---

36) ≪錦藩集略≫ 別啓, 8월 5일. 이러한 상황은 선무사 정경원에 의하여 8월 17일 의정부에 보고되었다(≪日省錄≫ 고종 31년, 甲午 8월 17일, 280쪽).
37) ≪錦藩集略≫ 日錄, 8월 2일
38) ≪錦藩集略≫ 別啓, 8월 5일
39) ≪錦藩集略≫ 日錄, 8월 4일
40) ≪錦藩集錄≫ 別啓, 8월 5일
41) ≪錦藩集略≫ 日錄, 8월 19일
42) ≪日省錄≫ 고종 31년, 甲午 8월 17일, 280쪽

역간에 연계를 가진 상태에서 추진된 것이라기보다 독자적이고 간헐적인 형태의 농민항쟁으로 나타났다. 이는 충청지역이 동학교단의 지도부가 자리잡고 있었으며, 지도부의 농민전쟁에 대한 입장에 따른 영향을 받았기 때문에 농민군들의 적극적인 참여가 이루어지지 않은 결과이다. 즉 전라지역의 농민군이 관군과의 전면적인 대결을 벌이면서 자신의 입지를 강화한 반면, 충청지역에서는 관군과의 충돌을 피하는 소극적인 대응방식을 취하였다. 따라서 충청지역의 농민군 활동은 대체로 동학교단과 연계가 그다지 없거나, 혹은 동학교단의 영향력을 크게 받지 않은 자들에 의하여 이루어졌다고 하겠다.[43] 물론 동학교도라 할지라도 정부로부터 邪敎로 지목을 받고 있는 상황에서 직접적인 탄압에 대해서는 저항하기도 하였다.

충청지역에서 농민군에 가담한 자들은 단순히 종교로서의 동학이란 테두리에서만 한정되어 활동한 것은 아니었다. 즉 농민군은 매우 다양한 성향을 지닌 자들로서 구성되었고, 그들의 요구사항도 매우 다양하였다. 그들의 경제적 처지 혹은 신분적인 처지를 살펴보면 농민군의 구성이 얼마나 복잡하게 이루어졌는가를 알 수 있다. 또한 농민군은 자신들의 요구가 얼마나 관철되었는가의 여하에 따라서 혹은 주변상황의 변화에 따라서 그 참여층의 구성을 달리했으므로, 농민군의 구성도 시기에 따라서 달라지기도 하였다.

농민군에 가담하여 활동하던 자들의 대체적인 성향은 지적할 수 있을 것이다. 다음은 4월 3일의 선무사 재차 장계의 내용으로서, 보은집회에 참여한 자들의 성향을 언급한 것이다.

처음에는 符呪를 끼고 무리를 속이고 참위를 퍼뜨려 세상을 속였다. 마침내 才氣가 조금 있으나 뜻을 얻지 못한 자가 이에 들어갔으며, 탐학이 자행되는 것을 분하게 여겨 백성을 위하여 목숨을 바치려는 자가 들어갔으며, 외국의 오랑캐들이 우리나라의 利源을 침탈하는 것에 대하여 원통해 하고 망녕되게 큰소리치는 자가 들어갔으며, 탐학을 행하는 장수와 서리들의 침학을 받아도 호소할 곳이 없는 자가 들어갔으며, 京鄕에서 무단으로 위협을 받고 스스로 보전하지 못하는 자가 들어갔

43) 일본측의 정보에 따르면 농민군을 동학의 입장에서 살펴보고 있다. 그에는 "東學黨에는 南接과 北接의 명칭이 생겼다. 南接은 忠淸道의 西部와 全羅道의 전부를 총괄하고 北接은 忠淸道의 東北部와 그 以東 以北을 총괄하는 것 같았다"라고 하여 1차 농민전쟁기 충청도에서 농민군들의 활동을 간접적으로 보여주고 있다(〈2. 各地東學黨 征討에 관한 諸報告〉2, 東學黨 騷亂原因 調査結果報告書 送付의 件 《駐韓日本公使館記錄》 6, 24쪽).

으며, 京外에서 죄를 짓고 도망한 자들이 들어갔으며, 營邑에 속한 자로서 의지할
곳이 없고 흩어져 살고 있는 자들이 들어갔으며, 농사를 지어도 곡식이 남는 것이
없는 자와 상업을 하여도 이득을 얻지 못한 자들이 들어갔으며, 무지하고 몽매한
자들로 소문을 전해듣고서 〔동학에〕 들어가서 살길을 찾으려는 자들이 들어갔으
며, 부채를 독촉하는 것을 견디지 못한 자들이 들어갔으며, 常賤의 신분으로서 신
분에서 벗어나려고 하는 자들이 들어갔으며, 온 나라에 가득찬 不平의 기운을 糾合
하여, 한무리의 떼를 이루기에 이르렀고, 팔을 걷어부치고 장담하면서 죽음을 보기
를 마치 돌아가는 것처럼 하지 않는 것이 없었다.[44]

여기에서 언급된 자들은 비록 報恩聚會에 모인 자들의 성향을 말한 것이지만,
농민전쟁에 자발적으로 참여한 자들의 성향을 대표하는 것이라고 할 수 있다. 이
들은 대체로 현실적인 처지에 불만을 가진 자들로서 참위설을 믿고 있거나, 반봉
건 반외세적인 측면이 강한 자들이라고 할 수 있다. 대부분 농민층들은 관리, 양
반지주, 부호의 탐학과 토색을 받았기 때문에,[45] 이러한 시기를 이용하여 수령·
이서·양반·지주·부호 등을 징치하고 官庫를 부수거나, 토지문서·노비문서·
채무와 관련된 문서 등 관청문서들을 태워버렸다. 이들의 주장은 대체로 반봉건
적 수탈과 반봉건적 사회제도의 모순에 대한 개혁이었다. 게다가 일본을 비롯한
외세의 침략이 점차 노골화되자 반외세, 특히 반일이 전면에 등장하게 되었다.

경제적 처지로 볼 때 소농, 빈농을 중심으로 하면서 상인과 유랑민이 참가하
였고, 이외에 농촌지식인, 전직 관리, 이서를 비롯하여 일부 부호들도 참가하였
다. 신분적 측면에서는 평민을 비롯한 노비, 백정(皮漢), 창우, 일부의 승려 등
천민들이 중심이 되었고, 일부 양반층들이 참여하였다고 할 수 있다.

1차 농민전쟁기 산발적인 움직임을 보이던 충청지역 농민군들의 구호도 반제
반외세라는 측면에서는 다를 바가 없었으며, 주된 내용은 輔國安民과 斥和擧義
였다. 충청지역 농민군도 반봉건, 반외세의 기치를 걸고 동조세력을 모으고, 이
를 통하여 자신들의 행위에 대한 정당성을 확보하였다.[46]

농민군으로서는 이처럼 잡다한 구성원들을 어떻게 효과적으로 통제할 것인가

44)〈聚語〉宣撫使再次狀啓 魚允中兼帶,《東學亂記錄》上, 122쪽
45)〈聚語〉宣撫使探趙秉式貪虐狀文,《東學亂記錄》上, 129~132쪽. 趙秉式이 忠淸道觀察使
로 있을 때의 失政에 관한 글로서 관리들의 탐학상을 살펴볼 수 있다.
46)《洪陽紀事》7월 12일

가 문제였다. 1차 농민전쟁기에는 충청지역 농민군 활동이 전면적으로 부상하지 않았으므로 당장은 조직적인 활동은 문제가 되지 않았다. 그러나 중앙정부로부터 가해오는 압력은 그들로 하여금 조직적인 대응을 촉진하였다.

이와 관련하여 충청도지역에서 우선 짚고 넘어가야 할 것은 동학조직이 바탕이 되어 군대가 구성되었다는 점이다. 그리고 이러한 군대조직의 밑바탕은 바로 보은집회에서 형성되었다. 忠義包 손병희, 忠慶包 임규호, 淸義包 손천민 등등의 교단조직이 새로이 정비되었는데, 이들 조직은 2차 농민전쟁시 동학조직으로서 군대를 조직하고 동원하는 기반이 되었다. 한편 충청도 농민군은 동학교단을 중심으로 한 조직 외에도 농민군을 조직하는 과정에서 소위 怨民 혹은 亂民으로 불리는 층들이 여기에 대거 참여하였다. 따라서 충청도지역의 농민군은 동학교단조직과 이와는 다른 성격의 농민군이라는 두 개의 성격을 갖는 층으로 이루어졌다. 따라서 충청도 농민군의 성격은 이러한 흐름에서 파악할 필요가 있다.

1차 농민전쟁기 충청지역 농민군의 조직은 본격적으로 가동이 되지 않았으나, 이미 지역단위로 소부대를 구성하고 있었다. 이는 公州 銅川店의 예에서 드러나고 있는데, 이 조직은 接主라고 칭하는 6, 7명의 두령이 중심이 되고 수십 명의 부하로서 이루어지고 있었다.[47] 이는 충청지역 농민군들이 활동하던 최소단위조직의 규모로 보인다. 2차 농민전쟁기 충청도 내 각 지역은 이러한 기존조직인 동학조직을 바탕으로 접주, 집강망이라고 하는 형태로써 이루어졌다.[48]

우선 1차 농민전쟁기의 농민군의 활동을 살피기 위해서 그들의 조직과 활동지역에 대하여 검토할 필요가 있다. 농민군의 활동은 몇몇 지역에 한정되지 않

---

47) 《洪陽紀事》 7월 12일. 이 경우는 작은 규모의 包를 언급한 것이지만, 보다 상위의 包인 경우 큰 것은 數萬, 적은 것은 7, 8천 정도에 이르렀다 한다(《李圭泰往復書並墓誌銘》 《東學亂記錄》下, 643쪽).

48) 〈全琫準供招〉 《東學亂記錄》 下, 536쪽. 전봉준이 진술한 바에 따르면, 동학조직의 간부는 接主, 接司 외에도 敎長, 敎授, 執綱, 都執, 大正, 中正 등 6개의 등급으로 나누어져 있다고 한다. 이들의 직능을 살펴보면 접주와 접사는 領率하는 책임을 진 자들이나 접사는 접주의 지휘를 받아야 했다. 교장과 교수는 민을 교도하는 일을 맡고 있으며, 도집은 風力을 지니고 紀綱에 밝고 經界를 아는 자이며, 執綱은 시비를 밝히고 기강을 잡는 자이고, 대정은 공평하게 하고 인원들을 신중하고 중후하게 하며, 중정은 직언을 하고 강직한 자들이라고 한다. 이외에도 〈各地東學黨 征討에 관한 諸報告〉 東學黨 騷亂原因 調査結果報告書 送付의 件 《駐韓日本公使館記錄》 6, 24쪽에 의하면 동학당의 계보는 道主 이하에 직명으로는 大接主, 小接主, 私接接主, 接司, 省察, 禁察이 있으며, 官名으로는 敎長, 奉敎, 執綱, 大正, 中正, 奉道 등이 있었으며, 옥천, 영동, 청산 지역에는 大統領이 있었다고 한다.

았으며, 다음의 표는 농민군의 활동지역을 보여주는 것으로서 각각 典據를 달리하는 것으로 충청지역의 접주들의 명단이다.

우선 ≪洪陽紀事≫의 내용이다. 이는 선무사인 정경원이 洪州에 도착하여 주변 지역의 接主들을 불러서 효유한다는 명목하에 동학의 접주들을 각각 불러들이고 이에 따라 제시된 동학접주들의 명단이다.[49] 관군이 파악한 접주의 명단은 단순한 종교조직의 지역적 분포를 보여주는 것에 그친 것은 아니었다. 이들 조직은 1차 농민전쟁기에 동학교단 조직으로서 농민군으로 활용되지 못했으나, 2차 농민전쟁기에는 농민군조직으로 이용되었으며, 홍주 주변 지역의 농민군 분포를 보여주고 있다.

≪東學史≫에서 제시한 것을 보면 거론된 인물들은 대체로 충청도의 서북, 동북부지역에서 활동한 인물들을 중심으로 언급하고 있다. 이들은 동학교단의 지도부 즉 북접과 밀접한 관계를 가진 인물들로서 2차 농민전쟁기 농민군의 대표적인 인물로 거론되는 자들이다.

≪駐韓日本公使館記錄≫의 명단은 조선정부가 파악한 정보를 일본인들이 빼낸 정보이다. 일본인들은 이 정보가 매우 자세하고 틀림이 없을 것이라는 확신을 가지고 있었으나, 첩보에 의한 것이라는 한계로 ≪東學史≫나 ≪洪陽紀事≫에 비하여 정확하지 않지만,[50] 충청지역 농민군 조직의 전반적인 분포를 보여주는 것으로서 유효하다.[51]

---

49) ≪洪陽紀事≫ 8월 6일. 이들은 대체로 홍주목사의 부름에 응하는 자세를 취하였다. 단 홍성권에서 沔川의 李昌求는 홍주목사의 부름에 전혀 응하지 않았다고 하며, 德山의 한명보와 한응고 형제는 가장 강경하여 이들은 효유에 한번도 응하지 않았다고 한다. 이창구가 거느리는 무리는 5, 6萬 정도라고 하며, 그 중에서 가장 큰 집단이었다고 한다.

50) 일본측의 정보는 앞서의 두 정보와 비교할 때 몇 가지 상이한 점이 있는데, 국내의 기록과 상이한 내용은 대체로 부정확하다. 參考로 李昌九는 서산 지역에서 활동한 것으로 되어 있으나, ≪홍양기사≫에 따르면 그는 沔川에서 주된 활동을 한 것으로 나타나고 있다. 이는 이창구가 한 지역에 머물고 있는 것이 아니었기 때문이기도 하다. 김윤식과 일본의 첩보에 따르면 김창구는 內浦 지역을 광범위하게 돌아다니고 있었으며, 10월 말경에는 水原의 관할에 속한 崇鶴山을 거점으로 활동하기도 하였다(〈4.東學黨에 關한 件 附巡使派遣의 件〉發第94號 鈴木少尉의 公州駐在에 관한 件 ≪駐韓日本公使館記錄≫ 1, 168쪽 ; 〈內浦東學黨의 早速한 處理 請願〉 같은 책, 169쪽). 그리고 결성 지역의 千大哲은 홍주 지역에서 활동한 丁大哲로 판단되며, 서천의 林鏞聲은 남포의 秋鏞成을 오기한 것이다.

51) 〈機密 第25號 東學黨鎭撫에 관한 具申〉 特別報告(明治 27년 9월 24일 午後於忠州兵站司令部), 執綱網 ≪駐韓日本公使館記錄≫ 2, 362쪽(國史編纂委員會 刊行).

224

〈표 1〉 충청지역 농민군조직과 중심인물

地域	洪陽紀事	東學史	駐韓日本公使館 記錄	비고
忠州		辛在蓮, 洪在吉	辛在蓮	
松山		孫天民, 徐淳		
淸安		李秉珠		
淸州		李容九		
報恩		金演局, 黃河一, 權秉悳	黃夏一, 任局鎬	
木川		金福用, 李熙人	金澄植	
沃川		鄭元俊, 姜彩西	朴錫球, 李龍容	
瑞山		朴寅浩	李昌九*	
新昌		金敬三		
德山	李春實, 韓明甫 韓應古	朴?(萱?)培	朴龍緒	
唐津		朴容台, 金顯玖	,	
泰安		金東斗		
洪州	金永弼, 丁大哲 李漢奎, 鄭元甲 羅成蕾	金斗悅, 韓圭夏	金永弼	
沔川	李昌求	朴熙寅	李花三	
安眠島		朱炳道		
藍浦	秋鏞成	秋鏞聲	金禹卿	
公州		金知擇, 裵成天	張俊煥	
禮山	朴德七, 朴道一		朴德七	
大興	俞致敎			
保寧	李源百			
定山	金基昌			
燕岐			崔鳴基	
全義			任瑩俊	
連山			朴泳采	
恩津			廉相元	
鎭岑			宋錫宗	
結城			千大哲**	
舒川			林鏞聲***	
韓山			金忠善	

일본군들은 이 정보에 대하여 "이상은 전에 조선정부에서 탐정을 내어 알게 된 것으로 매우 비밀에 속하는 것이지만 보여주는 것이라고 하였다. (중략) 이미 전기한 바와 같이 수령의 소재지와 성명 등이 분명하기 때문에 포박의 일은 실로 용이하다. 이상 보고하는 바입니다. 忠州兵站司令官 福富孝元이 在釜山兵站監 古川宣譽 殿"이라고 하여 조선을 침략하기 위해 매우 치밀한 계획을 세우고 있었고, 농민전쟁에 개입하기 위한 기초조사를 이미 마치고 있음을 알 수 있다.

牙山		安敎善	
溫陽		方化鏞	
靑陽		兪鎭夏	
扶餘		李鍾弼	
鴻山		金泰運	
丹陽		成斗漢	
永春		金善達	
平澤		金鏞吉	
槐山		洪在吉	
文義		吳一相, 朴相基	
懷德		金福天, 姜建會	
靑山		朴泰玄, 金翼均	
永同		孫口澤, 崔天植	
黃澗		趙在壁, ?	

〔典據〕《洪陽紀事》 8월 6일 ; 《東學史》 ; 〈機密 第25號 東學黨鎭撫에 관한 具申〉 特別報告
    (明治27년 9월 24일 午後於忠州兵站司令部) 《駐韓日本公使館記錄》 2, 執綱網, 362쪽
    (國史編纂委員會 刊行)

〔參考〕 朴熙寅과 朴德七은 동일 인물이다.

3. 2차 농민전쟁기 농민군의 활동

1) 참가층

농민전쟁에 참가한 농민군의 수는 정확하지 않지만, 오지영의 언급에 따르면 2차 농민전쟁기에 참여한 호남지역 농민군은 11만 500명으로 추정되고 있다. 그러나 이들 모두가 충청지역으로 이동한 것은 아니어서, 전봉준과 김개남이 직접 이끌고 충청지역으로 이동한 농민군 수는 이보다 훨씬 적었다고 하겠다. 게다가 충청지역의 농민군 수를 정확하게 알 수 없기 때문에 그 규모를 추측하는 선에 머무를 수밖에 없다.[52]

농민전쟁에 적극적으로 가담한 농민군의 대체적인 구성은 앞서 1차 농민전쟁기에 참가한 농민군과 크게 다를 바가 없다. 그러나 충청지역의 특성은 우선 동

---

52) 具良根, 1993 《甲午農民戰爭原因論》, 428, 444쪽에 의하면 2차 농민전쟁에 참가한 농민군 수를 20萬 명 정도의 수준으로 설정하고 있다.

학교단이 농민군 조직의 기초가 되고 있다는 점을 들 수 있다. 이는 다른 지역도 거의 비슷하였으나, 특히 충청지역은 동학교주 崔時亨이 거주하던 지역으로 동학교단의 중심을 이룬 곳이었다. 동학의 교세는 이미 조직된 忠義包, 忠敬包 등의 조직을 통하여 그 기반을 확대하였다. 게다가 동학조직의 반외세적 성향은 개화파가 추진하던 개화정책과 최근의 갑오개혁, 일본군의 경복궁 점령, 청일전쟁 등의 사건이 일어나면서 농민층에게는 더욱 호소력을 지니게 되었다.

반면 동학은 정부로부터 邪敎로 지목되어 탄압을 받아 본인뿐만 아니라 그의 가족까지도 죽임을 당하거나 재산을 빼앗기는 상태였다. 그러나 동학조직은 움츠러들기보다 점차 확대되었으며, 2차 농민전쟁기를 즈음하여서는 충청지역 동학조직의 위력은 더욱 커졌다. 동학조직에는 농민뿐만 아니라 사대부를 비롯한 향리까지도 다수 참가하고 있었다.[53] 이로써 지식인 또는 농민들의 반일 반침략적 자세가 복합되어 농민전쟁에 투영되었다. 특히 9월 이후의 농민군 활동은 반일전선을 형성하면서 전국적인 규모로 퍼졌다.

그런데 농민군 조직으로서의 동학에 들어간 자들 모두가 자발적으로 따라 들어간 것은 아니다. 이들 가운데는 소위 '勒道'라고 하듯이 위협에 못이겨서 강제로 편입된 자들도 있다. 따라서 이들 勒道者들은 상황의 변화에 따라 동학을 背敎하는 자도 나타났다.[54] 관군에게 잡혀서 대답하는 과정에서 진술한 것이지만, "동학이 아니면 동학의 화를 면하기 힘들어"라고 하고 있었고 당시의 상황으로 말미암아 어쩔 수 없이 들어간 자도 있었다.[55]

이처럼 잡다한 성격을 가진 자들로 구성된 농민군은 관군이나 일본군에 비하여 숫적으로 우세하였다. 그러나 이들의 화력은 매우 열악하였다. 일부는 청군이 쓰던 무기를 사용하는 경우가 있었으나 대체로 무장을 갖춘 경우는 관군이 지니고 있던 무기를 빼앗아 사용하였다.[56] 이 중 특정 지역에서는 火藥과 무기

---

53) 천안의 예로 前 都事인 金化城 등은 崔時亨으로부터 직접 道를 받았으며, 이 지역에서 大接主인 金鏞熙, 金成之와 함께 自稱 3老라고 하였고, 東西包를 각각 설치하였다고 한다. 이외에도 자금을 모아 東經大全을 간행하고, 아들과 사위를 동학의 중요직에 임명하였으며, 무기를 제조하였고, 天安, 木川, 全義의 軍物을 탈취하였다(〈巡撫先鋒陣謄錄〉 同日(10월 27일) 《東學亂記錄》 上, 437~438쪽]. 한편 溫陽에서는 戶長, 吏房, 首刑吏들이 동학에 가담하여 활동하였다〔〈巡撫先鋒陣謄錄〉 同日(10월 22일) 《東學亂記錄》 上, 415쪽 ; 〈巡撫先鋒陣謄錄〉 同日(10월 26일) 《東學亂記錄》 上, 435~436쪽].

54) 〈巡撫先鋒陣謄錄〉 同日(10월 24일) 《東學亂記錄》 上, 423쪽

55) 〈巡撫先鋒陣謄錄〉 同日(10월 26일) 《東學亂記錄》 上, 435쪽

〈표 2〉 경기·충청지역 각 관아의 피해 현황

地域	地方官	事件內容	典據
安城	군수 성하영	軍器와 商貨를 빼앗김	《日省錄》 갑오 고종 31년, 9월 30일, 338쪽
堤川	현감 이건한	軍物을 빼앗김	《日省錄》 갑오 고종 31년, 10월 1일, 341쪽
陰竹	현감 김종원	軍器를 빼앗김	《日省錄》 갑오 고종 31년, 10월 2일, 342쪽
淸安	현감 홍종익	軍器를 빼앗김	《日省錄》 갑오 고종 31년, 10월 2일, 342쪽
永同	현감 오형근	軍器를 빼앗김	《日省錄》 갑오 고종 31년, 10월 4일, 346쪽
沃川	군수 김동민	軍器를 빼앗김	《日省錄》 갑오 고종 31년, 10월 11일, 352쪽
永春	현감 박용진	軍器를 빼앗김	《日省錄》 갑오 고종 31년, 10월 14일, 356쪽
唐津	현감 윤사선	軍器를 빼앗김	《日省錄》 갑오 고종 31년, 10월 14일, 356쪽
結城	현감 박기붕	軍器를 빼앗김	《日省錄》 갑오 고종 31년, 10월 17일, 358쪽
報恩	군수 이규백	軍器를 빼앗김	《日省錄》 갑오 고종 31년, 10월 17일, 358쪽
兵營	우후 백락중	軍器를 빼앗김	《日省錄》 갑오 고종 31년, 10월 1일, 341쪽
結城	현감 박기붕	兵符를 빼앗김	《日省錄》 갑오 고종 31년, 10월 12일, 353쪽
恩津	현감 권종익	체포됨	《日省錄》 갑오 고종 31년, 10월 7일, 348쪽
兵營	영관 염도희	살해당함	《日省錄》 갑오 고종 31년, 10월 9일, 350쪽
瑞山	군수 박정기	살해당함, 殿牌移捧, 관청이 불에 탐	《日省錄》 갑오 고종 31년, 10월 11일, 351쪽

를 제조하여 농민군의 화력을 확충하기도 하였다.[57]

다음은 9월 말에서 10월 초에 이르는 동안 충청도 각지에서 군기를 탈취하는 사건 및 지방수령의 兵符를 빼앗은 사건, 수령을 잡아가거나 혹은 살해한 사건들과 연계되면서 발생한 것이라고 할 수 있다. 그 예를 보면 다음과 같다. 즉 이는 농민군들이 군기를 확충하거나 혹은 그 지역의 관군이 갖춘 무기들을 제거함으로써 농민군이 주도권을 장악하기 위해 이러한 사건들을 일으켰다.[58] 실제 농민전쟁 기간중 농민군들이 무장한 銃槍류 대부분은 거의 관군이 사용하던 것들이었다. 이를 보더라도 농민군이 군기를 탈취한 행위는 무력을 갖추기 위한 방법의 하나였음을 알 수 있다.

그러나 농민군은 필요한 무기를 갖추었다고 할지라도, 그들이 보유한 무기마

---

56) 농민군이 관의 군기를 탈취한 사건으로는 뒷부분을 참조.
57) 〈巡撫先鋒陣謄錄〉 同日(10월 27일) 《東學亂記錄》 上, 437~438쪽. 工匠을 모집하여 長槍 火砲를 제조하고 天安, 木川, 全義의 軍物을 탈취한 예이다. 이외에도 농민군들은 火藥을 제조하기도 하였다(〈巡撫使呈報牒〉 18일 《東學亂記錄》 下, 41쪽).
58) 《日省錄》 고종 31년 甲午 9월 26일, 333쪽. 농민군들은 단순히 수령들의 탐학 때문에 봉기한 것이 아니라 하며, 그보다 더 나아가 이제 民을 미혹하게 하고, 또한 軍器를 훔쳐서 성을 공략하고 民을 약탈하기에 이르렀다고 지적될 정도이다.

저도 제대로 작동되지 않는 것이 많았으며, 대부분 훈련을 제대로 받지 못하였다. 농민군으로서는 이처럼 열악한 전력으로 신무기를 지닌 일본군과 그들의 지원 및 작전지시를 받은 관군 그리고 이에 가세한 민보군, 유회군 들을 감당하기에는 역부족이었다.

또한 농민군들의 잡다한 성향 때문에 지도부들이 농민군을 제대로 통제하지 못함으로써 문제가 발생하였다.[59] 앞서 열거한 농민군의 부정적인 측면은 농민군의 영향력 행사에 많은 문제점이 있었음을 반영하는 것이기도 하였다.[60]

2) 농민군의 활동지역

2차 농민전쟁기 충청지역 농민군의 활동은 주목할 만하다. 격전지로서 주목되는 지역은 크게 천안·목천 지역, 서산·해미·당진·홍주 지역 등의 해안지역, 공주 지역, 청주 지역, 옥천·영동·황간 지역, 그리고 서천·한산·임천 등 전라와의 접경지역 등으로 권역을 나눌 수 있다.[61] 이외의 지역에도 소규모의 전투가 있었지만 위의 권역을 크게 벗어난 것은 아니었다.

이들 지역들의 특징은 주요한 지방관아가 소재한 지역이며, 동시에 19세기 초 商業流通圈과 대체로 일치하고 있다. 즉 서울과의 交通路 혹은 상품유통이 활발하게 이루어지는 지역이거나 농산물을 포함한 상품의 집산지라는 점이 특징이다. 이외에도 북접의 영향력이 강한 지역이라는 점을 들 수 있다.

이러한 특징은 2차 농민전쟁의 전반적인 흐름과 밀접하게 관련되었다. 즉 전봉준군 혹은 김개남군이 서울로 북상하는 길목이거나 동학 특히 북접군이 중심이 되어 활동한 지역, 그리고 남접과 북접 연합군의 향방 및 관군과 일본군의 이동로에 따라 이러한 전투지역이 결정되었다. 대체로 이들 지역은 전쟁에 필요한 무기와 물자를 조달할 수 있는 곳이기도 하였다. 농민군은 서울로 향하는

59) 《조석헌역사록》 10월 1일의 기사로서 그의 언급에 의하면, 동학조직에 잡다한 출신의 자들이 다수가 入道함으로써 이들을 규제할 수 있는 기재가 없으며, 또한 불법행위를 방관할 수밖에 없는 상태였다고 한다.

60) 《洪陽紀事》 7월 7일

61) 吳知泳, 《東學史》 敗戰後聞에 따르면 2차 농민전쟁 시기를 전후하여 동학조직을 중심으로 형성된 농민군의 배치는 관군과 일본군과의 접전이 이루어지고 한편으로는 남접의 농민군이 북상함으로써 앞서 열거한 지역에서 주요한 전투가 발생하였다고 한다.

길목을 중시하면서 북상하였으므로 공주 지역과 청주 지역을 택하였으며, 북접
의 일부 동학군은 남·북접 연합군의 활동과 관련하여 일부 지역에서 접포를
중심으로 독자적인 활동을 전개하였고 관군과 일본군의 움직임과 관련하여 대
응함으로써 이들 전투지역들이 결정되었고 다양한 지역에서 격전이 벌어졌다.
그리고 全羅, 慶尙, 江原道와의 접경지역이 많다는 점을 들 수 있다.[62] 특히 전
라지역과 충청지역, 그리고 충청지역과 경상지역의 접경지역은 농민군들이 경
계를 넘나들면서 활동하였다.

3) 농민전쟁의 전개

1893년 보은집회가 종교조직인 東學을 표면에 내세운 것이었으나, 이 집회를
적극적으로 이용하려고 했던 인물로서 전봉준, 김개남, 손화중 등이 지적되고 있
음을 볼 때, 이 모임은 농민전쟁으로 이끌어가는 중요한 기점의 하나가 되고 있
다. 한편 이러한 움직임이 1차 농민전쟁기에 충청지역에서의 농민군 활동으로 곧
바로 이어진 것은 아니었다. 그러나 이 집회에서 충청지역의 조직기반이 형성되
었으며, 이러한 조직기반은 충청지역 내의 농민군들로서는 국지적이고 산발적인
활동이나마 지속할 수 있는 토대를 마련하였음은 앞에서 살펴보았다.

1차 농민전쟁기와 집강소기에도 충청지역에서 농민군 활동이 있었지만 충청
지역이 농민전쟁의 본격적인 장으로 등장한 것은 2차 농민전쟁이다. 전봉준
을 중심으로 한 농민군 주력부대는 反外勢 反開化의 문제를 내세우면서 항전을
개시하였다. 1차 농민전쟁기의 농민군의 중심 요구는 反封建의 문제였으나, 2
차 농민전쟁기는 外勢의 문제가 중심 과제로 떠올랐다. 이 문제들이 중심과제
로서 제기된 상태에서 충청지역은 농민군 활동의 주 무대로 등장하였다.

2차 농민전쟁은 농민군 지도부의 핵심이었던 전봉준이 주도함으로써 시작되
었다. 전봉준은 10월경을 재봉기의 시기로 택하였다고 한다.[63] 또한 지리적으

---

62) 이는 全羅, 慶尙지역의 농민군과 충청지역의 농민군간의 교류뿐만 아니라, 각 지역 농민군이
   지역간의 이동으로 발생하는 경우도 많았다. 특히 임천 지역에 출몰하던 전라지역의 농민군, 그
   리고 영동·보은·옥천 등지에서 활동하던 농민군이 경상지역, 강원지역을 넘나드는 경우도 나
   타났다.
63) 〈全琫準 供草〉 4招 《東學亂記錄》 下, 548, 550, 557쪽. 전봉준은 처음에 삼례에 모인 시기
   를 10월이었다고 하였다가, 이어 10월 12일경이라고 하였다. 이후 일본영사가 각 지역에 전봉

로는 三南이 연결되는 參禮를 재봉기 거점으로 택하였다. 이는 많은 사람들이
일시에 움직이는 것이 힘든 데다가 이들이 필요로 하는 군량을 쉽게 확보하기
위해서는 곡식이 여물기를 기다릴 수밖에 없었기 때문이다. 지역적으로는 교통
의 요지를 택함으로써 각 지역과의 연계가 가능한 장소를 택하는 것이 전략적
으로 유리하였고,[64] 그리고 삼례는 호구는 백여 호밖에 되지 않았으나 邸幕이
많아 많은 수의 농민군들이 머물기에 유리했기 때문이다.[65]

농민군이 재기포를 한 주된 이유는 우선 민씨정권과 그와 결탁한 개화파들이
추진하던 정책에 대한 불만과 청군 및 일본군의 개입, 그리고 일본에 의해 도성
이 공격을 받은 점 등을 들 수 있다.[66] 또한 대원군이 전봉준과 접촉을 시도하
면서 그들 상호간에 맺어진 밀약은 2차 봉기를 가능하도록 만든 요인이 되었다
고 보인다.[67]

이와 관련하여 이미 충청지역에서도 9월에는 농민군들이 부산하게 움직이기
시작하였고, 충청도와 인접한 지역에서도 농민군들이 활동을 개시하였다.[68] 이
시기 농민군의 활동은 단순한 民擾의 수준에 머물지 않았다.

충청지역 외의 지역에서도 농민군들의 재봉기가 가시화되었다. 9월 20일경

준이 보낸 서찰을 제시하자, 10월이 아닌 9월이라고 정정하였다. 서찰에 기록된 일자가 9월 18
일로 되어 있다고 하는 것으로 보아 재봉기한 날은 9월 18일경으로 보아야 할 것이다.

64) 〈全琫準 供草〉 4招 《東學亂記錄》 下, 554쪽. 전봉준이 參禮에서 집결한 이유는 "此地道路四
通 兼以驛村故耳"라고 하였다.

65) 〈全琫準 供草〉 4招 《東學亂記錄》 下, 553쪽. 全州府中之外 邸幕稍多者莫如參禮故耳.

66) 〈全琫準 供草〉 初招 《東學亂記錄》 下, 529쪽. 전봉준은 일본이 개화를 칭하면서 처음부터 일
언반구도 없이 민간에 유포하고, 檄書도 없이 군대를 이끌고 도성에 들어와서 왕궁을 공격하여 왕
을 놀라게 한 것에 대해 義旅들을 규합하여 일본과 접전하려는 분위기를 이용하였다고 한다.

67) 〈全琫準 供草〉 《東學亂記錄》 下 ; 《梧下記聞》. 승지 이건영, 소모사 송정섭 · 박동진 · 정인덕,
그의 처족인 송희옥 등이 전봉준과 대원군을 연결하는 역할을 하였다고 한다. 확증은 없으나, 이들
간에 밀약이 있었던 것으로 보인다. 협약내용은 대체로 청군이 승리하면 농민군은 일본군을 남북에
서 협공하여 서울에서 몰아내기로 한 것으로 추측된다. 이를 위해 삼남의 유학자, 동학접주들과 접
촉하여 항일의병을 규합하고, 청군과 연합하여 일본군을 협공케 하며, 서울에서는 일본의 사주로
개화정권에 가담한 김홍집, 유길준 등을 제거한다는 계획이었다고 한다. 그러나 평양전투 후에 대
원군의 편지가 폭로되고, 일본군이 승리하자 전봉준은 새로운 방향을 모색하지 않을 수 없었다.

68) 《甲午記事》 9월 18일. 9월 18일경에는 이미 전라농민군 일부가 임천 지역으로 넘어가서 활
동하고 있다. 같은 책 9월 24일조에 임천 읍내의 뒷산 성을 쌓는다고 하였고, 9월 30일조에 이
때 농민군의 활동에 대하여 "允洞接이 林川接과 冠浦 七山邑에 진을 치고 호남을 방어한다"라고
하는 것을 보면 전라와 충청 인근 지역 농민군의 활동은 서로 연계를 갖고 이루어지고 있었음을
알 수 있다.

전봉준군은 礪山에 이르렀고,[69] 9월 하순에는 경기도의 안성,[70] 죽산 등지에서 수천 명의 농민들이 떼를 지어 활동하였으며, 경상도의 하동, 진주지방에서는 관아에 들어가서 부호를 징치하였고, 강원도 홍천에도 경기도 지평에서 이동한 농민군 수백 명이 출몰하였다.[71] 전라도지역은 5, 6만에 이르는 농민군들이 남원부의 무기를 빼앗아 활약하고 있었으며, 전주 금구에 모인 농민군도 이미 활동을 시작하였다. 이제 각지의 농민군은 새로운 단계의 활동을 개시하였다.

충청도에서는 兵使 이장회의 보고에 따르면, 9월 24일 이미 匪類 수만 명이 성 아래를 침범하였으며, 병사는 이들을 물리쳤다고 보고한 바가 있다. 또한 湖匪들이 서로 연락이 닿는다면 監兵營의 힘으로는 도저히 막을 수 없으며, 湖西의 장수들로서는 이들을 막을 도리가 없다고 토로할 정도였다.[72] 이보다 앞서 노성현감 김정규의 첩보에 근거하여 충청감사 박제순이 중앙에 보고한 바에 따르면, 湖南 농민군이 이미 활동을 개시하였고 이러한 소문은 충청도에도 이미 퍼지고 있었다.[73] 충청도의 농민군들도 이미 이러한 움직임을 알고 있었던 것으로 보인다.

9월 29일 議政府에서도 兩湖의 비류들이 이미 作梗의 단계에 들어간 것으로 파악하였고,[74] 兩湖의 비류들이 서로 연결되어 湖西에서 湖南측에 구원을 요청하였다는 정보를 입수하고 이에 대한 대책을 마련하려 하였다.[75] 이에 정부는 恩津과 魯城 지역에 군대를 파견함으로써 호남과 호서지역 농민군간에 이루어지는 연결을 끊으려고 하였다.[76]

그러나 이때 이미 "양호지간에 비류들이 창궐한다" 혹은 "양호의 비류들이 근래에 嶺南·關東·畿海 등지에 만연하고 있다"[77]는 보고들이 이어지고 있었다.

---

69) 《甲午記事》 9월 20일
70) 《日省錄》 고종 31년, 甲午 9월 30일, 338쪽
71) 《日省錄》 고종 31년, 甲午 9월 26일, 332쪽
72) 《日省錄》 고종 31년, 甲午 9월 28일, 335~336쪽
73) 《啓草存案》(奎 17240) 1권, 9월 17일 ; 《日省錄》 고종 31년, 甲午 9월 18일, 321쪽. 충청감사 박제순이 魯城縣監 金靖圭의 첩정에 의하여 보고한 것으로서 "湖南匪徒들의 警報가 이르고 있다"고 하였다.
74) 《日省錄》 고종 31년, 甲午 9월 29일, 337쪽
75) 《日省錄》 고종 31년 甲午 9월 29일, 337~338쪽
76) 〈全琫準 供招〉와 연계시킨다면 이미 전봉준군이 삼례에서 집회를 가진 후 은진·논산 지역으로 향한다는 정보에 따라서 정부군도 이곳으로 출정하려 한 것이라고 생각된다(〈全琫準 供草〉 4招 《東學亂記錄》 下, 555쪽).
77) 《日省錄》 고종 31년, 甲午 9월 24일, 330~331쪽

232

이는 이미 충청지역을 비롯 각지의 농민군들이 계획적인 활동단계에 들어갔으며
전국적인 규모로 2차 농민전쟁을 계획하여 진행하고 있었음을 보여주는 것이다.

　전라지역은 이미 농민군 주력들이 구체적으로 활동하는 단계에 들어갔다. 전
봉준은 금구의 조진구, 전주의 송일두와 최대봉 등을 중심으로 우선 4천여 명
을 동원하였다.[78] 전봉준은 參禮를 집결지로 선정하고, 일본병을 공격하는 일을
의논하였다고 한다. 이 삼례기포로 2차 봉기는 시작되었다.

　전봉준이 이끄는 농민군은 여산, 은진, 논산을 거쳐서 10월 초순에 강경에
도착하였다.[79] 이 과정에서 공주 창의소 의장인 李裕尙은 논산에서 전봉준 부대
에 합류하였다. 李裕尙 부대는 군졸 200명, 砲士 5,000명인 부대였으므로, 농
민군은 1만여 명으로 늘어났다고 한다. 그리고 전 여산부사인 김원식이 전봉준
군에 합류하여 선봉 역할을 맡았다. 이처럼 전봉준은 여러 곳에서 호응을 받았
으며, 북접군과 논산에서 합류하려고 하였다. 이때 전봉준은 농민군들에게 엄
한 기율을 요구하였고, 특히 민간에 대한 침탈을 금하여 주변지역으로부터 더
많은 호응을 얻어내려 하였다.

　한편 관군들은 이미 9월 10일경부터 죽산, 안성 등 경기도 일대와 충청도 내
륙 일대의 동학도 및 농민군을 치기 위하여 북접 지역으로 남하하고 있었다. 그
리고 관군과 맹영재의 민보군도 경기, 충청도 일대의 북접 동학교도들을 토벌
하는 상황이었다. 이어 9월 중순 이후 중앙에서 파견된 관군과 합세한 일본군
도 농민군을 치기 위하여 남하하고 있었다.

　이미 남·북접은 연합한 상태에서 관군과 일본군의 남하에 대하여 대비하고
있었다. 관군과 일본군이 동학교도를 포함한 농민군을 치러 오는 상황에서 북
접도 그전처럼 관군과의 암묵적인 타협만을 지속할 수 없었다. 한편 1차 봉기
를 주도한 전봉준군을 중심으로 한 남접은 관군과 일본군이 개입하고 있는 상
황에서 새로이 전열을 가다듬어야 했으며, 이에 따라 북접과 연합할 필요성을
느끼게 되었다. 따라서 북접과 남접은 연합을 추진하기 위한 사람이 필요하였
다. 양측에서 무난한 인물로 지적되던 남접 계통의 오지영 등이 양측의 연합을
추진하는 임무를 띠고 報恩 壯內里의 대도소에 있는 손병희의 동의를 얻어냈다.

---

78)〈全琫準 供草〉4招《東學亂記錄》下, 555쪽
79)〈巡撫先鋒陣謄錄〉同日《東學亂記錄》上, 407쪽. 호남 농민군 진영이 배치되는 모습을 이 글
　에서 살필 수 있다. 특히 노성과 논산, 은진 지역 등이 농민군의 활동지역으로 이미 들어가 있다.

이로써 남·북접의 연합이 이루어졌다.

최시형은 총동원령을 내렸고, 전봉준은 9월 하순부터 義旅임을 자처하면서 全羅道倡義大衆所의 이름으로 충청도지방에 전령을 내렸다. 그리고 노성, 維鳩, 공주의 농민군에게도 연락을 하여 연계작전을 모색하였다.[80] 남·북접 연합으로 충청지역은 2차 농민전쟁의 중심지로서 부상하게 되었고, 이와 관련하여 곳곳에서 격렬한 전투가 벌어졌다.

이러한 사정은 "근래에 동도들이 소란을 피웠는데 兩湖가 가장 심하였다. 湖南은 난이 처음 일어난 곳이다. 지금까지 평정되지 못하여 가히 논할 바가 없다. 湖西는 작년 봄부터 報恩에서 해산한 후에 소굴을 이루게 되었으며 점차 만연하게 되었고 今年의 變에 이르게 되었으며, 또한 호남에 비할 바가 아니다"라고 하는 것에서도 볼 수 있다.[81] 이는 충청지역 농민군들의 활동이 이미 본격적인 단계에 들어갔음을 보여주는 것이다.

북접에서는 손병희를 대통령으로 삼고, 손천민·이용구·김연국·황하일·김복용·박인호·홍병기들이 각 접을 거느리고 기포하였고, 이천·여주·원주·횡성·홍천 등 경기·강원지역 외에도 경상도지방까지 파급되었다.

북접의 농민군은 10월 초순 報恩 壯內里에 모일 것을 결정하였다. 경기도의 이종훈과 이용구가 이끄는 농민군 2만 명은 10월 6일 경기도 陰竹에서 槐山으로 향하면서 일본군을 유인하였고,[82] 한편 정반대 방향인 報恩에서 3만 명에 달하는 농민군이 괴산을 쳤다.[83] 농민군들은 邑屬과 日兵 등을 죽였으며, 괴산의 관아 등을 부수고 군기와 문서들을 불태웠다.[84] 농민군은 괴산성을 함락하는 승리를 거둔 후 淸州로 이동하였다가 다시 報恩으로 향하였다.[85] 그리고 충청도 손천민이 이끄는 농민군은 청주 쌍교장터에서 접전하였고, 권병덕과 청주의 임정준은 문의에서 보은으로 모였다.

---

80) 〈전봉준 공초〉에서는 이러한 사실과 상반되는 내용이 보인다. 즉 전봉준이 최시형과의 접촉을 부정하고 있다.

81) ≪洪陽紀事≫ 10월 2일

82) 이들은 忠州 無極 장터로 이동한 것으로 보이며, 이곳에서 다시 槐山을 공격하였다.

83) 〈巡撫先鋒陣謄錄〉 同日 ≪東學亂記錄≫ 上, 407쪽 ; 同日(11월 15일), 510쪽 ; 〈6.東學黨征討關係에 關한 諸報告〉 京第109號 忠淸道東學黨 討伐景況 및 戰況報告寫本 送付 ≪駐韓日本公使館記錄≫ 1, 216~220쪽

84) 〈巡撫先鋒陣謄錄〉 同日(11월 15일) ≪東學亂記錄≫ 上, 509~510쪽

85) 〈巡撫先鋒陣謄錄〉 同日(10월 20일) ≪東學亂記錄≫ 上, 407쪽 ; 同日(11월 15일), 509~510쪽

보은 장내리에 모인 농민군은 각기 부서를 정하여 孫秉熙가 중앙을 맡아 총지휘를 하였으며, 鄭景洙包를 先陣, 金奎錫包를 後陣, 이종훈포를 좌익, 李容九包를 우익으로 삼았다. 이들 包는 2개의 부대로 나뉘어 永同 沃川에서 公州에 이르는 부대, 懷德 連山을 거쳐서 論山에 이르는 부대로 편성되었다. 논산 초포에 이른 손병희의 북접군은 호남의 전봉준 부대와 만나서 양군은 동맹을 맺었다. 이리하여 논산에 대본영이 설치되었고 남·북접 연합군이 형성되었다. 이로써 농민군은 전열을 다시 가다듬었고 관군 및 일본군과 전면적인 대치상황에 돌입하였다.

농민군 주력부대의 움직임이 본격화함과 동시에 충청도 각지의 농민군 활동도 점차 활기를 띠었다. 관군은 이러한 농민군의 활동에 대하여 강경하게 대응하였다. 서산 출신의 조석헌의 기록에 따르면, 9월경에 태안군수 신백희, 김경제 등은 泰安·瑞山·海美 3읍의 동학교도들을 귀화시키고, 거부하는 자들은 죽이려 하였다. 그들은 병정과 관군을 보내어 동학의 大首頭目 30여 명을 가두었다. 3읍의 동학교도들은 이러한 상황에 대하여 위기감을 느끼고 있었다.

이에 대해 朴熙寅의 산하에 있는 접주들이 중심이 되어 서산 지역에서 동학도를 모았다.[86] 접주들은 잡혀간 동학의 大首頭目들의 생사문제 및 동학이 공격을 받을 것을 염려하면서 기포의 당위성을 내세우고, 관내에서는 일제히 기포하여 갇혀 있는 두목들을 구할 것을 결정하였다.[87]

이때 결성된 서산의 북접조직은 9월 말에 북면 방갈리에 있는 文章魯의 집에서 이루어졌다. 이때 接主 張聖國·文章魯·金君執·崔孟春을 비롯하여 接主 安在僕·文章峻·文章赫, 都執 文章權·文聖錫·文龜錫·文俊甫, 執綱 安玄默, 中正 郭基豊·李致榮·朴正伯 등이 모여서, 旗手隊長에 安玄默, 西部隊長에 朴正伯, 北部隊長에 李致榮으로 대오를 편성하였다.

최시형은 이러한 상황에서 9월 30일경에 "8도의 우리 교도가 죄가 있건 없건 이 세상에서는 삶을 보전하기 어려운 형편이다. 여차하면 각처의 모든 두령들

---

86) 《조석헌역사록》(한국사상 13, 1975를 참고). 이 지역은 손병희의 忠義包 세력하에 있었다. 충의포는 예하에 德包의 朴寅浩, 禮包의 朴熙寅(朴德七)을 중심으로 구성되었는데, 이후 손병희가 북접의 통령직을 맡게 되면서 충의포는 박인호가 맡게 되었다 한다.

87) 《조석헌역사록》에 따르면 박희인은 大接主이다. 그는 동학두목을 구출하는 문제로 최시형을 만나러 갔으며, 이때 지역 包의 首接主인 金基泰가 주동이 되어 기포를 결의하고 박희인이 돌아오는 대로 행동을 결정하도록 하기로 하였다. 또한 기포가 결정될 경우 먼저 起包를 한 후에 다른 쪽에 연락을 할 것임을 약속하였다 한다.

은 낱낱이 모두 살해당할 지경이니, 이 글을 받는 즉시 속속 起包하여 각자 자기가 속한 接包에 모여 자생하도록 하라"는 훈시문을 보냈다.[88] 최시형의 훈시문은 동학군을 부추겨서 公州·溫陽·禮山뿐만 아니라 泰安·安興까지 일시에 기포하도록 하는 계기가 되었다고 한다.[89]

이들은 10월 1일에 다시 泰安읍에 모였고, 10월 2일에는 禮包 관내의 동학도들을 모아서 수만 명을 이루었다고 한다. 이들은 관정에 돌입하여 안무사인 金慶濟와 서산군수 朴錠基, 태안군수 申百熙를 묶고 때려서 그 자리에서 살해하고, 동학두목 30여 명을 구출하였다.[90] 이는 곧 자신들의 사활이 걸려 있는 문제였으며, 동시에 동학 특히 북접의 존폐 위기와도 관련된 것이었기 때문에 가능하였다.

이 사건을 계기로 이 지역 농민군세력은 더욱 커졌다. 이들은 당장 10여 郡의 무기를 몰수하고, 대도소에 유치하는 등 전쟁에 필요한 물자들을 마련하였다.[91] 이외에도 이 지역 富戶들이 자진하여 많은 액수의 의연금을 바친 것을 비축하고 있었다. 이들의 본부라고 할 수 있는 禮包의 大都所는 禮山 木巢里(木市)에 근거지를 두었는데, 그 세력이 확장되어 管下에 12包를 두게 되었고, 그 외에 많은 包들을 신설하였다.[92]

이처럼 박인호가 지휘하는 충의포 예하는 충청도 해안지방을 중심으로 德山, 唐津, 瑞山, 泰安, 洪州, 禮山, 沔川, 安眠島, 海美 등지에서 봉기하였으며, 이들도 公州 방면으로 향하려고 하였다. 그런데 10월 11일에 홍주 군수 이홍우의

---

88) 《조석헌역사록》(한국사상 13, 1975년 간행)
89) 《조석헌역사록》;《洪陽紀事》 10월 3일. 各處東徒稱崔賊之指揮處處峰起在在蚓結. 이러한 북접 휘하의 농민군의 움직임들은 우발적이 아닌 계획적인 행동이었다. 북접의 최시형의 지시에 따라 농민군들이 움직이고 있었지만, 이보다 앞서 9월 말경 충청지역에서도 농민군 일부가 독자적으로 기포하려 하였기 때문에 가능한 것이다.
90) 서산군에서는 군수 朴錠基가 해를 입었을 뿐만 아니라 관청건물이 모두 타버렸으며, 또한 禮吏가 殿牌를 경기감영으로 옮겨야 했다고 한다. 이로써 서산군수로 성하영이 임명되었으며, 그가 거느리고 있던 京兵들을 이 지역으로 파견하도록 하였다(《조석헌역사록》;《洪陽紀事》 10월 3일;《日省錄》 고종 31년, 갑오 10월 11일, 351쪽).
　서산군의 보고에 따르면 이보다 자세하다. 농민군들은 동헌과 관청건물을 부수고 수령은 죽임을 당하고 印符는 빼앗겼으며, 吏房 宋鳳動은 죽고 호적과 각양 문서들을 태워버렸으며, 창고는 부수고 군기와 公納錢穀을 탈취하였다고 한다〔巡撫先鋒陣謄錄〕 同日(11월 13일)《東學亂日記》 上, 501쪽〕.
91) 《조석헌역사록》
92) 이는 무장한 군대조직은 아니었다. 농민군이 包를 구성했다고 하더라도 이들의 武力은 한계를 지니고 있었다.

관병과 일본병 300여 명, 유회군이 예산 목소리에 있는 대도소를 공격하자, 이곳에 모여 있던 농민군은 흩어졌다. 그러나 이후 농민군들은 여전히 자신의 가족들이 모두 피해를 입는 것을 보고 충남지역의 농민군을 모아 재봉기하는 길을 모색하였다. 이들은 해미, 서산, 태안 등지의 동학군에 합류하여 다시 활동을 개시하였다. 이외에도 海美城과 德山 大川 지역에서 농민군이 그 세력을 떨치고 있었다.[93] 10월 15일경 牙山縣監의 보고에 따르면 牙山에서는 德山包를 칭하는 東徒 수천 명이 병기를 가지고 擧火放砲를 하면서 읍내에 돌입하여 公堂을 헐고 관리를 구타하였으며, 군기고를 부수고 병기를 탈취하였을 뿐 아니라 민간인의 재산을 겁략한 사건이 발생하였다고 한다.[94]

전라지역과 근접한 林川 지역에서도 9월 24일경에는 농민군들이 읍내 뒤에 성을 쌓기 시작하였으며, 일본군이 호남을 치러 온다는 소문에 允洞接과 함께 冠浦七山邑에 진을 치고 방비태세를 취하고 있었다.[95] 이들은 나름대로 군사훈련을 하였고 10월 14일경에는 包를 일으켜서 활동중이었으며, 전라지역의 동학도로 구성된 농민군과 함께 관가에 들어가 군기를 탈취하였다.

한편 10월 초에 병영영관인 廉道希를 붙잡아 불에 태워죽이는 사건이 발생하였으며,[96] 이러한 사건을 들어 충청감사는 비류들의 창궐이 점차 심해지고 있다고 판단하고, 경군과 지방군을 보내어 농민군을 초멸할 것을 강력히 주장하였다.

충청지역에서 농민군이 활동하는 양상에 대해서는 전반적인 보고가 있던 것은 아니지만 이미 兩湖先鋒陣의 기록에 의하면 논산, 노성, 은진 등의 지역 외에도 定山, 禮山, 德山, 溫陽, 新昌, 大興, 洪州, 結城, 唐津, 海美, 瑞山, 泰安 등지에서 비류들이 창궐하고 있다고 하며, 그 수가 수만에 이르고 있다고 하고 있다.[97]

이 무렵에 앞서 괴산을 친 농민군은 청주를 거쳐 보은으로 향하였으며, 報恩·靑山·永同 지역 등에서 활동하였다. 한편 농민군이 괴산을 친 이후에도 소

93) 《洪陽紀事》 10월 3일
94) 〈巡撫先鋒陣謄錄〉同日 《東學亂記錄》 上, 403~404쪽. 농민군들은 다음날 牙山에서 다시 新昌 樓洞의 집결지로 갔다가, 官軍의 이동을 접하고는 唐津 內浦 지역으로 향하였다고 한다.
95) 《甲午記事》 9월 30일
96) 《日省錄》 고종 31년, 甲午 10월 9일, 350쪽
97) 〈兩湖右先鋒日記〉10월 29일 《東學亂日記》 上, 298쪽. 이외의 지역에 관한 언급으로는 吳知泳,《東學史》 南北接爭端을 들 수 있는데, 여기에서는 恩津과 論山을 중심으로 하는 전라와 충청지역의 봉기지역들이 거론되고 있다.

수의 농민군들은 충주와 괴산 지역에서 지속적인 활동을 벌이고 있었으며, 피해를 입은 일본군은 충주를 포함한 이 지역의 농민군에 대한 수색을 강화하였다. 이어서 괴산에서 피해를 본 일본군 및 관군은 농민군을 추적하였다. 일본군과 관군은 최시형이 살고 있던 槐山의 五里洞 靑川都會所를 덮쳤으나 이미 농민군은 이동해버린 뒤였다. 14일 일본군과 관군은 報恩 壯內里를 공격하려 하였으나, 농민군은 이미 11일에 靑山, 永同 방면으로 이동한 뒤였다.[98] 한편 최시형은 靑山 지역으로 가서 2만 명을 모아 다시 黃澗과 永同을 경유하여 전라도로 들어가서 전주에서 합세하려고 하였다고 한다.[99] 이 지역 농민군은 11월에 이르면 경상지역으로 활동범위를 확대하려 하였다. 金子先, 金民伊 등이 농민군을 이끌고 尙州를 치려는 계획을 세웠으나 체포됨으로써 무산되었다.[100]

이처럼 농민군들은 관군과 일병들의 추격을 교묘하게 피하면서 활동하였다.[101] 이 지역에 파견된 일본군의 보고에 따르면 "東學黨의 뿌리를 뽑으려면 조선정부의 행정개혁은 물론이려니와, 우선 경기도에 있어서는 驪州 부근, 충청도에 있어서는 陰竹, 忠州, 槐山, 報恩 淸州 부근에 있는 賊徒의 巨魁를 정밀히 탐색해서 엄벌에 처한다면 京畿, 忠淸 양도의 東學黨이 再起할 염려는 없을 것이다"[102]라고 할 만큼 이 지역의 농민군세력도 만만치 않았던 것이다. 이와 같은 사실들은 이미 충청지역의 '左道'와 '右沿'을 포함하는 충청 전역에 걸쳐 농민군이 활동하고 있음을 보여주는 것이다.

충청지역 농민군들은 관군과 일본군이 서울 방향에서 남하하는 것에 대비하여 각 지역마다 방어망을 세운 상태였다. 그 중에서 木川 細城山城 및 天安 지역을 중심으로 활동한 농민군의 활동을 우선적으로 지목할 수 있다.

木川의 세성산성과 天安의 농민군이 주목받게 된 것은 감영과 병영이 각각 자리를 잡고 있는 公州와 淸州 사이에 접하면서 충청도 중부와 내륙지방의 농민군과 연결하여 양쪽에 위협을 가할 수 있는 위치에 있었고, 삼남과 연결할 수

---

98) 〈巡撫先鋒陣謄錄〉同日(10월 20일) 《東學亂記錄》 上, 407쪽
99) 〈6.東學黨征討關係에 關한 諸報告〉京第109號 忠淸道東學黨 討伐景況 및 戰況報告寫本 送付
《駐韓日本公使館記錄》 1, 215~221쪽
100) 《討匪大略》 11월 18일
101) 〈巡撫先鋒陣謄錄〉同日(10월 23일) 《東學亂日記》 上, 420쪽
102) 〈6.東學黨征討關係에 關한 諸報告〉京第109號 忠淸道東學黨 討伐景況 및 戰況報告寫本 送
付 《駐韓日本公使館記錄》 1, 220쪽

238

있는 지점일 뿐만 아니라 서울로 통하는 길을 압박할 수 있다는 점을 들 수 있다. 이는 관군 스스로가 목천 지역에 대해서 "木川賊들이 兩鎭의 사이에 있어서 장차 크게 방자해질 염려가 있다. 또한 서울로 향하는 길을 핍박하고 先鋒의 앞길에 장애가 되고 있다"라고 할 정도로 이 지역은 농민전쟁기에 전략적으로 중요한 위치를 차지하고 있었다.[103] 즉 관군 양측 어느 쪽에서도 놓칠 수 없는 중요한 거점이었다.

관군은 이러한 측면을 고려하여 우선 농민군측의 예기를 꺾고 우위를 점하기 위한 작전을 세웠다. 그들의 작전은 "우선 서울에 가까운 적을 깨고 우리 兵들의 명성을 드날린 다음에 승리를 얻은 병사로 하여금 멀리 남하하게 한즉 병들의 세력은 아주 좋아질 것이며, 적의 기세는 매우 약해질 것이며"라고 하여,[104] 초반에 농민군의 기선을 제압하고 그 여세를 몰아서 다른 지역에까지 이어지게 하자는 것이었다.[105]

반면 木川 지역의 농민군은 관군의 이러한 전략에 맞서서 세성산성에 진을 쳤고, 天安 지역의 농민군들도 합세하였다.[106] 10월 21일 兩湖右先鋒將인 李斗璜이 이끄는 관군 및 일본군과 전투를 벌였다. 농민군의 거점으로 삼던 세성산성은 삼면이 험한 지역이었고 다른 한 면만 약간 평평한 상태였다. 농민군은 이러한 지리적 이점을 이용하여 壘塹을 굳건히 하고, 깃발을 세워 자신들의 위용을 과시하면서 수비하였다. 그러나 관군과 일본군들은 삼면을 포위하면서 공격해왔고 결국 세성산성을 지키고 있던 3천 명의 농민군은 패하여 달아났으며,

---

103) 〈兩湖右先鋒日記〉 10월 20일 《東學亂日記》 上, 283쪽
104) 〈兩湖右先鋒日記〉 10월 20일 《東學亂日記》 上, 283쪽
105) 木川 세성산성 농민군의 비중은 관군의 평가에서 간접적으로 살펴볼 수 있다. "剿討하는 일로 말하자면 도내의 봉기는 木川의 것과 같은 것은 곳곳마다 있다. 全州巨魁 全琫準의 가장 큰 부대를 무너뜨림만 못하다"(〈巡撫先鋒陣謄錄〉 同日(10월 24일) 《東學亂記錄》 上, 424~425쪽)라고 하여, 부대 자체의 규모 및 활동 면에서는 다른 지역과 거의 비슷하였음을 알 수 있다. 단 목천 지역 농민군은 공주와 청주를 위협할 수 있는 지리적 위치, 그리고 관군과 일병들이 삼남으로 내려오는 길목에서 차단하는 역할을 한다는 면에서는 매우 중요한 의미를 지니고 있다.
106) 〈巡撫先鋒陣謄錄〉 同日(10월 27일) 《東學亂日記》 上, 437~438쪽. 천안 지역의 농민군들도 9월 말에는 이미 활동하고 있었다. 이들은 天安, 木川, 全義 지역의 軍物을 탈취하고 세성산성으로 들어가 활동하였다고 한다. 그리고 이 기록에 따르면 천안 지역의 金化成은 최시형으로부터 직접 道를 받았다고 하며 木川의 金鏞熙, 金成之와 함께 3老를 자칭하였고, 이들은 각각 東西包를 설치하여 자금을 모으고 《동경대전》 등의 서적을 간행하여 최시형에게 보내는 등 북접계 중에서도 유력한 위치에 있었던 것으로 보인다.

도망하던 수많은 농민군은 관군에게 사살되거나 포로로 잡혔다.[107] 농민군을 지휘하던 金福用마저도 그 다음날 체포됨으로써 목천의 농민군 조직은 커다란 타격을 입었다.[108]

관군은 승리를 거둔 후에도 세성산성에 머물면서 근처의 接主와 接司를 색출하려 하였다.[109] 이는 목천 농민군이 비록 무너졌다고 해도 巨魁인 李熙人이 잡히지 않았고, 나머지 농민군들이 사방으로 흩어져서 여전히 활동을 하고 있었기 때문이다.[110] 관군은 또한 全義, 천안, 직산, 진천, 목천 등에도 關文을 보내어 몰래 염탐하도록 하였으며, 천안과 목천 지역에 병사를 남겨 주둔하게 하였다.[111]

이 싸움은 농민군과 중앙에서 파견된 관군 및 일본군에 대항한 최초의 공식적인 전투였으나, 결과는 농민군의 패배로 끝이 났다. 이후 농민군은 서울로 향하는 북상로를 차단당하였으며, 작전과 사기 면에서도 관군에게 밀리게 되었다. 세성산성에서의 농민군의 참패는 중앙에서 파견된 관군 및 日兵의 火力에서 크게 밀린 것이 가장 큰 요인이었으며, 전술적 측면에서 관군이나 일병에 뒤지고 있었음도 그 한 요인이었다.

세성산성에서 농민군이 남하하는 관군이나 일병과 접전을 벌이는 10월 하순경 전라지역과 충청지역의 남쪽으로부터 농민군이 북상하고 있었다. 특히 남·북접 농민군이 연합을 한 후에 이들 병력의 주력들이 공주를 향하여 집결하고 있었다. 농민군 주력은 10월 16일경에는 이미 노성과 논산 지역에 진을 치고 있었으며, 은진 지역으로도 진입하고 있었다.[112] 이어 公州의 維城, 大田坪 등의 지역에서도 집결하고 있었다.[113]

공주 지역을 중심으로 발생한 농민군 활동은 크게 두 차례의 접전으로 나누어 살필 수 있다. 우선 1차 접전은 10월 하순경에 벌어졌다. 1차 접전은 남·북접의 연합농민군이 論山에서 2개의 부대로 나뉘어서 公州로 향하는 것에서 시

107) 〈兩湖右先鋒日記〉 10월 21일 《東學亂日記》 上, 288쪽
108) 〈兩湖右先鋒日記〉 10월 22일 《東學亂日記》 上, 290쪽. 체포된 자는 김복용 외에도 中軍 金永祜, 火砲大將 全玉 그리고 隨從 3명 및 그외 14명으로 모두 처형당했다. 이외에 2명이 천안에서 체포되었다.
109) 〈兩湖右先鋒日記〉 10월 23일 《東學亂日記》 上, 291쪽
110) 〈兩湖右先鋒日記〉 10월 24일 《東學亂日記》 上, 293쪽
111) 〈兩湖右先鋒日記〉 10월 24일 《東學亂日記》 上, 293쪽
112) 〈巡撫先鋒陣謄錄〉 同日 《東學亂記錄》 上, 406~408쪽
113) 〈巡撫先鋒陣謄錄〉 同日(10월 20일) 後 《東學亂記錄》 上, 406쪽

240

작되었다. 농민군 주력으로 4만 명에 달하는 전봉준 부대는 10월 23일 論山 草浦에서 魯城을 거쳐 공주에서 남쪽으로 30리 떨어진 敬川店을 쳤으며, 이를 발판으로 公州牧으로 북상할 계획이었다.[114] 그리고 다른 농민군부대는 건평을 거쳐 利仁으로 향하였다. 전봉준 부대는 경천점에서 孝浦, 熊峙[115]와 금강나루 산성으로 가는 두 길을, 북접의 농민군은 이인에서 우금치와 우금치의 뒤를 돌아서 충청감영의 뒷산인 鳳凰城을 공략하려 하였다.

그리고 북쪽에서는 沃川包 東徒로 불리는 북접 휘하의 농민군 수만 명이 公州에서 동쪽으로 30리 떨어진 大橋에 진을 쳤다. 농민군들은 서울에서 내려오는 관군의 공격을 차단함과 동시에 공주로 통하는 길을 뚫고 전봉준 부대와 합세하여 공주목을 협공하려는 것이었다.[116]

이보다 앞서 남·북접 농민군이 논산에 포진할 때인 10월 15일경 전봉준과 李裕尙은 충청감사인 朴齊純에게 농민군의 봉기가 정당함을 알리는 글을 보냈다.[117] 박제순은 위급함을 느끼고 이미 서울에서 파견된 순무영 선봉장 李圭泰를 비롯한 각지에 원병을 요청하였고,[118] 官軍과 日本軍들은 그의 요청에 따라 공주 지역으로 모여들고 있었다.

---

114) 〈巡撫先鋒陣謄錄〉錦城, 10월 23일 《東學亂日記》上, 419쪽 ; 〈巡撫先鋒陣謄錄〉勸奬, 10월·25일 《東學亂日記》上, 426쪽

115) 熊峙(일명 곰티)는 지역에서 관행적으로 부르는 명칭인 것 같다. 기록에는 대체로 陵峙로 기록되는 것이 많다. 특히 읍지류에서는 陵峙를 공식 명칭으로 사용하고 있다. 이 글에서는 가능하면 원자료에서 사용한 명칭을 그대로 사용한다.

116) 〈巡撫先鋒陣謄錄〉10월 25일 《東學亂日記》上, 426쪽 ; 〈巡撫使呈報牒〉(10월) 25일 《東學亂日記》下, 10쪽

117) 〈宣諭榜文並東徒上書所志謄書〉《東學亂日記》下, 381쪽.
　　李裕尙이 公州倡義所義將을 칭하면서 자신들은 義兵임을 내세워 관군들이 자신들을 막지 말도록 요청하는 내용으로 巡營에 上書한 것이다. 이유상은 《東學史》에 따르면, 처음에는 兩班儒生으로서 公州 乾坪에서 의병을 일으켜 전봉준군을 치려고 하였으나, 전봉준과의 만남 이후에 농민군에 가담하였다. 그의 上書에 따르면 전봉준군은 규모가 16만 7천으로 북접과의 연계를 가지면서 전라지역에서 충청지역으로 진입하였다 한다. 그가 농민군의 입장에서 피력한 淸, 日에 대한 인식은 "防淸則大義蔑焉 防義兵則其計左矣 至於防日 自壬辰以後 誰無此心 時勢低昂 回嗔作喜 間多有之 伏願閤下 撤兵守職 嚴然飾容 則義旅必拜過 奸猾必迸跡矣 如以孤軍謂拒多士 稱義兵爲匪徒 則逐淸人迎日兵者 將居何義乎 生之此言 實非虛也"라고 하여, 日本에 대해서는 단호하게 거부하는 입장을 표명하였으나 淸에 대해서는 온정적이다.

118) 〈先鋒陣日記〉同日(10월 18일) 錦伯移文, 《東學亂日記》上, 222쪽 ; 〈巡撫先鋒陣謄錄〉同日 14일 出 17일 到, 《東學亂日記》上, 391쪽.
　　〈巡撫先鋒陣謄錄〉에 따르면 농민군이 17일 공주를 공격한다는 정보가 있었다.

이때 관군들도 농민군의 진로에 따라 여러 갈래로 나뉘었다. 經理廳副領官인 安城郡守 洪運燮이 이끌고 있던 관군은 後援參領官 具相祖 등과 함께 공주에서 남쪽 10리에 있는 孝浦에 주둔하면서 농민군과 대치하였다가, 자신들의 위치가 농민군 양측으로부터 공격을 받을 수 있는 곳이라는 점을 내세워 곧바로 공주 목으로 물러났다. 이후 홍운섭이 이끄는 경리청군은 농민군을 칠 계획을 다시 세웠고, 이 계획을 탐지한 일본군 스즈키는 적극 만류하였으나 홍운섭은 이를 강행하였다.

관군은 錦江을 건너 大橋에 주둔하면서 남접과 연결하려고 했던 沃川包(혹은 永沃包)의 배후를 쳤고, 관군의 기습공격을 받은 수만 명의 농민군은 치열한 접전을 치르면서 저항하였으나, 농민군은 역부족으로 물러나 도망하였다.[119] 대교에서 승리를 거둔 홍운섭의 관군은 10월 24일 공주로 돌아갔다가 다시 명령에 의하여 곧장 錦江津으로 향하였다. 다음날 홍운섭의 관군은 이미 23일부터 牛禁峙(혹은 牛金峙)에서 농민군과 대결하고 있는 성하영의 관군을 지원하라는 명령을 받았다.[120]

이외에도 壯衛營 副領官 竹山府使 李斗璜이 이끄는 관군이 10월 22일경 維城 근처인 紺城口에 진을 치고 있었다.[121] 이곳은 燕岐에서 維城으로 접근하는 길로서 농민군들의 활동지였고, 또한 관군으로서는 호남의 농민군이 통과할 것으로 예상하는 지역이었다.

한편 농민군은 利仁 지역으로 이미 진군하여 瑞山郡守 成夏永이 이끄는 군대를 물리치고 진을 치고 있었다.[122] 10월 23일에는 성하영이 이끄는 1소대 병력 외에 경리청대관 尹泳成과 참모관 具完喜의 병력 등이 이곳에 집결하였으며, 스즈키(鈴木彰) 소위가 이끄는 日兵 100명도 가담하였다. 이날 농민군은 관군 및 日兵과 싸웠으나 패하였고, 이인에서 물러나 翠屛山으로 퇴각하여 추격하는 관군을 향하여 포를 쏘면서 저항하였다.[123] 날이 저물자 관군은 충청감사의 지

---

119) 〈巡撫先鋒陣謄錄〉勸獎, 10월 25일 ≪東學亂日記≫ 上, 426쪽;〈巡撫使呈報牒〉(10월) 25일 ≪東學亂日記≫ 下, 10~11쪽;≪公山剿匪≫(奎 古4252.7-1) 孝浦之戰

120) ≪公山剿匪≫(奎 古4252.7-1) 孝浦之戰

121) 〈巡撫先鋒陣謄錄〉同日回關 ≪東學亂日記≫ 上, 418~419쪽;〈巡撫使呈報牒〉(10월) 25 日 ≪東學亂日記≫ 下, 12쪽

122) 〈巡撫先鋒陣謄錄〉同日(10월 27일) ≪東學亂日記≫ 上, 438~439쪽;吳知泳, ≪東學史≫ 公州接戰

시에 따라 물러났으며,[124] 농민군도 다음날 이인에서 후퇴하였고,[125] 해산한 군
대는 白樂浣이 이끄는 군대와 합하였다.

　전봉준 부대는 경천을 치고난 후 효포가 마주보이는 높은 산쪽에 주력부대를
배치하였고, 나머지 부대는 통위진 근처에서 진을 치도록 하였다. 이때 농민군
진형은 끊어지지 않고 연이어져 수십 리에 이르렀다 한다. 앞서 홍운섭이 이끄
는 관군이 大橋의 농민군을 치러 가자 孝浦가 비게 되었고 이들 농민군은 이때
를 이용하여 효포를 공격하였다.

　농민군은 10월 24, 25일 양일에 걸쳐서 성하영군 및 隊官 尹泳成과 白樂浣이
이끄는 관군과 熊峙에서 접전하였다. 이때 全琫準이 이끄는 농민군의 위력은
매우 강하였으며, 양측의 싸움은 쉽게 끝나지 않았다. 그러나 관군이 협공작전
으로 부대를 나누어 농민군을 공격하였고, 농민군측은 이로 말미암아 점차 기
세가 꺾이었다. 농민군은 관군과 한나절을 싸워 사상자 내지 포로로 잡힌 자들
이 많았고, 大砲 2坐를 비롯한 많은 무기를 빼앗겨 큰 피해를 입었다. 이에 농
민군은 효포 근처의 산 위로 물러나 진을 쳤다.[126]

　10월 25일 대교에서 승리를 거둔 홍운섭이 이끄는 관군은 공주로 갔다가 곧
장 다시 효포로 향하게 되자, 새롭게 병력지원을 받은 성하영군은 전열을 정비
하여 홍운섭이 이끈 관군과 함께 농민군을 협공할 계획을 세웠다. 이때 관군은
세 가지 길로 나누어 농민군을 공격하였다. 隊官인 曹秉完은 홍운섭의 군대를
이끌고 북쪽에서 농민군의 오른편을 공격하였고, 具相祖는 장졸 및 일본군 30
명과 함께 남쪽에서 농민군의 왼쪽을 공격하였고, 成夏永은 농민군의 전면을
맡아 다시 일전을 벌였다.[127]

123)〈先鋒陣呈報牒〉《東學亂日記》下, 165쪽. 선봉진은 성하영의 전승보고에 접하여 농민군을
　　 남김없이 초토할 것을 지시하였다.
124) 감사인 박제순이 농민군이 감영 뒷산인 봉황산 뒷길로 몰래 들어와 곰나루를 넘어온다는 정
　　 보를 입수하고 후퇴명령을 내렸다고 한다. 이에 대해 일본군은 승리할 수 있는 기회를 놓쳤다고
　　 반발하였다.
125) 利仁 지역에서의 전투에 대한 자세한 상황과 관군의 배치를 알 수 있는 자료로서는 《公山
　　 剿匪》(奎 古4252.7-1) 利仁之役이 있다. 단 자료 중에서 '9월 22일'은 '10월 22일'의 착오이
　　 다.
126)〈巡撫先鋒陣謄錄〉同日(10월 27일) 《東學亂日記》上, 440~441쪽 ; 《公山剿匪》(奎古
　　 4252.7-1) 孝浦之戰
127)〈巡撫先鋒陣謄錄〉同日(10월 27일) 《東學亂日記》上, 440~441쪽

전봉준 부대는 이 접전에서 다시 패하였고, 이로 말미암아 농민군세력은 점차 꺾이어 후퇴하였다. 농민군은 越坪이 마주보이는 時也山 崗麓에 둔취하였다가 진영과 장비를 수습하고 날이 저물자 다시 경천점으로 물러갔다.[128] 다음날인 26일에도 이곳에 남아 있던 나머지 농민군들이 경리청병들의 습격을 받아 관군에게 回旋砲 1坐를 빼앗겼다.[129]

공주에서 관군과의 1차 접전의 결과 농민군들은 패하여 물러나야 했으며, 관군보다 많은 피해를 입었다. 전봉준 부대는 敬天店 쪽을 거쳐서 논산으로 물러났으며, 흩어진 농민군을 모으고 상당기간 동안 전열을 재정비할 수밖에 없었다. 전봉준은 이 과정에서 김개남 부대에 원병을 청하였다고 한다.[130]

공주 인근 지역에서 남·북접 농민군이 연합하여 접전을 벌이고 있는 때를 즈음하여 충청 서북부 지역에서도 농민군들이 활동하면서 官軍과 日兵과 접전하고 있었다. 이들 농민군의 활동은 관군과 일병들이 공주 지역으로 집중되는 것을 막고 병력을 분산시켜 전력을 감소시키는 효과가 있었다.

海美, 瑞山, 泰安 등의 농민군들의 활동은 앞서 살펴보았다. 공주에서 1차 접전이 벌어질 때 이들의 활동은 효과가 컸다. 이 지역 곳곳에서 모집된 禮包 산하의 농민군은 10월 23일 海美勝戰谷을 지나고 있었다. 농민군은 이곳에 숨어 있던 日兵과 관군 및 儒會軍으로부터 피습을 받았으나 오히려 승리를 거두었다.[131] 24일에도 沔川 道洞에서 京兵과 日兵과 접전하여 처음에는 농민군이 패배하였으나 얼마되지 않아서 상황은 역전되었다. 즉 농민군은 지리를 모르는 경병과 일병들을 포위하여 공격하였고, 數的인 측면에서도 비교가 되지 않았으므로 승리를

---

128) 〈巡撫使呈報牒〉(10월) 25일 ≪東學亂日記≫ 下, 18쪽
129) 〈巡撫使呈報牒〉(10월) 25일 ≪東學亂日記≫ 下, 19쪽
130) ≪公山剿匪≫(奎 古4252.7-1) 牛金峙之師
131) ≪조석헌역사록≫에서 밝힌 數値는 日兵 400명과 관군 500명, 儒會軍 수천 명이다. 그런데 〈巡撫先鋒陣謄錄〉에 따르면 이 지역에서 전투를 벌인 순무영 교장 고학석은 자신의 수하에는 순무영의 병정들도 겨우 30명에 지나지 않았다고 하며, 지원에 나선 洪州의 儒兵들은 실질적인 무력을 갖추지 못한 상태였다 한다. 이 때문에 순무선봉진에서는 병정과 의병 등 지원병을 급파하였다[〈巡撫先鋒陣謄錄〉同日(11월 1일) ≪東學亂日記≫ 上, 450쪽]. 그리고 자세한 전투상황이 그려진 기록에 의하면 이때 전투에 참가한 일본측 병력은 1개 소대와 2개 분대로, 그리고 관군은 34명이었다고 한다(〈6. 東學黨征討關係에 關한 諸報告〉勝戰谷附近 戰鬪詳報(1984년 11월 21일) ≪駐韓日本公使館記錄≫ 1, 206~208쪽). 이 기록과 ≪東學亂日記≫에 의하면 ≪조석헌역사록≫에 기록된 관군과 일본측의 병력은 과장된 듯하다.

244

거두었다.[132]

이들 농민군은 德山을 거쳐서,[133] 26일에는 禮山 今坪面 新禮院에 머물렀다. 이때 충청남도 지역의 各包들이 여기에 모두 모였고, 그 수가 수십 만에 이르렀다고 한다.[134] 농민군은 우선 이곳에 집결하여 禮山을 칠 계획을 세웠다.[135]

이때 禮包 산하의 농민군 중에서 일부는 부대를 나누어 아산 지역을 공격하였던 것으로 보이며,[136] 이들 농민군의 활동은 內浦 지역을 포함하여 농민군의 세력 범위를 확보하기 위한 것이었다고 할 수 있다.

10월 25일을 전후하여 예산의 농민군과 밀접하게 관련을 가지면서 활동한 것으로 보이는 新昌 지역의 농민군들이 있었다. 이들 또한 大興과 洪州 지역 등으로 이동하면서 관군의 세력을 분산시키는 역할을 하였다.[137]

농민군의 이러한 움직임에 대하여, 홍주목사 이승우가 이끄는 수십 郡의 土兵과 禮山·大興·洪州 등의 儒會軍 4, 5천 명이 파송되었다. 이들은 예산 신례원 氷峴의 산등성에 진을 설치하였으며, 농민군을 기습하였다.[138] 이때 관군의 기습에도 불구하고 수적인 우세를 내세워 농민군이 승리하였으며, 관군과 유회군은 큰 피해를 입었고 그외의 응원군들도 모두 도망하였다.[139] 게다가 홍주 주변의 수령들 즉 大興縣監 李昌世, 禮山縣監 李健 등도 洪州城으로 피신하였다.[140] 이로써 농민군은 이 지역에서 주도권을 장악하였다.

28일 崔濟愚의 생일을 기하여 농민군들은 홍주로 이동하였다. 농민군은 대포 수백문과 조총 등을 일시에 쏘면서 홍주성을 공격하였으나, 관군과 유회군의 완강한 저항을 받았다. 다음날인 29일 농민군은 다시 전투를 벌였으나 홍주성

132) 《洪陽紀事》 10월 24일. 관군은 50명, 일본군은 100여 명 정도의 규모였다고 한다.
133) 덕산에서도 작은 전투가 있었다. 德山 合德의 儒會所로 가던 軍官 李昌植이 이끄는 30여 명의 병정과 농민군의 전투가 있었다(〈兩湖右先鋒日記〉 11월 1일 《東學亂日記》上, 300~301쪽).
134) 《조석헌역사록》
135) 《洪陽紀事》 10월 26일
136) 농민군의 활동중심지는 牙山 白石浦이다〔〈巡撫先鋒陣謄錄〉同日(11월 1일) 《東學亂日記》上, 450~451쪽〕.
137) 〈先鋒陣謄錄〉《東學亂日記》下, 178 ; 〈巡撫先鋒陣謄錄〉同日(10월 28일) 《東學亂日記》上, 446쪽 ; 〈巡撫先鋒陣謄錄〉同日(11월 1일) 《東學亂日記》上, 449쪽
138) 《조석헌역사록》 ; 〈巡撫使呈報牒〉 (10월) 29일 《東學亂日記》 下, 20쪽
139) 《洪陽紀事》 10월 26일. 관군으로 사망한 자만 30여 명이었다.
140) 《洪陽紀事》 10월 27일

을 함락하지 못하고, 오히려 인명피해만 입고 퇴각하였다. 그 결과 홍주관병과 5, 6천에 달하는 大興儒會軍의 공격을 받은 농민군들은 약 600명 내지 700명의 사상자를 내고 뿔뿔이 흩어졌다.[141] 반면에 관군은 磻溪, 酉谷 등에서 儒兵과 保寧 지역에서 鄕兵이 가담함으로써 이들의 세력은 더욱 커졌다.

관군에게 패배하여 흩어졌던 농민군은 11월 3일에 다시 禮山에 집결하였으나 大興儒會軍의 공격을 받아 물러났으며, 같은 날 定山의 농민군도 錦營에 머물고 있던 日兵에게 패하여 사방으로 흩어졌다.[142]

대홍유회군에 패한 농민군은 11월 4일에 海美에 다시 모여서 재봉기할 계획을 세웠다. 그러나 관군은 尹英烈이 이끄는 天安義兵과 일본대위 山村忠正이 이끄는 日兵들이 배를 타고 牙山浦로 도착하고, 李斗璜이 이끄는 군사들이 德山 가야동에 집결하였다. 이들은 11월 7일부터 8일에 거쳐서 농민군을 공격하였다. 해미성에 집결하고 있던 농민군은 이들의 공격을 받자 진영이 무너졌고, 농민군 중의 일부는 해미의 서북 산록에 있는 舊山城에 다시 모였다. 이곳은 사면이 매우 험하였고 많은 사람들이 들어갈 수 있었다. 관군이 이들을 치자 농민군은 도망하였으며, 일부 농민군들은 猪城으로 가서 주둔하였다.[143]

농민군 대부분은 瑞山 道飛山 쪽으로 물러갔으며, 瑞山 梅峴에 머물고 있다가 관군과 磻溪의 유회군의 공격을 받았다. 농민군은 이들의 공격에 대하여 끈질기게 저항하였지만, 농민군 진영에 쌓아둔 화약이 터지면서 전열이 무너졌고 뿔뿔이 흩어져 패주하였다.[144] 이후 이 지역 농민군의 항거는 크게 약화되었지만, 이들은 농민군 주력이 공주 지역을 공격하는 동안 관군이나 일병들의 군사력을 분산시키는 역할을 하였다.

한편 鴻山, 藍浦, 韓山, 林川 등지에서도 농민군들이 다시 집결하여 활동하였다.[145] 이 지역들은 매우 긴밀하게 연결되어 있어서 "藍浦는 庇仁, 舒川, 林川, 韓山은 脣齒之形이다"라고 할 정도였다.[146] 특히 藍浦의 농민군은 '湖右巨魁'라

---

141) 《洪陽紀事》 10월 28, 29일의 기사에 자세한 전투상황이 기록되어 있다. 《조석헌역사록》에도 이와 관련된 내용이 자세하게 기술되어 있다.
142) 《洪陽紀事》 11월 3일
143) 〈巡撫使呈報牒〉(11월) 11일 《東學亂日記》 下, 32~33쪽
144) 《洪陽紀事》 11월 8일 ; 〈巡撫使呈報牒〉(11월) 11일 《東學亂日記》 下, 32~33쪽
145) 《洪陽紀事》 11월 11일, 13일 ; 《甲午記事》(《鄕土硏究》 제7집 收錄)
146) 〈巡撫先鋒陣謄錄〉同日(11월 15日) 《東學亂日記》 上, 511~512쪽

고 불리고 있는 吏胥 출신의 接主 秋鏞聲 지휘하에 군기를 탈취하고 인명을 해치고 돈과 곡식을 약탈하였으며, 집을 부숴버렸다고 한다. 이때는 호남 농민군이 충청지역으로 넘어 오는 시기로서, 林川 七山 농민군의 활동을 보고 추용성도 활동을 재개하였던 것이다. 이들 지역 중에서 남포와 비인 지역은 儒會軍과 防禦軍의 활동으로 농민군의 활동이 점차 약화되었으나, 임천·한산·서천 등 3읍의 농민군 활동은 매우 두드러졌다. 이들 농민군은 沿岸의 湖南農民軍과 연결하여 수만 명에 이를 정도로 커졌다.

懷德 근처에서도 10월 26일경 수천 명에 달하는 농민군은 敎導所 中隊와 鎭南營 병정으로 구성된 100명의 관군 및 일본군 대대와 전투를 벌였으나, 농민군은 패하였다. 그러나 관군이 물러간 며칠 뒤인 29일 농민군들은 다시 이 지역에 모여 활동하였다.[147] 이들 중 대다수는 文義 쪽을 향하였으며, 일부는 소수 병력으로 燕岐 지역을 막고 淸州를 치려 하였다. 沃川 지역에서도 11월 3일 경 농민군 5, 6만 명 정도가 활동하고 있었다.[148] 敎導 中隊長 李軫鎬의 병력과 일병 2소대는 增若驛에 진을 쳤고, 대대병들도 옥천으로 향할 계획을 세웠다.[149] 11월 5일 교도중대 일부는 靑山 石城里에서 농민군 수만 명과 접전하였다. 그 결과 농민군은 패하였고 40여 명의 인명손실을 입었다. 한편 11월 8일 일본군은 최시형이 숨어 있던 靑山 文岩에 도착하였으나, 그는 이미 인근 마을로 도피하였다. 다음날 이곳에서 소규모의 접전이 있었으나 농민군이 패배하였다. 10일에는 농민군 수만 명이 錦山으로 진입한 관군 및 일본군과 전투를 벌였으나 많은 인명피해를 입었다. 14일 이후에도 龍潭·鎭安·고산 등지에서 매일 접전이 벌어졌으며, 18일경 沃川 梁山場에서 농민군 수천 명은 錦山 지역에서 回軍하는 교동 중대와 접전하였으나 패하였다.[150] 한편 11일경 文義로 진입하던 일

---

147) 〈巡撫使呈報牒〉 (11월) 5일 《東學亂日記》 下, 23쪽 ; 〈6. 東學黨征討關係에 關한 諸報告〉 增若附近戰鬪詳報(1894년 11월 26일) 《駐韓日本公使館記錄》 1 ; 《東學亂日記》 下, 212~213쪽
148) 〈巡撫先鋒陣謄錄〉 同日(11월 5일) 《東學亂日記》 上, 461쪽 ; 〈巡撫使呈報牒〉 (11월) 5일 《東學亂日記》 下, 22쪽
149) 〈巡撫先鋒陣謄錄〉 同日(11월 5일) 《東學亂日記》 上, 460쪽 ; 〈8. 和文電報往復控追加 沃川郡 增若驛에서 東學黨가 日本交戰〉 《駐韓日本公使館記錄》 3, 388쪽. 이 싸움의 결과 농민군은 40명 정도의 사상자를 내고 패한 것으로 보인다.
150) 〈巡撫使呈報牒〉 11월 22일 《東學亂日記》 下, 46~47쪽 ; 〈7. 各地東學黨征討에 관한 諸報告 1〉(文岩, 梁山附近戰鬪詳報) 《駐韓日本公使館記錄》 1, 245~246쪽 ; 〈錦山縣附近 戰鬪詳

본군에 맞서싸우던 농민군도 패하였으며,[151] 이로써 충청북도 지역 농민군세력
은 淸州에서 활약하는 정도였다.

한편 11월 4일에는 농민군 4, 5만 명 정도가 禮山驛村과 德山驛村에 나누
어 둔거하였다. 新昌에 주둔하고 있던 죽산부사 이두황이 이끄는 관군은 예산
을 향하면서 농민군을 추격하였다. 농민군은 관군에게 쫓겨 海美城으로 물러
갔다.[152] 이두황군은 11월 6일 농민군이 홍주를 함락할 것이라는 정보를 접하
였으나, 해미의 사정이 더 위급함을 들어서 해미를 향하였으며 근처인 德山에
도착하였다. 다음날인 7일 덕산 농민군은 관군의 뜻하지 않은 습격을 받고 도
망하였으며, 唐津, 沔川, 瑞山, 泰安 등지로 흩어져 도망하였다.[153] 이두황군
은 11월 10일 해미성에 주둔하고 있던 농민군을 대파하였으며,[154] 11월 12일
에는 瑞山의 梅峴에 있는 농민군을 연파하였다.[155]

한편 공주의 감영은 농민군의 활동으로 마비된 驛站의 기능을 회복시키고 상
인들을 무마시켜 다시 가동하고,[156] 민보군을 격려하면서 농민군 잔여세력을 소
탕하려 하였다. 반면 이곳 농민군 중에는 1차 접전이 끝난 후에 여러 곳으로 퍼
져 농민군을 규합하려는 움직임이 있었다. 公州 지역의 접주 張俊煥이 재봉기
를 위한 軍器를 준비하였으나 11월 3일에 체포되자 이 계획은 무산되었다.[157]

1차 공주접전에서 패한 전봉준은 흩어진 병사들을 모으고, 각지에 원병을 청
하여 농민군을 재결집하였으며, 이로써 2차 공주접전은 준비되었다.[158] 이때 전
봉준은 김개남 부대에 구원을 요청하였으나 김개남으로부터 호응을 얻지 못하
였다. 별다른 지원병력을 구하지 못한 전봉준은 논산에서 전열을 재정비하고,

報〉(1894년 12월 5일), 248쪽

151) 〈軍事關係一件〉仁站發甲 第57號 忠北地方東學徒討伐에 관한 보고 ≪駐韓日本公使館記錄≫
3, 250쪽

152) 〈巡撫先鋒陣謄錄〉同日(11월 7일) ≪東學亂日記≫ 上, 471~472쪽 ; 〈巡撫先鋒陣謄錄〉同
日(11월 8일) ≪東學亂日記≫ 上, 484쪽

153) 〈巡撫先鋒陣謄錄〉同日(11월 10일) ≪東學亂日記≫ 上, 484쪽

154) 〈先鋒陣書目〉 ≪東學亂日記≫ 上, 361쪽

155) 〈先鋒陣書目〉 ≪東學亂日記≫ 上, 362쪽

156) 〈巡撫使呈報牒〉(11월) 6일 ≪東學亂日記≫ 下, 24~25쪽

157) 〈巡撫使呈報牒〉(11월) 8일 ≪東學亂日記≫ 下, 25~26쪽

158) 〈先鋒陣呈報牒〉 ≪東學亂日記≫ 下, 188~189쪽. 全奉準, 金介南 孫化中, 李裕尙, 姜采西,
吳一相, 崔命基, 朴化春 등이 이끄는 부대와 安城包, 尙州包 등 경기와 경상지역의 농민군도 草
浦와 論山 등지에 모였다.

248

11월 초에 노성과 경천점으로 다시 진출하였다.[159]

이때 농민군의 배치는 다음과 같다. 남쪽에는 은진·논산 지역에 전봉준이 이끄는 부대가 진을 치고 있었으며, 특히 은진에 많은 농민군이 모였다. 그리고 전봉준 부대는 김개남 부대에 구원을 요청하여 이들의 기세는 매우 높았다 한다. 그리고 동남쪽에는 岬寺가 있는 곳을 중심으로 농민군이 모여 있었는데, 이곳은 길이 좁고 막힌 곳이 많아서 농민군이 방어하기 쉬운 곳이었다. 이들은 대교에서 패하여 흩어졌다가 다시 燕岐 세거리에 모여 있던 자들이 전봉준 부대에 합류하고자 모인 자들이었다. 또한 서남쪽은 利仁으로 金義權이 이끄는 농민군으로 강제로 모집된 농민군이 많았다. 盤松과 乾坪의 농민군들이 이에 합세하였다. 서쪽은 定山으로 金基昌 父子가 이끄는 농민군으로 그 수는 그다지 많지 않았다.[160]

11월 3일 무렵 魯城과 論山草浦 등 각처의 농민군들이 다시 모였다. 농민군 2개 진영이 포진한 거리는 5, 60리 혹은 7, 80리 정도였다. 농민군측의 한편은 板峙의 對山인 掛登峰에 주둔하였고, 다른 한편은 魯城 烽燧가 있는 뒷산에 머물면서 식량을 운반하고 포대를 설치하는 것을 제하고는 별다른 움직임을 보이지 않았다.[161]

관군측은 농민군을 合攻하기 위해 利仁과 板峙로 파병계획을 세웠다. 11월 3일경 성하영이 이끄는 經理廳 2개 소대는 利仁으로, 統衛營 2개 소대는 板峙로 파견되어 농민군과 대치하였다.[162] 이외에 錦營에는 경리청 2개 소대가 있었다. 그러나 양측의 소강상태는 지속되었고 관군측은 이인과 판치에 파견된 부대와 錦營에 머물고 있는 부대 등 3개로 나누어 서로 돌아가면서 금영에서 휴식을 취하는 여유를 보였다. 농민군과 관군은 특별한 접전이 없이 11월 8일까지 대치하는 상태를 지속하였다.[163]

159) 이이화, 1990 〈전봉준, 반제의 봉화 높이 들다〉《역사비평》 여름호, 278쪽
160) 〈雜記〉同日(11월 8일)《東學亂日記》下, 309~310쪽
161) 〈巡撫先鋒陣謄錄〉同日(11월 8일)《東學亂日記》上, 474쪽 ;《公山剿匪》(奎 古 4252.7-1) 牛金峙之師
162) 〈巡撫使呈報牒〉(11월) 3일《東學亂日記》下, 22쪽 ;〈先鋒陣書目〉先鋒陣書目《東學亂日記》上, 358쪽 ;〈巡撫先鋒陣謄錄〉同日(11월 7일)《東學亂日記》上, 471쪽
163) 〈先鋒陣書目〉《東學亂日記》上, 358~360쪽 ;〈巡撫先鋒陣謄錄〉輪回, 甲午 11월 초5일《東學亂日記》上, 458쪽 ;《公山剿匪》牛金峙之師

한편 공주의 선봉진은 충청도 내륙지방에서 활동하던 교도 중대와 충청도 해안지방에 있는 장위영병에게 公州로 이동하도록 명령하였다. 그러나 이들은 懷德과 예산, 신창 등지에서 농민군이 활동하고 있다는 소식을 듣고 각각 文義와 溫陽을 향하여 출발하였다.[164] 敎導中隊는 청주의 진남영병 100명과 일본군 대대와 합세하여 10월 26일 회덕 신대에 모여 있는 농민군 수천 명과 접전하였으며, 옥천으로 이동하여 29일에는 옥천의 청산에서 농민군과 접전하였다. 이들은 경상도와 연결된 충청도 내륙지방의 농민군의 통로를 차단하고 있었다.

앞서 언급한 바와 같이 이두황이 이끄는 壯衛營兵은 공주로 이동하라는 명령을 받았으나, 禮山과 德山에 4, 5만 명의 농민군이 집결해 있다는 정보를 입수하고 방향을 돌려 농민군을 추격하였다. 농민군은 다시 海美城으로 이동하였고, 11월 6일을 기하여 홍주성을 치기로 하였다. 이 정보를 입수한 장위영병은 덕산을 거쳐 해미로 향하였다. 11월 7일 장위영병이 해미성을 공격하자 양군은 접전을 벌였다. 농민군은 이 접전에서 패하여 무기를 버리고 달아났다. 이 전투에서 어느 정도 성과를 거둔 장위영병은 다시 홍주를 거쳐 공주로 향하였다.[165] 한편 농민군들은 당진, 덕산, 해미, 면천, 서산, 태안, 홍주 등 충청도 서부지방에서 출몰하면서 게릴라 형태의 전투를 벌였다. 이들은 농민군 주력이 공주를 공격하는 것과 때를 같이하여 관군과 일병들의 병력을 분산시키는 역할을 하고 있었다.

이때 공주 근처 維鳩에 崔漢圭의 지휘하에 忠慶包 4, 5천 명이 모여 있었다.[166] 이들은 전봉준 부대와 사전에 약속하여 남하하는 관군을 강북에서 공격하려는 계획을 세웠다.[167] 이에 반하여 관군은 공주의 북쪽 호응세력을 차단하고 길을 트기 위한 작전으로 맞대응하였다. 11월 11일 선제공격할 계획을 갖고 있던 농민군은 이를 미리 눈치챈 관군으로부터 역으로 공격을 당하여 패하였다. 관군은 이로써 공주에서 서울로 통하는 길 중에서 서쪽 길인 유구 지역을 확보하였으며,[168] 반면

164) 〈巡撫先鋒陣謄錄〉同日(11월 3일)《東學亂日記》上, 455~456쪽；同日(11월 1일), 450쪽
165) 〈巡撫先鋒陣謄錄〉同日(11월 7일)《東學亂日記》上, 471쪽；同日(11월 10일), 484~485쪽；同日(11월 11일), 493~494쪽
166) 유구의 농민군에는 이미 세성산에서 패하여 이두황 부대에 쫓긴 농민군들이 합류하였다.
167) 〈巡撫先鋒陣謄錄〉同日(11월 15일)《東學亂日記》上, 514~515쪽
168) 〈巡撫先鋒陣謄錄〉同日(11월 15일)《東學亂日記》上, 514~515쪽. 나머지 두 길은 동으

농민군의 공주를 협공하려는 계획은 차질이 생겼다. 승리한 관군은 다음날 定山으로 향하였다. 이곳에서 乾芝洞 接徒로 구성된 농민군이 관군과 접전하였으나 패하였다.[169]

11월 8일 낮 농민군 중 수만 명은 魯城과 敬川店에서 경리청병이 주둔한 板峙로 향하였다. 농민군들은 관군을 포위하면서 군사력을 시위하여 위압적인 모습을 보였다. 이에 관군들은 농민군세력을 감당할 수 없다고 판단하여 孝浦 陵峙 등으로 물러났다.[170]

전봉준이 지휘하는 수만 명의 농민군부대는 길을 둘로 나누었다. 한 부대는 論山에서부터 곧바로 利仁으로, 다른 부대는 梧室山 길을 따라서 뒤를 차단하기 위해 利仁으로 향하였다. 이들 농민군들은 들판에 진을 치고 군사력을 시위하면서 관군을 압도하였다.[171] 다급한 관군들은 日兵을 파견해줄 것과 錦營에 남아 있던 통위영 병정 2소대도 나누어 파견해 달라고 요청하였다. 그러나 利仁에 주둔하고 있던 관군들이 군사적인 지원을 얻기 전에 농민군은 양쪽 길로 나누어 공격하였다. 농민군은 관군과 공방전을 벌였으며, 관군은 감당할 수 없음을 알고 10리를 후퇴하여 牛禁峙로 물러났다. 지원요청을 받은 森尾雅一이 이끄는 일본군과 통위영병은 이후 이곳에 도착하였다. 이 접전에서 농민군의 승리는 공주 우금치를 압박할 수 있는 계기를 마련하였다.

다음날인 11월 9일 농민군은 동쪽의 板峙 後峰에서 서쪽의 鳳凰山 뒷 산록에 이르기까지 3, 40리를 완전히 포위하고 진영을 정비하면서 군세를 과시하였다. 판치 부근 농민군은 주로 金鶴, 熊峙, 孝浦 越峰을 거점삼아 주둔하였으며, 관군은 이에 따라 새롭게 부대를 배치하였다. 金鶴洞에는 통위영 대관 吳昌成 등을, 熊峙에는 경리청 영관 洪運燮·具相祖, 대관 曹秉完 등을, 孝浦 烽臺에는 통위영 영관 張容鎭, 대관 申昌熙 등을 배치하였다.[172] 양측 부대가 정열된 상태에서 농민군은 관군을 유인하기 위하여 게릴라식으로 출몰하면서 공격하곤 재빠르게 도망하였다. 이는 우금치 쪽으로부터 관군의 관심을 돌리기 위한 계책이었다.

로는 大橋, 가운데 길은 廣亭이다.

169)〈巡撫先鋒陣謄錄〉同日(11월 13일)《東學亂日記》上, 503쪽
170)〈巡撫使呈報牒〉11월 10일《東學亂日記》下, 28~29쪽
171)〈巡撫使呈報牒〉11월 10일《東學亂日記》下, 29쪽
172)〈巡撫使呈報牒〉11월 10일《東學亂日記》下, 29~30쪽 ;《公山剿匪》牛金峙之師

전봉준 부대는 같은 날 11월 9일 우금치 西, 南 양쪽으로 진을 펼쳐 관군을 공격하였다. 농민군은 서산군수 成夏永, 경리청 대관 尹泳成·白樂浣 등이 이끈 관군 및 日兵에게 오전부터 총을 쏘면서 4, 50차례 접전하였다. 결과는 농민군이 많은 손실을 입었으며, 오후에는 농민군이 자신들의 거점인 높은 봉우리마저도 관군과 일병에게 탈취당하고 무기와 깃발 등도 빼앗겼다.[173] 농민군은이 전투에서 패배한 결과 시체가 산을 가득 메울 정도로 손상을 입었다. 이때전투상황을 보면, 봉황산 뒤 周峰 일대를 지키고 있던 공주영장 李基東은 북쪽에서 오른쪽으로 農民軍을 공격하였으며, 熊峙의 최고봉을 지키고 있던 경리청대관 조병완 등은 동로에서 왼쪽으로 農民軍을 쳤고, 윤영성·백낙완 등은 우금치 동쪽의 가장 높은 봉우리인 犬樽峰에서 농민군이 올라오지 못하도록 막고있었다.[174] 이외에도 금강나루와 산성 쪽은 공주의 비장 최규덕이 지키고 있었으며, 민병들이 곳곳에서 관군과 협력하고 있었다.[175]

우금치에서 패한 농민군 주력부대는 큰 타격을 입어 물러났지만 다른 곳 특히 동남쪽의 여러 봉우리에 진을 친 농민군들은 자신들이 점거하고 있는 곳을그대로 지키면서 관군의 공격에 대응하였다. 특히 陵峙(熊峙) 근처의 농민군들은 험한 곳을 의지하여 좀처럼 움직이지 않고 있었다. 11월 11일 홍운섭이 이끄는 관군들은 농민군을 치기 위하여 교장 李鳳春이 정병 10명을 이끌고 군복을 벗고 농민군처럼 위장하여 전진하였다. 이들을 동료로 오인하여 불의에 습격을 받은 농민군들은 무기를 버리고 모두 도망하였다.[176] 패주한 농민군 중 일부는 계룡산으로 도망하였다. 이 陵峙전투를 끝으로 농민군들은 12일부터 점차흩어졌다. 이로써 4일간의 치열한 2차 공주전투는 끝이 났다.

패전한 농민군들은 노성에 머물면서 다시 진영을 수습하려고 하였다. 농민군은 東徒倡義所의 이름으로 11월 12일 경군과 영병, 이교 및 시민에게 알리는글을 보내어 斥倭와 反開化黨을 내세우면서 농민군의 집결을 호소하였으나 큰효과는 얻지 못하였다.[177]

14일경 관군은 魯城에 모여 있던 농민군을 치기 위해 森尾雅一이 이끄는 日

---

173) 〈巡撫使呈報牒〉 11월 10일 《東學亂日記》 下, 30쪽
174) 〈巡撫使呈報牒〉 11월 10일 《東學亂日記》 下, 30∼31쪽
175) 자세한 전투 및 상황에 대해서는 《公山剿匪》 牛金峙之師를 참조.
176) 〈巡撫使呈報牒〉 11월 12일 《東學亂日記》 下, 34쪽
177) 〈宣諭榜文並東徒上書所志謄書〉 고시경군영병이교시민 《東學亂日記》 下, 379쪽

兵과 협력하여 경천점으로 진출하고 있었다. 이때 길을 잘못 들었다가 직접 노성으로 진출한 일본군과 농민군이 접전하였으나, 장위영병의 호응으로 농민군은 퇴각하였다. 농민군은 추격을 받게 되자 일부는 다시 논산 大村의 圓峯 위로 진을 옮겼지만,[178] 이곳마저도 관군의 공격을 받게 되자 다시 도망하였다. 黃華臺에 둔거하고 있던 농민군들도 일본사관 森尾雅一의 작전 지휘에 따른 관군들의 공격을 받게 되자 논산 등지로 물러났다.[179]

공주, 논산에서 활동하던 농민군은 11월 17일경에는 논산으로부터, 18일경에는 은진에서 물러났다. 퇴각하던 전봉준 부대는 강경에서 김개남 부대와 만났으며, 이후 충청지역에서 철수하여 전라도 전주로 물러났다. 관군은 패잔한 농민군의 재봉기를 막기 위하여 화약제조소 및 설접한 곳은 모두 파괴하고,[180] 이 지역 군량은 모두 압수하였다.[181] 관군은 魯城과 論山 두 곳에서 승리를 거둠으로써 농민군에게 막대한 타격을 주었다. 이로써 농민군 주력이 활동하던 이곳에서는 "현재 湖西以左는 둔취하여 다시 소란을 피운 보고가 없다"라고 할 정도로 활동이 침체되었다.[182]

충청지역에서 계속 패전한 이후 전봉준은 전주에 이르러 농민군에 협조하지 않은 관리들을 처결하였다. 그러나 관군이 밀려 온다는 소식을 듣고 금구로 후퇴하였다. 11월 25일 농민군은 관군과 전투를 치르고 다시 태인으로 후퇴를 하였다. 11월 27일 태인의 주산인 성황산에서 전투가 벌어졌으나 농민군은 처절하게 패배하였다. 이 싸움은 전봉준 부대의 마지막 전투가 되었다.[183] 이후 전봉준을 비롯한 김개남, 손화중 등이 잡히고 압송되거나 처형을 당하여 실질적인 농민전쟁의 지휘부는 모두 사라졌다.

한편 관군과 일병들은 노성, 연산, 논산, 은진 등의 읍을 돌아다니면서 지역

---

178) 〈巡撫使呈報牒〉 11월 16일 ≪東學亂日記≫ 下, 39쪽 ; 〈巡撫使呈報牒〉 11월 18일 ≪東學亂日記≫ 下, 40쪽 ;〈先鋒陣呈報牒〉 ≪東學亂日記≫ 下, 187~188쪽

179) 〈巡撫使呈報牒〉 11월 18일 ≪東學亂日記≫ 下, 40쪽 ; 〈巡撫使呈報牒〉 11월 18일 ≪東學亂日記≫ 下, 43쪽. 일본사관의 역할에 대해서는 "이날의 싸움에서 用兵하는 것 등 여러가지 일들은 실로 일본사관 森尾雅一과 함께 올라가서 같이 본 것이다. 森尾가 몸과 마음을 다한 것은 실로 존경스럽다. 우리 병사들은 몸을 바치고 명령에 따랐으니 또한 가상하다"라고 하고 있다.

180) 〈巡撫使呈報牒〉 11월 18일 ≪東學亂日記≫ 下, 40, 43쪽

181) 〈巡撫使呈報牒〉 11월 16일 ≪東學亂日記≫ 下, 39쪽

182) 〈巡撫使呈報牒〉 11월 18일 ≪東學亂日記≫ 下, 43쪽

183) 愼鏞廈, 1993 ≪東學과 農民戰爭硏究≫, 348쪽

민들을 안무하였다. 논산 지역을 중심으로 보더라도 논산은 큰 강을 사이에 두고 북쪽의 魯城論山과 남쪽의 恩津論山 지역으로 나뉘었다. 노성 지역은 농민들이 생업에 종사하고 있었으나, 은진 지역은 처참할 정도였으며 시장이 서지 않다가 23일에 이르러 비로소 상인들이 모이고 시장이 열렸다고 한다. 한편 江景 지역도 형편이 나은 상태였으며, 강경의 시장도 24일로써 그 모양을 이루었다고 한다.[184]

日兵과 壯衛營 군사들은 일본 대대장 南小四郞의 지휘를 받아서 아직도 농민군이 활동하고 있는 지역으로 나뉘어 파견되었다. 하나는 石城, 保寧 등의 지역으로, 그리고 하나는 龍安, 高山 등의 곳으로, 그리고 礪山으로 향하였다.[185]

반면 주력군이 활동하던 湖西以左를 제외한 內浦, 林川, 韓山, 瑞山, 泰安, 藍浦, 舒川 등지에서는 농민군이 여전히 활동하고 있었다.[186] 공주와 논산 지역에서 농민군이 물러간 후에도 이 지역에서는 "호서의 匪類들이 아직도 창궐하고 있으니 다시 兩湖의 情形을 살피도록 하"라고 할 정도로 농민군 활동은 지속되었다.[187] 특히 이 지역은 강을 사이에 두고 호남과 접하고 있어서 농민군들이 자주 넘나드는 곳이어서 농민군들이 지속적으로 활동하고 있었다. 또한 지역에 따라 관군은 무기를 갖추지 못하여 방어에 취약점을 노출하는 곳도 있었으므로,[188] 농민군의 저항을 지속할 수 있었다. 이에 대하여 중앙의 관군 및 土兵들은 농민군을 치는 작업을 계속하였다.

11월 12일 농민군은 藍浦, 韓山을 공격하였다.[189] 수일간의 대치상태에서 농민군이 韓山을 함락하였는데, 이때의 전투는 매우 치열했다고 한다. 전투가 끝난 다음날인 11월 20일의 韓山 지역의 모습에 대하여 성안의 人家가 모두 타버렸고, 관청건물은 모두 벽만 서 있을 정도였다라고 기록된 것을 보아도 알 수

---

184) 〈巡撫使呈報牒〉 11월 24일 ≪東學亂日記≫ 下, 50쪽.
185) 〈巡撫使呈報牒〉 11월 24일 ≪東學亂日記≫ 下, 50쪽 ; 〈巡撫使呈報牒〉 11월 26일 ≪東學亂日記≫ 下, 52~53쪽.
186) 〈巡撫使呈報牒〉 11월 18일 ≪東學亂日記≫ 下, 43~44쪽.
187) 〈巡撫使呈報牒〉 11월 22일 ≪東學亂日記≫ 下, 48쪽.
188) 〈巡撫先鋒陣謄錄〉 11월 17일 ≪東學亂日記≫ 上, 520쪽. 서천 지역에서는 농민군의 활동으로 군기를 잃어버려 방어할 무기가 없다고 할 정도이다.
189) ≪洪陽紀事≫ 11월 13일 ; ≪甲午記事≫ 11월 11일, 12일. 특히 ≪甲午記事≫의 기사에 따르면 12일에 농민군은 韓山을 함락하였으며, 호남의 농민군들이 민간에서 재산을 탈취하였다고 한다.

있다.[190] 그리고나서 서천과 한산의 양쪽 경계에 있던 농민군들은 11월 20일경 다시 舒川을 공격하였다. 이들은 불을 지르면서 성을 함락하였지만 그곳에 머물지 않고 곧바로 들판으로 물러나 진을 쳤다. 이들 농민군은 남북으로 부대를 나누어 진을 쳤다. 북쪽으로는 수천 명의 농민군들이 三水洞 뒤 산록에 주둔하였고, 남으로는 읍의 남쪽 沿浦 등지에 수천 명의 농민군이 주둔하였다. 이 중에서도 북쪽에 포진한 부대는 깃발을 산에다 두루 꽂아놓고 포를 쏘면서 세력을 과시하고 있었다.[191]

관군들은 이들 농민군을 치기 위하여 다시 군사를 준비하였으며, 合德의 儒兵들과 공주에서 활동하던 성하영이 이끄는 군사들이 합세하였다.[192] 다음날인 11월 21일 관군은 북쪽에 포진한 부대를 집중적으로 공격하였다. 대관 윤영성이 이끄는 관군은 북쪽 산길을 따라서, 대관 이사덕이 이끄는 관군은 남쪽 길을 따라서 상하로 협공하였다. 농민군은 크게 패하였고 수백 명의 사상자를 내는 피해를 입었다.[193] 나머지 농민군들은 포위망을 피하여 도망하였다. 남쪽에 주둔하고 있던 농민군들도 별다른 싸움 없이 도망하였다. 관군들은 다시 한산으로 회군하여 남은 농민군을 체포하였다. 이로써 韓山, 舒川 등지에서 활동하던 농민군은 역부족으로 관군에게 패하고 말았다.[194] 이후 한산·서천 지역은 미약하지만 농민군 잔여세력들이 남아 활동하고 있었으며, 12월 3일경에는 한산과 강건너 마주 접하고 있는 전라지역인 咸悅 熊浦의 농민군이 와서 韓山城을 함락하고 읍촌을 모두 태워 민간인들이 피난하였다.[195] 또한 이 싸움에서 패한 농민군 일부는 강을 넘어 호남의 群山鎭에서 활동하는 농민군에 합류하였다.[196] 그러나 이 싸움에서의 패배로 충청지역에서 沿海를 통하여 전라지역에 이르는

---

190) 〈巡撫使呈報牒〉 11월 30일 《東學亂日記》 下, 54쪽. 한산전투 이후 서천에서도 농민군과 관군의 전투가 있었으며, 兩邑의 전투는 매우 처절하였다. 관군측의 입장이 투영된 내용이지만 "韓舒兩邑之酷被匪類之毒"(〈巡撫使呈報牒〉 11월 30일 《東學亂日記》 下, 55쪽)라고 할 정도였다.

191) 〈巡撫使呈報牒〉 11월 30일 《東學亂日記》 下, 55쪽

192) 《洪陽紀事》 11월 19일, 11월 24일

193) 〈巡撫先鋒陣謄錄〉 11월 30일 《東學亂日記》 上, 561쪽 ; 〈巡撫使呈報牒〉 11월 30일 《東學亂日記》 下, 55쪽

194) 《洪陽紀事》 11월 24일

195) 〈巡撫使呈報牒〉 12월 13일 《東學亂日記》 下, 67쪽

196) 〈巡撫先鋒陣謄錄〉 同日(12월 22일) 《東學亂日記》 上, 625쪽

농민군의 활동로가 차단당하는 결과를 가져왔지만, 농민군의 활동은 쉽게 가라앉지 않았고 12월 중순까지 이어졌다.

藍浦 지역에서 농민군이 11월 19일 관군을 대파하는 성과를 거두었다. 관군측의 토로에 의하면 "관군이 匪徒들에게 패하여 洪州, 保寧, 藍浦, 庇仁의 군병 중에서 舒川으로 돌아온 자가 2,000명을 넘지 못한다"라고 할 정도였다.[197] 이 전투에서 승리함으로써 농민군의 기세는 더욱 커졌다. 이처럼 守城軍으로써는 농민군을 당하지 못하게 되자 중앙에서 파견된 관군 등에게 지원을 요청하였다.

한산·서천 지역에서 농민군을 친 관군들은 다시 농민군에게 큰 피해를 입은 庇仁·藍浦 지역으로 향하게 하였다. 뿐만 아니라 경기도 안성과 죽산, 호서의 진천·목천 등지에서도 남아 있던 동학군들이 여전히 활동을 하고 있어서, 관군은 이들을 치기 위한 논의를 하고 있었다.[198]

전봉준 부대와는 별도로 활동하던 김개남 부대는 5,000명의 병력을 이끌고 11월 10일 錦山 등지에서 鎭岑으로 이동하여 관청을 부수고 각청의 기록문서들을 태웠으며, 창고를 부수어 환곡을 탈취하였고, 마을을 휩쓸면서 재산 등을 부수거나 빼앗았으며, 留鄕公兄과 邑屬들을 옥에 가두고 매를 때려 거의 죽을 지경에 이르게 하였다. 김개남 부대는 다음날인 11일에는 懷德 新灘津을 거쳐서 청주로 갔다.[199] 13일 새벽 청주에서 김개남군은 靑山, 沃川, 文義를 거쳐 淸州로 이동한 일본군과 청주병영의 관군에게 패전하여 다시 新灘坡로 향하였다.[200] 그날 농민군 중에서 선두 수백 명은 진잠현으로 다시 향하였으나 진잠현의 서리들과 읍내민들의 저항으로 들어가지 못하고 다시 쫓기어서 連山으로 향하였다.[201] 이들은 13일경 연산 지역에서 다시 접전하였으나 위력은 거의 없었다.[202] 이어 농민군은 노성 은진 방면으로 퇴각하였으며, 강경에서 공주전투

197) 〈巡撫使呈報牒〉 11월 22일 《東學亂日記》 下, 48쪽
198) 〈巡撫使呈報牒〉 11월 23일 《東學亂日記》 下, 49쪽
199) 〈巡撫先鋒陣謄錄〉 同日(11월 13일) 《東學亂日記》 上, 499쪽 ; 〈巡撫使呈報牒〉 11월 13일 《東學亂日記》 下, 34~35쪽
200) 〈巡撫先鋒陣謄錄〉 同日(11월 15일) 《東學亂日記》 上, 507쪽. 청주목사의 보고에 '去月十三日'이라고 하였으나 이는 '11월 13일'을 잘못 표기한 것으로 보인다. 이때 김개남군의 규모를 '萬餘名'이라고 하고 있다. 그리고 《時聞記》(韓51-나-193) 11월 17일에 따르면 이때 농민군 지도부는 金介男 외에도 徐一海·孫化仲 등이었으며, 농민군이 패한 곳은 淸州 南石橋였다고 한다. 그러나 손화중이 참여하였다는 것은 잘못된 정보에 의하여 기록된 것이다.
201) 〈巡撫先鋒陣謄錄〉 同日(11월 15일) 《東學亂日記》 上, 504, 505~506쪽

에서 패배하고 남하하던 전봉준 부대와 만나서 관군과 싸웠으나 패배하고 각각 도망하였다.[203]

한편 북접두령인 崔時亨은 남·북접의 논산大會에 즈음하여 호남을 순시하고, 11월 장수, 남원을 거쳐 任實 鳥項里에 은거해 있었다. 그리고 孫秉熙, 孫天民, 李容九 등의 북접 지도자들은 전주, 원평, 태인전투까지 전봉준과 행동을 같이 하였다. 전봉준 부대가 해산하자 손병희 부대는 장성으로 내려갔다가 관군 및 일본군과 접전하였고 다시 북상하였다. 손병희 부대는 순창을 지나 최시형이 머물고 있는 임실로 가서 합류하였으며, 장수를 거쳐 茂朱를 지나 12월 7일에는 黃澗에 도착하였다. 이곳에서 농민군 1만여 명은 민가를 소각하고 물건을 약탈하였으며 永同 龍山으로 향하였다.[204] 농민군은 12월 12일 永同 龍山장터에서 경리청군 및 청주병영군과 보부상, 민보군 등 연합부대의 공격을 받았다. 농민군은 처음에 수세에 몰리는 듯하였으나 반격하여 관군과의 접전에서 전과를 올렸다. 타격을 입은 관군은 다시 報恩으로 물러갔으나, 報恩에 근거지를 둔 농민군을 감당하지 못하고 13일경에는 다시 청주로 물러갔다. 이 과정에서 농민군에게 사상자가 발생하였으나 관군은 탄환 부족과 절대적인 병정 부족으로 농민군에는 대적상대가 되지 못하였다.[205]

농민군의 본대는 용산을 출발하여 靑山을 거쳐 報恩 鐘谷으로 향하였다. 최시형, 손병희 등은 이곳에 머물다가 12월 18일 일본군과 尙州 土兵의 습격을 받았으나 농민군측은 반격을 가하여 우세한 듯하였다. 그러나 탄환이 부족하게 되자 다시 일본군의 반격을 받아 많은 사상자를 남겼다. 이때 농민군은 300여 명에 해당하는 사상자를 낼 정도였다.[206] 농민군은 화양동을 거쳐 12월 24일 충주 외서촌으로 갔다. 이곳에서 다시 관군의 습격을 받았고, 忠州 無極장터에서

202) 〈7.各地東學黨征討에 관한 諸報告 1〉(連山)戰鬪詳報(1894년 12월 10일) 《駐韓日本公使館記錄》 1, 252쪽
203) 《梧下紀聞》
204) 《天道敎創建史》 제2편 제7장 甲午運動, 66~67쪽 ; 〈軍士關係一件〉 仁站發甲第57號 忠北地方東學徒討伐에 관한 보고 《駐韓日本公使館記錄》 3, 249~250쪽. 일본군의 첩보에 의하면 농민부대는 최시형이 거느리고 있었으며, 任局旲(任局鎬) 등 4명이 지휘하고 있었다고 한다.
205) 〈巡撫先鋒陣謄錄〉同日(12월 20일) 《東學亂日記》 上, 619쪽 ; 〈巡撫使呈報牒〉 12월 20일, 《東學亂日記》 下, 73쪽
206) 〈2.各地東學黨征討에 관한 諸報告 2〉 鍾谷附近 戰鬪詳報 《駐韓日本公使館記錄》 6, 68~70쪽

접전하려 하였으나, 최시형·손병희 등은 세가 불리함을 느끼고 이곳에서 부대
를 해산하였고 농민군 간부들은 잠적하였다. 이로써 갑오농민전쟁기 충청지역
에서 농민군 조직의 활동은 위축되었으며, 반면 일본군의 잔학한 소위 '농민군
토벌'이 진행되었다.

4. 반농민군세력의 동향

1) 정부의 대응

1차 농민전쟁기 충청지역 곳곳에서도 농민군들의 民擾가 발생하였음은 앞서
살펴보았다. 4월부터 충청도 각지에서 농민군들이 민요를 일으켰으며, 7월에
들어서자 농민군의 민요는 좀더 빈번해졌다.

중앙정부는 그에 대한 대책으로 우선 각 지역에 宣撫使를 파견하는데, 충청
지역에는 內務協辦인 鄭敬源이 湖西宣撫使로 임명되었다.[207] 이는 利仁驛의 民
擾가 계기가 되어 마련된 조치였다.[208] 선무사를 파견한 목적은 해마다 연이어
발생하는 동학배들의 蠢動에 대하여 수령들로 하여금 曉飭하게 하여 조정에서
편안케 해주려고 하는 마음을 전달하는 것이었다.[209] 정경원은 당일로 즉시 충
청지역으로 내려가도록 하였으나, 며칠 안 되어 호남선무사 엄세영이 농상대신
으로 임명되면서 정경원은 호남선무사의 역할을 겸하는 三南宣撫使로 차정되었
다.[210] 그러나 호서선무사의 임무만 하더라도 정경원에게는 힘에 겨운 것이었
다.

정경원은 公州에 도착하자마자 巡使인 朴齊純과 상의하였으나 별다른 대책은
세우지 못하였다.[211] 8월 6일경 정경원은 洪州에서 주변지역의 동학접주들을

207) 《日省錄》 고종 31년, 甲午 7월 9일
208) 《日省錄》 고종 31년, 甲午 7월 9일, 215쪽
209) 《日省錄》 고종 31년, 甲午 7월 9일, 215쪽. 이때 충청지역 영읍에서 禁飭한 것과 宣撫使
   의 曉喩와 관련하여 작성된 것으로 보이는 것은 《錦藩集錄》 別甘, 利仁聚會榜이 있다. 이는 조
   정에서 해산하라는 취지를 전하고, 만일에 각자 해산하지 않으면 그의 두령을 잡아서 重律에 처
   하겠다는 내용을 담고 있다.
210) 《日省錄》 고종 31년, 甲午 7월 17일

불러 효유하는 것을 비롯, 충청지역 내에서 활동하였지만,[212] 그의 활동은 거의 효과를 거두지 못하였다. 홍주에서 효유할 때 接主 중에는 거부하는 자들도 있었다.[213] 게다가 이미 해산한 농민군들이 다시 결집하였다. 정경원 자신도 업무를 제대로 수행하지 못한 책임을 토로할 정도였다.[214]

그의 보고에 의하면 8월 중순경 열읍의 匪徒들이 곳곳에서 날뛰고 있다고 하였으며,[215] 이미 8월 1일에도 公州 正安面 弓院에 頭領 任基準이 이끄는 東徒 만여 명이 소란을 피우고 있었다고 한다.[216]

이때문에 정경원과 충청감사는 중앙에 난감한 상태임을 보고하였다. 그러나 중앙정부도 다시 효유하고 귀화하도록 하라는 조처를 내릴 뿐이었다.[217] 이는 근본적인 대책은 되지 못하였으며, 선무사나 혹은 지방관들도 나름대로의 대책을 강구하려 하였다.

방법 중의 하나가 바로 洪城에서 讖文을 조작하고 만들어 각 지역에 퍼트리는 방법을 시도하였다.[218] 이는 농민군을 어느 정도 혼란에 빠뜨리는 효과를 발휘했다. 또 하나는 지방관이 선무사의 동의를 얻어 기존에 행하던 것에 대한 시

---

211) 《洪陽紀事》 7월 20일

212) 《洪陽紀事》 8월 6일. 淸風·西倉 지역에서 곤욕을 당하였다(《日省錄》 고종 31년, 甲午 10월 11일, 352쪽).

213) 《洪陽紀事》 8월 6일의 기사에 의하면, 洪州 부근의 대부분의 접주들이 선무사가 효유할 때 모였으나, 휘하에 5, 6만 명을 거느려 가장 큰 접주인 沔川의 李昌求는 이때 모이지 않았을 뿐만 아니라 홍주목사가 수차례 면담을 요청하였어도 끝내 응하지 않았다고 한다. 그리고 德山 의 韓明甫, 韓應古 형제 또한 마찬가지로 두 차례의 효유에 한번도 응하지 않았다고 한다.

214) 《日省錄》 고종 31년, 甲午 8월 15일 ; 10월 11일. 10월 11일의 기사에 따르면 7월부터 4개월에 걸쳐서 양호선무사의 임무를 맡았는데, 임금의 덕을 펴지 못하고, 頑民을 무마하려 했으나 민들은 귀화하지 않았고, 동서로 분주하게 달렸으나 조금의 효과도 없었다고 토로하였다. 이는 자신의 임무수행에 대한 단순한 겸사의 말은 아니었다.

215) 《日省錄》 고종 31년, 甲午 8월 17일, 280쪽

216) 《洪陽紀事》 8월 5일 ; 《日省錄》 고종 31년, 갑오 8월 17일, 280쪽. 동학도들은 감사와 관관에게 자신들은 倡義를 위하여 일어난 것이며, 한편 府內에 남을 수 있도록 요청하였다. 이들 은 이미 儒狀과 民訴를 통하여 제기된 것이라고 하면서 자신들의 이러한 요청을 받아들이라고 하였다.

217) 《日省錄》 고종 31년, 甲午 8월 17일, 280쪽

218) 《洪陽紀事》 8월 7일, 8월 23일, 8월 25일, 9월 1일. 이 방식은 홍주 목사인 이승우가 兵法을 이용한 것이라고 한다. 그는 수천 장의 讖文을 만들었다고 하며, 두 가지 경로로 이를 퍼뜨렸다고 한다. 한 경로는 稷山에서 湖西의 경계까지이며, 다른 한 경로는 漢津에서 호서의 沿邑에 해당하는 韓山, 舒川 등에 이르는 길이라고 한다(《洪陽紀事》 9월 7일).

정방식이다. 이는 戶布의 견감 혹은 賑濟로써 간접적으로 문제를 해결하려는 것이다.[219] 그러나 어느 것도 근본적인 해결책은 되지 못하였다.

이미 전국인으로 民擾의 기미가 보이고 있었고, 경기지역에까지 발생하였다. 정부는 대책을 마련하려 하였다. 軍國機務處에서는 9월 초에 議案의 각 조를 마련하여 제출하였는데, 그 내용 중에서 주목할 만한 것을 보면 다음과 같다.

1. 근일에 비도들이 창궐하여 경기지방을 범하기에 이르렀다. 이때에 지방관이 직을 비우는 것은 매우 염려스럽다. 묘당으로 하여금 (자리가 빈 지방관을) 모두 내려가도록 독촉해줄 것을 청합니다. 竹山, 安城 양읍은 비도들이 크게 의지하여 많이 모여 살고 있는 곳이므로 더욱더 잠시라도 자리를 비울 수 없습니다. 모두 체임하도록 명령을 내리고, 정부는 幹器人을 선택하고 차출하여 그로 하여금 병사를 거느리고 나아가서 초토하는 임무를 수행할 것임[220]

이라 하여 경기지역에까지 그 영향이 크게 미치게 되었음을 적시하고 병사를 파견하여 농민군을 초토하자는 의견을 제출하였다. 이에 따라 다음날인 9월 10일 중앙정부는 竹山府使에 장위영 영관 李斗璜을, 安山郡守로 경리청 영관 成夏永을 각각 임명하여 병정을 이끌고 하루빨리 내려가 농민군들을 剿捕토록 명령하였다.[221]

한편 민심수습 방안으로 궐석을 가능한 한 채우고, 지역민이 원하는 관리는 前 任官들을 그대로 남게 하였다.[222] 또한 부패한 관리나 혹은 무능한 관리로 판단되는 경우는 경질하였다.[223] 그리고 농민군과 밀접하게 얽혀 있다고 판단되는 관리는 강경한 입장에서 단호하게 효수하였다.[224]

정부의 이러한 대처방안은 농민군들의 재봉기를 막지 못하였다. 9월 18일의 보고에 의하면 이미 호서와 호남지역에서 농민군들이 활동을 개시하기 시작한

---

219) ≪洪陽紀事≫ 8월 7일
220) ≪日省錄≫ 고종 31년, 甲午 9월 9일, 305쪽
221) ≪日省錄≫ 고종 31년, 甲午 9월 10일, 306쪽
222) ≪日省錄≫ 고종 31년, 甲午 9월 12일, 309쪽 ; 9월 19일, 323쪽 ; 9월 20일, 325쪽 ; 9월 21일, 325쪽
223) ≪日省錄≫ 고종 31년, 甲午 9월 19일, 323쪽
224) ≪日省錄≫ 고종 31년, 甲午 9월 23일, 329쪽 ; ≪洪陽紀事≫ 9월 22일. 9월 19일 軍官인 朴東鎭, 朴世綱을 錦江津에서 군민을 모아서 梟首하였다.

다는 첩보가 중앙에 보고되었고,[225] 이에 따라 정부는 부산하게 대책을 마련하기 시작하였다.

농민군의 움직임이 가시화되자 정부는 총지휘기관으로 巡撫營을 설치하여, 9월 21일에 扈衛部長 申正熙를 都巡撫使로 임명하고, 諸軍을 절제하도록 하였다.[226] 中軍에는 許璡, 左先鋒將은 李圭泰를 삼고, 교도중대와 통위영병을 이끌도록 하고 출동하게 하였다. 그리고 李斗璜은 右先鋒, 계원영관인 구상조, 안성군수로서 경리청 부영관인 성하영과 洪運燮 등을 각각의 부대 지휘관으로 삼았다. 이로써 관군은 농민군을 토벌하기 위한 대열을 갖추었다.

그러나 嶺南, 關東, 畿海 등지에서 兩湖의 농민군들이 활동하고 있다는 정보가 여전히 중앙에 보고되었다.[227] 이미 호남과 호서의 농민군들이 서로 연결될 때는 감영이나 병영은 막을 수가 없는 상태였으며,[228] 정부는 호서 농민군이 호남 농민군에 원병을 요청하였다는 보고마저 접하였다. 중앙정부는 이에 적극적으로 대처하여 상호간의 연결을 끊기 위해 전라와 충청의 접경에 있는 恩津과 魯城 지역에 沁營의 병정들을 급히 파견하였다.[229]

중앙정부는 여러 정보들을 토대로 충청도에서 농민군들이 作梗단계에 들어갔다고 파악하고, 이미 농민군의 활동을 저지하기 위하여 강경한 대책, 즉 군사를 보내어 초토하는 방향으로 선회하였다.[230] 그리고 민간을 선동하거나 혹은 官長을 위협하는 자에 대해서 ‘先斬後聞’토록 조치를 내렸다.[231] 정부는 후속조치로 9월 29일 정경원을 선무사직에서 해임하였다.[232] 또한 중앙정부는 전라감사로

---

225) ≪日省錄≫ 고종 31년, 甲午 9월 18일, 321쪽.
　　　兩湖의 匪徒들의 亂形이 이미 드러났다고 전제하고, 해당 도신 및 장수, 수령들은 농민군을 초멸하고 난 후에 보고하도록 명령하였다.
226) ≪日省錄≫ 고종 31년, 甲午 9월 22일, 326쪽 ;〈先鋒陣日記〉고종 31년, 甲午 9월 21일 朝紙 ≪東學亂記錄≫ 上, 219쪽
227) ≪日省錄≫ 고종 31년, 甲午 9월 24일, 320~321쪽. 정부는 이에 대해서 巡撫使가 처리하도록 하고 있다.
228) ≪日省錄≫ 고종 31년, 甲午 9월 28일, 335쪽
229) ≪日省錄≫ 고종 31년, 甲午 9월 29일, 337~338쪽
230) 고종은 선무사를 파견하였어도 패역이 저질러지고 있다고 지적하고, 농민군들을 ‘良民’의 단계를 넘은 것으로 보아 군사를 동원하여 치도록 하였고, 동시에 귀화를 종용하는 敎書를 각 도의 道臣과 선무사들이 宣示하도록 하였다(≪日省錄≫ 고종 31년, 甲午 9월 26일, 333~334쪽).
231) ≪日省錄≫ 고종 31년, 甲午 9월 26일, 334쪽
232) ≪日省錄≫ 고종 31년, 甲午 9월 29일, 337쪽

농민군들을 막는 데 공이 컸던 홍주목사 이승우를 임명하여 농민군의 봉기를
막는 데 적합한 인물로 교체하였으며,[233] 삼남의 관찰사에게는 동학도에 협조하
는 수령들도 처벌하도록 명하였다.[234]

잇따른 중앙정부의 조치는 그 지역 관군들이 농민군을 강경하게 처리하도록
하였다. 예를 들면 9월 말경에 태안·서산·해미 3읍은 동학교도들에 대한 귀
화, 처벌을 시작하였다.[235] 게다가 농민군들을 치기 위한 움직임들이 속속 진행
되었다. 홍주지방에서는 군수인 李勝宇가 유림들을 독려하여 儒會의 한 형태인
儒楔를 만들었다.[236] 이로써 관군의 지원을 입은 유생들도 농민군을 치는 데 협
조하였다.

정부는 이러한 분위기하에서 각 지역에서의 義兵들을 독려하기 위하여 召募
官을 임명하였다. 순무영에서 병사를 조달하여 농민군을 초토하는 과정에서 관
군에 동조하여 義兵을 일으키는 자들이 있었다. 정부는 조직화하기 위하여 소
모관을 임명하고 그 지역에서 義兵을 모았다. 정부는 나주목사 민종렬, 여산부
사 류제관을 호남소모사로 임명하였고, 홍주목사 조재관, 진잠현감 이세경을
호서소모관으로 임명하였다.[237]

한편 정부는 농민군 중에서 우두머리들을 공개적으로 처형하거나,[238] 혹은 그
들을 체포하고 형을 엄하게 가함으로써 강경한 입장을 표방했다.[239] 다른 한편
으로는 순무사와 선봉장은 각각 10월에 농민군들을 귀화하도록 하는 榜示文을
각처에 보내어 달래고 있었다.[240] 또한 기존의 향촌통제책인 五家作統法과 교화

---

233) 《日省錄》 고종 31년, 甲午 9월 23일, 328쪽
234) 《日省錄》 고종 31년, 甲午 9월 26일, 334쪽
235) 《조석헌역사록》 9월 14일. 申伯禧, 金景濟〔金慶濟 : 洪陽紀事—필자주〕 등은 이곳의 군수
    였으나, 按撫使를 자원하여 동학교도들을 귀화시키려 하였다고 한다. 만일 여의치 않으면 東學
    頭目 다수를 참살하고 위협하려는 것이었다. 이들은 관군을 파견하여 大頭目 30여 인을 체포 투
    옥하고 엄형을 가했다고 한다. 이는 물론 농민군의 禮山本包에 보고되었다.
236) 《洪陽紀事》 9월 22일 ; 《조석헌역사록》 갑오 9월
237) 《日省錄》 고종 31년, 甲午 9월 29일, 337쪽
238) 《日省錄》 고종 31년, 甲午 9월 30일, 339쪽 ; 10월 28일, 369쪽
239) 《조석헌역사록》 9월 ; 《洪陽紀事》 10월 3일. 서산군수 신백희, 김경제는 태안사람으로
    안무사를 자원하여 부임한 이후 해미, 서산, 태안 등지의 동학도를 일체로 귀화시킨다는 계획을
    가지고 있었다. 여의치 않을 경우 동학두목들을 참살하는 계획을 세웠고 병정과 관군을 곳곳에
    파견하여 동학두목들 중에서 대두목만 30여 인을 체포하고, 투옥 엄형하였다고 한다.
240) 예를 들어 牙山縣에 방시문을 게시한 형태를 들 수 있다(《巡撫先鋒陣謄錄》 甲午 10월 20
    일 《東學亂記錄》 上, 404쪽). 巡撫使榜示文과 先鋒陣榜示文을 한문과 한글로 써서 거의 대

수단으로 이용되었던 鄕約을 통하여 농민군의 행동과 귀화 여부를 조사하고 감시체제를 강화하려 하였다.[241]

정부는 농민군을 치기 위하여 관군을 파견하였으나, 관군들도 문제점이 없는 것은 아니었다. 우선 관군들은 제대로 훈련을 받은 것이 아니었다. 단지 敎導兵이 일본사관의 체계적인 훈련을 받은 정도였으며, 나머지는 거의 훈련을 받지 않은 상태였다고 한다.

또한 관군과 관군, 관군과 일본군간의 연락체계의 부실을 들 수 있다. 관군들은 상호간 이동상황을 제대로 파악하지 못하거나,[242] 혹은 관군이 일본군과 연계하면서 이동하려 하였으나 연계의 부실로 일정한 지역에서 머무르기도 하였다.[243] 또한 농민군의 활동으로 각 驛과 각 站간에도 연락이 두절되었지만,[244] 이를 복구하는 것은 농민전쟁이 끝날 무렵에야 가능하였다.

명령체계가 제대로 서지 않았다는 점이다. 가령 순무영에서 청주에 가서 원

부분의 고을에 게시하여 효유하였다. 巡撫使榜示文은 〈巡撫先鋒陣謄錄〉 甲午 10월 15일 ≪東學亂記錄≫ 上, 385~378쪽과 〈宣諭榜文並東徒上書所志謄書 諺文宣諭榜文〉 같은 책 下, 377쪽에 예시되어 있다. 그리고 先鋒陣榜示文은 〈先鋒鎭日記 巡撫先鋒陣榜示文〉≪東學亂記錄≫ 上, 220~221쪽에 예시되어 있다. 이외에도 충청지역에 게시된 방으로서 앞서의 것과 달리 지역에 따라 따로 작성한 방시문들이 있는데, 내용을 알 수 있는 것은 天安에 게시한 것이 있으며(〈巡撫先鋒陣謄錄〉 甲午 10월 20일 ≪東學亂記錄≫ 上, 409~410쪽), 경기지역의 예로서는 果川縣에 게시된 榜이 있다(〈先鋒陣呈牒報〉 갑오 10월 ≪東學亂記錄≫ 下, 127~128쪽).

241) 각 읍에 伍家作統을 실시한 상황을 보고하도록 하고 있다. 그러나 그 결과가 보고되지 않자 다시 재촉하고 있다. 한편 이 오가작통을 실시하여 "或有聚衆行悖剽奪劫掠者 自洞中捉納本官 官報營門 以爲安法勘處之地是矣"라고 하여 관에서 각 읍에 대한 통제를 강화하려는 움직임을 보였다(≪錦藩集略≫ 別甘 各邑). 그리고 天安에서는 "面長, 里長들에게 각각 돌아가면서 회합을 가지고 統伍之法을 講明하고, 비도들이 출몰하는 것을 詞察하게 함으로써 良民들을 安接하게 하도록 할 것"이라고 하여 면・리 조직을 이용하려는 모습도 보인다(〈巡撫先鋒陣謄錄〉 同日(11월 16일) ≪東學亂記錄≫ 上, 519쪽]. 振威縣도 그 예 중의 하나이다. 기존의 오가작통과 향약을 이용하여 농민군의 동태를 살피도록 하였으며, 이에는 관이 관여하였다(〈巡撫先鋒陣謄錄〉 交隣, 10월 17일 在振威, ≪東學亂記錄≫ 上, 395쪽). 한편 홍주에서는 官이 一鄕들에게 儒稧를 실시하도록 유도하였으며, 주변지역은 이를 따라 儒稧를 설치하는 곳이 많았다. 이들은 號牌의 양식으로 된 증서를 종이로 만들어서 지급하였다. 儒標는 '儒'자를 새긴 것을 찍고, 官印을 다시 찍어 통행표로 사용되었다(≪洪陽紀事≫ 9월 23일).

242) 〈巡撫先鋒陣謄錄〉 甲午 10월 20일 ≪東學亂記錄≫ 上, 408~409쪽

243) 〈先鋒陣日記〉 同日(10월 18일) 回移忠淸監營 ≪東學亂日記≫ 上, 223쪽. 本鎭昨到天安邑止宿 行將進發 而日兵約以相會 離發遲速 姑難指的

244) 〈巡撫使呈牒報〉 甲午 11월 6일 ≪東學亂記錄≫ 下, 24쪽

조하라는 전령을 내렸으나, 청주병영에서 목천 지역이 위급한 상황이라는 연락을 받고 세성산성으로 가서 싸워 승리하였다. 그러나 이들은 錦營, 즉 공주로 가서 원조하라는 傳令이 있었는데도 이를 듣지 않고 명령을 어겼다고 문책하려는 사례가 있었다.[245] 이는 명령체계상의 혼선, 즉 관군의 명령체계가 중앙에서 파견된 관군과 지방의 관군과의 마찰로 빚어진 것이었다. 그리고 순무영과 병영간에도 장위영을 節制하는 문제에 대한 지적도 있었다.

그리고 관군들은 중앙으로부터 군수물자를 제대로 공급받지 못하는 경우가 많았다. 軍需로 쓸 돈과 곡식이 충분하지 않아 그 지방에서 필요한 물품을 조달받는 경우가 많았다.[246] 게다가 商民들을 고용하여 일을 시키는 데 필요한 비용도 각 지방에서 마련하도록 지시하였다.[247] 이는 각 지역에서 중앙에 바치는 稅들이 제대로 걷히지 않아 군수를 마련하기가 힘들다는 이유 때문이었다.[248] 물론 군병들에게는 일정한 급료를 주도록 하였지만, 모든 물자는 주변지역으로부터 공급받았다. 한편 이들은 농민군으로부터 압수, 노획한 곡식 등을 다시 군수로 사용하거나 행군하는 과정에서 그 지역의 부호들로부터 원조받기도 하였다. 그러나 충분한 물자가 공급되지 않아 필요한 수량에는 미치지 못하였고, 당장의 것만을 채우는 정도였다.

한편 관군은 2차 농민전쟁기 주변의 호응을 얻기 위한 몇 가지 조처들을 취하였다. 우선 인원동원시 그 대가를 지불하였다. 관군과 일본군들은 전쟁기라는 상황에서 지역간 연락이 두절되고 있었는데, 이는 일본군이 주둔하고 있는 곳의 電線을 농민군들이 잘라버리는 사례들이 많았기 때문이다.[249] 이는 곧 정

---

245) 〈巡撫先鋒陣謄錄〉 甲午 10월 24일 《東學亂記錄》 上, 425쪽
246) 〈先鋒陣傳令各鎭〉 甘結各邑草 《東學亂記錄》 下, 121쪽에 따르면 선봉진은 각 읍에 대하여 京軍이나 일본군이 지나는 지방은 필요경비를 마련하기 위하여 盤費, 邑站支供, 店幕支待 등으로 쓰이는 것에 대하여 자세한 내용을 알려줄 것을 요구하고 있다. 그리고 선봉진은 20일 정도의 糧饌價를 가지고 출발하였기 때문에 중앙으로부터 군향을 자주 공급받아야 했으나, 공급이 원활하지 못하였다(〈巡撫先鋒陣謄錄〉 갑오 10월 12일 《東學亂記錄》 上, 382쪽). 따라서 순무영이 병사를 조달하고 군향을 분송하는 책임을 맡았으며, 畿湖의 관찰사들은 沿路의 守令을 運量官으로 정하여 도와주도록 하였다(《日省錄》 고종 31년, 甲午 9월 30일, 339쪽). 그러나 대체로 필요한 公穀, 公錢 들은 주변 고을에서 마련하였다. 전쟁이 진행되면서 즉각적인 공급이 이루어지지 않아 관군들은 군량이 모자랐으며, 모자란 군량은 지방의 지원에 의존하고 있었다(〈先鋒陣日記〉 同日(10월 18일) 回移忠淸監營 《東學亂日記》 上, 223쪽).
247) 〈巡撫使呈牒報〉 甲午 11월 6일 《東學亂記錄》 下, 24쪽
248) 〈巡撫使呈牒報〉 甲午 11월 5일 《東學亂記錄》 下, 23쪽

부군이나 혹은 일본군들이 사용하던 통신수단의 마비를 의미하는 것이었다. 이때 동원된 商人들은 연락을 담당하는 매개체로 이용되었으며, 수고에 대한 雇價를 받았다. 이들 상인들은 그외에도 후방에서 負傷者를 후송하는 역할을 맡기도 하였다.[250] 순무영에서는 이들이 전쟁을 수행하는 직접적인 당사자는 아니므로, 通信業務 외는 이용하지 말 것과 이들이 농민군에 가담하지 않도록 지시하였다.

관군은 물자가 부족함에도 불구하고 군공자에 대한 포상을 실시하였다. 군공자는 일반 군사뿐만 아니라 유회군에도 마찬가지로 적용되었다. 민간에 대한 침탈 또한 금지하였다. 이는 침탈에 따른 지방민의 반감을 예상하고 금지한 것이었다. 그럼에도 불구하고 중앙군, 지방군뿐만 아니라 유회군의 경우도 농민에 대한 침탈이 잦았다.

농민군을 주륙하는 것에 대한 신중한 조처를 내리고 있다. 처음에 관군들은 농민군에 대하여 강경한 입장을 취하여 두령급들은 대체로 그 자리에서 총살, 효수하는 것이 대부분이었다. 이처럼 무단적인 행위가 만연되자 순무영에서는 명령을 받지 않은 자들은 마음대로 일을 처리하지 못하게 하였으며, 出陣將, 招討使, 召募使 이외 특히 참모, 군관, 유회, 商社들은 마음대로 사람을 죽이는 것을 금지하였다.

한편 중앙정부는 全州에 위무청을 설치하였으며, 농민군을 진무하였다. 그러나 정부는 농민전쟁 과정에서 발생한 피해를 복구할 만한 재정능력이 없을 뿐 아니라 농민을 진무할 방법도 마련되지 않았다.

2) 일본군의 활동

일본군은 이미 조선에서 발생하는 모든 정보를 파악하고 있었다.[251] 일본측은 조선에 개입한 이후로 많은 정보들을 채집하였고, 2차 농민전쟁과 관련하여 9

249) 〈4.東學黨에 관한 件 附巡査派遣의 件 1〉《駐韓日本公使館記錄》1, 145쪽 ; 〈巡撫先鋒陣謄錄〉同日(11월 2일) 《東學亂記錄》上, 452~453쪽 ; 同日(11월 6일), 467쪽 ; 同日(11월 9일), 47쪽면 ; 同日(11월 9일), 477쪽
250) 〈巡撫使呈牒報〉甲午 11월 18일 《東學亂記錄》下, 43쪽
251) 일본이 조선에서 활동하여 채득한 정보와 관련된 것으로는 《駐韓日本公使館記錄》이라는 방대한 책자가 있다. 이로써 일본이 치밀하고 계획적으로 조선을 침략하려 하였음을 알 수 있다.

월에는 농민군을 토벌하기 위한 군대를 파견하였다. 그들은 농민군의 목적이 오로지 일본세력을 퇴치하는 데 있다고 보았다.[252] 게다가 청군을 응원하고 대원군과 연계되어 개화파 정권을 전복시키려는 움직임이 있는 것으로 파악하였다.

농민군의 2차 봉기가 가시화되자 일본측은 일본군 보병 18대대 일부와 경부로에 파견된 부대를 전라도로 파견하고, 용산의 수비병인 後備步兵 獨立第19大隊를 南小四郎 소좌의 지휘하에 파견하기로 결정하였다.[253]

이들은 세 개의 방향으로 나누어 진군하였다. 첫째, 수원·천안·공주를 거쳐 전주 가도로 향하는 길, 둘째 용인·죽산·청주를 거쳐 성주 가도로 가는 길, 셋째 병참노선인 충주·문경을 통하여 대구부 가도로 가는 길로 나뉘어 출발하도록 하였다.[254] 이 부대는 3개 중대로 편성된 1개 대대로서 각각의 방향으로 1개 중대씩을 파견하였다. 일본군들은 충청도의 주요한 도시들을 거쳐서 남쪽으로 내려갔다. 일본군은 이러한 3개로를 택하여 남하하면서, 한편으로는 관군과 합류하려 하였다. 일본군은 송파, 이천, 충주, 홍주 등의 병참소에서 이두황군이나 이규태군에게 합류하여 공주지방을 향하였다.

한편 日兵들이 장악한 조선군인 敎導隊는 먼저 남쪽으로 출발하였으며, 일본군은 감독하기 위하여 제18대대의 將校 2명과 下士 약간 명을 배속하였다.[255] 이외에도 전라·경상도에서 농민군이 활동할 기미를 보이자, 수비병 2중대의 증파를 요구하였다. 이들은 농민군을 모두 사살하라는 명령을 받았다. 이들의

---

252) ≪秘書類纂 朝鮮交涉資料≫ 忠淸道東學黨彙報
253) 후비병은 현역 3년, 예비역 4년을 거치고 후비병역 5년의 의무를 지고 있는 兵隊로서 그 노련함이나 풍부한 경험으로 노민군 상대의 산악전이나 수색전에 적당하였다고 하며, 이들이 지닌 총은 스나이더총(後裝銃, 후장라이플)이다. 조선에 파견된 후비보병 제19대대는 山口縣 彦島의 수배대였다고 하며, 이들은 농민군 토벌이 주목적이라고 한다(具良根, 1993 ≪甲午農民戰爭原因論≫, 423~424쪽)
254) 〈4. 東學黨에 關한 件 巡査派遣의 件 1〉 後備步兵第19大隊 運營上의 訓令과 日程表 ≪駐韓日本公使館記錄≫ 1, 153~156쪽에 일본군의 행군의 방향과 일정이 자세하다. 한편 김윤식의 언급에 따르면, "日兵日間派五百名 分三路下去 其一由龍仁安城抵忠州路 其一由水原直抵貴營 分軍轉向湖南(〈錦營來札〉 ≪東學亂記錄≫ 上, 90쪽)이라고 하여 서울에서 출발한 일본군들은 첫째, 용인과 안성을 거쳐 충주에 이르는 길을 택하고 있으며, 둘째 수원을 거쳐서 공주에 이르고 있다. 나머지는 병력을 나누어서 호남 쪽을 향하여 갔다고 한다. 이를 살펴보면 대체로 일본군이 움직이는 통로는 교통로를 중심으로 이어지고 있음을 알 수 있다.
255) 〈2. 各地東學黨 征討에 관한 諸報告 2〉 ≪駐韓日本公使館記錄≫ 6, 26~27쪽

숫자는 약 2천 명에 이르렀다.

일본군의 일부는 미리 농민군과 접전을 하기 전에 공주에 내려와 지형과 정세를 살피고 있었으며, 일본공사도 정보를 탐지하면서 관군과의 연락, 물자공급문제 등을 지휘하였다. 이후 일본군은 공주를 비롯한 여러 지역에서 농민군과 직접 대결하기도 하였으나, 대체로 막후에서 관군을 지휘하였다. 파병된 일본군은 관군과 연합하여 협조관계를 유지하기도 하였으나, 관군과 갈등이 빚어지기도 하였다. 그러나 일본군은 관군과는 독자적으로 작전을 수행하였으며, 중요한 전투에서는 작전을 지휘하였고, 관군에게 신식무기들을 제공하여 농민군의 전력에 큰 손실을 입혔다.

3) 儒會軍 및 義兵의 대응

반농민군의 활동으로는 민간인 차원에서 움직이는 것은 유회군, 민보군의 형태가 있다. 이미 강원도 홍주지방에 지평현의 농민군 수백 명이 출몰하자 前監役인 孟英在는 부약장이 되어 官私砲軍 100여 명을 이끌고 농민군을 토벌하였다.

정부도 士民들 중에서 '起義'하는 자가 있을 것으로 보고, 홍주목사 趙載觀, 진잠현감 李世卿을 湖西召募使로 임명하였으며, 이외에도 나주목사 閔鐘烈, 여산부사 柳濟寬을 호남소모사로, 영남지역에도 각각 소모사를 임명하여, 이들로 하여금 의려를 모아서 소탕하도록 하였다.

2차 농민전쟁기에 충청지역이 본격적인 농민군의 활동무대로 부상하게 되면서 천안, 공주, 남포, 덕산 일대에는 유회의 형태가 결속되었으며, 여러 지역이 연대하면서 지역방어와 자기보호에 나섰다. 이들 유회들은 대체로 군현 단위에서 동리 단위로 이루어지고 있었으며, 유림이 주도했고 그 구성도 다양했다.[256] 이외에도 서산을 비롯한 홍산·은진 지역에서도 유회소가 설치되고 있다.[257] 특히 서산의 유회에 참가한 명단들을 살펴보면 그들의 활동은 매우 컸던 것으로 보인다.[258] 충청지역의 유회소의 활동은 곧 양반 자신들의 자구책이었다.

256) 李離和, 1990〈東學農民戰爭에 나타난 儒林의 對應〉《碧史李佑成敎授定年退職紀念論叢─民族史의 展開와 그 文化》下 창작과비평사
257) 《錦藩集略》 別甘

이들 유회는 유회군 깃발을 매달아 자신들을 과시하였다.[259] 이들은 대체로 관군의 연락담당,[260] 관군이나 일본군에게 보부상과 함께 정보를 제공하는 임무, 관군에게 필요한 물품을 공급하는 임무, 농민군에게 빼앗은 물건을 거두어들이거나 이들을 회유, 귀화하도록 하는 임무, 관군과 협력하여 농민군을 토벌하는 임무 등을 맡고 있었다.[261]

홍주목사 이승우는 10월 8일 右沿討捕使에 임명되었으며, 이 자격으로 儒會를 소집하였으며, 김덕경을 중심으로 한 유회군은 수천 명이 집결하여 예산대도소를 공격하여 전과를 올리기도 하였다. 그 결과 충남지역에서는 유회가 전역에서 크게 일어났고, 신입 동학교도 중에서 일부는 유회에 전입하는 자들도 나왔다고 한다. 이처럼 유회군의 활동은 점차 강화되었다.

유회군의 활동에 대한 관군측의 평가는, 농민전쟁이 진행중이었으나, "紳士 중에 계책이 있어서 비류를 초토할 수 있는 계책이라면 재목에 따라서 거두어 쓰고…지난번 본군에서 비류들이 창궐하는 날에 민심이 매우 어지럽고, 사기가 막혔으나 마땅히 이러한 때에 현량들이 일어나 그 효과가 매우 컸다"[262]라고 하듯이 매우 긍정적으로 보고 있다.

한편 유회소의 활동과 달리 의병의 형태가 있었다.[263] 10월 23일 정부는 충청과 경기의 각 지역에 甘結을 보내어 士民들이 義兵을 일으킬 것을 권장하였다. 그리고 독서를 하는 것을 업으로 삼았기 때문에 무기가 없는 의병들에게 필요한 군기와 군수를 마련해줄 것임도 약속하였다.[264]

이에 응하여 천안에 사는 전 감찰 尹英烈의 아들인 尹致昭와 아산 出身 趙重

258)〈各陣將卒成冊 倡義人名錄〉《東學亂記錄》下, 667, 702쪽. 참고로 이들 조직은 크기에 따라 面회장, 里회장, 洞長, 公員 등의 형태로 이루어진 것으로 보인다.
259)〈兩湖右先鋒日記〉11월 6일 《東學亂記錄》上, 305쪽
260)〈兩湖右先鋒日記〉11월 6일 《東學亂記錄》上, 305쪽. 德山유회군들은 步撥, 幕撥軍을 조직하여 연락업무를 담당하도록 하였던 것으로 보인다.
261) 李離和, 1990〈東學農民戰爭에 나타난 儒林의 對應〉《碧史李佑成敎授定年退職紀念論叢─民族史의 展開와 그 文化》下 창작과비평사, 261쪽
262)〈巡撫使呈牒報〉11월 16일 《東學亂記錄》下, 38쪽
263) 농민군도 義兵을 칭하고 있으나 양반층이 주도하는 의병과는 구분된다. 전봉준의 경우에도 '倡義'를 내세우고 있었다. 10월 중순경 公州倡義所 義將을 칭하던 李裕尙이 전봉준 부대에 가담하였으며, 그들도 '의병'활동임을 내세웠다. 그러나 이러한 활동은 농민군의 활동으로서 유림의 의병활동과는 무관하다.
264)〈先鋒陣傳令各鎭〉甘結湖西各邑 《東學亂記錄》下, 121쪽

陽 등이 300여 명 정도를 모아서 義兵을 만들고,[265] 창의통문을 천안, 아산, 온양 지역에 돌리고 천안 지역에서 활동을 벌이기도 하였다.[266] 이들 의병들은 東道(東學)를 陰邪로 규정하면서 전국을 소란하게 하고, 평민을 위협하고 재산을 약탈하며, 官長을 능욕하여 법을 무시하고 윤리를 어지럽히고 있다고 전제하고 斥邪衛正을 내세워 창의소에 모일 것을 당부하고 있다.[267] 이들은 서산 외에도 진천, 청주, 공주 등등 충청도지역 및 일부 전라지역에서도 호응을 얻고 있었으며, 곧이어 곧 관군에 합류하였다. 이 중 윤영렬과 조중양은 별군관으로 차출되었고, 이들이 이끄는 의병은 관군에 속하여 관군과 다를 바가 없었다.

〈東學黨征討人錄〉에 따르면 義旅의 명단과 지역을 알 수 있다. 이를 토대로 충청도에서 의병이 결성된 곳을 열거한다면 서산, 공주, 홍주, 천안, 보령, 비인, 천안, 예산, 덕산 등의 지역들을 들 수 있다. 이는 주로 실제 전투에서 활동한 사례로 보이며, 이외에도 상당수 지역에서 의병활동이 있었던 것으로 보인다.

한편 유회군과 의병은 구분되었다.[268] 유회와 의병의 구분은 이들의 관군과의 예속관계에서 찾아볼 수 있다. 유회군은 대체로 주동자가 관에 속하거나 혹은 관의 통제를 받는 것이 대부분이었다. 반면에 의병은 관과는 독자적인 활동을 전제로 하고 있다.

그 예로서 11월 25일 沃川에서 '禁東學'의 내용으로 通文이 돌려졌다. 이는 창의소 大將 朴正彬, 순무군관 睦相弼이 주동하여 일으킨 의병인 沃川安內倡義

---

265) 〈各陣將卒成冊 倡義人名錄〉《東學亂記錄》下, 663~667쪽 ; 〈先鋒陣各邑了發關及甘結〉 甘結天安郡 初5日《東學亂記錄》下, 321~322쪽. 윤치소는 별군관으로 임명되며, 이로써 의병은 관의 제어를 받는 기제가 마련되었다(〈先鋒陣傳令各陣〉 10월 25일~10월 27일 《東學亂記錄》下, 115쪽). 한편 10월 27일 천안에 보낸 감결에 따르면 의병들을 구관하고 단속하기 위하여 군수를 그 담당자로 내세우고 있다.

266) 〈雜記〉《東學亂記錄》下, 303쪽. 온양 지역에서의 예는 이 시기의 의병조직의 구성을 시사하는 것이라고 하겠다. "溫陽二千二百戶內 班爲二千, 常爲二百也 若論義兵 勢無倡起者 言多傾軋 習多乖常 京鄕有名之邑也 常戶中五十名 僅募付于尹致昭陣 而軍器幷付矣"라고 하여 온양 지역에서는 양반의 호가 많았으나, 이를 주도할 수 있는 양반은 거의 없었던 것으로 보이며, 의병에는 대체로 常民들이 대거 참여하였으며, 兩班만으로는 의병을 일으키기 힘들었음을 알 수 있다.

267) 〈各陣將卒成冊 倡義人名錄〉《東學亂記錄》下, 663쪽

268) 李離和, 1990 〈東學農民戰爭에 나타난 儒林의 對應〉《碧史李佑成敎授定年退職紀念論叢─民族史의 展開와 그 文化》下 창작과비평사. 유회군과 의병의 구분되는 측면을 제기하였으나, 그 구분의 기준이 무엇인가를 제시하지 못한 감이 있다.

所에서 발행한 것이었다.[269] 통문에 따르면 그들이 창의한 목적은, 동학에 들어 간 농민군들을 귀화시키려고 하는 것으로 보인다. 창의문의 내용에 따르면, 東學에 들어간 자는 耕讀之人과 愚昧之人으로 규정하고, 그들은 협박을 받았거나 혹은 꾀임에 빠진 자들로서 아직 인심이 안정되지 못하여 귀화를 하지 못하였는데, 이제 귀화할 것을 종용하고 있다. 각 洞의 僉尊들도 농민군들을 따르지 않도록 하고, 아울러 귀화한 명단과 군기 등을 자신들의 義所에 보내주도록 요구하였다.

그러나 이들은 관과 연결없이 의병을 일으킨 것이었으므로 보은현감은 이들의 실체를 파악하지 못하였고, 오히려 부정적인 입장을 보였다. 의병들이 그들의 우두머리를 '倡義所大將'이라고 칭하고 있는 것에 대하여 매우 당황하는 모습을 보였다.

그런데 이들 유생들이 내세우고 있는 것은 기본적으로 '斥邪衛正'을 벗어난 것이 아니었다. 그러나 이들의 활동은 궁극적으로 '反외세 反개화'를 주장하는 농민군을 탄압하고, 개화정부와 일본의 침략을 인정하는 결과를 낳았다. 이러한 유림들의 행동양식은 반역사적인 노선을 걷고 있었다.

5. 맺음말 ── 농민전쟁의 실패원인과 충청지역 농민전쟁의 특성

농민군이 관군 및 일본군과 전면적인 접전을 벌인 1, 2차의 公州전투에서 패함으로써 농민전쟁은 막을 내렸다고 해도 과언이 아니다. 물론 이후에도 각지에서 농민군이 관군, 일본군에 대항하여 싸웠으나 소규모 전투에 불과하였으며 수세를 만회하지 못하였다. 즉 농민군은 농민전쟁에서 패배한 것이다. 농민군이 패한 원인은 몇 가지로 요약할 수 있다. 우선 농민군 戰力의 문제를 들 수 있으며, 둘째는 관군과 일본군의 戰力이고, 셋째는 이들을 둘러싼 주변세력의 호응문제이다.

우선 농민군의 전력과 관련하여 살펴보면 다음과 같다. 첫째, 농민군은 數的인 측면에서 관군, 일본군 및 그에 동조한 유회군, 의병의 수보다도 앞서고 있

---

269) 〈巡撫使呈牒報〉甲午 11월 19일 《東學亂記錄》下, 45쪽

었지만 농민군은 이들을 지휘하고 조직할 수 있는 전국적인 지휘체계 및 통일된 조직을 결성하지 못하였다는 점이다.[270] 농민군 지휘부는 남·북접 연합군으로 이루어졌으며, 공주전투에서는 상호간의 연합작전이 효과를 거두는 듯했으나 농민군의 활동방식은 남·북접이 각각 자신의 지휘부의 통제하에 움직였다는 점이다. 따라서 농민군이 전체적인 작전계획하에서 상호 연관을 지니고 활동한 것은 그리 많지 않았다.

이는 농민군 지휘부가 필요한 시기에 농민군을 적절하게 배치하지 못함으로써, 제대로 활용하지 못하는 결과를 가져왔다. 또한 농민군 내부의 갈등도 없지 않았으며, 이로써 농민군은 효과적인 대응방안을 찾지 못하고 오히려 관군과 일본군에게 차단을 당하였다. 특히 전봉준 부대와 김개남 부대의 연계가 원활하지 못한 점을 들 수 있다. 전봉준 부대가 김개남 부대의 호응을 얻기 위하여 시간을 허비하였던 점이 대표적인 실수였다. 이는 곧바로 일본군과 관군에게 대비할 수 있는 시간을 주었고, 한편 경상도·경기도·강원도·황해도 등지의 농민군의 도움을 제대로 받을 수 없는 상태에 이르게 하였다.

한편 지휘부의 작전능력의 전반적인 열세를 들 수 있다. 일본군이 농민군 지휘부를 작전에 관한 한 높이 평가하기도 하였으나, 농민군을 효과적으로 배치하고 전투할 수 있는 상황을 이끌어내지 못했다는 점이다. 농민군은 지리를 충분히 이용함으로써 이득을 보는 경우가 있었지만, 관군과 일본군의 기습에 대하여 충분한 대비를 하지 못하고 흩어지는 경우가 많았다. 그리고 군사적인 전략 전술 면에서도 관군 및 일본군과 비교할 때 화력이 떨어질 경우 전면전보다는 유격전을 펴면서 방어벽이 약한 곳 내지 허점을 파악하여 최대한 이용했어야 했다. 그러나 오히려 농민군은 공주에서 그들과 전면전을 전개함으로써 막대한 희생을 입었다.

둘째, 농민군이 갖춘 전투력 특히 火力의 문제이다. 앞서 언급하였듯이 농민군이 숫적인 측면에서 우세하였으나, 전투에 필요한 화력 면에서는 관군이나 일본군과 비교가 되지 않았다. 농민군은 부족한 무기를 확보하기 위하여 농민

270) 정창렬은 이에 대하여 농민군의 분산성과 유기적이고 통일적인 조직성의 부족을 들고 있다. 수십만 명에 달하는 농민군은 하나의 통일된 지휘체계하에서 작전과 전투를 하지 못하고, 각각 지방과 부대에 따라서 분산적이고 고립적인 작전과 전투를 감행하였다고 한다(鄭昌烈, 1985 〈古阜民亂의 硏究〉《韓國史硏究》 제48·49집).

군은 관군의 무기를 빼앗아 사용하거나,[271] 工匠을 모집하여 長槍火砲를 제조하기도 하였으며,[272] 火藥을 제조하기도 하였다.[273] 그러나 농민군이 지닌 무기는 火繩銃 혹은 竹槍이 대부분이었고, 그나마 신식무기로서는 관군에게서 탈취한 스나이더총을 비롯한 에피르 등의 총류와 캇트링, 크르프 및 開火砲 등의 大砲가 있었고, 일부는 牙山의 淸兵들이 소지하고 있던 총류를 갖고 있었다.[274] 이는 농민군은 수많은 전투에서 다양한 형태의 총류를 확보하여 사용하였음을 보여주는 것으로서, 관군의 기록에 의하면 "(농민군은) 각양 총구를 바꾸면서 쏘았으며, 그 소리는 각기 달랐다. 千步銃은 소리가 넓고 먼 거리에 도달하였다. 後門銃은 소리가 작고 쏘는 것은 급하게 이루어졌다. 火繩銃은 소리는 비어 있으며 사거리도 짧아서 쏘는 것이 차이가 있게 쏘았다"[275]라고 하는 것에서도 알 수 있다.

그러나 이는 농민전쟁 후반기에 그나마 확보한 전력이었으며, 일반적으로 농민군이 지닌 총류는 화역이 약한 화승총이었다. 황현은 농민군이 지닌 화승총의 성능을 일본군이 가진 총과 비교하고 있는데, 이로써 농민군의 화력이 어떠하였는가를 알 수 있다. 그는 농민군이 사용하던 농민군의 화승총은 심지에 불을 붙여 사용하며 사정거리가 불과 100보인 데 비하여 일본군의 총은 심지에 불을 붙일 필요가 없어서 눈비 속에서도 계속 사격할 수 있으며, 사정거리 또한 400보에서 500보이므로 일본군이 수백 보 떨어진 농민군의 사정거리 밖에서 사격하면 농민

271) 관군이 관청을 습격하여 무기를 탈취한 것에 대해서는 앞에 제시한 표 참고.
272) 〈巡撫先鋒陣謄錄〉同日(10월 27일) 《東學亂記錄》 上, 437~438쪽
273) 관군이 恩津 墨洞에 이르러 농민군의 火藥 제조처를 태워버리고 있음에서 이를 알 수 있다 (《巡撫先鋒陣謄錄》同日(11월) 17일 《東學亂記錄》 上, 528쪽). 그리고 栗谷읍에도 화약제조소가 있다고 한다[〈7. 各地東學黨征討에 關한 諸報告〉 栗谷邑附近戰鬪詳報(1894년 12월 13일) 《駐韓日本公使館記錄》 1, 255~256쪽].
274) 具良根, 1993 《甲午農民戰爭原因論》, 423~424쪽 참조. 그리고 〈2. 各地東學黨 征討에 관한 諸報告 2〉《駐韓日本公使館記錄》 6, 28쪽에 따르면 농민군은 화승총만이 아니라 스나이더(後裝銃, 元込銃)와 탄환, 화약 등도 상당히 갖고 있었다고 하며, 레밍톤 총 80정을 갖고 있었다고 한다. 〈東學黨에 관한 件 附巡査派遣의 件 1〉東學黨偵探에 따른 便宜提供과 東學黨關係 探問調査, 《駐韓日本公使館記錄》 1, 161쪽에 따르면 전주에 있던 관군 병기 중에서도 回龍銃(에피르), 回旋砲(캇트링), 極老砲(크르프), 開火砲(舊式大砲) 등은 농민군이 관에서 탈취하여 사용한 총이라고 한다. 한편 淸軍이 쓰던 총은 毛瑟銃을 사용하였으나, 그다지 쓸모가 있는 것은 아니었던 것 같다(《雜記》《東學亂記錄》 下, 293쪽).
275) 〈巡撫先鋒陣謄錄〉同日(11월) 17일 《東學亂記錄》 上, 527쪽

군은 바라보기만 할 뿐 한 발도 사격하지 못하는 상태였다고 적고 있다.[276] 그만
큼 농민군과 관군, 일본군의 화력의 차이는 비교가 되지 않을 정도였다.

아울러 농민군의 훈련 문제를 들 수 있다. 농민군은 전투과정에서 분투하는
모습을 보였지만, 군사훈련을 제대로 받지 못하였으므로 전투과정에서 제대로
싸우지 못하는 경우가 많았다. 특히 정규훈련을 익힌 일본군에 비하면 이들의
전투력은 비교가 되지 않았으며, 관군에 비해서도 전투력이 떨어졌다. 전투과
정에서 실제 목격한 바에 따르면, 관군측에서도 "아군의 대포는 멀리까지 도달
하였으며, 日兵들은 총을 잘 쏘아서 하나라도 잘못 허비하는 것이 없었다. 반면
저들〔농민군―필자〕은 병계가 정교하지 못하였으며, 총을 잘 다루지 못하여 총
을 쏘는 것에 법도가 없었다"라고 하였다.[277] 이와 같은 사실은 다른 사람들도
지적할 정도였다. 김윤식이 당시 사람의 말을 인용한 것에 따르면, 농민군은 무
리를 짓고 있다 해도 별로 두려울 것이 없는 상태이며, 서양의 槍〔총을 지칭함
―필자〕을 가지고 있다 해도 제대로 사용할 줄 모르며 탄환도 없다는 것이다.
따라서 화승총만큼도 못하고, 농민군이 화승총을 사용한다 해도 서양의 총만큼
은 못하다는 것이다. 이로써 일본군 1인이 농민군 수천 명을 당할 수 있고, 관
군 1인은 농민군 수십 명을 당할 수 있다고 하였다.[278] 여기에서는 무기를 중심
으로 양측을 비교하고 있지만 전반적으로 훈련을 비롯한 다방면의 군사력에서
농민군은 열세였다.

셋째, 농민군의 다양한 계층 구성 및 추진주체의 미온적인 태도로 인하여
변혁 추진에 대한 제약이 많았다. 이들은 반봉건 반외세를 내세웠으나 다양한
계층구성으로 말미암아 기회주의적 속성들이 노출되었다. 그리고 농민군 주
도세력간의 협력도 원활하지 못하여, 관군 및 일본군에 효과적으로 대응하지
못하였다. 이는 북접농민군의 미온적인 태도, 농민군에 참여한 전직 관리 및
지식인, 이서배층들이 기회주의적 속성을 그대로 드러냈다. 또한 농민군을 빙

276) 《梧下記聞》 3필, 갑오 10월
277) 《洪陽紀事》 10월 28일
278) 〈錦營來札〉《東學亂記錄》 上, 91쪽. 大抵匪徒以聚黨爲聲勢 其實孟浪 無足爲徒手之賊 烏合
之衆雖多 何畏之有 雖或盜得洋槍 不慣使用 又無彈子 反不如土銃 土銃鈍器 何能賊洋槍乎, 故日人
一名 可當匪徒數千人 京兵十名 可當匪徒數百人 此無他 器械之利不利也 若云日兵一人可當匪徒數
千人 是何漢之語 如日兵十人 則可當匪徒數萬人 此必至之勢 近聞槐山日兵 與匪徒遇 寡不適衆 死
傷數人 此匪徒尙屬頗强 其他纔見一二僵仆 皆望風而潰

자한 불법행위도 자행되는 경우가 있었다. 따라서 농민군이라 하더라도 여러
가지 형태가 있었다. 농민군을 東學黨으로 본 당시에도 소위 '眞正東學黨', '一
時的東學黨', '僞東學黨'으로 구분한 것은 농민군의 구성이 다양했음을 보여주
는 것이다.[279]

  조석헌에 의하면 북접예하의 禮山 木巢大都所에서는 신입교인을 받아들였는
데, 그들의 성향에 대하여 "그들 新入者는 修道之心은 萬無一이오 단지 생각하
고 행하는 일은 不法行爲로 勒捧私債와 勒窟人塚〔塚—필자〕이며 심지어 執馬執
穀으로만 爲主하니"라고 할 정도이다. 새로 가담한 농민들은 대체로 동학과는
아무런 상관도 없는 자들로서 수천, 수만 명들이 들어왔다고 하며, 종교에 대한
애착보다는 불법행위에 관심이 많았다고 한다. 즉 사채를 늑봉하거나 개인의
무덤을 강제로 파는 것, 혹은 말과 곡식을 빼앗는 행위도 하였다.[280] 이들의 행
동은 대체로 공주의 대방면의 사례연구에서 보이는 것과 동일하였다.[281] 따라서
이들에 대한 동학교단의 통제력은 매우 취약하였다. 따라서 "오합지졸을 이같
이 다수 모집하였으나, 무엇으로든지 규제할 방도가 있어야 무리를 이끄는 원
칙이 있을 것인데 그는 고사하고 한번이라도 채찍을 휘두를 권한이 없으니"라
고 하고 있다.

  이처럼 농민군의 구성은 매우 취약하였고, 이를 기반으로 변혁을 추구하는
것은 한계가 있었다. 게다가 김개남 부대의 사례에서 보이듯이, 창우·재인 등
의 천민계층들이 참여한 군대마저도 호응을 얻지 못하여 그들이 내세우고 있던
변혁의 목표마저도 흐려지는 결과를 초래했다.

  또한 농민군의 戰力上의 문제는 전쟁을 수행하기 위한 충분한 軍費가 마련되
지 못한 점이다. 물론 이를 보충하기 위하여 전봉준은 곡식이 여무는 시기를 택
하여 봉기하였다고 하며, 북접 농민군은 지휘소의 명령으로 주변에서 전쟁에
필요한 군량 등을 마련하였다고 하더라도 곳곳에서 충분한 식량을 마련하지 못
하는 경우가 많았다. 남접 계통의 농민군은 충분한 식량을 마련하지 못함으로
써 전투과정에서 문제가 되기도 하였다. 그리고 전쟁이 지속됨으로써 다가오는
추위를 대비하지 못한 측면이 있다. 이는 관군도 마찬가지였다. 그러나 농민군

  279) 《黃海道東學黨征討略記》
  280) 《조석헌역사록》 10월 1일
  281) 洪性讚, 앞 논문

에 비하면 관군들은 주위로부터 식량, 의복 등을 지원받는 것이 많았다. 앞서 열거한 여러 요인들은 농민군들이 관군들과의 접전을 승리로 이끌지 못하고 결국 패퇴하게 하는 결과를 가져왔다.

한편 농민군의 전력과 대비하여 이야기할 수 있는 것이 바로 관군과 일본군의 무력이다. 우선 관군은 1차 농민전쟁 당시 거의 유명무실한 상태였다고 해도 과언은 아니다. 1차 봉기 때의 무남영군이나 총계영병, 장위영병은 거의 훈련을 받지 못한 상태였으며, 군대 운영도 단지 재정적 측면에서 운영되는 정도였기 때문에 실질적인 군대라고 할 수 없는 상태였다. 일본의 조선왕궁 점령 이후 조선의 관군은 해체되었고 조선은 실질적인 군사 무방비상태에 처하였다. 그러나 2차 농민전쟁의 기미가 보이자 일본의 양해하에 통위영, 장위영, 경리청 등의 조선의 군대가 설치되었다. 그외에도 일본사관의 훈련을 받은 敎導兵들이 있었다. 2차 봉기시의 관군은 일본군의 전투장비 지원을 받아 신무기로 무장하였으므로,[282] 1차 봉기 때와는 다른 전력을 갖고 있었다. 이들도 훈련을 제대로 받지 못한 것은 마찬가지였고, 일본군들이 관군들은 규율이 없다고 비판하였지만, 이전에 비하면 대체로 규율을 갖추고 있었다고 할 수 있다.[283]

그러나 관군의 민간에 대한 횡포는 크게 달라지지 않았다. 일본인들이 자신들의 역할을 강조하려는 의도가 다분히 있지만, 조선병사에 대하여 "[조선인들이—필자] 가장 싫어하는 것은 朝鮮兵士입니다. 조선병사는 가는 곳마다 인민의 물품을 약탈하고, 그들 처사에 순종치 않을 때는 구타하여, 실로 그 亂暴함이 언어도단입니다"[284]라고 할 정도이다. 그만큼 관군들이 충청지역에 파견되어 저지른 횡포는 심하였다. 이에 대해서는 10월 초 홍주지방에 파견된 관군들의 횡포에 대하여 "지금 믿고서 쓸 수 있는 것은 義旅와 京兵인데, 의려는 모두 빈손에 막대기를 들었기 때문에 저들의 포와 槍을 막을 수 없다. 경병은 원래 우리

---

282) 일본군은 관군에게 모젤총과 탄약을 제공하고 있다(〈東學黨征討 朝鮮軍에 대한 彈藥貸與의件〉機密 第218號 《駐韓日本公使館記錄》 5, 75쪽). 江華兵과 鎭南兵들이 지닌 것은 스나이더와 레민톤총이었다(《2. 各地東學黨 征討에 관한 諸報告 2》《駐韓日本公使館記錄》 6, 57쪽).
283) 〈東學黨에 關한 件 附巡査派遣의 件〉東學徒鎭定에 관한 諸報告 및 意見具申《駐韓日本公使館記錄》 1, 198쪽. 先鋒隊는 가장 규율이 없었고, 李圭泰와 같은 者는 무엇 때문에 出征했는지 의심간다고 할 정도였지만, 敎導中隊와 壯衛營兵은 가장 규율이 좋았다고 한다.
284) 〈東學黨에 關한 件 附巡査派遣의 件〉東學徒鎭定에 관한 諸報告 및 意見具申《駐韓日本公使館記錄》 1, 198쪽

가 교습하지 않았으므로 사납고 굳세어서 제어하기 힘들다. 반드시 법에 저촉
되는 일이 많을 것인데 엄하게 단속하면 쉽게 원망과 화를 내게 되니 관대함으
로써 안무해야 하므로 剽掠함을 제어할 수 없다"[285]라는 데서도 짐작할 수 있다.

관군들은 농민전쟁 과정에서 신무기 및 대포 등을 지급받았을 뿐만 아니라,
전투가 지속되면서 전투경험을 축적하였다. 그리고 농민전쟁에서 관군들은 단
순하게 일본군의 지휘를 받고 농민군과 접전을 하는 것에만 머문 것만은 아니
었다. 이들의 역할이 점차 커지면서 농민군에게는 많은 타격을 주었다.

한편 농민군의 전력을 무력화할 정도로 약화시킬 만큼 결정적인 역할을 한
것은 일본군이었다. 일본군은 비록 소수의 병력이었으나, 군사력과 정보 면에
서 농민군보다 훨씬 앞서고 있었다. 일본군은 군사적 측면에서 정규군의 계속
적 증파와 그들의 농민군에 대한 토벌공격을 감행하였다. 일본은 정규군뿐만
아니라 별도로 후비보병 19대대와 군함 2척을 증파하여 농민군을 토벌하고 재
기불능하도록 철저하게 색출하여 잔혹하게 학살하였다.[286] 일본군은 정규훈련
을 거친 자들로서 이미 전투력을 충분히 확보하고 있었으며, 화력도 근대적인
무기를 갖추고 있어서 구식 무기를 위주로 한 농민군으로서는 감당하기 힘든
상대였다.

한편 일본군은 농민군에 대하여 군사와 관련된 첩보사항을 모두 수집하고 있
다는 점을 들 수 있다. 이는 전술적 측면에서뿐만 아니라 모든 전투에서도 필요
한 사항이다. 일본군은 공사관, 병참부, 관군 및 지방의 수령 및 체포된 농민군
등을 통하여 많은 정보를 수집하고 있었기 때문에 농민군은 정보 면에서 일본
군에게 뒤질 수밖에 없었으며, 이는 주요한 전투에서 결정적으로 패하게 되는
원인으로 작용하였다. 즉 일본군들은 농민군의 방어상황과 그 허점을 정확하게
알고 있었기 때문에 농민군이 효과적으로 대처할 수 없는 경우가 많았다. 따라
서 지역 농민군들 중에는 종종 일본군과 접전을 꺼리는 사례도 발생하였다.

마지막으로 농민군은 동조세력을 규합하는 데 실패하였다. 농민군에 가담한
자 이외의 세력들을 포섭하는 데 실패하였다. 포섭에서 제외된 자들은 오히려
反농민군 세력을 형성하기도 하였다. 앞서 농민군에 가담한 자들의 구성이 매
우 다양하였음은 살펴보았다. 농민군은 대체로 양반층을 포함한 饒戶들을 강제

---

285) 《洪陽紀事》 10월 7일
286) 愼鏞廈, 1993 《東學과 甲午農民戰爭研究》에서 재인용

하는 것으로 일관하였고, 참여를 유도하지 못하였다. 이는 농민군에 대한 반감을 유도하여 오히려 양반들이 자구책을 마련하도록 하였다. 그 결과 유회군, 의병이 조직되었다. 이들 양반층 외에 褓負商들도 관의 통제하에 포섭되어 반농민군 활동에 가담하였다.

농민군과 관군, 일본군 외에도 전력을 갖춘 세력으로 가장 큰 세력은 儒會軍과 義兵이었다. 이 조직을 주도하는 자는 양반들이었다. 이들 양반들은 金允植이 충청지역의 특성으로서 "전일에 가장 고통스러운 것은 양반들의 폐단이다"[287]라고 지적하듯이 양반들에 의한 충청지역의 폐단은 극에 달하고 있었다. 농민전쟁기 양반들은 자신들이 저지른 침탈에 대하여 농민군뿐만 아니라 관군들로부터도 핍박을 받고 있었다. 이러한 것에 대한 자구책이 바로 유회군 혹은 의병에 편입하는 것이었다.[288] 그들은 정부측에 가담함으로써 농민군의 침탈을 막고 관군의 침탈을 피할 수 있다고 생각하였다.

물론 유회군이나 의병들은 몇몇 부대를 제외하고는 대단한 전투력을 갖춘 것은 아니었다. 이들은 거의 빈손이었다고 할 만큼 전투력은 거의 없는 것과 같은 상태였다. 단 이들은 각 지방에서 농민군을 고립시키고 기습당하게 하는 작용을 함으로써 농민군은 타격을 입었다..

한편 상인들도 농민군측에 호응하면서 가담하였으나, 상인집단인 褓負商들은 관군측에 가담하였다. 이들은 전투에 직접 참가하지 않고 주로 연락업무를 맡았지만, 관군과 일본군을 위한 손과 발이 되어 反農民軍 활동을 하였다. 이들은 관의 통제하에 움직일 수밖에 없는 처지였다 하더라도 농민군이 이들을 포섭하는 것에 실패함으로써 농민군 전력에 많은 손실을 가져왔다.

앞서 충청지역 농민전쟁을 살피고 농민군이 패배하게 된 원인을 살펴보았다. 비록 농민군은 이 전쟁에서 패배하였으나, 그들의 활동은 중세사회의 몰락과 함께 새로운 사회를 지향하는 시도를 의미하는 것이었으며, 외세의 간섭을 배격하고 자주적인 국가를 건설하려는 의지를 지닌 것이었다고 하겠다.

특히 충청지역 농민전쟁은 2차 농민전쟁의 말미를 장식하는 것으로서의 의미

287) 〈錦營來札〉《東學亂記錄》 上, 96쪽

288) 〈錦營來札〉《東學亂記錄》 上, 96쪽. 前日湖西最苦者班弊 天道循環 今日之最可矜者 莫如班家 凡知名之家 無一人眞心入道者 故不免家家蕩敗 今於搜捕匪魁之際 又以其知名 故不免橫罹 且官兵皆常漢也 素與班名爲仇 乘時肆虐 必在班家 左右見敗 無偸生寄活之地 豈不可悶乎

를 지니고 있다. 이 무렵 충청지역 이외의 전라, 경상, 강원, 황해지역에서도 농민군의 활동이 이루어지고 있었으나 모두 동일한 형태로 진행된 것은 아니었다. 즉 충청지역에서의 농민군의 활동은 그 나름대로의 특성을 지니고 있다고 할 수 있다.

충청지역 농민전쟁의 특성은 우선 조직의 문제에서 접근할 수 있다. 충청지역은 거의 모든 지역에서 북접이 주도할 정도로 그 영향력이 매우 컸으며, 일부 지역 혹은 일부 조직이 남접의 영향하에 있었다는 점이다. 이는 충청지역 농민군 활동의 성격을 규정짓는 것이었다. 최시형이 이끌고 있는 북접 농민군은 종교조직인 東學교단의 통제하에서 벗어나지 못했으며, 독자적인 군사행동을 취하는 데 제약이 많았다. 즉 북접농민군들은 군사행동시 교단의 허락을 얻어야 했으나, 일부 남접의 영향권하에 있는 농민군은 스스로 북접의 통제권을 벗어나 독자적인 행동을 취하였다.

이러한 차이는 충청지역 농민군이 관군과 일본군에 대응하는 형태에서 달리 나타났다. 충청지역 농민군은 정부에 대하여 대체로 온건한 입장을 취하였다. 그러나 관군과 일본군이 농민군을 치러 온다는 위급한 상황에 부딪치면서 비로소 충청지역 농민군은 온건한 측면에서 강경한 자세로 바뀌었다. 이후 충청지역 농민군들은 관아를 습격하여 군기를 확보하고, 관청을 태우거나 수령을 살해하기에 이르렀다. 이러한 행위는 이전부터 빈발하고 있던 농민항쟁의 형태를 벗어난 것은 아니었으며, 초기 농민군의 움직임은 최시형이 지휘하는 북접의 영향을 받지 않은 독자적인 행동의 결과였다.

둘째, 執綱所期 전라지역 농민군이 구성한 유사한 형태의 조직을 구성하지 못했다는 점이다. 남접 농민군이 전라지역에서 집강소를 구성하여 행정권을 장악하고 반봉건적인 제도들에 대한 개혁을 추진한 경험을 가진 반면, 충청지역 농민군은 그러한 경험을 가지지 못하였다. 북접 계통의 농민군들은 신분제를 부정하거나 혹은 새로운 경제관계를 요구하기도 하였으나, 이는 개별적 차원에서 이루어진 것이 대부분이었다.

셋째, 관군과 일본군에 대해 남접과 북접이 연합하여 전면전을 펼쳤다는 점이다. 이는 반외세 반봉건이라는 점에서 남·북접이 동의하였고, 일본세력이 조선을 침략하여 병탄하려는 상황을 타개하고 개화정부의 정책에 대하여 반대한다는 측면에 양측의 의견이 일치한 결과이다. 이로써 농민군은 전력이 배가 되었으며, 다양한 작전을 구사할 수 있었다. 만일 북접이 남접의 북상을 반대하였을 경우를 가상한다면 남접 농민군이 북상하는 것이 무산되거나 혹은 우선 일본군, 관군과 싸우기 이전에 남·북접간의 대결구도가 형성될 수 있었을 것이다. 그러나 양측이 이런 합의를 도출함으로써 비로소 관군과 일본군에 대한 저항이 가능하였고 전면전으로 나아갔다. 그러나 농민군측이 관군과 일본군의 전력을 정확하게 고려하지 않음으로써 패배하였다.

넷째, 농민군 활동이 주력군을 제하고는 대체로 지역유통권을 단위로 농민군이 결집되었다는 점이다. 이는 농민군 주력부대의 북상에 맞추어 그를 둘러싼 다른 여러 지역에서 농민군이 봉기함으로써 나타난 현상이다. 이들은 이전의 농민항쟁 단계처럼 군현 단위에 머물지 않았다. 농민군들은 군현을 넘나들면서 지역교통권, 혹은 유통권을 경계로 삼아 활동하고 있었다. 예를 들면 충청도 해안지방을 단위로 혹은 내륙지방으로서 상호 교류가 빈번한 지역들이 농민군의 활동단위가 되었다. 이는 관군과 일본군이 남하함에 따라 천안·목천 지역의 농민군이 저항하는 단위가 된다든지, 혹은 홍주를 중심으로 한 주변지역의 농민군들이 광범위하게 활동하는 것에서 알 수 있다. 이로써 농민군 주력군과 주변 농민군이 상호 협조하는 효과를 가져왔으며, 반대로 관군과 일본군의 병력을 분산시키는 효과를 가져왔다.

다섯째, 양반들의 집단적인 대응형태가 두드러졌다. 다른 지역에서도 양반들의 대응형태가 없었던 것은 아니지만 충청지역은 다른 지역에 비하여 그 정도가 두드러졌다. 충청지역은 조선후기 명문가로 알려진 가문들이 많이 모여 있었으므로 양반의 영향력이 매우 큰 지역이었기 때문이다. 따라서 김윤식이 언급하였듯이 충청지역은 양반의 폐단도 가장 큰 곳으로 등장하였다.[289] 따라서 농민군은 양반에 대하여 매우 공격적이었으며, 반면 따라서 농민군으로부터 많은 피해를 입은 양반들은 자구책으로 유회군, 의병 들을 조직하였다.

여섯째, 농민군의 이동이 道를 넘는 지역간으로 빈번하게 이루어지고 있다. 충청지역은 전라를 비롯하여 경기·경상·강원지역과 접하고 있다. 농민군들은 충청지역을 중심으로 활동하는 것에 그치지 않고 전라지역 혹은 경상지역, 강원지역 등을 넘나들었다. 예를 들면 전라지역에서 林川, 論山, 恩津, 江景 지역

289) 〈錦營來札〉《東學亂記錄》上, 96쪽

으로 혹은 충청지역에서 尙州 혹은 茂州, 錦山 지역 등으로 넘나드는 예들이 많
았다.

충청지역 농민전쟁의 특성은 충청지역의 특징과 연관되어 나타나고 있음을
알 수 있다. 우선 이 지역에 기반을 둔 북접조직이 중심적인 역할을 함으로써
드러나는 모습을 지적할 수 있으며, 농민군이 남·북접 연합으로 결집되는 전
투양상은 새로운 면모를 보여주고 있다. 또한 지역의 특성상 양반층의 반농민
적인 활동도 두드러졌다.

이로써 결론에 대신하여 농민군의 패인과 충청지역의 특성을 살펴보았다. 농
민전쟁기 충청지역에서 발생한 여러 전투에서 농민군은 관군, 일본군에 맞서싸
워 패배하였으나, 농민전쟁 과정에서 활동은 많은 의미를 함축하고 있다. 1894
년 농민전쟁이 지향한 중세적 봉건적 제도를 폐지와 새로운 사회로의 한 걸음
더 나아가게 하였으며, 일본을 비롯한 외세의 침략에 대한 반침략운동의 중요
한 선을 그었다.

1894년 경상도지역의 농민전쟁

박 진 태
성균관대 강사

1. 머리말

1894년 농민전쟁은 분명히 전국적 규모의 농민항쟁이자 거대한 민족운동이었다. 동학의 南接 계통인 湖南지역 농민군이 이 해의 초기부터 조직적으로 봉기하면서 주력부대를 형성하지만 경기・충청도를 비롯한 강원・황해도지역의 중부권, 그리고 소백산맥을 경계로 호남과 구분되는 嶺南의 경상도 각 지역에서도 비록 전쟁의 전개과정상 서로 다른 특성을 지니기는 하지만 치열한 항쟁이 발생 발전하였다. 경상감사 趙秉鎬의 파악에 의하면, 도내 전 71개 군현 가운데 무려 60여 군현에서 농민항쟁이 일어났음을 알 수 있다.[1]

또한 농민전쟁은 반봉건의 근대 변혁운동이었다. 19세기 말 신분계급적 측면

---

[1] 吳宏默, 《固城府叢瑣錄》 9월 6일(이하 1894년의 자료는 그 연도 명기를 생략함)

에서의 봉건적 모순은 일반적인 것이었지만, 특히 영남지방은 조선후기 이래 중앙권력으로부터 정치적으로 소외된 南人들의 世居地로서, 이들 계통의 학문적 전통을 따르는 嶺南 保守儒林들에 의한 鄕權 장악과 그것을 토대로 한 性理學的 社會倫理가 어느 지역보다도 철저하게 하부계층에까지 확산되어 있었기 때문에 보수적인 영향을 크게 받고 있었다. 그러나 봉건말기에 이르러 전근대사회의 기본 산업인 농업에서의 생산력이 크게 발달했음에도 불구하고 봉건적 생산관계는 오히려 반동적으로 재편·강화되어갈 뿐만 아니라 봉건적 賦稅收取體制를 둘러싼 모순이 증폭되어가는 보편적 조건 속에서 영남지역의 직접생산자 농민층도 점차 이러한 봉건모순을 극복하기 위한 실질적인 변혁세력으로 결집되어갔고, 그것은 동학의 조직 속에서 현실화되어 나타났다.

경상도지역의 농민전쟁에 관한 연구도 점차 진척되면서 구체적인 역사상도 정립되어가고 있는 실정이다.[2] 특히 경상도 북서부지역에 관한 연구는 오랜 기간에 걸친 현지답사를 통해 새로운 자료의 발굴과 당시 농민군 및 진압군측에 가담했던 자들의 후손의 증언을 토대로 분석적인 접근을 시도하여 농민군의 활동과 보수지배층의 대응관계를 생생하게 재현해내고 있다.

대체로 영남 북서부지역에서는 6월 이후 농민들이 대거 동학조직에 결집해와 東學敎團 조직을 매개로 군사편제화하면서 농민군이 결성되었으며, 농민군은 包接 조직과 執綱所 체제, 그리고 軍事 편제 등의 조직적 체계를 통해 활동을 전개하였고, 전쟁시기로 접어들면서 군사조직의 성격이 강화되어갔다. 그리고 부분적인 분석의 한계성은 있으나 이들 지역의 농민군 지도부는 殘班이나 貧農層만으로 이루어진 것이 아니라 분석대상자 가운데 상당수가 兩班 신분이면서 富農 내지는 中小地主 이상으로 파악되고 있어 그 구성이 신분·계급 면에서 단순하지 않았음도 밝혀졌다.

또한 농민전쟁의 과정도 호남지역과 다른 양상을 보이면서 전개되었는데, 특히 영남 북서부지역의 농민군은 남접 농민군의 봉기와 개혁활동에 고무받으면서 시종 그것을 뒤따르는 형태로 활동을 전개하였으며, 농민군의 조직적인 세력도 상대적으로 약했을 뿐만 아니라 남접과 같은 강력한 지도부도 형성되지 않았기 때문에 광범한 지역을 농민군세력하에 넣고 투쟁을 전개하지 못하였으

---

2) 申榮祐, 1991 《甲午農民戰爭과 嶺南 保守勢力의 對應》 연세대 박사학위논문 ; 김준형, 1992 〈서부 경남지역의 동학군 봉기와 지배층의 대응〉 《慶尙史學》 7·8合輯

며, 보수세력에 의해 일찍이 개혁활동이 견제되고 外村의 농민군 근거지가 평정되었다. 그리고 북접교단의 통제는 보수세력이 전열을 정비하고 민보군을 결성할 수 있는 시간을 마련해주는 계기가 되었다고 파악하였다.

그리고 보수지배층의 대응에 관해서는 피지배층으로부터 초래된 가장 큰 신분·경제 면에서의 도전이었던 1894년 농민전쟁에 대해서 諸保守勢力들은 연합하여 民堡軍을 조직하고 방어하였을 뿐만 아니라 나아가 鎭壓軍으로도 활약하였으나, 농민전쟁이 전개되는 긴급한 시기 가운데서도 지배층 내부의 갈등, 특히 19세기에 접어들면서 사회경제적 변동으로 인해 지방에서 상대적으로 권위가 약화되어가던 兩班地主層과 이와는 대조적으로 守令權이 강화되는 가운데 官衙와 대대로 연고를 맺으면서 농민들을 통제해온 말단지배자로서 실질적으로 역량을 강화해가던 鄕吏層 사이에 민보군의 軍權을 둘러싸고 또는 농민전쟁 이후에는 향촌사회의 주도권 확보를 위주로 첨예한 대립관계가 형성되어 있었음도 분석되었다.

본고는 1894년 농민전쟁의 전개과정에 관한 공동연구 중에서 경상도지역을 대상으로 하고 있다. 이 지역에 대한 연구성과를 토대로 하면서 특히 농민전쟁의 전과정을 변혁운동의 측면에서 살펴보고자 한다. 봉건지배층을 상대로 한 무장항쟁 곧 조직적인 전투의 전개도 폐정개혁을 궁극적으로 완성하기 위한 높은 차원의 변혁운동이었다. 이때 일본군은 민족적 측면에서 그것도 피지배계층이 중심이 된 반봉건 근대변혁운동을 가로막는 또다른 차원의 적이었다.

기본적으로 동학의 북접 영향하에 있던 경상도지역의 농민전쟁은 호남지역에서의 농민전쟁 전개과정과 다른 양태를 보이고 있으나 본질적으로 동일한 사회경제적 조건 속에서 존재하던 농민들의 반봉건 개혁활동이란 측면에서는 질적으로 다를 바가 없었다. 즉 호남지역에서 1차 농민봉기가 일어났을 시에 영남지역 농민군은 이에 함께 하지 못했으나, 이후 호남지역 농민군의 개혁활동에 다분히 영향을 받으면서 이들 영남지역에서도 농민군이 결집되어 크게 세력을 형성해나갔고, 또한 자체 무장력도 갖추어 그것을 바탕으로 읍외 지역에서부터 실질적인 폐정개혁을 추진하였다. 그러나 진정한 개혁은 농민군 권력하에서 가능하였고, 따라서 전국적으로 2차 농민봉기가 일어나기 이전에 이미 경상도지역에서도 읍내를 공격하는 양태로 보수지배층과 공방전이 전개되었다. 그리고 자체 상비군으로 농민군 진압이 어렵게 된 중앙의 봉건정부는 각 지역 민보군

을 인정할 뿐만 아니라 별도로 지방민을 모집하여 이에 대응하는 한편 일본군
의 도움을 요청하였고, 일본 또한 다분히 침략적인 의도로 농민군 진압에 적극
나섬에 따라 반봉건 반침략의 농민전쟁으로 전화되었다.

이와 같이 경상도지역에서는 농민군이 결성된 후 바로 무장봉기로 이어지는
것이 아니라 개혁활동으로부터 시작함에 따라 본고에서도 그 전개과정을 농민
군의 폐정개혁과 전투과정으로 나누어 살펴보고자 한다. 이들 양 과정은 시기
적으로 구분되나 그 내용에 있어서는 상호작용 과정으로 뚜렷이 결합되어 있음
에 주목하였다. 그리고 전개과정은 농민군의 활동을 중심으로 분석하였으나 전
쟁 후 농민군의 구체적인 정치적 전망과 국가관에 대해서는 여전히 농민군의
사회경제적 지향을 살펴보는 것으로 만족해야 했으며, 보수지배층의 대응에 관
해서도 분석적으로 접근하지 못하고 부분적으로 대항관계만을 언급하는 데 그
쳤다. 또한 경상도 서부의 농민군 활동이 왕성했던 지역을 주로 다루었으나 그
나마 소략하게 언급되거나 아예 빠진 부분도 없지 않다. 경상도 전지역에 관한
농민전쟁의 역사상을 그리기에는 처음부터 한계가 많았고 결국 미흡한 채 그치
고 만 듯하다. 이것은 절대적으로 부족한 자료 자체의 한계에도 기인하는 것이
겠으나 무엇보다도 현지답사 등을 통한 새로운 자료의 발굴뿐만 아니라 현존
자료의 분석도 게을리한 필자의 한계성이 더욱 크다고 하겠다. 이전의 연구성
과도 참조되어야겠으며, 이후 자료발굴과 새로운 분석시각도 더욱 요구된다고
하겠다.

2. 농민군의 세력형성

1894년 농민전쟁에서 농민군세력은 영·호남을 막론하고 기본적으로는 조선
봉건말기의 사회경제적 모순 속에서 그것을 극복하고자 한 직접생산자로서의
농민층의 역사적 성장과 더불어 형성되었으나, 현실적으로는 동학조직과 관련
하여 가시화되어 나타났다고 할 수 있다.

1860년에 창립된 동학은 초기부터 그 반봉건적 성격으로 인해 조선 봉건정
부로부터 지속적인 탄압을 받아왔으나, 동시에 동학의 그러한 성격으로 말미암
아 그것은 봉건적 모순의 직접적인 담지자인 조선민중에게 급속하게 전파되어

1890년대 초기에 이르면 상당한 세력을 형성하게 되었다.

영남지역의 농민군은 대체로 동학의 북접과 직접적으로 연결되어 설치된 각 지역 접조직 속에 포섭되어 있었으나,[3] 남서부지역의 경우는 호남지역 농민군과도 활발한 연계를 가지고 활동하는 것으로 보인다. 우선 북서부 醴泉 지역의 경우는 1894년 3월에 關東首接主 崔孟淳이 군관아에서 서쪽으로 50리 거리에 위치한 蘇野에 접을 설치하여 농민을 모아 동학을 전파하고 接主・接司・奉令・敎授・大正・中正을 임명하여 조직을 강화한 것을 비롯하여 于音洞, 赤城, 金谷, 退致, 柳川, 花枝 등지에 접이 설치되었다. 특히 6, 7월에 이르러서는 입도자가 매일 천여 명에 달할 정도로 성하여 각 면의 방곡에는 분설된 접이 없는 곳이 없었으며, 그 중에서도 동학 교세가 가장 왕성한 서북 외지의 경우에 대접은 만여 명, 소접은 수천 명을 형성하였다.[4] 구체적으로 최맹순이 체포되어 관에 자백한 내용에 의하면, 관동대접주 최맹순은 경상도 북부와 충청도 일부 지역의 대・소접 48개를 관할하고 있었고 그 수는 무려 7만여 명에 이르고 있었다.[5]

또한 金山 지역에서는 都執綱 片輔彦이 8월 6일에 金泉 장터에 都所를 설치하고 接主・接司・大正・中正・書記・敎授・省察 등 有司를 분정하여 布德을 하면서부터 농민군 세력이 크게 확대되고 있다. 이 지역의 접주들로서는 竹汀의 康柱然, 耆洞의 金定文(鑑湖亭庫子), 江坪의 都事 姜泳, 鳳溪의 曺舜在, 孔子洞의 先達 張箕遠, 新下의 裵君憲, 壯岩의 權學書 등이 임명되고 있는데, 이들은 "이 道(東學)에 들어오면 亂을 避할 수 있고, 飢餓를 免할 수 있으되, 入道하지 않은 者는 모두 죽는다"고 강변하여 특히 하층민을 중심으로 일시에 그

3) 崔鳳吉, 《歲藏年錄》 3월 11일. 是時東學大熾 嶺南則崔時亨云者 自稱法憲先生 率數千黨據于報恩壯內 全羅則田鳳俊云者 稱以綠豆將軍 亦聚厥黨 割據全州等地.
4) 潘在元, 《甲午斥邪錄》, 5~6쪽. 한편 朴周大의 《羅巖隨錄》에는 7월경 삼남지역의 전반적인 동학농민군의 大熾상황과 아울러 대접・소접의 규모를 훨씬 적은 수치로 기록하고 있어 비교 참고된다. 是時 三南東徒 在在熾蔓 (中略) 無論城邑閭閻 相望設接 大接數三百人 小接六七十人(《羅巖隨錄》 7월)
5) 《甲午斥邪錄》 11월 22일. 또한 최맹순의 관할하에 있던 각 지역의 대・소접을 명확히 알 수는 없으나, 8월 21일의 예천 보수집강소에 보낸 편지는 關東大接을 비롯하여 商北・龍宮・忠慶・醴泉・安東・豊基・榮川・尙州・咸昌・聞慶・丹陽・淸風 모두 13接의 接主들이 일제히 모여 회의한 결과를 그 내용으로 하고 있는 것으로 볼 때, 대체로 군 단위의 큰 접은 경상도 북부와 충청도 일부 지역에 걸쳐있는 것으로 볼 수 있다(같은 책 8월 21일 참조).

세력을 확대시켜나갔다. 이같은 농민군의 세력강화는 "무릇 어떠한 한 종류의
邪學이 이와 같이 크게 熾盛했겠는가. 비단 1邑뿐만 아니라 1道 8路 모두가 그
러하다"라고 한 봉건유생의 눈에는 커다란 우려로 인식되고 있고 그것도 경상
도 전체적인 상황으로 묘사되고 있다.[6]

8월 중순이 되면 낙동강 서쪽으로 尙州·善山·星州·高靈·宜寧·咸安·河
東·泗川·丹城·晋州 등지에는 농민군이 편만하게 되고,[7] 영남 북서부지역에
서도 龍宮·醴泉·尙州·善山·金泉·星州 등지에서는 농민군 활동이 극히 활
발하였다.[8] 즉 경상도 내에서도 충청·전라 양도와 접경한 각 지방에서 농민군
세력이 크게 성장하였으며,[9] 영남지역 농민군은 이들 양 지역 농민군의 영향을
직접 또는 간접적으로 받으면서 활동을 강화해나갔다.

이렇게 볼 때, 경상도 각 지역별 농민군의 수효와 그것을 토대로 한 영남지역
전체 농민군의 세력분포를 정확히 알 수는 없지만 일반적으로 동학의 교세가
강했던 지역의 경우는 만여 명 또는 수천 명으로 대·소접이 구성되었으나 지
역에 따라서는 대접은 600여 인 이상, 소접은 6·70인 정도로 구성되기도 하였
다.[10] 이러한 경향은 남접의 활동무대였던 호남지역의 경우도 마찬가지였던 것
으로 보아[11] 삼남지역에서는 보편적인 현상이었던 것으로 볼 수 있다.

3. 농민군의 개혁활동

일반적으로 북접의 지휘를 계통적으로 받고 있는 경상도지역에서는 무장봉기
를 통한 관군 및 보수지배세력과의 전투과정을 거치기 이전에 각 지역에서 성

---

6) 《歲藏年錄》 8월 3일 및 6일 참조
7) 《固城府叢瑣錄》 8월 16일
8) 위의 책, 9월 6일
9) 〈慶尙道內東學黨景況探聞報告〉(6. 13 ; 陰 5. 10) 《駐韓日本公使館記錄》(國史編纂委員會,
   1986. 12) 1, 69쪽
10) 주 4)의 《羅巖隨錄》 내용 참조
11) 黃玹, 《梧下記聞》〔《東學農民戰爭史料大系》(1994. 5) 驪江出版社〕首筆, 107쪽. 凡以道
    人自命者 名其學曰道 稱其徒曰布 稱其所聚曰接 其魁曰大接主 次日首接主 又其次曰接主 其相稱
    曰接長 其對彼稱己曰下接 或萬人一接 或千人一接 或百或數十亦自一接 大邑數十接 小邑三四接
    紛紛穰穰 如敗綿着火無處不燃 傾承注地無隙不入.

장한 동학농민군 세력에 의해 폐정개혁 활동이 전개되고 있었다. 그것은 호남지역에서 농민군의 1차 봉기와 집강소 시기의 농민군에 의한 개혁활동에 다분히 고무받은 것이기도 하지만 기본적으로는 봄부터 급격히 성장한 현지의 농민군 세력에 기반을 둔 것이라고 할 수 있다. 따라서 이 지역 농민전쟁의 전개과정은 농민군의 개혁활동에서부터 살펴볼 수 있을 것이다.

　농민군들은 대개 사람들이 많이 모이는 읍내의 장터 부근에 위치한 접주 가옥에 都所 혹은 接所를 설치하였으며,[12] 때로 농민군이 읍내 관아를 장악하였을 경우에는 관청 건물에 그것을 설치하여[13] 동학의 포교와 농민군 자체의 폐정개혁을 추진해나갔다. 그러나 도소의 설치 장소는 일정치 아니하여 醴泉 지역 金谷의 경우는 보수양반 유림들의 儒穆所를 점거하여 접소로 사용하였고,[14] 義城의 경우는 官奴들이 중심이 되어 인적이 드문 산기슭의 空閣에 동학접소를 설치하여 양반과 이속들에 대한 징치를 일삼기도 하였다.[15]

　도소가 설치됨과 아울러 동학의 포교조직이 갖추어지고 포교과정을 통하여 농민군세력은 조직적으로 강화되어갔다. 동학에 들어간 북접계통의 입도자는 기본적으로 崔法憲의 도장이 찍힌 종이 위에 이름을 적은 '禮紙' 1幅을 받고 동학인으로서 합법적으로 활동할 수 있었던 것으로 보인다. 동학의 조직으로는 대개 接主·接司·大正·中正·奉令·書記·敎授·省察 등이 있었으며, 접주에는 그가 관할하는 접의 크기에 따라 大接主·首接主·接主로 구분되기도 하였다.[16] 동학농민군의 소규모 단위를 布라 하고 포가 모인 것을 接이라 하였는

12) 《歲藏年錄》 8월 6일 및 都漢基, 《東擾日記》 8월 24일(자료 《東擾日記》에 관해서는 주 26) 및 주 136)을 참조할 것).
13) 《狀啓》(奎 80932 昆陽郡守宋徵老牒呈) 9월 17일(이하 이 자료는 김준형의 앞 논문에 소개된 것을 참조하였음). 또한 固城의 경우는 동학농민군의 都所와는 관계가 없으나 客舍의 東大廳에서 官과 民의 대표가 함께 읍폐민막에 대한 조사작업을 벌인 경우도 있다(《固城府叢瑣錄》 7월 29일, 8월 18일).
14) 朴周大, 《渚上日月》 8월 3일(이하 朴成壽 註解, 1993 《渚上日月》 上·下 서울신문사를 참조함).
15) 위의 책, 8월 24일
16) 《歲藏年錄》 8월 6일 ; 《甲午斥邪錄》, 5쪽 ; 《梧下記聞》 首筆, 107~108쪽. 특히 《梧下記聞》에는 이들 조직적 명칭 외에도 '都接' '接師' '講師' '講長' '敎長' '敎師' 등이 나오는데, 이들은 위의 敎授와 더불어 대개 布德時에 사용하는 명칭으로 보고 있으며, 또한 '省察' '檢察' '糾察' '周察' '統察' '統領' '公事長' '騎砲長' 등의 명칭은 起包할 때 사용하는 것들로 구분하고 있다.

데, 접은 포교[布德] 및 농민군의 개혁활동의 독립적인 기본단위였으며 접주의
책임과 통제하에서 유지되었다. 대체로 大邑에는 수십 개의 접이 있었고 小邑
에도 서너 개의 접이 있었는데, 접과 접 사이는 기본적으로 상호 협조관계에 있
었으나 대접과 소접간에는 지휘계통이 분명하였다.[17]

동학농민군에 가담한 자들의 성분은 다양하였다. 신분적으로 평민[常人] 및
천인이 다수를 이루었으나 향리 등 하층 관속에서부터 양반 사류층의 巨族之家
에까지 이르고 있었으며, 천인층에는 公私奴婢·巫女·屠沽 등과 '浮浪雜技'
또는 '無賴之類'로 표현되는 자들이 포함되어 있었다. 직업적으로는 小貧農을
비롯한 여러 계층의 농민들뿐만 아니라 小商人 및 광업종사자들도 다수 가담하
고 있었으며, 이외에도 품팔이꾼[雇傭], 창고지기[庫子] 등 다양한 부류가 포함
되어 있었다.[18] 그리고 이들 하층민, 곧 19세기 말의 사회경제적 모순과 가뭄

---

17) 醴泉지역에서 蘇野接主인 동시에 關東大接主 崔孟淳과 인근 지역의 小接主들 사이의 지휘계
통 관계를 참조할 것(제4장).

18) 동학농민군 및 농민군 지도자로서의 접주의 신분 및 계층분석은 농민군의 개혁활동의 성격과
나아가 농민전쟁의 지향을 파악하는 데 중요한 작업이다. 그러나 전쟁중의 전사자는 물론이고
체포된 접주 및 농민군에 대한 사법적 심리과정마저 대부분 생략된 처지여서 이에 대한 자료는
이 지역의 경우뿐만 아니라 전국적으로도 남아 있는 경우가 드물다. 따라서 구체적 분석은 거의
불가능하지만, 다만 양반 사류들의 일기나 일본군 등의 보고서를 통해서 농민군 가담자의 개략
적인 성분은 추정할 수 있다. 다음은 영남지역의 몇몇 자료들에 나타난 경우이다.
  · 入其道者 無班常之別 雖皮巫下賤與士夫俱入 則相敬相拜 互稱接丈 甚至私家奴隷與其上典亦
然(《歲藏年錄》 3월 11일)
  · 大抵此徒盡是浮浪雜技屠沽賤隷之類也(《東擾日記》 8월 25일)
  · 弟以隣近各邑所傳而言之 毋論邑村 此輩一過 徒黨日盛 擧皆自願而入黨 災歲飢乏之人 匪徒潑
皮之類靡不附入 此猶不足爲說 而甚至鄕吏世役之人 名流巨族之家 亦不無畏 其氣焰爲其免禍種種
投名於彼黨 言之及此寧不寒心(같은 책, 8월 25일)
  · 所經村閭無限作梗 無論班常怯於困辱 不得已托名入黨者 聞爲夥多(같은 책, 8월 28일)
  · 此類皆是仁同地採金餘黨也(같은 책 8월 26일)
  · 邑軍衝火于巫女進秋家及網商張哥家 請是東徒處密告誣罪事云(같은 책 8월 28일)
  · 市井童昏平民 藏獲雇傭等輩 自以爲得志之秋 凌辱長官 詬罵士夫(《甲午斥邪錄》, 6쪽)
  · 然槪聞今番民聚 非士民解事者作頭也 人家雇奴輩及無恒産潑皮之類相與烏合(《固城府叢瑣
錄》 7월 28일)
  · 尙州와 軍威에서 士類들이 東學黨에 입적하는 자가 많다고 하는데 핍박을 당해 두려워서 그런
것일까. 참으로 무서운 일이다(《洛上日月》 7월 30일).
  · 義城의 官奴들은 산록의 空閣에 東學接所를 설치하였다고 하는데 그 뜻은 兩班과 吏屬들에 대
한 사무친 원한을 풀기 위한 것이라 한다(같은 책 8월 24일).
  · 그리고 東匪들은 모두 常人·賤人·私奴·官屬의 下輩·패망한 班種의 浮浪分子에 불과합니

등 자연재해로 인해 생계마저 위협받는 다양한 부류의 하층민들은 대체로 자원하여 농민군에 가담하였지만, 양반 사족들 중에는 곤욕을 두려워하여 어쩔 수 없이 동학농민군측에 이름을 투탁한 자들도 없지 않았다.

동학농민군에 적극적으로 가담했던 이들 주류 계층은 봉건적인 신분에 관계 없이 스스로를 '道人' '東學(道)人'이라 하고 또한 상호간에도 '道人' 혹은 '接丈(接長)'이라고 존중하여 부르며 평등이념에 기초하여 결속을 다질 수 있었다.[19] 농민군의 폐정개혁은 이렇게 형성된 기층민의 결속을 바탕으로 조직적으로 전개되었다.

당시 접조직의 책임자인 접주의 임무는 크게 세 가지로 나누어볼 수 있는데, 동학을 전파하는 布德활동과 폐정을 개혁하는 일이 평시의 중요한 활동이었다고 한다면, 전시나 농민군대회가 열릴 때 농민군을 모아 조직적으로 지휘하는 起包임무가 있었다. 농민군의 개혁활동에 접주는 包名이 적힌 큰 旗를 앞세워 먼 지역까지 말을 타고 다니면서 포덕하고 또한 대동한 농민군의 군사력을 바탕으로 각 지역에서 폐정을 개혁하면서 읍 행정을 실질적으로 장악하기도 하였다.[20]

접주 이하 각 分任들이 중심이 되어 폐단을 시정해나갔으나 그 중에서도 대개 하층민 곧 '상놈'으로 구성된 省察은[21] 개혁과정에서 가장 적극적이었으며 과격성을 띠기도 하였다. 이들은 총·창 등으로 무장한 채 각 지역의 양반지주가나 부호 및 상인의 집을 찾아다니며 위협적으로 討財활동을 벌였으며 私家의 노비를 無價로 贖良시키면서 신분제를 혁파해나갔다.[22] 사회신분과 경제적 처지에서 기득권을 가지고 있었던 층들은 한결같이 이들의 과격한 활동을 가장

───────────────

다. 邑屬은 명령을 하달한 官人과 가까운 자들이지만, 그들은 外村에 있는 東匪들의 耳目이 되어 官家의 動靜을 모두 紹介하였습니다(〈慶尙右道東學黨擾亂 景況과 이에 대한 意見〉《駐韓日本公使館記錄》1, 170쪽).

이외에도 접주들 중 金山지역의 耆洞접주 金定文은 이 지역 양반지주 집안인 呂氏들의 정자(鑑湖亭) 고지기[庫子]였으며(《歲藏年錄》), 醴泉지역의 蘇野접주 崔孟淳은 다년간 옹기상인 [甕商]을 지냈던 자였다(《甲午斥邪錄》). 그리고 이들 영남지역 자료에서도 鄕吏·先達·都事·司果 등의 신분 및 직업을 가진 접주들도 다수 보이고 있다.

19) 주 18)의 《歲藏年錄》3월 11일와 주 9) 및 《梧下記聞》首筆, 107~108쪽 참조
20) 《歲藏年錄》8월 6일
21) 위와 같음. 常漢則皆任省察 省察者如官之差使也
22) 《東擾日記》8월 26일 및 《歲藏年錄》8월 6일, 9월 25일

290

두려워하여 이들을 피해 은거하거나 혹은 굴욕을 무릅쓰고 그 요구에 응할 수 밖에 없었다.

동학농민군의 구호는 일반적으로 반외세 및 반봉건의 내용을 담고 있었다. 영남지역 농민군들도 '倡義斥倭' '輔國安民' 등 주로 反日의 기치를 내세우고 있으며, 폐정개혁의 내용으로는 '倡義矯革' '矯革安民' '洗垢索瘢' 등을 내걸고 있는데,[23] 당시 이러한 두 가지 내용의 구호는 시기적으로 분리되어 사용되었다기보다는 오히려 통일적으로 사용되고 있었다. 즉 1893년 동학농민군의 보은집회 이후 斥倭洋의 기치가 일찍부터 나왔으나 늦어도 1894년으로 접어들면서부터는 전국 각지에서 동학농민군 세력이 급속하게 확대강화됨과 더불어 그들의 정치적인 구호도 반외세뿐만 아니라 내정개혁의 내용을 분명히 표방하고 나왔다. 따라서—특히 영남지역에서는—斥倭의 기치 아래서도 폐정개혁이 주로 이루어졌으며 내정개혁의 연장선상에서 반일투쟁이 전개되었던 것이다.

영남지역 농민군이 명확하고도 통일적인 폐정개혁안을 내걸고 개혁활동을 한 흔적은 잘 나타나지 않는다. 호남지역과는 달리 이 지역에서는 대체로 1차 농민전쟁 당시 기포하지 않았던 북접의 지시를 계통적으로 받고 있었기 때문에 9월에 최시형에 의한 공식적인 起軍令이 내리기 전까지는 주로 각 지역마다 내재해 있던 폐단을 접 단위에서 자체적으로 시정해나가는 처지였다. 지역에 따른 특수성이 없지는 않겠지만 19세기 말의 봉건적 모순은 일반적인 현상이어서 이에 따른 농민들의 개혁요구도 크게 다르지 않았다. 이들 영남 동학농민군의 실천적 활동을 중심으로 반봉건 개혁의 문제를 살펴보면 크게 두 가지로 나누어볼 수 있다. 하나는 양반지주 및 부호에 대한 討財투쟁과 아울러 反身分활동으로 나타나고, 다른 하나는 봉건적인 행정제도를 극복하고자 한 反官활동으로 드러나고 있다.

농민군의 반양반 및 반관 활동이 중심이 되었던 사실은 예천 지역 소야접주가 그 지역의 보수집강소에 보낸 私通에 분명하게 보인다.

저 어리석은 백성은 官需의 加斂과 吏校의 討索과 兩班의 土豪를 견디기 어렵다. 아침저녁으로 聽聞이 보장되기 어려우며, 개탄을 이길 수 없어, 사실을 아는 接僚

23) 《渚上日月》 7월 19·28일 및 《固城府叢瑣錄》 1월 18일, 4월 29일, 7월 28일

를 택하여 보내 각 읍을 巡行하며, 紀綱을 바로잡고, 豪悍을 禁斷한 것은 또한 전
무후무하고 부득이한 일이다.[24]

즉 지방관 자체의 가렴과 이속 및 교졸들의 토색은 봉건적 행정 및 관료제도
의 모순으로, 양반들의 무고한 민에 대한 토호질은 봉건적 신분계급적 모순으
로 당시 직접생산계층인 일반 평민들의 양대 굴레였다. 이러한 지방관은―나
아가 국가[정부]는―公的 위치에서 이들의 문제점을 들어줄 처지가 되어 있지
못하다고 판단되기에 부득이 농민군이 직접 각 읍을 순행하며 개혁을 수행할
수밖에 없다는 것이다.

우선 농민군의 反身分 활동에 관한 것으로서 양반들에 대한 징치는 士夫를
욕하고 꾸짖을 뿐만 아니라 사사로운 원한에 대한 보복으로서 결박하여 주리를
틀고 구타하였으며 간혹 죽이기까지 하는 형태로 나타났다. 또한 무덤을 파헤
치는 것도 일반적인 보복의 형태였다.[25]

이러한 일선에서의 개혁활동은 省察 등이 중심이 되어 수행하였는데, 그들의
신분계급적 존재형태로 말미암아 그 직접적인 개혁활동은 과격성을 띠기도 하
였다. 그들은 양반사부나 부호를 체포하였으며 그들이 피신하고 없을 경우는
그 처와 권솔들을 잡아와 같은 방법으로 징치하였다.[26] 이러한 과정에서 士類들
이 농민군에 가담하는 경우도 있었고, 무엇보다도 私家의 노비들은 대부분 동
학농민군에 가담하여 상전으로부터 無價로 속량되기도 하였다. 농민군에 들어
간 노비 중에는 이전 그들의 상전에게 사소한 원한을 보복하기 위해 그들을 위
협하고 구타하며 핍박한 자들도 있었고, 천민들이 士夫들에게 호령하며 매질하
기도 하였으며, 심지어 충청도지역에서는 士豪들을 去勢까지 하였을 뿐만 아니
라 士夫들 중에 구타로 인해 죽음에 이르는 경우도 있었다.[27] 성찰 등 하층 농

24) ≪甲午斥邪錄≫ 8월 15일
25) ≪甲午斥邪錄≫, 6쪽. 구타 등을 통한 현존자에 대한 직접적인 징치와 아울러 '掘人墳塚'을
   통해서 간접적으로 봉건적인 兩班士夫를 위협하는 경우도 보수양반층의 일기류에는 여러 차례
   구체적으로 제시되고 있으며, 그것은 양반신분층을 징치하는 중요한 방법 중의 하나였다.
26) ≪東擾日記≫ 8월 28일. 보수양반들의 일기에는 일반적으로 양반 및 부호들의 推捉내용이 실
   려 있으나 특히 星州의 지역적 사례만을 기록한 ≪동요일기≫는 그들의 추착상황뿐만 아니라 錢
   財를 빼앗는 討財활동과 더불어 그 내용이 구체적이고도 자세하다.
27) ≪歲藏年錄≫ 8월 3·6일 ; ≪渚上日月≫ 4월 18일, 7월 19·29일. 이외에도 구체적으로는
   보은 지역 平原洞에서 尙州 召募營軍에게 생포된 농민군 중 金達文은 노비로서 주인을 능욕하여

민군에 의한 극단적인 계급투쟁으로 인해 이들 양반사부들이나 부호들은 피신하거나 농민군에 협조하지 않을 수 없었다.

그리고 이러한 反兩班 활동은 언제나 錢財를 탈취하는 討財투쟁과 결부되었다. 보수양반지배층이 남긴 일기류에는 전반적으로 전재탈취에 관한 일반적인 서술과 함께 누가 어느 정도의 전재를 빼앗겼다는 내용을 구체적으로 기술하고 있다. 우선 星州지역 농민군의 개혁활동의 일단면을 보여주는 다음의 사례를 보면,

　어제는 곧 본 읍의 장날이었다. 소위 東徒가 점차 늘어나 합계가 근 백 명이 되었다. (이들은) 시장 변두리의 文龍云이라는 사람의 집에 둔취하였는데, 읍촌의 여러 사람을 잡아들여 결박하고 주리를 틀며 무한히 구타하여 생사를 알 수 없는 사람이 많이 있었다. 그리고 그들이 罪로서 헤아리는 바는 모두 미세하고 애매한 일들로서, 작고 사사로운 혐의가 단서가 되었으며, 마침내 찾는 것은 단지 몇백 몇천의 錢財였다. 잡고자 한 사람이 만약 피신했으면 안뜰로 곧장 들어가 그 妻와 眷率들을 잡아 비할 데 없을 정도로 핍박하고 능욕하였다. 읍촌간에서 잡혀 능욕을 당한 사람은 우선 들어서 아는 자가 數三人이온바, 그 黨의 소행은 곧 한결같이 대낮의 화적질이었다[28]

라고 하여, 보수지배층은 농민군의 양반부호에 대한 징치가 결국 전재를 빼앗는 것으로 귀결되었으며 그것은 곧 화적질이었을 뿐이라고 인식하였는데, 이것은 한편으로 양반부호에 대한 토재투쟁이 농민군의 일상적인 개혁활동에서 가장 중요한 부문이었음을 말해주는 것이라 할 수 있다.

그러면 농민군은 점잖지 못하게 보이는, 그래서 봉건지배층으로부터는 화적질로 인식된 전재탈취를 일상적인 활동으로 취하였는가. 즉 토재활동의 목적은 무엇이었겠는가. 어느 자료에도 전재탈취에 관한 분명한 목적을 기록하고 있는 것은 없다. 오히려 농민군 지도부로부터 무분별한 행동을 금하는 예는 여러 기

綱常을 범한 죄로 총살되었고(金奭中, 《討匪大略》 11월 20일), 또한 영남 북서부 籠巖 지역에서 申進士家의 私奴들은 동학농민군에 들어가 상전에게 '패악'한 일을 했을 뿐만 아니라 奴婢文券을 불태우고 贖良되기도 하였다(《固城府叢瑣錄》 9월 12일). 그리고 永同 乙谷里에서는 司馬 姜斗欽의 아들 進士가 구타로 인해 죽음을 당하기까지 하였다(《歲藏年錄》 11월).

28) 주 26)과 같음

록에서 어렵지 않게 볼 수 있다. 그럼에도 불구하고 토재활동은 농민군의 가장 일반적인 활동으로 나타나고 있을 뿐만 아니라 조직적으로 전개되고 있음도 쉽게 인지할 수 있다. 여기서 우리는 농민군의 토재활동의 목적 내지는 당위성을 추정해볼 수 있다. 농민군이 수행하고 있던 활동은 하나의 거대한 개혁운동이고 변혁운동이었다. 국가의 재정을 토대로 중앙정부 차원에서 실시한 개혁이 아니고 농민군 자체가 독자적으로 수행한 반봉건 개혁활동이었다. 개혁을 위한 경비는 따로 마련되어 있었던 것도 아니고 농민군 스스로 조달해야 했던 것이다. 다음은 固城府의 읍폐민막을 고성부사의 인정하에 농민군이 개혁하는 과정과 星州 농민군의 직접 개혁과정에서 드러난 경비문제에 관한 내용이다.

① 3更時에 錢 1,000餘 兩이 밖에서 들어왔다고 한다. 이것은 民會所에서 부요한 민으로부터 꾼 것인데, 狀頭 등이 각 면의 執綱을 불러모아 그 戶數를 계산하여 매 1名당 5錢씩 식비〔食價〕로 나누어주어 그 지출비용이 1,800餘 兩이라고 한다.
내(府使)가 말하기를, "써버린 비용이 과다한데, 장차 어찌 돌려주겠는가?"
장두가 말하기를, "吏輩가 조사하여 징수한 것 중에서 넘겨주면 됩니다"고 한다. (중략)
다음날 즉 7월 30일 해뜰 무렵, 諸民이 들어와서 客舍로 나오길 청하였다. 내가 그들과 함께 가보니, 廳에 數千 兩의 돈이 있었다.
장두가 말하기를, "이 돈은 곧 京主人이 배에 실었던 물건인데, 諸民이 쫓아가서 빼앗아온 것입니다. 이것은 모두 부정명색의 재산인즉 조사비용〔查費〕에 충당하여 보태는 것은 마땅합니다"라고 한다.(중략)
장두가 말하기를, "현재 衆民의 식비는 획급해줄 방도가 달리 없어, 하는 수 없이 얻는 대로 쓰게 됩니다. 다만 下回를 기다려 옳게 變通할 것입니다." 계속해서 諸民에게 여러 끼를 나누어주었다.[29]
② 그간의 지출액〔用下數〕이 이미 과다한데, 하루의 비용이 數千金이니 어떻게 꾸어오겠는가. 지난번에 이른바 조사하여 징수한 것에서 옮겨다준다〔查徵拮据〕고 한 것도 만약 조사해서 좋은 곳을 획득하지 못한다면 또 장차 어느 곳에서 옮겨다주겠는가. 이것은 無邑상태가 된 것이 그 근본원인이 아닐 수 없다.[30]
③ 이번에 집이 소각된 사람은 아전과 민을 막론하고 모두 빈곤한 戶가 아니었다(중략 ; 邑內의 京主人·朴鎭國·丁炳乙과 外村의 李鎭默·李孟奎 外) 기타 불탄

29) 《固城府叢瑣錄》 7월 28일 이후(29·30일 내용임)
30) 위의 책, 8월 1일.

호는 읍과 외촌을 통틀어 모두 25가였고, 産物 중 팔 수 있는 것은 모두 난민배가 빼앗아갔으며, 대개 그들은 앞을 다투어 달려가 불을 질렀는데 계획은 훔치기 위한 것이었다. 대체로 각 인가가 잃어버린 것은 수천 금 이상이었다. (중략) 장두가 보낸 바의 料錢은 자기들이 차지해버리고, 3일간 민간에 폐를 끼쳐서 밥상 수가 3만 여 상에 이르렀다. 이로 말미암은 연고로 평민이 난을 만나 서로 이르기를, "무사한 읍은 査徵을 빙자하여 亂類를 불러모았는데, 마침내는 지탱하기 어려운 고통으로 되어 먼저 평민에게 미쳤다.(하략)"고 하였다.[31]

④ 만약 너희들이 여러 사람들의 원망하는 바를 듣게 되면 營門에 고하여 징치할 수 있는데 하필 너희들이 스스로 행하고 스스로 다스리는가. 폐막을 바로잡는 일을 너희가 직접한다면 임명된 관리들은 장차 빈 직함만을 가지게 될 것이다. 흉년을 당해서 너희들 많은 무리가 聚會하니 어찌 아침저녁으로 군사를 먹이는 데 군색하여 민망하지 아니한가. 너희들이 饒戶를 잡아들여 錢財를 토색하는 것도 진실로 여기서 나오는 것 같다.[32]

경상도 남서부의 固城에서는 7월 28일에 농민군 5, 6천 명이 背花에 취회하여 읍폐민막을 개혁하고자 봉기하였는데,[33] 이 지역에서는 선정을 베푼 고성부사 吳宖默의 이해와 협조하에 농민군 대표로서 狀頭 3인과 각 면의 面長·執綱을 비롯한 解事者 1인씩을 중심으로 民査가 두 차례에 걸쳐 이루어졌다.[34] 위의 ①과 ②의 내용은 1차 민사시에 소요되는 경비조달과 관련하여 고성부사와 장두간의 대화이며, ③은 2차 민사시에 농민군들로부터 공격을 받고 있던 아전들이 부사에게 보고한 내용이다. 하루에 소요되는 조사 경비는 수천 냥에 이르고 그것은 주로 농민군의 식비로 지출되고 있음을 볼 수 있다. 장두들은 이 비용을 1889(己丑)년 이후 6년간 아전들이 민에게 濫排하여 징수한 것들을 조사하여 그들로부터 다시 끌어내어 충당할 수가 있다고 하였으나 기본적으로는 부민들로부터 전재를 탈취하는 방법을 취할 수밖에 없었다. 그리고 ④의 星州지역에

---

31) 위의 책, 8월 18일
32) ≪東擾日記≫ 8월 25일
33) 7월 28일에 固城府의 北三面 大小民 수천 명이 矯革安民事로 旗를 세우고 背花에 聚會한 일과 7월 29일 北三面 외의 각 面民이 龍頭亭에 聚會한 일은 동학조직과는 관련이 없이 일어난 봉기였다. 이 지역에 동학농민군이 들어온 것은 이후 9월 13일에 수천 명과 9월 16일에 다시 천여 명이 들어와 활동하게 된다(≪固城府叢瑣錄≫ 7월 28·29일 및 11월 26일 참조).
34) 제1차 民査는 7월 29일부터 8월 3일까지, 제2차 民査는 8월 18일부터 25일까지 실시되었는데, 2차 조사에서는 府使 吳宖默이 巡營으로부터 査官으로 임명되어 수행하고 있다.

서도 官을 통한 점진적인 개혁이 아닌, 농민군 자체의 직접적인 폐정개혁 활동에는 많은 경비 — 군사들의 식비 — 가 소요되고, 그것으로 말미암아 부민들에 대한 錢財討索은 필연적이었다.

이와 같이 평시에 농민군 자체의 독자적인 개혁활동에 소요되는 경비조달이 토재활동의 주요한 목적이 되었으며 또 한편으로는 전시에 대비한 군비확충을 위해서도 그것은 중요시되었다.

토재활동의 대상은 判書·參判 등의 상급 양반관료 신분에서부터 座首 등 鄕任層을 비롯하여 吏屬 등의 하급관리에 이르기까지 범보수지배층과 土豪로 표현되는 부민층이 중심을 이루었다.[35] 평민층, 특히 동학에 입도하지 않은 일반민으로부터도 전재를 탈취하였으나, 기본적으로는 신분과 부의 유무와 관련하여 기득권을 가진 자들이 농민군 토재활동의 중요한 대상이었다. 농민군의 개혁활동을 전혀 무시하고 있는 보수지배계층의 다음과 같은 기록에 의하면 그것은 더욱 분명해진다.

가난한 자는 비록 道를 훼손시켰더라도 그대로 두었고, 이름이 없는 자 역시 비록 面駁하였을지라도 그대로 두었다. 富人과 有名者만이 오직 그 해를 입었다.[36]

부유한 사람은 모두 有罪이고 가난한 사람은 모두 無罪라 하니, 어찌 富人의 죄만 다스리고 貧人의 죄는 다스리지 않는가? 또 진실로 죄가 있다면 그 죄를 들추어 營邑에 고하여 악을 징계토록 청하는 것이 옳거늘 지금은 사사로이 推捉하여 마침내는 索錢하는 데 그치고 만다.[37]

즉 농민군의 대부민투쟁·반양반 활동의 계급적 성격이 그대로 드러나고 있다. 농민군의 반봉건 개혁활동은 엄격한 계급투쟁으로 전개되었던 것이다. 다만 마을의 민들로부터 인심을 얻고 있었던 양반부호 및 이속들의 경우는 농민들의 적대적인 토재투쟁 대상에서 제외되기도 하였다.[38]

---

35) 보수지배층의 일기류에는 '富家' '富豪' '土豪' 등으로 표현되거나 또는 錢財를 탈취당한 자의 姓名과 그 수량만을 기록하고 있는 경우도 있으나, 때로는 身分 및 職役과 함께 탈취된 전재 내용을 자세하게 기재하고 있는 경우도 적지 않다.

36) ≪歲藏年錄≫ 8월 3일

37) ≪東擾日記≫ 8월 25일

38) 遠近地富家無不被道人之害 而本邑鳳溪鄭都事雲采氏超然狃免 可知其多得人心也 年前出自己

토재대상 계층의 다양성과 더불어 탈취한 전재의 수량도 수백 수천 냥에서부터 수만 냥에 이르는 경우도 있었다.[39] 그리고 그 방법도 위의 예문 ①과 같이 부호들로부터 농민군의 개혁자금으로 빌어오는 형식을 취하기도 하지만 경제적인 거래가 아닌 한 그것은 탈취일 수밖에 없었다. 양반 및 부호에 대한 징치에는 斬刑, 絞首刑, 笞刑과 더불어 周牢刑 등의 방법이 있었는데 특히 주리를 트는 형벌은 언제나 사용되었고, 여기에서도 전재가 항상 요구되었으며,[40] 가진 것이 없을 경우에는 빚을 내어서 몇십 냥이라도 납부해야만 풀려날 수 있었다.[41] 한편 대죄로 인해 극형으로 다스릴 죄인이라고 하더라도 돈만 많으면 석방되기도 하였다.[42] 또한 농민군들은 해결되기 어려운 민간의 私債문제를 농민군의 권력으로 해결하면서 전재를 수취하기도 하였다. 즉 오래되어 거두기 어려운 빚을 채무자로부터 거두어들여 농민군이 全量을 차지하기도 하고 分食하기도 하였으며, 때로는 부유한 채권자들에게 별도로 전재를 독촉하기도 하였다.[43]

그리고 토재의 종류를 보면, 금전 외에도 미곡과 포백, 농우와 말을 탈취하였으며, 보화·기명(器皿)·의복 등 각종 什物뿐만 아니라 팔 수 있는 산물은 모두 빼앗아갔으며, 심지어 혼수품까지 탈취해갔다.[44] 특히 미곡은 농민군의 군량으로 확보되었으며, 고성에서와 같이 관청의 砲糧米를 농민군의 식량으로 사용하기도 하였다.[45] 한편 벼의 추수시에 요호의 外作을 농민군이 거두어들여 지대

畓六石三斗落納于宗中以爲莊庄 盖范文正以後初有事 孰不欽仰哉(≪歲藏年錄≫ 10월 25일). 또한 ≪東擾日記≫의 저자 鄕吏 출신 都漢基는 성리학적 이데올로기의 확고한 토대 위에서 읍폐에 대한 점진적 개혁을 수용하고 있던 인물로서 이 지역 농민군의 격렬한 토재투쟁 대상에서 제외되고 있다. 이외에도 동학 및 농민군 자체에 우호적인 양반부호의 경우는 그 사례가 다수이다.

39) 仁同의 張判書가 數萬兩, 固城의 京主人이 萬餘金, 黃澗 水石里의 判書 李容直이 여러 차례 劫掠을 당하여 幾万金을 빼앗겼다(≪渚上日月≫ 7월 30일, 8월 4일 ; ≪固城府叢瑣錄≫ 8월 18일 ; ≪歲藏年錄≫ 11월).

40) ≪梧下記聞≫ 首筆, 110쪽

41) ≪東擾日記≫ 8월 23·25·26일 ; ≪渚上日月≫ 7월 21·22일, 8월 7일 ; ≪歲藏年錄≫ 8월 3일 등 참조

42) 雖稱大罪 不殺死 惟周牢夾之 自言道人不殺人 而意在嚴刑掠財 若輒殺則財不可得也 故雖罪惡素著 橐口可殺者 多錢則釋(주 40)과 같음)

43) ≪東擾日記≫ 8월 23일 ; ≪渚上日月≫ 7월 19일 ; ≪歲藏年錄≫ 3월 11일, 8월 3일 ; ≪梧下記聞≫ 首筆, 109쪽 등 참조

44) ≪渚上日月≫ 7월 19일 ; ≪歲藏年錄≫ 8월 3·6일, 9월 25일 ; ≪固城府叢瑣錄≫ 8월 18일 ; ≪討匪大略≫ 12월 10일 등 참조

투쟁을 하는 경우도 있었다.[46]

영남지역에서 농민군의 토재활동은 7월 이후 8, 9월에 접어들면서 더욱 격렬하게 전개되었다. 모든 錢財는 전시를 위해서 미리 확보되어야 했다. 군량미, 군수전, 군포, 군마와 함께[47] 총(포)·창·화약·탄환 등 軍器의 확보는 가장 중요한 활동이었다. 영남지역에서도 星州, 龍宮, 咸陽, 泗川, 昆陽 등지에서는 對日戰을 중심으로 한 호남·호서 농민군의 2차 봉기 이전에 이미 농민군에게 군기를 탈취당한 적이 있었고,[48] 한편 중앙정부에서는 군기를 탈취당한 善山府使, 尙州營將, 昆陽郡守, 禿用別將, 金烏別將 등을 징계하기도 하였다.[49]

다음으로 봉건적인 행정제도의 모순으로부터 초래된 농민군의 反官활동은 기본적으로 賦稅문제와 관의 행정이 탐람한 것과 관련되어 있었다.[50] 봉건부세는 국가와 공민의 관계, 일반적으로는 직접생산자 농민과의 대항관계로 형성되어 있었다. 더욱 구체적으로는 중앙정부 및 지방관과 농민의 기본관계와 더불어 그 사이에 하부관리로서의 이속들이 부세문제를 둘러싸고 얽혀있었다. 즉 토지와 농민을 철저하게 파악하고 있지 못한 봉건정부가 土地 및 戶에 부과하는 봉건부세는 그 자체에 모순이 내재되어 있었고, 이것은 다시 봉건적인 지방제도와 결부되어 부세의 收捧上納 과정에서 각각의 이해관계에 따라 모순은 증폭되어갔던 것이다. 요컨대 지대문제가 생산관계의 모순으로서 농민군의 반양반·반신분 활동과 연결되었다고 한다면, 부세문제는 농민군의 반정부·반관활동으로 나타났던 것이다.

농민군은 이러한 부세문제를 해결하기 위하여 지역적 특성에 따른 폐단을 관과 협의하여 해결을 도모하기도 하고,[51] 농민군의 권력이 형성되어 있던 지역에

45) 《固城府叢瑣錄》 11월 26일(동학농민군 수천 명이 固城에 들어온 9월 13·16일의 내용임)
46) 《渚上日月》 9월 30일. 또한 興樂의 宮房田 賭租를 軍糧穀으로 屬公시키도록 興樂 都執綱에게 명한 崔時亨의 통문에서도 도조의 이속을 통한 지대투쟁을 볼 수 있다(송찬섭·김용민, 1993 〈1894년 농민전쟁일지〉 11월 3일 《역사연구》 제2호 역사학연구소).
47) 농민군은 공격해서 빼앗는 행위를 반드시 '行軍'이라 하였고, 거두어들인 糧穀은 軍需米, 돈은 軍需錢, 베는 軍布라고 하였다(《梧下記聞》 二筆, 216쪽).
48) 《東擾日記》 8월 27일 ; 《渚上日月》 8월 8일 ; 《甲午斥邪錄》 8월 26일 ; 《邑報抄槪冊》 (奎古 5125-86) 7월 20일(《各司騰錄》 51, 235쪽) ; 《狀啓》 9월 13·15일
49) 《羅巖隨錄》 9월, 10월 ; 《日省錄》 고종 31년 10월 28일 참조
50) 永川按覈使李重夏狀本啓下 臚列諸犯首從 以待處分 而該邑民擾 其源有三 一結賦過重 一官政貪婪 一明禮宮狀稅出 令廟堂稟處爲辭矣〔《羅巖隨錄》 10월 ; 《甲午實記》 10월 13일(《東學亂記錄》 上, 40쪽) ; 《日省錄》 고종 31년 10월 13일〕

서는 농민군이 관을 대신하여 직접 조세를 징수하거나[52] 과중하게 책정된 부세
자체를 일률적으로 감하는 개혁적 조치를 취하기도 하였다. 특히 후자와 관
련하여 星州지역에서는,

 25일. 동도 7명이 관문에 들어갈 시에 사또는 아직 일어나지 않았는데, 그를 깨
 워서 동헌방으로 곧바로 들어오게 하여 수작하였다고 한다. 조금 후에 동도 1명과
 장교 1인, 군로 1명이 令旗를 가지고 읍내 각 동을 순행하였는데, 그 辭意는 명년
 부터 結價는 매결 15냥, 戶布는 매호에 봄 가을로 각각 6전씩 시행한다는 것이라
 고 한다[53]

라고 한 것에서와 같이, 농민군이 중심이 되어 당시 正稅인 結錢(地稅) 및 戶布
錢을 새로 책정하여 내년부터 실시하고자 한 것을 알 수 있다. 결당 지세인 結
價의 경우 갑오개혁 당시 신법에서는 30냥으로 책정되었던 것과[54] 비교하면 절
반으로 감소시킨 것임을 알 수 있다. 실제로 농민군의 활동이 실패한 후 비록
임시 조처이긴 하겠지만 巡營에서는 읍의 장부를 조사하여 營需·官需로 쓰는
上納米價 및 布木價를 헤아려 매결에 5량 7전 몇 푼을 감한다는 내용을 공포하
기도 하였다.[55]

---

51) 경상도 남서부의 固城에서 9월에 동학농민군이 들어오기 이전에 지역민들이 背萡과 龍頭亭에
   聚會하여 1889년 이래 濫排된 賦稅를 査徵하기 위해 관과 협의하여 두 차례에 걸쳐 民査를 실시
   한 것은 좋은 예이다(≪固城府叢瑣錄≫ 참조).
52) "또 順天府에서는 지난 8월경부터 동학도가 멋대로 설치고 다니기 시작하여, 요즈음에 와서는
   동학도가 아주 점령해버린 꼴이 되어 공공연히 租稅 등을 받아내고 있다. 그곳 東學徒의 巨魁는
   金仁培이고, 次席은 鄭宇亨이라 칭하는 자이다"〔〈順天附近 民亂報告〉(12. 23 ; 陰 11. 27) ≪駐
   韓日本公使館記錄≫ 1, 231쪽〕.
53) 二十五日 東徒七名入官門時 使道未起寢矣 使之起寢 直入東軒房酬酢云矣 少焉東徒一名與將校
   一人軍牢一名 持令旗 巡行于邑內各洞 其辭意則 自明年結價 每結十五兩 戶布每戶春秋各六錢式
   施行事云(≪東擾日記≫ 8월 25일).
54) ≪結戶貨法細則烈≫(奎古 5127-10). 1結 稅米 內譯의 수량은 지역별로 약간씩 다르지만 경
   상도의 경우는 田稅 4斗, 大同米 12斗, 三手米 1斗2升, 砲粮米 1斗5升, 結作米 1斗2升, 合 19斗
   9升으로 계산하고 있으며, 30兩의 내역은 京畿·全羅·忠淸·慶尙·黃海 5도의 1結 平均 稅米
   19.62斗를 1石米價 15兩(제1안=19.66兩), 1石米價 17兩5錢(제2안=22.87兩), 1石米價 22兩
   5錢(제3안=29.4兩)의 시가별로 환산하여 地方官이 人民으로부터 징수하는 白米의 시가인 제3
   안 내용을 기준으로 정한 것임.
55) ≪東擾日記≫ 9월 2일. 結價의 減下가 농민봉기의 중요한 목적이었던 것으로는 9월의 寧海民
   擾를 구체적으로 들 수 있다(≪羅巖隨錄≫ 9월).

조세의 책정이나 그것의 수봉상납 과정을 농민군이 직접 관장한 것은 중앙정
부 및 지방제도에 대한 중대한 도전이었으며, 부세문제에 대한 근본적인 개혁
을 농민군 자체의 권력을 토대로 추진코자 시도했던 것으로 볼 수 있다. 한편
嶺南宣撫使 李重夏가 영남지역의 읍폐민막에 대하여 보고한 것을 보면,

- 川反浦落된 陳荒地에서 억울한 徵稅를 한 것,
- 허위로 된 還穀帳簿에 의거해서 공연히 이자를 거둔 것,
- 結役錢과 戶布錢이 매년 증가한 것,
- 轉運所에서 허다하게 거둔 것,
- 嶺營兵의 비용을 분배하여 추가로 거둔 것 등입니다[56]

라고 요약하였는데, 이것은 같은 시기 慶尙監司 趙秉鎬의 영남지역의 폐정개혁
에 관한 보고와 대책 및 이에 대한 정부의 조처에서[57] 그 문제점과 해결방안이
더욱 구체적이고 상세하게 설명되고 있다. 즉 미납 환곡을 탕감하거나 統營의
환곡에 대한 폐단을 고치고, 진황지를 인정하며, 관리들에게 人情으로 주는 뇌
물[情費]을 민간으로부터 거두지 못하게 하고, 가뭄 등으로 재해를 입은 50여
개 읍의 公納을 연기시켜주었으며, 금납화의 실시로 전운소에서 받던 운임과
제반 폐단을 변통케 하고, 연해 각 읍의 각종 세금을 사실대로 조사하여 바로잡
으며, 南營의 군사들에게 지급하는 급료 중 부족분은 다른 公錢으로 劃付토록
하였다. 그리고 10월에는 도내의 상납 중에서 전 30만 냥과 미 1만 석을 특별
히 劃下하여 감사로 하여금 적절히 派給토록 하였다.[58] 이와 같이 중앙정부에서
는 드러난 이 지역의 폐단을 인정하고 구체적으로 조처하면서 또 한편으로는,

〔의정부에서〕 또 啓를 올려 말하기를, 각 도의 모든 상납은 균일하게 代錢으로
마련하되, 먼저 畿甸〔畿內〕지역에서 結價를 정하여 평안, 함경을 제외한 5도에서

56) 議政府啓曰 卽見嶺南宣撫使李重夏狀本 則臚列邑弊民瘼 令廟堂稟處 而其一川反浦落陳荒結
   之寃徵也 其一虛簿還穀之白地徵耗也 其一結役錢戶布錢之年增歲加也 其一轉運所之許多徵斂也
   其一嶺營兵料錢之排斂也 今於道臣狀啓之下 一體行會何如 傳曰允(《羅巖隨錄》 9월 및 《梧下
   記聞》 二筆, 229쪽 참조)
57) 《梧下記聞》 二筆, 225~226, 227~229쪽 참조
58) 《日省錄》 고종 31년 10월 28일

바쳐야 할 米·太·木棉과 布를 아울러 石數 疋數에 준하여 돈으로 대신하여 거둘
것과 호남, 호서, 해서, 강원 4도의 미·태·목면과 포를 또한 嶺南의 例를 따라
山郡과 海邑을 나누어 매석 매필에 값을 정하여 시행하는 일을 탁지아문으로 하여
금 시행토록 함이 어떠합니까? 왕이 말하기를, 윤허한다[59]

라고 하여, 정부 차원에서 전반적인 개혁 논의와 조치를 취하게 하고 있다. 즉
이것은 지세의 책정 및 수봉 상납에 관한 갑오개혁 정부의 기본 조치라고 할 수
있는데, 우선 경기·전라·충청·경상·황해 등 5도의 結當 평균 稅米를 산출
하고 그것을 당시 白米價로 환산하여 結價를 결정함으로써[60] 토지에 대한 봉건
적 賦稅(結稅)에서 근대적 지세제도로 이행해가는 과도기적인 조치를 취하여[61]
조세책정 문제를 근본적으로 해결하고자 하였고, 또한 지세를 포함한 각 도의
모든 上納은 일체 代錢으로 마련케 하여 금납토록 함으로써 중앙으로의 輸納과
정에서 발생하는 여러가지 폐단을 제거하고자 하였다.

요컨대 개화파 정부는 농민군의 반관활동으로 표출되어 드러나게 된 봉건 부
세문제의 폐단에 적극적으로 대처하여 근본적으로 모순을 개혁하고자 시도하였
다. 각 지역에서의 농민군의 개별적이고 구체적인 요구가 전적으로 수용된 것
은 아니라고 하더라도―그것은 가능하지도 않았다―갑오정권은 자체 개혁에
분명한 한계를 지니면서도 당시 전국적으로 일반화한 사회경제적 모순, 부세제
도의 모순을 적극적으로 극복하고자 했던 것으로 볼 수 있다. 이것은 1894년
농민전쟁의 중요한 의의로 간주될 수 있겠다.

한편 농민군의 반관활동은 부세 자체의 문제를 해결하고자 한 것과 더불어
탐학한 地方官 및 吏屬들에 대한 투쟁으로 나타났다.

a. 東學徒의 布告文에 의하면, 오로지 뇌물을 주고받는 것을 막고 탐관오리를
퇴치하는 것을 목적으로 欛柄을 삼는다고 했다 하니, …[62]

59) 又啓曰, 各道一切上納 均以代錢磨鍊 先有畿甸 定結價 除平安咸鏡外 五道應納米太木布 竝準石
數疋數 代錢收捧事, 兩湖海西江原四道米太木布 亦依嶺南例 分山郡海邑 每石每疋 定價施行事, 令
度支衙門 行關知委何如. 傳曰允(《羅巖隨錄》9월)
60) 주 54) 참조
61) 裵英淳, 1987《韓末·日帝初期의 土地調査와 地稅改正에 關한 硏究》서울대 박사학위논문,
106~107쪽
62) 《渚上日月》 4월 21일

b. 河東에 거주하는 東學道人 崔鶴鳳이 南原 全鳳俊接所의 公文을 가지고 각 읍
정치를 廉察하는 일로 6월 그믐부터 각 읍을 두루 순회하다가 固城에 民擾가 있다
는 말을 들었다고 한다. (중략) 도인이 공문을 보여주었는데, 대개 守令政治와 民
間土豪를 염찰하는 일 및 이번 15일 嶺南 各接이 宜寧 白谷村에 都會하여 살핀 바
의 폐단을 경장한다는 등의 글이다.[63]

c. 대개 우리 道人은 輔國安民을 자기의 임무로 삼고 있는데, 守令의 得失과 武
斷土豪를 糾察하고 懲勵하는 것 또한 그 중에 들어 있습니다.[64]

위의 a는 영남 북서부 醴泉 지역의 사례이며, b와 c는 경상도 남서부 固城의
사례이다. 특히 b와 c는 영남 남서부지역의 농민군 활동이 호남지역 농민군 곧
남접의 지휘를 계통적으로 받고 있었던 사실을 보여주는 것으로 주목된다. 즉
지역과 동학의 포교조직에 관계없이 각 지역의 농민군은 각 읍의 정치를 염찰
하면서 수령의 잘잘못을 살펴 탐관오리 및 무단토호를 징치하는 직접적인 반관
활동을 중요한 목적으로 삼고 있었다.

농민군의 세력이 우세한 지역에서 읍의 폐단이 크게 드러난 경우에는 대개
농민군이 읍내 관아를 점거하여 公廨를 불살라 부수어버리고 지방관의 인부를
빼앗은 후 그를 지경 밖으로 축출하였다. 3월 말에 봉기한 金海府下 수천 명의
농민군은 부위문을 습격하여 官長의 印符를 빼앗고 부사 趙駿九와 그 가족을
조준구의 고향인 尙州로 방축하였으며,[65] 9월에 義興 농민봉기의 장두 李章鶴
은 농민군을 모아 읍내로 들어가 관사를 불질러 부수고 관장을 끌어내 모래밭
에 들어다버렸다.[66] 또한 농민군에 적대적이던 知禮군수 李宰夏는 동헌으로 곧
바로 들어온 농민군들에게 포위되어 머리가 깨질 지경까지 징치를 당하기도 하
였으며,[67] 농민군의 2차 전쟁 당시 농민군은 錦山을 쳐서 빼앗고 참판 鄭肅朝를
살해하기도 하였다.[68] 이러한 과정에서 靑山군수 趙萬熙와 같이 농민군의 위협
공갈을 이겨내지 못하고 목숨을 보존하기 위하여 농민군에 협조하기도 하는 경

63) ≪固城府叢瑣錄≫ 8월 5일
64) 위의 책, 8월 16일. 2인의 東學道人 곧 咸安 新塘의 李乙丁과 金溝의 韓憲敎가 고성부사와 나
  눈 대화이다.
65) 주 143) 참조
66) ≪羅巖隨錄≫ 9월
67) ≪歲藏年錄≫ 8월 6일
68) ≪討匪大略≫ 12월 4일

302

우가 있는가 하면,[69] 安義·居昌·咸陽 3읍의 수령들처럼 합력 엄단하여 소요
를 일으키는 자들을 체포하는 즉시 사형으로 다스림으로써 농민군의 침범을 억
제하는 경우도 있었다.[70] 그러나 영남지역에서도 대체로 중앙에서 국왕이 임명
하여 파견한 지방관에 대해서는 징치를 가하지 않고 지경 밖으로 축출하는 것
이 일반적인 예였다. 농민군도 봉건권력의 중심인 국왕을 완전히 부정하지는
못하였다.

이와는 달리 탐오한 吏屬들에 대한 경우는 훨씬 더 가혹하였다. 下吏들의 집
을 불사르고 전재를 탈취할 뿐만 아니라 여러가지 징치방법으로 형이 가해졌으
며, 심하게는 잔인하게 찔러죽이는 경향도 적지 않았다.[71] 특히 하층 농민군에
의한 이들의 징치는 법적인 절차를 거치기보다는 맺힌 원한을 풀기 위해 보복
적으로 행해지는 경향도 있어 보수적 기득권자들은 두려움에 떨지 않을 수 없
었다. 평시 양반지주나 부호들의 신분적 지배와 아울러 관권을 이용한 하급 이
속들의 수탈적 지배는 기층민들로부터 적대적인 원한을 갖게 하기에 충분하였
다. 농민전쟁으로 인해 각 지역에서는 일시적이나마 농민권력이 형성되었고,
농민권력의 토대 위에서 철저한 계급투쟁이 전개되었던 것이다.

또한 농민군은 司法的 측면에서 그 행정권을 장악하기도 하였다. 즉 민간의
詞訟문제는 농민군의 폐정개혁 활동의 중요한 부분을 이루고 있었다. 농민군의
읍내 점거 유무와는 별개로 농민군세력이 강하게 형성되어 있던 지역에서는 대
접 혹은 소접을 단위로 사송문제를 관장하였다. 농민군세력이 우세했던 예천
일대에서는,

　　詞訟은 모두 蘇野에 귀속되었고, 官府는 적연할 뿐이다. 또 동도의 檢察官 張克
　元이란 자가 있어 각 읍을 徇行하며 폭력을 금지시킨다고 칭하면서 도리어 재물을
　몹시 탐내었고, 行李로서 따르는 자들이 마치 道伯이 도착한 곳에서와 같이하여 위
　풍이 범과 같았으며, 訴訟者는 많아서 마치 市場 같았다[72]

69) 위의 책, 11월 30일
70) 주 67) 참조
71) 《狀啓》 9월 20일(泗川) ; 《討匪大略》 9월(尙州), 11월 30일(靑山) 등 참조. 이외에도 동
　　학농민군과 아직 관련이 없었던 일반 民擾에서 동일한 현상은 〈金海民亂槪況〉(5. 19 ; 陰 4. 15)
　　《駐韓日本公使館記錄》 1, 48쪽 ; 《固城府叢瑣錄》 1월 18일(咸安), 2월 15일 및 17일(泗
　　川), 7월 29일 및 30일(固城) 등에서도 나타나고 있다.

라고 한 것처럼, 모든 訟事는 군관아가 아니라 농민군의 대접인 蘇野接에서 관장함에 따라 소야는 소송자로 인해 마치 시장처럼 붐볐다. 또한 동학농민군의 檢察官은 각 읍을 순행하며 치안 및 사법문제를 처리하였는데 그 위풍은 도의 監司를 방불케 하였다. 농민군은 농민군권력을 기반으로 민간의 소송문제마저 관장하면서 지방의 행정권을 완전히 장악해갔다.

그리고 이와 아울러 농민군이 읍내 관아를 공격하거나 점거하였을 경우에는 옥문을 부수고 잡혀 있던 농민군 및 기타 죄수를 석방하기도 하였다.[73] 官法에 의해 투옥된 죄수들의 무조건적 석방은 국법에 저항한 농민군의 반관활동이라고 할 수 있다.

1894년 대일전을 중심으로 한 2차 농민전쟁이 전면적으로 일어나기 전에 전국 각 지역에서는 동학농민군이 주축이 되어 반봉건 개혁활동이 급속하게 추진되고 있었다. 아직 동학농민군이 형성되어 있지 않거나 외부에서조차 동학농민군이 들어오지 않은 지역에서는 그 지역 자체의 일반민들에 의해 일반적인 봉건모순─지역적 특성에 따라 그것의 구체적인 현상은 다를지라도─을 개혁하기 위한 봉기가 일어났으며, 그것은 인근 지역 동학농민군의 폐정개혁 활동의 영향을 직·간접적으로 받고 있었다.

비록 영남지역 농민군이 폐정개혁을 위한 전체적인 틀이나 그것을 토대로 한 구체적인 계획을 사전에 마련하여 봉기하거나 개혁작업을 실시한 것으로는 볼 수 없다고 하더라도─그것은 이 지역의 농민군측 자료가 전무한 상황에서 나올 수 있는 제한된 인식이기도 하겠지만─기본적으로는 각 지역별로 나타난 현실적이고도 구체적인 읍폐민막에 대한 농민층의 인식과 평등의 개념을 비롯한 반봉건의 사상적인 기초 위에서 우선 지역단위로 모순해결을 위한 실천적 활동을 전개하고 있었던 것이다. 그것은 폐정개혁 과정에서 구체화되어 나갔을 것이며, 나아가 현지의 농민군은 근본적인 모순에 대한 궁극적인 해결방안도 모색하지 않을 수 없었을 것이다.

농민군이 제시한 국가체제나 사회형태가 어떠한 것이었겠는가라는 농민군의 궁극적인 전망에 대해서는 직접적인 분석적 접근이 가능하지 않겠지만, 다만

---

72) ≪甲午斥邪錄≫ 8월 20일
73) ≪東擾日記≫ 8월 27일(星州) ; ≪狀啓≫ 9월 11일(南海), 9월 14일(晋州) 등 참조

이 지역 농민군의 실천적 개혁활동을 통해서 그들의 지향을 개략적으로나마 추적해볼 수 있다. 영남지역 동학농민군은 대체적으로 북접교단의 지시를 받고 있었기 때문에 1894년 여름 시기까지는 호남지역에서의 1차 농민전쟁과 같은 전면적인 무장항쟁이 발생하지 않았지만, 이 시기 이 지역에서도 농민군의 군사력을 바탕으로 폐정개혁이 활발하게 추진되고 있었다. 사회신분적으로 평민, 천민이 많고 경제적으로도 대부분이 하층민으로 구성된 농민군에 의한 개혁활동은 反兩班地主 및 反富豪 활동을 통해서 봉건적인 신분질서를 부정하였을 뿐만 아니라 구체적으로 일상적인 토재활동 및 부분적인 지대투쟁과 함께 기득권을 토대로 한 부의 축적을 인정하지 않았으며, 이러한 측면에서 이 지역 농민군에 의해서도 자립적인 소생산자들의 지향이 추구되고 있음을 볼 수 있다. 한편 농민군의 이러한 지향은 그들의 反官활동을 통해서도 전개되었다. 자립적인 소생산자의 성장을 왜곡시킨 데는 봉건적인 부세제도의 모순이 또한 컸다. 농민군은 때로 正稅인 지세 및 호세의 책정 자체를 문제삼아 그것을 감하고자 하였으며, 봉건적인 지방제도의 모순과 얽혀서 나타난 봉건부세의 수봉상납 과정에서의 모든 폐단을 극복하고자 하였다. 그리고 이러한 농민군의 요구는 갑오개화파 정부에 의해 제한적으로나마 수용되어 갑오개혁으로 나타나기도 하였다.

4. 전투의 전개과정

1) 북서부지역

1894년 전반기 호남지역에서 동학농민군의 봉기와 폐정개혁 활동의 상황은 수시로 영남지역으로 전해졌고, 한편 영남의 각 지역에서도 현존하는 읍폐에 대한 농민들의 개혁 욕구가 한층 드높아가고 있었으며 이것은 동학조직 자체의 포덕활동과 맞물려 농민들이 대거 동학조직으로 몰려왔다. 그리고 광범하게 신입한 농민군을 토대로 폐정개혁도 더욱 활발히 전개되었다.

그러나 실질적으로 개혁은 철저한 계급투쟁의 과정이며 권력의 토대 위에서 가능한 것이었다. 개혁의 주체와 대상은 분명하게 나누어져 있었고, 타협에 의해 현실의 모순을 극복하기에는 아직 양대 세력이 너무 완고하였다. 관을 비롯한 거대한 보수지배세력을 상대로 개혁을 하기 위해서는 처음부터 농민군 자체의 권력이 요구되었다. 영남지역에서도 농민들의 요구에 의한 개혁이 실질적으로 전개되어가면서 신입한 동학농민군을 중심으로 점차 무장력을 갖추어나갔다.

동학 북접의 지휘를 계통적으로 받고 있는 영남 북서부지역의 농민군도 1894년 여름에 접어들면서 조직적으로 무장활동을 전개하였다. 특히 醴泉, 龍宮, 尙州, 善山, 金泉, 星州 등지에서는 7, 8월이 되자 농민군의 군사력을 토대로 하여 급격한 개혁활동을 전개하였고, 그 과정에서 쌍방간의 군사적 충돌 곧 공방전으로 발전하기도 하였다.

동학의 포교조직상 경상도 북부와 충청 및 강원도 일부 지역을 포괄하는 관동대접이 설치된 예천군에서도 7월 초순이 되면서 농민군의 활동이 더욱 강화되었다. 농민군은 주로 지주들을 대상으로 토재활동을 벌이거나 읍내에 들어가 평소 원한이 있던 邑吏들을 구타하고 그들 인척의 묘를 파헤치는 것으로 보복하였다.[74] 그리고 7월 15일에는 于音洞(郡南 20里) 접주 朴來憲이 그 무리 수십여 명을 이끌고 京津街店(郡南 10里)에서 안동부사의 行李를 위협하여 의관을 찢고 구타하였으며 혼수품을 탈취하기도 하였다.

이러한 농민군 활동의 강화와 함께 보수지배층의 대응도 조직화되어갔다. 7월 24일에는 部內의 吏民이 客館 東寮에 모여 방어할 계책을 상의하여 군수 趙愛夏의 허락하에 執綱所를 설치하고, 7월 26일에는 관에서 執綱・擸督・都監 및 諸執事를 합하여 70여 명을 차출하고 약조를 정함에 따라 자체적인 방어조직을 갖추었다.[75] 이로 말미암아 예천군에서는 호남지역의 농민군 집강소와는 다른 보수지배층의 집강소가 설치되어 농민군의 무장활동에 대비해나갔다.

따라서 읍내에 있는 자들은 연령에 관계없이 노약자를 제외하고는 모두 陣으로 나와 종군케 되었으며, 이들은 매월 초하루와 보름에 점고를 받을 뿐만 아니라 최종적으로는 군수의 지휘를 받으며 복장관계를 포함한 엄격한 규율로 통제

---

74) 7월 5일에는 농민군 수십 명이 北部 前 營將 李裕泰家에 들어가 그를 구타하고 錢財를 빼앗아 갔으며, 7일에는 邑吏 黃俊大 동생의 묘를 파헤쳤고, 9일에는 部內에 들어가 邑吏 金炳運을 끌어내어 구타하고, 그 아버지의 묘를 파헤쳤다(《甲午斥邪錄》 7월 5・7・9일).

75) 《甲午斥邪錄》 7월 24~26일

306

되고 있었고,[76] 군기고의 무기도 이들 部兵에게 분급되어 무장 수직할 수 있었다. 또한 7월 29일에는 군수의 령으로 五家作統制가 실시되었고, 이어 8월 1일에 실시된 첫 點考時에는 內外 部兵이 1,500여 명으로 구성되었는데 이들은 8월 하순 예천공방전에서 읍군측의 주축을 이루었다.

한편 8월 초가 되어 농민군의 성세가 더욱 커지고 읍 주위의 사방에 농민군이 分據함에 따라 街路가 막혀 상인이 통행하기 어려워지고, 市場은 내외 部 10리 내의 인민들로만 이루어져 그 양태가 영성해졌다. 그리고 군 북쪽으로 50리에 위치한 赤城 지역의 접주 權景咸은 金谷(部北 15里)에 접을 설치하고 權順文을 접주로 삼아 농민군을 모았으며, 금곡접은 그 세를 바탕으로 하여 보수집강소에 통지하여 읍중의 대토지소유자로서 부호인[77] 參奉 朴琦陽, 營將 李裕泰, 先達 李三文·尹啓善 등 4명을 起送해주도록 정식으로 요구하기까지에 이르렀다. 또한 군 서쪽으로 15리에 위치한 退致의 접주 朴顯聲은, 지난 7월 26일 읍내에 들어가 영장 이유태를 직접 잡아오려다가 오히려 부병에게 체포·수감되어 있던 柳川지역 농민군 7명을 석방해주도록 청하기도 하였다.[78] 한편 읍내 남부 淸福亭의 崔用鶴·安國辰 등 7명은 보수집강소의 約條를 어기고 농민군측에 투항하여 들어오는 일도 발생하였다.[79]

이러한 가운데 예천 공방전의 실마리가 될 수 있는 사건이 발생하였다. 즉 농민군 11명이 8월 9일 밤에 읍의 북부 龜山洞에서 조총·환도·철추 등으로 무장한 채 토재활동을 벌이던 중 집강소 부병에게 잡혀 정식으로 문초도 받지 못하고 廣川 모래밭에 매장되었다. 이후 즉시 농민군의 金谷 布德所에서는 농민군 11명의 석방을 요구하였고, 이들이 생매장당한 사실을 집강소의 회답을 통해서 알게 된 이후에는 그들의 명단만이라도 보내주면 相準할 수 있겠다는 내용의 편지를 이틀에 걸쳐 집강소로 보냈다. 이에 대해 보수집강소측에서는 한

76) 위의 책, '(執綱所)約條 참조
77) 但後錄中四人係是部內之人 且皆饒有儲蓄 則環四部內外數萬生靈性命之源 莫不賴效而保 若無此人 則當初禦暴濟艱之計 竟歸虛無(위의 책, 8월 9일)
78) 위위 책, 8월 8일. 그 다음날 柳川접주 趙成吉이 또한 집강소에 통지하여 유천 농민군 7명의 석방을 요구하였으나 거절당하였다(8월 9일).
79) 南部 淸福亭(洞)의 거주민 가운데 18명이 尙州 功城接에서 동학에 入道하였는데, 그 중 7명은 예천군 보수집강소의 部兵이었던 것으로 보인다. 집강소에서는 約條에 따라 그들을 체포 수감하고 가옥을 부수어버렸다. 이후 蘇野접주와 尙州 東接의 접주가 그들의 석방을 요구하였다(위의 책, 8월 14·15일).

결같이 埋殺된 11명은 동학 도인이 아니라 한낱 화적일 뿐이며 화적을 초멸하라는 巡營門의 甘飭에 따라 체포하였고, 그들의 본질이 드러난 이상 다시 의논하거나 거주·성명을 물어볼 필요도 없이 그날로 매장하여 죽였으며, 그리고 그들의 거주 성명을 묻지도 아니하였는데 어찌 상준할 일이 있겠는가라는 답변만으로 거절하였다.[80]

농민군의 생매장 사실을 접한 하층 농민군의 격분을 안으로 누르면서 농민군의 상층 지도부가 격식을 갖추어 요구한 내용들이 한결같이 거절되자 농민군의 활동은 더 한층 강화되었고, 그것은 곧 읍내 봉쇄작전의 형태로 나타났다. 농민군은 사방에서 읍내 시장으로 통하는 도로를 봉쇄하여 양곡과 땔나무의 읍내 반입을 철저히 막았다.

그러나 여전히 농민군 상층부는 관을 포함한 보수지배층을 타도해야 할 적대적인 대상으로 생각했다기보다는 봉건적 모순이 전반적으로 노정되고 또 그것을 극복하고자 하는 노력들이 위 아래로부터 분출되어 나오고 있는 상황 속에서 오히려 그들을 개혁의 대열에 동반자 내지는 협조자로 끌어들이려 하였다. 예천군을 비롯한 인근 지역 농민군의 최고 상층부에 속하는 蘇野접주, 즉 關東大接主 崔孟淳은 휘하의 柳川접주 趙成吉을 자체에서 체포하여 읍내 관아로 압송하면서 죄안을 기록해 보내어 임의로 조치하도록 하였다.[81] 기존의 법에 저촉되는 활동을 한 자는 비록 접주라고 하더라도 관에서 의법조치토록 함으로써 농민군의 활동을 합법화하고자 하였다. 또한 8월 15일에 소야접주는 집강소에 사통을 보내어,

道書와 儒書는 대동소이하다. 黨(동학)에 이끌리는 마음은 다른 것과 크게 다른데, 四海之內에서 금일 입도하면 명일에는 형제가 되어 布德修行하여 廣濟蒼生하는 것이 본뜻이다.
애석하게도 저 어리석은 백성이 官需의 가렴과 吏校의 토색과 양반의 土豪를 견디기 어렵고, 아침저녁으로 聽聞이 보장되기 어려우니, 개탄스러움을 어찌할 수 없다. 일을 아는 接僚를 택하여 보내 각 읍을 순행하며 기강을 바로잡고, 豪悍을 금단한 것은 또한 전무후무하고 부득이한 일이다.

---

80) 위의 책, 8월 10·11일
81) 위의 책, 8월 11일

　그러나 근래 듣건대, 신입 無賴之類가 道人을 藉托하고 불의를 행하다가 귀읍에 埋死되었다는데, 놀라움이 막심하다. 그러나 죄의 유무를 헤아리지 않고 거리낌없이 생명을 죽인 것은 어찌 인내를 가지고 했다고 하겠는가. 살인을 주동한 자는 償命之律을 면하기 어렵다[82]

　라고 하여, 우선 동학은 중세의 보편적인 이데올로기인 유학과 다를 바 없다는 전제하에 동학의 본뜻과 농민군의 활동을 개혁적 차원에서 합리화하고 있다. 그리고 이어서 매살된 농민군 11인에 대해서도, 신입한 동학인이라고 하더라도 불법적으로 불의를 행했다면 합당한 처벌을 받아야 마땅하다는, 기본적으로는 법을 준수하고자 한 입장에서 다만 관의 법적 심문과정 없이 농민군을 즉결처분한 것을 비판하였다.[83] 이 시기 영남 북서부지역 농민군의 상층지도부는 기본적으로 준법을 통하여 점진적인 개혁을 추구해나가고자 하였고, 그 과정에서 관 및 보수지배층을 협조자로 간주하였다고 할 수 있다. 그리고 이것은 북접교단의 지침 외에도 성리학적 사회윤리가 지배적이었던 영남 북서부지역의 초기 농민군 활동에서 나타날 수 있는 자연스러운 현상이었을 것이다.

　그러나 이에 대해 보수지배층은 기강을 바로잡고 창생을 구제한다는 취지는 옳으나 분수에 넘치게 함부로 행동하니 결국 모순이라는 것이고, 밤에 작당하여 전재를 강제로 빼앗고 사사로이 人塚을 파헤치며 평민을 얽어매어 刑責을 자행하는 자들은 화당으로서, 이들을 초멸한 것은 국법에 의거한 것이며, 사람마다 모두 죽이라고 하였기에 살인을 수창한 자는 따로 없다고 조목조목 거부하고 있다. 즉 영남 북서부 예천 일대의 농민군이 급진적인 개혁을 요구한 것이 아니라고 하더라도 중세 이데올로기와 봉건적 지배질서에서 기득권을 유지하고 있던 이들 보수지배층은 그것조차 수용할 수 없었던 것이다. 그들은 농민군 활동의 방법적 측면만을 거부하고 있는 것이 아니라, 근본적으로는 전반적으로 노출되고 있는 봉건적 모순 자체를 인정하고 있지 않았으며, 그것은 기본적으로 그들의 이념적 한계성에 그 토대를 두고 있었다. 보수지배층의 유일한 의지와 신념은 흐트러진 사회질서로부터 안정적인 봉건적 지배질서를 완전하게 회

---

82) 주 24) 참조
83) 金谷 농민군 11명을 公法에 의거하여 審理도 하지 않고 처형한 것에 대해서는 해당 金谷接에서 보수집강소로 또 한 차례 편지를 보내어 비판하고 있다(위의 책, 8월 19일).

복하는 것이었다. 따라서 농민군의 온건한 요구조차 철저히 묵살될 수밖에 없
었고, 읍내의 민들에게는 宣撫使의 甘結을 통해서 내려온 왕의 綸音과 대원군
의 분부에서 '聚黨作鬧'를 금한다는 내용이 거듭 강조될 뿐이었다. 특히 보수
집강소가 설치된 이후에도 약조를 어기고 여러 명이 동학에 입도한 일이 있었
던 淸福洞에 대해서는 동 전체에 대하여 경고성 효유문이 별도로 발송되기도
하였다.

보수지배층의 명분론적인 대응에도 불구하고 농민군세력은 날로 강화되어갔
다. 소접 하층 농민군의 활동도 격화되었고, 읍 행정의 중요한 분야의 하나인
詞訟문제는 모두 蘇野로 귀속되어 소야접은 소송자가 붐볐으며, 또한 농민군의
검찰관 張克元은 각 읍을 순행하면서 치안 및 사법적 문제를 관장하기도 하였
다.[84] 읍내를 제외한 예천 일대의 각 지역에서는 농민군이 행정권을 완전히 장
악하고 있었다.

금곡 농민군 매살사건을 집강소측과 협상을 통해 해결하려던 소야의 농민군
상층 지도부는 그러한 기도가 좌절되자 농민군대회를 통한 대중투쟁노선과 병
행해 나갔다. 마침 이 시기에는 예천에서뿐만 아니라 安東·義城에서도 농민군
이 공격을 당함에 따라 관동대접인 소야접에서는 충청·강원·경상도 각 접의
농민군에게 통지하여, 8월 20일에는 尙州의 梨亭과 醴泉의 蘇野 등지에 都會하
였고, 그 다음날인 21일에는 상주의 山陽과 예천의 金谷·花枝에서 각각 만여
명이 참가한 대회를 열어 예천 농민군 살해사건의 책임을 추궁하고 농민군의
개혁을 철저히 수행하고자 예천 읍내 공격을 결의하였다. 그리고 한편으로는
조총·창·칼 등으로 무장한 수만 명의 연합농민군 세력의 지지를 기반으로 하
여 이 대회에 참가한 關東大接 및 商北·龍宮·忠慶·醴泉·安東·豊基·榮川
·尙州·咸昌·聞慶·丹陽·淸風 모두 13접의 접주들은 예천 보수집강소에 편
지를 보내어, 농민군이 閭里에서 행패를 부리다가 잡혔더라도 眞盜와 假盜를
구별하여 처벌했어야 했고, 悖戾를 함부로 행하지 않았음이 분명한 고로 도적
질을 범했다는 말은 믿을 수 없으며, 따라서 이들을 살해한 거괴 몇 명을 압송
해주도록 다시 요구하였다.[85]

이에 대해 보수집강소에서는 동도 처형에 대한 순영의 지지를 바탕으로 농민

---

84) 주 72) 참조
85) 위의 책, 8월 20·21일

군 埋死사건을 합리화하고, 眞盜假盜論을 비롯한 농민군의 비판논리를 명분론에 의거하여 세밀하게 반박하며 首倡者의 압송요구를 거절하고 있으나, 정세의 위급함을 간파하고 안동부 都摠所에 도움을 요청하면서 대응하고자 하였다.

농민군과 보수집강소의 部兵 사이에 서신을 통한 협상은 결렬되고 농민군은 읍 공격을 결의하였으나 곧바로 전투를 개시하지는 않았다. 농민군은 이전부터 실시해오던 市路의 봉쇄를 더욱 강화하여 읍내 민인을 분열시키고 부병을 포함한 읍군의 세력을 약화시키고자 하였다. 따라서 읍의 사면을 둘러싸고 북쪽은 金谷·殷豊·松亭 지역을 막고, 동쪽은 島坪·甘泉·石串을 차단하였으며, 남쪽에서는 稷谷에 웅거하고, 서쪽에서는 花枝에 둔취하여 市路를 봉쇄하였다.[86] 특히 화지의 농민군은 현지 농민군 외에 안동·의성에서 온 농민군과 합세하여 수천 명을 이루고 있었으며, 읍내의 보수집강소와 대화창구 역할을 하면서 시로 봉쇄를 주도하고 있었다.

이에 읍내의 집강소측에서는 執綱 및 諸執事들이 모여 농민군의 봉쇄작전에 대한 대책을 모색하고, 읍민이 동요하기 전에 시기를 보아 일전하여 위기를 타개하지 않을 수 없다고 판단함에 따라 농민군을 유인해서 기습할 계획을 세웠다. 이에 따라 8월 23일에는 부병 300여 명이 花枝 일대를 시위하고 돌아왔으며, 이 군사시위에 대해 화지접에서 보낸 위압적 사통에 관해서도 답장을 통해 해명하면서 일부러 怯弱한 것처럼 보여주었다. 한편으로는 안동도총소에 또 한 차례 원병을 요청해두었고, 예천군수 또한 하루에 천여 명씩 불어나는 각지 농민군의 집결상황을 순영에 보고하고 도움을 구하였다.[87]

그 다음날인 24일에 읍군의 花枝 出征에 대한 보고를 받은 소야접주 최맹순은 즉시 각 접에 통지를 보내어 시기를 정하여 일제히 읍내 공격을 감행토록 지시하였다. 한편 쌍방간의 전면적인 전투가 개시될 일촉즉발의 위기상황이 전개되고 있을 무렵 26일에는 인근 용궁읍에서 무장한 농민군 수천 명이 읍내에 돌입하여 군기를 탈취해간 일이 발생했다.[88]

정세가 급박해지자 읍내 인심도 동요되었다. 자체적으로 부병을 조직하여 주

---

86) 위의 책, 8월 23일
87) 위의 책, 8월 24·25일
88) 영남 북서부의 농민군이 龍宮 軍器를 탈취하여 예천읍을 공격하고자 한 계획은 이미 이전부터 공공연한 소문으로 전해지고 있었다(≪渚上日月≫ 8월 8일 참조).

야로 읍을 방위한 지도 1개월이 되어 읍인 전체가 지쳐 있었으며, 무엇보다도 읍이 봉쇄되어 근 1개월이 지남에 따라 柴糧의 부족현상은 더욱 현저해졌고, 官需米로 지탱하기도 어려워 멀건 죽으로 지낸 지도 10여 일이 되어 민심은 더욱 흉흉하게 되었다. 또한 訛言으로 인해 하루에도 4, 5차례 놀라는 어수선한 상황 속에서 資産을 外村으로 옮기는 자들이 많아졌으며, 男婦老少가 서로 의지하여 성을 빠져나가기도 하였다.

전투는 극도로 위기에 몰린 읍군의 선제공격으로 시작되었다. 보수집강소에서 8월 21일과 24일 두 차례에 걸쳐 안동도총소에 원병을 요청한 것에 대해, 25일의 회신에서는 귀부병으로도 亂類를 방어할 수 있을 터이니 만약 위급한 상황이 있으면 돕겠다는 집강소의 다급한 정세인식에 비해서는 다소 느긋한 답변을 해왔으나 곧바로 이튿날의 답장에서는 안동부의 軍丁을 調發하여 구원병으로 보내겠다고 회답하였다. 읍내 인심이 완전히 분산되기 이전에 농민군과 일전을 벌여 담판을 짓지 않을 수 없던 상황에서 안동도총소의 긍정적인 회신은 집강소에 큰 위안이 되었다. 8월 27일, 부병은 읍 서쪽을 선제공격하고 부병 100여 명을 峴山 기슭에 잠복시켰으며, 28일에는 서북쪽을 공격하고 돌아왔다.

그러나 쌍방의 공방전은 즉각 이루어지지 않았다. 군사적으로 월등히 우세한 위치에 있었던 농민군은 열세인 읍군과의 불필요한 소모전은 원하지 않았던 듯하다. 28일에 퇴치접주 박현성이 관에 아뢰어 "11인을 埋死한 원한을 금일에 풀고자 하며, 살인을 지휘한 자 2인을 우선 압송하면 읍촌은 무사할 수 있을 것"이라고 하여 기본적으로 전투를 원하지 않았고, 花枝 都會에서도 집강소에 사통을 보내어,

> 朝鮮(人)으로 朝鮮(人)을 해치는 것은 같은 물과 같은 땅에 사는 사람의 常情이 아니다. 오백 년의 왕정에 倭酋가 득세하여 억조창생이 德化를 입지 못하였다. 千里邦畿 어느 지경도 도탄에 빠졌으니 生靈을 어찌 보존하겠는가. 바야흐로 지금 道(東學)中의 本意는 斥倭이다.
>
> 예천읍의 일은 邑人이 道人의 모임을 의심하고, 도인은 읍인의 設軍[집강소의 부병 조직]을 의심하는데, 그 實은 죄인[살인주모자] 2인에 달려 있는 것이다. 금일에 당장 본읍에서 都會하여 죄인을 捉致한 후 同心으로 斥倭를 할 계획이다. 같은 東土의 백성으로 만일 척왜의 뜻이 없다면 하늘 아래에서 당신들이 옳다고 할

수 있는가, 道人의 뜻이 옳다고 할 수 있는가. 도인은 곧 義兵이다. 이로써 이해하
시기 바람[89]

이라고 하여, 동족간의 전투는 무의미하며 적극 막아야 하는 것으로 이해하고
있다. 기본적으로 동학 북접교단의 지휘를 체계적으로 받고 있던 영남 북서부
지역의 농민군으로서 이들은 읍내를 점거하여 독자적인 권력을 구성하고 그것
을 바탕으로 독립적 개혁을 구상하고 있지는 않았다. 관민이 함께 서로 화합하
여 현실의 모순을 극복하고자 한 이들 농민군은 서로간에 쌓인 불신만을 제거
한다면 그것은 가능하다고 보았기 때문에 그들에게 있어 읍군과의 전면전은 그
야말로 불필요한 소모전일 수밖에 없었고 오히려 저지되어야 할 전투였다.
    오히려 농민군에게 전쟁의 대상은 봉건적인 모순에 이어 그것의 극복을 더욱
어렵게 하며 현실적으로도 소상품생산자 농민과 소상인의 처지인 그들 농민군
과의 이해관계가 상충되어 나타나는 日本人이었다. 읍군과의 전투가 일촉즉발
의 위급한 상황에서 농민군은 다시 한번 타협하여, 농민군 살해 주모자 2명만
을 농민군의 요구대로 처리함으로써 상호간의 불신을 없애고 그것을 바탕으로
합심하여 斥倭를 하자는 반침략의 목표를 제기하였다. 전력이 우세한 쪽에서
상호간의 전투를 억제하기 위해 내놓은 이 협상안의 계획은 진실성을 담고 있
었다.
    그러나 이에 대해서도 보수집강소측은 단호히 거절하고 있다. 즉 조선인 상
호간의 살륙행위는 옳을 리 없지만 동학농민군이 먼저 軍器를 攘奪하고 徒黨을
모은 목적을 의심하지 않을 수 없으며, 살인 주모자가 2명이라면 성명을 분명
히 밝혀 官에서 조처하는 것이 옳은데 邑에서 농민군과 읍군이 합동회의(都會)
를 열어 처리한다는 것은 근거가 없으니 강변할 필요가 없고, 斥倭문제는 중앙
정부에서 판단할 문제라고 하여 군이 회피하고 있다. 영남의 보수유생층도 이
시기 보수적 사상조류로서 전국적으로 현실화되어 나타나고 있던 斥邪論 곧 斥
洋斥倭의 이념을 기본적인 신조로 삼고 있었겠으나, 현실의 신분계급적 저항
앞에서 아직 보편적으로 가시화되지 않은 일본의 침략은 그들에게 부차적인 문
제였다. 적어도 그들에게 있어서 척왜문제는 봉건적인 지배질서 안에서 척사론

---

89) ≪甲午斥邪錄≫ 8월 28일

을 토대로 한 방법으로 해결이 가능한 것이었다.

이날 곧 28일에 협상차 보수집강소로 간 退致接主 朴顯聲과 花枝接司 金魯淵외 농민군 3인을 오히려 집강소의 부병이 체포함으로써 모든 협상은 결렬되고 양측은 전투상황으로 돌입하게 되었다. 화지농민군 만여 명[90]은 部의 남쪽 1리 지점에 위치한 柳汀 숲으로 이동하여 포진하였고, 집강소의 部兵은 西亭 堤堰에 진을 치고 농민군과 불과 數步를 사이에 두고 대치하였다. 예천읍 공략은 동학농민군의 북접 지도부와 밀접한 관련을 가지고 전개되었던 듯하다. 읍 공격의 주력부대인 花枝농민군과 金谷농민군은 서로 모의하여 금일 오후 4시(申時)경에 동쪽 서쪽에서 협공함으로써 郡을 격파할 수 있다고 생각하여 동쪽에서는 금곡농민군이 廣川沙場(部東 2리)을 거점으로 하여 공략하고, 읍 서쪽에서는 화지농민군이 酒峴(部西 2리)을 넘어 山城(部西 1리)을 점거한 후 상응하고자 했으나, 報恩接所의 都接主 崔時亨이 보낸 전문에 따라 화지농민군은 部의 남쪽 柳汀에 둔취하여 읍을 공격하게 되었다.[91]

28일 해가 저물어 시작된 공방전은 금곡농민군과 계획되었던 시각에 이루어지지 못하였다. 1차 공방전은 집강소에서 김노연을 인질로 둔 채 박현성을 농민군진영으로 돌려보낼 때 그의 감시자로 파견한 有司 및 部兵 몇 명에게 농민군이 총격을 가하면서 시작되었다. 부병은 西亭의 긴 堤堰를 둘러싸고 양면에서 협공하였으며 쌍방간의 격렬한 접전으로 양측은 다수의 사상자를 내었다. 숫적으로 열세인 부병은 애초부터 위장전술로 농민군을 위압하고자 하였다. 즉 미리 사람들을 보내어 淸福洞民들로 하여금 산 위에서 횃불을 많이 준비하고 있다가 신호가 있으면 일제히 함성을 질러 많은 병력이 공격에 가담하고 있는 것처럼 보이게 하였다. 실제로 안동 병력이 오지 않았지만 불빛 신호가 있자 일제히 일어나 큰소리로 "안동 구원병 3,000여 인이 또 왔으니 너희 놈들은 어느 곳으로 살아서 도망가겠는가"하고 외쳐대었다. 농민군은 이 소리에 낙담하여 허둥지둥 東南坪의 稻田으로 들어가 웅덩이에 빠져 많은 사람이 죽었고 나머지는 모두 가진 것을 벗어던지고 맨몸으로 도망갔다. 화지농민군의 패퇴와 부병

90) 嶺南宣撫使 李重夏의 狀本에 의하면 예천읍을 공격한 농민군 숫자는 4, 5천 명으로 보고되고 있다(위의 책, 10월 19일, 議政府關文에 의거한 巡營門의 甘結내용 참조).
91) 위의 책, 9월 30일. 농민군이 격파된 후 西北洞民이 花枝·金谷 농민군의 예천읍 공격계획에 관하여 집강소에 보고한 내용 참조.

의 승리로 끝났다.

부병이 의관·총·창·양곡·마필 등을 거두어 읍으로 돌아가 官庭에서 자축하고 있는 사이에 金谷의 농민군 수만 명[92]이 鴉鳴峴(郡北 5리)으로부터 쫓아나와 部에서 동쪽으로 2리쯤에 위치한 廣川 모래밭에 도착하여 鼓角喊聲으로 천지를 진동시키고 있었다. 부 북쪽의 父母山 경계병의 보고에 따라, 부병은 급히 罷舞하고 일제히 일어나 灘川(部東 1리) 물가로 가서 횃불을 끄고 숨을 죽이며 兵을 나누어 下流를 따라 몰래 물을 건너 풀밭에 잠복해 있다가 一字로 列陣해 있던 농민군을 일시에 기습하였다. 양쪽의 포성이 크게 나고 탄환이 비오듯 하였다. 읍군의 급작스런 공격에 농민군은 제대로 대응조차 못한 채 일시에 궤멸되어 愚溪廣川의 田野와 山谷으로 후퇴하지 않을 수 없었다. 부병은 부에서 동쪽으로 10리인 龜山峴에까지 추격하여 농민군 수십 명을 죽이고 鳥銃·槍·刀·金鼓·喇叭·馬隻 등을 전리품으로 획득할 수 있었다. 농민군과 부병의 2차 공방전인 廣川沙場에서의 전투는 29일 새벽까지 전개되었는데, 북을 치고 나팔을 불면서 우선 막강한 병력수로 읍군을 위압하고자 했던 농민군이 오히려 숫적으로는 열세였지만 바로 전 西亭 들판에서 화지농민군을 물리치고 사기가 진작되어 있던 부병의 조직적 기습작전에 의해 패퇴한 싸움으로 끝났다.

숫적으로 우세했던 농민군이 패배한 것은 읍군측의 조직적이고 치밀한 위장전술과 기습작전에 의한 것이기도 하지만, 기본적으로는 끝까지 읍군측을 무력으로 타도해야 할 적대적인 대상으로 설정하지 않은 농민군의, 구체적으로는 농민군 지도부의 인식에 기인하기도 하였다. 그동안 여러 차례에 걸친 협상과정에서도 나타났듯이 적어도 영남 북서부 농민층 지도부는 관을 비롯한 보수지배층을 비적대적인 관계로, 나아가 더불어 함께 개혁해갈 수 있는 관계로 인식하였으며, 따라서 그들에게 있어서 쌍방간의 무력충돌은 불필요한 것이었고 억제되어야 할 것이었다. 정작 전투과정에 돌입해서도 농민군측은 읍 공략을 위한 치밀한 전략보다는 절대적으로 우세한 병력을 기반으로 읍군측에 대해 무력시위를 하는 형태로 그들을 제압코자 했던 듯하다. 이는 읍군의 상층 지도부인 관을 비롯한 보수지배층의 인식과는 아주 다른 것이었다. 호남 농민군 지도부에서도 농민전쟁 과정상에서 관과의 타협적인 지도노선이 없었던 것은 아니지

---

92) 주 90) 참조

만, 기본적으로 이 시기까지 공식적으로 무장봉기를 인정하지 않았던 동학 북
접교단의 지휘체계를 따랐기에 영남 북서부지역 농민군 지도부에 있어서 이러
한 현상은 상대적으로 자연스러운 것이었으나 일정한 한계성을 지니고 있었다.
또한 이것은 기층 농민군의 근본적인 요구를 어떠한 방법으로 수용하면서 전쟁
을 수행해갔는가하는 문제와 더불어 영남지역 농민군 활동의 특성상 주목되는
것이기도 하다.

읍내 공방전에서 농민군을 물리친 읍군측은 수성을 철저히 할 뿐만 아니라
읍의 외곽 지역으로까지 나아가 농민군의 근거지를 초토화하였다. 안동의 구원
병은 29일 오전과 오후 두 차례에 걸쳐 3,500여 명이 도착하였고, 이날 이들
안동병과 집강소 부병은 金谷에 다시 집결한 수천 명의 농민군을 공격하여 퇴
거시키고 농민군의 접소와 접주의 廬舍를 불살라버렸다. 이어 9월 1일에는 花
枝·退致 등지에서 동학농민군의 각 접소를 역시 燒毁시켜 철저히 보복하였다.
그리고 지경 내 각 면리의 요충지에는 幕을 설치하고 밤새도록 번을 나누어 수
직케 하였으며, 山頂에 가까운 지역에는 모두 炬火를 설치하여 相准케 하였다.

영남 북서부지역에서의 대접전이었던 예천 공방전에서 읍군은 보수지배층이
자체적으로 구성한 部兵으로 농민군의 공격을 방어할 수 있었다. 예천군수와
보수집강소의 요구에 따라 파견된 안동 援軍은 공방전 상황이 끝난 뒤에 도착
하여 수습에 참가하였을 뿐이며, 같은 날 도착한 일본군 60여 명과 9월 4일에
도착한 대구 南營兵 250여 명도 예천전투와는 직접적인 관련이 없었다.

한편 예천읍 공방전에서 패한 농민군 주력은 尙州·善山·金泉 등지에서 다
시 모여 북서부지역 농민군대회를 열고 예천·안동·의성을 공략하고자 하였
다. 특히 상주에 모인 농민군이 읍내를 점거함에 따라 상주목사 尹泰元은 성을
버리고 도주하였으며,[93] 9월 27일에는 농민군 만여 명이 참가한 대회가 상주
客館에서 개최되었다. 여기에서 예천군에서 탈출한 퇴치접주 朴顯聲과 화지접
사 金魯淵 및 금곡접주 權順文 등도 首倡者로 포함된 각 지역 농민군의 합동지
도부는 먼저 예천읍을 도륙한 후에 안동, 의성을 공격하고자 결의하였다.[94]

상주 지역 농민군의 이러한 연합활동에 대하여 보수지배층도 군 단위를 넘어
지역적으로 연결하여 대응하였다. 9월 28일 예천군에서는 砲兵 100여 명을 상

93) ≪討匪大略≫ 9월 ; ≪甲午斥邪錄≫ 9월 22일
94) ≪甲午斥邪錄≫ 9월 22·27일

주로 파견하였으며, 이튿날에는 예천군수가 義城, 豊基, 榮川 등의 인근 각 읍에 공문을 보내어 상주에 취회한 연합농민군의 공격에 대비해 협력할 것을 촉구하였다.[95]

한편 예천 지역을 비롯하여 영남 북서부에서 농민군의 활약이 두드러지고 마침내 일본군마저 농민군에 의해 피살되기에 이르자 이 지역 농민군 활동에 대해 중앙정부에서조차 큰 우려를 금하지 못하고 급기야 대구의 남영병을 파견하여 수습하도록 조처하고 있다. 남영병의 파견은 예천군수 등 해당 지방관의 원병 요청에 따른 것이기도 하지만 일본군 피살사건에 접한 일본군측의 정부에 대한 요구로 말미암은 것이었다.[96] 경상감사 조병호는 8월 28일 兵房 申泰休가 지휘하는 남영병 200명을 파견하였는데 도중에 鎭의 교졸까지 합류시켜 哨官, 哨長, 병정 등 254명이 漆谷, 善山, 尙州를 거쳐 龍宮, 醴泉으로 행군하도록 하였다.[97] 그러나 상주 및 예천 지역에서도 농민군과 營兵의 접전은 거의 없었다. 9월 4일 예천에 도착한 영병은 방을 내걸어 군민을 효유하고, 5일에는 용궁으로 가 蘇野 副接主 高商武 3형제를 잡아 효수하였으며, 다시 咸昌・尙州・善山 및 漆谷을 거쳐 10일경부터 14일에 이르기까지는 초관 張仁杓 이하 초장・병정・마부 등 125명을 별도로 편성하여 巡營의 關文에 따라 星州지역 농민군 진압에 참가하게 되었다.[98] 예천 공방전에서 농민군측의 패인과 아울러 살펴볼 때 경상도 북서부지역의 농민군은 대체로 9월 중순경까지는 영병을 비롯한 모든 관군 및 읍군과 전면전을 통하여 적대적으로 싸울 의도는 없었던 듯하다. 이 무렵부터 전개된 일본군과의 적극적인 전투양상과는 대조적이라고 할 수 있다.

상주읍성을 점거하고 9월 27일의 상주취회까지 개최하였던 인근 지역 연합농민군의 진압에는 일본군이 크게 활약하였다. 9월 중순경에 북접의 기포 결정[99]

95) 위의 책, 9월 28・29일
96) 중앙정부(金允植)는 태봉지역에서 일본군의 피해에 대해 일본군측에 우려를 표시하면서 경상 감영의 親軍 300명을 해당 지역으로 파견토록 조처하고 있다. 이에 대해 경상감사는 대구에서는 300명의 병사를 모을 수 없다고 하면서 주저하다가 결국 200명을 파견하고 있는데, 이러한 감사의 조치에 대해 일본군은 불만섞인 보고를 계속하고 있다〔〈慶尙道 東匪의 鎭壓에 관한 公翰〉①제177호(9. 25 ; 陰 8. 26) ②갑오 8월 27일(陽 9. 26)자 조선정부의 회답 《駐韓日本公使館記錄》 1, 117쪽 ;〈安東亂民巨魁 徐相轍의 檄文入手 送付〉(9. 28 ; 陰 8. 29) 같은 책 1, 123쪽 ;〈安東 등의 東匪實情과 檄文上申〉(10. 5 ; 陰 9. 7) 같은 책 1, 128쪽 등 참조〕.
97)〈嶠南隨錄.〉(奎古 4259-119) 《各司謄錄》 50, 156~158쪽
98) 《甲午斥邪錄》 9월 4・5일 ;《固城府叢瑣錄》 9월 12일 ; 위의 주 97) 등 참조

이후 남·북접을 포함한 전국 농민군의 반일 기치가 전면화되지만 경상도 북서부
지역에서는 이보다 앞서 농민군과 일본군의 충돌이 일어났다. 경상도에는 여러
지역에 일본군의 병참부가 설치되어 있어서[100] 일본군과의 접촉이 다른 지역에
비해 많았고 크고작은 마찰도 일찍부터 일어나고 있었다. 湖西忠義 徐相轍의 대
일전을 위한 檄文이 안동에서 나돌자 일본군은 바짝 긴장하였고,[101] 8월 25일에
는 安東 및 台封 부근의 농민군 2, 3천 명이 태봉의 일본 병참부를 공격한다는 소
문에 대비해 이 지역을 정찰하던 일본육군 竹內 대위가 龍宮 부근에서 농민군에
게 피살당하는 사건이 발생하자[102] 농민군에 대한 일본군의 공격은 본격적으로
진행되었다. 즉 보고를 받은 태봉 병참부는 동지역 守備隊를 중심으로 한 84명의
토벌대를 구성하여 鈴木曹長의 인솔하에 즉각 용궁으로 파견하였으며, 또한 聞慶
에 주둔하던 수비대도 8월 27일에 後藤 工兵少尉의 지휘하에 출동하여 龍宮·山
陽 등지를 행군하면서 농민군을 수색하였다. 특히 後藤 소위가 이끄는 토벌대의
工兵 25명은 29일 용궁에서 문경으로 돌아가던 도중 石門에[103] 이르러 농민군
600여 명과 조우하여 공방전을 벌이기도 하였는데, 여기서 일본군은 완강하게 저
항하던 농민군과의 접전 끝에 농민군 2명을 사살하고 패퇴시켰으며, 화승총 103
정을 비롯한 군기와 전곡을 거두어갔다.[104]

이러한 가운데 9월 28일 오전 10시경에 30, 40명으로 구성된 일본군 洛東

---

99) 9월 18일에 동학의 2대 교주이자 북접 농민군의 최고 지도자인 崔時亨은 靑山에 소집된 각 포
두령의 의견을 좇아 봉기할 것을 결정하였다(≪天道敎創建史≫).

100) 약 40里마다 1개의 兵站(隊)을 설치하였으며, 東萊·密陽·淸道·大邱·獨鳴院·海平·洛
東·台封(胎峰)·聞慶 같은 곳은 大站이었는데 日兵이 많게는 2, 3千人에 이르렀고 적은 경우에
도 천 명을 내려가지 않았으며, 그 나머지 小站은 모두 1, 2백 명이라고 한다(≪固城府叢瑣錄≫
9월 6일). 釜山과 京城을 포함하여 전국에 설치된 21개의 병참부와 병참사령관에 대해서는 〈日
本兵站部 所在地 地方官의 편의 제공〉(8. 25 ; 陰 7. 25) ≪駐韓日本公使館記錄≫ 2, 54~55쪽
참조.

101) 〈安東亂民巨魁 徐相轍의 檄文入手 送付〉(9. 28 ; 陰 8. 29) ≪駐韓日本公使館記錄≫ 1, 123
~125쪽 등 참조

102) 〈慶尙道 東匪의 鎭壓에 관한 公翰〉 중 ① 第177號(9. 25 ; 陰 8. 26) 위의 책 1, 116~117
쪽

103) 당시 尙州 관할의 梨亭里 지역을 지칭하며(≪甲午斥邪錄≫ 9월 1일 및 ≪釜山府史原稿≫ 6
圖書出版 民族文化 영인본, 542쪽), 梨亭里는 1914년 행정구역 개편 뒤에 聞慶郡 山北面에 移
屬되고 있다(越智唯七, ≪新舊對照朝鮮全道府郡面里洞名稱一覽≫, 557쪽).

104) 〈聞慶近傍 東學黨과의 戰鬪報告〉 ① 京第88號(10. 1 ; 陰 9. 3), ② 工兵第1大隊中隊長 樋口
牒報(10. 2 ; 陰 9. 4), ③ 第189號(10. 5 ; 陰 9. 7) ≪駐韓日本公使館記錄≫ 1, 126~127쪽

수비병의 상주읍성 공격으로 시작된 상주전투는 예천에서 파견된 砲兵도 진압 군측에 가담하였지만 기본적으로는 상주에 모인 인근 지역 연합농민군 대 일본 군 사이의 전쟁으로 전개되었다. 일본군은 弔橋를 이용하여 성을 넘어 예천 공 방전 이후 상주에 취회하여 읍내 성을 점거하고 있던 1천여 명의 농민군을 공 격하였다. 일본군의 새로운 화력에 처음 접한 농민군은 놀란 나머지 제대로 응 전도 못하고 농민군 100여 명을 희생시킨 채 쉽게 성을 내주고 퇴산하였다.[105] 예천에서 농민군 대 읍군, 곧 보수집강소의 부병이 진압군의 중심이 되었던 전 투에서 농민군이 크게 패한 이후, 영남 북서부지역에서는 또 한 차례의 큰 전투 가 농민군의 패배로 종결되었다. 예천전투에 임한 농민군―농민군 지도부― 의 자세와는 달리 상주 지역 연합농민군은 27일의 농민군대회에서의 결의에 나 타나고 있듯이 처음부터 전투의 목표와 대상을 명확히 하고 있었을 뿐만 아니 라 그것을 통해 그 전투의 중요성도 인지하고 있었을 터이다. 다만 당시 농민군 에겐 돌출적 현상이었던 일본군의 공격에 접해서는 우선 그 화력에 놀랐고, 그 것은 곧 여러 지역에서 모인 연합농민군의 느슨한 지휘체계를 흔들어놓게 되었 으며 결과적으로 농민군의 어이없는 패퇴를 초래케 하였다.

이때 상주에서 패산한 농민군은 남쪽의 善山으로 몰려들었으며, 북쪽으로는 忠州·丹陽·堤川 등지로 이동하여 영남지역 공략을 결의하였으나, 대부분 일 본군에 의해 구축되고 있다.[106]

한편 중앙정부는 10월에 접어들어 농민군 진압을 위해 일본에서 새로 파견되 어온 後備步兵 第19大隊의 병력과 중앙정부군을 삼남지역에 파견하여 농민군 을 초토케 하면서 다른 한편으로는 충청, 전라, 경상도에 각각 慰撫使를 임명 파견함으로써 인민을 위로하고 효유코자 하였다.[107] 그리고 이보다 앞서 8월부

---

105) 9월 28일의 상주전투에 대해서는 《討匪大略》 9월 ; 《甲午斥邪錄》 9월 30일 ; 《渚上日 月》 9월 28일, 10월 1일 ; 《羅巖隨錄》 9월 15일 이후(9월 28일 전투) ; 〈洛東守備兵의 尙州 東學黨 격퇴〉(10. 28 ; 陰 9. 30) 《駐韓日本公使館記錄》 3, 294쪽 등 참조. 일본공사관기록의 전보내용에는 전투가 음력 9월 29일의 情況으로 농민군 50명을 사살하고 2명을 포박한 것으로 되어 있으며, 《나암수록》에는 공격에 가담한 일본군 수가 '數十或三四十'으로 나타나 있으며, 농민군은 만 명 가량으로 보고 있다.

106) 《渚上日月》 10월 2일 ; 《甲午斥邪錄》 10월 12일 ; 《羅巖隨錄》 9월 보름 이후 내용 참 조

107) 충청도 慰撫使에 朴齊寬, 전라도 위무사에 전라감사 李道宰, 경상도 위무사에 宣撫使 李重夏 를 임명하였다(《日省錄》 고종 31년 10월 12일). 이들은 일본군의 농민군 토벌을 위해 中路,

터는 각지에 소모사를 임명하여 그들로 하여금 의병을 모아 농민군을 토벌하도록 하였는데, 호남·호서지역과 별도로 영남지역에서는 昌原府使 李鍾緖, 前承旨 鄭宜默이 召募使로 임명되었으며, 정의묵은 10월 17일 尙州에 召募營을 설치하고 민병을 모아 진압군을 조직하였다.[108] 또한 이와 아울러 상주에는 동학농민군을 방어하는 기관으로 吏民으로 구성된 執綱所와 倡義所 등이 설치됨에 따라,[109] 보수지배층의 활동이 강화되는 반면에 농민군 활동이 매우 어렵게 되었다. 실제로 상주 지역에서는 지난 9월 28일의 상주전투 이후 농민군 활동이 극히 미미하였고, 인근 지역 특히 경상도 북서부와 인접한 충청도 각 지역의 연합농민군이 재차 상주를 공략할 계획을 가지고 있었으나 일본군 및 소모영군을 비롯한 각 지역의 민보군 그리고 소규모의 관군을 포함한 보수지배층의 연합으로 이루어진 진압군의 원정활동으로 인해 사전에 좌절되고 있었다.[110] 다만 전라도지역의 농민군 주력부대가 공주 등지에서 일본군 및 관군에 패한 이후 일부 병력이 11월 초순경에 茂朱 등지에서 다시 결집하였는데, 한 달 후에는 7

西路, 東路의 세 방향으로 나아갈 때 본래 동행하기로 되어 있었다[〈1個 中隊 派遣에 대한 回答과 派遣人員 名單〉(陰 10. 14) 《駐韓日本公使館記錄》 1, 166쪽].

108) 鄭宜默, 《召募日記》 10월 17일 ; 《討匪大略》 10월 ; 《渚上日月》 10월 15일 등 참조. 이 시기 湖南召募使에는 羅州牧使 閔種烈·礪山府使 柳濟寬이, 湖西召募使에는 洪州牧使 趙載觀·鎭岑縣監 李世卿이 각각 差下되었으며, 이외에도 10월에는 嶺南지방에 居昌府使 丁觀燮이, 關東지방에는 江陵府使 李會源이 아울러 召募使로 파견되고 있다(《羅巖隨錄》 9월, 10월 참조).

109) 《甲午斥邪錄》 10월 22일 ; 《渚上日月》 11월 14일

110) 충청도지역의 사례는 본서에 수록된 양진석의 논문을 참조할 것. 다만 경상도지역의 자료에 의하면, 제2차 농민전쟁 당시 尙州 인근의 報恩, 靑山, 龍山, 永同 등지에서 연합농민군의 활약이 두드러지고 있고, 이들 지역의 농민군은 상주 공략을 표방하고 있기에 진압군측에서도 상주 및 인근 지역의 민보군 및 관군과 일본군이 연합하여 이들을 방어·공격하고 있다. 즉 11월 14일에 상주 소모영군은 상주전투에서 농민군이 패한 후 몰래 그 무리들과 통교하면서 起包를 기약하던 접주 南進甲 등을 상주 牟東에서 잡아 총살하였으며, 11월 18일에는 농민군 4,500명을 이끌고 청주를 공략하고자 했으나 細橋장터에서 일본군에게 패한 후 또 全琫準과 함께 公州를 함락시키고자 했으나 뜻을 이루지 못하고 尙州에 잠입하던 淸州 대접주 金子先(報恩 帳內人)이 상주지역 化西 垈谷에서 상주 소모영군에 체포되어 총살되었고, 또한 무리 수천을 일으켜 김자선과 함께 청주를 함락시키려던 농민군 '巨魁' 金民伊 등은 11월 20일 역시 상주 소모영군에 의해 총살되었다. 그리고 농민군 수천 명을 이끌고 星州城을 쳐 빼앗고 군기를 탈취하였으며, 상주전투 후 다시 기포를 도모한 接司 呂聖度도 11월 27일 凡池에서 상주 소모영군에게 사로잡히는 등 상주지역을 다시 공략하고자 구체적으로 언급한 자들의 경우만 보더라도 그들의 활동은 소모영 등 진압군의 활약에 의해 저지되고 있으며, 이외에도 각 지역 접주 등 농민군 지도자들도 사전에 체포 처형됨으로써 그 활동이 좌절되고 있다(《討匪大略》 참조).

천여 명(혹은 3, 4만 명)으로 확대되어 관군을 비롯한 진압군과 전투를 벌이고 있다. 즉 12월 초순경 이들 농민군은 永同, 黃澗을 거쳐 12월 11일 龍山에서 淸州 官兵 및 沃川 의병 그리고 상주 소모영 군사 등과 접전을 벌여 크게 이기고, 12일에는 靑山邑을 점거하면서 농민군세력은 8, 9만여 명으로 확대되었는데, 이들 농민군 연합세력의 1路는 報恩·尙州·善山을 공략하고 각 지역의 일본 병참대를 격파하며 大邱의 영남 감영을 거쳐 東萊府로 진격할 계획이었고, 다른 1路는 淸州·公州를 거쳐 곧바로 한강을 건너 京師를 포위하여 거사를 도모하며, 또다른 1路는 청국의 후원을 얻어 서북 각 지역까지 향응케 할 계획이었던 것으로 보인다. 이러한 계획의 8만여 연합농민군은[111] 16일에는 보은읍을 공략하여 점거하고 기세를 떨치기도 하였다. 그러나 일단 숫적으로 압도적인 우세를 보이며 여러 지역을 휩쓸었던 이들 연합농민군도 12월 17·18일 양일간에 전개된 報恩 鍾谷전투에서 일본군 및 관군과 민보군에게 패하여 대접주 任局浩·李元八·金君五·鄭大春 등이 처형되었으며 그외에도 수천 명의 희생자를 내고 퇴산하였다.[112] 진압군 참가자도 상주지역에서는 상주 소모영의 군사 190명, 함창 및 용궁에서 소모영군으로 차출된 40명, 그리고 일본군은 일본육군보병 桑原 소위가 이끄는 병 16명, 대위 三宅武義가 이끄는 병 13명, 태봉 주둔 일본병 8명 등이었고,[113] 이외에도 청주병 300명이 뒤늦게 이 전투에 참가하

---

111) 전라·충청·경상 곧 삼남의 연합농민군으로 볼 수 있다. 報恩 鍾谷에서 상주 소모영군에 체포된 농민군의 답변에도 "自湖南已經十七戰場 而今三南竝起 (중략) 今鍾谷所屯 則皆三南大將合兵十萬云云"이라 하고 있으며(《討匪大略》 12월 17일), 부산의 일본 영사의 12월 3일(陰 11. 7.)자 보고에 의하면, "생각컨대 中·西 2隊는 혹시 公州 부근에서 합치고 賊은 패하여 南原 방면으로 潰走한 것 같습니다. 茂朱 기타 全羅·慶尙 양 도의 경계에 출몰하고 있는 賊徒는 公州敗兵의 일부일 것으로 추측합니다"라고 되어있는 것으로 보아, 茂朱 등지에서는 공주전투 후 남원으로 퇴각한 湖南·湖西 농민군 주력 외에 일부 병력이 11월 초순부터 다시 결집하고 있었던 것으로 보인다(〈東學黨剿滅方略에 관한 具申〉《駐韓日本公使館記錄》 2, 91~92쪽).

112) 이상의 내용은 《討匪大略》에 의거한 것임. 또한 이 기록에 의하면 鍾谷전투에서도 전황은 농민군측이 전적으로 우세했으나 상주 소모영이 중심이 되어 농민군으로 변장을 한 45인의 위장 침투조가 농민군진영에 들어가면서 농민군이 결정적으로 붕괴되었으며, 공방전에서 농민군의 희생자는 총격전으로 죽은 자가 2,200여 명, 야전에서 살해된 자가 393명이며, 획득한 牛馬가 60여 두가 된다고 구체적으로 기록하고 있다(12월 18일). 한편 일본군의 보고에 의하면 鍾谷전투에 참가한 농민군을 1만 명으로 보고 있으며, 농민군 수백 명을 살상하고 병기와 우마를 포획한 것으로 되어 있다(〈忠北地方 東學徒討伐에 관한 보고〉(1895. 2. 27 ; 陰 2. 3), 《駐韓日本公使館記錄》 3, 249~251쪽).

113) 少尉 桑原榮次郎이 인솔한 병력은 後備步兵 獨立第19隊 1小隊 중 2개 분대로서 文義에서 洛

였다. 19일에는 영남 감영의 南營兵, 金山의 소모영병, 善山 병력이 보은에 도
착하였으나 전투가 끝난 후였다.[114]

경상도 북서부지역의 예천·용궁·상주·문경 외에도 이들 지역보다 남쪽의
金山·善山·開寧·仁同·知禮·星州·永川 등 충청도·전라도 경계와 가까운
서부지역에서 동학농민군의 활동이 활발하였다. 특히 김산과 선산 및 성주를
비롯하여 인동·지례 등의 지역은 상주 및 안동 지역과 더불어 이미 1893년
봄 이전에 동학세력이 정착되어 있었다. 즉 1893년 3월 보은집회에 참가했던
이들 각 지역 접 소속의 동학교도들의 수효가 뚜렷하게 흔적을 남기고 있다.[115]
그리고 김산 지역의 경우는 갑오년 4월 중순경에 ─ 이 시기 호남지역과는 달
리 북접의 영향하에 있던 영남의 대부분 지역에서는 기포 사실이 없었다 ─ 이
미 金山·知禮·居昌 세 곳에서 기포 혐의로 동학농민군 20여 명이 대구로 인
치되어 엄한 심문을 받을 정도로 관 및 일본군측으로부터 요주의 지역으로 주
목되고 있으며,[116] 8월 초순이 되면 김산 지역의 농민군세력은 더욱 확대되었
다. 즉 김산 지역의 농민군 지도자 眞木의 都執綱 片輔彦이 金泉 장터에 都所를
설치하고 접주·접사 등 有司를 분정하여 포덕활동을 강화함에 따라 농민들이
일시에 동학조직에 대거 신입해왔다. 특히 竹田의 南廷薰을 비롯한 竹汀·耆洞
·江坪·鳳溪·孔子洞·新下·壯岩 등지의 접주들은 신입한 농민군을 배경으
로 각 지역에서 폐정개혁을 실시하면서 읍 행정을 장악해가기도 하였다.[117]

김산 지역과 관련된 인근 지역의 동학 포교조직은 尙州, 善山, 永同에 근거를
가진 대접주조직으로서의 忠慶包, 尙公包, 善山包, 永同包로 보인다. 그리고 9
월 초순경에는 이 4개 포에 속한 농민군이 김산 읍내를 점거하기도 하였다.[118]

東에 걸쳐 軍路調査의 임무를 맡은 부대이며, 三宅 대위의 병력은 大邱守備兵 1개 분대이고, 태
봉 주둔 일본병은 洛東守備兵으로 보인다(위의 주 112)의 《駐韓日本公使館記錄》 참조).
114) 이외에도 농민군 수천 명이 茂朱에서 黃澗을 거쳐 경상도 북부지역으로 공격해오고 있다는
12월 12일의 소모사 鄭宜默의 甘結에 따라, 예천에서도 16일이 되어서야 마지못해 礮軍 600명
을 상주로 파견하고 있으나 18일 오후에, 곧 종곡전투가 진압군의 승리로 끝난 상황에서 상주에
도착함으로 인해 이들도 전투에는 참가하지 못하고 이튿날 예천으로 회군하였다(《甲午斥邪錄》
참조).
115) 《聚語》 3월 29·30일, 4월 2·3일의 보은취회시 동학교도의 모임과 해산상황 참조
116) 주 9)와 같음
117) 《歲藏年錄》 8월 3·6일
118) 위의 책, 8월 6일 이후의 내용 및 《星山志》 9월(앞의 〈농민전쟁일지〉 참조)

322

이와 같이 8월경부터는 김산 지역에서도 농민군이 동학의 종교적인 활동뿐만
아니라 신분적 경제적으로 하층민들로 구성된 다수의 신입 농민군들을 세력기
반으로 하여 폐정개혁 활동을 추진하면서 읍내외의 행정권도 장악하고 있었다.
곧 하나의 농민군 권력이 이 지역에서도 형성되었음을 볼 수 있다. 그것은 接所
혹은 호남지방과 유사한 執綱所를 중심으로 행사되었으며 각 접주들은 동학교
단 내에서 首接主의 지위에 있었던 도집강 편보언을 통해 북접의 지휘를 계통
적으로 받고 있었다.[119]

북접 최시형으로부터 김천 도집강 편보언에게 起軍令의 통지가 온 것은 9월
25일이었다. 편보언은 즉시 관하 각처의 접주들에게 私通을 보내어 군사를 모
으도록 하였다. 김산군에서는 竹汀에서 康柱然이, 新下에서 裵君憲이, 耆洞에
서 金定文이, 下耆洞에서 姜泳이, 壯岩에서 權學書가, 鳳溪에서 曺舜在가, 그리
고 孔子洞에서 張箕遠이 각각 군사를 일으켜 양곡과 군마를 모으고 칼과 창 등
의 군기를 갖추었으며, 이들은 民으로부터 강압적으로 군수전 및 포를 거두기
도 하였다. 군사를 일으킴과 동시에 인근 지역을 공략하였는데 김산에서 가장
먼저 기포한 김정문 부대는 선산부를 공격하였다.[120]

김산군에서 기포한 농민군은 대구의 南營兵을 맞아 교전을 벌였다. 9월 26일
경상감사 조병호는 兵房 朴恒萊와 領官 崔處圭로 하여금 남영병 200여 명을 이
끌고 선산 및 김산 쪽을 향해 진군토록 하였으며, 이 부대가 仁同·善山·開寧
을 거쳐 金山에 도착한 것은 10월 5일이었다.[121] 그러나 김천에서는 큰 공방전
이 이루어지지 못하고 편보언이 도피하자 농민군은 곧 퇴산하게 되었으며, 이
후 이 지역에 대한 관군 및 일본군의 토벌이 진행되었다. 우선 대구 남영병을
이끌고 들어온 영장 최처규는 농민군을 격파하고 그 '巨魁'는 섬멸하되 위협을
받아 강제로 농민군에 들어간 자들은 석방토록 한 경상감사의 지시에 따라 접
주 및 '有罪者'들에 대해서는 명단을 만들어 게시하여 공개적으로 수색 체포하
고 처형해 나갔다. 접주 姜泳은 壯岩에서 체포되어 총살되었으며, 孔子洞에서

119) 申榮祐는 김산 지역에서 사용된 '都執綱' 및 '都所'의 의미를 각각 추정하여 김산 일대에서 활
　　약한 執綱들의 우두머리로, 그리고 김산의 각 면리 단위 포접 조직이 집강소의 역할을 하게 되었
　　거나 또는 별도의 집강소가 면리 단위까지 설치된 것으로 보고 있다. 또한 접주까지 임명했던 사
　　실로 보아 편보언은 수접주 이상의 직임으로 파악하고 있다(신영우, 앞 논문, 129~130쪽).
120) 《歲藏年錄》 9월 25일
121) 〈嶺南隨錄〉 《各司謄錄》 50, 158~163쪽

는 접주 張箕遠家를 비롯하여 관군을 피해 달아나고 비어 있는 8가구에 불을 질러 초토화하였다.[122] 營兵이 知禮로 퇴거한 10월 8일에는 일본군 20명이 농민군 체포를 위해 김천에 들어왔으나 이미 토벌된 사실을 알고 물러갔고, 약 보름 후인 10월 25일에는 哨官 張敎赫이 兵丁 200인을 이끌고 들어와 또 한 차례 농민군을 수색 체포하여 처형하거나 석방하는 조처를 취하였으며, 이후 김산 지역에서도 鳳溪의 前 承旨 曹始永이 召募使로 임명되고 김산군수 朴駿彬이 助防將으로 차하되어 半民半官의 성격을 지닌 召募營兵이 구성되어 이 지역을 방어하게 됨에 따라 농민군의 활동은 어렵게 되었다.[123]

한편 善山도 金山과 더불어 충청·전라 양도와 비교적 가까운 경상도 서부지역으로서 일찍부터 농민군의 활동이 왕성하였으며 특히 尙州, 幽谷과 함께 평소에 동학당 소굴로서 인식되기도 하였다.[124] 7, 8월경이 되면 용궁·예천·상주·김천·성주 등의 지역과 함께 선산 지역에서도 농민군은 무장력을 바탕으로 읍내외의 행정을 장악하고 있었으며, 농민군에 적대적인 양반지주 등의 기득권층은 농민군의 개혁활동을 피하여 숨어들지 않을 수 없었다.[125] 따라서 군내 海平에 주둔한 일본 병참대의 주목을 일찍부터 받게 되었고,[126] 兵房 申泰休가 인솔한 대구 남영병의 영남 북서부지역 1차 토벌과정에서도 중요한 경유지역이 되었다.[127]

善山 지역 농민군은 주로 김산·상주·영동 등지의 농민군과 연합하여 활동하고 조직적인 전투를 전개하였다. 9월 초순에는 영동포, 상공포, 충경포의 농민군과 함께 김산읍 공격에 참가하였으며, 9월 22일에는 金山 및 善山의 농민군이 선산 읍내를 점거하여 예천전투 후 상주·김천 지역과 동시에 선산에서도 농민군이 취회하고 醴泉·安東·義城 공격을 결의하였다. 또한 최시형의 起軍令에 따라 9월 25일 김산지역에서 가장 먼저 군사를 일으킨 金定文接의

122) 《歲藏年錄》 10월 2·5·6·7일
123) 위의 책, 10월 8·25일, 12월 ; 《羅巖隨錄》 11월 참조. 그러나 〈嶠南隨錄〉 哨官 張敎赫 金泉番陣下記에 의하면, 營兵은 초기에 79명이 파견되고 있으며, 11월 4일에 知禮兵丁 45명과 연합하여 124명으로 확대된 병력이 11월 25일까지 김천 지역에 주둔하고 있는 것으로 파악된다(《各司謄錄》 50, 164~169쪽).
124) 주 9) 참조
125) 《歲藏年錄》 8월 6일 ; 《東擾日記》 8월 ; 《固城府叢瑣錄》 8월 16일, 9월 6일 참조
126) 《歲藏年錄》 7월 2일
127) 주 97), 98) 참조

농민군은 곧바로 선산으로 진출하여 선산농민군과 함께, 성읍을 공격해온 일본군과 격전을 벌였다.[128] 이 방어전에서 농민군이 실패하고 읍내에서 물러남으로 인해 9월 28일 선산에 도착한 대구 남영병의 2차 토벌군과는 별 전투가 없었던 듯하다. 병방 박항래 및 영관 최처규가 이끄는 200여 명의 남영병은 선산지역의 농민군을 수색하다가 개령을 거쳐 김산으로 향하였는데, 개령에서는 남영병이 일본군과 연합하여 그곳에 집결한 농민군을 공격하여 수천 명의 희생자를 내기도 하였다.[129] 한편 9월 28일의 상주전투에서 패한 농민군이 선산에 재집결하여 현지 농민군과 함께 수천 명이 일본군 낙동병참부를 공격하고자 하였으나 오히려 9월 30일 병참부 수비대 2개 분대의 선제공격을 받고 전투를 벌였으나 농민군의 실패로 끝났다.[130] 이 전투에서 패퇴한 상주 및 선산 지역 농민군은 경상도 남서부 河東 등지로까지 이동하여 활동한 흔적도 보이고 있어[131] 영남지역 농민군의 광범한 연합활동도 상정해볼 수 있겠다.

이후 선산 지역에서는 큰 전투가 없었던 듯하다. 일본군 및 관군의 진압으로 보수지배층이 점차 안정을 되찾으면서 중앙의 의정부에 의해서는 농민군에게 군기를 빼앗긴 선산부사 尹兩植의 징계가 요구되기도 하였다.[132] 그러나 12월 초순 茂朱에서 결집된 삼남의 연합농민군이 靑山, 報恩을 거쳐 尙州와 善山을 공략지역으로 넣고 있는 것으로 보아 선산은 동학농민군의 중요한 거점이었음을 알 수 있다.

다음으로 星州는 경상도 남서부의 河東과 함께 영남지역에서 농민전쟁으로 인해 관을 비롯한 민간의 피해가 가장 큰 곳으로 알려져 있다. 이 지역에서 농민군의 활동이 진압되어갈 무렵인 10월에 접어들면 중앙정부에서 그 피해상황

---

128) 《星山志》 9월 ; 《甲午斥邪錄》 9월 22일 ; 《羅巖隨錄》 9월 15일 이후 ; 《歲藏年錄》 9월 25일 등 참조
129) 주 121)과 같음 ; 《渚上日月》 10월 3일
130) 〈可興·洛東 東學黨 情況〉(10. 29 ; 陰 10. 1) 《駐韓日本公使館記錄》 3, 363쪽 ; 《渚上日月》 10월 2일
131) "聞東徒敗散餘黨數千 復聚于忠州德柱等地 而善山尙州亡命賊黨 復聚于河東等地 往往乘夜縱火劫掠行人"(《甲午斥邪錄》 10월 12일). "十月入り新に黃海道, 忠淸道, 全羅道, 等にも蜂起し, 就中, 劈頭慶尙道安東地方に蜂起せる東學黨匪は其後諸方へ遁走後, 又復, 余燼を叫合し, 晋州, 河東, 昆陽地方へ出沒し, 所在の良民を殺害し, 牛馬及び財物等を掠奪す, 急報に接し…"(《釜山府史原稿》 6, 543쪽).
132) 《日省錄》 고종 31년 10월 28일 ; 《羅巖隨錄》 10월

을 파악하고 국왕에 의해 內帑錢 1만 냥이 양 지역의 慰諭金으로 내려지고 있다.[133]

성주 지역도 동학의 교세는 일찍부터 컸었던 것으로 보인다. 1893년 3월의 보은취회에 참가한 성주접의 동학교도가 최소한 40여 명 이상이 되고 있으며,[134] 갑오년 8월 이후에는 경상도 북서부의 여러 지역과 마찬가지로 신입해 온 농민군을 바탕으로 조직적인 폐정개혁 활동을 강화해갔다. 성주에서 가장 큰 전투는 9월 4일경에[135] 있었던 인근 지역 연합농민군의 성주 읍내 공격과 민가 방화사건이었다. 이 전투의 전개과정은 크게 두 부분으로 나누어볼 수 있는데, 하나는 8월 26일 저녁 邑屬들이 중심이 되어 농민군 18명을 타살한 사건이고, 다른 하나는 앞의 사건과 관련하여 대규모 연합농민군이 성주읍을 공격한 과정이다. 특히 전자의 전개과정은 최근에 새로 나온 자료인 ≪東擾日記≫에 자세히 기록되어 있어 주목된다.[136]

성주에서는 포교활동을 중심으로 한 현지의 기본적인 동학교단 조직에다가 8월 하순경에 知禮 및 金泉 지역에서 들어온 무장농민군에 의해 본격적인 폐정개혁 활동이 전개된 듯하다. 8월 23일 지례에서 온 농민군 10여 명이 泉倉에

133) ≪日省錄≫ 고종 31년 10월 1일 ; ≪羅巖隨錄≫ 10월
134) ≪聚語≫ 1893년 3월 30일, 4월 2일
135) 농민전쟁으로 인해 민간의 피해가 전국적으로 가장 컸던 이 사건의 구체적 날짜가 명확하지 않지만, 8월 말의 성주 지역 농민군 활동을 현지에 거주했던 전 향리 출신이 구체적으로 기록한 ≪東擾日記≫에는 9월 3일의 내용까지 기재되어 있는데 이 사건은 그 안에 들어있지 않으며, 또한 ≪固城府叢瑣錄≫(9월 6일)에 의하면 9월 5일에 경상감사가 이 사건을 전해듣고 大邱 中軍의 파견을 결심하고 있는 것으로 보아 9월 4일경에 발생한 것으로 볼 수 있다. 그리고 19세기 후반 이 지역에서의 전반적인 농민운동에 관한 심층적인 지역사례 연구로는 李潤甲, 〈19세기 후반 慶尙道 星州地方의 농민운동〉(≪孫寶基博士停年記念韓國史學論叢≫, 1988)을 참조할 수 있다.
136) 이 자료를 농민전쟁연구반에 제공해준 都冕會 씨에게 고마움을 느낀다. ≪東擾日記≫는 도면회 씨 집안에 소장되어 있는 자료로서, 당시 전직 향리로 星州에 거주하고 있던 高祖父 都漢基가 농민군의 활동을 직접 경험하면서 기록한 것이다. 8월 26일 星州 邑屬들의 농민군 타살사건 직후인 27일에 기록을 시작하고 있는데, 이전의 8월 23일부터 26일까지의 농민군 활동을 날짜별로 상세하게 기록하고 있어 농민군의 폐정개혁 활동을 생생하게 살펴볼 수 있다. 저자는 鄕吏 출신이면서도 性理學의 조예가 깊었으며, 당시 지방행정의 폐단은 고쳐야 하나 기본적으로 성리학적 이데올로기나 봉건적 체제 안에서 점진적으로 개혁해야 한다는 입장을 보이고 있었다. 뿐만 아니라 조세 등의 문제에서도 儒者들의 관념론적 생각보다도 중앙 및 지방행정의 실태를 파악한 실무적 측면에서 대책을 모색하고 있었다. 그러나 기본적으로 농민군들에 의한 직접적인 폐정개혁은 인정하고 있지 않다. 이 일기는 9월 3일로 끝나고 있는데 대규모 연합농민군의 성주읍 공격과 민가 방화에 대한 기록이 없는 것으로 보아 그것은 그 이후의 사건으로 볼 수 있다.

326

이르러 토재투쟁 및 반신분활동을 벌였으며, 또 한 무리는 20일께부터 大馬酒幕 등에 취회하여 평민들의 私債문제 및 逼葬人塚문제를 다루기도 하였다. 이들 두 부류의 농민군은 24일에 각각 大馬市場 변두리의 접주 文龍云家에 모였는데 도합 25, 26명이 되었으며, 그들은 環刀와 銃, 槍 및 紅旗를 문 밖에 꽂아놓고 잡인이 들어오는 것을 금하면서 그곳을 폐정개혁기관으로 삼았다. 한편 23일 저녁 성주 지경 내에 들어온 金泉 농민군 15명도 토재투쟁을 하면서 大馬路를 따라 내려와 25일 밤 문용운가에 이르러 하루 먼저 도착한 지례 농민군과 연합하여 이후 이들 40여 명의 무장농민군이 이 지역의 폐정개혁을 주관하였다. 25일 아침에는 농민군 7명이 관아로 들어가 성주목사와 동헌에서 조세문제를 협의하여 결가는 매결 15냥, 호포는 매호에 봄, 가을로 각각 6전씩 시행토록 결정하고, 이를 농민군 1명과 將校 1명, 軍牢 1명이 令旗를 가지고 읍내 각 동을 순행하면서 반포하였다. 이들 무장농민군 지도부는 金泉의 曹春三과 具某, 그리고 尙州 아전 申某였다. 이들은 이 지역 동학교단 조직의 협조를 받으면서 포교보다는 성찰 등을 중심으로 폐정개혁 활동에 주력하였다.

농민군의 토재투쟁 및 반신분활동이 읍내외 각 지역에서 점차 강화되어가고 있음에도 읍내 관속과 보수지배층은 속수무책이었다. 목사도 조세개혁 등에서 농민군의 요구를 일방적으로 들어줄 수밖에 없었고, 일선에서의 농민군의 개혁 활동에 대해서도 관을 비롯한 보수지배층은 방관하거나 협조하지 않을 수 없었다. 타지역에서와 같이 평시에 농민들에게 인심을 잃지 않았거나 또는 농민군에게 우호적인 인사를 제외하고는 일반적으로 양반지주 및 부민들은 농민군의 개혁대상으로서 철저하게 곤욕을 치러야 했다. 公廳의 各僚들뿐만 아니라 성내에서 '조금이나마 밥을 먹을 수 있었던 자들'조차도 피신하는 경우가 많았으며, 하물며 晉州의 새 營將이 부임하는 길에 성주를 지나가다가 농민군이 모였다는 말을 듣고 하인들을 물리친 후 單轎로 몸을 숨겨 지나갈 정도였다. 이 지역에서도 농민군이 행정을 완전히 장악하고 있었다. 25일과 26일에는 토재활동을 비롯한 계급투쟁이 철저히 진행되었다. 며칠 사이에 농민군의 개혁활동에 동조하여 새로 입도한 자들이 생겨남에 따라 농민군의 군사적 대오에 가담한 자들은 근 100여 명으로 늘어났다.

이러한 가운데 읍군측의 급작스런 공격은 26일 저녁에 이루어졌다. 농민군의 활동을 피해 숨거나 마지못해 협조하던 읍의 관속들, 곧 아전과 將校 및 軍牢와

使令들은 농민군의 급격한 행위에 스스로 공분하여 이날 저녁 성밖 松臺 근처에 모여 의견을 모았고, 여기에 읍의 樵軍과 雇奴들이 차례로 모여 기백 명이 무리를 이루었다. 이들은 처음에는 虛張聲勢하여 농민군들로 하여금 몰래 도망가도록 하고자 하였다. 그러나 한편 전적으로 우세한 입장에서 또한 관의 협조까지 받으면서 활동을 전개하던 농민군은 이 소식을 전해듣고 급히 무장하여 관문으로 들어가, 한편으로는 옥문을 부수어 營 및 邑의 죄수를 방출하고 다른 한편으로는 군기고를 공격하여 총·창 및 화약과 탄알을 탈취하려 하였다. 이에 牧使는 首校 등을 초치하여 급히 나팔을 불고 북을 치게 하여 농민군을 공격케 하자 읍군은 일제히 창과 몽둥이를 들고 동문 밖에서 농민군 몇 명을 쳐죽이고 곧바로 농민군이 둔취해 있던 접주 文龍云 및 徐達龍의 집을 공격하여 방화하고 숨어있던 농민군 몇 명을 찾아내어 打殺하였다. 방심하고 있던 농민군은 급작스런 읍군의 취회 소식과 공격에 미처 제대로 대응해보지도 못하고 퇴산할 수밖에 없었다. 이때 타살된 농민군은 18명에 이르렀다.

읍군은 계속해서 농민군에 가담한 자들로 보이는 인근 金泉 및 扶桑 등지에 거주하는 잡직에 종사하는 자, 부랑자, 건달 등을 추적하고자 하였으나 이후 기본적으로는 수성에 전력을 기울이지 않을 수 없었다. 앞서 들어온 인근 지역 농민군에 뒤이어 후속 농민군이 대군을 형성하여 성주에 진입할 것이라는 소문이 일찍부터 있었던 터에 이번에 읍군이 농민군 18명을 타살한 사건으로 인해 관을 비롯한 읍내 보수지배층들은 한껏 긴장해 있었다. 그들은 한편으로는 관속과 마을 장정들로 하여금 邑軍을 조직하고 守城條目을 만들어 농민군의 공격에 대비해나가고, 다른 한편으로는 일반 민들로 하여금 동학농민군에 들어가지 못하도록 하면서도 境內의 東學人을 읍내 별칭 星州接으로 초청하여 그들과 和好하는 타협책을 모색하고 있었다. 보수지배층들뿐만 아니라 일반 민들에게도 이러한 긴장된 분위기는 팽배해 있었다. 외촌에 거주하는 사람들은 한번 동학에 들어갔던 사람들뿐만 아니라 일반 商賈들도 읍내로 들어오지 않으려 했으며 場市조차 형성되지 않았다. 따라서 巡營에서는 읍의 장부를 조사하여 營需 및 官需로 쓰는 상납미가와 포목가를 헤아려 매결당 5냥 7전 정도를 감해주었으며 그것을 장시에 공시하기도 하였다. 그리고 한편으로 관에서는 報恩의 崔時亨에게 通文을 보내어 이번에 타살된 사람들은 동학의 道人이 아니라 火賊이니 염려하지 말도록 미리 조치하고 있다. 정통 儒林의 입장에서는 도저히 할 수 없는 행위였으나 행정을 담당한 관의 현실적인 위기의식에서 나온 조처라 누구도 어찌 할 수 없었다. 민간에서는 김천 및 부상 등지에서 농민군이 무수히 취회하여 장차 읍내로 들어온다는 소문이 끊이지 않았고 27일 이후부터는 성 안팎에서 재산을 옮기고 피신하는 사람들이 많았다. 이러한 가운데 읍군을 구성한 양 기반 중의 하나인 읍촌 民丁들마저 관에서 경비를 조달할 수 없어 9월 2일 밤부터 해산했던 고로 읍의 수비력은 한층 약화되었다.

이러한 시기에 인근에 집결했던 약 만여 명의[137] 연합농민군은 일제히 기포하여 총·창으로 무장한 채 성주읍을 공격하였다. 농민군이 대마시장에 진을 치자 목사 吳錫永은 대구 감영으로 달아나고 諸吏 또한 사방으로 흩어졌다. 농민군은 별 저항없이 府中으로 들어가 관아와 객사, 향교 등 公廨를 제외한 전민가에 방화하여 근 천여 호가[138] 소각되었다. 諸吏家의 錢財와 布帛 및 寶貨는 빼앗기지 않은 것이 없고 심지어 땅에 묻어 둔 것까지 파헤쳐 탈취하였다.[139] 농민군 18명을 타살한 데 대한 철저한 보복이었으며 특히 읍군의 주요 구성원이었던 읍의 吏屬들과 民丁들이 일차적인 공격대상이었으나, 예천지역에서 농민군 11명이 살해된 뒤의 보복적인 읍 공격에서 농민군이 실패했던 경험으로 인해 이 지역에서는 연합농민군의 대대적인 공격과 급격하고 무차별적인 보복이 이루어졌던 것으로 보인다. 실제로 예천 공방전을 직·간접적으로 경험했던 상주 농민군의 지도부 중 接司 呂聖度 및 左翼將 張汝振 등이 성주읍성 공격에 참가한 것으로 나타나고 있는 것으로 보아[140] 이들의 경험이 전술적인 결정과정에서 영향을 주었을 것이며 그것이 결국 과격한 초토화 방향으로 나타났던 것이라고 할 수 있다. 다만 관아를 비롯한 공공기관은 초토화 대상에서 제외시키고 있어 주목된다.

농민군의 성주읍성 공격 직후 대구 남영병이 성주로 향하고 있고,[141] 성주목

---

137) 경상감사 趙秉鎬가 중앙정부에 보고한 내용에 의하면, 성주에 진입한 농민군을 幾百 명으로 기록하고 있다(《羅巖隨錄》 9월).

138) 중앙정부에서 성주와 하동에 내탕금 1만 냥을 내릴 때 성주지역의 피해가옥 수는 6백여 호로 파악되고 있다(《羅巖隨錄》 10월).

139) 9월 4일경 농민군의 성주공격 상황은 《歲藏年錄》(9월 내용);《渚上日月》 8월 29일; 《固城府叢瑣錄》 9월 6일 등을 참조

140) 《討匪大略》 11월 27일 및 12월 6일 참조

141) 주 98) 참조

사 오석영이 중앙정부에 의해 징계되고 있으며, 10월 초에는 내탕금을 내려 경
상감사로 하여금 성주지역의 피해를 복구토록 하고 있는 것으로 보아 늦어도 9
월 중순 이후에는 이 지역의 농민군도 관군에 의해 곧 진압된 것으로 보인다.

2) 남서부지역

경상도 남부지역의 여러 읍에서도 19세기 말의 보편적인 사회경제적 폐단에
대응하여 직접생산자 농민들의 움직임은 그들의 역사적 성장과 더불어 점차 조
직적인 저항형태로 나타나고 있었다. 1894년 정월에는 咸安과 泗川에서 농민들
의 항쟁이 발생하였고,[142] 3월 말에는 金海에서 또한 농민항쟁이 일어났다.[143]
이들 농민들은 "官政의 貪汚와 교활한 鄕吏들의 挾雜"으로 인한, 특히 結 및 戶
에 부과하는 각종 賦稅문제를 둘러싼 吏胥들의 농간에 격분하여 '倡義矯革旗'
등을 내세우고 죽창을 들고 천여 명 내지 수천 명씩 궐기하여 아전과 향민의 가
사를 불태우고 폐정개혁을 요구하였다. 이들은 呈訴를 통한 방법보다는 농민들
을 규합하여 무장시위를 하고 하급 관리들을 징치하는 형태로 투쟁을 전개하였
으나 대개 인근 지역 수령들로 구성된 조사관이 파견되어 수습하면 진정되었다.
그러나 부농을 포함한 광범한 농민층이 관의 重稅 부과에 반발하면서 봉기한
김해에서는 농민들이 부위문으로 습격하여 대소관리를 징치했을 뿐만 아니라
관인을 탈취하고 부사와 그 가족까지 지경 밖으로 축출하고 있어 그 과격성이
더하였다.

이들 경상도 남부지역의 동학교세도 일찍부터 성장하고 있었다. 1893년 3월
충청도에서의 報恩聚會와 호남에서의 金溝聚會가 이루어졌을 당시 경상도 남부
지역에서는 密陽에서 수만 명의 동학교도들이 都會를 개최하고 있는데,[144] 이는

---

142) 咸安의 경우는 1월 12일에 발생하여 宜寧군수가 조사관으로 파견되어 1월 말경에 수습이 되
   고 있으며, 泗川의 경우는 1월 16일, 17일경에 발생하였는데 固城부사가 査官으로 파견되어 2
   월 16일부터 27일까지 각종 文簿조사 등을 통해 드러난 폐단을 교정한 후에 일단 수습되고 있다
   (《固城府叢瑣錄》 1월 18일 및 2월 15~27일 참조).

143) 金海府下 수천 명의 인민들에 의한 봉기는 3월 24일에 발생하며, 昌原府使를 明査官으로 파
   견하여 善後策을 쓰게 함으로써 수습하고 있다(《金海民亂 槪況》(5. 19 ; 陰 4. 15), 《駐韓日本
   公使館記錄》 1, 48쪽 ; 《渚上日月》 4월 6일 ; 《日省錄》 고종 31년, 4월 9일).

144) 癸巳三月望間 傳聞三南東學輩都會于各道 忠淸則會于報恩 嶺南則會于密陽 本道則會于金溝
   衆各至數萬 彼徒之服色 着無袖靑周衣 袂口紅飾云(金在洪, 《嶺上日記》)

호서·호남을 비롯한 전국적인 동학교단 조직과 상호 연관을 가지면서도 이 지역의 동학교세를 바탕으로 별도의 조직적인 집회가 열린 것으로 볼 수 있다.

그러나 한편 이들 남서부지역은 경상도 북서부지역과는 달리 호남지역의 동학농민군과 밀접히 연결되고 있는 것으로 볼 수 있다. 1894년 전라도지역에서 1차 농민봉기가 일어나 전라감영이 있는 전주지역까지 휩쓸자 경상감영에서는 호남농민군이 점차 영남지역으로 침투해올 것으로 우려하고 이에 대비해 각 읍은 경계를 철저히 하도록 여러 차례 감결을 내리고 있다.[145] 남서부에서 동학농민군에 의한 봉기는 4月경에 농민군 지도자 白道弘이 수천 명의 농민들을 모아 晋州 북서쪽의 德山面을 중심으로 활동한 적이 있으나 그것은 이내 진주 營將 朴喜邦이 이끄는 營兵에 의해 그달 말경에 진압됨으로써, 이 지역에서 1894년 여름 이전의 농민군에 의한 무장활동은 북서부지역에서와 마찬가지로 활발하지 못하였다.[146] 그러나 전라도 각 지역에서 농민군의 집강소활동을 통해 폐정개혁이 이루어지고 있던 7, 8월경이 되면 경상도 남서부지역에서도 남접 농민군의 계통적 지시에 따른 읍폐의 교정작업이 이들 지역에서 대거 신입한 농민군세력을 바탕으로 추진되었다. 즉 河東의 농민군 崔鶴鳳은[147] 南原 全琫準 接所의 공문을 가지고 정치를 염찰하는 일로 6월 그믐께부터 경상도 남서부 각 지역을 순회하고 있으며, 8월 초 固城에 도착하여 부사 吳宖默에게 보여준 공문에 의하면 "수령의 정치와 민간토호를 염찰하는 일과 8월 15일 영남 각 접이 宜寧 白谷村에 都會하여 살핀 바의 폐단을 경장한다"는 내용으로 되어 있었다. 또한 8월 중순경에는 咸安 농민군 李乙丁과 전라도 金溝 농민군 韓憲敎가 역시 같은

---

145) 《固城府叢瑣錄》 4월 11·25일, 6월 3일. 특히 고성부와 같이 沿海에 위치한 읍에서는 해안으로의 잠입을 우려하여 軍務에 戒嚴을 더욱 강조하고 있으며, 일반적으로 경상도 남서부 각 지역이 더욱 긴장하고 있음을 볼 수 있다.

146) 이 봉기는 백도홍 외 지도부 2명이 체포된 즉시 효수되고 수십 명이 투옥됨에 따라 4월 하순경에는 진정되고 있다(《固城府叢瑣錄》 4월 21일 ; 〈東學黨近況探聞記〉, 〈慶尙道內東學黨景況探聞報告〉(6. 13 ; 陰 5. 10), 《駐韓日本公使館記錄》 1, 68~69쪽].

147) 崔鶴鳳은 崔達坤의 변성명으로, 그는 7월 24일 하동을 출발하여 8월 말경까지 昆陽, 德山, 丹城, 咸安, 昌原, 馬山浦, 鎭海, 固城, 統營, 巨濟, 熊川, 金海, 東萊, 機張, 蔚山 등지를 두루 돌아다니며 주로 민요가 일어났던 지역에서는 수령을 만나 폐막을 시정토록 촉구하고 있다(〈甲午 9월 初8일 東學黨供招記〉(10. 11 ; 陰 9. 13), 《駐韓日本公使館記錄》 2, 65~71쪽 참조). 그가 호남농민군의 최고지도자인 全琫準의 公文과 탐학한 관리와 토호들의 명단을 적은 廉探記라는 치부책을 가지고 각 읍의 수령을 질책하거나 폐정개혁을 촉구하고 있기에 그를 '전봉준의 암행어사'로 보기도 한다[이이화, 《동학농민전쟁 인물열전》(한겨레신문사, 1994. 4) 참조].

내용으로 각 읍을 순행하고 있으며, 이들은 우선 민요가 발생한 지역을 찾아가 수령의 득실과 무단토호를 규찰하고 懲勵하고자 하였으며 민요의 실상을 조사하여 폐단을 교혁하고자 하였다.[148] 이와 같이 전라지역 농민군이 직접 영남 남부지역의 폐정개혁에 참가하기도 하고 또는 이들 지역의 동학 접조직이 호남지역 남접의 폐정개혁 지침을 가지고 읍폐를 시정해나가기도 하였다. 영남 남서부지역 농민군의 활동이 호남지역 농민군과 조직적으로 연계되어 있음을 볼 수 있는데, 이러한 관계는 제2차 농민전쟁시 그 전개과정에서도 뚜렷이 나타나고 있다.

영남 남서부지역에서의 농민전쟁의 전개과정은 9월 초순경의 하동 지역 전투와 이어서 10월 중순경에 진주 일대를 중심으로 전개된 관군 및 일본군과의 전투가 주요한 내용을 이루고 있다.

河東은 영남과 호남의 경계에 위치해 있고 섬진강 하구에 위치하여 강과 바다의 이점을 모두 갖추고 있어 일찍부터 남쪽지방의 영·호남 사람들이 많이 모여 상업도 발달해 있었다. 호남지역에서 동학농민전쟁이 일어나고 전라도 대부분의 지역에서 농민군에 의한 폐정개혁이 진행될 즈음인 7월에 접어들어 광양지방의 농민군은 하동 지역에서 활동하던 상인들을 농민군에 포섭하여 그들을 중심으로 河東府에 都所를 설치하고 폐정개혁을 추진해나갔다. 그러나 이 시기 새로 부임해온 부사 李采淵은 지리산 아래 花開 마을의 民砲를 이용하여 농민군을 강건너 광양지방으로 몰아내었고, 농민군을 추종했던 상인들의 집과 처자식은 철저히 보복을 당하였다.[149] 이후 광양에 취회한 농민군은 하동 공략을 계획하고 준비해나갔다.

한편 전라도 농민군이 전주성을 퇴각한 이후 金溝 지역의 농민군 지도자 金仁培는 각지의 농민군 수만여 명을 이끌고 남쪽으로 내려와 6월부터 順天에 嶺湖大都所를 설치하고 大接主로서 남부지역의 폐정개혁을 주관하면서 군기를 모으고 군수전곡을 거두기도 하였다.[150] 또한 현지 순천의 劉夏德을 首接主로 삼아 군사력을 정비하여 영남지역으로의 진출을 꾀하고 있었다. 이때 마침 광양으로 축출당한 하동 농민군이 자체 힘으로 하동을 공격하기 어려워 도움을 요

---

148) 주 63), 64) 참조
149) 《梧下記聞》 二筆, 7월, 185쪽
150) 〈巡撫先鋒陣謄錄〉《東學亂記錄》 上 國史編纂委員會, 680쪽

청하자 영호대도소의 농민군은 이들과 더불어 적극적으로 하동 공략에 나섰다.

9월 1일, 김인배는 유하덕과 함께 하동 및 순천지역 농민군 만여 명을 이끌고 섬진강가에 이르러 부대를 둘로 나누어 강을 건너 한 부대는 하동부 북쪽에, 다른 한 부대는 부 남쪽에 진을 쳤다. 이때 하동의 관군은 부사 이채연이 모집한 鄕兵과 金鎭玉이 이끄는 花開 民砲로 구성되어 있었는데 이들은 府 뒤쪽 鞍峯에 진을 치고 농민군의 공격에 대응하였다. 9월 2일 초저녁, 어둠이 깔리자 농민군은 몸에다 부적을 붙인 채 함성을 지르며 사방에서 관군을 공격하였다. 관군은 統營에서 가져온 大椀砲 12座를 배치해놓고 있었으나 점화방법을 잘 몰라 발사가 지체되었고 쏜 포탄도 모두 공중으로 날아가버리자 향병은 겁을 먹고 어지러이 흩어져 앞을 다투어 달아나버렸다. 잘 조직된 민포군 35명만이 응전하였으나 이들도 숫적으로 우세한 농민군이 사방에서 포위망을 좁혀오자 결국 서쪽의 포위망을 뚫고 달아났으며, 부사 이채연도 농민군의 보복이 두려워 대구(칠곡)로 도피하였다. 이 전투에서 다수의 농민군과 민포군 3명이 희생되었다.

농민군은 날이 밝자 대오를 수습하여 府 안으로 들어가 10여 채의 민가에 불을 지르고 府內에 都所를 설치하였으며, 성밖에는 33진으로 列陣하여[151] 읍권을 완전히 장악하였다. 또한 농민군은 마을을 순회하면서 토재활동을 벌였으며, 花開洞에 들어가서는 가장 먼저 민포가 일어난 곳이라고 하여 보복적으로 방화하여 500여 채의 민가를 불태워 초토화하였다.[152] 그리고 토색한 물품들은 그들의 근거지인 광양과 순천으로 여러 날에 걸쳐 옮겨갔다.

읍을 점거한 후 5, 6일이 지난 뒤, 하동에는 유하덕이 이끄는 부대로 하여금 계속 주둔케 하고[153] 농민군 주력부대는 일단 하동을 철수하여 일부는 회군하고, 다른 일부는 김인배가 인솔하여 晉州로 이동하였다.[154]

하동전투에서 농민군이 크게 이기고 읍을 점거하자 인근의 泗川·昆陽·丹城

151) 〈監理署에서 파견한 巡査가 東學黨을 視察한 報告〉(10. 11 ; 陰 9. 13) 《駐韓日本公使館記錄》 2. 71~72쪽

152) 이때 城內外의 인민 수백 명이 燒死하였으며, 나머지 민들도 사방으로 도피하였다(주 151) 참조). 이로 인해 하동은 경상도 내에서 성주와 더불어 가장 피해가 컸던 지역으로 인정되어 중앙정부에서 수습책으로 내탕금을 내리고 있다(주 133) 참조).

153) 앞의 주 151) 참조

154) 이상의 하동전투 상황은 《梧下記聞》 二筆, 9월 1·2일, 217~219쪽 참조.

·晉州 등지에서도 동학농민군들이 크게 고무되어 일시에 봉기하였다. 진주에 서는 9월 2일 농민군이 곳곳에 榜文을 내걸고 이 달 8일 오전에 각 리마다 13 명씩 일제히 平居 廣灘津으로 빠짐없이 모여 이산될 지경에 놓인 진주민의 상 황을 논의하고 폐정을 개혁하자고 촉구하였다.[155] 애초에 각 면의 里首 1명, 知 事人 2명, 果遊軍 10명으로 구성된 대표자 모임을 계획했으나 정작 9월 8일 당 일에는 진주읍 73개 면의 주민들이 每面마다 100명씩 제각기 죽창을 들고 읍내 시장가에 모여 都會를 열게 되었다.[156] 이 대회는 진주지역 농민군과 하동에서 김인배가 인솔해온 호남농민군이 연합하여 개최하였던 것이고, 3일간 지속되었 던 듯하며, 이때 진주 읍내에 忠慶大都所를 설치했던 것으로 보인다.[157] 그리고 진주에서의 이 대회는 동학에 가입한 자들뿐만 아니라 관리들의 횡포에 지쳐있 던 일반 농민들의 동학농민군에 대한 우호적인 입장과, 또한 營將을 보내 김인 배를 맞아들이기도 한 晉州兵使 閔俊鎬의 특별한 제지가 없었던 상황하에서 이 루어졌다. 관아를 점거하기 위한 관군과의 전투는 없었으나 김인배의 호남농민 군과 진주를 비롯한 인근 지역 농민군의 연합세력은 兵營이 위치한 남부지역의 군사적 요충지를 무혈로 입성하여 점거한 것이나 다름이 없었다.

진주 지역 농민군의 기세는 대단하였고 폐정개혁의 기운이 무르익었다. 8일 부터 10일까지 3일간의 대회를 마치면서 농민군 지도부는 다시 각 면에 사통을 돌려 다음날 11일 재차 농민군대회를 준비하였다. 각 리 각 동의 里任과 洞掌들 에게 전달된 9월 10일자의 이 私通文에는[158] 民弊를 矯正하기 위해 大洞에서는 50명, 中洞에서는 30명, 小洞에서는 20명, 더 작은 洞에서는 10명씩으로 하여 명일 오전에 復興大峙로 집결토록 하고 있으며, 만일 나오지 않거나 지체하면 먼저 그 동의 이임과 동장의 집을 소탕하겠다는 단서까지 달고 있어서 대회의 성사를 한층 강조하고 있음을 볼 수 있다. 이들은 "14, 15년간의 흉년을 거친

155) 〈東學黨의 檄文通報 및 情報通知 요청〉(10. 22 ; 陰 9. 24) 내 ①晉州初次掛榜(甲午 9월 初2 일) 《駐韓日本公使館記錄》 1, 139쪽
156) 주 151) 참조
157) 주 155)의 '晉州初次掛榜'의 내용에 의하면 各里에서는 각각 3일간의 食糧을 가지고 와서 대 기하도록 하고 있으며, 8일의 대회가 개최된 후 3일째인 10일에는 各里 各洞으로 보내는 私通文 ('再次私通')과 嶺南右道 各邑村에 거주하는 大小民에게 알리는 榜文이 작성되었는데, 특히 후자 의 '東學徒掛榜'은 忠慶大都所의 명의가 기재되어 있다.
158) 주 155)의 ②再次私通(甲午 9월 初10일)

뒤 금년 또한 77일간의 大旱을 만났는데도 온갖 폐단이 발생하고 있으니 어찌 믿고 살 수 있겠는가'라고 호소하면서 전체 읍민의 지지를 바탕으로 개혁을 추진하고자 하였다.

한편 진주가 실질적으로 농민군에 의해 장악되고 인근 각 지역에서 농민군이 봉기하자 충경대소를 중심으로 한 동학농민군들은 진주 지역의 폐정개혁을 위한 농민군의 지역모임과는 달리 反日의 기치를 내걸고 慶尙右道 전체 차원의 농민군대회를 조직하였다.

호남지역과는 달리 영남의 각 지역에는 일본군의 병참부가 설치되어 있어서 일찍부터 일본군과 크고작은 마찰이 일어나고 있었다.[159] 일본상품 및 자본이 점차적으로 지방에까지 침투함에 따라 소빈농을 중심으로 한 직접생산자와 소상인 등이 현실적으로 경험하는 민족적 모순은 전국적으로 보편화되어가고 있었으며, 더욱이 6월의 일본군에 의한 경복궁쿠데타 이후 동학농민군의 반일지향은 구체화되어 나타났으나, 경상도지역은 이에 더하여 일본군의 병참노선을 따라 일본군 수비대와 쉽게 접촉할 수 있었기에 그것은 한층 일찍 현실화되었다. 경상도 북서부의 함창·태봉 및 예천·문경·안동 등지에서 농민군의 무장활동이 강화되던 8월 이후에 농민군에 의한 일본 병참부 공격계획과 일본군 장교 살해 등 반일문제가 일찍부터 제기되었고, 다른 한편으로 상주·선산 등지에서는 농민군의 활동이 인근에 위치한 낙동 등지의 일본군 수비대의 공격에 의해 쉽게 진압되기도 하였다. 경상도 남부지역에서도 9월 14일 밀양과 인근 지역 농민들로 구성된 1천 5, 6백 명의 농민군이 봉기하여 밀양부로 공격해들어갔으나 그 지역 일본 병참부의 수비병에 의해 격퇴되었다.[160] 이와 같이 경상도지역에서 일본군에 의한 농민군의 진압은 호남지역을 비롯한 전국의 동학농

159) 6월 중순 이후부터 일본 병참부가 京釜間 軍用電線을 설치하면서 각지의 조선 인부를 강제로 동원하여 갈등을 빚었으며, 특히 大邱에서는 7월에 접어들어 이로 인해 민심이 크게 동요하였을 뿐만 아니라 100여 명이 반일봉기를 일으키기도 하였다(≪固城府叢瑣錄≫ 7월 3·15·18일 ; ≪時事新報≫ 陰7월 12일). 그리고 전선이 설치된 이후에는 일본군에 대한 저항으로 전신주를 파괴하거나 전선을 절단하는 일이 각지에서 발생하였는데 특히 大邱·洛東·長川 등지에서 빈번하였으며, 일본군은 그것을 동학농민군의 소행으로 파악하고 있다〔〈軍用電線 切斷者 단속책에 관한 具申〉(9. 24 ; 陰 8. 25), ≪駐韓日本公使館記錄≫ 2, 55~56쪽 등 참조〕.
160) 〈南部各地 東學黨의 출몰과 진압〉(10. 20 ; 陰 9. 22) ≪駐韓日本公使館記錄≫ 1, 193~194쪽 ; ≪南部兵站監部陣中日誌≫(陰 9. 15) 등 참조

민군 토벌을 위해 일본에서 별도로 파견된 후비보병 제19대대에 의한 공식적인 진압작전이[161] 수행되기 이전에 각 지역의 병참부 수비대에 의해 일찍부터 이루어지고 있었다. 요컨대 경상도지역에서는 농민군에 의한 폐정개혁을 수행해감에 있어서 반동적인 봉건관료들을 비롯한 보수지배층 일반과 더불어 일본군도 일찍부터 현실적인 적대세력으로 등장하고 있었던 것이다.

이러한 상황하에서 진주에서는 농민군에 우호적이었던 진주병사 민준호의 교체 소식이 전해졌고, 농민군은 그것을 일본군의 압력과 농간에 의한 것으로 파악하였다. 농민군은 9월 10일 대회를 마치면서 경상우도 전인민을 대상으로 榜文을 게시하여 "지금 우리 道流(동학농민군)들이 왜인을 섬멸하고 그 잔당을 초토할 때를 당하여" 삼남의 咽喉이며 33읍 중에서 大節度使의 營門인 진주를 맡아 올바르게 다스릴 수 있는 閔公을 뜻하지 않게 보내고 "왜인과 약조에 따라 선출된 新兵使"를 어찌 맞아들일 수 있겠는가. 嶺右 士民들의 重望을 받고 있는 옛 병사 민준호는 그 임기 동안 유임해주기를 바라고 신병사는 우리 지역으로 들어오지 못하게 하는 뜻에서 통문을 발송하여 晋州에서 대회를 갖고자 한다고 천명하였다.[162] 진주병사의 유임 요구를 위한 농민들의 궐기대회를 계기로 영남우도 각 읍의 농민군을 규합하여 반일 반침략의 대오를 조직하자는 것이었다. 여기에는 "비록 外道人이라 하더라도 만일 義憤과 奇謀가 있는 사람이라면 상을 내릴 것"이라고 하고 또 "道人이라고 칭하는 사람으로서 大都所가 마련한 標準을 무시하고 사사로이 討索한 사람들은 모두 와서 호소해주기 바란다"고 하여 동학에 가입한 교도들만의 폐쇄적인 모임이 아니라 반일을 기치로 내세운 전인민의 민족적인 대회를 추진하였다.

이 무렵부터 약 보름간에 걸쳐 晋州를 비롯한 인근의 南海, 泗川, 昆陽, 固城 등지에서는 호남농민군과 현지 농민군에 의해 주로 反官활동을 중심으로 한 폐정개혁이 한층 강화되고 있었다.[163] 그리고 河東의 농민군 수천 명은 9월 15일

161) 後備步兵 第19大隊의 本部 및 第1, 第2中隊는 10월 9일(陽 11. 6.)에 仁川에 도착하였고, 全羅·忠淸·慶尙道의 농민군을 토벌하기 위하여 西路·中路·東路의 3개의 진로로 나누어 10월 15일 龍山을 출발하여 大隊長 南小四郎의 총지휘하에 농민군 진압에 나서고 있다(〈後備步兵 第19大隊 運營上의 訓令과 日程表〉(11. 10 ; 陰 10. 13) 《駐韓日本公使館記錄》 1, 153~156쪽 ;〈南部兵站監과 東學黨討伐에 관한 件〉(11. 7 ; 陰 10. 10) 같은 책 3, 369쪽 ;〈3路로 進軍할 日本軍 龍山 出發命令〉(11. 10 ; 陰 10. 13) 같은 책 3, 373쪽 등 참조).
162) 주 155)의 ③東學徒掛榜(甲午 9월 初10일) 참조

336

곤양 多率寺에서 취회한 후 진주로 향해가다가, 역시 곤양 읍성으로 들어가 조
총 20여 자루를 탈취하고 진주로 향하던 光陽·順天 농민군 수천 명과 진주 접
경 完沙 등지에서 합류하였다.[164] 17일에 진주로 들어간 이들 하동·광양 등지
의 농민군들은 각 관청 건물에 接所를 설치하기도 하였다. 또한 16일에도 南海
에서 활동하던 농민군 200여 명이 진주에 취회하기 위해 곤양 등지를 향해 이
동하였고, 지난 8일 진주지역으로 들어와 현지 농민군과 함께 농민군대회를 개
최한 후 병영으로 들어가지 않고 三嘉面 등지로 나갔던[165] 영호대접주 김인배도
18일에 천여 명을 이끌고 다시 입성하는 등, 이 시기 진주에는 충경대도소에서
영남우도 전체 인민을 대상으로 주관한 반침략 성격의 농민군대회를 위해 적어
도 신입한 농민군을 포함한 다수의 동학농민군이 집결해왔다. 이와 같이 17일
을 전후해서 진주성 내에 집결한 각 지역의 연합농민군들은 18일에 농민군대회
를 개최하였던 듯하다. 대회장에서는 나팔을 불고 북을 쳤으며 포성이 우뢰 같
았고, 銃槍劍戟으로 무장한 농민군의 列陣 앞에는 큰 홍기가 세워졌는데 '輔國
安民' 4자가 큰 글씨로 씌어져 있었다.

진주 읍성이 농민군에게 완전히 장악된 채 전개된 반봉건 반침략의 농민군
시위에 대해 관에서는 속수무책이었다. 관속은 대부분 도피하였고 병사와 목사

163) 이 시기 농민군의 동향을 살펴보면, 9월 11일 호남농민군 19명이 南海를 공격하여 吏廳을 장
악하고 농민군을 석방하였을 뿐만 아니라 마을을 순회하며 읍폐를 교정하였고, 이들 농민군이 昆
陽 등지로 나아간 16일에는 그 세력이 200여 명으로 확대되어 있었으며, 장차 진주로 갈 계획이었
다. 또한 13일에는 여러 지역 연합농민군 수백 명이 泗川을 공격하여 戶長과 吏房을 잡아가고 이
들 下吏의 집에 방화하였으며, 東軒 들어가서는 軍器庫를 파괴하고 무기를 탈취하였으며 錢財를
토색하고 錢標까지 강제로 빼앗아갔다. 18일에는 호남농민군 100여 명이 다시 泗川으로 들어왔
고, 19일에는 泗川지역 농민군 일부가 南海 방면으로 나가기도 했으나 泗川에서의 이러한 反官활
동과 討財투쟁은 22일경까지 지속되었으며, 이 시기 농민군에 신입한 자들이 많아 그 수는 2천여
명에 이르게 되었다(《慶尙道 泗川의 東學黨에 관한 實況報告》《駐韓日本公使館記錄》 1, 146~
147쪽). 그리고 14일에는 晉州의 代如村 농민군이 各面에 읍폐를 교정한다는 통문을 돌리고 읍내
에서 집회를 가졌다. 이들은 市場에 帳幕을 설치하고 人家를 불태웠으며, 東軒에 들어가 죄수를 석
방하고 천여 명의 무리가 玉泉寺에 진입하여 방화하였다. 한편 20일경 泗川에서 활동하던 농민군
은 두 부대로 나뉘어 각각 固城과 統營 및 南海 방면으로 향하였는데(위의 《공사관기록》 참조),
固城에 들어온 농민군 600여 명은 읍내의 砲糧米를 빼내어 인근 마을에 나누어주기도 하였다(앞의
《狀啓》 중 南海縣令李圭豊牒呈, 泗川縣三公兄文狀, 晉州牧使柳奭牒呈, 固城府使申慶均牒呈 등
참조).
164) 《狀啓》(昆陽郡守宋徵老牒呈)
165) 《梧下記聞》 二筆, 籤紙⑧, 340쪽 참조

가 여러 차례 효유하였으나 제지할 수 없었다. 이들 연합농민군은 대회 이튿날
인 19일부터 소속부대별로 퇴거하기 시작하여 부산에서 일본군이 진주를 향해
출발하던 24일까지는 진주성에서 완전히 철수하여 일단 각 지역으로 물러났다.
퇴거하는 과정에서 中軍將이 이끄는 수백 명의 농민군은 召村驛 및 代如村 龍
尋洞 등지로 이동하면서 토재활동을 벌이기도 하였다.[166]

　한편 9월 2일 호남농민군에 의해 하동이 점거된 이후 동학농민군의 기세가
영남 남서부 각 지역에 확대되어나가자 부산 등지의 일본군은 호남농민군의 경
상도지역으로의 진입에 긴장하면서 동학농민군의 동향을 주시하고 있었다. 釜
山 監理署에서 主事와 巡査 등을 먼저 파견한 뒤, 9월 14일에 이르러서는 兵站
部에서도 별도로 巡査와 憲兵을 하동 등지로 파견하여 정찰을 강화토록 하고,[167]
이들의 보고가 도착하는 대로 병력을 파견하기 위해 부산의 일본 領事는 서
울의 일본 公使와, 공사의 照會를 통해 조선정부 및 경상감사 등에 다각적으로
조치를 취해두고 있었다.[168] 특히 경상감사가 직접 지방 군사를 이끌고 하동·
진주 지역으로 출장할 것을 요망하는가 하면, 또 한편으로 일본군대가 통행할
沿邑 각 지방관에게 인부·우마 기타 양식 징발 등에 관해 편의를 제공해주도
록 요구하였다. 이러한 사전 조처와 함께, 진주·하동 지역으로 파견했던 정찰
원이 돌아와 진주에 군집한 수천 명의 동학농민군이 두 갈래로 나누어 부산을
습격할 것이라는 보고가 있자, 9월 24일 아침에 부산의 병참부에서는 대기시켜
두었던 수비병 1개 중대를 즉각 파견하였다. 이들은 '白山丸'으로 馬山浦로 출
항하여 그곳에서부터는 육로를 이용하여 진주로 향하였다.[169] 경상도 남서부지
역에서 영·호남의 동학농민군에 의한 봉기를 진압하기 위한 일본군의 공식적
인 첫번째 파견이었다. 그리고 이 역시 삼남지역을 비롯한 전국의 동학농민군

166) ≪狀啓≫(晋州牧使柳䒀䔒呈)
167) 〈東學匪徒의 河東 공격에 따른 順査·兵力派遣문제〉(10. 12 ; 陰 9. 14) ≪駐韓日本公使
　　館記錄≫ 1, 129쪽 ; 〈東學黨의 河東 攻取에 따라 偵察員 派遣〉(10. 12 ; 陰 9. 14) 같은 책
　　3, 351~352쪽
168) 〈東學黨 鎭撫를 위한 河東으로의 出兵의 件〉(10. 15 ; 陰 9. 17), 〈東學黨 鎭撫에 따른 大邱
　　監司 협조의 件〉(10. 15), 〈朝鮮政府에 慶尙監司·釜山監理 출장청구 요망〉(10. 17 ; 陰 9. 19)
　　≪駐韓日本公使館記錄≫ 3, 285, 355, 357쪽 ; 〈河東 부근 東學黨 群集과 日軍출병에 따른 地方
　　官의 편의제공 문제〉(10. 20 ; 陰 9. 22) 같은 책 1, 135쪽 등 참조
169) 〈晋州 東學黨의 釜山襲擊 예정〉(10. 22 ; 陰 9. 24) ≪駐韓日本公使館記錄≫ 3, 358쪽 ; 〈東
　　學黨의 檄文통보 및 情報통지 요청〉(10. 22 ; 陰 9. 24) 같은 책 1, 139쪽

을 토벌하기 위한 일본군의 전면적 진압작전에 앞서 이루어진 것이었다.

그리고 9월 초순 이래 일제히 일어난 영남 남서부지역 농민군의 왕성한 활동에 대해 거의 속수무책이었던 관에서도 일본군의 출병과 때를 같이하여 농민군 진압에 나서고 있다. 즉 중앙정부에서는 9월 25일에 이르러 大邱判官 池錫永을 討捕使로 임명하고 安義縣監 趙元植을 助防將으로 임명하였으며, 특히 지석영으로 하여금 대구 관군을 이끌고 진주·하동 등지로 가서 일본군과 협동하여 농민군을 토벌하도록 하는 동시에 統營에 대해서도 군병을 동원하여 이에 합류하도록 하였다.[170]

한편 진주에서 물러난 농민군들은 고성·사천·단성·합천 등 인근 지역에서 활동하였으나 이들 지역으로 파견된 일본군 및 관군과 직접적인 전투를 전개하지는 않은 듯하다. 일본군의 다음과 같은 보고를 보면,

지금 이곳 慶尙右道의 동학당들은 본래 별난 인물들이 아니라, 오로지 무리를 취합하여 도적질을 한 사람들로 官軍과 對陣하여 싸우지도 않았습니다. (중략) 대체로 생각해보면 이 무리들은 병사를 포진하여 체포하려고 하면 모두 쥐처럼 도망을 치고 체포를 중지하면 새처럼 모여 변란을 일으키고 있으니, 일본군대가 무슨 술책으로 새처럼 흩어지고 쥐처럼 도주하는 그 무리들을 쫓아서 체포할 수 있을 것인지요. 아무래도 일본군은 진주에 진을 치고 지방병의 기세를 돕는 것이 타당할 것입니다[171]

라 하고 있는데, 당시 이들 지역 농민군은 진압군에 대항하여 정규전을 벌이기보다는 동학농민군에 가담하거나 최소한 우호적인 읍내외의 민을 바탕으로 하여 유격전술을 펼친 것으로 보인다. 농민군들은 '常人·賤人·私奴·官屬의 下輩·패망한 班種의 浮浪分子들'로 구성되어 있었으며, 그 중에서 邑屬은 명령을 하달한 '官人과 가까운 자들로서 "그들은 외촌에 있는 東匪들의 耳目이 되어 官家의 動靜을 모두 소개"하는 등 농민군의 유격활동에 큰 도움을 주었다.

다만 河東에서는 부근에 남아 있던 농민군 700여 명과 藤坂 소위가 이끄는 부산 수비병 1개 소대가 9월 29일 廣坪洞에서 한 차례 전투를 벌였으나 일본군

---

170) 《統記》 第41冊 및 《啓草存案》(奎17240) 9월 25일
171) 〈慶尙右道東學黨擾亂 景況과 이에 대한 意見〉 《駐韓日本公使館記錄》 1, 170쪽

의 우세한 화력에 밀려 농민군은 곧 섬진강 건너편으로 후퇴하지 않을 수 없었
다. 일본군은 강을 건너서 30일에는 蟾居驛 부근에서 퇴각중인 농민군을 추격
하기도 했지만, 아직 전라도지역까지 토벌할 계획은 없었고 또 하동지역 곳곳
에 농민군이 다시 출몰하자 곧 河東으로 되돌아왔다.[172]

그리고 애초에는 중·소위 각 1명이 일본군 지휘를 위해 파견되었으나, 10
월 7일에는 일본군 제4중대장 鈴木 대위가 서부 경남지역에 파견된 일본군을
총지휘하기 위해 昆陽에 도착하여 대구에서 파견된 관군 및 일본군과 합류하
였다.[173] 한편 관군 및 일본군이 河東·晋州 지역으로 출병한 이후 10월 초순
경까지는 이 지역 농민군의 활약이 수그러들고 진정되는 듯하였으나[174] 그것
은 농민군의 유격전술과 관련된 현상이었으며 결코 완전히 수습된 것은 아니
었다. 오히려 일본군과의 전면전은 이후부터 전개되었다. 즉 10월 9일에는
농민군 400여 명이 곤양에서 서쪽으로 10리쯤 되는 安心村 남쪽의 金鰲山에
집결하였고, 이튿날 鈴木 대위가 인솔하는 일본 수비병 2개 소대의 공격으로
쌍방간에 치열한 전투가 전개되기도 하였다. 이 금오산전투에서 농민군은 5
명의 전사자와 28명을 일본군 포로로 남겨둔 채 퇴각하였다.[175]

또한 같은 날 진주 栢谷村에도 농민군 5, 6백 명이 집결하였으며, 점차 그 수
가 증가하고 있는 것이 일본군에 의해 탐지되기도 하였다. 10월 11일경 농민군
은 진주부의 동쪽 20리에 위치한 松村과 북쪽 30리에 위치한 集賢山 아래에도
집결하였으며, 단성 북쪽 10리에 있는 頂亭 및 동쪽 5리에 있는 院本亭에도 역

---

172) 〈慶尙道西南部暴徒擊攘報告〉10월 27·28일(陰 9. 29·30) ≪釜山府史原稿≫ 6, 544쪽

173) 〈釜山領事의 日本外務大臣에 대한 報告 甲〉(10. 18 ; 음 9. 20) ≪駐韓日本公使館記錄≫ 2,
83쪽 및 위의 〈暴徒擊攘報告〉≪釜山府史原稿≫ 6, 544~545쪽. 특히 후자의 내용에 의거하면,
일본군 파견 초기에는 遠田 중위가 第3中隊의 2개 小隊를, 藤坂 소위가 第4中隊의 1개 小隊를
각각 인솔하게 하였다.

174) 河東 부근으로 파견되었던 齊藤 副官도 하동지방의 暴徒는 이미 全羅道 방면으로 퇴산했다
고 보고하고, 부산에서 파견된 守備兵도 멀지 않아 철수할 것이라고 예상하고 있다〔≪駐韓日本
公使館記錄≫ 1, 京第94號(11. 10 ; 陰 10. 13), 157~158쪽 ;〈河東 부근의 暴徒 全羅道 방면
으로 退散〉(11. 8 ; 陰 10. 11) 같은 책 3, 370쪽〕

175) 〈晋州·昆陽지방 東學黨 景況과 鎭撫狀況〉(11. 12 ; 陰 10. 15) ≪駐韓日本公使館記錄≫ 1,
158쪽 및 앞의 〈暴徒擊攘報告〉(11. 7 ; 陰 10. 10) ≪釜山府史原稿≫ 6, 545쪽. 後者의 기록에
는 농민군 死體 70餘 口가 山間에 모아져 있었다는 지역민의 말을 전하고 있는데, 이로 보아 昆
陽 지역의 金鰲山전투는 이후 晋州 水谷村의 高僧山城 전투와 더불어 일본군을 상대로 한 큰 전
투였음을 짐작할 수 있다.

시 4, 5백 명씩 집결하고 있었다. 한때 위축되어 보였던 농민군은 대오를 정비하고 진주성을 공격함으로써 일본군을 중심으로 한 진압군에 대항하여 전면전을 펼 계획이었던 것으로 보인다. 집현산과 송촌 등 진주 부근의 이들 농민군은 12일에 단성지역으로 이동하여 그곳에 집결해 있던 농민군과 연합하였고, 대략 4, 5천 명으로 확대된 이들 연합농민 대군은 이튿날 저녁 진주를 공략하기 위해 다시 水谷村으로 진군하였다.

한편 백곡촌에 모여 있던 농민군이 진격을 한다는 보고를 10월 11일에 받은 일본군은 이튿날 오전 6시에 곤양을 출발하여 수곡촌에 이르렀으나, 농민군이 진주부 부근 송촌·집현산 등지에 집결하여 정세가 화급하다는 토포사 지석영의 보고에 따라 다시 진주부로 이동하여 다음날 13일에는 중대를 둘로 나누어 일부는 下官이 인솔하여 송촌으로, 다른 일부는 遠田 중위가 인솔하여 집현산 아래로 출발하였다. 그러나 농민군이 단성 지역으로 이동한 후여서 다시 진주부로 회군하여 단성지방의 농민군이 오후 9시에 수곡촌으로 진격해온다는 내용을 탐지한 후, 다음날 14일 새벽 4시에 진주를 출발하여 昆陽路의 중간지역에서 농민군을 맞아 싸우기로 했으나 농민군의 움직임이 없자 수곡촌까지 이동해 갔다.

쌍방간의 전투는 14일 오전 8시경 高僧山과[176] 주위 들판에 가득히 포진해 있던 4, 5천 명 농민군의[177] 선제공격으로 시작되었다. 일본군은 우세한 화력으로 응전하면서 점차 진공해나갔다. 공방전은 치열하였다. 일본 정규 군대의 막강한 화력에 밀려 농민군의 절반이 산 북쪽으로 퇴거했으나 산 위에 있던 농민군은 첩벽에 의지하여 일본군의 공격에 완강히 맞서 방어했으며, 일단 퇴거했던 농민군도 다시 일본군의 우측을 습격해왔다. 일본군은 3개 소대로 나뉘어 공격하였는데 10시경 1개 소대는 산 위의 성벽으로 돌입하여 이를 탈취하였고, 다른 1개 소대로는 계속 우측 농민군 속으로 돌입시켰으며, 이보다 앞서 遠田 중위로 하여금 1개 소대를 인솔하여 좌측으로부터 농민군을 구축하게 하였다. 오전 11시경 농민군이 서북쪽 德山(智異山 쪽)을 향해 패퇴함으로써 전투가 종결되었다. 일본군은 이를 계속 추적했으나 미치지 못하였다. 일본군의 보고에

---

176) 현재 慶南 河東郡 玉宗面 北芳里에 위치한 해발 185m의 고성산을 의미하는 듯하며, 고승당산 또는 고시랑산으로 불리기도 한다(이이화, 앞의 책, 120~121쪽 참조).
177) 일본군은 이 시기 농민군의 수효를 1,400~1,500명 정도로 파악하고 있다.

의하면 이 전투에서 농민군 186명이 전사하고 2명이 생포되어 토포사에게 인계된 것으로 기록되고 있다.[178]

경상도 남서부지역 농민군을 일본군과 관군이 연합하여 토벌하고자 한 원래의 계획과는 달리 이들 각 지역에서의 몇 차례 전투에서 진압군측의 조직적인 연합작전이 이루어진 적은 별로 없었다. 이 시기에도 토포사 池錫永 및 영장 朴英鎭 등의 관군(統營兵 100명, 晋州兵 208명)으로 하여금 진주에 남아 수성케 함에 따라,[179] 이 水谷村의 高僧山城 전투도 농민군과 일본군 1개 중대와의 전면적인 정규전으로 전개되었으며, 결과적으로 농민군이 내세운 척왜의 기치와 더불어 반외세 성격의 농민전쟁으로 전개되었던 것이라고 할 수 있다.

한편 9월 초순 이후 하동·진주 등지에까지 진출하여 김인배 등의 지휘하에 활동하던 호남농민군은 9월 24일경 관군 및 일본군이 출병하자 광양·순천 등지로 후퇴하여 다시 농민군 대오를 수습하고 재차 하동 공략을 꾀하였다. 10월 19일경 이들은 順天에서 부대를 이끌고 光陽의 成皁驛(蟾居驛)에 진을 치고 지난 9월의 공략방법처럼 한 갈래는 望德 앞바다로 향하게 하고, 다른 한 갈래는 蟾津을 향해 나아가게 하여 아래 위에서 공략하고자 하였다.[180]

호남농민군이 하동으로 온다는 소식을 듣고 수곡촌전투 이후 진주 인근에 머물러 있던 지석영의 관군과 일본군도 10월 19일경에 하동 지역으로 이동하였다. 농민군이 鷹峙 및 三峯山으로 둔집하는 것을 발견한 일본군은 20일 아침 하동 지역 廣坪洞으로부터 섬진강을 건너 三峯山 및 蟾居驛 등지의 농민군을 공격하고 돌아왔다.[181] 그리고 22일에는 호남농민군의 하동 지역 공격방략을 제보를 통해 확인한 관군 및 일본군은 먼저 일본군 40명으로 하여금 섬진강 상류로 건너가 농민군의 후방을 포위하여 매복해 있도록 하였고, 지석영이 이끄는 관군은 望德 바다를 밖으로 건너 농민군의 귀로를 차단하게 하였다. 그리고 섬진강 동쪽에 남아 있던 일본군 수십 명으로 하여금 豆治津을 곧바로 기습하게 하였다. 농민군은 일본군의 갑작스런 공격에 놀라 황급히 강을 건너 퇴주하면

178) 이상 고승산성 전투는 〈晋州附近東學黨擊破詳報送付〉(11. 19 ; 陰 10. 22) 내 第3報告(陰 10. 13), 第4報告(陰 10. 15) ≪駐韓日本公使館記錄≫ 1, 204~205쪽 참조

179) 위의 책, 第5報告(11. 12 ; 陰 10. 15), 206쪽 참조

180) ≪梧下記聞≫ 三筆, 10월 22일, 255쪽

181) 앞의 〈暴徒擊攘報告〉(11. 16 · 17 ; 陰 10. 19 · 20) ≪釜山府史原稿≫ 6, 545쪽 ; 〈晋州出張兵 撤收 및 東學徒 彙報〉(12. 2 ; 陰 11. 6) ≪駐韓日本公使館記錄≫ 1, 188쪽 참조

342

서 다수의 사상자를 내었다. 섬진강 서쪽에 포진해 있던 농민군 또한 퇴각하여
蟾居驛 부근의 김인배 부대와 합류하였으나 매복해 있던 일본군의 공격을 받게
되었고, 또한 지석영의 관군이 측면을 공격함에 따라 농민군의 주력은 날이 저
물어 포위망을 뚫고 광양으로 퇴각하였다. 일본군을 비롯한 진압군측의 우세한
화력과 기습작전으로 농민군이 크게 패배하였으나 날이 저문 이후의 雨中 전투
는 농민군의 화력을 더욱 약화시켰다.[182]

관군 및 일본군은 지역방어상의 한계로 인해 농민군을 더이상 추적하지 않고
하동으로 물러났으며 24일에는 하동에서도 철수하였다. 이후 부산에서 파견된
일본군은 진주 등지에 머물다가 11월 1일 부산으로 귀항하였다.[183] 따라서 龍
山에서 파견된 일본군의 東路 分進隊가 대구에 도착하여 이 병력과의 협력계획
은 변경되었으나 요청이 있을 시 다시 출병하기로 되었다. 그러나 公州에서 호
남·호서지역 농민군 주력부대가 일본군의 西路 및 中路의 分進隊에 패한 이후,
南原 지역으로 퇴각한 세력 외 일부 농민군들이 茂朱 등지의 전라·경상 양도
의 경계지역에서 다시 활동하면서 경상도지역으로의 진입이 예상됨에 따라 대
구 등지가 위협을 받게 되자[184] 부산 병참사령부에서는 우선 三浪津에 주둔한
일본 병력 1개 분대를 대구로 파견하여 洛東의 益田 대위의 부대와 협력하여
농민군을 방어토록 하였다.[185] 한편 11월 중순경 충청 및 강원도 지역의 堤川·
寧越·平昌 등지에서 농민군을 진압하고 있던 일본군 후비보병 제19대대의 동
로 분진대 2개 중대에게는 상황에 따른 새로운 남진 진로가 구체적으로 하달되
고 있었다. 즉 石森 대위가 이끄는 1개 중대는 그 지역 농민군을 토벌한 후 洛

182) 《梧下記聞》 三筆, 10월 22일, 255~256쪽 ; 위의 〈暴徒擊攘報告〉(11. 19 ; 陰 10. 22)
《釜山府史原稿》 6, 546쪽 ; 《駐韓日本公使館記錄》 1, 京第103號(12. 2 ; 陰 11. 6), 188
쪽 ; 〈晋州·全羅 南西部 東學黨征討의 件〉(11. 25 ; 陰 10. 28) 같은 책 3, 381쪽
183) 《梧下記聞》 三筆, 10월 22일, 256쪽 ; 위의 〈暴徒擊攘報告〉《釜山府史原稿》 6, 546
쪽 ; 〈洪州·釜山지방 東學黨征討 狀況〉 내 11월 29일(陰 11. 3) 報告와 11월 28일(陰 11.
2)의 訓令 내용 《駐韓日本公使館記錄》 3, 307~308쪽 참조
184) 大邱監司의 음력 11월 6일字 電報내용에 의하면, 錦山에 있던 농민군은 이미 安義 六十嶺을
넘어와 그 지역 읍군이 저항하고 있고, 黃澗 및 永同의 농민군은 金山과 知禮를 향하고 있으며,
茂朱의 농민군들은 居昌지방을 향하고 있다고 파악하고 있다(《駐韓日本公使館記錄》 1, 京第
103號, 188~190쪽).
185) 주 184) 및 〈慶尙地域 東學黨征討報告〉(12. 2 ; 陰 11. 6) 《駐韓日本公使館記錄》 3, 311
쪽

東을 거쳐 河東지역으로 진출토록 하였으며, 宋本 대위의 중대는 11월 16일 즉시 開寧·金山·知禮·居昌을 경유하여 咸陽·南原 지역으로 진출하되 知禮에서 중로와 서로 분진대 각 중대와 합류하여 서남쪽으로 나아가면서 농민군을 구축하도록 하였다.[186]

그리고 일본군이 철수한 뒤에 하동에는 경상감사가 영남우도 7개 읍에서 모집한 병력 300여 명으로 섬진강을 방어하도록 하였으며, 지석영의 관군은 草溪에 농민군의 움직임이 있다는 보고에 따라 그곳으로 이동하였고,[187] 이후 그 부대는 진주 등지에서 농민군 진압활동을 벌였던 것으로 보인다.[188] 이외에도 관군의 동향을 보면, 10월 중순경 領官 崔處圭가 南營兵 100명을 인솔하여 玄風·昌寧·宜寧·高靈을 순회하고 있으며,[189] 일본군 동로 분진대가 경상도 북서부지역을 경유하여 남서쪽으로 진출하는 11월 중순경에도 경상감사는 남영병 100명을 역시 최처규로 하여금 지휘하게 하여 陜川·居昌 등지로 파견하고 있다.[190] 그리고 중앙정부에서도 영남 남서부지역의 농민군을 토벌하는 과정에서 거창부사 丁觀燮을 召募使로 임명하여 인근 지역 민병을 모집해 농민군을 진압케 하였으며, 11월 7일에는 인동부사 趙應顯을 討捕使로, 하동부사 洪澤厚를 助防將으로 새로 임명하여 이 지역에서의 토벌작업을 마무리하게 하는 한편, 그동안 토포사로 진주와 하동 지역에서 일본군과 함께 농민군을 진압해왔던 대구판관 池錫永을 晋州牧使로 임명하여, 영남우도의 요충지이면서 또한 농민군 활동의 근거지였던 진주에서의 농민군의 재차 봉기를 근절하고 농민군 토벌 이후의 수습을 담당하게 하였다.[191]

이러한 일본군 및 관군의 토벌작전에 의해 경상도 각지의 농민군 활동도 점차 약화되었다.[192] 한편 10월 하순 하동 공략에 실패하고 광양으로 물러난 김인

---

186) 〈寧越等地에 있는 石森大尉에게 보낸 訓令寫本의 送付〉(12. 12 ; 陰 11. 16) ≪駐韓日本公使館記錄≫ 1, 229쪽
187) ≪梧下記聞≫ 三筆, 256쪽
188) 일본군의 12월 2일(陰11.16)자 보고 중 그간의 東學徒의 動靜에 의하면, 討捕使 池錫永은 晋州에 들어온 '東學徒의 首領 金相吉을 체포하여 연행해오지 않고 그 자리에서 처형하는 등 극단적인 토벌활동을 수행하고 있었다(≪駐韓日本公使館記錄≫ 1, 京第103號, 190쪽).
189) 〈嶠南隨錄〉 ≪各司騰錄≫ 50, 163~164쪽
190) 위의 책 ≪各司騰錄≫ 50, 178~179쪽. 경상감사 趙秉鎬는 이전 11월 15일에도 兵房 朴恒萊의 인솔하에 병정 30명을 安義縣에 급파하고 있다.
191) ≪日省錄≫ 고종 31년 10월 22일, 11월 7·14일

344

배의 농민군 부대는 다시 대오를 수습하여 유하덕 부대와 함께 순천으로 이동, 그곳을 거점으로 하여 농민군 활동을 강화하면서 11월 중순 이후에는 우세한 기세로 여러 차례 全羅 左水營을 공략하였으나 결국 좌수영병 및 부산에서 해상을 통해 재차 파견된 일본군에 의해 궤멸되었다.[193] 12월 초순경에는 이들 지역에서의 농민군 활동도 대체로 진압되어갔다.

5. 맺음말

19세기 말의 社會經濟的 조건은 세부적인 면에서는 지역적 차별성을 찾아볼 수도 있겠으나 대체적으로는 삼남지역을 비롯해 동일한 현상을 보여주고 있었다. 조선후기 이래 生産力의 급속한 발달과 더불어 小農民經營의 自立性이 실질적으로 확립되어갔고, 그것은 직접생산자 농민층의 역사적 성장의 밑바탕이 되었다. 그러나 한편으로 生産關係의 변화는 상대적으로 느리게 나타나고 있을 뿐이었으며, 기득권을 가지고 있던 지배층은 오히려 변화된 조건을 토대로 기본적인 관계를 재편하여 수탈체제를 강화하고자 하였다. 즉 商品貨幣經濟의 발달과 함께 새로운 농업경영을 통해 경제적으로 성장하는 농민층도 나타나고 있었으나, 일반적으로 지주층은 그러한 관계를 한층더 활용하여 富를 축적해갔다. 더구나 배타적인 所有權을 점차 확보해가면서 地主制는 더욱 강화되어갔고 상대적으로 노동과정에서 발생하는 잉여생산물이 직접생산자에게로 돌아갈 여지는 한층 희박해졌다. 그리고 身分制는 이러한 변화가 중세적 기득권층에 유리하도록 여전히 강고하게 작용하고 있었다. 이러한 조건에서 부르주아지가 실질적인 변혁세력으로 확고하게 성장하지 못한 이상 변혁의 길은 농민으로부터 추동될 것이었다. 그리고 그것은 창시된 후 정부의 탄압을 받으면서도 30여 년이 경과하면서 일정하게 성장해 있었던 동학이 농민들을 포용하고, 농민들은 동학 조직을 통해 결집되어 反封建의 개혁적 노력을 구체화해가는 것으로 나타났다.

---

192) 10월 22일경 하동 지역에서의 전투 후에도 智異山谷을 근거지로 한 泗川·南海·丹城·赤梁·固城 및 宜寧·三嘉 등지에서도 농민군의 활동이 있었으나 무기를 탈취하는 등 작은 지역단위의 개별활동에 그치고 있다(앞 김준형의 논문, 98쪽 참조).
193) 호남 남부지역 사례연구는 이 책에 수록된 박찬승의 논문을 참조할 것.

경상도지역에서의 농민전쟁도 동학에 가입한 농민들을 중심으로 조직적으로 전개되었다. 경상도 각지에서는 1894년 봄부터 여름 사이에 동학교단 조직에 농민들이 대거 신입해왔다. 이러한 현상은 기존 교단조직의 포교활동에 의한 것이기도 하겠으나, 무엇보다도 호남지역에서 동학농민군에 의한 1차 봉기와 그것을 통해 획득한 농민군 권력을 토대로 실질적인 개혁이 이루어지고 있었던 데서 온 자극이 더욱 컸다. 특히 全羅 및 忠淸 양 도와 인접한 경상도 서부지역에는 호남지역 농민군의 활동소식이 수시로 전해지고 있었고, 그것은 官을 비롯한 보수지배층에게는 위기의식으로 작용하여 그들을 바짝 긴장하게 하였으나 다수의 농민들에게는 오히려 변혁에 대한 확신으로 다가와 농민들로 하여금 자연스럽게 동학조직으로 몰려들게 하였다. 경상도 북서부지역의 경우 6, 7월경이 되면 매일 천여 명이 동학농민군에 가담할 정도로 농민군세력이 급성장하여 각 面마다 接이 分設되었으며, 醴泉郡을 비롯한 동학의 교세가 강했던 지역에서는 만여 명 또는 수천 명으로 大·小接이 구성되기도 하였다.

富農을 포함한 兩班地主 출신, 곧 신분 및 경제적으로 상층 부류가 동학에 입도하여 농민군 지도자 등에 임명되어 활동한 경우도 없지 않으며, 이외에도 下級官屬을 비롯한 다양한 계층이 농민군에 들어오기도 했으나 신입한 농민군의 대부분은 변혁을 요구하는 平·賤民 중심의 하층민들이었다. 광범한 농민층의 가담으로 세력이 급격하게 성장한 동학농민군은 새로이 편제된 접 단위로 자체 무장력도 점차 갖추어가면서 그것을 바탕으로 우선 폐정개혁을 추진해나갔다. 즉 경상도 각지의 농민군은 무장봉기를 통해 邑內를 비롯한 전지역에서 농민군 권력을 확보한 뒤에 개혁을 추진한 것이 아니라 농민군세력이 절대적으로 형성되어 있던 邑外村의 여러 지역에서부터 자체적으로 폐단을 개혁해갔다. 이들 지역에서는 대체로 무장봉기를 기본적으로 인정하지 않고 있던 北接교단의 지시를 계통적으로 받고 있었기 때문이었다.

그리고 경상도지역에서 농민군에 의한 폐정개혁은 사전에 명백하고 통일적인 개혁안을 내걸고 추진된 것 같지는 않다. 그것은 개혁의 전개과정에서 점차 정립되어갈 것이었다. 농민군의 실천적 개혁활동은 한편으로는 兩班地主 및 富豪를 대상으로 討財투쟁 등을 비롯한 反身分활동과 다른 한편으로는 封建賦稅 자체와 그것의 收捧上納 과정을 둘러싼 地方官 및 吏屬들의 수탈에 대항한 反官 활동을 중심으로 전개되었다. 농민군은 봉건적인 신분질서를 부정하였을 뿐만

346

아니라 일상적인 토재활동과 부분적인 지대투쟁을 통하여 기득권을 토대로 한 부의 축적을 인정하지 않았으며, 또한 국가와 직접생산자 농민의 대항관계로 나타나고 있던 正稅로서의 地稅 및 戶稅의 책정 자체를 문제삼아 그것을 減下하고자 하였을 뿐만 아니라, 지방제도와 더불어 수납과정상의 폐단을 극복함으로써 전체적으로 자립적인 小農民의 안정적 성장을 추구하였다. 그리고 일선에서의 그러한 개혁활동 과정은 주로 하층신분으로 구성된 省察 등에 의해 철저한 계급투쟁으로 전개됨에 따라 극단적인 과격성을 띠기도 하였으나, 일반적으로 국왕이 임명하여 파견한 지방관을 직접 징치하는 일은 드물었다.

그러나 기존의 봉건사회 질서를 변혁하는 데는 궁극적으로 권력문제의 해결이 요구되었다. 호남지역에서와는 달리 지방의 행정력마저 완전히 장악하지 않은 채 우세한 농민군세력을 바탕으로 소박하게 전개되던 영남지역 농민군의 초기 개혁과정은 곧 한계에 부딪치게 되었다. 특히 읍내가 농민군에 점거되지 않은 지역에서는 지배층에 의해 보수집강소가 설치되고 자체 무장력을 갖추어 자구책을 모색하기도 하였다. 이제 농민군은 개혁을 실질적으로 수행해가는 과정에서 무장항쟁을 수용하지 않을 수 없었고, 따라서 북접의 정식 起軍令이 있기 이전에 경상도 여러 지역에서도 이미 무장봉기가 일어나고 邑軍과의 전투가 전개되었다.

경상도 북서부의 醴泉 지역에서는 8월 초순에 토재활동을 벌이던 농민군 11명이 읍군에 체포되어 埋殺된 사건이 발생한 이후, 농민군이 읍내를 봉쇄하면서 읍군과의 전투상황으로 들어가 양측간에 여러 차례의 협상이 결렬되고 마침내 28, 29일에는 공방전이 전개되었다. 보수집강소의 部兵을 중심으로 한 읍군측의 조직적인 기습에 의해 두 차례에 걸친 공방전에서 농민군이 패퇴하였지만, 한편으로 월등히 우세했던 농민군은 전투가 임박했던 시기까지도 읍군과의 전투를 불필요한 消耗戰으로 인식하여 적극적으로 대처하지 못하였던 듯하다. 경상도지역에서 발생한 全面戰의 초기과정에서 농민군 지도부가 가졌던 인식상의 한계였다. 그러나 이와는 달리 星州 지역에서 개혁활동을 벌이던 농민군이 읍군의 급작스런 공격에 의해 18명이 타살된 이후, 9월 4일경 경상도 북서부지역 연합농민군에 의한 성주읍성 공격에서는 公廨를 제외하고 諸吏家를 비롯한 民家 천여 호에 방화하여 초토화함으로써 무차별적이고도 철저한 보복을 가하였다. 그리고 9월 중순경 북접의 기포령이 내려진 이후부터는 尙州·金山·善山

·開寧 등 경상도 북서부 각지의 농민군도 진압군에 한층더 적대적으로 대항하여 공격과 방어를 강화하였다.

한편 경상도 남서부지역의 농민군은 동학 북접교단과의 관련성 외에 인접한 호남지역 南接 농민군과 더욱 밀접하게 연결되어 활동하였다. 호남지역에서 농민군 권력을 토대로 폐정개혁이 한창 진행되고 있었던 7월 이후부터는 영남 남서부 각지에서도 농민들에 의한 폐정개혁의 기운이 더욱 높아가고 있었으며, 이 시기 호남농민군이 직접 이들 지역을 순회하거나 혹은 현지의 동학 접조직이 남접의 지휘를 받아 개혁활동을 하기도 하였다. 전투의 전개과정도 주로 호남 농민군과 연합하여 이루어졌다. 9월 2일 김인배가 이끄는 順天지역 嶺湖大都所의 농민군이 河東의 농민군과 연합하여 河東府를 공격하여 점거한 이후 인근의 昆陽·丹城·泗川·晋州 등지에서는 동학농민군이 크게 일어나 大邱 및 釜山에서 관군과 일본군이 파견되는 9월 24일경까지는 실질적인 농민군 권력하에 영·호남 연합농민군의 개혁활동이 강화되었다. 진압군의 본격적인 토벌이 시작된 이후에도 각지의 동학농민군은 遊擊戰術을 구사하면서 대항하였으며, 10월 중순에 접어들어 昆陽 金鰲山전투를 거쳐 14일 晋州 水谷村의 高僧山城전투에서는 경상도 남서부의 연합농민군과 일본군 사이에 치열한 전면전을 전개하기도 하였다.

경상도지역 농민군의 무장봉기에 대하여 大邱의 南營兵이 여러 차례 각 지역으로 파견되어 농민군 토벌에 참가하기도 하지만, 특히 북서부지역에서는 기본적으로 보수지배층이 중심이 되어 자체적으로 조직된 民堡軍과 중앙정부에서 임명한 召募使에 의해 일시적으로 모집된 召募營軍, 그리고 소규모 邑屬들이 진압군의 주축을 이루었다. 농민군 활동이 왕성했던 북서부지역에서도 농민군만의 배타적 권력이 형성되어 있지 않은 경우에는 농민군의 급격한 활동에 위기의식을 느끼면서도 아직 보수지배층은 강고하게 잔존하고 있었을 뿐만 아니라 性理學的 사회윤리에 의거하여 鄕民을 조직해낼 수 있었던 것이다. 이들 영남지역 보수儒生層에게 있어서도 특히 6월 하순 일본군에 의한 경복궁쿠데타 이후 斥倭문제가 실질적으로 다가왔으나, 현실의 계급적인 敵 앞에서 그것은 부차적인 것이었고 오히려 농민군 토벌에 앞장선 일본군을 인정하고 연합하기까지 하였다. 그들에게 있어서 反外勢 문제는 기존의 봉건적인 지배질서를 완전히 회복한 위에서 斥邪論을 바탕으로 가능한 것이었다. 한편 부산에서 서울에 이르는 沿路에 일본군의 兵站部가 설치되어 있었던 경상도지역에서는 다른 지역에서보다도 일본군과의 직접적인 마찰이 일찍부터 있었던 터였고, 호남지역을 비롯한 전국의 농민군을 진압하기 위해 일본에서 별도로 파견된 후비보병 제19대대에 의한 본격적인 토벌이 이루어지기 전부터 각지의 兵站守備隊에 의해 경상도지역의 농민군 활동은 타격을 받고 점차 약화되어갔다. 북서부지역에서 9월 말경, 남서부지역에서 10월 말경에 비교적 일찍 동학농민군이 진압된 것은 일본군의 우세한 화력에 기인하는 바가 컸다. 이후 이들 영남지역 농민군은 公州전투 이후 茂朱 등지에서 결집된 삼남지역 연합농민군에 가담하여 경상도 경계에 인접한 충청도 각지에서 우세한 기세로 전투를 계속하였으나 12월 중순경에는 이들도 대체로 진압됨에 따라 경상도지역에서 기층민을 중심으로 한 반봉건 반침략 근대 변혁운동도 소멸되어갔다.

1894년 호남 남부지방의 농민전쟁

박 찬 승
목포대 교수

1. 머리말

호남지방은 1894년 농민전쟁의 진원지이자 본 무대로서 농민전쟁 연구자들의 주목을 받아왔다. 그러나 그동안 농민전쟁 연구는 주로 전봉준, 김개남, 손화중 등 지도자들이 이끄는 농민군 주력의 이동에 관심을 기울여왔다. 그러나 1894년 농민전쟁의 회오리는 53개 주에 이르는 전라도 전지역에 영향을 미쳐 그해 여름 이른바 집강소시기에는 전라도 전지역이 사실상 농민군의 영향력하에 들어갔다. 물론 이 시기에도 나주성은 여전히 관측의 수성군이 지키고 있었고, 또 어떤 지역은 농민군이 일시적으로만 성을 점령하고 곧 철수한다든가 하는 양상을 보여 농민군의 세력이 각 지역마다 고르게 분포하지는 않았다. 하지만 이 시기 전라도의 전지역은 농민군의 세력하에 들어가 있었고, 따라서 이 지역의 향촌사회는 가위 혁명적인 격동을 겪고 있었다고 할 수 있다. 이 시기 농민군은 기존의 지배체제를 전적으로 부인하면서 새로운 사회질서를 만들고자 하였다. 그러나 그러한 노력은 그해 겨울 일본군과 정부군 그리고 각 지방에서의 수성군·의병·민포군의 반격에 농민군세력이 무너짐으로써 좌절되지 않을 수 없었다. 이제 1894년 농민전쟁 연구는 1894년 격동기의 향촌사회의 모습을 살핌으로써 그 연구영역을 넓혀가야 한다고 생각된다.

이 글에서는 호남지방 가운데서도 특히 노령(갈재) 이남의 남부지방, 즉 현재의 전남지방을 대상으로 한정하여 이 지역에서의 농민군의 세력분포, 주요 접주들의 사회적 성격, 집강소시기 향촌사회의 상황 그리고 각지에서 벌어진 주요 전투를 살핌으로써 이 지방에서 있었던 1894년 농민봉기의 성격을 검토하고자 한다.

2. 호남 남부지방 동학농민군의 세력분포와 지도자들

호남 남부지방에 동학이 처음 전파된 것이 언제인지는 정확히 알 수 없다. 다만 장흥·보성·강진·완도 각 군에 1891년경부터 동학이 포교되기 시작하였다고 확인되는 것으로 보아[1] 서남해안 일대에 동학이 포교되는 시점은 1890년대 초였던 것으로 보인다. 이 시기 호남 남부지방의 동학은 크게 세 가지 교통로를 중심으로 전파되었을 것으로 추정된다. 그 하나는 고창 - 영광 - 함평 - 나주 - 무안 - 해남 - 강진 - 장흥 - 보성 - 고흥으로 이어지는 서남해안 연안이며, 다른 하나는 남원 - 곡성 - 구례 - 광양 - 순천으로 이어지는 섬진강 유역, 다른 하나는 정읍 - 장성 - 담양 - 광주 - 나주로 이어지는 갈재 바로 남쪽의 지역이다.

1894년 당시 호남 남부지방의 농민군세력은 대접주들을 중심으로 몇 개의 권역으로 그 세력이 나누어진다고 볼 수 있다. 광주·장성·나주 지역은 손화중·최경선·오권선의 세력권에, 담양·구례·곡성 지역은 남원의 김개남 세력권에, 장흥·강진·보성·해남 지역은 이방언·이인환·이사경의 세력권에, 순천·광양·승주·낙안 지역은 김인배의 세력권에, 무안·함평 지역은 배상옥의 세력권에 각각 속하였던 것이다. 그런데 주목할 것은 이들 대접주들 가운데 손화중·최경선·김인배·김개남 등이 모두 노령 이북, 특히 고창·태인·금구

1) 필자미상, 1924. 4 〈천도교 장흥부 종리원〉 《천도교회월보》 163(朴孟洙, 1992 〈장흥지방 동학농민혁명사〉 《장흥동학농민혁명사》, 112쪽 참조)

지역 출신들이라는 점이다. 이들 대접주 외에도 영광에서 활동한 양경수·송문수·오하영·오시영 등은 모두 고창·무장 출신들이었다. 이는 당시 노령 이남 지역에서 이방언·배상옥 외에 특출한 대접주를 배출하지 못하였다는 것을 의미한다. 이는 아마도 이 지역에 동학이 전파된 시간이 상대적으로 늦었기 때문이 아닐까 여겨진다.[2]

한편 창평·화순·능주·옥과·구례·곡성 등 내륙지방과 완도·진도 등의 도서지방은 농민군세력이 비교적 약했던 곳으로 보인다. 이는 동학의 전파가 다른 지역보다 더욱 늦었기 때문으로 여겨지는데, 이 지역에 동학 전파가 늦었던 것은 이들 지역이 다른 곳보다 외진 곳이거나, 혹은 보수 양반세력이 보다 강한 곳이었기 때문일 것이다.

그러면 이 지역 출신 지도자들은 대체로 어떤 이들이었을까. 먼저 이 지역 출신 대접주급에 해당하는 이방언·배상옥이 어떤 이였는지 살펴보자. 이방언은 장흥 남면 묵촌 사람으로 본관은 인천, 당시 200석 정도의 지주가로서 부친은 향교의 齋長을 지냈다고 한다.[3] 이로 미루어보아 그의 집안은 당시 향촌사회에서 상당한 세력을 가졌던 가문이었음이 분명하다.[4] 이러한 가문의 배경하에서 그도 한학을 공부하였으며, 한때는 멀리 충청도 예산까지 가서 고산 임헌회에게 배우기도 했다고 한다.

裵相玉(裵奎仁)은 무안 대월리 출신으로 본관은 달성, 신분은 평민, 경제적으로는 소지주 내지 부농 정도에 해당하는 이였던 것으로 보인다. 그는 흔히 '함(함평)무안접주'라 불리었으며, 그 세력은 손화중과 맞먹어 전봉준이나 김개남보다 컸다는 기록도 있다.[5]

---

2) 전북지방, 특히 평야지대에 동학이 전파된 시기는 대체로 1880년대 중·후반경으로 알려지고 있다(박맹수, 1993 〈동학의 교단조직과 지도체제의 변천〉 ≪1894년 농민전쟁 연구 3≫ 역사비평사 참조).

3) 이종찬 씨(이방언의 증손) 증언(1994. 3. 1)

4) 총무처 정부기록보존소, 1994 ≪동학관련판결문집≫, 43쪽에 실린 이방언의 판결문에는 이방언에 대하여 '농업, 평민'이라고 신분을 기록하였다. 그런데 다른 이들의 경우에도 관직을 거치지 않은 자는 모두 '평민'이라고 기록하였다. 이로 미루어보아 갑오개혁의 신분제 폐지 이후 재판기록에서는 비록 양반가라 할지라도 관직을 거치지 않은 경우에는 모두 '평민'으로 기록한 것으로 보인다.

5) 나주목사 민종렬은 양호순무선봉장 이규태에게 보낸 편지에서 무장 손화중과 무안 배상옥은 각기 거느리고 있는 무리가 수만에 이르러 전봉준이나 김개남과 비교할 때 몇 배에 달한다고 쓰고

352

이같은 대접주들 아래에서 그다음의 세력을 가졌던 접주로는 나주의 오권선·전유창, 담양의 남응삼, 흥양의 유복만, 함평의 이화진, 영광의 양경수·송문수, 해남의 백장안, 장흥의 이사경, 장성의 이장태 등이었던 것으로 보인다.

吳權善(吳仲文)은 당시 나주 삼가면 도림·세동·송동·나동에 세거하던 나주 오씨들의 동족부락인 세동 출신으로 어려서 부친이 읍내에 들어가 한때 서당훈장을 해서 생계를 유지해야 할 정도로 형편이 어려웠으며, 성장해서도 초가 두 칸 집에 살고 있던 몰락양반에 속하는 이였다. 하지만 그의 일가 가운데는 부자들이 있어 같은 마을의 吳碩煥은 오권선을 통해 농민군측에 상당액수의 자금을 대기도 하였고, 이웃 도림마을의 吳駿善은 나주 수성군측에 군량미를 대기도 하였다.[6] 그러나 오권선은 이들과는 달리 경제적으로 어려운 처지에 있는 지식층이었던 것이다.

全有暢(全京先)은 나주 노안면 동산 사람으로 본관은 천안이며, 전봉준과 같은 성씨라 해서 일찍이 전봉준이 집에 찾아온 일이 있을 정도로 가까웠다고 한다. 그는 동생 全有元(全京淑)과 함께 백산봉기에서부터 참여했다. 상당한 부자였다고 하나 신분은 평민이었던 것으로 보인다. 전유창은 갑오년 12월 6일 동복에서 체포되어 나주로 압송 도중 사망하였다.[7]

李化辰(李景鎭)은 함평 손불면 장동 사람으로 본관은 공주, 경제적으로는 중농정도, 지식층으로서 부친(李載明), 형(李彦鎭)과 함께 농민군활동을 주도하다가 모두 처형당하였다.[8]

장흥 용계면 용반 지와몰(瓦里)의 李仕京은 부친(李浩仁)이 이미 접주로서 이 지역에 상당한 기반을 마련해온 '대물림접주'였다. 그는 상당한 규모(수백 석지기)의 '평민지주'였던 것으로 보인다.[9]

해남의 白長安은 대둔사 바로 앞의 삼산면 구림리 사람으로 수원 백씨이며, 부친 백용담은 선원록청의 書寫와 巡將을 지낸 바 있었고, 백장안 자신은 1888년 武科 丙科에 급제하여 흔히 '백선달'로 불리던 이였다. 그는 해남의 삼산면

있다(《이규태왕복서 및 묘지명》《동학란기록》하, 503쪽).
6) 오학수 씨(吳碩煥의 증손) 증언(1994. 5. 5) ; 이병수, 《금성정의록》 참조
7) 전대성 씨(전유원의 손자) 증언(1994. 5. 5) ;〈全羅道所捉所獲東徒成冊〉《동학란기록》하, 707쪽
8) 이경보 씨(함평 손불면 죽사마을) 증언(1994. 4. 26)
9) 이정태 씨(이사경 증손) 증언(1994. 2. 25)

접, 비곡면접, 현산면접, 그리고 남문 밖 남동리의 농민군세력을 이끌고 우수영을 공격하기도 하였다. 후일 완도에서 붙잡혀 해남으로 끌려와 처형되었다.[10]

다음 이러한 중간접주들 외에도 소접주들이 상당수 있었던 것으로 보인다. 이들은 대체로 각 면 정도의 권역에서 일정한 세력을 가졌을 것으로 짐작되는데, 이들 가운데 몇몇 신원이 확인되는 이들을 살피면 다음과 같다. 함평 갈동의 鄭安晃은 최근 발견된 고문서에서 함평 갈동면 접주로 확인되는 인물이다.[11] 그는 갈동면(현 월야면) 양정리 양지부락 사람으로 본관은 나주, 신분은 평민, 비교적 부유한 편으로 지식층이었다고 한다.[12] 광양 옥룡면 상평의 徐允若 · 徐亨若 형제는 광양 옥룡면 운평리 상평 사람(본관은 이천)으로 집터만 300평, 담살이를 12호 거느릴 정도로 옥룡면에서 가장 큰 부자였다고 한다. 그의 부친 徐志殷은 옥룡면 面首부터 시작하여 民庫都監, 사헌부감찰, 충훈부도사의 교지를 구할 만큼 신분상승에 관심을 가지고 있던 이였다.[13] 무안 해제 석룡리의 崔文彬 · 崔善泳 형제는 논 8~9두락, 밭 20여 두락을 경작하던 중농층으로서 인근에서는 지식층으로 꼽히는 이였다고 한다. 이들은 智島에서 장정을 모집하여 해제의 臨淄鎭에 都所를 차렸으며, 고막원전투 등에 참여하였다. 이들은 뒷날 함평현에 체포되어 나주성으로 끌려가 그곳에서 처형되었다.[14] 이러한 사례들은 소접주 가운데도 부농 · 중농 내지 소지주층이 상당수 있었음을 보여주는 것이다.

결국 이 지방에서 농민전쟁을 주도적으로 이끈 대접주 내지는 중간접주층은 대체로 볼 때 경제적으로 부농 내지는 중소지주층에 해당하였으며, 소접주층은 부농 · 중농 내지 소지주층에 해당한다고 볼 수 있다. 또 이들 접주층, 특히 대접주 · 중간접주층은 대체로 경제적으로 축적된 부를 바탕으로 향촌사회에서 새롭게 대두하고 있던 사회계층이면서도 사회적으로는 이렇다할 지위를 확보하고

---

10) 白鍾南 씨(백장안의 증손), 白一萬 씨 증언(1994. 5. 12) 및 〈敎旨〉〈紅牌〉 등 고문서 참조
11) 짚 · 풀생활사박물관 소장
12) 정무석씨(정안면의 증손) 증언(1994. 5. 5)에 의하면 정안면은 돈녕부도정의 교지를 갖고 있었다 한다. 이는 그가 신분상승에 관심을 갖고 있었다는 증거가 아닐까 한다.
13) 서형식씨(서윤약의 증손) 증언(1994. 4. 5)
14) 최석봉씨(최문빈의 손) 증언(1994. 4. 2). 현재 무안군 해제면 석룡리 석산마을에는 崔文彬(璋鉉) · 善泳(善鉉) 형제와 從弟인 奇鉉(炳鉉) 등을 기리는 〈海州崔氏三義士碑〉가 후손들에 의해 세워져 있다.

있지 못했기 때문에 지방관의 집중적인 수탈대상이 되었을 것이다. 그런데 그 수탈체계는 당시 민씨정권하에서 극에 달하고 있었고, 따라서 그들의 정치적 불만 또한 극에 달하고 있었을 것이다. 또 이들 접주층 가운데는 소수이긴 하지만 위에서 본 오권선의 경우와 같이 양반가문 내에서 점차 소외되어 사회·경제적으로 몰락해온 계층도 있었다. 이들은 지식층으로서 정치·사회적인 지위에 대한 욕구는 높았으나 당시의 정치·사회구조 속에서 그들이 이를 실현할 수 있는 길은 없었다.

1894년 호남지방에서 진행된 농민전쟁에서 농민군의 지도부를 구성한 것은 현실적으로 이러한 부농·중소지주, 몰락양반층이었다. 이들 계층은 1890년을 전후한 시기 '동학'이라는 새로운 세계관과 사회사상을 접하자 이를 적극적으로 수용하여 접주층으로 등장하였다. 이들은 1892년부터 계속된 신원운동과 척왜양운동 등을 통하여 그 세력을 보다 확대시키고, 또 '보국안민'이라는 저항이념을 만들어냈다. 그리고 마침내 1894년 전봉준이 전국적인 농민봉기를 제창하자 이에 적극적으로 참여하였던 것이다.

한편 소접주층 가운데는 빈농 혹은 천민층으로서 소접주가 된 경우도 없지 않았다. 예를 들어 구례 사적동의 접주 임정연의 경우 그는 본래 丹城 출신의 巫人으로 알려졌다.[15] 또 담양 용구동의 접주 金亨巡은 갑오년 7월 담양의 아전으로서 수성군을 조직하려 한 鞠弘烈을 잡아다 죽임으로써 '强接'으로 이름을 떨쳤는데, 빈농으로서 완력이 강한 이였다고 한다.[16]

그리고 당시 호남지방 농민군의 주력군을 이룬 것은 물론 경제적으로 영세농민·농업노동자·영세상인·영세수공업자, 사회적으로 평민·천민층이었다. 당시 무안현감은 "동학이 창궐하자 강제로 입교한 자는 이를 요행으로 여기고 즐거이 따르는 자는 이때를 타고자 하니 평민으로서 가담하지 않은 자는 거의 없다"고 보고하였다.[17] 또 황현은 농민군은 "그 안에 貴賤老少가 없고, 노비와 주인이 모두 입도한 경우에는 서로 接長이라고 칭하며 마치 친구 사이처럼 대

---

15) 《구례속지》(1924)(박준성, 1993. 6〈농민군활동지 곡성·구례〉《예향》, 123쪽 참조)
16) 용구동(현 담양군 수북면 주평리) 주민들의 증언(1994. 3. 18. 노인회관)과 김종덕씨(김형순 후손) 증언 참고. 황현은 호남의 强接으로서 남원의 화산당접과 담양 용구동접을 꼽았다(《梧下記聞》 2필(《동학농민전쟁사료대계》 1 여강출판사. 이하 《사료대계》로 약함), 160쪽].
17) 〈先鋒陣各邑了發關及甘結〉《동학란기록》하, 328쪽

하니 私奴·驛人·巫夫·水尺 등 賤人이 가장 즐겨 따랐다"고 기록하였다.[18]
이들 계층은 개화파의 신분제 개혁조치가 나오자 이를 계기로 신분해방운동을
더욱 적극적으로 전개하여 오랜 기간 동안 지속되어온 중세적 신분제를 실질적
으로 무너뜨리는 구실을 하였다. 그러나 이들 가운데 일부는 양반·유생·향리
층에 지나치게 적대적인 태도를 보이기도 하고, 또 약탈을 일삼기도 하여 농민
군의 적대세력을 확대시키는 역작용을 하기도 하였다. 농민군 지휘부는 이러한
행태를 극히 경계하고 만류하고자 하였으나, 지도력이 취약하여 뜻대로 되지
않았다. 황현은 이에 대해 "5월 이후 전봉준은 열읍을 순행하면서 이를 절제시
키고자 하였으나, 令은 행해지지 않았다"고 기록하였다.[19]

3. 1차 봉기와 집강소시기 호남 남부지방의 상황

1894년 3월 전봉준·손화중·김개남 등이 무장에서 집결하여 고부 백산에서
창의를 선포하였을 때, 호남 남부지방의 동학교도들도 상당수 농민군으로 참여
한 것으로 보인다. 오지영의 《동학사》에서는 영광·무안·장흥·담양·창평
·장성·능주·광주·나주·보성·영암·강진·흥양·해남·곡성·구례·순천
등지의 동학교도들이 참여했다고 적었다.[20] 이 기록은 상당히 신빙성이 있는 것
으로 보인다. 예를 들어 장흥의 이방언세력, 무안의 배상옥세력은 당연히 참가
하였을 것이다. 이방언은 황룡강전투에서 장태를 고안한 이로 전해지기 때문이
다. 또 옥과의 경우에는 4월 9일 농민들이 옥과현을 습격하여 관곡을 약탈한 뒤
정읍 방면으로 향하여 갔다고 한다.[21] 흥양의 유복만도 후일 전주화약 뒤에 김개
남을 따라 남원으로 들어간 것으로 보아 1차 봉기에 참가한 것으로 보아야 할
것이다. 순천의 경우에도 유하덕이 백산봉기에 참여했다가 6월에 금구 출신의
김인배와 함께 순천에 돌아와 영호대도소를 설치하였다. 이처럼 호남 남부지방
의 동학교도들은 1차 봉기에서부터 적극적으로 참여하였다.

---

18) 《오하기문》 1필(《사료대계》 1), 109쪽
19) 위의 책, 110쪽
20) 오지영, 《동학사》(초고본), 22~23쪽
21) 《주한일본공사관기록》 1, 국사편찬위원회 편, 6쪽

한편 1차 봉기시 관측에서는 어떻게 대응하고 있었을까. 전봉준이 이끄는 농민군이 진공한 영광의 경우에는 수령이 읍을 버리고 도주하였다. 또 함평의 경우에는 수령의 농민군에 대한 대접이 후하여 전봉준으로부터 치하를 받을 정도였으며, 이 소식을 들은 무안의 수령도 농민군의 식사준비를 위해 "밥상을 여막에 분배하고" 기다릴 정도로 농민군의 진격로에 있던 군현의 수령들은 전전긍긍하였다.[22]

당시 나주영에서는 4월 중순 농민군이 고창을 거쳐 영광에 이르렀을 때, 군병을 보충하기 위해 강진·영암·해남·장흥·보성 등지에 군병 2백 명과 포수 50명씩을 각각 징발하여 나주영으로 보내라고 지시하였다.[23] 또 강진의 병영에서도 인근 각 군현에 군병을 징발해 보내도록 지시하여, 흥양에서 100명, 구례에서 50명, 진도에서 63명, 광양에서 49명, 순천에서 150명이 4월 19일에서 22일 사이 병영에 도착하였다.[24] 이들은 이후 나주영과 병영에서 각각 훈련을 받던 중, 4월 말 전주성이 함락되었다는 소식이 전해지자, 병사의 명에 따라 전주성으로 진군하였다가 농민군이 전주성에서 곧 철수하고 초토사 홍계훈이 병영에 罷軍을 명함으로써 회군하여 내려왔다고 한다.[25]

한편 전주성에서 철수한 농민군 가운데 전봉준이 이끄는 세력은 태인에서 다시 집결하여(5. 12경) 정읍(5. 17)-백양사(5. 20 ?)-담양(5. 28)-순창(6월 초)-옥과(6. 14)-광주(6. 16)-남평(6. 17)-능주(6. 18) 등으로 순행하였으며, 김개남이 이끄는 세력은 태인-순창(6. 8)-옥과(6. 9)-담양-창평-동복-낙안-순천-곡성 등으로 순행하였다.[26] 농민군의 주력부대가 이같이 각지를 순회하는 동안, 다른 부대들은 각기 자기의 근거지로 흩어져갔는데, 강진유생 박기현은 《日史》에서 다음과 같이 그 정형을 묘사하였다.

들으니 일전에 東學 3, 40명이 槍銃을 들고 혹은 말을 타고, 혹은 당나귀, 노새 등을 타고 촌민들에게 강제로 명하여 짐을 지게 하였는데 전혀 거리낌이 없었다고

22) 朴冀鉉, 《日史》 갑오년 4월 16일, 18일, 19일, 21일
23) 《日史》 갑오년 4월 14일
24) 《日史》 갑오년 4월 19일, 22일
25) 《日史》 갑오년 5월 9~22일
26) 박찬승, 〈1894년 농민전쟁기 호남지방 농민군의 동향-남원지방의 김개남세력을 중심으로〉 《동학농민혁명의 지역적 전개와 사회변동》

하며, 행로가 양양하여 마치 부귀한 사람이 고향에 돌아오는 것같이 하면서 장흥에 들어왔다고 한다.[27]

이는 당시 장흥지방의 농민군이 1차 봉기에 참여했다가 귀향하는 장면을 묘사한 것으로, 당시 농민군의 기세가 드높았음을 알 수 있다. 그리고 이들 귀향한 농민들은 계속 무장을 유지하면서 각지에 都所를 차리고 평소 원한이 있던 양반, 혹은 지주들을 잡아다 징치하기 시작하였다. 장흥의 경우 동학교도들은 용계면의 자라번지라는 곳에 都所를 차리고 각처의 죄있는 이들을 잡아다 치죄하기 시작하여, 6월 20일에는 山城別將까지 잡혀가는 실정이었다.[28] 이에 강진 병영의 兵使 徐丙懋는 동학도들을 꾸짖는 포고문을 만들어냈는데, 동학도들은 이에 대한 답장에서 다음과 같이 답하였다고 한다.

우리는 義氣에서 일어났으며, 탐오한 관리들을 懲治하고자 한다. 지금 擅權之臣들이 聖德을 가리고 있으니 忠諫之士를 가리켜 夭言이라 하고 鳴寃之民을 가리켜 匪徒라 하며, 심지어 군대로써 도륙하려 하니 진실로 천고에 이러한 변고가 어디 또 있는가. 節下 또한 不義라 하니 심히 가석한 일이다.[29]

당시 각지로 흩어져 나름의 세력을 유지하고 있던 농민군들은 이와 같이 자신들의 起包가 義氣에서 나온 정당한 것임을 확신하고 있었고, 따라서 그만큼 기세도 높았다.

그리고 이 시기 신임 전라감사 김학진의 온건한 정책은 이른바 '舊道', 즉 동학에 입도한 지 오래된 이들로서 그동안 사태를 관망하고 있던 이들까지도 적극적으로 나서게 만들었다. 황현은 이에 대해 "이에 동학에 물든 지 오래되었으면서도 두려워 엎드려 관망하고 있던 자들도 일시에 일어나 道人이라 칭하면서, 수건을 두르고 염주를 차고 부적을 붙이고 주문을 외면서 말을 타고 총검을 가지고 다니면서 무리를 이루어 結陣하니 산과 들에 이러한 무리들이 가득찼다"고 서술하였다.[30] 그리고 그 모인 무리들을 '接'이라 하였으며, 그 우두머리는

27) ≪日史≫ 갑오년 5월 23일
28) ≪日史≫ 갑오년 6월 20일. 자라번지는 현 부산국민학교가 있는 자리로서, 이사경 접주의 집이 있는 부산면 용반리(지와몰)의 바로 앞이다.
29) ≪日史≫ 갑오년 6월 22일

'大接主'이고, 그 다음이 '次接主' 그리고 그 다음이 '接主'라 불리었다고 한
다. 각 接은 큰 경우에 1만 명, 1천 명에 달하는 경우도 있었고, 작은 경우 백
명 혹은 수십 명이었다고 한다. 또 큰 군현의 경우에는 수십 개의 接이 있었고,
작은 군현의 경우 3~4개의 接이 있었다 한다.[31] 또 일부에서는 당시 접주들을
大接主, 小接主, 私接接主로 구분하기도 하였다.[32]

그러면 각 接 내부의 조직은 어떻게 되어 있었을까. 평상시 布德을 할 때 接
에는 接主 밑에 실무를 맡는 接司가 있고, 접주의 자문역을 맡는 敎長·敎授·
都執·執綱·大正·中正 등이 있었다.[33] 그러나 起包시에는 이러한 체계 외에
省察·檢察(禁察)·糾察·周察·統察·統領·公事長·騎包將 등이 설치되었다
고 한다.[34] 물론 그러한 직책의 설치는 각 접마다 상당한 차이가 있었을 것이
다.

전주화약 이후 호남지방 각처에서 동학교도들이 세력을 확장하는 가운데,
1894년 7월 6일 전봉준과 김학진은 전주에서 회합을 갖고, 관과 농민군간의 타
협국면을 유지하기로 합의하였다. 이같은 양자간의 대타협은 官民相和의 원칙
위에서 집강소가 공식으로 설치되는 결과를 가져왔다. 김학진은 농민군 대도소
를 전주성 내에 두는 것을 허락하였고, 전봉준은 농민군을 총지휘할 전라좌·
우도 대도소를 전주성 내에 설치하고 宋熹玉을 도집강으로 임명하였다. 이후
전라도 각 주에는 집강소가 공식적으로 설치되어 수령과 집강이 함께 행정과
치안을 담당하는 양상을 나타냈다. 《오하기문》의 기록에 의하면, 각 읍에서
통치에 나선 接은 스스로 '大都所'라 칭하고, 한 명의 접주를 뽑아 수령의 일을
맡게 하면서 그를 가리켜 '執綱'이라 하였다고 한다.[35] 따라서 이때의 '大都所'
란 곧 이른바 '執綱所'를 의미하는 것이었고, 실제로 '집강소'라는 이름보다는
'대도소'의 이름이 일반적으로 쓰여졌다.

각 주에서의 집강소 설치의 실례를 살펴보자. 해남의 경우, 농민군 2,200여

---

30) 《오하기문》 1필, 107쪽
31) 위와 같음
32) 《주한일본공사관기록》 6, 24쪽
33) 이들 각 직책의 임무에 대해서는 〈전봉준공초〉에 자세하다. 다른 곳에서는 직책으로서 敎長
    ·奉敎·執綱·大正·中正·奉道 등을 들기도 하였다(《주한일본공사관기록》 6, 24쪽).
34) 《오하기문》 1필, 108쪽
35) 위와 같음

명이 7월 16일 해남읍에 입성하여 집강소를 설치하였다고 한다. 집강소에서는
양반부호가에서 금전을 거두어 천민들에게 나누어주고 농민군의 군량미로 충당
하였으며, 조총·천보총·환도·화약·연환 등을 거두어 무장을 갖추었다.[36]
해남읍의 집강소는 현재의 남동리 부근에 설치되었는데, 집강소 설치를 전후하
여 해남읍의 아전인 안씨가의 가옥이 불태워졌다고 한다.[37] 해남의 경우에는 농
민군의 통치기관이 '집강소'라는 이름으로 설치되었다는 사실을 확인해주는 한
예이다.

그런데 앞서 말한 것처럼 당시에는 '집강소'라는 이름보다는 '大都所' 혹은
'都所'라는 이름이 더 광범하게 쓰여졌다. 예를 들어 순천의 경우에는 그해 6
월 금구접주 김인배와 순천접주 유하덕이 이끄는 농민군이 순천에 들어와 순천
부 관아를 점령하고 이곳에 嶺湖大都所를 설치하였다. 영호대도소는 비교적 체
계를 갖추고 있었던 것으로 보인다. 영호대도소의 大接主는 김인배였고, 首接
主는 순천 출신의 유화덕, 都執綱은 승주 쌍암 출신의 鄭虜炯이 각각 맡고 있었
으며, 각 면에는 해당 접주와 집강이 임명되어 있었다고 한다.[38] 순천에서의
'都執綱'은 영호대도소의 대접주 김인배의 지휘하에 행정을 담당하고 있었던
것으로 보인다. 순천에는 8월에 신임부사 이수홍이 부임했지만 이미 김인배 등
이 읍권을 장악하고 있어 이수홍은 이렇다할 권한을 행사하지 못했으며, 그는
10월경 전주로 도피하여버렸다.

강진의 경우는 장흥지방의 동학도들이 7월 초 강진읍에 들어와 都所를 설치
하였다고 한다. 이들은 作廳과 같은 관청의 일부를 점거하고 있었다 한다. 강진
의 경우 동학세력이 약하였기 때문에 장흥 쪽에서 와서 강진읍을 점거한 것으
로 보인다.[39]

그런가 하면 일부 지역에서는 동학도들의 침입을 막기 위해 거짓으로 '都所'
를 설치한 경우도 있었다. 예를 들어 능주와 병영의 경우가 그러하였다.[40] 강진
과 이웃한 병영에서는 동학도들의 병영 진입을 막기 위하여 송정리의 李細和라
는 동학도인을 맞아들여 거짓으로 '兵營道人接'을 만들었다. 이는 병영에 스스

36) 〈道人經過來歷〉(짚·풀생활사박물관 소장)
37) 백일만 씨(해남읍 거주) 증언(1994. 5. 12)
38) 《二六新報》 1895년 1월 25일자
39) 《日史》 갑오년 7월 3일
40) 《梧下記聞》 2필, 187쪽

로 동학접이 있음을 내세워 타지의 동학도들이 入境하는 것을 막기 위한 것이
었다.[41] 그리고 그들은 실제로 장흥 쪽의 동학도들이 7월 15일 병영에 들어오
자 이를 막아내고 그들을 잡아서 33명을 죽이기에 이르렀다.[42] 이후 병영에서
는 장흥 쪽 동학도들의 병영 공격에 대비하기 위해 병영의 군민들에 대한 훈련
을 계속하였다. 그러나 그러면서도 이들은 타지 동학도들이 연합하여 병영을
공격하는 것을 피하기 위해 여전히 '道人接'이라 칭하고 있었다.[43] 이와 비슷한
사례는 비록 호남 남부지방은 아니지만 부안의 경우에서도 볼 수 있다. 이곳에
서는 북접계열에 속하면서 전봉준의 봉기에 반대해왔던 金洛喆이 집강소시기에
다른 지역 동학도들의 침입을 막기 위해 군수와 향리, 유림들의 강권으로 성내
에 會所를 설치하고 경내 동학도들의 '濁亂'을 일절 금하였다고 한다.[44]

한편 강진에 설치되었던 도소는 장흥 동학도들의 철수로 인해 얼마 가지 않
아 철파된 것으로 보인다. 강진유생 박기현은 나주와 강진을 제외한 전라도 모
든 주의 邑中에 都所가 설치되었다고 기록하였기 때문이다. 그는 당시 보성에
도 도소가 설치되어 있었다고 하였다. 그는 나주와 강진 양 읍에만 도소가 설치
되지 않고 수성을 하고 있는데, 강진의 경우 강진현감 閔泳殷은 무능하며, 수성
을 맡고 있는 것은 모두 吏校들이라고 기록하였다.[45] 이는 집강소 혹은 도소가
설치되었던 곳도 일시적으로 설치되었다가 철파된 곳이 많았을 가능성이 있음
을 보여주는 것이다.

예를 들어 완도의 경우, 9월 초 전주의 全尙律과 고금도·조약도의 동학도들
이 완도면 화흥리의 서재에서 많은 사람들을 모아놓고 권고하기를 "각처에서
동학도들이 극심하게 창궐하는데 만약 本所(都所 혹은 집강소를 뜻하는 듯—인용
자)를 세우고 왕래하지 않으면 백성들이 생명을 보존하기 어렵다. 본소를 세우
는 목적은 단지 이것만을 위해서가 아니고 탐관오리와 土豪 및 武斷者를 제거
하는 데 있다"고 하여 도소(?)가 설치되었다고 한다. 그리고 책임자로 심경선과
기타 임원들을 선출하고, 먼저 吏房 金寬七을 잡아다가 매를 때렸다고 한다. 이
사실은 곧 가리포진에 알려져 가리포진에서는 병사를 풀어 심경선 등 임원을

41)《日史》갑오년 7월 9일, 11일
42)《日史》갑오년 7월 15일
43)《日史》갑오년 7월 17일~9월 10일
44)《金洛鳳履歷》, 11쪽
45)《日史》갑오년 9월 16일

잡아 가두었고, 고금도·조약도 사람들은 모두 도망하였다 한다.[46] 이로 미루어
보아 완도와 같이 동학세력이 약했던 곳에서는 일시적으로 도소 혹은 집강소가
설치되었다가 관측의 힘에 밀려 곧 철파되어버렸을 것으로 여겨진다.

그런가 하면 일부 지역은 접주와 수령 사이에 비교적 원만한 관계가 유지되
면서 행정은 수령에게 전적으로 맡긴 곳도 있었던 것으로 보인다. 예를 들어 담
양의 경우 남원에서 김개남의 휘하에 있다가 9월 30일 담양으로 간 南應三은
스스로 식견이 없음을 인정하고 民政은 모두 府使에게 일임하였다고 한다.[47]

한편 읍단위의 집강소 아래에는 각 면 단위의 집강소들이 있었던 것으로 보
인다. 즉 한 군현에 몇 개의 接이 있는 경우 각 접별로 집강소가 설치되었던 것
이다. 최근 발견된 함평 갈동의 집강소에 관한 문서를 보면, 갈동면(현 월야면)
에 집강소가 설치되어 접주 鄭安晃이 집강을 겸하였고, 그 아래에 다시 5명의
집강이 있었다. 이들은 아마도 각 里 단위의 집강을 맡고 있었던 것이 아닌가
여겨진다.[48] 이러한 里 단위의 집강소에서 執綱 등으로 발탁된 이들은 원래 동
학교도가 아닌 이들도 상당수 있었던 것으로 보인다.[49]

다음 나주성의 경우는 집강소기에도 농민군이 전혀 장악하지 못한 곳이었다.
나주는 처음부터 농민군에 적대적인 태도를 보이면서 농민군의 성내 출입을 허
용하지 않았던 곳이다. 나주목사 閔種烈은 4월부터 성을 수비할 차비를 하였다.
그는 정수루 앞에 군중들을 모아두고 다음과 같은 연설을 하였다고 한다.

   너희 군중은 떠들지 말라. 준동하는 저 요적들은 처음부터 부적이나 주문을 가
 지고 우매한 백성들을 현혹시키고 있으니 참으로 인륜 도덕에 어긋난 죄과를 받을
 것이며, 병기를 우롱하여 지방민들에게 해독을 유포하였으니 마침내 국가의 반역
 죄인이 될 것이다. (중략) 우리 고을은 수백년 동안 예의 문물을 지켜온 고장이며,
 50개 고을을 보장한 땅이다. 오늘 나주가 없으면 호남이 없고 호남이 없으면 온 나
 라가 장차 흔들리게 될 것이다. (중략) 賊들이 나주에 관심을 갖고 있는 것은 우리
 의 城堞이 완고하고 兵器가 튼튼하기 때문이다. 만약에 점거당하거나 빼앗기게 된

 46) 《枕泉金先生自書錄》(번역본), 157~163쪽
 47) 〈甲午略歷〉 《동학란기록》 상, 73~74쪽
 48) 짚·풀생활사박물관 소장
 49) 예를 들어 나주, 완도의 경우(최근 발견된 고문서 〈羅州名錄〉; 김상철, 《枕泉先生自敍行
    錄》)가 그렇다.

362

다면 저들이 소굴로 삼고 장차 세력을 굳힐 수 있는 곳이기 때문에 더욱 집어 삼키려고 할 것이다. 우리가 이 성을 지키려 하는 것이 어찌 한 고을만을 위함이겠는가. 바로 국가를 위한 것이다.[50]

여기에는 민종렬의 농민군에 대한 철저한 적대의식과 나주성의 전략적 중요성에 대한 정확한 인식이 잘 나타나 있다. 당시 나주에는 남문 밖에 營將 李源佑가 이끄는 右鎭營이 있었으며, 또 목사 민종렬이 각 군현에서 징발한 민병들이 있어 군사의 숫자도 결코 적지 않았다. 민종렬은 都統將에 鄭錫珍(鄭台完), 副統將에 金在煥, 都衛將에 孫商文, 中軍에 金聲振, 統察에 金蒼均, 別將에 朴根郁(西門 담당), 文洛三(北門 담당), 朴允七(東門 담당), 文寬厚·朴京郁(南門 담당)을 임명하는 등 수성군의 조직을 체계화하였다.[51] 그는 軍丁들을 16개 哨로 편성하였으며, 훼손된 城堞을 보수하는 한편, 낮에는 총을 쏘는 훈련을 시키고 밤에는 불을 밝히고 기습에 대비하는 훈련을 하였다. 또 당시 나주는 전라도의 5鎭管체제의 중심지의 하나로서 12개 고을을 관장하였기 때문에 군기고에 旗鼓, 槍劍, 활, 탄환, 大碗砲, 將大砲, 千步銃, 화살〔片箭, 長箭〕 등이 상당히 많았다. 민종렬은 이들 무기를 꺼내어 갈고 닦아 군정들을 무장시킴으로써 나주성 수성군의 무장력은 크게 강화되었다.

그러나 나주성의 수성군은 나주성을 지키고 있었을 뿐 나주성 밖은 6월 이후 나주접주 오권선, 전유창 등이 이끄는 농민군들에 의해 사실상 장악되었다. 이에 나주 향교의 校任 李源緒와 진사 金永大 등이 '의병'을 조직하여 농민군을 토벌할 계획을 세웠으나, 농민군의 세가 만만치 않음을 안 민종렬의 만류로 그만둘 수밖에 없는 실정이었다.[52]

한편 전봉준도 나주성의 전략적 중요성을 잘 알고 있었다. 그는 6월 16일부터 18일 사이 광주―남평―능주 등을 순회하였는데, 이때 최경선에게 나주성 공격을 준비하도록 지시한 것으로 보인다.[53] 최경선의 나주성 공격은 7월 1일

50) 李炳壽, 《錦城正義錄》 甲篇, 4~5쪽
51) 《금성정의록》 갑편, 6쪽 및 〈討平碑銘〉 참조. 이들 외에도 별장, 별초, 참모, 서기, 정탐, 도훈도, 천총, 파총 등 직책이 각각 주어진 자가 68명에 달하였다고 한다.
52) 《금성정의록》 갑편, 8쪽
53) 황현은 《오하기문》에서 최경선의 나주성 공격은 전봉준의 허락을 받지 않고 한 것이어서 최경선이 패한 뒤 전봉준에게 원병을 요청했지만 거절당했다고 썼다(《오하기문》 2필, 37~38

시작되었다. 최경선은 오권선 등을 통솔하고 금안동에 진을 치고 여러 날 동안 나주성공격을 시도하였다. 특히 5일에는 금성산에 올라 서문 쪽을 집중적으로 공격하였다. 민종렬은 직접 서문의 방어 지휘를 맡아 정석진과 박근욱을 이끌고 거짓으로 성문을 열어 농민군이 성문에 접근하기를 기다려 大碗砲와 將大砲, 천보총 등을 동원하여 농민군을 공격함으로써 농민군은 일시에 궤산하여 물러설 수밖에 없었다.[54] 최경선이 나주성 공격에 실패한 것은 나주성이 천혜의 요새지인데다 민종렬이 지휘하는 수성군의 화력과 작전, 지휘체계가 만만치 않았기 때문이다.

그런데 나주성전투가 있은 7월 5일의 다음날인 7월 6일 전라감사 김학진은 남원의 전봉준에게 편지를 보내 전주에서 만나 대타협을 모색할 것을 제의하였으며, 양자의 합의에 따라 7월 12일에는 각 읍에 집강소를 설치하라는 전봉준의 전령이 나오게 되었던 것이다. 그리고 이때 전봉준은 김학진에게 농민군을 적대시하고 있는 나주목사 민종렬과 영장 이원우의 파직을 정부에 건의해달라고 요구하였다. 김학진은 이를 받아들여 정부에 장계를 올림으로써 7월 18일자로 민종렬과 이원우는 정부로부터 파직되었다. 그리고 나주목사의 후임으로는 朴世秉이, 나주영장의 후임으로는 南俊元이 임명되었다.[55] 그러나 민종렬은 나주 이교들의 만류로 성을 떠나지 못하였고, 박세병은 농민군이 두려워서인지 부임하지 않고 있었다. 그런 가운데 8월 17일 김학진의 啓請에 의하여 민종렬은 다시 나주목사로 재임명되었으며, 9월 18일 나주영장 이원우도 재임명되었다.[56] 한편 전봉준은 8월 13일 전라감사 김학진의 신임장을 지니고 직접 나주성 내에 들어가 나주목사 민종렬과 담판을 하였으나 뜻을 이루지 못하였다.[57]

쪽). 그러나 전봉준과 최경선의 평소 관계로 보나 사안의 중요성으로 보나 최경선이 독단으로 일을 벌였을 가능성은 거의 없다. 특히 나주성 공격 직전에 전봉준이 나주성 부근을 순회하였기 때문에 그럴 가능성은 거의 없었다. 다만 전봉준이 나주성 공격을 계속 지원하지 않은 것은 7월 6일 이후 정세가 급변했기 때문이다.

54) 《금성정의록》 갑편, 9~10쪽 ; 鄭錫珍, 〈甲午討平日記〉《蘭坡遺稿》
55) 《오하기문》 2필, 195쪽 ; 《일성록》 고종 32년 7월 19일
56) 《啓草存案》 고종 31년 8월 17일 ; 《關草存案》 고종 31년 8월 19일, 9월 18일, 10월 28일. 그러나 이원우의 재임명장이 도착하기 전에 이미 신임 영장 남준원이 나주에 도착하였기 때문에 나주영장은 교체되었다. 대신 이원우는 10월 28일자로 전주영장으로 임명되었다.
57) 《금성정의록》 갑편, 13쪽. 이때 전봉준은 전라감사 김학진의 文牒과 裨將의 私通을 가지고 민종렬을 찾아갔다. 민종렬이 전봉준을 죽이지 못한 것은 전봉준이 이같이 감사의 신임장을 지

이로써 나주성은 호남에서 유일하게 농민군에게 공공연하게 적대적인 무장력이 지키는 성이 되었던 것이다.

4. 2차 봉기시 호남 남부지방에서의 주요 전투

전라도 남부지방에서의 주요 전투로서는 1차 봉기시의 황룡촌전투, 집강소시기부터 2차 봉기시에 걸친 나주성전투, 2차봉기 이후 순천·광양 전투와 장흥·강진 전투를 들 수 있다. 여기서는 2차 봉기시의 전투들에 대해 살펴보기로 한다.

1) 羅州城전투[58]

9월 중순 농민군의 2차 봉기가 시작되면서 손화중도 광주에서 봉기하여 10월초 공주를 향하여 일시 북상하였다. 그러나 손화중은 북상 도중 일본군이 해로를 통해 내려온다는 소식을 듣고 海防을 위해 도로 광주로 내려왔다.[59] 이후 손화중과 최경선은 북상하는 농민군의 배후가 되는 호남 남부지방의 방어를 책임지게 되었으며, 여기서 일차적으로 해결해야 될 과제가 된 것이 나주성의 함락이었다. 앞서 본 것처럼 나주성은 집강소시기에도 호남지방에서 유일하게 관측이 농민군세력과의 타협을 거부한 곳이었다.

10월 20일경 광주·영광·함평·나주 일대의 농민군은 황룡강변의 仙巖場에 집결하여 나주성 공격을 준비하였다. 이에 민종렬은 선수를 치기로 작정하고 10월 20일 수성군을 성밖으로 출정시켰다. 출정에 앞서 민종렬은 金蒼均을 선봉장에 임명하고, 金聲振을 중군장, 鄭錫珍을 후군장에 각각 임명하였다. 이들은 각각 砲軍 200명씩을 이끌고 대오를 엄히 하여 읍에서 5里 떨어진 石峴里까지 진출하였다. 그런데 이때 선봉장을 맡은 김창균은 연로한 데다가 날이 몹시

니고 왔기 때문이었다.

58) 이하 나주성과 인근 지역의 전투에 대해서는 특별한 각주가 없는 한 李炳壽, 《錦城正義錄》甲篇과 鄭錫珍의 〈甲午討平日記〉《蘭坡遺稿》를 참고하여 정리하였음을 밝혀둔다.

59) 〈전봉준공초〉《동학란기록》 하, 531~532쪽

춤자 도통장 정석진에게 선봉장을 양보하고 자신은 후군장으로 물러났다. 수성
군은 이날 밤 들판에서 노숙하였다. 21일 아침 수성군은 농민군이 砧山에 진을
치고 있음을 알았다.[60] 당시 농민군은 본진을 선암장에 두고 선봉대 약 700명
을 침산에 보냈던 것이다. 수성군이 침산으로 행군하였을 때, 농민군은 나팔을
불며 진군을 독촉하고 포를 쏘며 함성을 지르면서 접근하였다. 이에 정석진은
수성군측의 포수들에게 大椀砲와 千步銃의 사격명령을 내려 火力에서 열세에
있던 농민군을 패퇴시켰다. 수성군은 농민군을 격퇴한 소식과 함께 농민군들로
부터 빼앗은 무기들을 나주성에 보냈다. 한편 나주성에서는 수성군을 지원하기
위해 접응장 孫商文·朴在九·具有述·金鶴述·錢學權 등을 시켜 포군 1백 명
을 더 보내어 수성군의 무력은 더욱 강화되었다.

농민군과 수성군의 본격적인 싸움은 황룡강변의 선암장터에서 벌어졌다.[61] 농
민군의 숫자는 수만에 달하여 수성군보다 월등하였고, 이에 기가 꺾인 수성군의
일부 지휘관들은 철수하여 훗날을 기약할 것을 주장할 정도였다. 그러나 수성군
의 선봉장 정석진은 침산전투에서 승리한 수성군의 사기와 수성군의 우세한 화력
을 믿고 독전에 나섰다. 수성군측에서는 姜春三 지휘하의 포군을 시켜 황룡강변
에서 강 건너편의 농민군을 향하여 대완포를 쏘게 하여 농민군의 기세를 꺾어놓
고, 이어서 錢公西·金奇玉의 지휘하에 있는 千步隊를 시켜 千步銃을 쏘게 하여
무기에서 열세에 있던 농민군을 밀어붙였다. 농민군이 강변에서 밀려 후퇴하자
수성군은 강을 건너 농민군을 추격하기 시작했고, 마침내는 농민군의 본거지가
되는 마을들까지 습격하였다. 이때 정석진은 오권선의 나주 오씨가의 재각이 있
던 西峯까지 들어가 나주 오씨 재각에 불을 지르기도 했다.[62] 나주 수성군은 날이
어두워져 농민군이 후퇴한 북쪽으로 더이상 추격하지는 못하고 西峯과 山水 두
곳에서 다시 강을 건너 鵲川을 경유하여 나주성으로 되돌아왔다.[63]

수성군이 이와 같이 승리를 거두고 농민군의 기세가 꺾이는 듯싶자, 수성군
측에서는 차제에 농민군을 더욱 밀어붙일 계산을 하고 나주지역의 보수유생들
에게 의병 조직을 권유하기로 했다. 이에 따라 수성군측에서는 별초 박봉년 등

---

60) 砧山은 전에 나주군 평동면 연산리에 속했으나, 현재는 광주시 광산구 요기동 침산부락으로
    되어있다.
61) 仙巖場은 현재 광주시 광산구 선암동 호남대학교 앞의 구장터이다.
62) 吳鶴洙 씨(광산구 도덕동 세동부락) 증언(1994. 5. 5)
63) 西峯은 현 광산구 서봉동, 鵲川(까치내)은 현 광산구 지평동 운평마을이다.

의 이름으로 향교에 통문을 보내어 의병을 조직할 것을 권유했다. 그러나 아직 농민군의 세력이 나주성 밖에서는 여전히 힘을 갖고 있었기 때문에 유생들은 아직은 자신들이 본격적으로 나설 때가 아니라고 판단하여 다음과 같이 이를 완곡히 거절했다.

지금 성상께서 크게 노하시어 군대의 출동을 명하시었는데, 이제 우리가 토벌을 위해 나선다면 조정의 공을 탐내어 일어선 것처럼 되지 않겠는가. 얼마 동안 시기를 더 기다려 예리한 힘을 길러 나서기로 하고, 조정에서 계획을 잘 세워 경군이 개가를 올리는 소식이 들린 후에 나서는 것이 좋을 것이다.

이에 민종렬은 10월 26일 유림들에게 飭帖을 보내어 향약을 수정하여 책을 만들도록 하고, 또 각 면의 約長들에게 각 里의 民戶를 修整하여 책을 만들도록 지시하였다. 그는 이들 자료를 모두 향교에 모아놓고 또 등본 한 책씩을 만들어 두어 뒷날 참고할 수 있도록 하였다. 이에 대하여 이병수는 "뒷날 京軍이 남하하였을 때, 玉石을 俱焚하는 일이 있을까 염려해서 그렇게 한 것이었다"고 서술하였다. 즉 농민군을 철저히 색출하기 위한 준비작업을 해놓은 것이었다. 이 작업들은 都約長 진사 羅東綸, 유림 奇東觀·羅景集·李炳壽 등의 책임 아래 진행되었다.

그런 가운데 북상한 전봉준군의 공주패전 소식이 연이어 들려왔고, 이제 호남 남부지방은 농민군 최후의 거점으로서 그 중요성이 더욱 부각되면서 이 지역 농민군들의 활동도 더욱 활발해졌다. 또 이에 대한 대응으로서 중앙정부에서도 호남지역에서 나주성이 갖는 전략적 중요성을 인지하고 10월 28일 나주목사 민종렬을 호남초토사로 임명하였다. 이로써 나주성에는 초토영이 설치되고, 나주수성군은 이제 초토영군이 되었다.[64]

11월 8일에는 농민군들이 영암 쪽에서 나주에 구원을 요청하는 급보가 오고 東面에서 역시 급보가 답지하자, 나주 초토영에서는 정석진 등으로 하여금 포군 300명을 이끌고 성을 나서게 했다. 초토영군이 東倉에 달려가자 이 소식을 들은 농민군들은 도주하였고, 초토영군은 금마면 용두리까지 진출하여 유숙하였다.[65] 이튿날 영암공형들 역시 영암 방면의 농민군도 도주하였다는 소식을 전

---

64) 〈甲午實記〉《사료대계》6, 321쪽

해와 10일 다시 회군하여 성에 돌아왔다. 이때 新安院을[66] 경유한 회군로에는 각 면의 민병들이 각기 죽창을 들고 영접하였다고 하며, 초토영군측에서는 이들 민병들에게 각각 10錢씩의 돈을 지급하였다고 한다.

초토영군이 회군한 그날 밤, 이번에는 北面 쪽에서 농민군의 집결소식이 들려왔다. 당시 최경선과 오권선 등이 지휘하는 농민군은 광주 斗洞 뒷산에 진을 치고 있었는데, 그 수가 수만에 달한다고 전해졌다. 이에 따라 민종렬은 다시 정석진 등에게 출진을 명하여 초토영군은 11월 11일 출진하여 竹葉亭에서 하루 유숙하고,[67] 이튿날 北倉에 이르렀다.[68] 이때 초토영군측에서는 농민군의 수가 대단히 많음을 알고 중과부적의 사태가 될까 우려하여 인근 각 동리의 집강들을 통해 민병 수백 명을 동원하였다.[69] 또 나주성에서도 孫商文・崔成順・金蒼均 등이 이끄는 응원군이 도착하였다. 비가 계속 쏟아지고 날이 저물자 초토영군은 竹山 뒤쪽의 마을로 진을 옮겼는데, 이때 응원군측의 장령들은 회군할 것을 주장하였으나 정석진은 회군불가론을 강력히 개진하여 이를 관철시켰다.

다음날 농민군은 부근에서 가장 높은 고지인 聳珍山 위로 진을 옮겼다. 이에 초토영군측은 대완포와 천보총을 앞세워 용진산 공격에 나섰다. 농민군은 고지를 점령하여 유리한 위치에 있었고, 초토영군측은 산 아래에서 위로 공격해 들어가야 했기 때문에 불리한 위치에 있었다. 이때 나주성에서 박근욱・박재구・최윤용 등이 지휘하는 응원군이 다시 도착하여 관군은 공격력을 보강하였다. 초토영군은 山頂에 있는 농민군을 좌우 양편에서 공격하였지만, 산이 험하고 농민군이 고지를 선점하는 등 지세가 불리하였기 때문에 여의치 않았다. 이에 초토영군은 산정의 왼쪽에 불을 놓아 식량보급로를 차단하고, 오른쪽에 불을 놓아 퇴로를 차단하였다. 전투는 날이 어두워질 때까지 계속되었으나 밤이 되면서 퇴로를 차단당한 농민군은 하는 수 없이 암벽을 타고 산을 내려와 후퇴할 수밖에 없었다. 초토영군은 농민군이 후퇴하고 있음을 알았지만, 날이 이미 어두워져 농민군을 더이상 추격하지는 못한 채 북창으로 회군하였다. 용진산전투

---

65) 금마면 용두리는 현 영암군 금정면 용흥리이다.
66) 신안원은 현 영암군 시종면 신연리에 있었다.
67) 죽엽정은 현 나주군 노안면 금동리 취엽정을 가리키는 것으로 보인다.
68) 北倉은 현 광주시 광산구 산수동 甘洞 부락에 있었다.
69) 이때 민병이 동원된 각 동의 이름과 집강의 명단은 다음과 같다. 平里(金大圭), 三加(柳永觀), 金安(洪鳳鉉), 官洞(金敬煥), 伊老(李敏相)

는 그 어느 쪽에서 승리했다고 할 수 없는 전투였다. 이때 용진산에서 내려온 농민군은 서쪽의 靈光郡 森南面 방면으로 후퇴하였다고 한다.[70] 초토영군은 다음날 농민군을 뒤쫓아 행군하던 중 나주성에서 회군하라는 지시가 내려와 회군하였다. 대신 초토영군측은 영광 森南의 紅亭里에[71] 사는 白進士에게 격문을 보내 농민군들을 포착할 계획을 세우라고 지시하였다 한다.

이즈음 무안・함평의 농민군은 배상옥의 지휘 아래 나주성 공격을 위해 고막포 부근에 진을 쳤다. 농민군은 고막교를 건너 水多面의 長燈站까지 진출하였다.[72] 이에 나주 초토영군은 성에서 방어하는 것보다는 밖에서 농민군과 싸우는 것이 낫다고 판단하고 11월 17일 출진하였다. 초토영군은 도통장 정석진의 지휘 아래 출진하여 성에서 20리 떨어진 紫芝峴까지 진출하여 진을 쳤으며, 부통장 김재환이 이끄는 포군과 천보대는 草洞市까지 나아가 진을 쳤다. 한편 나주 초토영군의 출진 소식을 들은 인근의 田旺・知良・上谷 3面의 유생들은 朴薰陽・林魯圭・羅士集의 지휘 아래 민병을 모집하여 초토영군의 주둔지로 달려왔다.[73] 이들은 관군의 지휘 아래 배속되어 유생들이 지휘하는 민병은 향리들이 지휘하는 관군의 지휘를 받게 된 셈이었다. 이로써 관군과 민병의 수는 3천에 달하여 농민군 못지않은 병력을 갖추게 되었다. 다음날 아침 정석진의 본진과 김재환의 선봉대 그리고 민병은 합류하여 장등에 진을 치고 있는 농민군을 향해 공격해 들어갔다. 초토영군은 장등의 산 위에 있는 농민군을 향해 대완포와 천보총을 쏘아댔고, 초토영군의 우세한 화력을 당해내지 못한 농민군은 후퇴하기 시작하여 10리 거리에 있는 고막교까지 쫓겨갔다. 그런데 고막교의 다리폭은 좁고 때마침 조수가 들어와 물이 불어났기 때문에 급히 후퇴하는 농민군의 상당수가 물에 빠져 죽었다고 한다. 농민군은 이때 다리의 상판을 걷고 또 고막원 뒷산에 진을 쳐 관군의 도강을 결사적으로 막았다고 한다. 이에 초토영군은 뒤로 물러나 고막교에서 약 1km 떨어진 虎壯山에[74] 진을 쳤다. 이때 나주성에서 북쪽의 사정이 급하니 즉시 회군하라는 명령이 있었으나, 초토영군은 농민

---

70) 영광군 삼남면은 현재는 장성군 森西面이다.

71) 현 장성군 삼서면 홍정리

72) 현재의 나주군 다시면 문동리

73) 田旺面은 뒤에 郁谷面과 합쳐져 현 旺谷面이 되었으며, 知良面과 上谷面은 뒤에 합쳐져 良知面이 되었다가 현재는 나주시로 들어가 있다(영산포 일대).

74) 현 고막원 역 뒷산

군의 추격을 우려하여 밤을 지샌 뒤 다음날 천보군을 뒤쪽에 배치하여 추격하는 농민군을 막으면서 서서히 나주성으로 되돌아왔다.

고막원전투는 용진산전투와 마찬가지로 초토영군이 농민군에 대승을 거둔 전투는 아니었다. 초토영군은 농민군을 고막포 건너로 쫓았을 뿐이었다. 따라서 초토영군이 나주성으로 회군한 이후에도 농민군세력은 여전히 강력하였고, 이는 나주성에 여전히 큰 위협이 되었다. 이에 민종렬은 중군 김성진으로 하여금 포군 50명을 이끌고 長嶝에 출진케 했으며, 曺孟均이 이끄는 민병도 이에 합세했다. 21일 아침 민종렬은 정석진과 손상문에게 포군 300명을 이끌고 장등으로 출진하여 선발대와 합류케 하였다. 그런데 이날 농민군 일부는 관군을 따돌리고 西倉으로 들어가 稅穀을 모두 실어가버렸다. 이에 관군은 농민군을 급히 추격하였으나 농민군은 고막포 건너 산으로 도주해버렸다. 초토영군은 고막포 부근까지 진출하여 강건너 농민군측에 포를 쏘아댔으며, 농민군도 이에 응사하였다. 날이 어두워지자 초토영군은 부근의 호장산으로 후퇴하여 저녁을 먹은 뒤, 역시 뒤쪽에 관군을 매복시켜 농민군의 추적을 따돌리면서 서서히 나주성으로 회군하였다. 나주 초토영군의 두번째 고막원 출진도 농민군을 완전 제압하지는 못한 채, 나주의 경계 밖으로 농민군을 쫓아내는 데 그쳤을 뿐이었다.

22일에는 북쪽 방면에서 최경선과 오권선이 지휘하는 농민군이 나주성을 공격해왔다. 이때 농민군은 인근 5~6개 읍에서 동원되었다고 하며, 실제로 흥덕에서까지 나주성 공격을 위해 농민군을 동원한 사실이 확인된다.[75] 23일 농민군 수만 명은 성에서 10리 거리에 있는 金安面 남산촌까지 진출해왔다. 이날 밤 농민군은 성을 공격하기 위해 북문 밖 咸朴山까지 접근하였는데, 성안에서 군병의 잘못으로 막사에 불이 붙어 대매듭튀는 소리가 마치 대포소리와 같이 들리자 이미 대완포에 여러 차례 놀란 농민군은 지레 겁을 먹고 남산촌으로 퇴각해버렸다. 24일 민종렬은 정석진에게 성에서 나가 농민군을 공격할 것을 명하였다. 정석진은 군병을 세 길로 나누어 남산촌에 있는 농민군을 공격하였다. 미처 예상하지 못한 초토영군의 공격을 받은 농민군은 황급히 이에 대응하여 서로간에 총격전이 계속되었다. 그러나 대완포와 같은 火砲를 가지고 있는 관군

---

75) 12월 3일 흥덕현감은 흥덕현의 동학당 무리가 지난달 보름 후에 나주 수성군을 정벌한다고 칭하고 간 뒤에 아직 돌아오지 않고 있다고 보고하였다(〈순무선봉진등록〉《동학란기록》상, 567쪽).

의 화력에 농민군은 밀릴 수밖에 없었다. 마침내 초토영군과 농민군간에는 육
박전이 벌어졌고, 훈련이 제대로 안 된 농민군은 대패하고 말았다. ≪금성정의
록≫에 의하면 이 전투에서 농민군은 350명이 죽었으며, 농민군을 지휘하던 오
권선은 겨우 몸만 빠져 도주하였다고 한다.

남산촌전투는 그동안 팽팽하던 초토영군과 농민군간의 균형을 깨뜨린 결정적
인 전투가 되었다. 이 싸움에서의 패배로 농민군의 사기는 크게 꺾이었다. 오권
선이 남산촌전투에서 패한 11월 23일은 전봉준의 농민군이 공주·논산 전투에
서 패한 뒤 전주성으로 후퇴하였다가 다시 금구 원평 쪽으로 빠져나간 날이었
다. 따라서 오권선 등의 나주성 공략은 농민군에게는 최후의 거점을 마련하기
위한 중요한 전투였다. 그러나 이 전투에서 패함으로써 농민군은 후퇴하고 있
던 본진의 배후거점을 마련해주지 못하고 말았으며, 이 지역 농민군은 더욱 남
쪽으로 쫓겨가지 않으면 안되었던 것이다.

오권선의 남산촌 패전 이후 이 지역 농민군을 지휘하고 있던 손화중과 최경
선은 11월 27일 농민군을 이끌고 광주로 들어갔다.[76] 그러나 광주는 나주성과
는 달리 천혜의 요새지도 아니었고, 따라서 농민군의 거점이 되기는 어려웠다.
거기에다 전봉준군의 11월 26일의 원평전투, 27일의 태인전투에서의 패전과
전봉준군의 해산소식은 광주의 농민군에게 해산이냐 아니면 최후의 항전이냐를
선택하지 않으면 안되게 만들었다. 여기서 손화중은 해산을 주장하고, 최경선
은 항전을 주장한 것으로 보인다. 손화중은 12월 1일 오전 농민군의 해산을 명
하고 어디론가 떠났으며,[77] 최경선도 귀화하겠다는 뜻을 밝히는 방문을 내걸고
어디론가 떠났다고 한다.[78] 그러나 광주에 집결한 농민군이 모두 해산한 것은
아니었다. 최경선은 해산을 거부하는 농민군들을 이끌고 남평 쪽으로 내려갔다.

12월 3일 남평현의 首吏는 이날 최경선이 농민군을 이끌고 남평에 들어와 현
감의 符金을 빼앗았으며, 현감은 총에 맞아 생사가 경각에 달려있다고 나주 초
토영에 보고하고 원병을 청하였다. 나주성에서는 보고를 받고 다음날인 4일 정
석진으로 하여금 포군 300명을 이끌고 남평으로 향하게 하였다. 나주 초토영군

---

76) 〈순무선봉진등록〉 ≪동학란기록≫ 상, 572쪽. 광주목사는 27일 농민군 수만 명이 입성하여
    공해와 민가를 점거했다고 보고하였다.
77) 그는 12월 11일 고창에서 체포되었다(〈甲午實記〉 ≪동학란기록≫ 상, 56쪽).
78) 〈순무선봉진등록〉 ≪동학란기록≫ 상, 572쪽

은 바로 남평으로 들어가지 않고 月延臺에 진을 치고 농민군의 동향을 살폈는데, 이미 농민군은 남평에서 綾州 방면으로 빠져나간 뒤였다. 그날 오후 능주에서도 농민군이 다른 곳으로 빠져나갔음을 전해왔다. 따라서 나주 초토영군은 농민군과 대면도 못한 채 그날로 나주성으로 되돌아왔다.

남평과 능주를 경유한 농민군 가운데 최경선이 이끄는 일행은 동쪽의 同福縣으로 가고, 일부 농민군은 능주에서 대오를 이탈한 것으로 보인다. 그리고 대오를 이탈한 이들은 그 상당수가 능주의 의병에게 체포된 것으로 보인다. 당시 능주에는 前 萬戶 曺憲默이 지휘하는 의병이 조직되어 있었고, 이들은 이후 300명에 달하는 농민군을 사로잡았다고 한다.[79] 한편 동복현에는 이 시기 吳相潤·吳啓鍊·吳啓曄·吳允述 등 향리들이 지휘하는 강력한 수성군이 조직되어 있었다.[80] 아마도 이들 수성군은 최경선이 이끄는 잔여 농민군 220명을 일단 성안으로 유인한 뒤 이들을 불의에 습격한 것으로 보인다. 동복현 수성군측은 농민군 220명 가운데 157명을 포살하고 63명을 포로로 잡았는데, 그 가운데 최경선이 들어 있었던 것이다.[81]

한편 나주 초토영군은 그 이후 12월 5일 장흥이 농민군에 함락되고, 7일 강진까지도 함락되었다는 소식을 듣고, 8일 초토영대회를 열어 이에 대한 대책을 숙의하였다. 나주 초토영군측은 영암에 군대를 파견하여 장흥·강진의 농민군이 북상하는 경우에 대비하기로 결정하였다. 초토사 민종렬은 도통장 정석진으로 하여금 500명의 군병을 이끌고 영암으로 가게 하였으며, 영암과 병영에 비밀히 군령을 보내어 군병을 엄히 단속하고, 초토영 도통장 정석진의 지휘를 받도록 지시하였다. 또 나주 東五面의 의병 統領 柳紀淵으로 하여금 1천 명의 의병을 이끌고 新安院에서 기다리다가 정석진의 부대에 합류하도록 지시하였다. 정석진의 군대는 新安院, 火燧院을 거쳐 12월 10일 영암읍에 도착하였으며, 이날 병영이 농민군에 함락되었다는 소식을 듣게 되었다. 이날 병영의 병사 서병무는 병영에서 도망하여 영암으로 달려와서 병영을 수복해줄 것을 요청하였으나, 나주 초토영군과 영암의 군병들은 병영은 이미 함락되었으니 영암을 굳게

---

79) 〈甲午軍功錄〉《동학란기록》하, 722쪽
80) 동복의 吳氏家의 수성군 조직에 대해서는 洪性讚, 1992 《한국근대농촌사회의 변동과 지주층》 지식산업사, 29~30쪽 참조.
81) 〈全羅道所捉·所獲東徒成冊〉《동학란기록》하, 707쪽

지키는 것이 낫다는 결론을 내리고 병영 쪽으로는 더 나아가지 않았다. 다만 이 즈음 무안 쪽에서 영산강을 건너 영암 쪽으로 자주 출몰하고 있다는 정보에 따라 병사들을 보내어 黃峙와 德津 등 요로를 지키도록 하는 데 그쳤다. 정석진의 군대가 영암에 도착한 10일 京軍과 日軍은 나주성에 도착하였다. 따라서 이후 강진과 장흥 쪽의 농민군 토벌은 그쪽으로 책임이 넘어갔기 때문에 나주 초토 영군은 나주성으로 회군하게 된다.

이후 일본군 제19대대장 南小四郎 소좌가 주둔한 나주 초토영에는 체포된 전봉준·손화중·최경선 등 농민군 지도자들이 차례로 압송되어왔다. 全琫準과 梁海一은 12월 2일 순창에서 체포되어 5일 남원에서 나주로 이동하던 일본군에 넘겨져 나주로 이송되었으며, 최경선은 12월 5일 동복에서 체포되어 역시 일본 군에 넘겨져 나주로 이송되었다. 손화중은 12월 11일 고창에서 체포되어 역시 일본군에 넘겨져 나주로 압송되었다.[82] 체포 당시 큰 부상을 입은 전봉준과 최경선은 약 한 달 가까이 나주에서 치료를 받았으며, 이들을 비롯한 주요 지도자들은 1895년 1월 5일 일본군에 의해 나주에서 서울로 압송되어 재판을 받게 되었다.[83] 그러나 인근에서 체포된 다수의 중간급 지도자들은 나주 초토영에서 직접 처형되었으며, 일본군의 기록에 의하면 그 수가 230명에 달하였다고 한다.[84]

2) 순천·광양 전투

6월부터 순천에 영호대도소를 설치하여 순천·광양 지역을 장악하고 있던 김인배 지휘하의 농민군은 9월 1일 하동을 공격, 점령하게 된다. 순천·광양 농민군의 하동점령은 그 시점이 김개남이 남원성에 다시 들어온 8월 25일 직후여서 김개남과 김인배간에 어떤 연락이 있지 않았을까 추정되기도 하지만, 정확한 근거는 없다. 그런데 순천·광양 농민군의 하동 진출은 이때가 처음이 아니었다. 광양지역의 농민군은 이미 7월에 섬진강을 건너 河東 府中에 하동의 동학교도(주로 商人)들과 함께 都所를 설치한 적이 있었다. 이때 하동부사 李采淵은 겉으로는 좋은 말로 동학교도들을 대하면서 은밀히 하동 花開의 民砲를 불러

82) 〈全羅道所捉·所獲東徒成冊〉《동학란기록》하, 707~708쪽
83) 《주한일본공사관기록》6, 52~53쪽 ; 《김낙봉이력》
84) 《주한일본공사관기록》6, 62쪽

동학교도들을 강을 건너 광양 쪽으로 내쫓았다. 그리고 이채연은 하동 부중에
도 민포를 조직하여 동학교도들이 다시 강을 건너오지 못하도록 엄히 지키도록
하였다. 그런데 이들 민포군은 동학에 가담한 하동 상인들의 집을 불태우고 가
족들을 잡아가둠으로써 광양 쪽으로 건너간 그들의 원한을 사게 되었다.[85]

9월 1일 순천·광양 지역 농민군의 하동점령시 그들을 인도한 것은 광양의
동학교도들이었다. ≪오하기문≫에 따르면 그들은 8월 그믐 하동에서 대회를
갖자고 각 포에 통문을 보냈다는 것이다. 이런 소식을 들은 하동부사 이채연은
겁을 먹고 대구로 도주했으며, 하동의 鄕兵과 화개의 민포군은 前 主簿 金鎭玉
을 대장으로 추대하고 統營에 가서 大椀砲 12座를 얻어다가 강변에 배치하고
하동을 사수할 계획을 세웠다. 김인배와 유하덕이 이끄는 농민군 만여 명은 하
동부의 민포가 지키는 길을 피하여, 대오를 둘로 나누어 한쪽은 섬진나루를 건
너 하동부의 북쪽에 진을 치고, 다른 한쪽은 하류의 望德 앞나루에서 舟橋를 엮
어 강을 거슬러올라가 하동부의 남쪽에 진을 쳤다. 하동에는 성곽이 없었다. 따
라서 하동의 향병과 화개의 민포군은 하동부의 뒷산에 진을 쳤다. 그러나 민포
군은 통영에서 얻어온 대완포의 사용법을 잘 몰라 이를 효과적으로 이용하여
농민군을 공격하지 못했다. 결국 이채연이 모아놓은 향병들은 먼저 도주하고,
화개의 민포군만이 남아 김진옥의 지휘하에 농민군과 맞서게 되었다. 화개 민
포군 35명은 진격해오는 농민군을 향해 비오듯 사격을 가했으나, 농민군은 앞
에서 고꾸라지면 뒤에서 이를 따르는 식으로 무작정 밀고올라왔다. 날이 어두
워지자 김진옥은 중과부적임을 알고 결국 민포군을 이끌고 서쪽으로 도주하였
다. 이렇게 해서 하동부는 농민군의 수중에 들어갔으며, 그들은 다시 府中에 都
所를 설치하고, 민포군의 본거지였던 花開에 들어가 민가 500여 호를 불태웠으
며, 민포군 10여명을 붙잡아 죽였다고 한다.[86]

하동을 점령한 농민군은 인근 남해·사천·곤양·고성·진주 지역으로 그 세
력을 떨쳐나가기 시작하였으며, 이에 토착세력들의 움직임도 본격화되었다. 南
海縣令 李圭豊의 보고에 의하면, 9월 11일 호남 농민군 19명은 南海縣에 들어
가 吏廳을 점거하고 감옥에 갇혀있던 동학교도 16명을 강제로 석방케 한 뒤, 邑
弊를 바로잡기 위한 聚會를 열었다고 한다. 또 泗川縣 향리들의 보고에 의하면,

85) ≪오하기문≫ 2필, 185쪽
86) 위의 책, 217~218쪽

사천에서는 13일 농민군 수십 명이 査問할 일이 있다면서 戶長과 吏房을 잡아
갔으며, 또 농민군 수백 명이 일제히 남문을 통해 동헌으로 들어와 현감을 위협
하고 군기고를 부순 뒤 軍物을 빼앗아갔다고 한다. 또 그들은 현청에 있던 錢財
와 錢標를 빼앗아갔다가 이 전표는 며칠 뒤인 17일 接所에서 도로 돌려주었다
고 한다. 13일부터 움직이기 시작하여 접소를 설치한 이들 농민군은 아마도 사
천에 거주하고 있던 이들로 보인다. 18일에는 호남 농민군 백여 명이 또 성안에
들어와 作廳에서 유숙하였으며, 19일에는 남해현으로 빠져나갔다고 한다. 20일
에는 각처의 농민군 800여 명이 사천성에 들어와 관속을 총검으로 위협하면서
각 공해에서 숙식을 하였으며, 향리인 황종익·황태연의 집을 불태웠으며, 23
일 고성으로 향해 갔다고 한다.[87]

昆陽郡守 宋徽老의 보고에 의하면 15일 하동 농민군 수천 명이 곤양군에 있
는 多率寺에서 취회를 가진 뒤, 순천·광양의 농민군 수천 명이 깃발을 들고 나
팔을 불고 총을 쏘면서 성안으로 들어와, 일부는 유숙하고 일부는 점심을 든 뒤
진주로 향해 갔다고 한다. 한편 固城府使 申慶均은 농민군 600여 명이 부사가
자리를 비웠을 때 총검을 들고 고성에 들어와 창고를 부수고 강화영에 보낼 砲
糧米 수십 석을 털어갔다고 보고하였다.[88]

晉州牧使 유석의 보고에 의하면, 14일 晉州 代如村의 민인들이 읍폐를 바로
잡자고 통문을 띄워 각 면에서 천여 명이 聚黨하여 邑에 들어왔으며, 이에 목사
가 효유하였으나 끝내 듣지 않고 場市에 크게 帳幕을 설치하고 인가를 부수고
동헌에 난입하여 여러가지로 위협하였으며, 마침내 옥문을 부수고 죄수를 모두
풀어주었다고 한다. 이들은 또 玉泉寺로 몰려가 승려들의 거처를 불태우기도
하였다고 한다.[89] 그런데 이들 진주농민들의 봉기는 이미 상당히 오래 전부터
준비되어온 것으로 보이며, 또 순천·광양 쪽의 농민군과 어떤 연결을 갖고 있
었던 것으로 보인다. 즉 9월 초 2일자로 진주 일대에 내걸린 '榜文'은 전에도 이
미 '보국안민'의 뜻으로 73개 面의 里首들에게 통문을 보낸 바 있었으나 일이
여의치 않아 그만둔 적이 있음을 밝히고 있다. 9월 2일의 이 방문은 8일 오전

---

87) 규장각 고문서(No. 80932) 〈경상도관찰사 병마절도사 대구도호부사 친군남영외사 趙〉의 장
계
88) 위와 같음
89) 위와 같음

平居 廣灘津에서 모여 等狀을 올리는 문제를 논의하자고 제의하고, 이를 위해 각 동리에서는 里首, 知事人 2명, 그리고 遊軍 10명씩을 동원하라고 지시하였다.[90] 8일의 집회가 열렸는지는 확실치 않으나, 9월 10일자로 나온 '私通'이 11일 復興 大牛峙에서 더 많은 수를 동원하여 집회를 갖자고 제안하고 있는 것으로 보아, 8일의 집회는 비교적 성공적으로 열린 것으로 보인다. 이 사통에서는 大洞은 50명, 中洞은 30명, 小洞은 20명, 小小洞은 10명씩을 동원하라고 지시하였다.[91] 그리고 이같은 私通이 나온 같은 날, 동학농민군 쪽에서도 '忠慶大都所'의 이름으로 〈嶺右各邑各村士民等處〉에 보내는 방문을 내걸었다.[92] 이 방문에서는 주로 왜적이 우리 국경을 침범하고 있다는 사실을 강조하고, 이를 막아내기 위한 의사들의 봉기를 호소하였다. 그리고 이러한 왜적들을 토멸하기 위해서 晋州에서 大會를 갖겠다는 것과, 동학교도들에 호의적인 진주병사 민준호가 정부에 의해 교체되는 것에 반대하며, 진주대회는 신임 병사가 진주에 들어오지 못하도록 하기 위한 뜻도 아울러 갖고 있음을 밝혔다.[93]

11일 농민군이 어디에서 어떻게 집회를 가졌는지는 확실치 않지만, 그들은 14일 진주성 안에 들어왔다. 그러나 14일 성안에 들어온 이들은 모두 진주의 민인들이었다. 그런 가운데 17일에는 김인배의 지휘하에 있는 동학농민군 수천명이 하동 쪽에서 진주로 들어왔다. 이에 진주목사 유석과 경상우병사 閔俊鎬는 성밖으로 나가 한편으로는 이를 막고 한편으로는 효유하였다고 한다. 그러나 농민군은 이들을 제치고 성안에 들어와 각 공해에 都所를 설치하였다.[94] 이들 농민군 가운데는 하동포・단성포・남원포・섭천포・상평포・오산포・구례포 등 영・호남 각처의 포가 섞여 있었다.[95] 다음날인 18일에는 김인배가 천여명을 이끌고 성안에 들어왔다. 김인배는 吏廳에 자리를 잡았으며, 陣 앞에는 '輔國安民'이라고 쓴 커다란 紅旗가 내걸렸다. 진주목사의 보고에 의하면 농민

---

90) 《주한일본공사관기록》 1, 433쪽

91) 위와 같음

92) 위의 책, 140쪽. '忠慶大都所'는 아마도 진주・하동의 농민군들이 내건 이름일 것이다.

93) 위의 책, 433~434쪽

94) 황현은 《오하기문》에서 진주병사 민준호가 營將을 보내 김인배를 영접하였으며, 도인을 죽인 죄를 사죄하였다고 기록하였다(《오하기문》 2필, 219쪽). 그러나 민준호는 이전부터 동학교도에 비교적 호의적인 인물이었기 때문에 '사죄' 운운한 부분은 확실치 않다.

95) 涉川과 吾山은 진주목 관할하의 面名이었다.

군은 21일과 22일 수백 명이 召村驛과 代如村 龍尋洞 등지로 나가 약탈과 민가 방화를 하였다고 한다. 농민군은 24일 진주성을 빠져나가기 시작하였다.[96] 24 일경 진주성을 빠져나간 농민군 가운데 호남 쪽에서 건너온 김인배 휘하의 농민군은 이때 북쪽의 三嘉 방면으로 향하였다고 한다.[97]

한편 영호대도소의 주력군이 광양을 거쳐 하동·진주 방면으로 진출하자, 순천에 남아있던 잔류 농민군은 평소에 농민군에 비우호적이었던 낙안을 공격하였다. 그것은 영호대도소 농민군의 배후를 튼튼히 하기 위한 것이었다. 9월 15일 양하일이 이끄는 농민군 1천여 명은 순천에서 출발하여 선암사에 집결하였으며, 오금재를 넘어 낙안읍성을 공략하여 마침내 성을 장악하였다. 농민군은 낙안에서 4일간 머무르고, 19일 군기고에 방화한 뒤 다시 선암사를 거쳐 순천으로 되돌아온 것으로 보인다. 그런데 당시 낙안을 점령했던 농민군 가운데는 高山接, 金溝接, 泰仁接, 南原接, 順天接 등이 섞여 있었다고 한다.[98] 이로 미루어 영호대도소에는 고산·금구·태인·남원의 농민군이 지원차 내려와 있었음을 알 수 있다.

영호대도소의 농민군이 하동·진주 일대로 진출하고, 농민군이 진주에서 내건 방문이 명백히 '斥倭'를 표방하고 나서자 일본군은 이에 대한 토벌을 서둘렀다. 물론 이 시기는 전봉준과 김개남도 각각 삼례와 남원에서 재봉기를 선언한 뒤였기 때문에 일본군의 출동은 이후 호남·호서·영남 전지역에 걸치는 것이었지만, 특히 하동·진주 방면으로의 출동은 가장 빠른 것이었다. 일본공사관측에서는 조선 외무대신 김윤식에게 9월 18일(음력) 경성과 부산 두 곳에서 일본군을 각 지방으로 파견하여 농민군을 진압하겠다고 하면서 조선군대의 파견도 함께 요구하였다.[99] 조선정부측에서는 곧 이에 동의하였고, 이에 따라 부산의 수비병 1개 중대가 9월 22, 23일경 부산을 출발하여 하동 방면으로 파견되었다.[100] 9월 25, 26일경 고성 부근에 도착한 일본군은 호남의 농

---

96) 주 87)의 경상도관찰사 장계

97) 《오하기문》 2필, 340쪽. 한편 그는 이후 일본군과 지석영군이 이 지역으로 파견되어오자 三嘉에서 광양으로 되돌아간 것으로 보인다(《오하기문》 2필, 255쪽).

98) 《오하기문》 2필, 246쪽. 이 기록에 따르면 양하일은 순천의 世豪家의 아들이었다고 하며, 양하일이 낙안을 공격하였을 때 낙안군수 張敎駿은 낙안의 동학 집강 金土逸을 통해 보성의 동학교도들을 동원하여 이를 막으려 하였지만 끝내 패하고 말았다고 기록하였다.

99). 《주한일본공사관기록》 1, 132~133쪽

민군이 진주성에서 나와 호남 쪽으로 이미 후퇴하였다고 부산의 일본영사관
에 보고하였다.[101]

  한편 대구감영의 판관 池錫永은 9월 26일 討逋使의 자격으로 진주로 향하였다.
그는 28일 중로에 부산에 들러 일본영사와 만나 토포의 방책을 논의하였다고 하
며, 배편으로 통영으로 가서 砲軍 1백 명을 調發하여 10월 2일 고성에 도착하였
다. 그는 이곳에서 일본군과 합류하여 곤양 방향으로 가다가 도중에 진주 舊海倉
에서 그곳의 동학접주 林石俊을 잡아 곤양군에 들어가 취조한 뒤 8일 곤양의
城北市에서 효수하였다고 한다. 또 9일에는 농민군 수백 명이 河東 安心洞 뒤의
金鰲山에 있다는 소식을 듣고, 다음날인 10일 일본군과 합세하여 세 방향에서 공
격, 8명을 죽이고 30명을 생포하였다.[102] 지석영은 11일 밤 진주목사로부터 농민
군 수백 명이 矢川·水谷 兩面에 모여 있다는 소식을 듣고, 12일 새벽 진주에 들
어가 將吏를 파견하여 정탐케 하였다. 將吏는 정탐 결과 矢川의 농민군은 이미 해
산하였지만, 수곡에 모여 있는 농민군은 그 수가 점점 늘어 수천에 달하여 진주성
을 공격할 우려가 있다고 보고하였다. 이에 지석영이 지휘하는 통영 포군은 진주
성을 지키기로 하고, 일본군은 수곡으로 출전하였다.[103] 수곡리에 출전한 일본군
은 농민군의 수를 대략 1,400~1,500명 정도로 파악하였다. 일본군과 약 3시간
에 걸쳐 치열한 전투를 벌인 농민군은 이 전투에서 186명의 전사자를 내고 패하
고 말았다. 이후 농민군은 德山 쪽으로 퇴각하였다고 한다.[104] 수곡전투에 참여한
농민군은 진주 일대의 농민군과 호남에서 건너온 김인배 휘하의 농민군이었던 것
으로 보인다. 일본군은 진주전투가 있은 뒤 각 읍의 동학을 제거하기 위해서는 먼
저 진주의 동학을 제거해야 하며, 진주의 동학을 제거하기 위해서는 德山의 동학
을 제거해야 한다고 하였으며, 덕산 외에도 三壯·矢川·靑岩·沙月 등 4, 5개
里가 동학촌이라고 지적하였다.[105] 한편 이 전투 후 농민군을 추적한 진주목사는

100) 위의 책, 135~136, 139쪽
101) 위의 책, 157~158쪽
102) 일본군측의 보고에는 사망자 5명, 생포자 28명이라고 기록되어 있다(≪주한일본공사관기
    록≫ 1, 158쪽)
103) 이상 지석영의 보고는 규장각 고문서(No. 82146) 〈경상도관찰사 병마절도사 대구도호부사
    친군남영외사 趙〉의 장계에 실려 있다.
104) ≪주한일본공사관기록≫ 1, 204~205쪽
105) 위의 책, 170~171쪽

三南都都省察의 직함을 지니고 있던 益山包의 金商奎를 사로잡았다고 하는데, 아마도 그는 김인배 휘하의 익산포를 지휘하고 있었을 것이다.[106)]

수곡전투에서 패한 농민군은 하동 방면으로 후퇴하여 21일과 22일 이틀에 걸쳐 蟾居津에서 일본군·지석영군과 전투를 벌였다. 이 전투에서 농민군은 10명의 전사자를 남기고 흩어져, 강을 건너 광양 쪽으로 퇴각했다. 이로써 김인배가 지휘하는 영호대도소의 영남 방면 진출은 좌절되고 말았다. 한편 지석영군과 일본군은 26일 곤양에서 사천으로 철수하였고, 일본군은 다시 창원 마산포로 가서 배를 타고 부산으로 철수하였으며, 지석영은 통영으로 가서 포군을 통영에 돌려주고 역시 부산을 거쳐 대구로 돌아갔다. 일본군이 이처럼 회군을 서두른 것은 부산의 수비를 염려한 일본영사관의 철수 명령이 있었기 때문이다. 지석영은 회군 시 하동의 방어를 염려하여 진주 우병영의 포군 100명을 하동에 배치하여 순천·광양의 농민군이 섬진강을 건너오는 것을 막도록 조치하였다.[107)]

이후 김인배는 영남으로의 진출을 단념하고 약 보름 동안 순천에 웅거하면서 다시 세력을 모아 남쪽 해안가의 좌수영 공격에 역량을 집중하게 된다. 영호대도소의 농민군이 좌수영 공격에 나선 것은 京軍이 남하하고 있는 상황 속에서 유사시에는 이곳 좌수영을 최후의 거점으로 삼아 저항을 시도할 심산이었기 때문이다. 김인배의 영호대도소 농민군이 좌수영 공격을 처음 시도한 것은 11월 10일이었다. 농민군은 德陽驛를 거쳐 鍾鼓山까지 나아가 성을 공격할 기회를 엿보았으나, 성의 수비가 워낙 단단함을 보고 3일 만에 일단 덕양역으로 후퇴하였다. 농민군은 16일 다시 성 가까이 접근하여 서문 밖 민가에 불을 지르는 등 성안의 좌수영군을 밖으로 유도하였으나, 좌수영군은 성안에서 꼼짝하지 않아 덕양역까지 후퇴하였다. 20일 농민군은 다시 좌수영에 접근하여 서문 밖에 精兵을 배치하고, 종고산에 웅거하면서 지구전을 계획하였다. 이에 좌수사 김철규는 23일과 25일 두 차례에 걸쳐 統營港에 정박중이던 일본군함 쓰쿠바호의 함장 黑岡 대좌에게 李豊泳을 보내 좌수영의 위급함을 알리고 구원을 요청하였다. 이에 黑岡 함장은 일본군 육전대를 상륙시켜 좌수영으로 급파했다. 26일 일본군이 좌수영에 도착하자 좌수영군은 농민군에 대한 공격에 나섰다. 이풍영은 일본군을 동문 밖 흥국사 쪽으로 인도하여 잠복케 한 뒤 종고산의 우측을 포위

---

106) 주 103)과 같음
107) 위와 같음

하였고, 김철규는 좌수영군 100명에게 일본군 복장을 입게 한 뒤 밤이 되자 남문 밖을 나와 양쪽에서 농민군을 협격하였다. 농민군은 종고산에서 덕양역까지 쫓겼으며, 다시 이곳에서 패하여 순천 쪽으로 퇴각하지 않을 수 없었다. 좌수영군과 일본군은 농민군 수가 워낙 많음을 두려워하여 덕양역 이상으로 추격하지는 않았다.[108]

순천을 거쳐 광양까지 후퇴한 영호대도소의 농민군은 위기를 맞게 되었다. 상황이 관군측에 유리하게 바뀌고, 또 좌수영에서 일본군과 연합하여 순천을 공격할 것이라는 소문이 있자 농민군 대오에서 이탈하는 자가 속출하였다. 농민군의 세력이 약화되고 있음을 감지한 순천과 광양의 향리들이 움직이기 시작한 것은 이때였다. 먼저 농민군의 본진이 순천을 피해 광양으로 옮겨간 이후 농민군이 그리 많이 남아있지 않던 순천에서는, 吏 成備熙·李榮柱, 校 李宗甲·金彦燦, 出身 千士成·尹成涉 등은 은밀히 반농민군을 조직하여 12월 6일 새벽 도회소에서 잠자고 있던 농민군을 급습하여 승주 쌍암 출신의 都執綱 鄭虞炯을 비롯한 농민군 수백 명을 붙잡아 그 가운데 정우형을 그날로 처형하였다. 그리고 11일에는 좌수영군이 순천에 들어와 붙잡혀 있던 雙巖面 接司 李友會를 그날로 효수하였으며, 12일에는 西面 접주 金永九, 別良面 접주 金永友, 月燈面 접주 南正日을 효수하였고, 쌍암면 성찰 權炳宅을 포살하는 등 농민군 지도부를 차례로 처형하였다. 그밖에도 순천부에서는 光州省察 朴玄同, 東外接 書記 吳準己(雲峰人), 경상도 양산접주 黃斗化, 쌍암면 접사 이우회의 아들, 그밖에 이름이 알려지지 않은 농민군 94명이 打殺되었다고 한다.[109]

똑같은 사태가 8일 이후 光陽에서도 재현되었다. 전에 군수를 지낸 바 있는 김석우가 주동이 되어 향리들과 함께 반농민군을 조직, 농민군 본진을 습격하여 김인배와 유하덕을 비롯한 농민군 90여 명을 사로잡아, 그날로 김인배를 효수하여 객사에 걸어놓았다. 또 봉강면 접주 朴興西와 그를 따른 23명을 모두 처형하였다고 한다. 다음날인 12월 8일에는 영호대도소 수접주 劉夏德을 효수하여 역시 객사에 걸어놓았고, 仁德接主 成石河·朴小才, 沙谷接主 韓君夾, 玉龍接主 徐允若·徐亨若 형제와 李仲禮·河宗凡 등을 포살하였다. 12월 9일에는

108) 《오하기문》 3필(《사료대계》 1), 268, 271쪽
109) 〈순무선봉진등록〉 《동학란기록》 상, 680~681쪽 ; 《주한일본공사관기록》 6, 4~5쪽 ; 〈順天府捕捉東徒姓名成冊〉 《雜冊綴》(규장각 소장, No. 21970)

380

月浦接主 金明淑, 仁德接主 朴治西를 포살하였고, 10일에는 順天 西面接主 金哥, 沙谷接主 韓辰有 등을 포살하였으며, 11일에는 광양·순천 수접주 金鶴植 등을 포살하였다.[110]

한편 광양현감을 겸하고 있던 낙안군수는 8일 광양 吏校들의 봉기소식을 곧 좌수영에 통고하고, 농민군이 아직도 광양 외곽의 多鴨·月浦 방면에 주둔하고 있으며, 광양 이교들만의 힘으로는 이를 대적할 수 없으므로 좌수영에서 급히 지원해줄 것을 요청하였다. 좌수사 김철규는 이미 한편으로는 일본군함 쓰쿠바호의 黑岡 함장에게 광양 방면의 농민군 진압에 협조해줄 것을 요청하고, 다른 한편으로는 12월 7일 좌수영군 100명을 해로로 하동 쪽으로 파견하고, 8일에는 좌수영군 500명을 육로로 순천 방면을 향해 출발시키고 있었다. 쓰쿠바호의 일본군은 9일 정박하고 있던 좌수영에서 광양 下浦 방면으로 항해하여 下浦에 상륙한 뒤 농민군과 특별한 충돌 없이 10일 광양성에 들어갔다.[111] 領將 郭景煥이 지휘하는 좌수영군 100명은 9일 하동에 도착하여 때마침 부산에서 하동으로 파견되어온 일본군과 합세하였다. 10일 좌수영군과 일본군은 하동을 출발하여 섬진강을 건너 광양 다압·월포 지역으로 가서 농민군을 진압하였으며, 같은 날 오후 蟾居驛에 이르러 都接主 金甲伊를 비롯한 농민군 27명을 죽였다.[112] 섬거역은 김갑이의 지휘 아래 농민군세력이 대단히 강한 곳이었으며, 광양에서 하동을 공격할 때 항상 광양농민군의 집결지가 되던 곳이었다. 따라서 일본군은 이곳에서 많은 농민군을 잡아 처형하였을 뿐만 아니라, 관사와 가옥까지도 거의 모두 불태웠다.[113]

다음날인 11일 곽경환이 지휘하는 좌수영군과 일본군은 광양에 입성하였으며, 12일에는 순천부에 도착하였다. 한편 領官 李周會가 지휘하는 좌수영군 500명은 9일 순천으로 가는 도중 순천 사항리에서[114] 농민군과 싸워 41명을 죽인 뒤, 11일 순천부에 도착하였다.[115] 12일 좌수영군 600명과 일본육군 1개 중대가 모두 순천에 집결한 것은 순천·광양 일대의 상황이 일단락되었음을 뜻한

110) 《주한일본공사관기록》 6, 5쪽;〈光陽縣捕捉東徒姓名成冊〉《雜冊綴》
111) 《주한일본공사관기록》 6, 6쪽
112) 위의 책, 14쪽;〈光陽蟾溪驛捕捉東徒姓名成冊〉《雜冊綴》
113) 《주한일본공사관기록》 6, 274쪽
114) 현 여천군 율촌면 조화리 사항부락
115) 《주한일본공사관기록》 6, 14쪽

다. 14일 좌수영군과 일본군 일부 병력은 보성 쪽으로 진출하여 16일 보성에 도착, 인근의 농민군 20여 명을 붙잡아죽였다.[116]

광양·순천의 농민군 진압에는 좌수영군과 일본군만 참여한 것은 아니었다. 좌수영군과 일본군의 대오에는 하동의 민병도 동참하였다. 하동의 민병은 '正義陣'이라는 이름 아래 화개면과 악양면, 그리고 하동읍의 포군과 민병 등 모두 485명으로 구성되었다. 이들 '正義陣'을 지휘한 것은 이미 9월 초에 김인배에 맞서 포군을 지휘한 바 있었던 前 主簿 金鎭玉과 金亨俊·金應哲·金桂烈·金演烘·愼宇弘·辛琫錞·辛鍾淳·車敬軾·鄭懿采 등이었다. 이들은 부대를 둘로 나누어, 화개면의 포군으로 이루어진 한 부대는 10일 낮 탑리에서 섬진강을 건너 고개를 넘어 백운산 남쪽의 옥룡면으로 들어가 농민군 31명을 잡았다고 한다. 다른 한 부대는 악양면에서 강을 따라 내려온 민병들과 하동읍에서 올라온 민병들이 新巖에서 만나 강을 건너 농민군의 근거지가 있던 竹川으로 들어가 근거지를 불태우고, 산을 넘어 飛村에 이르렀으며, 이곳에서 그들은 죽천에서 잡아온 농민군 48명을 처형하였다고 한다.[117] 이때 처형된 농민군 가운데는 朴正周·柳允擧·朴士永·全伯賢·金光俊·高光信 등이 포함되어 있었다. 이들 하동 민병부대는 이미 섬거역에서 농민군에 대한 철저한 토벌을 하고 옥곡에 도착한 일본군과 좌수영군 일행에 10일 오후 늦게 옥곡에서 합류하였다.[118]

3) 강진·장흥 전투

호남 남부지방에서의 농민군의 최후 저항은 장흥·강진·해남 일대에서 시도되었다. 앞서 본 것처럼 갑오년 여름 장흥에서는 농민군이 자라번지에 집강소를 설치하였고, 강진읍에도 일시 도소를 설치하였다. 반면 병영에서는 거짓으로 도소를 설치해놓고 다른 지역의 농민군의 침입을 막고 있었다. 또 7월 30일 부임한 장흥부사 박헌양은 부임 직후부터 유림들과 농민군 토벌을 논의하기 시작하는 등 시기를 엿보고 있었다. 9월에 들어서 전봉준이 재봉기를 선언하고

---

116) 위와 같음
117) 竹川은 현 광양군 다압면 금천리 죽천부락이며, 飛村은 현 광양군 진상면 비평리 비촌부락이다.
118) 《주한일본공사관기록》 6, 273~274쪽

382

각지에서 농민군의 재결집이 시작되자, 병영과 강진읍에서는 수성을 위해 민병을 동원, 훈련을 강화하였다. 병영에서는 9월 10일 4면의 민정을 동원하여 장대에서 훈련을 하도록 하였으며, 21일 강진읍에서도 민정을 징발하여 낮에는 築城을 하고 밤에는 守城을 하였다고 한다.[119] 그리고 병영에서는 10월 1일 마침내 都所를 파하고 守城所를 공식적으로 설치하였다.[120] 이에 대응하여 농민군의 움직임도 본격화되었다. 10월 16일경 장흥 社倉市에 농민군 천여 명이 집결하였으며, 강진 石墨市에서도 농민군의 취회가 이어졌다.[121] 이에 따라 병영 수성소에서는 10월 18일부터 4면의 민군 수천 명을 징발하여 훈련을 시켰으며, 11월 3일에는 營中에 거주하던 동학도의 집을 부수고 김응일이라는 동학도를 처형하였다.[122] 또 11월 6일 수성군은 해남 別鎭驛까지 출동하여 동학도 5명을 잡고 대완포 1자루 등 무기를 빼앗아왔다.[123] 한편 11월 7일경 長興 長西面 黑石里에서는 광주·남평·금구·장흥·능주 등지에서 온 농민군이 집결하고 있었다. 이들이 목표로 하고 있었던 것은 물론 장흥이었다.[124] 이후 집결지를 옮겨가면서 그 세력을 키워간 농민군은 수천 명이 11월 21일경 熊峙에 집결하였다.[125] 농민군은 이제 본격적으로 장흥부에 접근한 것이다. 이에 위기의식을 느낀 장흥부사 박헌양은 병영에 포군 500명과 조총 2백 자루를 요청, 22일 병영에서 도총장 尹權中과 수성별장 房管叔이 200명의 군병을 이끌고 장흥으로 갔다. 이때 강진의 금천면에서는 50명의 민병을 원병으로 보내왔고, 보암면 유생 金漢燮이 병영군의 장흥 입성을 농민군의 장흥 입성으로 잘못 알고 400명의 민병을 이끌고 왔다고 한다.[126] 웅치에 집결했던 농민군은 병영군이 오자 일시 회령 쪽으로 후퇴하였고, 이에 병영군은 도로 병영으로 철수하였다. 그러나 농민군은 해산하지 않았으며, 大興의 李仁煥이 이끄는 농민군이 古邑에서 기포하여 25일 南面을 거쳐 會寧의 농민군 대열에 합류함으로써 농민군의 세력은 더욱 커졌다.[127] 당시 장흥 농민군

119) 《日史》 갑오년 9월 10일, 21일
120) 《日史》 갑오년 10월 1일
121) 《日史》 갑오년 10월 16일
122) 《日史》 갑오년 10월 18일, 11월 3일
123) 《日史》 갑오년 11월 6일
124) 《日史》 갑오년 11월 7일
125) 熊峙는 현 보성군 웅치면으로 당시는 장흥부의 웅치면이었다.
126) 《日史》 갑오년 10월 22~24일
127) 웅치면과 회령면은 현재는 보성군 웅치면, 회천면 회령리로 바뀌었지만 당시는 장흥에 속해

은 南面 墨村의 李芳彦 接主세력, 龍溪面 龍盤里의 李仕京 接主세력, 熊峙面의 具
教轍 接主세력, 古邑面의 金學三 接主세력, 大興面의 李仁煥 接主세력으로 구성
되어 있었으며,[128] 그밖에 광주·남평 등지에서 남하한 농민군들이 일부 가담한
것으로 보인다. 그리고 이들 농민군은 장차 羅州를 공격하겠다고 선언하고 있었
다 한다.[129] 장흥농민군의 목표는 장흥과 병영 그리고 궁극적으로는 나주였던 것
이다.

장흥부사는 직접 병영에 가서 원병을 청하였고, 25일 도총장 윤원중이 이
끄는 병영군 수백 명이 장흥으로 갔다.[130] 12월 1일 농민군은 북면 社倉市로
진을 옮겼다. 이때 농민군의 수는 많게는 만여 명, 적게는 6, 7천여 명으로
추산되었다.[131]

병영군은 사창시 방면의 농민군을 토벌하지는 못한 채 20여 명의 동학도만
잡아서 12월 2일 병영으로 다시 철수하였다. 이 틈을 노린 농민군은 12월 3일
사창시에서 전진하여 碧沙驛 뒤쪽, 巾山里의 茅亭嶝, 平化里의 松亭嶝 등지에
진을 쳐서 碧沙驛과 長寧城(長興府)을 포위하였다. 1천여 명의 농민군이 벽사역
을 사면에서 포위하자 벽사역 찰방 金日遠은 역졸들을 데리고 장흥부로 피신하
였다. 12월 4일 아침 농민군은 텅빈 벽사역을 점령하고 공해와 역졸들의 집 등
400여 호를 불태웠다. 벽사역을 함락시킨 농민군은 곧이어 장흥부로 향했다.
찰방 김일원은 다시 병영으로 달려가 병사에게 구원을 요청하였으나, 병사 서
병무는 농민군이 병영으로 육박해오고 있으니 수성군을 풀어 파견할 수 없다고
거절하고 나주 초토영에 가서 보고하라고 하였다.[132] 김일원은 나주까지 달려가
초토영군의 파견을 요청하였으나, 앞서 본 것처럼 나주 초토영에서는 영암까지
만 군대를 파견하여 농민군의 더이상의 북상을 저지하는 데 그쳤다.

12월 5일 새벽 농민군은 장녕성을 사면에서 공격해 들어갔다. 장녕성은 주변
산을 이용하여 쌓은 성으로 북문과 동문 밖에는 탐진천이 흐르고, 남문이 있던
남쪽과 서쪽은 남산줄기가 가로막아 요새지라 할 만하였다. 농민군의 주력부대

있었다. 古邑은 현재의 장흥군 冠山邑이며, 南面은 현재의 용산면이다.
128) 박맹수, 주 1)의 글 참조
129) 白永直, 〈朴侯義蹟〉《六有齋先生遺稿》
130) 《日史》 갑오년 11월 25일, 27일, 28일
131) 〈朴侯義蹟〉《六遺齋先生遺稿》. 社倉市는 현 장흥군 長東面이다.
132) 〈순무선봉진등록〉《동학란기록》 상, 576쪽

는 탐진천을 건너 동문을 공격하였고, 다른 부대들은 북문과 남문을 공격하였다. 동문을 공격한 주력부대가 거목을 이용하여 동문을 파괴하고 입성하자 북문과 남문의 수성군도 함께 무너져 장녕성은 마침내 함락되었다. 장흥부사 박헌양은 동헌에서 농민군과 맞서 印符를 내놓지 않고 저항하다가 동문 밖 시장변으로 끌려가 처형되었다.[133] 농민군은 그밖에도 수성군 96명을 죽였으며, 성안의 공해와 수성군의 집에 불을 질러 장녕성은 불타는 성이 되었다.[134]

장흥부를 함락시킨 농민군은 곧이어 강진읍 공격에 나섰다. 12월 6일 농민군은 장흥과 강진의 경계인 舍人店 앞 들판에 집결하였으며, 다음날인 7일 아침 강진현을 포위하였다. 강진현감 李奎夏는 구원을 요청한다고 핑계를 대고 6일 아침 이미 나주로 피해버리고 없었으며, 將吏와 別砲로 구성된 수성군 그리고 의병장 金漢燮이 이끄는 보암면의 민군이 성을 지키고 있었다. 김한섭은 鼓山 任憲晦의 문하에서 수학하였으며, 重庵 金平默의 학문을 추종하였다고 한다.[135] 그는 이미 5월에 〈警示賊徒文〉이라는 글을 지어 동학도들을 준렬하게 꾸짖은 바 있었다. 이 글에서 그는 동학을 '邪敎'로, 농민군을 '亂賊'으로 규정하였다. 그는 농민군의 봉기는 亂逆罪로서 절대 용서할 수 없을 뿐만 아니라, 동학은 異端邪說로서 3천 년 동안 내려온 禮義之俗을 무너뜨리고 우리나라를 禽獸의 나라로 만들고 있다면서 동학을 강력히 비난하였다. 그는 자신이 듣기에 동학도들이 妖邪術學으로써 사람들을 꾀어 聚黨하여 동학을 배척하는 자에게는 害를 입히고 있다고 들었다면서 "나는 이제 늙고 병들어 곧 죽을 것이므로 聖道로써 邪說을 배척하다가 너희들에게 해를 입어도 이를 달게 받아들이겠다"고 자신의 각오를 피력하였다.[136] 김한섭은 척사위정론의 입장에서 동학을 배척하고 있던 것이다.

강진현을 지키고 있던 수성군과 민군은 이날 아침 자욱이 낀 안개 속에서 성을 공격해온 농민군에 이렇다할 저항도 해보지 못하고 무너지고 말았다. 그것은 농민군이 성을 에워싸고 민보군을 향하여 "죄없는 民軍들은 즉시 성을 나와

133) 〈朴侯義蹟〉《六有齋先生遺稿》
134) 〈순무선봉진등록〉《동학란기록》상, 621쪽. 병영의 박기현은 "이날 저녁 兎尾時에 올라 장흥 쪽을 바라보니 烟光이 산에 불을 놓은 듯하다"고 기록하였다(《日史》갑오년 12월 5일).
135) 김한섭은 호가 吾南이며 보암면(현 강진군 도암면) 태생으로, 이방언과는 동문수학한 사이였다고 한다(《오하기문》3필, 284~285쪽).
136) 〈警示賊徒文〉《吾南先生文集》권13

라. 그렇지 않으면 장차 吏屬·別砲와 함께 죽임을 당할 것이다"라고 큰소리로
협박하자, 이에 민군이 순식간에 와해되고 이 틈을 타 농민군이 성안으로 쏟아
져 들어왔기 때문이다. 이 과정에서 김한섭과 수성군 상당수가 농민군에 의해
죽임을 당했다.[137]

강진현을 함락한 농민군의 다음 목표는 병영이었다. 병영에서는 병사가 영암
쪽에 파발을 보내어 포군을 징발해 보내라고 8, 9차례나 재촉하였지만 아무 대
답이 없었다.[138] 강진현이 함락되자 병영의 수성군은 당황한 기색이 역력하였
다. 당시 병영에는 병마절도사 徐丙懋 아래에서 수성별장 房管叔, 도총장 尹權
仲이 수성을 책임지고 있었다. 《日史》를 쓴 박기현은 12월 9일자 일기에서
"방관숙과 윤권중은 狡詐하고 무능하며 또 모두 자기자신만을 생각하는 무리들
이고, 병사 또한 이미 무능하여 군무를 알지 못하며, 뒤로 물러나 앉아 오로지
이 두 교사한 사람들에게 맡겨놓고 있으니 소위 守城은 될 리가 만무하다"고 썼
다. 12월 9일 이인환 등이 지휘하는 농민군은 병영에 접근하여 君子里 등에 진
을 쳤다.[139] 10일 아침 농민군은 병영을 공격하여 함락시켰다. 이때 병사 서병
무와 여러 비장, 수성별장 방관숙과 도총장 윤권중은 다른 사졸들보다 먼저 영
암으로 도주하였다 한다. 다만 都領將을 맡았던 前 都正 朴昌鉉은 피하지 않고
분전하다가 총에 맞아 목숨을 잃었다. 그는 《日史》를 쓴 박기현의 종형으로,
4월에도 의병을 일으켜 나주까지 다녀온 바가 있었다.[140] 또 虞侯 鄭達贊과 監
官 金斗洽, 軍校 白宗鎭도 목숨을 잃었다. 특히 김두흡은 군기고를 책임지고 있
었는데, 농민군이 입성하자 이를 폭파하고 자신도 목숨을 끊었다.[141]

한편 병영이 농민군에 함락되던 10일 나주까지 내려온 경군과 일본군은 장흥
·강진 쪽의 급보를 접하고, 11일 병력을 나누어 영암ㅡ병영 방면과 능주ㅡ
보성ㅡ장흥 방면으로 각각 행군하였다. 당시 일본군은 南小四郎 소좌의 後備步
兵 제19대 병력 가운데 石黑光正 대위와 白木誠太郎 중위가 지휘하는 제2중대
병력이었으며, 경군은 교도중대장 李軫鎬가 지휘하는 敎導中隊 병력과 統衛營 敎

137) 〈순무선봉진등록〉《동학란기록》 상, 685~686쪽
138) 〈순무선봉진등록〉《동학란기록》 상, 588쪽
139) 《日史》 갑오년 12월 9일 ;《오하기문》 3필, 286쪽
140) 金柄輝,〈祭朴都正文〉《蓮坡先生文集》. 김병휘는 강진 용두리(현 兵營面 道龍里 龍頭마
      을) 사람으로, 4월 박창현이 의병을 일으켰을 때 참모로 참여하였다(〈行狀〉 참조).
141) 《오하기문》 3필, 287쪽

長 黃水玉이 지휘하는 統衛營軍 병력 30명이었다.[142] 좌선봉진의 이규태는 南小
四郎에게 지휘권을 빼앗기고 그로부터 철저히 소외되었다. 이규태는 자신이 거느
리는 통위영, 교도영의 병력 일부를 石黑光正과 白木誠太郎에게 넘겨주고, 자신
은 나머지 병력만을 이끈 채 장흥 쪽이 아닌 무안·목포 쪽으로 가야만 했다.[143]

12일 일본군과 경군이 병영 쪽으로 온다는 소식이 들리자 농민군은 일제히
성을 비우고 장흥 쪽으로 퇴각하였다.[144] 그것은 평지에 있는 병영성이 방어에
부적합하였기 때문이다. 12일 병영성에 들어왔던 白木 중위가 인솔한 일본군과
경군은 병영성이 폐허가 되어 숙식이 여의치 않았기 때문인지 13일 도로 영암
으로 물러났다가 14일 역시 농민군이 이미 성을 비운 강진으로 다시 들어왔다.

한편 능주, 보성을 거쳐 장흥 방면으로 행군한 일본군 일부 병력과 통위영
병정 30명의 선발대는 12일 밤 장흥 경계에 들어가 駐宿한 뒤 13일 새벽 장
흥부 남문 밖에 농민군 수천 명이 진을 치고 있음을 탐지하고 이를 불의에 습
격하여 농민군을 격퇴하였다. 이날 남문 밖 전투에서 농민군은 20명의 전사
자를 냈다.[145] 자울재를 넘어 남면 쪽으로 퇴각했던 농민군은 15일 다시 자울

---

142) 〈순무선봉진등록〉《동학란기록》 상, 601쪽 ;〈日本土官函謄〉《동학란기록》 하, 419쪽 ;
《주한일본공사관기록》 6, 66쪽

143) 이규태는 12월 13일 무안에 도착한 이후 그곳에서 계속 머물다가 22일에야 해남으로 들어
왔으며, 이후에도 초토영이 설치된 나주로 올라가지 못하고 1월 7일까지 계속 해남에 머무르다
가 1월 11일에야 나주에 들어올 수 있었다(〈순무선봉진등록〉《동학란기록》 상, 610, 639,
653~654, 671쪽). 따라서 황현이 《오하기문》에서 이규태가 장흥전투에 참여하고 해남으로
갔다고 기록한 것은 잘못된 것이다(《오하기문》 3필, 292쪽). 南小四郎은 이두황에 대해서는
일본군대의 지시를 잘 따르고 있다고 평가했지만(《주한일본공사관기록》 6, 40쪽), 이규태에
대해서는 "모든 처사가 애매모호하고 지휘관의 명령을 왜곡, 이제까지 한번도 전투일선에 나선
적이 없다. 또 전투중에 자기 편의대로 숙사에 돌아오는 등 제멋대로 일을 처리하여 군대에서는
해로운 인물이므로 속히 소환해서 처분해달라"고 요청할 정도였다(《주한일본공사관기록》 1,
200쪽). 南이 이규태를 이렇게 평가한 것은 이규태가 자신의 명령에 잘 따르지 않았기 때문일
것이다. 이규태는 나주성에서 南이 자신을 견책함이 노예를 다루는 것보다 더 심하였다고 하소
연하였다(〈先鋒陣上巡撫使書〉《동학란기록》 하, 290쪽). 이규태는 또 11월 25일 선봉진을 둘
로 나누어 좌선봉에 이규태, 우선봉에 이두황을 임명하여 장위영군의 지휘권을 우선봉에, 통위
영·경리영·교도중대의 지휘권을 좌선봉에 배속시킨 데(〈순무선봉진등록〉《동학란기록》 상,
585쪽) 대하여, "지금 경군은 몇 곳에서만 유진하면서 진압을 하고 있을 뿐이니, 좌우선봉의 열
읍 순행은 실로 아무 의의가 없고 하나로써 충분하다"고 비판하고 있었다(〈先鋒陣上巡撫使書〉
《동학란기록》 하, 290쪽).

144) 《日史》 갑오년 12월 12일
145) 〈순무선봉진등록〉《동학란기록》 상, 623~624쪽

재를 넘어 석대들을 가득 메우면서 장녕성을 공격해왔다. 당시 농민군 수는 만여 명에 달하였던 것으로 보인다. 그런데 이때 능주에서 장흥 쪽으로 행군해온 石黑 대위 인솔하의 일본군과 교도중대가 장흥성에 도착하여 경군과 일본군의 화력은 크게 강화되었다. 일본군 중위 白木은 통위병 30명으로 하여금 남산 밖 주봉의 농민군을 대적하도록 지시하고, 일본군과 교도중대는 동문 밖 죽림 속에 매복한 뒤 민병 30명으로 하여금 평원에 나가 농민군을 유인하게 하여 농민군이 접근하자 일제히 사격을 가하였다. 농민군도 이에 응사하였으나 일본군과 경군의 무기가 지닌 화력을 당해낼 수 없었다. 이 전투에서 농민군은 수백 명의 전사자를 내고 다시 자울재를 넘어 후퇴하였다.[146] 15일의 이 전투가 유명한 석대들전투였다. 경군과 일본군은 17일 자울재를 넘어 남면을 거쳐 고읍 쪽으로 들어가자 玉山里에 모여있던 농민군 4, 5천 명은 일제히 공격을 가해왔고, 일본군과 경군이 이에 반격을 가하여 농민군은 백여 명의 전사자와 29명의 생포자를 남기고 흩어졌다.[147] 옥산리전투는 장흥·강진 농민군의 최후의 항전이었다.

이후 흩어진 농민군은 더이상 조직적인 항전을 지속하지 못하고 후일을 기약한 채 각기 피신할 수밖에 없었다. 살아남은 농민군은 혹은 인근의 천관산 속으로 혹은 산을 넘어 강진의 大口, 七良面을 거쳐 해남 쪽으로 피신하였고, 또 일부는 회령을 거쳐 보성이나 회진 등 바닷가 쪽으로 숨어들었으며, 일부는 배를 타고 섬으로 숨어들기도 하였다. 그러나 그들 뒤에는 항상 경군과 향군의 추적이 뒤따랐다.[148] 흩어진 농민군 일부는 해남 방면으로 가서 해남의 농민군들과 합세하여 12월 18일 해남읍을 공격하려 하였으나 그날 밤 통위영군이 강진 쪽에서 해남읍에 도착, 농민군을 격퇴함으로써 농민군은 뿔뿔이 흩어져 도망할 수밖에 없었다.[149]

당시 일본군과 경군은 호남 서남해안지역을 각각 나누어 일본군 제1중대는 우수영에, 일본군 제3중대와 교도중대는 강진에, 통위영군은 해남에, 장위영군은 장흥에 각각 주둔하면서 농민군을 철저히 소탕하였다.[150] 일본군과 관군은

---

146) 〈순무선봉진등록〉《동학란기록》 상, 622~623쪽
147) 위와 같음. 옥산리는 현 관산읍 옥당리이다.
148) 〈순무선봉진등록〉《동학란기록》 상, 640~741쪽
149) 〈순무선봉진등록〉《동학란기록》 상, 618쪽
150) 《주한일본공사관기록》 6, 17쪽

장흥지역에서 300명, 강진지역에서 320명, 해남지역에서 250명의 농민군을 붙잡아 처형하였다.[151] 당시 이 지역의 농민군 토벌을 책임진 南小四郞은 이에 대해 다음과 같이 말하였다.

> 장흥·강진 부근 전투 이후에는 많은 匪徒를 죽이는 방침을 취하였다. 필경 이는 小官 한 사람만의 생각으로 한 것이 아니라 훗날에 재기할 가능성을 제거하기 위해 다소 살벌하다는 느낌을 줄지라도 그렇게 하라는 公使와 司令官의 명령이 있었기 때문이다.[152]

일본군은 장흥·강진 전투 이후 이 지역에 흩어진 농민군을 철저히 수색하여 가능한 한 죽이는 정책을 택하였는데, 이는 일본공사 井上馨과 이 지역에 파견된 일본군 후비보병 제19대대가 배속된 인천병참사령부 사령관 伊藤祐義의 지시에 따른 것임을 알 수 있다.

5. 맺음말

1894년 호남 남부지방의 농민전쟁에 대해서는 다음과 같이 정리될 수 있을 것이다. 우선 이 지방에서 농민전쟁을 주도적으로 이끈 접주층은 경제적으로는 부농 내지 중소지주층에 해당하였다. 이들은 대체로 경제적으로 축적된 부를 바탕으로 향촌사회에서 새롭게 대두하고 있던 사회계층이면서도 사회적으로는 이렇다할 지위를 확보하고 있지 못했기 때문에 지방관의 집중적인 수탈대상이 되었다. 그리고 그 수탈체계는 당시 민씨정권하에서 극에 달하고 있었기 때문에 그들의 정치적 불만 또한 극에 달하였다. 한편 농민전쟁을 주도적으로 이끈 접주층 가운데에는 이들 계층 외에도 양반가문 내에서 점차 소외되어 사회·경제적으로 몰락해온 계층도 있었다. 이들은 지식층으로서 정치·사회적인 지위에 대한 욕구는 높았으나 당시의 정치·사회구조 속에서 그들이 이를 실현할

---

151) 《주한일본공사관기록》 6, 62쪽. 그밖에도 처형된 농민군은 나주 부근에서 230명, 함평·무안·영암·광주·능주·담양·순창·운봉·장성·영광·무장 등지에서 각각 30명 내지 50명에 달하였다고 한다.
152) 《주한일본공사관기록》 6, 53~54쪽

수 있는 길은 없었다. 이들 계층은 1890년을 전후한 시기 '동학'이라는 새로운 세계관과 사회사상을 접하자 이를 적극적으로 수용하였다. 이들은 1892년부터 계속된 신원운동과 척왜양운동에 적극 참여하면서 자신들의 세력을 더 확대하고, 또 '보국안민'이라는 저항이념을 만들어냈다. 그리고 마침내 1894년 전봉준이 새로운 정치체제, 새로운 사회체제를 만들기 위한 변혁의 계기로서 전국적인 농민봉기를 제창하자 이에 적극적으로 참여하였던 것이다. 그리고 당시 경제적으로 영세농민·영세상인·영세수공업자, 사회적으로 평민·천민층은 이 농민전쟁의 주력군으로서 참여하여 가장 많은 희생을 치렀다. 이들 계층은 집강소시기에는 신분해방운동에 적극적으로 앞장서 낡은 신분제를 해체시키는 데 결정적인 구실을 했다. 그러나 이들 계층 가운데 일부는 양반유생과 향리 그리고 부호층에 대하여 지나치게 적대적인 성향을 보이기도 하고, 또 일부는 약탈을 일삼기도 하여 농민군의 적대세력을 확대시키는 역작용을 하기도 하였다.

호남 남부지방의 동학세력은 영광·함평·무안·해남·강진·장흥 등 서남해안 일대가 가장 강하였으며, 창평·옥과·화순·영암·능주·구례·곡성 등 내륙지방과 완도·진도 등 도서지방은 그 세력이 비교적 약하였다. 이 지방의 농민군은 1894년 봄 백산에서의 제1차 봉기부터 적극적으로 참여하여 황토재 전투, 황룡촌전투의 승리에 큰 구실을 하였다. 또 전주화약 이후에는 각지에 도소와 집강소를 설치하여 전라도 전역이 실질적으로 농민군의 수중에 들어갈 수 있도록 하는 데 크게 기여하였다. 그러나 이 시기에도 나주성은 여전히 수성군이 지키고 있었고, 병영성 등은 농민군이 실질적으로 장악하지 못했으며, 해남·강진 등과 같이 일시적으로밖에 장악하지 못한 곳도 많았다.

이 시기 호남 남부지방의 동학농민군 세력은 대접주들을 중심으로 몇 개의 권역으로 나누어볼 수 있다. 즉 광주·장성·나주 지역은 손화중·최경선·오권선의 세력권에, 담양·구례·곡성 지역은 김개남의 세력권에, 장흥·강진·보성·해남 지역은 이방언·이인환·이사경의 세력권에, 순천·광양·승주·낙안 지역은 김인배의 세력권에, 무안·함평 지역은 배상옥의 세력권에 각각 속하였던 것이다. 그리고 이들 대접주들은 상호 밀접한 연대를 갖지 못한 채 지역할거적인 양상을 드러내고 있었다.

이 지방의 농민군은 그해 가을 제2차 봉기 때에는 북상하는 농민군 주력의 후방에서 이를 후원하면서 서남해안을 방어하였으며, 농민군이 패퇴하는 상황에 처하자 최후의 거점을 마련하기 위하여 끝까지 투쟁하였다. 10월 이후 여러 차례에 걸친 나주성 공격, 장흥·강진 전투, 순천·광양·하동 전투 등에서 농민군은 한때 상당한 기세를 올리기도 했으나 일본군과 경군의 남하, 나주 수성군의 분전, 의병·민포군 등 반농민군의 공격 등으로 말미암아 끝내 패하고 말았다. 이들 전투는 10월 말부터 11월 초에 있었던 공주전투 이후 가장 규모가 큰 전투들로서 농민군의 피해는 그만큼 클 수밖에 없었다. 즉 2차 봉기 이후 호남지방에서의 가장 큰 전투는 1차 봉기 때와는 달리 주로 호남 남부지방에서 이루어졌으며, 희생자도 이 지역에서 집중적으로 발생하였다. 집강소시기에 지역할거적인 양상을 보이고 있었던 농민군측은 이들 전투에서도 상호 연대 등을 통한 더 효과적인 공격과 방어를 보여주지 못했다. 농민군은 또 전투에 임하여 일본군과 경군 그리고 수성군에 비해 조직력의 취약성과 훈련의 미숙함을 그대로 드러내기도 했다. 그러나 농민군의 가장 큰 패인은 화력의 열세였다. 농민군은 일본군과 경군, 그리고 수성군의 화력을 극복할 수 있는 방법을 찾지 못하였다.

일본군과 경군은 이들 전투에서 승리한 이후 농민군을 재기불능의 상태로 만들기 위해 이미 해산한 농민군들을 철저히 수색하여 엄청난 수를 처형하였다. 특히 일본군은 가장 강력한 반일세력으로 간주되어온 동학농민군을 철저히 소탕함으로써 당시 일본이 추진하고 있던 조선보호국화의 장애요인을 제거하고자 하였다. 그러나 이 땅의 민중들은 결코 꺾이지 않았다. 1895년과 1905년 이후의 반일의병에 민중들은 적극적으로 참여하였고, 특히 호남 남부지방의 민중들은 1907~1910년 사이 일본의 한국침략에 맞선 의병투쟁에 가장 적극적으로 참여하였던 것이다.

1894년 황해도 · 강원도지역의 농민전쟁

정 은 경
한양대 강사

1. 머리말

19세기 후반 조선사회는 끊임없이 내적으로는 봉건적 모순의 심화와 외적으로 열강의 경제적 침탈에 직면해 있었다. 이러한 내외적 모순이 착종되는 가운데 농민적 이해기반 위에서 개혁을 단행하고자 한 운동이 바로 1894년 농민전쟁이었다.

1894년 농민전쟁은 이전부터 끊임없이 봉건적 모순에 반기를 들어왔던 각 지역 민란의 군현 단위의 지역적인 한계에서 벗어나 조선 8도 전지역에서 발생한 것이었다. 농민전쟁은 한국 근대사에서 갖는 역사적 의미로 인해 많은 연구

성과가 집적된 분야이지만, 연구의 대부분이 농민군의 주력부대가 활동한 삼남
지역에 국한되어 상대적으로 기타 지역에서의 농민군 활동은 올바른 평가를 받
지 못하고 있다.

황해도·강원도지역에서는 갑오년 농민전쟁 이전에 이미 봉건적 모순에서 야
기된 민란이 활발히 일어난 곳이어서, 일반 민중들의 반봉건적 모순에 대한 인
식의 정도가 심화되고 있었다. 여기에 1894년의 정황은 두 지역에서의 농민군
봉기를 촉발시키기에 충분한 조건이었다. 강원도지역은 농민군 주력부대가 움
직이고 있던 삼남지역과 바로 경계하고 있는 지역이어서 농민전쟁의 여파가 가
장 강력하게 미칠 수 있는 곳이다. 또한 황해도 역시 청일전쟁의 직접적인 교전
지역이었기 때문에 반외세의 요구가 다른 道에 비해 강력히 제기될 수 있었다.

그러나 兩道에서의 농민전쟁은 삼남의 주력부대와는 거의 격리된 채 진행되
고 있어서, 농민군 활동의 지역적 비중이 상대적으로 낮기 때문에 주목을 받지
못하였다. 따라서 황해도·강원도에서의 농민전쟁에 관한 본격적인 연구로는
韓㳓劤의 〈東學農民軍의 蜂起와 戰鬪—江原·黃海道의 경우〉[1]가 유일한 논문
이다.

이에 본고에서는 삼남지방의 농민전쟁과 다르게 전개되었던 황해도·강원도
농민전쟁의 특성을 밝혀보고자 한다. 여기에서는 다음의 두 가지 관점에서 황
해도·강원도 농민전쟁을 바라보고자 한다. 우선 兩道에서 발생한 농민항쟁은
어떠한 지향점을 갖고 있었는가. 삼남지방과 거의 격리된 채 진행된 이들 농민
항쟁이 그 이전 시기부터 끊임없이 발생되고 있었던 민란 차원의 봉기라면, 전
국적 규모로 발생한 1894년 농민전쟁의 역사적 의미가 한층 축소될 수밖에 없
을 것이다. 따라서 이들 지역의 농민군 지향을 통해 농민항쟁의 성격을 추출해
보고자 한다.

다음으로 삼남의 농민전쟁과 또다른 지역적 조건에서 발생한 황해도·강원도

---

1) 韓㳓劤, 1978 〈東學農民軍의 蜂起와 戰鬪 − 江原·黃海道의 경우〉《韓國史論》4. 이외에 간
략하게 인물 중심으로 된 신문기사[이이화, 〈농민전쟁 1백년 동학인물열전〉《한겨레신문》가
운데 23회(1994. 2. 15) 차기석 편, 24회(1994. 2. 22) 김창수 편, 30회(1994. 4. 12) 백낙희
편과 강원도 농민전쟁에 관한 신문기사〈東學農民革命〉《전북일보》92·93·94회(1994. 4.
11~25)]가 있다. 또한 유적 답사기로 박맹수의 〈강원도 영월·정선지방의 동학유적지〉(《新人
間》507호, 1992. 7)와 배항섭의 〈강원도에 서린 동학농민군의 발자취〉(《역사비평》계간 11
호)가 있다.

농민전쟁은 어떠한 특성을 지녔는가를 살펴보고자 한다. 삼남지방과 달리 2차 봉기 시점에 이르러서야 전개되었다. 이 시기는 이미 청일전쟁이 한반도 내에서는 일본의 승리로 귀결되어, 일본군의 여력이 농민군 진압에 적극적으로 개입할 수 있었던 시기였는데, 이같은 일본군 개입은 兩道의 농민전쟁에서 어떠한 역할을 하였는가. 강원도의 경우 활발한 반농민군 활동이 일어날 수 있었던 요인은 무엇이었고 그 결과는 어떠하였는가. 이러한 점이 구명된다면 兩道의 농민전쟁이 지역적 조건 속에서 어떠한 특성을 지니고 전개되었는지가 밝혀질 것으로 생각된다.

황해도·강원도 농민전쟁은 각기 다른 지역적 조건 속에서 다른 전개양상을 보이고 있다. 농민군 진압세력의 양태는 바로 그 지역에 내재된 조건에서 빚어진다. 즉 향촌지배세력의 존재양태에 따라 농민군 진압세력의 성격이 판이하게 달라지고 있음이 兩道의 농민전쟁에서 분명하게 드러나는 것이다.

강원도에서는 기존 향촌지배세력을 중심으로 형성된 반농민군이 강력한 활동을 벌인 까닭에 일본군의 개입은 소극적이었다. 물론 강원도에서 일본군측의 작전계획에 따라 일본군의 소극적 개입이 야기되기도 하였다. 일본은 농민전쟁이 강원도 이북지방에까지 번짐으로써 러일전쟁을 유발하지 않을까 하는 염려로 인해, 삼남지방과 경기도를 중심으로 포위망을 구축하여 삼남지방의 농민군이 강원도 등의 산악지대로 이동하는 것을 최대한 억제하고자 하였다.[2] 그러나 강원도 내의 반농민군세력에 의한 농민군 구축활동이 전제되지 않았다면, 강원도에서도 일본군은 적극적으로 개입하지 않을 수 없었을 것이다.

반면 황해도에서는 향촌지배세력의 허약성으로 인해 활발한 반농민군 활동을 기대할 수 없었고 관군 역시 농민군에 대항하기에는 역부족이었다. 이러한 상황에서 일본군의 적극적인 개입이 요청될 수밖에 없었다.

이렇듯 황해도·강원도 농민전쟁은 이러한 대극적인 위치에서 서로 각기 다르게 전개되었다. 따라서 본고에서는 황해도 농민전쟁에서는 일본군세력이 농민군 진압의 주축으로 형성되는 구도를, 강원도 농민전쟁에서는 반농민군세력이 농민군 토벌대의 주축으로 자리잡는 구도를 중점적으로 살펴보아, 각각의 구도가 가져오는 각기 다른 농민전쟁의 결과를 밝혀보고자 한다.

---

2) 〈東學黨의 件〉 《주한일본공사관기록》 2, 機密送 第79號, 국사편찬위원회, 248~249쪽

2. 황해도 동학농민군의 봉기

1) 농민전쟁의 배경

황해도지역은 1894년 9월경(음력)부터 함경도와 접경지대인 내륙 깊숙한 지역을 제외한 황해도 전지역에서 약 4개월에 걸쳐 농민군이 봉기하였다. 해주를 중심으로 동쪽으로는 온정·평산·금천, 서쪽으로는 옹진·장연·죽산 등, 남으로는 녹산·송림·강령, 북쪽으로는 송화·신천·문화 등지에서 동학군이 봉기할 정도로 황해도는 동학농민군의 활동이 대단히 두드러진 곳이었다. 또한 해주 監營과 옹진에 있던 水營이 모두 농민군 수중에 떨어진 지역이기도 한데,[3] 이는 전라도 밖에서는 전국적으로 유일한 경우이다.

황해도도 봉건적 모순에 대항하여 발발한 민란의 주요 지역이었다. 황해도의 京邸吏·營邸吏의 放債·族徵의 폐해가 다른 지방보다 심각한 지역에 이르렀음이 일찍부터 지적되어왔다.[4] 이러한 봉건적 모순과 더불어 황해도의 지형적 위치에 편승하여 화적이 횡행하는 사태까지 나타나고 있었다. 황해도에는 개성·금천·평산·서흥·봉산·황주를 거쳐서 의주까지 이르는 남북 직통로가 위치해 있었다. 이 직통로 동쪽은 수많은 산중에 끼여 있어 지세가 험악하고 백성의 말이 불순하였다고[5] 일찍부터 지적되어왔다. 봉건적 모순이 심화되자 위와 같은 지형적 형세는 화적이 횡행하기에 충분한 조건이었다. 고종 16년(1879)에는 평산에서 화적 30~40명이 校卒을 刺殺하고 村閭를 劫掠한 사건이 발생하기도 하였다.[6]

이후 농민전쟁이 발발하기 직전까지 봉건적 모순에 대항하는 민란은 끊이지 않았다. 1893년 8월에는 재령에서,[7] 11월에는 개성과[8] 황주에서 민란이 발생

---

3) 〈黃海道東學黨征討略記〉鈴木 少尉 講話 《東學亂記錄》下 국사편찬위원회 ; 〈甲午海營匪擾顚末〉 11월 15일 《東學亂記錄》 下 국사편찬위원회, 734쪽
4) 《日省錄》 고종 13년 9월 5일, 10월 26일
5) 《擇里志》 黃海道, 三中堂, 254쪽
6) 《備邊司謄錄》 고종 16년 8월 12일
7) 《일성록》 고종 30년 8월 12일
8) 〈前松都留守免罪의 件 외 4件〉《주한일본공사관기록》 3, 發第20號, 在京城日本公使館通常報

하였다. 황주의 경우는 1차 봉기하여 요구사항이 관철되지 않자 1894년 1월에 재봉기하였다.[9] 이 민란의 와중에 사망자가 21명, 부상자가 70여 명에 이르는 정도로 대규모의 봉기였다.[10]

이처럼 황해도에서 활발하게 민란이 발생된 점은 농민전쟁으로 승화될 수 있는 가능성을 내포한 것이었다. 즉 각 군현 단위로 고립분산적으로 전개되던 민란의 경험이 축적됨으로써, 지역적 한계를 벗어나 황해도 전체의 농민전쟁으로 승화될 수 있는 기반을 형성한 것이었다.

민란단계의 지역적 한계를 벗어나서 농민전쟁으로 발전될 수 있었던 요인 중의 하나는 바로 황해도 내의 각계각층의 적극적 참여가 이루어졌다는 데 있다. 그렇다면 황해도 농민전쟁에는 어떠한 계층이 주축을 이루고 있었는지를 살펴보자.

황해도 농민전쟁의 주도층으로 첫번째 들 수 있는 것이 동학교도이다. 황해도 지역에 언제부터 동학이 전파되었는지는 기록에 나와 있지 않지만, 농민전쟁이 일어나기 이전부터 이미 동학의 포접조직이 자리잡고 있었다는 것은 확실하다. 金昌洙(金九)의 예를 통해 황해도 동학교세를 살펴보자. 김창수는 1892년 동학에 입교하여 이듬해 1893년 가을 황해도 동학교의 대표자 15명 중의 하나로 뽑혀 당시 보은에 있던 최시형·손병희 등 북접의 동학교단측 지도자를 방문하여 接主의 첩지를 받았다.[11] 이러한 사실을 미루어볼 때 당시 황해도 동학교세가 어느 정도인지 확실치는 않으나, 이미 1892년 이후부터 황해도 내의 최소한 15개 지역에서 동학의 포접조직이 형성되어 있었음을 알 수 있다.

따라서 동학의 이러한 포접조직은 황해도 농민전쟁에서도 일정한 역할을 담당하고 있었던 것으로 보인다. 당시 농민군을 진압하던 일본군은 농민군 가운데 진정한 동학교도는 그리 많지 않았다고 기록하고 있다.[12] 그러나 일본군의

告 제4호, 6쪽. 이 민란의 경우에는 탐관오리인 개성유수 김세기가 탄핵을 받다가 조정의 요로자에게 20만 냥의 뇌물을 내는 바람에 도리어 이를 탄핵한 안핵사 박용원이 파출되었다. 당시 내정개혁을 단행해야 할 조정에서 이처럼 기강의 문란이 극에 달한 상태였다.

9) ≪일성록≫ 고종 30년 8월 12일, 11월 24일 ; 고종 31년 1월 21일
10) 〈黃海道 黃州民擾의 件〉 ≪주한일본공사관기록≫ 3, 發第20호, 在京城日本公使館通常報告 제4호, 7쪽
11) 金九, ≪白凡逸志≫ 敎文社, 32~37쪽
12) 〈黃海道東學黨征討略記〉. 여기에서 일본군대의 鈴木 소위는 眞正東學黨, 一時的 東學黨, 僞東學黨으로 농민군을 분류하였다. ≪通商彙纂≫ 한국편 2, 제22호 〈東學의 鎭定〉에서도 강원·경

396

이러한 평가와 달리 동학포교의 자유를 요구할 정도로 동학교도는 농민군의 확고한 세력으로 자리잡고 있었다.

10월 6일 동학농민군 수만 명이 해주 서쪽 翠野場에 모여 몇개 조의 민막을 적은 單子를 올렸다. 그 단자의 내용 가운데 동학의 금교령을 철폐해달라는 것이 포함되었다. 이에 대한 감영의 회답은 邑弊民瘼 지금 개혁할 것이지만 동학에 대해서는 朝令으로 이미 禁斷되어 있어서 嚴禁하지 않을 수 없으니 물러가 安業에 힘쓰라는 것이었다.[13] 이를 볼 때 황해도 농민군 중에는 동학의 허용을 요구할 정도로 동학교도가 상당수 참여하고 있었음을 알 수 있다. 동학의 인정을 내세운 이 세력이 곧 황해도 농민군의 주력부대였음을 감안한다면, 황해도 농민전쟁에서 동학의 역할은 단순히 농민군 조직기반을 제공한 것 이상이 아니었나 생각된다.

농민전쟁의 전개가 점차 치열해지면서 각지의 일반 농민들이 대거 참여하여 황해도 농민전쟁의 또 다른 주력층으로 활약하였다. 그것은 다음의 몇 가지 사례를 통하여 살펴볼 수 있다. 당시 殷栗縣감이었던 朴齊洪은 은율현의 경우 동학당이 관할 인민의 반수에 달하였다고[14] 하였고, 해주전투를 전후한 시기에 海州判官이었던 이도 해주 부근의 인민은 모두가 동학당이라고[15] 하였다. 위 경우들에서 각 지역의 일반 백성이 광범위하게 동학농민군에 투입되고 있었음을 알 수 있다. 또한 加之村의 경우에서도 건강한 자는 모두 溫井으로 집합하라는 동학농민군의 지시에 가지촌의 농민이 순순히 응하였던 것에서도[16] 각 지역의 농민들이 동학농민군의 지지기반으로 자리잡고 있었음을 알 수 있다. 이러한 기반 위에서 농민군의 대원 보충은 언제든지 가능하였던 것이다.

한편 황해도 농민군에는 지방의 말단 관리층을 구성하고 있던 小吏·村吏 등의 계층도 참여하고 있었다. 농민군이 10월 6일 해주부를 공격할 때 해주부의 營屬 중에 내응하는 자가 있어서 손쉽게 해주부가 함락되었다고[17] 한다. 또한

기 이북 諸道에서의 진정한 東徒는 극소수에 불과하다고 보았다.
13) 詢問其故 則厥徒以幾條民瘼 書呈單子 中有東徒禁飭請弛勿問之語 因題以民弊邑瘼 方今痛革 而至於東學 則朝令飢禁斷 不容不嚴禁 (?)其退散安業云云(《甲午海營匪擾顚末》 10월 초6일, 729쪽)
14) 〈黃海道東學黨情況에 관한 보고〉《주한일본공사관기록》 3, 南站發甲 제10호, 255쪽
15) 〈黃海道東學黨征討略記〉鈴木 少尉 講話
16) 위와 같음

漏川의 村吏는 마을에 농민군 군량을 비축·관리하고 있던 중에 일본군에게 발각되었음에도 농민군과의 연계사실을 완강하게 부인하였다.[18] 지방관료 가운데 고급관료에서 농민군에 부합하는 예는 거의 없는 반면,[19] 위의 경우처럼 소리배들 편에서 농민군에 응한 경우가 많았던 것이다.

지방 말단관리 이외에 金昌守의 八峰都所의 예처럼[20] 각지의 山砲手가 농민군에 참가하고 있었고, 信川·長淵·송화 등지에서는 사금채집 광부가 상당수 가담하고 있었다.[21]

이렇듯 각지의 각 계층이 모여서 형성된 농민군이 황해도에서 직접 봉기한 시기는 남쪽 삼남지방의 2차 봉기에 해당된 9월경이었다. 이렇게 뒤늦게 농민군이 봉기한 데는 황해도 동학조직이 남접이 아니라 북접교단측과 연계되어 있었기 때문인 것으로 생각된다. 당시 황해도 동학교도들은 북접교단의 최시형을 방문하여 황해도 동학교도의 성명이 적힌 단자를 올렸다고[22] 한다. 즉 황해도 농민군이 봉기하기 직전까지 황해도 동학교도들은 북접교단측의 지시하에 움직이고 있었고, 이어 9월경 삼남지방으로부터 향응하라는 敬通이 빗발치게 오자, 드디어 황해도 농민군도 대거 봉기하게 되었던 것이다.[23]

황해도 농민군의 기세는 대단하여 농민군이 봉기한 지역이 황해도 전지역의 3분의 2에 해당될 정도였다. 이같은 성대한 세와 걸맞춰서 황해도 농민군은 자체 내에서 탄약고·화약제련소 등의 화력을 자력으로 해결할 수 있는 시설을 갖추고 있었던 점이 독특하다. 황해도에는 납, 철 등이 산출되는 山이 도처에 분포되어 있었다.[24] 따라서 일찍부터 採鑛이 성행되는 바람에 오히려 國結이 폐기되는 사태도 야기되었다.[25] 이같은 지역적 특성으로 인하여 농민군은 농촌의 농기구들을 칼 등으로 주조하여 무기를 만드는 등의 간단한 방법 이외에 본격

---

17) 〈갑오해영비요전말〉 10월 초6일, 729쪽
18) 〈황해도동학당정토략기〉 鈴木 少尉 講話
19) 위와 같음
20) 金九, 《白凡逸志》, 38~39쪽
21) 〈황해도동학당정토략기〉 鈴木 少尉 講話. 사금채취가 금지되자 살길이 없어진 사금채집 광부들은 농민군에 많이 가담하였다.
22) 김구, 《백범일지》, 36쪽
23) 위의 책, 38~39쪽
24) 《擇里志》 黃海道, 254쪽
25) 《備邊司謄錄》 고종 29년 2월 9일

398

적으로 자체 내에서 화력을 주조·공급할 수 있었다. 장연부에는 大釜 3~4개를 준비하여 회즙취착소를 만들어 화약을 제조하였고, 또한 송화·온정에는 刀槍제조소가 있었다.[26]

이처럼 무기의 자체공급 기반이 있었으나 그 실제 효과는 그다지 크지 않았던 듯하다. 겨울이 다가오자 북부지방인 황해도에는 한기가 너무 거세어서 회즙을 취할 수 없었고 이에 화약제조는 중단될 수밖에 없었던 것이다.[27] 전체적으로 무기가 공급되지 못하자 농민군은 그 대체방안으로 각 관아의 무기고를 공격, 무기를 충당하는 전략을 세웠다. 이에 일본군에서는 "관아에 있는 총기탄약이 적을 방지하는 무기로서가 아니라 적에게 供給되는 무기가 되었으니, 즉 관아는 적의 무기공급소였다"[28]고 할 정도였다.

한편 관군측을 살펴보면, 황해도에서 관군이 제기능을 발휘하지 못하였던 것은 삼남지방의 농민전쟁에서와 마찬가지였다. 황해감사의 보고가 제때 중앙에 올라가지 못할 정도로 교통이 두절되었기 때문에 정부에서는 황해도의 정황을 제대로 파악하지 못한 상태였다. 정부에서는 주로 일본공사관의 전신정보에 의존하고 있었기 때문에 정세판단의 오류가 발생하기 쉬웠다. 정부에서 9월 14일에 이르러서야 농민군 탄압방침이 확정되었다.[29] 그 구체적 진압방법은 아직 중앙에서 군대를 파견하여 전면적인 진압을 하지 못하므로 각 지방의 감영과 병영에 위임하는 것이었다.[30] 그러나 당시는 전국적으로 각 지역의 군비가 제대로 갖춰져 있지 못한 실정이었기에 황해도 관군만으로 농민군에 대항하기는 역부족이었다.

각지에서 농민군을 토벌하기 위해 향촌사회의 보수지배층이 중심이 되어 일어나는 반농민군의 경우에도 황해도에서는 그다지 활발하지 못하였다. 그것은 일찍부터 황해도에는 양반사족이라고 내세울 수 있는 기반이 매우 약하였기 때

26) 〈황해도동학당정토략기〉 鈴木 少尉 講話
27) 위와 같음
28) 〈황해도동학당정토략기〉 鈴木 少尉 講話. 그러나 당시 관아의 무기란 구식총이 대부분이었기 때문에 이것들로 무장한 농민군이 우수한 화력을 지닌 일본군과 대항하기는 무리였다. 따라서 농민군은 일본군을 피해 소규모의 부대로 기동성을 발휘했기 때문에 일본군은 농민군의 정황을 제대로 포착할 수 없었다.
29) 今不可一向恩撫而止 終當不得已用武(《關草存案》 9월 14일자 訓令)
30) 《關草存案》 京畿19·水原13·全羅道19·兵營2호 훈령

문이다. 옛부터 문학하는 선비와 현달한 사람이 없었으며, 그 가운데에 오직 平山·金川에 다른 지방에서 흘러들어온 士族이 조금 있을 뿐이었다[31]고 한다. 반농민군의 활동여부는 곧 그 지역 향촌지배세력의 존재형태와 밀접하게 관련되어 있기 마련이므로, 사족기반이 약한 황해도에서 반농민군 활동은 미약할 수밖에 없었다.

황해도 반농민군의 활동은 신천군에서 발견할 수 있다. 신천군에 거주하는 安泰勳은 자택에 義旅所를 두고 포수를 모아 신천의 농민군을 토벌하였다.[32] 또 신천군의 山砲手 盧濟石은 병사 70여 명을 모아서 농민군에 대항하였다.[33] 이 신천군의 반농민군 활동 이외에 다른 지역에서의 반농민군은 기록상 보이지 않는다. 이처럼 관군과 반농민군의 활동이 미약하였던 상황에서 일본군이 농민군 진압에 개입하였던 것이다.

2) 농민전쟁의 전개과정

(1) 해주부 점령 단계

황해도지역에서 농민군이 봉기한 시점은 2차 봉기 시점인 1894년 가을 무렵이었다. 이때는 청일전쟁에서 일본이 평양전투(8월 17일)에 이어 황해해전(8월 18일)의 승리를 쟁취한 이후였다. 청일전쟁으로 소란해진 민정을 위무하기 위해 정부는 갑오년 8월 19일 趙熙一을 關西宣諭使로 삼아 평안도로 파견하였다.[34] 이어서 관서선유사의 事務가 시급하고 막중하다고 인식한 정부는 議員 權瀅鎭과 外務參議 李鶴圭를 趙熙一과 함께 관서지방으로 파견하여 宣諭의 임무를 수행하게 하였다.[35]

이처럼 관서지방의 동요를 막기 위해 정부측에선 宣諭使 파견 등으로 대처하였지만, 황해도지역에서는 9월경에 들어서는 이미 여러 곳에서 동학농민군이 봉기하고 있었다. 당시 황해도 관찰사인 鄭顯奭은 갑오년 7월 20일에야 부임하

---

31) 《擇里志》 黃海道, 254쪽
32) 김구, 《백범일지》, 46쪽 ; 〈갑오해영비요전말〉 11월 19일, 734쪽 ; 〈황해도동학당정토략기〉. 안태훈은 이 공로로 召募使에 임명되었다.
33) 〈갑오해영비요전말〉 11월 14일, 734쪽
34) 《日省錄》 고종 31년 8월 19일
35) 《일성록》 고종 31년 8월 20일

였는데, 노년의 나이로 인해 8월 중순 무렵까지 여러번 사임을 상소하는 등[36] 道行정체계가 안정적이지 못한 상태였다.

이러한 와중에 9월이 되자 海西 여러 郡에서 농민군이 일어나 그 기세가 서로 상응하였고 山谷 중에는 이와 결탁한 자들도 많았다.[37] 그들 중에는 때때로 고을을 劫掠하기도 하였지만, 監營을 비롯한 각 고을에서는 병사가 제대로 설비되어 있지 못하여서 제대로 대응하지 못하였다. 이에 황해도 관찰사 鄭顯奭은 列邑에 設砲하여 이들을 剿捕하도록 지시하는 한편, 정부와 탁지부에 3차에 걸쳐서 이를 보고하였으나 아무런 회답을 듣지 못한 실정이었다.[38]

이 당시의 농민군은 서로 조직적으로 연계하여 움직이지는 못하고, 각 고을에 근거하면서 산발적으로 인근 고을을 공격하는 등의 행동을 취하였다. 그러던 중 10월에 들어서서 농민군은 서로 협력하여 대규모의 기세로 움직이기 시작하였다. 10월 6일에 농민군 수만 명이 해주 서쪽 취야장에 모여 邑弊民瘼의 시정과 동학교의 허용을 요구하였다. 이에 海營에서는 읍폐민막은 곧 시정할 것이지만 東學은 朝令이 이미 금하고 있기 때문에 嚴禁할 수밖에 없다고 설득하여 이들을 해산시켰다.[39] 그러나 해산된 농민군은 林宗鉉 지휘하에 다시 모여 수만 명의 규모를 이루었다.

이들은 먼저 康翎縣을 습격하여 무기를 획득하고, 이어 곧바로 해주성에 진입하였다.[40] 이때 농민군의 조직이 어떠하였는지는 잘 알 수 없다. 후에 벌어진

---

36) 〈甲午海營匪擾顚末〉 9월 《東學亂記錄》下 국사편찬위원회, 729쪽

37) 위와 같음

38) 위와 같음

39) 〈갑오해영비요전말〉 10월 초6일, 729쪽

40) 농민군이 처음 해주성을 점령한 시점은 史料마다 일치되지 않는다. 당시 황해도 관찰사 鄭顯奭의 手記인 〈甲午海營匪擾顚末〉에서는 해영 점령사건이 10월 6일로 되어 있는 반면, 〈日本士官函謄〉(《東學亂記錄》下 국사편찬위원회, 423쪽)에서는 9월 19일(양 10. 17)에 "間者海營有事 道伯縛打云 誠驚惋 自平壤更調一中隊云 故急送人 賽關岡營 亦發兵相助矣 甚悶"이라 하여 이미 해영에서 관찰사가 포박되어 있던 사건의 전말을 알고 있었다. 어느 사료가 불분명한 것인지 알 수 없으나, 〈甲午海營匪擾顚末〉의 서술내용이 황해도 농민군을 토벌한 鈴木彰 少尉가 직접 쓴 〈黃海道東學黨征討略記〉(《韓國民衆運動史資料大系》(一八九四年의 農民戰爭 篇 1) 여강출판사)의 서술내용의 시점과 일치하고 있기 때문에, 여기에서는 〈甲午海營匪擾顚末〉의 서술을 인용한다. 또한 황해도 농민군 활동의 주요 자료가 되는 〈東學黨征討略記〉(《韓國民衆運動史資料大系》)와 〈황해도동학당정토략기〉 중 〈陸軍步兵少尉 鈴木彰 講話〉는 모두 鈴木彰이 저술한 같은 내용의 것임을 아울러 밝혀둔다. 〈동학당정토략기〉는 鈴木彰이 처음에 쓴 手本이고, 〈황해도동학당정토략기〉는 위의 자료를 正書한 것인데 여기에 단 몇 줄의 첨가가 있을 뿐이다.

해주전투에서는 황해도의 15접주를 비롯하여 각 지역의 농민군 수령이 모여 집회를 여는 등 공동행동을 취하고 있는데, 해주성 점령단계에서도 이와 같은 절차를 밟고 있는지는 확실치 않다. 다만 해주성 점령기의 농민군 수가 수만 명에 이르렀다는 사실을 보면 황해도 각 지역의 농민군이 연합하였으리라 추측된다.

농민군은 해주부에 들어가 다음달인 11월 6일까지 해주부에 주둔하였다. 이동안 농민군이 어떤 행정을 폈는가는 단편적인 기록만이 전해질 뿐이다. 우선 농민군은 해주부 진입 초기에

　　公堂을 부수고 무수히 발포하여 軍器를 탈취하고 各項文簿를 소각하였다. 中軍·判官·裨幕을 모두 붙잡아 끌어다가 구타하였으며 巡察使 역시 억류되었다.(중략) 순찰사는 營奴에 의해 부축받으며 營奴廳에 나가 기거하였다.(중략) 府庫와 民産이 일시에 탕갈되었다.[41]

와 같이 관가를 부수고 군기를 탈취하였을 뿐 아니라 나아가서 해영의 관공문서를 일체 불사르고 관찰사를 비롯한 해영의 지방관료를 징치하였다. 해주성에 진입하기 전에 翠野場에서 집결해서 요구하였던 사항도 邑弊民瘼의 是正이었고, 해주성에 진입한 후에도 各項文簿의 소각과 지방관료의 징치와 같은 행동을 보이고 있음을 볼 때, 이때 농민군의 주요 봉기요인은 斥倭가 아니라 폐정개혁의 요구였음을 알 수 있다. 후에 농민군 수령이 감사에게 보낸 단자에서도 봉기의 원인을 자주 바뀌는 화폐주조와 요역의 증가와 같은 삼정의 문란, 그리고 이에 편승하여 각종 폐단을 야기하는 군수 등의 지방관과 이에 기생하는 이서층의 부정행위 등을 들고 있다.[42]

이와 같이 봉건적 모순에 반대하여 기치를 든 농민군이 해주성에 돌입하여 처음으로 시행한 것이 해주부의 官權 否認이었음은 당연한 일이었다. 이로 인해 해주감사는 營奴廳에서 기거할 정도로 해주성의 행정은 농민군에 의해 운영되었다. 11월 27일에 벌어진 해주전투 때 사로잡은 농민군 수중에서 都錄이 발견되었는데, 여기에는 황해도 방백수령을 농민군 지휘관으로 대치시키고 있었

41) 〈갑오해영비요전말〉 10월 초6일, 730쪽
42) 挽近錢幣屢改百弊蝟興 而又被牧守之貪黷 吏隷之奸猾 徭役之日加月增 莫可支保 所以頃者起閙出於不得已者也(〈황해도동학당정토략기〉 三谷儒生等單子, 崔琉鉉·吳膺善 등)

다. 즉 농민군 수령인 林宗鉉이[43] 자신을 監司의 위치로 올려놓고 成載植을 康翎縣監, 李容善을 安岳縣監으로 삼는 등, 휘하 농민군의 각 府郡縣의 長을 그 지역의 지방관인 府使·郡守 등으로 임명하였다.[44] 이는 중앙정부의 권한을 배제시키고 황해도 내에서 자체 권력을 구상하였던 것으로 보인다.

이러한 양상은 폐정개혁을 위해서는 단순히 황해도 지방관의 통치에 저항하는 수준에서 마무리될 수 없음을 인식하고 중앙정부의 권력을 타도하려는 움직임으로 생각된다. 농민군이 해주 점령 후 불사른 각 항의 문부에는 전적문서 등 중앙정부가 지방민을 통치하기 위한 제반 제도의 문서가 포함되어 있었을 것이다. 각 항 문부를 불사른 행위는 곧 중앙정부에서 파견한 지방관에 대한 저항을 넘어선 것이었고, 더 나아가 황해도 내에서 중앙정부의 권력을 배제하여 스스로 농민군 지휘자들로 구성된 새로운 황해도 통치체제를 구상한 것은 체제 자체의 변혁이었다.

민란이 '고을' 차원의 지역적인 문제나 지방관료 타도 등 체제 안에서의 개량에 그치는 농민항쟁이라면, '農民戰爭'은 고을이라는 지역적 한계를 넘어서 '全國' 차원에서 체제 자체의 변혁을 지향하는 것이라 할 수 있다.[45] 황해도 농민항쟁은 위에서 살펴본 바와 같이 민란의 수준을 넘어선 것으로, 중앙정부의 권력을 타도하고자 체제 자체의 변혁을 지향하는 '農民戰爭'이었다.

조선 내부의 모순을 정부권력의 척결이라는 차원에서 해결하고자 하였던 황해도 농민군은 농민전쟁의 발전과정에서 일본군의 개입과 더불어 대외적 모순 척결에 주안점을 두는 방향으로 나아갔다. 여기에서 농민군의 지향이 반외세로 전환되는 과정을 살펴보도록 하겠다.

먼저 중앙정부에서는 황해도 사태에 대해 어떠한 대응책을 마련하고 있었는지 살펴보자. 조정에서는 황해도 농민군의 동향에 대해 제대로 알고 있지 못하였다. 농민군 활동이 활발해지면서 조정과의 모든 연락통로가 끊긴 상태에서, 조정이 황해도 지방관료와 연결할 수 있는 유일한 통로는 황해도에 주둔하고

---

43) 〈甲午海營匪擾顚末〉에서는 농민군 수령의 이름을 林宗鉉으로, 〈黃海道東學黨征討略記〉에서는 林鐘賢으로 표기되어 있으나, 동일인물이다.

44) 〈갑오해영비요전말〉 (11월) 28일, 736쪽 ; 〈황해도동학당정토략기〉 陸軍步兵少尉 鈴木彰 講話

45) 정창렬, 1991 〈제1차 농민전쟁〉 《갑오농민전쟁연구-전봉준의 사상과 행동을 중심으로》 연세대 박사학위논문, 126쪽

있던 일본 병참기지의 전신망을 통하는 것이었다. 더구나 관찰사는 한 달 가량을 해주의 營奴廳에 연금되다시피한 상태에 놓여 있었기 때문에, 농민군이 철수한 후에야 "前以路梗不得詳啓"[46)라 하여 길이 막혀 보고하지 못하였음을 변명하였다. 이러한 상태에서 조정에서 황해도에 병력을 파견하려고 하여도 구체적 정황을 파악할 수 없었기 때문에 정세판단을 쉽게 할 수 없었던 것이다.

조정에서 뒤늦게 11월 2일 巡撫營에 영을 내려 빨리 황해도 변방의 鎭으로 하여금 海營의 농민군을 토벌하도록 하였다.[47) 이에 따라 黃海兵營에서 砲軍 중 50명을 精選하여 해영을 원조케 하였다.[48) 그러나 이 시기는 해주성이 점령된 지 거의 한 달이 지난 때였다. 4일 후 해주성의 농민군이 스스로 성을 나오게 되자 조정의 대책은 아무런 소용이 없게 되었던 것이다.

이같은 상황을 파악한 조정에서는 관찰사가 해주에서 일어난 변란이 이후 어떻게 진행되고 있는가에 대한 아무런 보고를 하지 않는다는 이유와 황해도 관찰사 鄭顯奭이 나이가 너무 들어 제대로 직무를 수행하기 어렵다는 이유를 들어 11월 4일 황해도 관찰사를 關西宣諭使 趙熙一로 대치시켰다.[49)

뒷날 해주부에 입성한 일본군대의 鈴木 少尉도 정현석이 年老하여 제대로 듣지도 보지도 못할 뿐더러 말조차 하기 힘든 지경이었음을 지적하고 있다.[50) 당시 해주부에 남아 있던 관리 중 주요 직책을 맡은 관리도 마찬가지였는데, 判官도 70~80세 되었으며 中軍 역시 노인이었다고 한다.[51) 이상과 같은 상황에서 연금상태를 탈피하여 적극적으로 농민군에 대항하기는 어려웠던 것으로 판단된다.

이처럼 관군이 적극적으로 대처하지 못하던 정세 속에서 농민군의 수령 임종현은 11월 7일 스스로 해주성을 감사에게 넘겨주는 획기적인 조치를 취하였다.

(11월) 초 6일에 적의 괴수 林宗鉉이 몇 명을 거느리고 入見하여 사과하면서 宣化堂[감사의 직무처 - 필자]에 돌아와 직무를 볼 것을 요청하였다. 그들은 성을 나간다고 하였다.
초 7일에 적들은 약탈을 거의 다하자 기치와 북은 그대로 벌여둔 채 태연히 성을

46) 〈갑오해영비요전말〉 11월 초7일, 732쪽
47) 〈갑오해영비요전말〉 11월 초9일, 732쪽
48) ≪日省錄≫ 고종 31년 1월 2일
49) ≪官報≫ 개국 503년 11월 3일 ; 〈갑오해영비요전말〉 11월 9일, 732쪽
50) 〈황해도동학당정토략기〉 鈴木 少尉 講話
51) 위와 같음

나갔다. 동서로 군대를 나누어서 〔성밖의〕 村坊을 劫掠하였다고 한다.[52]

위와 같이 농민군은 성밖으로 나가기 전에 정현석에게 謝過하며 다시 집무할 것을 요구하였다. 임종현이 해주성을 처음 진입할 당시에는 스스로 감사의 직무를 대행하다가 11월 7일에 정현석의 관찰사 직위를 인정한 것을 볼 때, 농민군의 지향에 변화가 왔음을 추측해볼 수 있다. 처음 해주성 진입 당시에는 전술한 바와 같이 폐정개혁의 요구가 농민군 봉기의 주요한 동기이자 지향이었다. 당시 일본군도 농민군은 일본군에 저항하기보다는 조선 지방관리 시정에 방해를 주고자 하는 것 같다고 판단하고 있었다.[53]

그러나 농민군이 해주성을 넘겨주는 무렵에는 일본군대의 황해도 동학군 진압작전이 개시되면서 농민군이 반일의 기치를 내세우게 된 것이다. 후에 金昌洙가 해주전투를 전후한 시기에 구월산을 중심으로 八峰都所를 개설할 때 내세운 기치도 斥洋斥倭였다.[54] 청일전쟁의 교전지역이었던 탓으로 황해도민의 대일감정이 악화되어 있던 차에, 일본군에 의한 농민군 토벌은 황해도 농민봉기의 성격을 대일항쟁으로 바꾸어놓았던 것이다.

황해도 내에서 일본군이 동학군을 토벌하기 시작한다면 황해도 농민군의 권력을 유지할 수 없을 뿐만 아니라, 농민군 중심부대가 해주성에 웅거한 채 일본군에 대항하기가 어렵다는 판단이 내려짐에 따라, 농민군은 스스로 해주성을 나선 것으로 보인다. 실제로 이미 11월 초순부터 황해도 각 지역에서 농민군은 일본군과 맞부딪치고 있었고 일본군의 진압작전은 해주성을 점거한 농민군 핵심부대를 초점으로 전개되었던 것이다.

(2) 일본군 진압 단계

한반도에서 청일전쟁을 승리로 이끈 일본은 그 여세를 몰아 동학농민군 토벌에 나섰다. 10월 9일 일본공사관에서는 동학교도들을 토벌하기 위해 군병을 파

---

52) 〈갑오해영비요전말〉 초6일·초7일, 732쪽.
53) 〈黃海道東學黨情況에 관한 보고〉 《주한일본공사관기록》 3, 南站發甲 제10호, 254쪽. 이러한 일본군의 판단은 10월 26일 처음으로 일본군 入江 소좌 일행이 재령 부근에서 농민군의 피습을 받은 무렵에 내려진 것이다.
54) 김구, 《백범일지》, 38쪽. 이 당시에 김구는 金昌岩이란 兒名을 버리고 金昌洙란 이름을 사용하였다.

견한다는 통보를 보내고 아울러 이들의 지휘에 관군이 순응해줄 것을 요청하였
다.⁵⁵⁾ 이에 외무대신 김윤식은 行陣各隊將과 沿途의 各 地方官에게 일본국 士官
의 지휘에 순응하라고 시달하였다.⁵⁶⁾ 일본은 관군의 지휘권을 장악한 데 이어,
일본군대가 동학당을 소멸하기 위하여 파병하였다는 뜻을 포고하여 內外臣民이
모두 일본병의 동학 소멸을 돕게 할 것을 요청하였다.⁵⁷⁾

이와 같은 일본군의 동학군 진압책은 일본의 의도에서만 나온 것이 아니라,
관군의 힘을 믿지 못하여 외세를 빌리고자 하는 개화당정부의 의도와도 일치되
는 것이었다. 실제로 외무대신 김윤식은 일본공사 井上馨에게 "湖西의 동학군
의 기세가 浩大하여 관군으로써만 대항하기 어려우니 貴軍의 인천항 주둔병
100명 내지 5, 60명을 我國江華兵과 합세 출격해줄 것을 요청"⁵⁸⁾하고 있다. 일
본은 동학군 토벌에 일본군의 힘이 절대적이란 점을 빌미로 하여 조정에 내정
개혁을 더욱 강력하게 요구하기조차 하였다.⁵⁹⁾

이와 같이 농민군 토벌작전의 지휘권을 획득한 일본군이 황해도 동학농민군
섬멸에 개입하게 된 계기는 10월 26일 精米를 구매하기 위해 파견된 入江 소좌
일행이 載寧郡에서 동학군 2천 명의 습격을 받고 나서였다.⁶⁰⁾ 이어 10월 28일
에는 역시 재령 부근에서 쌀을 매집중이던 일본인 두 명이 成萬基 휘하의 농민
군 2~3천 명에 의해 살해되는 사태가 발생하였다.⁶¹⁾ 이에 일본은 서둘러 황해
도로 군대를 급파하였다. 황해도지역은 청일전쟁이 직접적으로 발발하였던 지
역이기 때문에 도내에는 각 지역에 일본군 병참부가 소재해 있었지만 이곳의
병력 이외에 다른 지역의 일본군대도 원조하였다.

11월 1일에 용산수비대 鈴木 少尉의 1소대가 재령 부근의 동학당을 토벌하

55) 〈東學黨에 관한 件 附巡査派遣의 件〉《주한일본공사관기록》1, 149~150쪽
56) 〈東學黨에 관한 件 附巡査派遣의 件〉《주한일본공사관기록》1, 제235호, 150쪽
57) 〈日案〉《舊韓國外交文書》三, 3363號, 고종 31년 11월 1일
58) 〈日案〉《舊韓國外交文書》三, 3332號, 고종 31년 10월 16일
59) 王妃·大院君·이준용 등 내정개혁을 방해하는 세력을 단절코자 하는 요청이 수락되지 않자,
외무대신 金允植에게 "다시 釐政 불가능의 이유를 들어 本使는 이미 貴國 釐政事에서 손을 떼었
으니 동학비도를 助剿하려 파병된 일본군대도 즉시 철회하여 貴國에 일임하겠다"(〈日案〉《舊韓
國外交文書》三, 3385號, 고종 31년 11월 7일)고 통고하였다. 일본의 이러한 강경한 태도에
결국 金弘集·金允植은 井上馨에게 釐政사업을 시종 협조해줄 것을 거듭 요망하였던 것이다.
60) 〈黃海道東學黨征討狀況〉《주한일본공사관기록》3, 303쪽
61) 〈載寧地方 東學黨情況報告〉《주한일본공사관기록》3, 306쪽

기 위해 급파되었고, 황주병참감에서는 半소대가 역시 재령 방면으로 파견되었다.[62] 11월 2일에 일본 제1군 참모장(小川) 및 평양수비대 참모장(加藤)으로부터 원병으로 보병 100명이 재령 방면으로 출발하였다.[63] 이처럼 황해도로 파견된 일본군은 대동강 漁隱洞에 위치한 南部兵站監[64]을 위시하여 평양수비대, 용산수비대의 일부 군대와 더불어 金川병참감, 葱秀병참감, 開城병참감 등 황해도에 위치한 각 병참감에서 파견된 군사로 이루어져 있었다.[65]

농민군이 해주성을 관찰사에게 넘겨주기 이전에 이미 농민군 주력부대는 해주성을 나와 평산 부근에 집결해 있었다. 11월 1일 해주농민군이 평산 방향으로 오고 있다는 금천·개성 사령관의 보고에[66] 이어, 11월 2일에 금천수비병이 평산 부근에서 해주로부터 오는 적을 경계하고 있었는데 적이 나타나지 않자 철수하는[67] 등 일본군대는 이즈음 농민군 주력부대가 평산 부근에 집결해 있다고 판단하였다. 11월 4일의 일본군 보고에 의하면 당시 해주성에 남아 있던 농민군은 겨우 6천여 명에 불과하였다.[68] 이틀 후인 11월 6일 임종현 휘하 농민군은 해주성을 나서 평산 부근의 농민군과 합세한 것으로 추측된다.

농민군은 11월 5일 평산 부근에서 金川병참감에서 葱秀병참감으로 가는 양곡을 탈취하였다.[69] 이어 평산 서남쪽으로 40리 되는 狼川으로 집합한 농민군은 11월 7일 평산에서 다시 총수병참감의 勝尾 대위와 접전을 벌여 10명의 전사자를 내고 로센 助邑浦 방향(해주 방면)으로 퇴각하고 만다.[70] 퇴각한 농민군을 추적하던 일본군은 해주 부근에 농민군이 모여 있다는 정보에 접하자 11월 10일 해주성에 입성, 공해에 주둔하였다.[71]

---

62) 〈황해도동학당정토략기〉鈴木 少尉 講話
63) 위와 같음
64) 남부병참감은 인천에 주둔하였다가 10월 10일 대동강 漁隱洞으로 이전할 예정이었다(〈南部兵站監과 東學黨討伐에 관한 件〉《주한일본공사관기록》 3 , 369쪽). 남부병참감은 대동강 이남의 모든 병참감을 지휘하였고 후비보병대는 당시 원산에 주둔하고 있었다.
65) 〈海州東學軍 防剿狀況과 拿獲者 會審方針 周知依賴〉《주한일본공사관기록》 1, 180쪽
66) 〈忠淸 黃海道 東學黨征討狀況〉《주한일본공사관기록》 3, 304쪽
67) 〈黃海道東學黨征討狀況〉《주한일본공사관기록》 3, 308쪽
68) 〈黃海道東學黨에 관한 鈴木 少尉의 報告〉《주한일본공사관기록》 1, 225쪽
69) 〈平山附近 東學黨 양식 탈취〉《주한일본공사관기록》 3, 384쪽
70) 〈賊徒討伐에 관한 총수로부터의 電報報告〉《주한일본공사관기록》 1, 226~227, 228쪽 ; 〈황해도동학당정토략기〉. 이 전투 후 뒤늦게 평산에 도착한 용산수비대 鈴木 소위는 평산을 습격한 농민군은 평산 이남(해주 방면)에서 올라온 것으로 생각하고 있었다.

한편 농민군 주력부대가 평산 방면에서 일본군과 전투를 벌이고 있을 당시, 황해도 각 지역에서는 소규모의 농민군이 활동하고 있었다. 이후부터 황해도 농민전쟁의 최대격전이며 전환점이 되었던 해주전투 이전까지 각 지역에서 활동한 농민군의 상황을 보면 다음 표와 같다.

표에서 보는 바와 같이 당시 주력부대가 해주성을 나와 평산에 집결해 있었던 데 반해, 나머지 농민군은 황해도 서반부의 각 지역에서 활동하였다. 풍천부에 거주하는 馬夫가 수령인 풍천부 농민군의 예를 보면, 농민군은 출신지역 부근에서 끊임없는 활동을 벌이고 있었던 것으로 보인다.

각 지역의 농민군 활동

일 시	지 역	전 투 상 황
10. 27	豊川府	수천 명의 농민군이 풍천부 관아에 돌입. 병기 탈취. 풍천부의 각 관청을 屯所로 삼고 기거. 이곳 농민군 수령은 풍천부 馬夫인 安老郎과 朴良純[72]
10. 28	載寧郡	成萬基 휘하 농민군 2, 3천 명이 쌀 매집중이던 일본인 2명 살해. 신천 해주 방향으로 나아감.[73]
11. 1	載寧郡	재령 부근 諸口村에서 황주병참감에서 파견된 半소대와 접전. 15명 사망. 일본군 재령 점령. 농민군 흩어짐.[74]
11. 3	豊川府	풍천부로 貿炭하러 온 일본인 荒木을 살해[75]
11. 11	康翎邑	5, 6백 명의 농민군이 강령읍 습격. 이에 파견된 일본군과 古縣場에서 1시간의 격전을 치름[76]
11. 13	信川	평양에 주둔한 일병이 신천으로 진격하여 수십 명 사살. 文化縣·松化縣 平山府 助泥鎭·吾又鎭·龍媒鎭 등이 모두 농민군에게 함락됨.[77]
11. 14	信川郡	長淵府 新川郡 長壽山城·首陽山城이 모두 농민군에게 함락됨. 신천군 山砲手 盧濟石이 병사 70명을 모아 농민군 18명 포살함.[78]
11. 15	瓮津營	농민군이 瓮津水營을 급습. 水使 중상. 이에 박봉원의 교졸 일병이 강령에서 농민군과 접전. 1명 포살. 13명 포로로 잡음.[79]

71) 〈갑오해영비요전말〉 11월 초10일, 732~733쪽 ; 〈황해도동학당정토략기〉. 평산에 퇴각한 농민군을 추적하던 용산수비대 鈴木 소위는 溫井에서 前 黃海道觀察使 정현석의 아들 鄭憲時를 만나 해주에 적이 모여 있다는 정보를 입수하게 되었다.
72) 〈黃海道東學黨情況에 관한 보고〉《주한일본공사관기록》 3, 南站發甲 제10호, 255쪽
73) 〈載寧地方 東學黨情況報告〉《주한일본공사관기록》 3, 306쪽
74) 〈黃海道東學黨征討狀況〉《주한일본공사관기록》 3, 308쪽
75) 위와 같음
76) 〈황해도동학당정토략기〉 鈴木 少尉 講話
77) 〈갑오해영비요전말〉 11월 13일, 733쪽
78) 〈갑오해영비요전말〉 11월 14일, 733~734쪽

11. 17	延安府	농민군 연안부 급습[80]
11. 19	信川郡	營門에서 차임한 義旅長인 신천군 進士 安泰勳이 砲軍 70명과 村丁 100명을 모아 농민군의 領將 3명을 포살. 이 공로로 안태훈은 황해도 召募官으로 임명됨.[81]
11. 20	海州	崔瑞玉 휘하 농민군 5천 명이 해주 竹川에 웅거. 金履鉉에게 設喩되어 歸化[82]
11. 21	白川·康翎	농민군 白川郡과 康翎縣 점령[83]

  당시 농민군이 활동하였던 지역은 해주부를 중심으로 동쪽으로는 온정·누천
·평산·금천, 서쪽으로는 옹진·장연·죽산 등, 남으로는 綠山·松林·康翎,
북쪽으로는 송화·신천·문화 등지였으며,[84] 이는 산세가 험한 함경도 접경지
대를 제외한 황해도 전지역에 해당되는 것이었다.[85] 농민군 진압 초기에 일본군
조차도 황해도 농민군이 이렇게 성세를 이루고 있음을 알지 못하였다. 용산수
비대 鈴木 소위는 남부병참감의 명령으로 개성부에 도착했을 때까지도 "황해도
의 농민군은 유일하게 재령 부근에만 둔취해 있다고 들었으나, 그 실태를 보고
들으니 황해도 3분의 2가 東徒로 가득 차 있다"[86]고 실토하고 있다.
  각 고을을 장악한 농민군은 전반적으로 공격 후 곧바로 퇴각하는 유격전법을
이용하였다. 그것은 막강한 화력을 지닌 일본군에 대항하기에 적절한 전법이었
다. 수천 명의 농민군의 급습을 받은 豊川府使 崔丙斗는 다른 관할에 있는 동학
군은 수일 후 해산하였는데 오직 풍천부 동학군만 각 관청에 둔소를 정해 기거
하고 있다고 보고하였다.[87] 이를 보면 농민군은 풍천부를 제외하고는 각 고을에
일시적으로 주둔하고 곧바로 이동하였음을 알 수 있다.[88]

---

79) 〈갑오해영비요전말〉 11월 15일, 734쪽
80) 〈갑오해영비요전말〉 11월 17일, 734쪽
81) 〈갑오해영비요전말〉 11월 19일, 734쪽
82) 〈갑오해영비요전말〉 11월 20일, 734~735쪽
83) 〈갑오해영비요전말〉 11월 21일, 735쪽
84) 〈황해도동학당정토략기〉 鈴木 少尉 講話. 鈴木 소위가 해주부에 입성하였을 당시 해주관관이
   鈴木 소위에게 황해도의 전반적인 상황을 이상과 같이 보고하고 있다.
85) 각 지역에 소규모의 부대로 활동한 농민군은 위 표 이외에도 무수하였을 것으로 보이나, 현재
   남아있는 資料에서는 수천 명 내지 수백 명의 대규모 농민군의 활동 위주로 되어 있어 기타 지역
   에서 지역촌민으로 형성된 소규모 농민군의 활동은 捨象되어 있기 때문에, 아쉽게도 그들의 구
   체적인 활동내력을 모두 알 수 없다.
86) 〈황해도동학당정토략기〉 鈴木 少尉 講話
87) 〈황해도동학당정황에 관한 보고〉 《주한일본공사관기록》 3, 南站發甲 제10호, 255쪽

삼남지방과 마찬가지로 황해도 농민군 역시 소규모의 부대로 이같은 치고 도주하는 유격전술을 구사하여 재빠른 기동성을 발휘하였던 것이다. 농민군의 집결 퇴산이 무상하여 일본군은 그들의 집결이나 습격계획에 대한 해당 지방관의 정보나 출병요청도 그대로 믿을 수가 없는 실정이었다. 용산수비대의 鈴木 소위 역시 정보에 따라 해당 지역에 가보아도 이미 농민군은 도주하거나 해산해 버린 상태에서 실제로 농민군과 전투를 벌인 예는 그다지 많지 않았다.[89]

그러나 11월 말경에 이르면 이같은 양상은 변화되기 시작하였다. 농민군은 유격전술에서 벗어나 주력부대를 중심으로 황해도 전체 농민군을 연합시켜 일대 대공격을 시도하였다. 11월 23일 海州安岳首接主는 平山首接主를 비롯하여 각 지역의 首接主에게 통문을 보내어 倡義起包할 것을 촉구하였다.

감영 서쪽 10여읍에 일제히 발문하여 起包·聚會한 자가 5,6만명에 이르렀다. 翠野 북쪽에 留陣하여 서쪽의 糧道와 인적을 끊으니 뒤이어 기포한 자는 그 수를 알 수 없을 정도이다. 크게 원하건대 貴邑의 各包 道員은 어찌 분발하지 않는가. 일제히 通喩하여 하루빨리 기포하여서 石長承 땅에 모여 留陣하여 동쪽의 糧道를 끊으면 며칠이 지나지 않아 兩漢[海伯父子 - 필자]이 반드시 도망하여 곧바로 평산·금천 북쪽으로 달아날 것이다. 때문에 이러한 뜻을 연안·백천·평산·금천의 각포 首接主 앞으로 발문하여 연안과 백천 두 읍의 道員은 한 곳에 모여 泣川 도로를 끊고, 평산과 금천 두 읍의 도원도 또한 한 곳에 모여 鵲川 북쪽을 지켜서 동서

---

88) 풍천부의 농민군 활동은 다른 지역에서 일시적으로 주둔하던 농민군 활동추세와는 달리 황해도 농민전쟁 초기부터 후반부에 이르기까지 주둔하는 특수한 사례를 보여준다. 농민군은 10월 27일에 풍천부를 점령한 이후 적어도 사료에 의하면 12월 6일까지 거의 40일간을 주둔하였다. 농민군이 풍천부의 각 관청을 둔소로 정하자 풍천부사를 비롯한 屬官·小吏는 몸을 피하거나 혹은 농민군에 들어가기도 하여 府使의 政令이 행해지지 않는 등, 풍천부의 政務는 농민군이 담당하였다. 買炭의 일로 풍천부를 방문한 大倉組雇人인 荒木松平이 木炭을 구입하고자 풍천부를 방문하다가 11월 3일에 살해된 사건이 발생하자, 南部兵站監 福原豊伊는 그 사건의 책임을 풍천부사 崔丙斗에게 물었다. 부사는 사건의 주범인 安老郞을 잡아 日本陣에 보낼 것을 약조하면서도 東學黨에 가서 그 可否를 의논하고 부사 한 사람과 동학당 수령 한 사람으로 하여금 일본진에 회답할 것이라고 하였다(〈黃海道 東學黨情況에 관한 報告〉 ≪주한일본공사관기록≫ 3, 南站發甲 第10號, 254~257쪽). 이 사건 처리에서도 알 수 있듯이 풍천부는 40일간에 걸쳐 농민군 통치가 행해졌던 곳이었다. 이 기간동안 농민군은 폐정개혁을 수행하였을 것으로 보이지만, 구체적인 내용을 전해주는 자료가 없어 알 수 없는 실정이다..

89) 〈황해도동학당정토략기〉 鈴木 少尉 講話. 농민군은 일본군이 나타나면 미리 도주하는 것이 상례여서 鈴木 소위는 夜行으로 진군하여 새벽에 해당 지역을 급습하는 전략을 이용하였다.

로 首尾가 서로 접하면 이 사람들을 사로잡을 수 있을 것이다.[90]

위의 통문은 황해도관찰사 鄭顯奭과 그 아들 鄭憲時를 잡기 위해 기포할 것을 평산수접주에게 요청한 것으로, 해백부자 생포의 전략을 자세히 적고 있다. 여기에서 해안수접주가 평산수접주에게 통문을 보내기 전에 이미 영서의 10개 읍에서 모인 자가 5~6만 명에 이르렀다고 한다. 이 숫자는 평산수접주의 기포를 유도하기 위해 허장성세한 것으로 이해되지만 실제로 모인 농민군의 수효도 엄청났을 것으로 생각된다.[91]

위 통문에서 농민군이 집결하는 장소는 해주 서쪽의 취야장이었다. 이 시기에 일본군측의 정보에서도 각 지역의 농민군이 해주 쪽으로 집결하고 있다고 하였다. 松林·綠山의 동도 천여 명이 취야장에 집결하여 근방의 동지를 규합하여 해주를 습격할 것이란 보고가 있었다.[92]

金昌洙의 逸志에 의하면, 이즈음에 15접주를 위시하여 여러 두목들이 회의한 결과 거사하기로 작정하고 제1회 총소집의 위치를 해주 竹川場으로 정하고 각처 道人에게 敬通을 발하였다고 한다.[93] 김창수 스스로도 八峰都所를 세워서 산

90) 〈황해도동학당정토략기〉,〈敬通 平山首接主〉 갑오 11월 23일 卯時. 이 통문에서는 황해도 농민군의 대청의식을 엿볼 수 있다. 농민군은 해백부자를 사로잡아 그 수급을 당시 일본을 치기 위해 압록강을 건너 강계·의주에 주둔한 淸陣에 받치고자 하였다. 이는 농민군 자체의 힘만으로는 일본군에 대항하기 역부족이던 상황에서 청병에 의지하여 자신들의 뜻을 이루고자 한 것이다. 일본과의 전쟁 와중에 전술상 청의 군사로써 일본군에 대항하려는 책략으로도 이해될 수 있으나, 淸兵을 '天兵'이라 표현한 데에서 알 수 있듯이 근본적으로 농민군 수뇌부들은 전통적인 사대의식에 젖어있었다. 농민군의 기치인 '斥洋 斥倭'를 흔히 反外勢로 파악하여 모든 외국세력을 배척한 것으로 잘못 인식되고 있으나, '洋'은 서양세력을 말함이요 '倭'는 일본세력을 일컬은 것이어서 여기에는 청이 포함되지 않는다. 이러한 대청의식은 농민전쟁이 끝난 뒤에도 황해도 지역에서 계속 활동한 잔여 농민군 세력의 활동에서도 살펴볼 수 있다. 황해도 농민전쟁이 끝난 뒤 1895년 6월, 9월 두차례에 걸쳐 金亨鎭은 심양에 있던 馬大人과 심양자사 燕王 李大人에게서 鎭東倡儀라는 印信과 職帖을 받은 후 북경의 皇城에 들어가 상소까지 하고 돌아와서 김재희·김창수·백낙희 등과 합세하여 이씨왕조를 전복하고자 하는 변란을 일으켰다. 여기에서도 淸의 관직을 받아 청세력을 이용하려는 책략은 역시 변란세력의 사대의식을 잘 보여주는 것이다.
91) 11월 27일에 벌어진 해주전투에 참여한 농민군의 수효는 모두 3만이었다(〈황해도동학당정토략기〉).
92) 〈황해도동학당정토략기〉 鈴木 少尉 講話. 이 보고에 접한 鈴木 소위 부대는 오전 6시에 취야장에 도착하여 농민군과 2시간에 걸친 격전을 치르고, 끝내 농민군은 궤주하고 말았다.
93) 김구, 《백범일지》, 38쪽

포수를 모아 군대를 편제하였다.[94] 이처럼 농민군은 해주 서쪽 취야장에 황해도 농민군의 전력을 총집결시켰으며, 이는 황해도 농민군의 총공세였던 해주전투의 서막이었다.

그런데 개성병참부로부터 백천·연안 부근의 적도가 집합하였다는 보고를 접하고 해주성에 주군해 있던 일본군대는 병참부의 위험을 구하러 연안으로 출발하였다.[95] 11월 27일 일본군이 해주성을 빠져나가자, 해주 근처에 집결해 있던 농민군은 드디어 해주성을 공략하기 시작하였다. 당시 해주성에는 수성군 200명과 일본군 7명이 있을 뿐이었는데,[96] 이를 공격하는 농민군 병력은 재령·신천·문화·장연·옹진·강령 등의 농민군이 합세하여 3만 명에 이르렀다.[97] 농민군은 선발대로 해주성 남문을 급습하여 수성군을 유인한 다음, 주력부대는 서문을 총공격하는 전략을 세워 공격하였다.[98]

그러나 연안으로 향한 일본군대가 해주의 적을 정탐하라는 福原병참부의 명령을 받고 급히 해주로 돌아오는 바람에 전세는 뒤바뀌었다.[99] 일본군은 해주성을 포위하고 있던 농민군에 발각되지 않고 몰래 해주성에 잠입하였고, 곧 군대를 남문과 서문에 배치시키고 이어서 남문의 적을 향해 발포하기 시작하였다.[100] 당시 농민군이 갖고 있던 총기는 화승총이었으며 탄환도 제한되어 있었다. 얼마간의 교전 끝에 남문의 농민군은 퇴각하기 시작하였다. 八峰都所의 접주 金昌洙는 서문을 공격하던 중에 남문을 공격하던 선발대가 서너 명의 전사자를 내자 퇴각하라는 총사령부의 명령을 받고 제대로 싸워보지도 못하고 퇴각하고 말았다.[101]

이 해주전투는 교전시각부터 종전까지 무려 5시간이나 걸렸다. 이 해주전투

---

94) 위와 같음
95) 〈황해도동학당정토략기〉. 연안에 도착하니 이미 연안부사 李夏啓가 백천과 연안 부근의 농민군을 설유하여 해산시킨 이후였다.
96) 김구, ≪백범일지≫, 39쪽
97) 〈황해도동학당정토략기〉 鈴木 少尉 講話. 이때 해주문 밖에 근접하여 6~7천 명의 농민군이 포진하였고, 여기서 1리 떨어진 곳에 1만 명, 다시 3리쯤 되는 취야장에 1만 3~4천 명의 농민군이 주둔하고 있었다.
98) 김구, ≪백범일지≫, 39쪽
99) 〈황해도동학당정토략기〉 鈴木 少尉 講話
100) 위와 같음
101) 김구, ≪백범일지≫, 39~40쪽

는 황해도 농민전쟁의 커다란 전환점이 된 것이었다. 농민군의 전략도 허술했
을 뿐 아니라, 농민군 대다수가 훈련을 제대로 받은 군인이 아니었기 때문에 일
본군의 화세에 오히려 겁을 먹고 퇴각하고 만 것이었다.[102] 황해도 농민군의 총
력을 기울인 이 전투에서 패배함으로써, 이후 농민군은 단 한 번의 대규모 작전
도 펴지 못한 채 각 지역에서 뿔뿔이 소규모의 저항만을 하고 끝내는 일본군에
의해 완전히 진압되고 말았다.

해주전투 이후 황해도 농민군의 활약은 위축된 채 각 지역의 포조직 단위의 소
규모 전투만이 있었을 뿐이었다. 그 가운데 농민군의 활동이 두드러진 지역은 장
연지방을 비롯한 正方山·沙里院·載寧 방면이었다. 그것은 正方山城에 비축해
둔 무기를 획득하려는 농민군의 움직임이었고, 이를 파악한 황주병참감·劍水수
비대·鳳山後備隊 등의 여러 일본군대가 이곳을 중심으로 농민군을 토벌해갔다.
농민군은 11월 30일에는 장연과[103] 은율에서,[104] 12월 10일에는 정방산을 습격
하여 그곳의 무기고에서 무기를 탈취하였고, 12월 11일에는 서흥지방에서,[105] 12
월 12일에는 정방산에서, 12월 13일에는 은파에서 각기 일본군과 접전을 벌인
끝에,[106] 을미년 1월 5일 은율에서 농민군 수령급 4명이 일본군에게 체포되는 사
태까지 벌어졌다.[107]

농민군은 정방산의 무기를 운반하여 보급하고자 하였으나, 그때마다 일병의
저지로 실패로 돌아가고 말았다. 이렇듯 일병의 철저한 무기공급의 차단과 송
화·온정에 소재한 刀槍 제조소의 파괴, 장연에 소재한 화약 제조소와 灰汁取
搾所의 파괴로[108] 인해 농민군의 기세는 점차 무력해져갔다. 을미년 1월 2일에

---

102) 김창수는 이때의 경험으로 잘 훈련된 군대의 필요성을 절감하였다고 ≪백범일지≫에 기록하
    고 있다(40쪽).
103) 〈黃海道東學黨情況에 관한 件〉 ≪주한일본공사관기록≫ 3, 南站發甲 제10호, 257쪽. 장연의
    농민군은 봉산병참부의 부대에 의해 저지당하였다.
104) 위와 같음. 수백 명의 농민군이 은율의 관아에 돌입, 군기를 탈취하였다.
105) 약 300여 명의 농민군이 劍水수비대와 접전 끝에 퇴각하였다. 이 농민군은 사리원 및 西洞
    에 둔집해 있는 농민군과 연결되어 있었다. 또한 약 50여 명의 농민군이 이날 산성의 무기를 사
    리원으로 운반해갔음이 일본군에게 적발되기도 하였다(〈황해도동학당정토략기〉).
106) 〈동학당에 관한 건〉 ≪주한일본공사관기록≫ 1. 250여 명의 농민군이 추적해온 福田부대와
    20분간 교전을 벌였다.
107) 〈東徒討伐の報告〉 ≪日淸交戰錄≫ 31호, 飛電(한우근의 〈東學農民軍의 蜂起와 戰鬪—江原
    ·黃海道의 경우〉, 392쪽에서 재인용)
108) 〈황해도동학당정토략기〉 鈴木 少尉 講話

일본군은 겨우 잔존해 있던 장연에 주둔한 농민군을 포위 협격하기 위해 광탄
→ 은율→ 송화→ 장연, 해주→ 장연으로 방면을 나누어 진격하여[109] 결국 설
유책에 귀화한 농민군조차 해산되고 말았다.

1895년 1월 이후에도 황해도에서는 타 지역과는 달리 끈질기게 잔여농민군
의 활동이 계속되었다. 그러나 이들은 조직적으로 연결되지 못한 채 곳곳에서
일본군에게 토벌당하는 상황이었다. 1895년 1월 23일 瑞興 지방에서 남쪽으로
약 50리 거리의 지점인 大石橋洞에 약 100여명의 농민군이 집합하였으나, 서흥
병참부의 군대와 개성으로부터 파견된 山道曹長의 군대가 합세한 군세에 밀려
서 잠시동안 응전하다가 곧바로 서남쪽으로 도주하고 말았다.[110]

이외에도 이 무렵 장연에서는 잔여농민군 53명이 일본선박에 침입하여 화
물을 빼앗고 일인 7명을 포살하였으며, 仙源村에 거주하던 일인 10명 역시
살해하였다.[111] 海州 松林 등지에서도 500여명의 농민군이 일본군과의 접전
을 벌이고 강령·옹진 방향으로 궤주하였으나, 뒤이어 이 세력마저 일본군에
진압되었다.[112]

이처럼 1895년 이후 간헐적으로 일어난 잔여농민군의 활동은 일본군의 토벌
작전으로 아무런 성과도 거두지 못하였다. 이후에도 1895년 7월과 8월에 걸쳐
재령군의 장수산성에서 각지의 농민군이 합세하여 활발히 봉기하였으나, 이는
농민전쟁의 성격보다는 祥原의병운동의 성격을 띠는 것이었다.[113]

---

109) 〈東徒討伐の報告〉≪日淸交戰錄≫ 31호, 飛電 ; 〈황해도동학당정토략기〉 鈴木 少尉 講話
110) 〈瑞興東學徒討伐에 관한 보고〉 ≪주한일본공사관기록≫ 3, 南站發甲 第23號, 248~249쪽
111) 〈長淵報〉≪各司謄錄≫ 황해도 편 5, 을미 5월 22일 ; 을미 윤5월 21일, 226~227쪽. 장연
     梧里浦에 주둔한 일본군와 장연군의 관군이 합세하여 이들을 추격하여 28명을 잡았는데, 그 중
     安承萬·安承義는 동학군의 巨魁로 인정되고 安承漢·安益贊은 본래부터 동학에 가입하지 않았
     다고 한다.
112) 〈海州·瓮津方面 東學徒 征討 보고〉≪주한일본공사관기록≫ 7, 285~286쪽
113) 1895년 7~8월의 재령군 장수산성의 농민군 봉기에 관하여 기존 연구에서는 두 가지 시각
     이 대비되고 있다. 하나의 시각은 한우근의 논문 〈東學農民軍의 第二次蜂起〉(≪한국사≫ 17 국
     사편찬위원회, 181~183쪽)에서 보인다. 한우근은 이 시기 장수산성의 농민군 활동을 평안도
     농민군과 황해도 구월산 농민군의 연합세력이 일으킨 농민군 봉기라 하여, 동학농민전쟁의 연장
     선상에서 파악하였다. 반면 다른 하나의 시각은 이 시기의 농민군 봉기를 祥原 의병세력의 활동
     으로 보는 것이며, 이러한 시각의 논문으로서 金祥起의 〈朝鮮末 甲午義兵戰爭의 展開와 性格〉
     (한국민족운동사연구회 편, 1989 ≪한국민족운동사연구≫ 3)이 있다. 필자 역시 이 시기에 활
     동한 농민군을 단순히 농민전쟁의 연장선상에서 파악할 것이 아니라, 잔여농민군의 의병세력과
     연합하여 점차 의병화해가는 모습을 주시해야 될 것으로 생각된다. 따라서 이 글에서는 1895년

414

(3) 지방관의 농민군 진압책의 변화

일본군의 진압개입에 따라 농민군의 타도대상과 개혁요구도 농민군 봉기 초기의 폐정개혁에서 대일항쟁으로 변화되었다. 황해도는 청일전쟁 당시 일본군이 북쪽으로 진주해가는 통로이자 실제 전투장이었기 때문에[114] 특히 반일감정이 두드러진 지역이었다. 본격적인 농민전쟁이 시작되기 전에 반일감정은 일본의 군용전선을 절단하는 것으로 나타났다. 삼남지방에서 일어난 전선절단 사건은 경부간 군용전선이 개통된 지 한 달여 동안 무려 아홉 번이나 발생하였다.[115] 이러한 사정은 황해도에서도 마찬가지여서, 9월 19일 황해도 관찰사 鄭顯奭은 鳳山洞仙嶺의 전선을 단절한 張元石을 梟首하여 민중에게 경고하였다.[116]

지방관 역시 일본군대의 갖은 폐단에 직접적으로 맞부딪치는 위치에 있었다. 청일전쟁 수행기에 황해도 지방관들은 일본군대의 군량 및 기타 소요비용을 대느라 급급하였고,[117] 결국은 지방관아의 전곡이 탕진되는 지경에 이른 경우도 허다하였다.[118] 게다가 일본에 협조적이지 못한 지방관의 경우는 청국과 내통하였다는 명목으로 일본군 사령부에 구금되기까지 하였다. 9월 6일에는 瑞興府使 洪鍾奭이 청국과 내통한 혐의로 일본군 제5사단에 의해 구금되는 사태가 발생하였던 것이다.[119] 이같은 상황에서 지방관이 친일적 성향을 띠기는 어려웠을 것이다. 황해 병영의 경우에는 일본군에 조력하지 않는다는 이유로 중앙정부의 힐책을 받고 있었다.[120] 일본군에 적극적으로 협조한 지방관은 일본군 철수에

7월과 8월에 걸쳐 장수산성을 중심으로 일어난 농민운동과 그 이후의 농민운동을 제외시켰다. 1895년 이후 활동한 농민군 활동의 성격을 진단하기 위해서는 그들의 지향과 조직원의 면모 등을 파악해야 할 것으로 보이지만, 이러한 문제점은 후일로 미루고자 한다.

114) 청과 일본군대는 8월 7일에 황해도 병영 남문 밖에서 접전하기도 하였다(〈甲午實記〉 《東學亂記錄》 上, 1894년 8월 22일, 31쪽).

115) 〈軍用電線 切斷者 단속책에 관한 具申〉 《주한일본공사관기록》 2, 機密 제19호, 55~56쪽

116) 《일성록》 고종 31년 9월 19일

117) 〈日案〉 《舊韓國外交文書》 三, 3482호, 고종 32년 2월 2일. 金允植은 갑오년 8월 11일에 황주에 도착한 일본군대의 人夫雇錢으로 海兵營의 공전 7천 냥을 차용하여 需給한바, 이를 반환해줄 것을 일본국 특명전권대사 井上馨에게 요청하였다.

118) 〈黃海道關草〉(奎章閣 문서번호 18071) 《各司謄錄》 26, 황해도편 5, 을미 1월 11일, 谷山報, 225쪽. 곡산군에서는 갑오 8월에 일본군이 곡산읍을 경과할 때 든 소요비용 3,878냥과 우마를 돌려받지 못하여 上納錢에서 이 비용만큼 줄여줄 것을 요청하고 있다.

119) 〈日案〉 《舊韓國外交文書》 三, 3178호, 고종 31년 9월 2일 ; 3203호, 고종 31년 9월 12일. 外務大臣 金允植의 항의로 洪鍾奭은 석방되었다.

따라 해당 지역에 거주할 수 없는 사태도 발생하였다. 殷栗현감 朴齊洪은 일본
군의 주둔과 이동의 편의를 봐주었는데 일본군이 철수하자 임지에 머물 수 없
어서 가족을 일본병참감이 있던 漁隱洞으로 이주케 하였던 것이다.[121]

농민전쟁 수행기에도 지방관은 농민군 토벌에 협조적이지는 않았던 것으로
보인다. 조정에서 파견된 京兵은 없었고 게다가 기존의 관군은 보잘것없었던
상황에서, 농민군이 진군해오자 지방관료들은 도망하거나 농민군의 행동을 수
수방관하였다.[122] 때로는 일본군대에게 해당 지역의 농민군 토벌을 요청하기도
하였지만, 長連知縣의 縣監과 같이 일본군대의 향도로서 縣吏 한 명을 차출해
달라는 요청에도 후환이 미칠 것을 두려워하여 병기 압수와 일본군대 철수를
청구하는 경우도 발생하였다.[123]

이때 일본군측에서는 황해도 지방관 중에는 동학당에 붙어서 거하는 것이 자

---

120) 〈黃海道關草〉《各司謄錄》 26, 황해도편 5, 갑오 8월 21일, 關兵使, 223쪽
121) 〈黃海道東學黨情況에 관한 보고〉《주한일본공사관기록》 3, 南站發甲 제10호, 255쪽
122) 조정에서는 이에 대한 대책으로 지방관의 잦은 罷黜을 시행하였는데, 그것은 거의 황해도 전
체 군현에 해당되는 것이었다. 이같은 잦은 파출은 지방관이 농민군 진압에 능동적으로 대처하
지 못하게 하는 역설적인 면도 있었다. 장연부에 새로 부임한 부사는 해당 지방사정에 어두워 그
때까지도 任地에 남아있던 前 府使의 도움을 받고 있었던 것이다(〈황해도동학당정토략기〉). 파
출 사례는 아래 표와 같다.

파출된 지방관 사례표

일 시	직 책	성 명	罷黜緣由	출 전
11. 18	平山府使	李彰烈	軍器見失	《일성록》 고종 31년 11월 1일
11. 19	長淵府使	鄭暢鉉	"	《官報》 개국 503년 11월 19일
	長壽別將	蔡奎燊	"	"
	首陽別將	金昌鼎	"	"
11. 24	水軍節度使	九然八	"	《官報》 개국 503년 11월 24일
12. 2	殷栗縣監	朴齊洪	"	《官報》 개국 503년 12월 2일
12. 15	康翎縣監	柳灌秀	印符를 邑校에 任置	《官報》 개국 503년 12월 15일
	載寧郡守	趙台永	月令 進上 不封	"
	黃州牧使	吳錫永	"	"
	鳳山郡守	李敏臯	"	"
	安岳郡守	李垠鎔	"	"
	長連縣監	金近植	"	"
을미년				
1. 1	文化縣令	徐九淳	方物進上 不封.仍任	《官報》 개국 504년 1월 4일
1. 10	遂安郡守	李京鎬	軍器見失	《官報》 개국 504년 1월 10일
2. 27	信川郡守	金商絢	東學軍 突入時 失守	《官報》 개국 504년 2월 27일

123) 〈黃海道東學黨情況에 관한 보고〉《주한일본공사관기록》 3, 南站發甲 제10호, 255쪽

못 많다는 풍설이 나돌았다.[124] 또한 일본군대가 동학농민군의 巨魁인 林某[林宗鉉인 듯─필자]를 포박하고자 각 부사·군수·현감에게 조회하였지만, 지방관들은 휘하의 병사들이 후환을 두려워하여 그를 포박하려는 자가 없다고 발뺌하였다.[125] 일본측은 이와 같은 지방관의 행태를 "조선관리에게 국가적 관념이 있다고 생각할 수 없다"[126]고 혹평하거나 또는 농민군이 진주한 곳은 지방관이 이에 동조하여 無政府과 같은 상태에 있었다고 비난하였다.[127]

지방관들의 이러한 태도에 일본군은 체포된 동학도가 그 지역 지방관 수중에 넘어가지 않도록 각 부대에 지시함으로써,[128] 농민군 토벌에 조선관리들의 개입을 철저히 배제시켜버렸다. 이러한 상황에서 커다란 변수가 대두하였으니, 그것이 바로 조희일 감사의 설유책 제의였다.

11월 30일 趙熙一이 황해도 관찰사로 해주에 부임하게 된[129] 이후로 지방관은 농민군 진압에서 일정한 역할을 수행하게 되었다. 조희일이 일본군의 완전 토멸작전에 상반되는 설유책을 주장하여 시행하고자 하였기 때문이다.

조희일은 8월 19일자로 關西宣諭使에 임명되어 평안도의 宣諭의 임무를 맡고 있었다.[130] 조희일이 관서선유사로 임명된 것은 다음과 같은 이유에서이다.

金弘集이 말하길, 민간에 잘못 전해지기를 조정은 모두 倭黨이라고 한다. 때문에 서북민이 이에 저항하여 官長을 용납하지 않으니, 지금 宣諭使를 파견하는 데 만약 우리 쪽 사람을 보낸다면 백성들이 누구를 신복하겠는가. 趙熙一은 廢錮된 지 오래되어 요즈음 사람이 아님은 조정이 모두 알고 있다. 바로 이러한 이유로 [조희일을] 선유사로 삼을만 하다.[131]

---

124) 〈황해도동학당정토략기〉 鈴木 少尉 講話. 그러나 실제로 황해도에 들어가 농민군을 토벌한 용산수비대의 鈴木 소위에 의하면, 당시 지방관 중 高等官吏는 賊徒와 부합하는 자는 거의 없었고 다만 小利輩들이 적도들과 내통하였다고 한다.
125) 〈黃海道東學徒討伐狀況과 平山府使留任件〉《주한일본공사관기록》 3, 251쪽
126) 〈黃海道東學黨情況에 관한 보고〉《주한일본공사관기록》 3, 南站發甲 제10호, 255쪽
127) 〈황해도동학당정토략기〉 鈴木 少尉 講話
128) 〈黃海道 關草〉《各司謄錄》 26, 황해도편 5, 갑오 11월 초3일, 關黃海各官, 225쪽
129) 趙熙一이 황해도관찰사로 임명받은 것은 11월 4일자였으나(《일성록》 고종 31년 11월 4일), 부임하는 도중 재령에서 농민군에 의해 구금된 사태가 발생하였기 때문에 비로소 해주에 도착한 것은 11월 30일이었다(〈황해도동학당정토략기〉, 〈갑오해영비요전말〉 11월 30일, 737쪽).
130) 《일성록》 고종 31년 8월 19일

위와 같이 관서민들은 개화파 정부를 倭黨이라 칭하며 신복하지 않은 상태였기 때문에, 개화파 정부는 자신들과 일정한 거리가 있는 조희일을 관서선유사로 선택하였다. 조희일은 廢錮된 지 20년이 넘었기에 朝廷 내 일부에서는 時局에 부합하지 못한다는 이유에서 조희일의 임명을 반대하기도 하였지만,[132] 바로 그러한 이유로 조희일이 개화파 정부에 친밀한 관료가 아님을 관서민에게 인식시킬 수 있었던 것이다. 일본의 영향력에서 헤어날 줄 모르던 갑오정권에 동조하지 않았던 성향이 있었기에, 조희일은 황해도 관찰사로 임명된 후 일본군의 혹독한 농민군 진압책에 반대하여 說諭策을 주장할 수 있었던 것으로 보인다.

조정에서는 황해도 농민군 진압책을 일본군에게 일임한 상황 속에서 11월 4일자로 조희일을 황해도 관찰사로 임명하였다. 조희일이 11월 30일 해주에 부임한 무렵부터 바로 착수한 것은 일본군대의 鈴木 소위와 경성에서 파견된 招撫使·召募官이 합석한 회의에서 설유책을 주장한 것이다. 일본군의 무자비한 토벌전략에 대하여 설유로써 농민군을 해산시키고자 하였던 것이다. 여기에서 조희일은 설유를 시험해보고 나서 그래도 농민군이 改心하지 않으면 즉각 농민군의 剿戮을 일본군에게 일임하겠다고 하였고, 이 의견은 받아들여졌다.[133]

해영에서 파견된 설유사와 각 지방관 중심으로 이루어진 설유책은 상당한 효과를 거두었다. 장연부에서는 농민군이 신감사의 설유에 의해 잘못을 改悟하고 의용군으로 변모하였다. 이러한 사실을 모르는 일본군대는 농민군 3~4천 명이 장연부에 집결되어 있다는 정보를 입수하여 봉산병참부와 용산수비대를 장연으로 파견하였다. 이에 일본군이 들어온다는 소문을 듣고 의용병으로 모여 있던 농민군은 모조리 도망가버리는 사태가 발생하고 말았다.[134]

조희일의 설유책에는 농민군 수뇌부도 동조하였다. 이때 〈三谷儒生等單子〉가 감사에게 올려졌는데, 이 단자 뒷부분에 단자를 올린 사람으로서 崔琉鉉, 吳膺善, 金東春, 鄭憲鎔, 金龍克 등 7명의 이름이 적혀 있다. 이 가운데 吳膺善, 崔琉鉉은 八峰都所 접주인 金昌洙를 직접적으로 동학교에 입도시킨 동학의 수뇌

---

131) 《梧下記聞》 2필, 89쪽
132) 위와 같음
133) 〈황해도동학당정토략기〉 鈴木 少尉 講話
134) 위와 같음

418

부였음을 볼 때,[135] 이 단자는 동학의 수뇌부들이 삼곡유생이란 명칭을 빌어 연
명하여 만든 단자임을 알 수 있다. 그 내용은 "我明巡相到界 初莅營後 榜諭之申
複 惶凜無他… 又奉召募使與佐幕之面諭 尤不勝佩心感肺…覺前日之非 萬化歸 一
永作良民"[136]와 같이 신감사의 榜諭와 召募使와 佐幕의 面諭에 감화되어 지난날
의 잘못을 뉘우치고 영구히 양민으로 돌아가겠다는 것이었다. 해주성을 점령한
농민군 수령 林宗鉉 역시 〈道內各邑儒生等單子〉를 올려 "我巡相按節之初 恩諭
申勤 改舊從新 莫不感激"[137]라고 하여 조희일의 설유에 응하였고 자신들이 지닌
軍物도 水營에 輸納하였다.

이렇듯 농민군 상·하층 모두가 감사의 설유에 감복하는 등 조희유의 설유책
은 상당한 성공을 거두었다. 조희일은 농민군을 설득하여 해산시키는 데서 더
나아가 농민군을 관직에 임명하기도 하였다. 즉 康翎縣에 거주하는 농민군 수
령을 玄五衛將 및 長壽山城 別將에 임명하고 이어 이들을 副將으로 삼아 營中
에 배치하였던 것이다.[138]

반면 조희일의 설유책에 대한 일본의 반향은 어떠하였는가. 일본은 조희일의
설유계획을 동학도의 봉기를 방임하는 것으로 몰아붙였다. 일본의 이러한 태도
는 平山府使 사건에서 단적으로 잘 나타나고 있다. 그것은 평산부사 李彰烈이
황해도감사의 농민군 說諭 방침에 따르지 않고, 管內에서 봉기한 동학군을 討
滅하는 데 진력하였다는 이유로 파면된 사건이었다.[139] 감사의 설유책을 못마땅
히 여기던 일본군은 이에 대해 즉각적으로 조선정부에 평산부사를 옹호하고 복
직시키도록 요청하였다.[140] 일본은 감사의 방침이 이와 같으니 황해도 내의 각
부사·군수·현감들이 대개 이 방침을 좇아 東徒를 방임하여 둔다고 하여, 감
사의 설유책을 비난하고 나섰던 것이다.[141]

설유책은 일본군의 무차별한 토벌전략에 반대하여 일반 민중이 대거 포함된

135) 金九, 《白凡逸志》, 33~35쪽
136) 〈황해도동학당정토략기〉, 〈三谷儒生等單子〉
137) 〈황해도동학당정토략기〉, 〈道內各邑儒生等單子〉 狀頭 林宗鉉
138) 〈平山府使 留任件에 따른 陳情願書 별지보고〉《주한일본공사관기록》 3, 253쪽
139) 〈黃海道東學徒討伐狀況과 平山府使留任件〉《주한일본공사관기록》 3, 251쪽
140) 〈平山府使 留任件에 따른 陳情願書 별지보고〉《주한일본공사관기록》 3, 252~253쪽. 이
   평산부사의 건에 대해 《주한일본공사관기록》에는 특별히 많은 지면을 할애하여 자세히 기록하
   고 있다.
141) 〈黃海道東學徒討伐狀況과 平山府使留任件〉《주한일본공사관기록》 3, 252~253쪽

동학군의 희생을 최대한 줄이고자 하였던 조희일의 민족의식에서 발로된 것이었다. 농민군 토벌작전에서 일본군에 의해 배제된 대부분의 지방관들도 감사의 설유책에 부응하였다.[142] 앞서 본 장연부사의 경우도 감사의 설유책에 따라 해당지방의 농민군을 적극 설득시켜 의용군으로 변신토록 한 것이 그 단적인 예이다.[143]

패배한 농민군은 지방관의 이러한 민족의식에서 안식처를 찾을 수 있었다. 농민군 접주였던 金昌洙가 해주전투에서 패배한 뒤 信川의 반농민군인 安泰勳의 거처에 숨을 수 있었던 것도 조선민족으로서 대일인식을 같이하였기에 가능했다고 생각된다. 안태훈은 민족적 견지에서 국가가 위급한 상황인 이때 김창수와 같은 훌륭한 인재를 잃지 않기 위해, 김창수를 흔쾌히 받아들였던 것이다.[144]

이상과 같이 민족의식에서 나온 조희일의 설유책은 비록 일본군측과 알력을 낳기도 하였지만, 반일적이던 황해도 지방관과 농민군의 적극적 부응이 뒤따랐다. 황해도 농민군의 대일 배척의식을 일정 정도 지방관료들도 공유하였던 점은 황해도 농민전쟁의 커다란 특징이었던 것이다.

3. 강원도 동학농민군의 봉기

1) 농민전쟁의 배경

강원도의 농민전쟁은 2차 봉기 시기인 1894년 가을부터 시작되었다.[145] 민중

---

142) 일본군은 11월 3일 풍천부 부근에서 살해된 荒木松平의 사건 처리에서도, 풍천부의 부사가 완전히 東徒에게 좌우되는 바가 있어 政令이 행해지지 않는다고 비난하였다(《黃海道東學黨情況에 관한 보고》《주한일본공사관기록》 3, 南站發甲 제10호, 254~255쪽).
143) 〈황해도동학당정토략기〉 鈴木 少尉 講話
144) 金九, 《백범일지》, 41~42쪽. 김창수에 의하면, 농민전쟁 수행기에도 김창수와 안태훈 사이에는 서로를 공격하지 말 것이며, 피차에 어려운 지경에 빠질 경우 서로 도울 것을 내용으로 하는 밀약이 성립되어 있었다고 한다.
145) 강원도 황해도지역에서 농민군의 활동이 남부지방의 제2차 봉기 시기에 들어서야 비로소 시작되고 있는 이유로, 한우근은 이들 북부지역에는 동학교가 미처 널리 유포되지 않았던 것과, 청·일 양국군의 교전지역이었던 점을 들고 있다(한우근, 1978 〈東學農民軍의 蜂起와 戰鬪-江原

420

세력에 의한 반봉건투쟁은 강원도도 예외에 속하지 않아, 농민전쟁이 일어나기 10년 전인 1884년부터 1894년까지 강원도에서 발발한 크고작은 민란은 8개 지역에서 30여 회 이상이나 되어 전국에서 가장 높은 빈도를 보이고 있다.[146] 이는 이 지역의 봉건적 모순이 극한상황에까지 이르고 있었던 것을 반영해준다. 이미 일찍부터 江原監司들은 이 지역의 삼정이 피폐해져 있음을 중앙정부에 보고하였다. 高宗 3년에 前 江原監司 朴承輝는 麟蹄郡과 平昌郡이 극히 쇠잔한 읍인데도 還摠이 가장 많음을 지적하고 있다.[147]

강원도에 내재한 봉건적 모순과 더불어 동학의 전파는 반봉건투쟁을 이끌 수 있는 조직체를 제공하였다. 동학이 강원도지역에 처음으로 전해진 것은 1869년 3월, 동학 2세 교주인 최시형에 의해서였다. 이때 최시형은 양양지방을 순방하여 포교활동을 벌이기도 하였으나, 1871년 영해 교조신원운동의 좌절로 인해 최시형을 비롯한 동학 지도부가 영양 일월산 용화동으로부터 강원도 영월 소밀원 및 직동으로 피해옴으로써 강원도의 동학교는 새로운 국면을 맞이하게 되었다.[148] 동학지도부가 관의 추적을 피해 정선으로 은둔처를 옮기자, 정선지방은 이후 동학교단의 주요 근거지가 되었다. 여기에서 교단조직의 정비가 이루어지고 주요 宗敎儀式이 확립되었다. 그러나 1880년대에 들어서면 정선의 포교활동을 기반으로 동학교단은 강원도 산악지대를 중심으로 한 지하포교에서 벗어나 충청도, 전라도 등지의 평야지대에서 새로운 포교활동을 전개하였다.[149]

1880년대 이후 동학교단의 중심축이 호서·호남지방으로 이동한 1880년대 이후 강원도 동학교의 포교활동은 더이상 찾아볼 수 없다. 다만 1893년 4월 보은집회 당시에 강원도의 原州接에서도 참여하고 있었음을 볼 때, 강원도지역의 동학교세는 여전히 유지되고 있었던 듯하다. 보은집회에 참여한 原州接의 수는

·黃海道의 경우〉《한국사론》 4). 그러나 북부지역에서(특히 강원도의 경우) 동학은 일찍부터 전파되고 있었다. 남부지방의 동학교세처럼 널리 확장되지 않았지만, 동학의 조직이 갖춰져 있었다. 이 점은 그 이전부터 빈번하게 일어난 민란의 경험과 아울러서 농민봉기가 일어나기에 충분한 조건이었다. 황해도지역의 김창수(김구)와 강원도지역의 차기석이 북접의 영향을 받고 있었던 점을 감안할 때, 농민군이 2차 봉기 시기에 이르러서야 봉기한 것은 이 지역에 전파된 동학이 북접과 연결되어 있었던 점에서 연유하는 것이 아닌가 생각된다.

146) 金洋植, 〈高宗朝(1876~1893) 民亂硏究〉《龍巖車文燮敎授華甲紀念史學論叢》
147) 《日省錄》 고종 3년 5월 27일
148) 박맹수, 1992 〈강원도 영월 정선지방의 동학유적지〉《新人間》 507호, 47쪽
149) 박맹수, 위 논문, 48쪽

200명에 이르렀다.[150] 이 숫자는 충청도 靑安接 100여 명, 鎭川接 50여 명, 청주접 290명 등에 비해 결코 적은 수가 아니었다. 그러나 강원도에서 본격적인 동학교도의 봉기는 1894년 여름 오덕보에 의한 포교활동에 의해서였다.[151]

이러한 양상을 살펴볼 때, 민란으로 다듬어진 농민들의 반봉건의식은 일찍부터 전파된 동학교의 조직과 합세하여 농민전쟁으로 승화되고 있음을 알 수 있다. 후일 강원도 농민군의 총수령이 된 차기석이 최시형의 영향하에 있었던 점을 감안하면 강원도 동학농민군은 북접의 영향을 많이 받았을 것으로 보이나, 봉기과정중의 북접의 교단과 직접적인 연결점은 찾을 수 없다. 삼남지방의 2차 봉기는 9월 중순에 이르러서야 전개되는 반면, 강원도 농민군은 이미 9월 4일에 봉기하여 강릉부를 점령하였던 것이다. 따라서 북접 교단과는 독자적으로 그들이 봉기하였다고 보는 것이 타당하다고 여겨진다.

동학농민군의 주축은 강원도 지역민으로 이루어져 있었다. 동학농민군에는 平昌郡 進士였던 朴載會나 강릉부 진사였던 朴在浩와 같이 그 지역의 양반층과[152] 당시 執綱이었던 朴碩元 등 지역 유력층이[153] 주도층으로 참여하기도 하였다. 그러나 농민군의 세력기반은 그 지역 농민층에 있었다. 차기석 주도로 이루어진 홍천현 점령 때, 홍천현감은 이들 무리가 모두 본현의 사람이라고 순영에 첩보하고 있다.[154]

또한 이처럼 강원도 지역민의 세력에다가 인접한 충청도·경상도 농민군의 세력이 가담하여 농민군이 형성되었다. 湖中의 內郡인 堤川·淸州 등지의 농민군은 영월·평창 등지의 농민군과 합세하여 수천 명의 세력으로 강릉부 大和面에 진격하였다.[155] 또한 예천에 근거지를 둔 관동포는 강원도 평창 등지까지 연관을 맺고 있었다.[156] 이처럼 농민군은 道 단위로 활동한 것이 아니라 생활근거지를 중심으로 활동하였던 것이다.

반면 농민군의 적대세력은 바로 향촌사회의 유력계층이었다. 농민군 접주였

150) 〈聚語〉 《東學亂記錄》 上, 124쪽
151) 〈東匪討論〉 甲午 12월 11일 《韓國民衆運動史資料大系》 1, 關平昌郡, 驪江出版社
152) 〈동비토론〉 甲午 9월 26일, 文告巡營, 97~101쪽
153) 〈동비토론〉 甲午 11월 16일, 157~158쪽
154) 〈동비토론〉 甲午 11월 초1일, 牒巡營, 107~109쪽
155) 〈동비토론〉 ; 〈臨瀛討匪小錄〉 《韓國民衆運動史資料大系》 1 驪江出版社, 370쪽
156) 《歲藏年錄》 ; 《甲午斥邪錄》 ; 申榮祐, 1991 《甲午農民戰爭과 嶺南 保守勢力의 對應—醴泉·尙州·金山의 사례를 중심으로》 연세대 박사학위논문, 160쪽에서 재인용

던 金尙五는 士族을 毁道之罪로 다스리는 등,[157] 농민군의 타도대상은 사족과
요호, 그리고 이서계층 등 향촌사회에서 주도권을 장악하고 있던 계층이었다.
따라서 이들 계층은 자연히 농민군에 대항하였으니, 강릉부를 점령할 당시 농
민군을 몰아내기 위해 거사한 무리도 邑吏 鄭始中·崔熙民, 崔都事·承旨 李會
源 등이었던 것이다. 이처럼 향촌사회를 지배하고 있던 유력층이 농민군에 대
항하면서 강력한 반농민군이 형성되었던 것이다.

2) 강력한 반농민군의 형성

강원도에서 농민군을 토벌한 부대의 주축세력은 원주에 있던 巡撫營에서 파
견된 巡中軍과 각 지역에서 儒林세력을 중심으로 형성된 民堡軍이었다. 삼남지
방에서는 일본군대가 농민군을 구축하는 모든 지휘권을 장악하고 있었지만, 당
시 강원도에서 농민군 토벌의 지휘권은 순영에서 파견된 순중군에게 주어져 있
었다. 순영에서는 별도로 巡中軍都討捕使를 정하여 일본군과 함께 행동할 것을
지시하였으며,[158] 각 지역에서 모집된 반농민군은 巡中軍의 지휘하에 움직이도
록 하였다.[159]

그러나 관군은 삼남지방과 마찬가지로 부실한 상태였고, 일본군 역시 강원도
에 진입한 것은 농민전쟁의 후반부에 들어서야 이루어지는 등, 농민군 대항세
력은 매우 미약한 실정이었다. 그럼에도 순중군이 강력한 지휘권을 발휘할 수
있었던 것은 각 지역에서 모집된 반농민군의 강력한 지원이 있었기 때문이었다.

당시 강릉부에서는 軍器를 수리한 지 오래되어 사용할 수 있는 무기가 별로
없었다.[160] 戊辰年(1868)에 각 서원을 훼철한 후 그 전답으로 砲廳을 창설하여
守番軍의 삭료를 해결로 삼았는데, 1893년에 砲畓이 撼制營에 이속되는 바람에
포청이 혁파되고 이어 그 소속된 포수도 해산된 상태였다.[161] 이처럼 무기도
허술하고 농민군에 대항하여 싸울 군사도 없는 형편에서 관군의 힘만으로 농민
군과 싸우기에는 역부족이었던 것이다. 또한 농민군 봉기 이후 영서와 영동의

---

157) 〈臨瀛討匪小錄〉 9월 초5일, 373쪽
158) 〈동비토론〉 甲午 11월 초5일 未時, 襄陽作廳 回納, 122~123쪽
159) 〈동비토론〉 同月(甲午 11월) 초1일, 在營, 120~121쪽
160) 〈동비토론〉 甲午 10월, 104쪽
161) 〈동비토론〉 甲午 11월, 議政府, 137쪽

통로가 막혀 각종 문첩이 제대로 전달될 수 없었던 실정이었다.[162]

  이러한 상황 속에서 삼남지방의 농민군 토벌에 힘쓰고 있었던 중앙정부와 일본군대측에서는 강원도의 상황에 깊은 관심을 가질 여유가 없었다. 일본에 의해 수립된 친일정부 쪽에서는 자력으로 농민군을 퇴치할 수 없다고 판단, 농민군 타도의 모든 권한을 일본에 일임하였다. 오히려 중앙정부에서는 농민군 봉기 직전까지 강원도 북부지방의 각 고을에서 이 지역을 통과하여 남하하고 있던 일본군의 물자보급을 담당하도록 명을 내리고 있었고, 각 고을의 수령은 물자보급을 위한 財源을 마련하는 데 급급하고 있었다.[163]

  한편 일본군은 경기도와 충청도, 그리고 경상도를 그 경계선으로 포위망을 구축하여 농민군을 서해안으로 몰아가는 전략을 세우고 있었다.[164] 이에 따라 일본은 군대를 東路·西路·中路로 나누어 파견하였다. 東路의 군대를 먼저 앞으로 나아가게 하여 농민군을 中路와 西路 방면으로 도망치게 하는 전술을 택하여, 이들의 포위망을 점차 좁혀나갔던 것이다.[165] 이러한 포위망은 삼남지방의 농민군이 강원도로 넘어가지 못하게 하는 것이었을 뿐만 아니라 또한 철저히 다른 농민군과의 연계를 차단시킴으로써 강원도 농민군을 고립시키는 것이기도 하였다.

  이처럼 일본군이 강원도지역으로 농민전쟁이 확산되지 않도록 안간힘을 썼던 것은 바로 러시아를 염두에 두었기 때문이었다. 농민군이 강원도 산악지대를 통과하여 함경도 산악지대에까지 침투해들어가면, 이들 지역에서 농민군과 일본군의 일대격전이 벌어질 것이 예상되었다. 그렇게 되면 함경도와 맞닿아 있는 러시아측에서는 이를 빌미삼아 조선사정에 개입해 들어올 여지가 있었다. 실제로 러시아 아시아국장은 "러시아는 國外中立을 공공연히 포고하지는 않았지만 韓露 국경에서 소란이 야기될 걱정이 없는 한 러시아는 감히 간섭을 시도

162) 〈동비토론〉 甲午 9월 26일, 文告 巡營, 100~101쪽
163) 〈江原道關草〉(奎 18074) 《各司謄錄》 27, 강원도편 1, 갑오 7월 24일, 關淮陽及安邊 ; 갑오 8월 초7일, 東營來關〔東營은 강원도 감영의 별칭임 - 필자〕, 495쪽
164) 〈洪州附近東學黨征討 및 視察所見에 관한 山村大尉의 報告寫本 送付〉《주한일본공사관기록》 1, 仁站發甲 第43號, 231쪽. 이처럼 일본군은 강원도보다는 남부지방의 농민군 공격에 주력하고 있었다.
165) 〈公州救援要請과 江原咸鏡慶尙道方面으로의 賊徒侵入警告〉《주한일본공사관기록》 1, 諸第79호, 164쪽

424

할 일은 없을 것"[166]이라는 뜻을 일본의 西公使에게 전달하고 있었다. 아직까지 청일전쟁을 마무리하지 못한 일본군 입장에서는 러시아 개입은 청, 동학농민군 이외에 러시아라는 또 하나의 적과 싸워야 됨을 의미하는 것이었기 때문에 농민전쟁이 강원도 이북지역으로 파급되는 것을 지극히 염려하였던 것이다.[167]

이러한 사정으로 인해 강원도지역에서 일본군의 참여는 농민군 패색이 어느 정도 짙어진 이후에 이루어졌다. 여기에 참여한 일본군의 규모도 中隊 수준이었다.[168] 따라서 강원도에서 농민군 대적세력은 강원도 자체 내의 힘으로 형성되지 않으면 안되었고, 그것은 강력한 반농민군의 탄생으로 이어졌다.[169]

강원도 반농민군의 주요 인물 및 직책 일람표

성 명	직 책	전 력	출신지	비 고
洪仁範	率軍隊長	前萬戶	珍富面防內	
任源鎬	率軍隊長	出身	珍富面下巨文里	
崔允鼎	都事	丘山		강릉부 농민군 기습
崔東集		座首		
李震錫	중군장	出身		
李永燦	副將	前監察		
朴寅弼	副將	副吏房		
朴東儀	종사관	儒學		
金商淵	중군장	座首		
李鎭範	종사관	儒學	襄陽府	
崔普敬	소모종사관	儒學		道岩面瓶內
權正文	소모종사관			道岩面梨野池
李錫範	종사관	士人		
張爛周	대장	士人	襄陽府	
李世完				
權益顯	소모종사관	執綱		連谷面
崔鎭九	소모종사관	儒學	新里面	
姜渭瑞	포군대장	儒學	蓬坪面	
許垌	소모종사관			
金僑秀	부종사관	士人	襄陽府	

166) 〈東學黨의 件〉《주한일본공사관기록》2, 機密送 第79號, 248~249쪽
167) 위와 같음
168) 〈寧越等地에 있는 石森 大尉에게 보낸 訓令寫本의 送付〉《주한일본공사관기록》1, 229쪽
169) 반농민군 형성과정은 〈동비토론〉·〈임영토비소록〉에 잘 나타나 있다. 강원도에서 강력한 반농민군이 형성된 것과 달리, 황해도지역에는 일찍부터 양반토호가 상대적으로 적은 탓으로 반농민군의 활동이 그다지 활발하지 않았다. 반농민군의 활동 여부는 곧 그 지역 향촌지배세력의 존재형태와 밀접하게 관련되어 있음을 알 수 있다.

崔丹河	부종사관	士人	襄陽府	
高演學	소모군관	下吏	旌善邑	
崔允凡	포수대장	出身		삼척 잔여농민군 토벌
鄭俊時	소모관			
崔允秀		進士	臨溪面	
洪鍾愚	소모종사관	參軍	珍富面 東沙里	

　당시 반농민군의 지도층을 형성하고 있었던 것은 각 향촌사회에서 유력한 세력을 쥐고 있었던 층이었다. 위의 표는 〈동비토론〉과 〈臨瀛討匪小錄〉에서 반농민군에 참여하고 있었던 주요 인물을 뽑아본 것이다.

　위에서 보면 향촌사회의 기반을 장악하고 있던 보수지배층이 반농민군세력의 주도층이었음을 알 수 있다. 이외에 都事·監察·萬戶 등 중앙관직의 벼슬을 지낸 경력이 있는 인물들도 참여하고 있었다. 이들 역시 향촌사회에서 커다란 영향력을 발휘할 수 있는 세력층이었다. 좌수와 부이방과 같이 그 지역의 부세행정을 맡고 있었던 유력층도 참여하였다.

　이들 인물의 다수는 자발적으로 민들을 동원해서 농민군을 토벌하였고, 그 공로로 그 지역의 소모종사관에 임명되었다. 權益顯이 포군대장의 직책에 있으면서도 동시에 봉평면의 집강을 겸임하고 있는 점에서도 알 수 있듯이, 이들은 향촌사회에서 지니는 영향력을 십분 발휘하여 해당 지역의 민들을 강력히 통제할 수 있었다.[170]

　이들이 민들을 통제하여 大小事의 동의를 얻어내는 수단으로 이용한 것은 鄕會였다. 강릉부에서는 空官이었던 탓에[171] 座首 崔東集·都事 崔允鼎 등을 비롯

---

170) 감영에서 권익현에게 집강직을 사임하지 않고 공사를 행할 것을 요구하고 있는데(〈東匪討論〉 甲午 11월 초7일, 129쪽), 이는 반농민군 소속의 향촌 유력층이 지니는 향촌사회 내의 영향력을 이용하려는 감영측의 의도로 해석된다.

171) 당시 강릉부사 金永鎭은 임명받고 아직 부임하지 못한 상태였다. 강릉부사직을 오래 비워둘 수 없었던 정부로서는 강릉부사 김영진을 慈山府使로 移差하고, 그때 강릉부에 있던 李會源을 강릉부사로 임명, 하루빨리 부임토록 하였다(《구한국관보》 1, 개국 503년 9월 26일, 549쪽). 이회원은 이 해 9월 13일 東副承旨에 임명받았으나 바로 그날에 체직되고(《구한국관보》 1, 개국 503년 9월 13일, 76쪽), 이때는 성묘차 고향에 내려갔다가 강원도 농민군이 활동을 개시함으로써 길이 막혀 미처 상경하지 못한 상태였다. 조선시대 지방관을 임명할 때 지방의 분권화를 막기 위해 광범위하게 相避制를 적용하였던 관례에 비춰보아, 江陵人 李會源을 강릉부사로 임명한 것은 바로 그가 강릉부를 점령한 농민군을 물리치는 데 앞장섰기 때문으로 여겨진다. 특히 강릉부는 관동의 雄邑으로서 물자가 많고 땅이 거대하여 평소 다스리기가 어렵다고 일컬어져 와서 他道에서 업적과 성망을 쌓아왔던 수령을 임명해왔기 때문이다(《구한국관보》 1, 개국 503년

한 강릉부 지도세력이 府使廳에 모여 公兄文狀을 巡營에 첩보하고, 좌수 최동
집은 읍의 大務로 의사를 수렴하고자 9월 10일 향사당에서 향회를 소집한다는
전령을 각 촌에 보냈다.[172] 9월 11일 강릉부 산하의 14개면에 걸쳐 각 촌의 大
民들이 일제히 읍의 客館과 東大廳에 모여 邑事를 논의하였다.[173] 또한 각 요호
들이 鄕射堂에 모여 60餘 家에 임의로 20~25량을 각각 분배하여 2,000여 량
을 모아서, 軍紀補修·匪徒供饋債 등의 용도로 사용하였다.[174] 여기에서 보면
향회는 주로 군기수리 등 반농민군 활동에 필요한 재원을 마련하는 데 이용되
고 있었다.

좌수 최동집이 각 촌에 보낸 전령에는 만약 불참할 경우 반드시 후회하는 일
이 있을 것이라고 하여 향회참여를 강요하였다. 향회에의 참석여부는 참여인들
의 자유의사에 따라야 함에도 불구하고 이같은 강요는 이 때에 열린 향회가 관
주도의 성격을 지니고 있음을 시사해준다.

19세기 이래로 향회는 부세수취의 논의과정에서 점차적으로 民衆의 의사를
반영하는 추세였으나, 강릉부의 경우는 오히려 그전 시기의 향회의 성격, 즉 재
지사족들과 수령의 이해관계를 대변해주는 기구라는 성격이 뚜렷하다. 강릉부
에서도 18세기 중엽이후 新·舊鄕間의 향전이 발생하여 재지사족층은 향촌사
회 내에서 종래와 같은 영향력을 발휘할 수 없게 되었다. 1857년 강릉부사로
부임한 柳厚祚가 주도하여 향약을 실시하자, 재지사족층은 이 향약절목을 이용
하여 그들의 지배권을 유지하는 양상을 보였다.[175] 즉 19세기 강릉부의 향촌사
회 지배질서는 수령의 주도하에 재지사족층이 수령권에 의존하여 향촌사회를
지배하는 구도였다. 농민전쟁 와중에 열린 향회의 관주도적인 성격도 이처럼
강릉지방의 향촌사회지배구조가 이전시기부터 재지사족층 중심이 아닌 수령 중
심의 관주도로 운영되어왔던 데에서 야기된 것으로 보인다.

반농민군 활동의 재원을 마련하기 위해 요호들을 대상으로 열린 향회에서는
자유로운 의견이 교환될 수 없었고, 단지 요호들에 대한 강제적인 수탈이 행해

6월 29일, 31쪽)..

172) 〈東匪討論〉甲午 10월, 104쪽
173) 〈臨瀛討匪小錄〉9월 11일, 378쪽
174) 〈임영토비소록〉9월 15일, 378쪽
175) 강릉지방 향전에 관한 것은 李揆大의 《朝鮮後期 嶺東地方의 鄕村支配構造에 관한 研究》
(1991, 중앙대 박사학위논문)을 참조바람.

졌을 뿐이었다. 향회에 참석하지 않았던 요호는 그 불참의 댓가를 치루고 있었다. 수백명의 軍丁들이 幼山에 거하는 檢書 趙憲承이 饒戶錢을 내놓지 않았다하여 조헌승 집에 가서 행패를 부렸다. 당시 조헌승은 喪中이었음에도 불구하고 군정들의 행패를 당해야만 하였다.[176]

당시 중앙정부에서는 지방민들의 어수선한 민심을 잡기 위해 향회의 개최를 적극적으로 지원하였다. 軍國機務處에서는 읍 단위의 향회를 조직하고 이 향회로 하여금 정부의 명령사항과 의료 등 지방행정사업을 評議하고 공동으로 결정케 하는 개혁안을 마련하였다.[177] 그러나 실상 지방에서 행해진 향회란 그 성격이 민심수습 차원이 아니라 또다른 민심이반 현상을 낳고 있었음이 강원도의 사례에서 잘 나타나고 있다.

요호층에 대한 수탈은 향회를 통한 수탈 이외에 공식적 혹은 비공식적으로 다양하게 이루어졌다. 농민전쟁 초기에 농민군이 강릉부 각 店幕에 주둔할 무렵 농민군의 供饋를 위해 作廳의 諸吏들은 각촌의 요호들에게서 米·租·錢兩을 거두어갔으며,[178] 琴山의 金進士는 반농민군의 民丁들이 요호전을 거둔다는 명목으로 행패를 부려 80여냥을 주어 돌려보내기도 하였다.[179] 이같은 공식적인 혹은 비공식적인 기부 이외에도 재원이 필요할 경우마다 그 대책으로 내세워지는 것은 바로 요호에게서 거둬 재원을 확충하는 방안이었다. "或曰調發外村軍丁分排饒戶錢穀往基嶺上各路"[180]라 하여 징발된 外村의 군정에게 필요한 소요물자와 錢穀을 요호에게 분배하려는 주장이 제기되기도 하였다. 또한 요호들에게는 건강한 자로 각 10명의 군정을 모집하는 임무가 지워졌다.[181]

수탈행위는 요호층 뿐 아니라 각 면민에 대해서도 행해져, 자기 고을을 방어하는 軍丁의 조달과 소용물자를 각 면민에게 책임지웠다.[182] 또한 군량 등의 임무를 부여받았던 보부상들도 무리를 지어 작폐를 부리는 일이 허다해 백성들이

176) 〈임영토비소록〉 9월 22일, 378~379쪽
177) 令道臣飭地方官 設鄕會 使各面人民 圈選綜明老練各一人 作鄕會員 來會于本邑公堂 凡發令醫療等事 當自本邑施措者 評議可否 公同決定然後施行事〔軍國機務處 議案 65, ≪議定存案≫ 1(奎17236), 갑오 7월 12일〕
178) 〈임영토비소록〉, 372쪽
179) 〈임영토비소록〉 9월 22일, 378~379쪽
180) 〈임영토비소록〉 10월 望間, 381~382쪽
181) 〈임영토비소록〉, 384쪽
182) 〈동비토론〉, 96~99, 111쪽

428

삶을 지탱하기가 어려운 실정이었고,[183] 參謀軍官·儒會·商社 역시 印牌도 없이 인명을 함부로 살륙하거나 농민군의 속량을 빙자하여 재물을 가로채고 있었다.[184] 이러한 민폐는 결국 민심의 이반을 낳는 주요한 원인이 되었다.

군대를 통솔할 지휘자를 선출하는 데도 역시 鄕中會議를 이용하여 민중들의 합의를 도출해내고자 하였다. 前 座首 金尙淵이 제군의 추대로 중군장에 임명된 것이 바로 그러한 예였다.[185] 또한 "十一面軍丁 合爲數千人 自鄕中推薦 出身 李震錫 爲中軍將 設依幕于射臺前耳"[186]와 같이 李震錫 中軍將도 같은 선출방식을 따르고 있었다. 이처럼 강원도에서는 鄕會와 鄕中會議와 같은 향촌사회의 기존 통치방식을 활용하여 반농민군을 형성하였다.

또한 반농민군의 병력을 모집하는 데는 五家作統法이 쓰이고 있었다. 순중군에서는 영동, 영서의 각 읍에서 자체적으로 각자의 마을을 지키도록 하였다.[187] 영동의 각 면에서는 10統으로 兩哨를 삼았는데, 매통마다 20명씩 차출되었다.[188] 각 驛과 鎭에서는 20호를 1대로 하여 해당 마을의 頭民이 영솔하도록 하였다.[189] 이렇게 차출된 군정은 모두 총창을 준비하도록 하였고, 이들을 통제하기 위해 點考를 자주 실시하였다. 9월 13일에 실시된 점고가 다시 17일에 실시되었다.[190] 이어 22일에는 各村 軍丁의 大點考가 있었고,[191] 10월 1일에도 邑下의 8, 9개 洞民이 座首를 將으로 하여 스스로 점고하고 있었다.[192] 또한 보부상을 동원하여 이들로 하여금 군량을 운반하도록 하였다.[193] 해당 고을마다 책정된 군정수를 채우지 못할 경우에는 고을의 유력자였던 班首·接長·任掌들에게 책임을 물었는데, 이때 민법이 아닌 軍法을 적용하여 이들을 강력하게 통제하였다.[194]

183) 위와 같음
184) 〈동비토론〉, 196쪽
185) 〈임영토비소록〉, 376쪽
186) 〈임영토비소록〉 9월 22일, 378쪽
187) 〈동비토론〉 傳令嶺東各面, 96~99쪽
188) 〈동비토론〉 傳令嶺東各面, 條約, 96~99쪽
189) 위와 같음
190) 위와 같음
191) 〈임영토비소록〉 9월 22일, 378쪽
192) 〈임영토비소록〉 10월 초1일, 379쪽
193) 〈동비토론〉 甲午 11월 초4일, 傳令 負商班首及接長, 118쪽
194) 〈동비토론〉 傳令玉溪面執綱面任及各洞任長出使將色, 120쪽 ; 甲午 11월, 傳令, 132~133쪽

또한 "邑村間如有離舍之民 自其面其里 摘發毁家 而持法汁物奪取 以納於邑中 補用於軍務事"[195]이라 하여 각 민가를 감시하도록 하였을 뿐 아니라 수거된 汁物은 모두 읍의 軍用으로 쓰게 하였고, "軍器雜物中 銃弓矢破不用件 急急改備 而所入物力 自一鄕從公區處事"[196]라 하여 군기보수 및 마련은 전적으로 각면의 公議에 따라 처리하도록 하였다. 농민군 진압책의 포수 등 군병조달과 모든 부대비용을 택임맡고 있었던 각 면에서는 각 동임을 불러서 軍兵都數를 헤아려 각별히 支供하고 이를 보고하도록 지시하였다.[197] 각 면의 면임들은 또다시 각 洞으로 각기 군병 및 소요물자를 분배함으로써 농민군 진압책의 책임을 각 洞里로 분산시켰다. 이처럼 관에서는 각 면의 세력층을 완전히 장악하여 面-里-統에 이르는 통제조직을 형성, 이를 통해 반농민군의 강력한 기반으로 작용되도록 하였다.

농민군 진압이 경과되면서 점차 강제적으로 더 많은 수의 군정이 징발되었다. 순중군에서는 행군하면서 지나치는 각 마을의 민정을 차출하여 병력을 충당해갔다.[198] 강제로 모집된 민정은 상황이 불리해지거나 지휘력이 약해지면 그 결집력이 없어질 수밖에 없었다. 姜渭西의 반농민군이 內面 倉村에서 농민군에게 패배당한 뒤에 珍富面 道岩面에서 징집된 포수들이 각기 집으로 돌아가버린 사태가 발생한 것도[199] 반농민군의 강제력 행사에 문제가 있었던 것이다.

한편 유림세력을 위시한 향촌사회의 보수지배층이 반농민군의 주도층이었던 데 반해 반농민군의 하부 구성원은 일반 민정 이외에 각 고을에 산재해 있던 포수들이었다. 당시 영동 9군에는 곰과 호랑이를 잡는 포군이 집마다 즐비하였다.[200] 일찍이 병인·신미양요 때 강원도의 포수가 큰 역할을 하였을 만큼 강원도에는 사격술이 출중한 산포수들이 많았다.[201] 이들은 실제 전투력을

---

195) 〈동비토론〉, 98~99쪽
196) 위와 같음
197) 〈동비토론〉, 116쪽
198) 〈동비토론〉 甲午 11월 초4일, 傳令 各面, 115~116쪽 ; 甲午 11월 초7일, 傳令, 126~127쪽
199) 〈동비토론〉 甲午 11월 초7일, 傳令, 126~127쪽. 이러한 사태가 발생하자, 순중군에서는 몹시 당황한 채 엄히 칙령을 내려 각기 해산한 포수들을 다시 불러들이게 하였다.
200) 朴貞洙, 〈下沙安公乙未倡義事實〉, 362쪽 ; 李求鎔, 1987 〈江原道地方의 義兵抗爭〉《江原義兵運動史》 강원대 출판부, 89, 113쪽
201) 포수집단은 농민전쟁 이후 군대해산 이전의 의병항전에서 주요 화력을 담당한 층이었다(金

갖춘 층이었기 때문에 반농민군에서 이들을 징집하고자 함은 당연한 것이었다. 반농민군측에서는 농민군을 방어하는 책략에 포병보다 긴급한 것이 없다고[202] 할 만큼 포병을 중시하였다. 각 면의 군정을 모집할 때도 일반 민정과 구별하여 따로이 포수들을 모집하였고,[203] 혹 포수가 없는 통에서는 健實한 자로 雇立시키도록 하였다.[204]

그런데 포수를 끌어들이려고 하는 것은 반농민군측만이 아니었다. 동학농민군측에서도 포수의 중요성을 인식하여 각 면에서 포수 모집에 적극적이었다.[205] 결국 포수집단은 농민전쟁에서 반농민군과 농민군 양측의 주요한 전투원으로 활약하는 아이러니컬한 사태가 야기되기도 하였다.

위에서 살펴본 바와 같이 황해도 반농민군은 향촌사회의 유력층의 주도로 기존 대민통치방식을 활용하여 형성된 것이었다. 鄕會를 통하여 반농민군의 재원을 마련하였고, 오가작통법의 활용으로 군현의 하부단위인 面里 차원에서 일반 백성을 통제할 수 있었다. 이렇듯 향촌사회의 기존 지배질서를 이용하여 반농민군이 형성되었기 때문에 반농민군의 병력 보충이 원활하였을 뿐 아니라, 각 마을에서의 동학농민군 동태도 잘 파악할 수 있었다. 게다가 일본군의 강원도 농민전쟁 개입이 여의치 못한 상황에서 강원도 반농민군은 허약한 관군을 보좌하는 위치가 아니라 농민군 진압세력의 주축을 이룰 수 있었던 것이다.

3) 농민전쟁의 전개과정

강원도지역에서 동학농민군이 활동한 지역은 강원도 중부 이남지역이었다. 북부지역의 기린·양양·간성 등지에서도 농민군이 활동한 것으로 보이나,[206] 이들은 산발적인 움직임을 보일 뿐 조직적으로 농민군의 주력부대와 연결하여

度亨, 1990〈韓末義兵戰爭의 民衆的 性格〉《義兵戰爭研究》上 지식산업사, 183쪽).
202)〈동비토론〉갑오 11월, 傳令, 131~132쪽
203)〈동비토론〉甲午 11월 초3일, 牒兼, 110~111쪽
204)〈동비토론〉甲午 11월, 傳令, 131~132쪽
205)〈동비토론〉甲午 9月 26일, 124쪽
206) 중부 내륙세력의 총수령이었던 차기석은 달평면에 진격하기 위해 기린·양양·간성 등지의 농민군을 규합하고자 이 지역에 통문을 보내고 있다(〈동비토론〉甲午 11월 초5일, 關杆城郡, 124쪽). 이를 보아 이미 이 지역에서도 농민군 조직이 있었을 것으로 보인다.

행동하지 못한 듯하다. 강원도 농민군의 주력부대는 중부 이남지역에서 활동하고 있던 세력들이었다.

농민군은 활동 초기에 두 갈래로 나누어져 활약하였다. 하나는 1894년 9월 4일 충청도의 제천·청주세력과 연합하여 강릉관아를 점령한 바 있는 정선·평창·영월·원주 등의 영서 남부세력이고, 다른 하나는 홍천군 일대를 중심으로 활동한 중부 내륙세력이 그것이다.[207] 두 세력 모두 嶺西에서 활동하여 嶺東, 즉 監營이 있었던 江陵府로 진격하고자 하였다.

강원도의 原州·春川·江陵 지역은 鼎足의 형세를 이루는 3대 요지로 손꼽히고 있었다. 농민군이 그 가운데서도 강릉 지역을 점령하고자 했던 것은 강릉 지역에 監營이 설치되었던 데도 연유하지만, 이곳이 강원도의 뿌리에 해당되는 지역으로 여기를 점령하면 강원도 전체를 석권할 기반을 마련할 수 있다고 판단하였기 때문인 것으로 추측된다. 농민전쟁 당시 반농민군으로 활약하던 朴東儀가 1895년 閔龍鎬의 江陵義兵部隊의 軍師로 참여하게 되면서, 민용호에게 강릉으로 진출할 것을 역설하였던 이유가 바로 강릉이 關東의 근원이라는 점이었다.[208] 농민군 수뇌부 역시 강릉을 중시하던 당시대인들의 인식을 같이하였을 것이라고 생각되는 것이다.[209]

207) 강원도의 농민전쟁에 관한 기존 논문들에서 강원도 농민군세력을 두 가지로 대별하고 있으나, 두 세력의 명칭에는 약간의 견해 차이가 있다. 먼저 농민군의 활동지역을 해안과 내륙으로 구분하여, 해안 쪽을 중심으로 움직였던 세력과 내륙을 중심으로 움직인 세력으로 구분하는 견해가 하나이다(이이화, 〈농민전쟁 1백년 동학인물열전—차기석〉《한겨레신문》 1994년 2월 15일자). 다른 하나의 견해는 농민군 활동지역을 강원도 남부와 중부로 구분하여, 영서 남부세력과 중부 내륙세력으로 나누는 것이다(배항섭, 1990 〈강원도에 서린 동학농민군의 발자취〉《역사비평》 계간 11호 ; 박맹수, 〈東學農民革命〉 제93·94호 《전북일보》 1994년 4월 18일자). 해안지역에서의 농민군 활동은 초기에 강릉부를 둘러싼 지역에서 보이고 있으나, 이후에 이들 역시 내륙세력과 합쳐져서 다시 강릉부로 진격하고자 하였다. 농민군세력이 괴멸된 이후로 관군과 반농민군의 추적을 피해 삼척 등지로 도망하였던 농민군세력이 일부 있었으나(《東匪討論》), 삼척 지역에서의 이들의 향방은 구체적으로 알 수가 없다. 따라서 농민군의 주력부대는 주로 내륙지역에서 활동하였던 세력이었으므로, 여기에서는 후자의 견해를 따르고자 한다.
208) 夫源深則流長 根固則枝茂 江陵關東之源也根也 將軍先據其地 以圖進取 則國恥可雪 禮俗可扶矣〔關東倡義錄〕《韓國史料叢書》 30(1984) 國史編纂委員會〕
209) 당시 원주는 화서학파의 주요 본거지 가운데 하나였다. 춘천에서부터 원주, 제천으로 이어지는 선이 곧 省齋 柳重教 이하 柳麟錫을 정점으로 하는 화서학파 인물들의 의병부대의 근거지 연결선이었다(朴敏永, 〈閔龍鎬의 江陵義兵 抗戰에 대한 연구〉《한국민족운동사연구》 5 한국민족운동사연구회, 39쪽). 농민전쟁 이후 1895~1896년에 위 지역에서 유림들에 의해 의병이 조

농민군의 봉기과정을 구체적으로 살펴보면, 각기 두 세력으로 활동하다가 平昌전투를 전후한 시기에 車基石이 강원도 총접주로 등장하면서 두 세력간의 연계가 이루어지고 있었다.

(1) 江陵府

먼저 활동을 개시한 농민군세력은 영서 남부세력이었다. 남부세력은 이미 8월 20일경부터 대화면에 들어가 金長水의 家舍를 훼손하고 그 집안의 汁物을 빼앗았다.[210] 이어서 9월 3일에 충청도 제천·청주 등지의 농민군과 영월·평창 등지의 농민군이 모여 수천 명의 군세로 대관령을 넘어 강릉부에 침입하고자 毛老峙를 넘어서 珍富面으로 들어갔다.[211] 평창의 농민군 수령은 본래 江陵人 進士 朴在浩이며, 大和民 金尙五가 接長이었다.[212]

이들은 대관령을 넘어서 丘山驛을 거쳐 9월 4일 江陵府를 점령하게 된다. 강릉부에 4~5일을 머물면서 농민군은 三政을 개혁하고 饒戶와 吏胥의 錢財, 전답문서를 빼앗는 등 內政을 개혁하였다.[213]

그러나 8읍의 대소민인 4~5천 명이 모여 9월 7일 戌時에 都事 崔允鼎의 지휘하에 發來峙로부터 동문으로 뛰어들어 농민군을 기습하였다. 한밤중의 전투로 농민군은 20~30명의 사상자를 남기고 영을 넘어 평창으로 퇴각하였다.[214]

이후 퇴각한 농민군이 창포로 무장된 수천 명의 군세로 또 다시 대관령을 넘어오리라는 풍설이 자자하자, 강릉부에서는 9월 9일 嶺東 각 면에 전령을 보내어 동도의 무리가 다시 들어올 염려가 있으니 그 방비를 소홀히 하지 말도록 하였다.[215] 그리고 각 면내에서 오가작통에 따라 10통으로 兩哨를 삼고 대장 2인

직되었던 것에 반해, 춘천 등 북부지역에서의 농민군 활동은 거의 찾아볼 수 없다. 강원도에서 유림세력은 반농민군의 주축을 이루는 등 농민군의 적대세력이었기 때문에, 유림세력이 강했던 지역에서는 농민군의 활동이 미약할 수밖에 없었던 듯하다.

210) 〈臨瀛討匪小錄〉, 369쪽

211) 〈임영토비소록〉, 370쪽

212) 〈임영토비소록〉 9월 초5일, 373쪽

213) 〈동비토론〉 9월 초8일, 文告巡營及兼官, 87~89쪽

214) 〈동비토론〉 9월 초8일, 文告巡營及兼官, 88~89쪽. 이날 사상자 수는 각 자료마다 편차를 보이고 있다. 〈임영토비소록〉(377쪽)에서는 그날 밤의 사상자가 100여 명에 달했다고 하며, ≪주한일본군공사관기록≫(3, 〈江陵·洪州·海州地方 東學黨征討報告〉, 317쪽)에서는 약 300여 명이었다고 한다.

215) 〈동비토론〉 傳令 嶺東各面, 96쪽

을 택출하여 13일에 點考하도록 조치하였다.[216]

또한 강릉의 농민봉기로 인해 9월 26일에는 前 承旨 李會源이 行江陵大都護府使로 임명되고 다시 關東召募使를 겸임하였다.[217] 그는 三陟·襄陽의 兩府와 삼척진영 그리고 강릉부에서 병사를 모아 모두 강릉부로 집결하도록 지시하였고, 이어 中軍將 李鎭錫을 총지휘로, 前 監察 李永燦을 副將으로 삼고, 副吏房 朴寅弼로 하여금 이를 보좌케 하여 강릉읍에서 조발된 대군 100명, 보부상 중에서 선발된 100명과 각처에서 선발된 포수 100명의 병력을 이끌고 봉평 內面의 동학군을 토벌하기 위하여 행군하도록 하였다.[218]

당시는 평창·정선 등지에 주둔한 농민군의 활동과는 별개로 영월·평창·정선 3읍의 被死者의 族親들이 嶺西 등지에서 嶺東 사람을 만나면 구타하는 등[219] 영서와 영동의 지역적 감정의 갈등으로 발전하고 있었다. 또한 교통로는 사실상 단절된 채여서 강릉부에서 京營과의 進上이나 문첩의 운송조차 통과할 수 없는 형편이었다.[220]

(2) 洪川

중부 내륙지역의 농민군은 洪川 지역의 車箕錫 지휘하에 활동하고 있었다. 차기석은 9월 최시형의 동원령에 따라 많은 농민군을 이끌고 북접의 주력부대에 합류하려 하였으나 맹영재의 군대에 의해 길이 막혀 다시 홍천으로 향했다.[199]

이즈음에 경기도 砥平縣의 농민군 高錫柱·李熙一·申昌熙 등이 수백명을 거느리고 홍천에 접소를 설치하여 활동하였다. 홍천지역에 농민군이 출몰한다는 소식이 들리자 지평현의 前監役인 孟英在는 副約長이 되어서 사사로이 포군 100여명을 모아 이들을 토벌하여 고석주·이희일·신창희를 사로잡고 5명을 사살하자, 지평현 농민군은 사방으로 흩어졌다.[222] 아마도 이 농민군들은 뒤이

---

216) 〈동비토론〉 條約, 97~99쪽
217) 《일성록》 고종 31년 10월 22일
218) 〈동비토론〉 甲午 11월 초1일, 牒巡營, 107~109쪽;〈임영토비소록〉 9월 22일, 378~379쪽
219) 〈동비토론〉 甲午 11월 초3일, 牒兼, 100~101쪽
220) 위와 같음
221) 〈천도교회사초고〉 《동학사상자료집》 1, 464쪽
222) 《구한국관보》 1, 개국 503년 9월 26일, 549~550쪽. 맹영재는 이 전투의 승리로 召募官에 임명되었다. 후에 巡撫使로 임명된 맹영재는 10월 경기도 竹山縣에서 죽산현부사가 귀순한

434

어 홍천으로 돌아온 차기석 부대에 합류하였을 것으로 추측된다.

10월 11일 홍천 內面의 차기석과 접주 朴鍾伯이 천여 명의 동학군을 이끌고 홍천현의 東倉을 돌입하여 倉舍를 방화하였다.[223] 東倉을 공격한 것은 그곳이 수탈의 상징이기도 했거니와 앞으로의 본격적인 싸움을 위한 군량미를 비축해 두기 위함이었던 듯하다. 동창은 강원도 내륙지방의 중요한 사창이었던 것이다. 이때까지도 강릉에서는 "嶺東漠然不知蓬坪面"[224]과 같이 홍천의 상황을 알지 못하였다. 內面이 오대산 서북쪽에 위치해 있어 길이 멀고 산곡이 험준하여 토벌하기에도 어려웠던 것이다.

이어 이들은 강릉으로 진군하기 위해 먼저 坐雲 땅으로 향하였다. 10월 21일에 孟英在가 이끄는 군대와 홍천 장야촌에서 마주쳐서 접전을 벌였다. 여기에서 30여명의 사상자를 낸 농민군은 다음날 서석으로 후퇴하였다. 농민군을 추격한 맹영재의 군대와 10월 22일 서석에서 대규모의 접전을 벌이게 되는데, 이것이 바로 강원도 농민전쟁의 커다란 전투 중의 하나인 서석전투이다. 농민군 수백명은 백기를 꽂은 채 진을 쳤다. 총을 쏘며 접전을 벌인 결과 총에 맞은 농민군은 그 수를 헤아릴 수 없을 정도였다.[225] 이 전투로 홍천군 서석면 일대는 "人種이 永絶하얏더라"[226]라 할 정도로 수많은 인명이 참살당하였다.

여기에서 참패한 농민군은 내면으로 근거지를 옮겼다. 이에 10월 22일 未時에 李震錫과 李永贊이 수령을 차출하여 砲軍과 邑下 軍丁 150여 명을 거느리고 嶺西 군정과 합세하여 봉평 내면으로 출발하였다. 28일에 이진석과 이영찬이 이끄는 관군은 봉평에서 농민군의 수령 尹泰烈과 李昌文, 金大永, 金喜烈, 龍河京, 吳順永, 李和奎 등이 지휘하는 농민군과 격전을 벌인 끝에 위 7명을 포살하고 內面으로 轉向하여 도망한 자를 추적하였다.[227]

사람에게 죄를 묻지 않기로 하였음에도 불구하고 함부로 죄없는 양민을 살해하였다. 죽산현 백성들은 맹영재를 원망할 뿐 아니라 정부를 원망하기도 하여 이러한 사정을 일본군에 호소하였다. 이 일로 일본군에서는 巡撫使로 국내를 순회시킬 경우에 인물을 잘 선정하여 보낼 것을 건의하기도 하였다(〈東學黨에 관한 報告71號〉《주한일본공사관기록》 1, 寫本2通 送付, 181~182쪽).

223) 〈동비토론〉甲午 11월 1일, 賸巡營, 107~109쪽
224) 〈임영토비소록〉10월 초1일, 380쪽
225) 《구한국관보》1, 개국 503년 11월 초2일, 667쪽
226) 〈천도교회사초고〉《동학사상자료집》1, 464쪽
227) 〈임영토비소록〉9월 22일조, 382쪽 ; 〈동비토론〉甲午 11월 초1일, 賸巡營, 107~109쪽

(3) 내면과 평창에서의 전투

이 무렵에 차기석은 강릉·양양·원주·횡성·홍천의 농민군을 총지휘하는 5읍의 접주로 대두되었다. 차기석 지휘하에 중부 내륙세력의 농민군은 봉평 내면에 집결해 있었고, 영월·평창·정선 등의 영서 남부세력은 3천 명의 군세로 정선에 집결하고 평창에도 천여 명의 병력이 모여 있었다.[228] 또한 三陟 道上面 柳川洞의 농민군과 旌善 大田 弓田谷에 소재한 농민군이 합세하여 정선, 삼척 두 읍의 경계에 집결해 있었다.

이상과 같은 농민군의 분포하에 차기석의 직접적인 지휘로 봉평 내면과 평창 후평에서의 전투가 거의 동시에 이루어졌다. 차기석은 몰래 기린·양양·간성 등지에 발통하여 농민군을 모아 봉평을 침략하고자 하였다.[229] 11월 7일에 농민군은 內面 一里 倉村에서 봉평면의 군대를 거느린 대장 姜渭西 부대를 맞아 접전하여 물리치는 성과를 올렸다.[230]

이처럼 봉평 내면과 정선 평창의 두 지역에서 농민군이 각각 성대한 규모로 주둔해 있자 관군과 반농민군은 이를 포위 협격할 전략을 세웠다. 우선 내면의 농민군을 토멸하기 위해 姜渭瑞 부대와 洪川義兵 許垧軍은 自雲包를 공격하고, 李錫範은 朴東儀軍과 함께 雲頭嶺을 넘어 靑頭里로 진격, 李國範은 新排嶺을 넘어 진격, 金翼濟는 鷹峰嶺을 넘어 진격하는 등 사면에서 內面을 포위하며 좁혀들어갔다.[231]

내면의 농민군은 관군과 반농민군의 사면 포위작전에 밀려서 내면에서부터 藥水包로 도망하여 다시 집결하였다. 관군은 11월 11일부터 14일에 걸쳐 사면 포위작전을 편 결과, 내면 창촌에 이어 원당리에서 농민군과 접전하여 양양·강릉 兩陣의 협공으로 승리를 거두었다. 여기에서 결국 차기석·吳德玄·朴碩元등이 생포되고 농민군은 뿔뿔이 흩어져 버렸다.[232] 생포된 차기석 등은 강릉

---

228) 〈동비토론〉 11월 3일, 牒兼, 110~111쪽
229) 〈동비토론〉 11월 5일 酉時, 關杆城郡, 124쪽
230) 〈동비토론〉 11월 7일 辰時, 傳令 召模從事官 朴東儀, 126쪽
231) 〈임영토비소록〉 11월 초6일, 386쪽
232) 관군의 각 군진에서 농민군을 討滅한 상황을 보면 다음과 같다. 靑頭里에서 權成五 등 12명을 포살하였고, 이어 李鎭範의 副從 金翼濟는 응봉령으로, 이진범의 동생 國範은 신배령으로 진격하여 三路에서 협공하여 접주 金致實 등 11명을 포살하고 朴學祚를 생포하였으며 잡은 비도

으로 이송되어 11월 22일 강릉 선교장에서 효수되었다.

이 시기에 평창, 정선에 주둔한 농민군을 협격하기 위해 11월 4일 대화면에 비로소 도착한 日本軍이 旌善의 서쪽인 平昌 後坪을 공격하고[233] 관군과 반농민군은 정선의 북쪽과 三陟과의 경계선을 따라 좁혀들어갔다.[234]

이같은 관군의 포위 협공작전에서 순중군과 일병은 평창 후평에 주둔한 농민군을 격퇴하기 시작하였다. 경성수비대에서 파견된 石森 大尉가 영솔한 2개 중대의 일군과 관군은 2시간에 걸친 격전을 벌인 끝에 농민군은 정선 방면으로 도망하였다. 정선의 동학군은 평창 후평의 전투를 전해듣고 삼척방면으로 도주해버렸다.[235]

흩어진 농민군은 각처에서 계속하여 소규모로 활동하기도 하였다. 영동의 각 읍과 면에서는 농민군 잔여세력의 침입을 방비하기 위해 수비를 더욱 견고히 하고 있었다. 11월 26일에는 농민군의 여당이 삼척의 上下長面에 나타나자 臨溪面의 진사 崔允秀가 토벌하였다고 한다.[236] 그리고 12월 5일에는 신배령에서 활동하던 孫長業·金昌守·李寬九·吳周實·李東益·高俊成 등이 잡혔으며,[237] 7일에는 진부면에서 金星七 등이 생포되었다.[238] 이처럼 11월 말에 이르러 강원도 농민군은 관군의 계속된 토벌에 곳곳으로 흩어져 버림으로써 강원

가운데 효유 귀화조치한 무리만 60여 명에 이르렀다. 姜渭瑞는 與亮 三里 등지로 향하여 林正浩 등 38명을 포살하였으며 100명을 효유 귀화하였고, 홍천 종사관인 허동은 自雲洞에서 접주 魏承國 형제, 접사 沈成淑·朴君五·丁昌浩 등 17인을 포살하였다. 또한 三陟 上下長面으로 도망한 농민군을 쫓아 三陟鎭營에 전령을 보내어 수색하도록 하였다(〈동비토론〉과 〈임영토비소록〉 참조).

233) 〈임영토비소록〉 11월 22일, 388쪽
234) 관군과 반농민군의 포위작전은 아래와 같이 실시되었다. 連谷 新里 兩面의 弓·砲·槍手 100여 명은 소모종사관 權益顯의 지휘하에 眞古峴 釜淵峙에서 방어하였고(〈동비토론〉 11월 7일, 傳令 召模從事官 權益顯, 129쪽), 玉溪·望祥面의 군정은 山溪嶺과 三陟 通路에서 방비하고(〈동비토론〉 11월 7일, 傳令 玉溪望祥 兩面各召募從事官, 130쪽) 三陟府의 군정은 臨溪面과 竹峙로 향하였다(〈동비토론〉 11월 8일, 關三陟府使, 131쪽). 이진석 중군장 휘하의 강릉군은 진부면 도암면에 배치되었으니, 강릉군은 洪仁丸·任源鎬·洪鍾憲·崔普敎·權仁圭 등 5명의 대장 인솔하에 각각 200명씩 나누어져서 요로에 진을 쳤다(〈동비토론〉 甲午 11월 초8일, 傳令 珍富面執綱及風憲大小民人, 132쪽 ; 갑오 11월 초9일, 傳令 道岩面執綱及尊位大小民人, 133~136쪽).
235) 〈동비토론〉 甲午 11월 초9일, 傳令 行軍領官及副吏房, 140~141쪽
236) 〈동비토론〉 甲午 11월 26일, 牒巡使, 170~175쪽
237) 〈동비토론〉 甲午 12월 초5일, 186~187쪽
238) 〈동비토론〉 甲午 12월 초7일, 傳令 蓬坪面執綱及頭民, 184쪽

도 농민전쟁은 막을 내리게 되었다.

(4) 농민군의 지향

삼정의 문란으로 대표되는 봉건적 모순은 강원도도 예외에 속하지 않았다. 이에 항거하는 민란형태의 농민들의 의사표현도 전국적인 추세에 따라 활발히 진행되고 있었다. 정부에서도 이와 같은 봉건적 모순을 이미 인정하고 있었다.

9월 4일 영월, 평창, 정선 등 3읍에서 농민군 수천 명이 봉기하여 강릉부를 점령하자, 영문에서는 처음부터 이들을 단순한 화적으로 여기지 않았다. 강릉부의 이서들이 농민군을 화적으로 몰아서 엄히 다스릴 것을 요청하였지만, 영문에서는 오히려 "삼정의 폐단을 개혁하는 것을 어찌 백성의 말을 기다리고서야 시행하려 하는가"[239]라고 힐책하였던 것이다. 그러나 상황이 심상치 않게 돌아가자 곧 병사를 조달하여 농민군을 토벌하라는 지시를 내리고 있다.[240]

당시 감영에서는 각 고을의 삼정의 폐단이 이서층의 농간에 의해 야기된 것임을 알고 있었다. 이에 농민군 봉기의 대응책을 마련할 때, 軍務에 소용되는 물건과 武·砲 兩兵의 放料 錢穀을 吏胥의 수중에 들어가게 하지 말고, 각 마을에서 2명을 뽑아 이들로 하여금 吏校를 감독하도록 조치하였다.[241]

이처럼 이 지역에서는 봉건적 모순이 심화되었던 데 반해, 반외세 감정은 그다지 두드러지지 않았다. 강원도에는 개항장이 없었고 산악지대가 많은 탓에 일본상인 등의 침투가 별로 없었다.

게다가 농민전쟁 과정중에도 일본군의 개입은 미미하였다. 당시 일본은 강원도와 함경도에 농민군이 도망치게 되면 러시아의 개입을 불러올 수 있음을 염려한 나머지 농민군을 전라도 서남 방면으로 몰아가는 포위작전을 폈다. 이 작전의 성공을 위해 일본은 동북 방면의 세력을 보강하여 1개 중대를 더 파견하고 있었다.[242] 이러한 작전은 강원도 농민군을 철저하게 고립시키는 것이기도 하였다.

삼남지방의 농민군에 주력한 나머지 일본군은 강원도의 농민군을 진압하기

---

239) 〈동비토론〉 甲午 9月, 報兼官道, 103쪽
240) 위와 같음
241) 〈동비토론〉 甲午 9월 26일 文告 巡營, 傳令 嶺東各面, 96~101쪽
242) 〈東路로의 1個中隊 增派問題〉 ≪주한일본공사관기록≫ 1, 165쪽

위해 따로이 군대를 파견할 여력이 없었다. 이미 9월 16일부터 경성 100리 지점까지 농민군[경기도 농민군인 듯함—필자]이 육박해오자 조정에서는 일본에게 원병을 구하였지만, 當地에는 파견할 만한 일본군이 없어 일본 본토에 있던 大本營에 군사요청을 하는 실정이었기 때문이다.[243]

위와 같은 실정이었기에 원산에 있던 일본군 병참기지에서는 강원도 농민군에 관한 정보를 입수하였음에도 계속적으로 정탐만 할 뿐 직접적으로 군대를 파견하지 못했다. 그러던 중 9월 30일에 원산 병참기지에서 1개 소대가 利運號를 타고 강원도 通川과 淮陽의 정황을 시찰하였지만, 이 지방의 소요가 없었기 때문에 그대로 회군한 일도 있었다.[244] 이후 원산 기지에서는 11월 12일 강릉부에 동학군이 습격한 정보를 입수하여 井上馨 공사에게 보고하였으나, 역시 직접 군대를 파견하지는 않았다.[245]

원산 병참기지에서 이러한 보고를 받은 일본군은 11월 초순에 이르러서야 강원도에 派兵하였다. 일본군은 강원도 大和面에 도착하였고 이어 평창 후평에 집결한 농민군 3천 명과 접전을 벌인 끝에 물리쳤다.[246] 평창, 정선 등지에 집결한 농민군을 관군과 반농민군이 포위한 가운데서 일본군은 농민군에 대한 서쪽 공격을 담당하는 등, 농민군 진압작전에서 일본군의 비중은 그다지 높지 않았다.

게다가 이 평창전투가 끝난 후 11월 10일 일본군 본대에서는 평창에 나가 있던 石森 대위와 松木 대위의 두 개 中隊 가운데서 石森 대위의 중대에게 강원도 농민군 토벌을 일임하고 松木 대위 중대는 中路와 西路의 軍과 협력하여 전라도 포위작전에 참여하도록 하였다.[247] 이처럼 당시 일본군에서는 강원도 농민전쟁보다도 삼남지방의 농민군을 전라도 西南 방면으로 몰아가려는 포위작전에 주안점을 두고 있었다. 따라서 강원도에서 일본군의 활동이 미미할 수밖에 없었던 것이다.

미약한 일본군 활동은 또한 강원도에서 반농민군과 관군이 강력한 군세를 갖추고 있어서 농민군 토벌에 중추적 역할을 할 수 있었던 점에도 연유한다. 반농

---

243) 〈東學黨에 관한 件〉《주한일본공사관기록》 3, 354쪽
244) 〈江原道 通川 淮陽의 情況 시찰의 件〉《주한일본공사관기록》 3, 362쪽
245) 〈江陵·洪州·海州地方 東學黨征討報告〉《주한일본공사관기록》 3, 317쪽
246) 〈임영토비소록〉 11월 초1일, 384쪽
247) 〈寧越等地에 있는 石森 大尉에게 보낸 訓令寫本의 送付〉《주한일본공사관기록》 1, 229쪽

민군은 五家作統法 등 기존·향촌 지배기구를 통해 향촌사회를 완전히 통제하고 있었기에 농민군의 가담자를 색출하기가 쉬웠고 이에 대한 횡포가 심각할 정도였다. 특히 儒林뿐만 아니라 보부상에 의해 마구잡이식 분풀이가 행해졌던 것이다.[248]

이러한 상황에서 농민군의 봉건적 모순에 대한 인식은 더욱 심화될 수밖에 없었을 것이다. 따라서 농민군의 요구사항도 주로 폐정개혁에 맞추어져 있었다.

농민군의 폐정개혁안이 구체적으로 어떠하였는지는 잘 알 수 없다. 다만 그들이 9월 4일에 강릉부를 점령하고 여기에 4～5일을 머물면서 취한 행동에 관한 단편적인 기사에서 그들의 요구사항을 짐작할 수 있을 뿐이다.

揭邑의 東門에 방문을 걸었는데 〔그 내용은〕 三政의 弊瘼을 矯革하고 輔國安民이었다.[249]

군역·환곡·전세의 三政을 바로잡아 임의로 삭감하고 혹은 饒戶를 불러다가 錢財를 토색하고 전답문서를 빼앗고자 吏民을 구타하여 죄인을 잡아 府獄에 가두고 민간 詞訟을 처결함에 아무런 어려움이 없었다.[250]

위와 같이 농민군은 읍의 東門에 방문을 붙여 三政의 폐단을 개혁할 것이며 그들의 목적이 輔國安民에 있음을 공포하였다. 이를 위해 우선 三政의 稅額을 삭감하고, 폐정의 주요 원인자였던 吏胥들과 饒戶들을 징치하여 錢財를 토색하고, 많은 폐단에 연루된 민간 詞訟을 마음대로 처리하였다.

농민군의 주된 공격대상은 사족과 요호 등, 향촌사회에서 주도권을 지닌 계층이었다. 위 인용문에서도 전답문서를 탈취하고자 吏民을 구타하였다는 것을 알 수 있다. 吏民이란 이서와 일반 백성을 말함인데, 이때의 일반 백성은

---

248) 〈동비토론〉 갑오 12월 16일, 傳令 蓬坪面執綱, 193쪽. 따라서 巡撫營에서는 12월 9일 이들 무리에 의해 자행되는 무단행위를 특별히 단속하는 전령을 내려보냈다. 그것은 剿討 召募官 등 이외에는 동학도를 함부로 죽이지 말 것이며 동학도의 가산 압수와 돈을 받는 행위의 금지, 그리고 負商輩들이 까닭없이 聚衆하지 못하게 하는 것 등이었다(〈동비토론〉 갑오 12월 초9일, 蓬坪面興正里頭民兪慶煥等報題, 187～188쪽).

249) 〈임영토비소록〉 9월 초5일, 373쪽

250) 〈동비토론〉 9월 초8일, 文告巡營及兼官, 88쪽

전답문서를 소유하고 있던 계층, 다시 말해 토지를 많이 소유하고 있었던 요호부민을 지칭할 것이다. 이들 계층에게서 錢財를 빼앗을 뿐만 아니라 전답문서조차 탈취하고자 한 것은 지주제도 자체에 대하여 적대활동을 하였음을 뜻하는 것이고, 지주제도를 폐지하려고 한 의지를 간접적으로 나타내주는 것이라 하겠다.[251] 지주제 모순을 척결하고자 한 의지는 한 고을 차원의 문제에 국한되는 것이 아니라, 당시 조선사회의 기본틀을 거부하려는 것이었다. 더 나아가 지주제 폐지의 의도는 결국 당시 집권층의 통치체제에 정면으로 대항하는 움직임이었기 때문에, 강원도 농민봉기는 민란단계를 넘어선 농민전쟁 차원의 항쟁이라고 할 수 있다.

농민군 접주 金尙五는 사족을 毁道之罪로 몰아 징치하였고,[252] 평창 농민군 수령인 朴在浩 역시 각 지역의 요호를 두루 방문하여 위협하여 錢物을 토색하기도 하였다.[253] 농민군이 사족과 요호층을 주로 공격하여 재물을 빼앗았던 것은 그들이 조선후기 이래 점점 심화된 봉건적 모순속에서 봉권적 특권을 이용하여 갖은 모리를 행하던 계층이었기 때문이었다. 사족, 요호층에 대한 징치는 바로 농민군의 반봉건적 지향을 잘 보여준 것이며, 위에서 살펴본 바와 같이 삼정의 개혁 등과 같은 폐정개혁의 요구 역시 농민군의 반봉건적 지향을 잘 대변해 준다. 이렇게 볼 때 강원도 농민군 봉기는 일본에 대한 적대감보다는 봉건적 모순에 시달리는 농민의 고통을 그대로 반영하여 일어난 것임을 알 수 있다.

이처럼 농민군의 지향은 반봉건이었으며, 황해도의 경우처럼 일본군과 전투를 통해 반일의 기치로 변모되지도 않았다. 그것은 일본군의 개입은 미미했던 반면 농민군 진압의 주도권을 장악한 반농민군의 횡포는 봉건적 모순의 심화만을 부채질할 뿐이었기 때문이다.

강원도 농민군의 봉기가 1894년 가을인 삼남지역 농민군의 2차 봉기 시기에 일어났음에도, 농민군의 지향은 반봉건적 모순에 치중된 1차 봉기와 그 성격을 같이하는 것이었다.[254] 이러한 양상은 자칫 강원도 농민군의 지향이 반봉건적

---

251) 신용하, 1987 〈甲午農民戰爭과 두레와 執綱所의 폐정개혁-農民軍 편성, 執綱所의 土地政策, 茶山의 閭田制·井田制 및 '두레'의 관련을 중심으로〉《한국사회의 신분계급과 사회변동》 (한국사회사연구회논문집 8) 문학과지성사, 111쪽

252) 〈임영토비소록〉 9월 초5일, 373쪽

253) 위와 같음

254) 한우근, 1978 〈東學農民軍의 蜂起와 戰鬪-江原·黃海道의 경우〉《韓國史論》 4, 369쪽

모순의 인식에서 반외세의 인식으로 발전되는 흐름에 뒤떨어지는 것이라고 잘
못 이해될 수 있을 것이다. 그러나 각 지역민이 주축이 되어 봉기한 농민군의
지향은 그 지역 內外에 내재되어 있던 모순의 결과로 잉태될 수 있는 것이지,
어떠한 발전도식에 좇아야 되는 것은 아니다. 강원도 농민전쟁의 지향이 주로
반봉건에 맞춰질 수밖에 없었던 요인도 바로 강원도 지역적 조건에 따른 것이
었다.

4. 맺음말

　황해도·강원도에서 전개된 농민전쟁은 삼남지방의 농민전쟁과 같이 반봉건,
반외세의 지향을 보이고 있었다. 兩道의 농민항쟁은 폐정개혁을 강력히 내세우
면서 반봉건적 모순 해결과 반외세에 대한 저항의식을 보이고 있었으며, 더 나
아가 중앙 봉건정부의 권력 타도라는 차원에서 제반 모순을 해결코자 하였던
농민전쟁이었다. 특히 황해도의 경우는 농민전쟁 과정에서 중앙정부의 권력을
배제하여 농민군 지도자들로 구성된 대체권력까지 구상할 정도였다. 이들 지역
의 농민군 지향은 농민전쟁이 전개되는 와중에서 일본군의 개입이란 변수로 인
해 변화과정을 겪게 되었다.
　황해도·강원도의 농민군은 남접 계열보다는 최시형을 위시한 북접교단의 직
접적인 영향하에 있었던 탓으로, 이들 지역에서의 농민전쟁은 삼남지방 농민전
쟁의 2차 봉기 시점이었던 9월경에 이르러서야 전개되기 시작하였다. 이때는
이미 청일전쟁이 한반도 내에서는 일본의 승리로 귀결되어, 일본군의 여력이
농민군 진압에 적극적으로 참여할 수 있었던 시기였으며, 경복궁쿠데타로 인해
조정에서 친일 개화파정부가 들어선 시기이기도 하였다. 이러한 상황에서 농민
군 진압의 양태가 그곳 농민전쟁의 성격을 특징짓게 되었다.
　농민전쟁이 전개되던 가운데 농민군 진압이라는 저울대에서 반농민군과 관군
그리고 일본군이 저울의 양쪽을 맡고 있었다. 한쪽 끝의 세력이 미약하면 다른
한쪽의 세력이 강대해지는 저울대의 특성처럼, 황해도·강원도의 농민전쟁은
향촌지배세력으로 형성된 반농민군과 관군 그리고 일본군의 상호 작용에 의해
좌우되었다.

황해도에서는 농민군이 10월 6일 이후 해주성을 점령할 당시만 해도 농민군의 指向은 反封建에 있었다. 즉 그들의 요구는 邑弊民瘼의 是正 등 弊政改革의 차원에 머물러 있었고, 이것이 斥倭洋의 외세배척 단계에까지는 이르지 못하였다. 그러나 10월 26일에 入江 소좌 일행에 대한 급습사건이 발생하자 황해도 농민전쟁의 성격은 급변하기 시작하였다. 이때부터 일본군의 적극적 개입이 이루어져, 이후 황해도 농민군의 진압은 일본군이 주축이 되었다. 이것은 당시 조정을 비롯한 황해도 각 지역 관군의 힘이 보잘것없었던 데다가 반농민군으로 활약할 만한 鄕村支配勢力의 不在로 인해 일본군이 적극적으로 개입하지 않을 수 없었던 것이다. 일본군의 개입으로 농민군의 旗幟도 反封建에서 斥倭洋으로 변모하였다. 여기에서 농민군은 일본의 제국주의적 속성을 인식하지 못하고 단지 일본이란 외세에 의해 국가가 유린되는 것을 반대한 것으로 보인다.

농민군에 대한 일본군의 적극적 진압책은 농민군의 기치를 척왜양으로 변화시켰으며, 당시 일본군의 갖은 폐단에 직접적으로 부딪치고 있었던 지방관도 농민군의 대일인식에 동조하였다. 그것이 단적으로 드러나는 경우가 황해도 관찰사로 새로 부임한 趙熙一의 說諭策이었다. 일본군의 철저한 討滅政策에 반하는 說諭策에 농민군 상·하층과 황해도 지방관이 부응한 반면, 일본군은 新監司의 방안을 농민군을 방임하는 행태로 몰아붙였다.

이처럼 황해도 농민전쟁에서는 일본군의 적극적 개입이 변수였던 반면, 강원도 농민전쟁에서는 반농민군의 강력한 활약이 농민전쟁의 특성을 결정짓는 변수였다. 강원도 농민전쟁은 일본군의 진압이 없어도 관군과 반농민군만으로도 농민군에 대처할 수 있었음을 잘 보여주는 예였다.

일본은 러시아의 개입을 피하기 위해 삼남지방의 농민군을 포위하여 전라도 서남 방면으로 몰아가는 전략을 세웠고, 이 전략은 삼남지방의 농민군이 강원도에 진입하는 것을 차단시켰을 뿐만 아니라 강원도 농민군을 고립시키는 역할도 하였다. 일본군이 강원도에 적극적 개입을 하지 않았던 데는 강원도 향촌지배세력에 의해 형성된 강력한 반농민군이 활동을 하고 있었기 때문이기도 하였다.

前現職 官吏를 포함하여 강원도 보수지배세력에 의해 강원도 각 지역에서 창설된 반농민군은, 오가작통법 등 향촌사회 지배질서기구를 이용하여 철저한 향촌지역민 통제력을 발휘함으로써 막강한 군세를 이룰 수 있었다. 반농민군은

원주에서 파견된 순중군의 지휘하에 놓여 있었으나, 농민군 진압의 주된 역할
을 담당하였다. 여기에 일본군의 개입은 2개 중대에 국한되는 소극적인 것이었
다.

 강원도 농민군의 지향도 폐정개혁이었다. 三政의 弊瘼을 개혁하여 輔國安民
하고자 하였던 것이다. 이러한 지향은 농민전쟁이 끝나기까지 아무런 변화가
없었다. 이는 강원도 지역 자체가 외국세력의 침투나 제국주의의 피해를 다른
道에 비해 덜 받았으며 농민전쟁 과정중에서도 일본군과의 직접적 대결이 그다
지 많지 않았던 데 원인이 있지만, 향촌지배세력으로 구성된 반농민군이 강력
한 지역민 통제력을 발휘하고 이를 명분으로 자의적 수탈을 행함으로써 반봉건
모순이 주요 모순으로 농민군에게 부각되었기 때문이었다.

 이상에서 황해도·강원도 농민전쟁에 관하여 살펴보았다. 1894년 농민전쟁
에 관한 더 치밀한 연구를 위해서는 많은 지역사례 연구가 축적되어야 함이 선
결과제이지만, 황해도·강원도의 경우에는 남아 있는 자료가 빈약한 실정이다.
정부측의 자료는 말할 나위가 없고 각 지역의 유림들과 지역민들에 의해 기록
되어 있는 자료 역시 극히 한정되어 있다. 이러한 자료의 한계성을 극복하기 위
해 본고에서는 일본측 자료를 많이 이용하였으나, 일본측의 자료란 일본군의
관점이 그대로 투시된 것이어서 정확한 역사상을 그리기에는 미흡한 점이 있다
고 생각된다. 또한 본고에서는 황해도에서 농민전쟁이 끝난 후에도 간헐적으로
계속된 농민군 봉기의 성격과, 兩道의 농민군에서 북접교단과의 연결성에도 불
구하고 실제 전쟁 와중에 북접과 조직적 연계가 이루어지지 못했던 원인 규명
등이 제대로 밝혀지지 못했다. 추후의 논고에서 이 점에 관해 보충하고자 한다.

제 3 부 농민전쟁의 주변동향

청일전쟁에 대한 농민군의 인식과 대응
갑오정권의 개혁정책과 농민군 대책

청일전쟁에 대한 농민군의 인식과 대응

조 재 곤
국민대 강사

1. 머리말

청일전쟁과 농민전쟁은 동아시아 3국의 근대화 과정에서 일획을 긋는 커다란 사건으로 양자간은 불가분의 관계에 있다고 할 수 있다. 그러나 본 주제와 관련 해볼 때 기존 연구의 문제점은 '청일전쟁' 그 자체에 한정, 청국과 일본과의 전투과정이나 열강을 중심으로 한 국제관계의 이해에 치중되어 있다는 점이다. 따라서 기존 연구에서는 청일전쟁과 관련한 각 단계별 농민군의 정세인식과 동향이 거의 도외시되어 있다.

´그렇지만 전주화약 이후 제2차 농민전쟁에 이르기까지 농민군의 활동은 청일전쟁의 전과정과 밀접하게 연결되어 있었다. 청일전쟁의 진행과정은 농민군이 전쟁수행을 하는 데 있어서 큰 영향을 미치고 있었다. 또 다른 제국주의 국가로 성장하기 위한 발판을 마련코자 일본이 도발한 청일전쟁은 제1차 농민전쟁 이

후 봉건제의 타파와 중앙권귀의 축출 등 개항 이후 고양되어오던 농민적 의지를 실천하는 데 심각한 문제를 초래하는 것이었다. 따라서 이를 해결하는 데 농민군들은 더욱 고심하지 않을 수 없었다. 그것은 결국 농민전쟁이 반봉건전쟁에서 반봉건·반침략 전쟁으로 전환하게 되는 중요한 변수로 작용하였다. 반면 농민군의 활동 또한 조선출병·경복궁 점령 이후 일본의 대청 전쟁수행 및 조선지배정책을 추진하는 데 커다란 장애가 되는 것이었다.

이 시기 조선지배권을 둘러싸고 전개된 청·일군의 출병은 조선인 모두에게 국가적 위기로 작용하게 되었다. 이즈음 농민군들은 청·일의 군사적 동향과 사태의 추이를 지켜보면서 2차 농민전쟁 준비를 하고 있었다. 특히 평양전투 이후 일본의 '보호국화' 정책에 대항하여 대일항전의 전면화로 전화하였다. 그러나 정세인식과 향후 방략·행보에 있어서 농민군의 각 세력은 모두 동일한 방식으로 대응해나가는 것은 아니었으며, 입장차를 보이고 있었다.

이러한 시기에 일본은 농민군의 활동을 무력화시키고자 하였으며, 일련의 청일전쟁 승리과정에서 대농민군 정책은 토벌에서 살륙·초토·박멸로 변화되었다. 이에 따라 농민군의 활동 또한 이전의 국지적 차원에서 탈피하여 전면전으로 바뀌어 나가고 있었다.

본고에서는 이와 같은 점을 염두에 두고 청일전쟁이라는 외압에 초점을 맞추면서, 각 단계별 변수와 관련하여 이 시기 농민군의 정세인식과 이들의 활동은 과연 어떤 방식으로 전개되고 있었는가를 유기적으로 살펴보려고 한다(특별한 언급이 없는 경우 年紀는 본문에서는 모두 음력으로 표시하고, 각주의 원전 중 일본 자료는 원문 그대로 양력으로 표기하였다).

2. 청·일군의 출병과 농민군의 전주성 철수

일본이 청일전쟁을 일으킨 계기는 조선의 정치·군사적 지배와 시장 확대에 있었다. 따라서 그 일환으로 일본은 자신들의 '이익선' 확보를 위해 군비확장 정책을 추진하였다.[1] 일본은 그 돌파구를 1894년 초반 이래 조선에서 치열하게

1) 中塚明, 1977 ≪近代日本と朝鮮≫ 三省堂, 54~55쪽 ; 藤原彰·今井淸一·大江志乃夫 編, 1983 ≪近代日本史の基礎知識≫ 有斐閣, 139~140쪽

전개되고 있었던 농민전쟁이라는 '外事'에서 찾고 있었고, 그것은 출병 기회를 모색하는 방향으로 나아가게 되었다. 그러나 한 나라의 군대를 다른 나라에 진주시켜 자신들의 이해관계 아래 두는 것은 설령 그들의 힘이 아무리 강하더라도 대내외적으로 어느 정도의 명분이 필요한 것이다. 일본정부는 조선침략의 결정적 시기를 모색하고 있던 중에 때마침 전라도 농민군의 전주점령 보고를 듣고 이를 더없는 호기로 생각하고 출병을 결정하게 된다.

일본 내의 극우세력들과 언론은 이미 1월부터 대조선정책에 우유부단하고 '老懶한' 大鳥圭介 공사를 체임시키고 군대를 파견하자는 여론을 조성하고 있었으며,[2] 4월경부터 일본정부는 조선출병을 대비하여 비밀리에 郵船會社 등에 운수 및 군수의 징발을 내명하고 있었다. 이 무렵 일본은 조선출병을 기정사실화한 것이 분명하다. 그러나 일본 정국당로자 중 조선정책에 있어 강경한 입장을 견지하던 외무대신 陸奧宗光도 "출병문제를 논의하는 것은 너무 이르다는 것을 면할 수 없다"[3]고 말한 바와 같이 아직까지는 청국을 대상으로 한 본격적인 전쟁준비는 아닌 듯하다.

이와 같은 상황에서 청국정부는 처음부터 일본정국의 형세를 오판하고 있었다. 袁世凱 등은 일본은 항상 정부와 의회의 알력으로 조선에 군대를 파견하는 대결단을 행할 수는 없을 것이라 생각하였다.[4] 조선의 농민전쟁에 대해서도 일본과는 다르게 평가하고 있다.

일본은 제1차 농민전쟁의 핵심주제는 反倭洋으로 평가하고 이에 따라 일본의 권익과 조선을 '보호'하겠다는 입장을 견지하고 있었던 반면, 청국은 1차 전쟁의 핵심을 反封建으로 이해하고 농민군이 제기하는 외국인 축출은 명분에 불과하다고 생각하고 있었다.[5] 당시 청국정부는 일본에 대한 자국의 우위를 상정하고 양국간의 전쟁발발 가능성을 인식치 못하고 있었다. 따라서 청국은 즉시 철수를 하지 않고 지연하여 일본의 출병 기회를 제공하였다.

농민전쟁과 그로 인한 청군출병은 일본정국의 국면전환 계기로 작용하여 일본정부와 군부는 의회해산 · 출병구실을 마련할 수 있었다. 즉 '텐진조약'을 근

2) ≪二六新報≫ 明治 27년 2월 25일자
3) 陸奧宗光, 1940 ≪蹇蹇錄≫ 岩波書店, 14~16쪽
4) ≪蹇蹇錄≫, 19쪽
5) ≪淸季中日韓關係史料≫ 6권, 甲午 5월 17일(臺北 : 중앙연구원 근대사연구소), 3381쪽

450

거로 드디어 4월 29일 일본 천황은 조선파병 결정을 재가하는데, 이는 민씨정
권의 청군개입 요청보다 하루 빠른 것이다.[6] 결국 우리는 일본의 침략의도는
이미 짜여져 있었으며 향후 계획된 수순을 밟아가게 될 것임을 알 수 있다.

여기서 눈여겨볼 만한 점은 일본 국내 여론의 동향이다. 자국정부의 의지를
일찍부터 간파한 일본언론은 과단성을 촉구하고 한 걸음 더 나아가 초보적인
전쟁준비 절차와 방법론을 제시하고 군사를 동원한 개입을 권고하는 등 정부를
추동하고 있었다. 조선정부의 청군개입 요청·일인 4월 30일보다 4일 전인 같
은 달 26일 福澤諭吉은 자신이 깊게 관여하고 있던 ≪時事新報≫에 "내란은 일
본에 있어 중대하다"라는 제목의 논설에서 청국과의 전쟁 필요성과, 그 일환으
로 조선의 농민군 진압에 정부가 앞장 설 것을 주장하고 있다. 그는 농민군의
'소동'은 일본 권위의 소장에 영향을 주는 것으로 따라서 청국병이 출동하면
자신들도 출동하여야 할 것이라 주장하였다. 福澤은 그 방법으로 군함 외 별
도의 보호조처가 있어야 할 것, 兵隊를 파견할 것 등을 제안하고, 전쟁준비를
암시하는 표현인 "臨機의 工風이 있지 않으면 안된다"고 하였다.[7] 특히 결론
부분에 "당국자의 주의를 요하는 바"라 하여 처리에 신중성을 기할 것까지 역
설하였다. ≪萬朝報≫ 역시 조선문제 '해결'과 대청전쟁 수행의 또다른 명분
으로 明治 10년 西南의 亂 이래 '20여 년간에 걸친 일본의 태평'을 들고 이
는 필연적으로 전쟁을 요구하게 되는 상황이라고 주장하고 있었다.[8] 이러한
여론과 더불어 전쟁준비의 본격화가 이루어진 이즈음 일본정부는 5월 4일 '陸
海軍省令'을 발해 보도관제를 선포하였다.[9] 이날 일본 내의 대외강경파는 출병
응원을 선언하고, 5월 7일 자유당은 시찰원을 조선에 파견하여 농민전쟁의 사
정을 조사 보고케 하였다.[10] 5월 14일에 이르면 국권주의자들은 스스로 민병대
를 구성하여 민간 차원에 이르기까지 농민전쟁에 적극 개입하려는 움직임을 보
이고 있다.[11] 전쟁 분위기와 연관하여 일본정부는 청일전쟁을 준비하는 과정에
서부터 시종일관 제3국의 개입을 우려하고 전쟁을 청·일 양국간으로 한정시키

6) 朴宗根(朴英宰 역), 1992 ≪清日戰爭과 朝鮮≫ 一潮閣, 16쪽
7) ≪時事新報≫ 明治 27년 5월 30일자
8) ≪萬朝報≫ 明治 27년 6월 13일자
9) ≪國民新報≫ 明治 27년 6월 9일자
10) ≪萬朝報≫ 明治 27년 6월 10일자
11) ≪大阪每日新聞≫ 明治 27년 6월 17일자

고자 하는 노력을 보이고 있었다.[12] 재야에서도 출병에 대한 다른 나라의 개입을 강력 대응하겠다고 결의하였다.[13]

반면 청국은 일본 조야의 조선침략과 대청정책을 제대로 인식하지 못하고 과거 임오군란과 갑신정변시의 자국 우위를 회상하면서, 그 연장선상에서 만약 전쟁이 벌어지는 형국에 도달하더라도 당연히 일본에 승리할 것이라고 생각하고 있었다. 이와 같은 안이한 전망은 외국관리와 상인도 마찬가지였다. 이들 역시 양국이 전쟁을 치르게 된다면 당연히 청국이, 그것도 최초의 1~2전에 승리하게 될 것이라고 예견하고 있었다.[14] 사태의 심각성을 인식하지 못하고 있으나 그럼에도 불구하고 청국정부는 다가올지도 모를 전쟁에 대비하고자 하였다.[15]

제1차 농민전쟁을 구실로 조선을 둘러싼 청·일 양국이 이와 같은 조선정책을 전개하고 있는 급박한 상황에서 조선은 내부적으로 농민군의 활동이 활발해지고 있었다. 특히 전라도 전역에서 활동하던 농민군은 드디어 4월 27일 전주를 점령하였다. 농민군에 의한 전주점령 직후부터 정부의 借兵문제 논의는 본격화 되었다. 농민군을 '미친 벌떼와 궁한 개'[16]로 비유한 선혜청 당상 민영준은 무기력한 정부군의 형세로써는 이를 막기 힘들다고 생각하였다. 민씨세력은 초토사 홍계훈의 청에 따라 청국의 '天兵'으로 하여금 이들을 토벌토록 하는 방안을 마련하고 비밀리에 이를 관철시키고자 하였다.

그러나 민영준의 淸軍借兵論은 조정에서도 반대에 직면하게 된다. 그 이유는 ① 外兵에 의해 '몇 만의 생명[농민군]이 절멸'당할 것이며, ② 외병의 통과지역 등에서는 막대한 폐해가 생겨 인심을 동요시킬 것이기 때문이며, ③ 일본과 구미열강이 그들의 공관이나 거류민을 보호한다는 구실로 군대를 파견할 위험성도 있었기 때문이었다.[17] 농민들의 봉기 원인을 직시하고 있던 영돈령부사 金炳

---

12) 《蹇蹇錄》, 17쪽
13) 《萬朝報》 明治 27년 6월 13일자
14) 《蹇蹇錄》, 32쪽
15) 그와 같은 사실은 이홍장이 "우리의 군대가 조선에 파병되면 곧 일본에 알려야 되니 우리는 일본과 무력적인 대결도 불사하게 될 결정적인 시기에 봉착할 것이다. 이때를 위하여 우리는 만반의 자세로 임해야 할 것이다. 원세개에게 일을 보아가며 살피도록 해야 한다"고 훈령한 데서 알 수 있다(《北洋大臣來電》 《淸光緖朝中日交涉史料》 13‐5).
16) 〈일병입경에 관한 한국 조정 및 경성 내의 상황 탐정보고〉 6월 20일 《駐韓日本公使館記錄》 4, 131쪽
17) 朴宗根, 앞의 책, 12쪽

始는 "수렴정치에 견디지 못하여 백성이 起鬧한 것을, 바로 동학도에 그 책임을 돌려서 기천명을 살상한 것도 참지 못하겠거니와, 여기서 淸兵을 청원한 것은 또 하나의 실책이다. 타국의 병을 빌려서 우리 백성을 살해한다는 것이 어찌 있을 수 있는 일인가"[18]라 하면서 민영준 등의 請兵을 힐책하였다. 당시 국제정세에 밝은 홍종우도 5월 9일 민영준과의 대좌에서 청군출병은 일본측에게 출병의 구실을 주고 결과적으로 민영준은 권좌에서 쫓겨나게 될 것이라는 내용의 충고를 하고 있었다.[19]

그럼에도 불구하고 청군을 빌려오는 것은 당시 집권 권력층의 입장에서는 부득이 취할 수밖에 없는 선택이 되었다. 정부는 袁世凱를 통해 군사파견 요청서를 전달하였고, 청국은 군함을 곧바로 조선에 파견하였다. 이에 따라 5월 5일에는 聶士成이 지휘하는 청국군 1천 명이 충청도 아산만에 상륙하였다. 이와는 별도로 일본 역시 청국과 조선의 정국을 살피면서 5월 4일 청국측에 일본군의 조선출병을 통지하였고, 5월 6일 공사 大鳥는 일본군을 인천항에 상륙시켰다. 이날 본국에 있던 보병 제11연대도 선발대로 宇品港을 출발하였다.[20]

청·일군의 조선출병은 농민전쟁의 판도를 전변시키는 결정적 계기가 되었다. 전주를 점령한 농민군은 양국 군사의 출병으로 심각한 문제가 도래될 것이라 생각하고 있었다. 전봉준 등 농민군 지도부는 이를 청일전쟁이라는 국제분쟁의 계기가 될 수 있음을 깊이 우려하고 5월 8일 관측과 全州에서 강화를 체결하였다. 곧바로 전주성을 철수한 농민군은 이후 전라도를 중심으로 각처에 집강소를 설치하였다. 5월 11일 전봉준 등은 순변사 李元會에게 〈全羅道儒生等原情〉을 제출, 14개조의 폐정개혁안을 제시하고,[21] 이후 향촌 내의 질서를 바로잡고 내부모순 해결에 치중하는 방향으로 계획을 진행시켜 나갔다.

이렇듯 전주화약이 성립된 배경에는 농민군측의 경우 청일전쟁과 관련하여

---

18) 〈甲午實記〉《東學亂記錄》上, 14쪽
19) 〈일청양국의 군대파견에 관한 탐정 보고의 건〉《日韓外交資料集成》4(日淸戰爭 編), 24쪽
20) 청·일 양국의 군사배치 목적은 각기 달랐다. 그것은 출병과정을 보면 어느 정도 이해될 수 있을 것이다. 농민군 진압과 종주권 강화에 주안점을 두고 있었던 청국은 농민군의 근거지와 근접지인 아산에 주둔하였다. 반면 인천과 곧이어 왕궁이 있는 경성에 주둔한 일본군은 조선의 내전에 따른 영사관과 자국 거류민 보호를 명분으로 하지만 실제는 정권전복을 통한 대청 우위와 조선지배에 목적이 있었다.
21) 金允植,《續陰晴史》上, 甲午 6월조, 322~323쪽

볼 때 크게 두 가지가 언급될 수 있겠다. 먼저 농민군은 예상되는 청군의 농민군 진압을 크게 두려워하여 수만의 군사가 왔다는 소식에 전력의 열세를 고려하여 화해협정을 맺게 되었다. 두번째로 전봉준은 청·일 양군의 출동으로 인한 국제분쟁과 그것으로 인해 초래될 조선의 국가적 위기를 막아보려고 깊이 고려하였다.[22] 그러나 농민전쟁의 휴지기(전주화약 후 집강소 시기)가 됨에 따라 조선에 개입할 명분이 소멸되자 곤혹스러워진 일본은 5월 17일 충청·전라 지방에 시찰요원을 파견하여 농민군의 실상을 확인[23]하는 한편, 이른바 '내정개혁'을 빌미로 조선문제에 개입할 명분을 다시 찾아보려고 전전긍긍하게 된다. 이보다 며칠 앞서 일본 대리공사 杉村濬은 민씨정권을 타도하고 친일개화파 정권을 수립할 계획을 구상하고 있었다.[24]

이미 일본공사 大鳥는 淸軍 出兵에 우선하여 자국정부에 1천 명 규모의 군사를 조선에 출병시키자고 주장하면서, 청국군과 더불어 민란을 진압할 것과 조선에 대한 주도권을 장악하자고 제안한 바 있었다.[25] 그러나 5월 5일 일본군 조선파병 문제에 관한 杉村과의 회견에서 외무독판 조병직은 농민전쟁으로 ① 약간 소요는 있지만 경성이 안전하고 농민군도 조만간 진정될 것이니 일본병 파견 주둔의 필요는 없다고 하여 과거 임오군란시와 차별성을 부각시키고, ② 일본이 군사를 파견하면 각국이 모방하여 조선과 동양 국면에 큰 해가 될 것이며, ③ 일본병의 入京은 인심 흉흉과 '의외의 폐'를 일으킬 우려가 있다[26]고 하여 일본군의 파병을 사실상 거절하였다. 그럼에도 불구하고 일본은 전주화약 성립 직후 '내정개혁'의 명분으로 일군의 혼성여단을 조선에 진주시켰다.[27]

일본의 '내정개혁' 제안에는 상당한 계산이 깔려 있다고 할 수 있다. 일본은 첫째, 당면의 긴급과제였던 철병을 회피하고 주둔을 계속하기 위한 구실을

---

22) 鄭昌烈, 1991 《甲午農民戰爭硏究 — 全琫準의 思想과 行動을 중심으로》 연세대 박사학위논문, 160~161쪽

23) 《統署日記》 3, 고종 31년 5월 17일, 330쪽

24) 杉村濬, 1904 《明治二十七八年 在韓苦心錄》, 12~13쪽

25) 藤村道生, 1980 〈日淸戰爭〉 《岩波講座日本歷史》 16(近代 3) 岩波書店, 15~16쪽

26) 伊藤博文 편, 1936 《秘書類纂 朝鮮交涉資料》(이하 《秘書類纂》으로 함) 中卷, 372~373쪽(〈公使館護衛兵派遣ノ儀通知顚末〉 明治 27년 6월 9일)

27) 朴宗根, 앞의 책, 22쪽. 이는 일본의 침략의지를 극명하게 알 수 있는 것으로, 당시 大鳥 공사도 다수의 호위병을 필요로 하지 않는다고 본국 정부에 상신하고 있었음에도 불구하고 일본정부는 군사를 조선에 대거 상륙시켰다.

454

마련함과 둘째, '내정개혁'에 의해 청을 도발케 함으로써 개전에 끌어넣고자
하였다.[28] 셋째, '근대화'를 명분으로 미국과 영국의 지지를 얻는데, 이는 또
한 구미의 상품시장이 되고 넷째, 조선에서 일본의 정치적·경제적 지배를 강
화한다는 데 목적이 있었다.[29] 결국 이는 피상적 '개혁'을 빌미로 농민군의
의지를 희석화 내지 무력화하기 위한 기도에 불과한 것이었다. 이를 위한 공
작으로 일본은 상황을 급박하게 전개시켜야 하고, 한편으로는 이를 호도할 필
요가 있었다. 5월 말~6월 초의 어느 기간에 陸奧宗光은 大鳥에게 훈령하여 병
사를 계속 주둔시키고 농민군 조사에 지연책을 쓸 것과, 농민전쟁은 치열하게
전개되고 있는 양 허위보고서를 작성할 것을 지시하였다.[30] 그것은 일본군의 철
수를 지연시키는 한편 주둔 명분을 억지로라도 찾으려는 계책에서 나온 것이다.

일본이 청일전쟁을 도발한 이유는 정치·군사적 요인에만 있었던 것은 아니었
다. 일본 내의 전쟁도발 여론은 경제적 측면에서도 작용하고 있었다. ≪大阪每
日≫ 신문은 6월 중순 "동학당 반란이 일한무역에 미치는 영향"이라는 제하의 기
사에서 인천항의 5월(양)중 무역 상황을 설명하고 '동학당의 요란'으로 인해 해
초와 우피의 무역수량 감소가 현저하다고 통계를 비교분석하여 주장하였다.[31]
≪萬朝報≫도 '鷄林의 亂'이 일본경제에 미치는 영향으로 ① 商船이 결핍하여
정기항해를 중단하기까지 하고, ② 운임은 점차 등귀하고, ③ 생산지 물가는 더

---

28) 당시 일본은 조선에 '내정개혁'을 권고하고 이로 인해 청·일 양국군의 전쟁을 촉진하게 된다
   면 오히려 다행한 일이라 생각하고 있었다(≪公使館記錄≫ 3, 133쪽).
29) 朴宗根, 앞의 책, 37쪽
30) "우리 군대의 철수가 지연되는 이유로 삼기 위해 각하는 공공연한 방법을 써서 공사관 직원이
   나 영사관 직원을 폭동이 일고 있는 지방에 파견하여 실황조사를 하도록 하여야 한다. 그리고 그
   실황조사는 될 수 있는 대로 느리게 천천히 할 것이며, 그 보고서는 고의로라도 평화로운 상태와
   는 반대가 되도록 작성케 할 것을 절망한다. 만약 시찰원을 보호하기 위해 필요하면 순사를 수행
   케 하여도 무방하다. 또한 조선정부가 평화와 질서가 회복되었다고 말하면서 우리 군대의 철수
   를 요구해올 경우에는 제국정부와 각하가 만족할 만한 바가 있어야 하기 때문에 실황조사차 특
   별히 파견한 관리의 보고를 기다려야 한다고 답변하여야 한다"(〈동학당 변란시 한국군대 보호에
   관한 일청교섭관계 1건〉 ≪公使館記錄≫ 3, 123쪽).
31) ≪大阪每日≫ 明治 27년 7월 15일자. 이를 도표화하면 다음과 같다.

	1894. 5		1893. 5		증감 비교	
	수량	가격	수량	가격	수량	가격
해초	960	2,980	1,635	6,130	감 675	감 3,222
우피	414	6,621	560	8,302	감 150	감 1,681

* 수량 : 俵, 가격 : 圓

욱 하락하고, ④수요지 물가는 더욱 증가한다고 하였다. 결국 '조선의 내란 = 선박의 결핍 = 운임의 등귀' 및 생산지와 수요지의 가격차는 현격히 심해지기에 이르렀다는 것으로 국내의 여론을 환기시켜 전쟁을 유도하고 있었다.[32] 그러나 이 시기 언론에서 언급하고 있는 것 그대로 '공황'은 필연의 형세였다. 그럼에도 불구하고 당시 일본 내부의 경제적 모순은 농민전쟁에서 기인한 것이라고 전가시키는 것이다. 여하튼 이러한 시각은 후일 청일전쟁 과정에서 일본의 조선이권 획득정책에 반영되었고, 그것은 결과적으로 제2차 농민전쟁의 원인으로도 작용하는 하나의 요인이 되었다.

이상의 상황을 종합해볼 때 일본의 조선침략과 대청전쟁의 각본은 어느 정도 구색이 갖추어져 있었음을 알 수 있다. 그럼에도 불구하고 당시 조선 내 일본 외교당국자 사이에 의견이 반드시 일치되어 있었던 것만은 아니었다. 전쟁수행 방침도 일사불란하게 진행된 것이 아니었다. 공사 大鳥는 온건정책을 취하였던 데 반해 간혹 공사의 업무도 대행했던 1등 서기관 杉村은 강경책을 견지하였다. 당시 정부측의 강경론은 대본영의 방침에 의거한 것으로 杉村과 군참모들이 수행하고 있었다.[33] 처음 일병 출동문제에 관하여만 해도 공사와 大島 여단장간에 불화가 있었다. 그러나 大鳥의 철병안이 일본정부에 의해 파산되자 그 역시 대세를 간파하고 곧바로 강경노선으로 표변하였다. 이 시기 강경론은 일본 조야의 대세로 청국과의 전쟁 직전인 6월 9일 일본 내 주전론자와 전쟁불사파들은 대청전쟁을 기정사실화하고 국권주의적 입장에서 전쟁권유와 명분을 축적하고 있었다.[34]

그러면 이 기간 청국군의 동향은 어떠하였는가. 淸 提督 葉志超는 5월 3일 청국을 출발하여 이틀 후인 5월 5일 아산에 도착하여 '倡亂한 土匪' 정벌에 임하는 입장을 표명하고 이를 告示하였다.[35] 그는 진주하자마자 농민군 동향을 정

---

32) ≪萬朝報≫ 1894년 6월 9일자
33) 朴宗根, 앞의 책, 32쪽
34) 당시 이와 같은 입장을 반영하고 있던 대표적인 잡지는 ≪日本人≫인데, 7월 11일(양) 후한 15호의 "일청의 싸움은 드디어 피할 수 없다"는 제목의 기사에서는 다음과 같이 주장한다. "… 금번 조선사건은 만약 不幸하게 국면을 平和로 종결지으면 바다를 건너간 장사, 들에서 暴露한 數旬, 一兵이 칼 써봄 없이, 총 한번 쏘아본 일 없이, 앙앙하며 돌아오면… 동양천지는 영구히 平和穩安하다고 망령되이 단언할 수 없고 평화는 일시의 幻影이 될 뿐이다. 日淸의 충돌은 결코 안개와 같이 소멸될 수 없다. 하루하루 고요함 속에 절박하여옴을 알아야 할 것이다"(政敎社, ≪日本人≫ 15호, 明治 27년 7월 18일, 1~2쪽).

탐하고자 5월 11일 제1지대를 전주에 파견시켰다. 다시 청국군은 5월 26일 공주에 도착하여 농민군 주력이 집결해 있는 전라도로 전진을 기도하였다. 그러나 농민군의 활동은 두드러지지 않을 뿐만 아니라 청군 출병 소식을 듣고 해산하였다고 정찰 결과를 보고한 후 5월 28일 그대로 공주에 주둔하였다. 葉의 부대는 6월 8일 아산으로 회군하여 그곳에 머무르고 있었다.[36] 농민군의 정세를 정찰한 葉志超는 6월 6일 '東匪'는 이미 진정되었고, 철회해도 명분상 손해 없어 일본군과 동시 철병해도 될 것이라 주장하였고 "초가을에 서서히 대거를 도모"하자고 본국 정부에 보고하였다. 그러나 이러한 주장은 6월 12일 철회되고 오히려 6월 17일 아산주둔 청병의 증원이 결정되었다. 그 결과 6월 21일 세 척의 배로 증원병이 아산에 도착, 다음날 白石浦에 양륙하여 이후 성환에 근거하는 한편, 1천 명의 군사를 천안에 진주시켰다.[37] 이들은 주둔하고 있던 충청도 각처에서 농민군의 동향을 계속 탐색하면서 본국 정부의 훈령을 기다리고 있었다.

반면 일본공사 大鳥는 南道의 "亂徒들은 아직 평정되지 않았다"라고 일시적 휴전으로 인정하고, 이들은 단지 위축되어 전주에서 금구·고부로 퇴거한 것에 불과하다고 지적하면서 군대주둔을 통한 공사관과 상민 보호를 역설하였다.[38] 이러한 일본의 입장에 일정하게 조응하고 있었던 안경수도 농민군의 재발을 우려, 5월 17일 일본공사와의 비밀담화에서 일본군대의 주둔을 청원하였다.[39] 일본은 청국과의 전쟁을 기정사실화하고 그 사이에 농민군이 경성에 들어갈 것을 우려하였다. 만약에 사태가 예상과 같이 전개된다면 이는 자국 공사관·영사관·거류민의 安危와 직결되는 것으로 조기부터 개입, 즉각 병사를 파견하여 이에 대응해야 할 것이라 생각하고 있었다. 일본 국내여론도 농민군의 전주성 철수는 '불가사의한 일'이나 이는 일시 잠복에 불과하다고 평가하고 있었다.[40] 그러므로 조선과 청국의 일본군 퇴거 요구에 대해 그 대응책으로 농민군 재기의 움직임이 그대로 남아 있어 진실로 평정되었다고 인정할 수 없다고 하였다. 따

---

35)《隨錄》5월 10일자〈甘結〉
36) 參謀本部 편, 1904《明治 二十七·八年 日淸戰爭》제1권 동경인쇄주식회사, 77~84쪽
37) 위의 책, 86~90쪽
38)〈일본군의 입경문제로 한국정부와 오고간 문서〉제50호, 6월 17일《公使館記錄》3, 86쪽
39)〈조선국 정정에 관한 정보보고〉6월 24일《公使館記錄》4, 136쪽
40)《時事新報》明治 27년 6월 27일자

라서 철병요구에 응할 수 없다는 것을 정부는 분명히 할 것을 요구하고 있다.[41]

이와 같은 농민전쟁에 대한 청·일의 인식차는 일본측 대표인 小村壽太郎과 청국측 대표 孫毓汶의 대화에서 확연하게 나타난다. 小村은 농민군은 청·일병 출동소식을 듣고 각처에 잠복하고 있는 것이므로 일본과 청국은 양국 병사의 주둔 필요성을 의논해야 할 것이라고 주장하였다. 반면 손육문은 전라도의 내란은 전부 진정되었고 농민군도 대부분 항복하였다 하여[42] 이를 동시철병을 주장하는 근거로 삼고 있다.

그러나 6월부터 '내정개혁'에서 '종속'으로 정책을 전환한 일본은[43] 왕궁점령·청일전쟁 도발 직전인 6월 14일 영국과 '영일개정조약'을 조인하여 조선 경략시 영국의 협력을 얻는 데 성공하였다. 영국측 조약대표인 켄벌리 외상은 이 조약은 "청국의 대병을 패주시키게 하는 것보다도 오히려 우세한 것이 된다"고 하면서 다가올 청국과의 전쟁에서 영국의 외교적 지원을 받는 일본의 승리를 전망하였다.[44]

이에 고무된 일본정부는 곧바로 6월 17일 大鳥에게 개전의 수단방법을 일임하였고 이날부터 경부군용전신선 가설에 착공하였다. 다음날인 6월 18일 조선측에 청군퇴거와 '조청상민수륙무역장정'의 폐기를 요구하였다. 그리고 청국과의 개전에 즈음하여 전쟁에 임하는 온·강 양면의 '표리 2개주의'를 채택하였다.[45] 이어 대본영에서는 ① 해전에서 승리하여 제해권을 수중에 넣을 때는 육군은 북경으로 돌입한다. ② 해전의 승패가 미결될 때는 조선의 유지를 꾀한다. ③ 대패하여 제해권을 상실할 경우는 대륙으로부터 빠진다는 세 가지의 상이한 전략적 개념을 정하였다. 그리고 이후 일본측에 가장 유리한 ① 안에 근접하는 형태로 계획을 추진해나갔다.[46] 이와 같은 일본의 전쟁방침에 대해 이미 6월 12일 이전부터 조선상인들은 청·일간의 一戰은 피할 수 없는 것이라 감지하고

---

41) 《東京日日》 明治 27년 7월 3일자
42) 〈7월 9일 오후 4시 조선사건에 관해 총서 王대신과의 면담개략〉 《日韓外交資料集成》 4, 77 ~78쪽
43) 朴宗根, 앞의 책, 43쪽
44) 1978 《岩波講座 世界歷史》 근대 9 - 10(동양편 Ⅶ), 426쪽
45) 藤村道生, 앞의 글, 23쪽. 陸奧에 의하면 이는 표면에서는 "이루어진 평화를 파괴하지 않고, 국가의 영예를 보전하고, 일·청 양국의 권력 평균을 유지"한다고 하면서, 이면에서는 "전력을 다하여 당초의 목적을 관철"하는 것이었다(《蹇蹇錄》, 17쪽).
46) 藤村道生, 위의 글, 26쪽

일본인으로부터 상품 주문을 중단하고 잔금 징수에 분주하고 있었다.[47] 개전 한 달 전부터 전쟁의 움직임은 민간에서도 어느 정도 예견되고 있었다.[48]

한편 청·일전 이전 1893년부터 전쟁계획을 입안하고 있던 일본군부는 농민군의 동향파악, 첩보활동에 주력하였고 그 후에도 대대적인 정보수집을 하고 있었다.[49] 한편으로는 국내의 낭인을 조선에 진출케 하고 농민군과 접촉시켜 재기의 사주를 음모하고 있었다. 특히 자국정부의 배후지원으로 조선에 진출하게 된 天佑俠을 비롯한 일군의 낭인배들은 자신들이 마치 농민군에 힘을 부여할 것이라 착각하고 있었다. '義俠의 革命軍'을 자처한 천우협은 전주화약에 따라 상대적으로 일본군의 조선진출과 대청개전의 명분이 빈약해지자 이에 새로운 단서 마련에 부심하였다. 이는 국내의 이른바 '對外硬派'도 동일한 것이었다.[50] 비록 그들의 행로에는 미심쩍은 바가 많지만, 청일전쟁 직전 농민군의 정세파악을 위해 천우협의 武田範之 등은 농민군을 방문, 이들의 의견과 목적을 정탐하고,[51] 이를 본국 정부와 대본영에 보고하여 전쟁수행의 참고자료로 활용토록 한 것만은 명백한 것 같다.[52] 천우협과는 별도로 전직 군인 출신인 海浦篤彌와 그의 동행인 近藤賢吉·山縣伊之助도 6월 18일 전봉준과 회견하여 그에게 재봉기를 촉구하였다 한다.[53] 그러나 그들이 주장하는 '농민군 추동설'은 실상 당시의 역사상과 부합되지 않는 점이 많으며 그들의 활약에 의해 농민군이 재봉기하는 사실도 명확히 나타나는 것이 아니다.

그러면 청·일군의 조선출병과 관련하여 이 시기 농민군 동향은 어떠하였는

---

47) 〈무역상 전중양조의 문취서〉 7월 14일 《公使館記錄》 3, 203~204쪽
48) "어느 누가 말을 전하기를 袁大人(袁世凱를 말함)이 馬山浦에서 싸움을 신청하고 大鳥圭介는 城內에서 싸움을 청하였다고 한다"(崔鳳吉, 《歲藏年錄》 甲午年 6월 초1일).
49) 참모차장 川上操六은 1893년 4월 伊知地幸介·田村怡與造 양 少佐를 조선과 청국으로 들어가게 하여, 이들은 첩보활동을 마치고 동년 8월 귀국하였다. 이 시찰에 기초하여 이후 작전계획을 수립하였다. 또한 농민군의 활동이 활발하던 1894년 5월(양)경에는 경성공관附 武官 渡邊鐵太郞 대위 및 참모본부원 伊知地 소좌가 부산과 경성에서 첩보활동을 하였다(《明治二十七·八年 日淸戰爭》 제1권, 94~95쪽 ; 葛生能久, 1938 《日支交涉外史(上)》 黑龍會, 225쪽). 5월 30일 귀국한 伊知地 소좌의 복명을 받아 일본정부는 파병을 결정하게 된다.
50) 葛生能久, 위의 책, 220~221쪽
51) 《二六新報》 1894년 11월 20일자
52) 천우협 낭인들과 농민군 지도부와의 접촉문제는 姜昌一, 1988 〈天佑俠と「朝鮮問題」〉 《史學雜誌》 97-8 참조
53) 흑룡회, 1993 《東亞先覺志士記傳》 하권

가? 전주성을 철수한 농민군은 집강소에서 각처에 통문을 돌려 거병을 절제하고, 사태추이를 관망하고 있었다. 6월 중순경 태인·담양 등의 농민군은 집강소의 농민적 지배를 더욱 강화하고 있었다. 이 지역 대다수의 농민은 농민군에 편입되어 있었다.[54] 일본인 여행객의 보고에 의하면 집강소 활동에 주력하고 있던 전봉준·손화중 등 농민군 지도부는 청·일 양국의 출병 및 각국 공사에게 군함·군대 철회를 유세할 것을 목적으로 공주를 거쳐 경성에 진출코자 한다는 풍문이 있었다 한다.[55] 이를 통해 집강소 활동에 주력하고 있던 전봉준 등은 적어도 가을에 다시 봉기하려고 계획하였고,[56] 대일전 준비에 노력하고 있었다는 것을 감지할 수 있다. 9월의 제2차 농민전쟁에 대비한 전봉준 진영의 준비상황은 크게 세 가지 방향, 즉 ① 30여 명의 장교로 하여금 무장대를 훈련시키고,[57] ② 재정적 준비, ③ 민심의 수습[58]을 통한 물리력 확보에·치중하고 있었다.

3. 청·일 개전과 농민군의 정세인식

쿠데타를 통하여 친청 민씨정권을 뒤엎고 친일정부 수립을 구상하고 있던 일본정부는 청국과의 개전이라는 급박한 사안에 효율적으로 대처하고자 하였다. 따라서 6월 중순에 가면 조선문제에 관한 일체의 自決權을 大鳥 공사에게 부여하여 조선지배정책 추진을 본격화하기 시작한다.[59] 일본정부는 자신들의 출병

---

54) 그와 같은 사실은 다음 기록에서 알 수 있다. "태인·담양간 촌락은 서로 연결되어 있었으며 土民은 대개 道人 아닌 자가 없었다. 門頭에 '道人이 아니면 이 문에 들어오는 것을 허가하지 않는다'는 표찰을 걸어둔 2, 3가옥이 있어 이 지방의 人氣를 알 수 있다"(海浦よし 編, 〈東學黨視察日記〉 ≪初齋遺稿≫, 85쪽. 初齋는 海浦篤彌의 號이다).

55) 〈1894년 5월 14일 인천을 출발하여 전라·충청지방을 여행하고 동 7월 17일 충청도 황산을 출발하여 7월 21일 인천에 돌아온 일본상인 白木彦太郎으로부터의 문취서 요점〉≪公使館記錄≫ 3, 215~217쪽

56) ≪初齋遺稿≫, 91쪽

57) "(21일) 오전 9시 明淑은 스스로 문 밖에 나가 兵을 영외에서 閱하였고 우리들은 누상에서 배관하였다. 50명으로써 1대로 하여 각 대를 □ 자형으로 분열시켰다. … 조련이 완료된 후 각 병사에게 각각 500文 정도를 지급하여 그들을 호궤하였다. 명숙의 막하에는 박영호·정만석·김모·최모·문모, 기타 都省察 김병혁, 省察 30여 인의 장교가 있다"(≪初齋遺稿≫, 93쪽).

58) "現下 明淑은 빈번히 各色을 輪廻하며 일방에 있어서 金穀을 징발하여 타일의 度支에 준비하고 他方에 힘써 隱德을 施敷하여 백성의 聲望을 거두기에 급급하고 있다"(≪初齋遺稿≫, 99쪽).

목적은 "청과의 개전에 있는 것이 아니라 조선정부의 개혁에 있다"고 언급하면서, 그러나 "이 목적을 방해하는 자는 누구도 용서하지 않고 전쟁도 불사할 것이다"라고 엄포를 놓고 있다.[60] 청일전쟁 직전에 이르기까지도 일본군의 정탐활동은 계속된다. 특히 6월 11일 町口 중위 등 일본군의 평양 정찰은 그곳 민중의 강렬한 저항에 직면하게 되었고, 中和에서 임무를 계속하였으나 그것조차 여의치 않아 다시 황주로 퇴거하였다.[61] 이러한 시기에 일본은 6월 21일 새벽 무력으로 경복궁을 점령, 궁궐수비대를 무장해제시키고, 곧이어 기존의 정부 구성원들을 궐내에서 축출하는 한편 친일정권을 수립시켰다.

이와 같은 일본군에 의한 왕궁점령은 중앙정부는 물론 재야 모두에게 일본에 의해 국권이 종속될 절대절명의 위기로 인식되었던 중대한 사건이었다. 이후 농민군의 활동도 이에 따라 기존과는 다른 새로운 방향으로 전개될 것임은 자명한 것이었다.

왕궁이 일본군에 의해 점령되었다는 소식은 얼마 지나지 않아 삼남지방에까지 전파되었다. 이에 전라도 일부 농민군은 6월 말부터 거병문제를 논의[62]하는 한편 무장을 강화하여 일본병과 거류민을 축출하고자 즉각 북상하고 있었다. 利仁에서는 대규모 군중집회를 개설하여 결전의 의지를 다지고 있었다.[63] 영남의 농민군도 즉각 봉기에 돌입하였다. 특히 이 지역의 경우 일본군이 상주 낙동과 함창 태봉 병참기지를 설치하여 농민군을 크게 자극하였다.[64] 7월 1일 무렵에 가면 충청도·전라도·경상도 등 삼남지방 각처에서 봉기에 돌입하고 영역을 확대해나가고 있었다.[65] 충청도 黃山의 경우 이 기간 두 차례의 봉기 소식을 단편적으로 접할 수 있는데, 첫번째 봉기에서 특이한 것은 이 지역 농민군은 다른 지역보다는 며칠 앞선 6월 22~23일 사이에 봉기에 돌입한다는 점이다. 그 목적은 청국인과 단결해서 경성을 공격해들어가 일본인에게 당하지 않겠다는 계획이었다 한다.[66] 그렇지만 날짜상으로 볼 때 경복궁쿠데타 발발 하루 뒤로

59) 《時事新報》 1894년 7월 17일자
60) 《大阪每日》 明治 27년 7월 19일자
61) 《明治 二十七·八年 日淸戰爭》 제2권, 1~2쪽
62) 《東京日日》 1894년 8월 5일자
63) 洪性讚, 1983 〈1894년 執綱所期 設包下의 鄕村事情〉 《東方學志》 39, 70~72쪽
64) 신영우, 1984 〈1894년 영남 예천의 농민군과 보수집강소〉 《東方學志》 44
65) "충청도뿐만 아니라 전라도도 다시, 각 도에서도 모두 舊 7월 1일로 봉기하였다"(《大阪每日》 明治 27년 8월 20일자).

지방에서 즉시 소식을 접하기는 어려웠을 것이다. 이곳도 여타 지역과 마찬가지로 일본군의 왕궁점령 소식을 듣고 청·일개전이라는 위기의식과 관련 7월초 재차 봉기의 구조에 돌입, 軍需를 확보하면서 계속해서 江景 지역으로 모여들고 있었다.[67] 그러나 이상의 움직임은 조직적이고 본격적인 전쟁준비는 아니었고 당시의 일반적 추세도 아니었던 듯하다. 그렇지만 이러한 모습은 경복궁 쿠데타로 인해 국권이 위기상황에 돌입했음을 감지한 농민군의 상황인식과 대응임은 분명하다.

경복궁 침입을 전후로 한 기간 동안의 청·일군의 동향을 살펴보면, 다수의 청군은 평양을 중심으로 조선 북부지역에 포진하고 있었다. 충청도에서는 농민군 토벌을 위해 각처로 파견되었던 일부 군사들도 아산으로 귀환하고 있었다.[68] 반면 왕궁을 점령한 일본군은 곧바로 청국과의 교전을 위해 청군 주력이 주둔하고 있던 아산지역으로 전함을 대거 급파하는 형국이었다. 6월 23일 大鳥는 조선정부에 압력을 가해 청군의 '구축의뢰'를 획득[69]하고 이날 일본 해군은 아산 앞바다 楓島 일원에 있던 청국함대를 기습적으로 선제공격하였다.

이로부터 청일전쟁은 본격적으로 전개되었다. 일본 외무대신 陸奧는 청·일 교전의 원인을 '조선의 독립'과 '내정개혁'[70]에 있다고 하면서, 아산전투도 일본정부가 조선정부의 위탁을 받아 청군을 쫓아내는 일로부터 발단된 것이라고 국제적으로 표명하지만, 실제로는 필경 일·청 양국간의 문제라 하였다.[71] 여기서 궁극적 목표는 청국과의 전쟁을 통한 동아시아 제패에 있음을 분명히 밝히고 있다.

그러나 치밀한 사전계획과 준비에도 불구하고 일본군의 작전수행 과정은 여러 점에서 난관에 봉착하게 되었다. 아산전투 직후 곧바로 성환에서 청군과 전투를 하게 되는데, 전투수행에서 어려운 점은 우선 병참의 미확립을 들 수 있다. 그렇지만 이보다 더 근원적인 문제는 일본 침략군에 대한 조선민중의 반일

66) 〈충청도 황산지방 동학당 재발상황 문취서 별지보고〉 8월 16일 《公使館記錄》 3, 240~241쪽
67) 〈충청도 황산의 동학당 재발 등에 관한 별지보고〉 8월 10일 《公使館記錄》 3, 236~238쪽
68) 《明治 二十七·八年 日淸戰爭》 제1권, 117쪽
69) 朴宗根, 앞의 책, 76~77쪽
70) 《蹇蹇錄》, 121쪽
71) 위의 책, 104쪽

462

감정과 비협조, 완강한 저항, 대다수 지방관의 일본군 지령 회피, 대원군을 비롯한 정권 담당자의 비협조, 농민전쟁의 재발 우려[72] 등 전투 외적인 상황의 전개였다. 심지어 6월 말 징발된 人馬의 도망에 대한 책임으로 수원에서 보병 21연대 3대대 대대장 古志正綱이 자살하는 사건까지 있었다.[73] 만일 이러한 상황이 계속적으로 연출된다면 전투에서 이기고도 전쟁에서 지는 결과를 초래할 수 있기 때문이다. 이러한 점이 전쟁수행에 막대한 지장을 초래한다는 사실을 인식한 일본은 후일 8월의 평양전에서는 각별히 유념하게 되었다. 이와 같은 상황에도 불구하고 전쟁은 일본군의 완전한 압승으로 귀결되었다. 청군은 일본군의 우세한 화력 앞에 공격을 막아내지 못하고 결국 패배하였다. 7월 4일 성환은 일본군에게 함락되었고, 청군은 조선의 남부에서 축출되었다.

그러면 청국은 왜 초전에 어처구니없는 참패를 당하였는가? 청국은 초전부터 전쟁으로 다가올 결과를 오판하고 자국의 승리를 당연한 것으로 전망하고 있었다.[74] 또한 아산·성환 전투의 패배에도 불구하고 7월 말 이후에 이르기까지도 청국군은 즉각 전면전을 구상하지 않고 완만한 작전을 전개하고 있었다. 평양에 장기 주둔하고 남하할 기미를 보이고 있지 않았다.[75] 이로 인해 일본은 다음 전투를 준비할 수 있는 시간을 벌 수 있게 되었고 일본군대는 이후 계속 조선에 증파되었다. 결국 일본의 입장에서 보면 평양전투의 승리는 어느 정도 예견된 것이라 할 수 있다.

아산·성환 전투의 결과 일본측 입장에 동조하는 일부 지역의 지방관은 일본군의 승리 격문을 관내에 붙이고 兵杖의 운반에 병참부 연읍의 주민을 구사하는 형편에 있었다.[76] 초전의 승리에 편승한 일본은 아산·성환 전투 후 진무책을 채택하여 이를 조선인민에게 관철시킬 호기로 이해하였다. 따라서 7월부터

---

72) 마지막 문제와 관련하여 7월 1일 천황의 대청 선전포고 후 陸奧 외무대신은 주일미국공사를 설득하여 농민전쟁의 근원은 그대로 남아 있다는 것을 미국정부에 전보토록 하였는데, 이를 그대로 받아들여 미국공사는 본국 정부에 電稟하였다(≪蹇蹇錄≫, 78쪽).
73) ≪明治 二十七·八年 日淸戰爭≫ 제1권, 131~132쪽
74) "현금 倭奴는 궁성을 점거하고 畿近에 주둔하여 좌우를 엿보고 있다. 인천·공주·평양의 해륙 부근은 넘지 못하고 있다. 생각컨대 天兵에 피해를 입을 것 같아서이다"(≪淸季中日韓≫ 6권, 8월 21일, 3606쪽).
75) 〈조선정부 내정개혁의 전반적 진행상황〉 8월 31일 ≪公使館記錄≫ 5, 29쪽
76) 李晩燾, ≪響山日記≫ 갑오 7월 9일, 687쪽. 경북 禮安의 향제에서 우거하던 보수관료 출신인 저자 이만도 역시 이곳에서 병장의 강제운반 노역에 참여하였다.

일면으로는 강경진압책을 구사하고 또 한편으로는 회유·동화정책을 채택하였다.[77] 이는 제2차 농민전쟁 이전 일본군의 대농민군 정책의 골격을 수립한 것이며, 종래의 견제적 작전에서 공세적 작전[78]으로 변화하는 계기가 되었다.

그것은 7월 17일 閣議에서 甲乙丙丁의 조선정략 4개안 수립에 반영된다.[79] 이는 아산·성환 전투 직후 大鳥의 새로운 정세에 대처할 일본의 대조선정책 요구에 의한 것이다. 그 골자를 보면 甲案은 '일본승리 후 자치론', 乙案은 '보호국화론'으로 더 강력한 조선침략 정략을 채택하자는 것이다. 그러나 이것은 조선에 이해관계를 가진 외국의 간섭이 우려되는 등 위험부담이 따를 수 있는 것이었다. 丙案은 '일청제휴론', 丁案은 '조선중립화론'이라 할 수 있다. 일본 정부는 일단 乙案을 채택하기로 결정하였다. 결국 청일전쟁에서 일본이 승리한다면 조선정책은 열강의 반응을 예의주시하는 선에서 '보호국화' 정책을 추진하겠다는 것이었다.

아산전투 후 농민군의 활동은 어떻게 전개되고 있었는가. 먼저 對淸戰 수행과 관련한 일본군의 조선인 인부 사역과 식량 징발에 대해 7월 하순 함창현의 농민군은 "縣官을 포박하고 책하기를 인민을 무임으로 일본을 위해 사역케 했다고 하고 인민에게는 일본의 용역에 따르지 말 것"이라 하였다. "따라서 縣官의 명령에 응하는 사람 없고 현관은 두려워 사직하거나 또는 거처를 옮겨 그의 소재지를 알지 못할"[80] 정도가 되어 있었다 한다. 아산전투 후에도 대다수의 관료층과 농민들은 현재는 일본군이 승리하였지만 종국에는 청군에게 패망할 것이라 전망하고,[81] 농민군 지도부는 비밀리에 사자를 경성에 보내어 자신들의 의지를 관철시키고자 하였다.[82] 한편 충청도 아산의 농민군은 아산전투 후 다시 봉기하였다. 청군의 아산 도착 직후 곧바로 퇴산한 이곳의 농민군은 이 기간 재집결하고 평양에 있는 청군과 제휴하여 전쟁에 총력을 기울여 일본군을 퇴치하

---

77) 〈朝鮮國內戰後警察ニ關スル上申〉 明治 27년 8월 ≪秘書類纂≫(中卷), 405쪽
78) 일본육군성 편, 1966 ≪明治軍事史≫ 原書房, 913쪽
79) ≪蹇蹇錄≫, 134~139쪽
80) ≪中路兵站監本部陣中日誌≫, 67쪽(朴宗根, 앞의 책, 200쪽에서 재인용)
81) 당시 많은 조선인들은 청국함대, 특히 북양함대는 규모와 질에 있어 일본의 그것에 비해 월등한 것으로 인식하고 있었다. 심지어 청국이 선박에 군기와 군량을 싣고 바다를 건너 일본 내륙으로 들어갔다는 소문이 나돌 정도였다(≪記聞錄≫ 甲午 7월 17일 및 ≪日史≫ 甲午 8월 19일). 한편 이 기간 아라사병 20만이 討倭를 위해 우리 국경에 머물고 있다는 헛소문도 있었다.
82) 〈동학당의 진상 (5)〉 ≪二六新報≫ 1894년 11월 14일자

464

고자 하였다. 이 지역은 초기 청일전쟁의 중심지로서 청국군의 주력이 주둔하고 있었던 지역적 특수성이 강하게 작용하고 있었다. 이곳의 농민군은 성내에 "지금 형세로 보아 청국이 와서 돕고 본국에서 의병을 일으켜 내외에서 협공하면…"이라는 내용의 방문을 붙여 북상을 통한 일본군의 축출을 호소하였다.[83] 8월 중순 전라·충청의 농민군은 연합하여 대대적인 서울진격전을 구상하였고 이에 위기의식을 느낀 일본은 대본영에 원병 증파를 요청하였다.

이미 전봉준 등 집강소의 농민군 지도부는 일본군의 왕궁점령과 아산전투의 소식을 접하고 있었다. 전봉준은 7월 초 남원에서 이와 같은 사실을 감사 김학진측으로부터 파견된 司馬 宋寅會로부터 들었을 것이다. 일설에 따르면 전봉준은 곧바로 밀사를 대원군에 파견하여 그의 섭정을 지지하고 개혁을 권유하였다한다.[84] 그러나 당시 집강소 활동에 주력하고 있던 전봉준은 주로 내부문제에 치중하여 개혁사업을 전개해나가고 있었다. 이 당시까지도 전봉준 등 농민군 지도부는 일본군의 조선진출과 경복궁쿠데타를 식민지화의 결정적 위기로까지는 생각하지 않았던 것 같다.[85] 이들은 농민전쟁을 지속시키면서 농민적 지향을 확산하려 하였다. 그러므로 일찌감치 북상을 구상하고 있었다. 그러나 일본군의 갑작스런 입성과 그로 인한 민씨정권의 붕괴로 시기를 놓치고 말았다.[86] 이에 그들은 집강소에 근거하면서 일본과 청국의 군사적 동향과 사태의 추이를 예의주시하기는 하지만 제1차 전쟁시의 입장을 계속 유지하면서 결정적 시기의 도래만을 기다리고 있었다.

아산·성환 전투 직후인 7월 15일 농민군 지도부는 南原에서 청국과 일본의 개전에 대한 농민대회를 개설하여 집강소의 통치권을 강화하려는 노력을 보이고 있었다. 그러나 남원대회 이후 전봉준과 손화중·김개남 3인의 농민군 지도부는 청일전쟁 개전 직후의 정세인식과 농민군이 앞으로 취해야 할 방략에서

83) 〈충청도 동학당에 관한 휘보〉 9월 26일 《公使館記錄》 5, 47~49쪽
84) 《二六新報》 1894년 11월 14일자
85) 鄭昌烈, 앞의 책, 236쪽
86) "내가 원래 병을 일으킨 것은 경성에 가서 정부의 간적을 없애기 위해서인데, 어찌 그들의 말을 기다릴까. 그런데 우리들의 상경에 앞서 일본병이 많이 경성에 들어갔기 때문에 그 뜻을 이룰 수 없었다"〔(東學黨大巨魁生擒)(2월 18일 경성발) 《東京朝日》 1895년 3월 5일자 ; 강창일, 1988 〈갑오농민전쟁 자료발굴-전봉준 회견기 및 취조기록〉 《사회와 사상》 창간호, 256~257쪽에서 재인용〕.

서로 입장 차이를 보이고 있었다. 黃玹은 이를 다음과 같이 적고 있다.

봉준이 개남에게 말하기를 지금 시세를 보니 왜와 청이 싸워 한쪽이 이기게 되
면 반드시 군사를 우리 쪽으로 돌릴 것이다. 우리 무리가 비록 많으나 오합지졸이
어서 쉽게 달아나 끝내 뜻을 이루지 못할 것이다. 그러니 귀화를 빙자대어 각 고을에
흩어져 있다가 서서히 그 상황변화를 살피는 것이 좋을 것이다 하니 개남이 대중은
한번 흩어지면 다시 모으기 어렵다 하여 듣지 않았다.[87]

전봉준은 농민군을 해산시킨 후 기회를 포착하자고 하였고, 김개남은 대일전
쟁 조기강행론을 주장하였음을 알 수 있다. 한편 손화중은 조기해산론을 주장
하였다. 비슷한 입장에 있었던 전봉준과 손화중은 8월 말까지도 '官民相和'의
집강소 질서를 유지하고자 하였으나,[88] 김개남은 이에 극력 반대하고 전면전을
전개하고자 하였다. 특히 전봉준과 김개남의 의견대립은 상호 접합점이 없었던
것으로 향후 제2차 전쟁 시기에 가면 호남 농민군이 집중된 전투력을 발휘할
수 없는 주 요인이 되었다.
7월 17일 茂朱집강소 앞으로 보내는 통문에서 전봉준은 "바야흐로 外寇가 궁
궐을 범하여 국왕을 욕보였으니 우리들은 마땅히 목숨을 걸고 義로써 싸워야
하나…그 화가 宗社에 미칠지도 모른다. 물러나 은둔하여 時勢를 관망한 연후
에 세력을 모아 다음 계책을 도모하는 것이 萬全之策이다"[89]라고 농민군의 현
실적 입장과 향후 방략을 설명하고 있다. 이 무주통문에서는 청국과 일본의 개
전에 유념하면서 집강소 내의 단속을 강화하는 문제가 주로 제시되고 있다. 그
내용에서 볼 때 이 기간 전봉준의 방략은 경복궁에 침입한 일본의 진의를 파악
하고 '탐색'하는 데 치중하고 있었던 것으로 생각된다. 즉 전봉준은 7월 중순
경에 이르기까지도 전면전을 구상하고 있지 않았다. 결과적으로 농민군의 대일
항전의 전면화는 평양전투 후 조선의 '보호국화'가 무르익어가는 시기인 9월
말 이후를 기다릴 수밖에 없었다.

---

87) ≪梧下記聞≫ 2필, 92쪽
88) 鄭昌烈, 앞의 책, 250쪽
89) 〈茂朱執綱所〉 ≪隨錄≫ 갑오 7월 17일

4. 평양전투와 농민군의 동향

먼저 평양전투 직전 청·일군의 동향은 어떠하였는가. 아산·성환 전투에서 패한 청군의 다수는 葉志超의 인솔 아래 관동과 관북으로 우회·퇴주하여[90] 평안감사 민병석의 적극적 원조로 평양에서 합류하게 된다. 나머지 패잔병은 개별적·고립적인 활동을 하든가 아니면 농민군 진영에 투속하고 있었다.[91] 고종의 명을 받은 민병석은 7월 20일 이홍장에게 전보하여 개화내각을 부정하고 원병을 재차 청원하였고, 고종은 7월 28일 민병석에게 다시 이를 전보토록 하였다.[92] 이보다 며칠 앞서 고종은 자신이 발한 政令은 倭人의 협박과 핍박에서 말미암은 것으로 본인의 의지와는 하등 관계가 없다는 뜻을 외무참의 민상호를 통해 중국에 전달한 일이 있었다.[93] 농민군과의 문제는 이 단계에 가면 부차적인 것으로 이해될 정도로 정부는 아산·성환 전투 결과에 충격받고 있었으며 예상되는 평양전투에 대해 초조해하고 있었다.

평양전투 이전인 7월 10일부터 평양 근방 中和에서는 청·일군 사이에 국지전이 있었다. 그러나 성환전투 이후 전투력을 완전히 회복하지 못한 상태에서 일본군은 '韓民'의 거센 반항에 직면하고 있었으며 이곳의 여단은 중요 정찰기관을 상실하였다.[94] 이는 평양전 이전 일본군 활동의 취약성을 보여주는 것으로, 일본의 의지와는 달리 평양전투가 지연된 한 원인이 되었다.

한편 청국은 전쟁이 장기 지연될 것으로 판단하고 제3국의 자연스러운 개입을 유도하기 위한 외교적 노력에 경주하고 있었다. 조선문제는 열강간의 이해

---

90) 〈甲午實記〉《東學亂記錄》 上, 59쪽

91) 그러나 이 문제로써 농민군이 친청적·사대적 성향을 지녔다고 할 수 없다. 한 예로 청국 패잔병 500여 명이 전봉준이 있던 논산 대본영으로 와서 받아들이기를 애원하자 '정상이 불쌍하여 물리치지 않고' '주의를 묻지 않고' 軍中에 받아들였다고 한다(吳知泳, 1924 《東學史》 초고본, 59~60쪽).

92) 田保橋潔, 1965 《日淸戰役外交史の硏究》 東洋文庫, 333~334쪽

93) 〈7월 22일 北洋大臣 李鴻章〉《淸季中日韓》 6권, 3053쪽

94) 《明治 二十七·八年 日淸戰爭》 제2권, 3쪽. 여기서 '韓民'은 농민군인지 일반민인지 자료상으로는 확인되지 않는다. 그러나 당시 농민군의 계통적 활동이 파악되지 않는 이곳의 지역적 특성상 후자일 가능성이 높다. 한편 7월 초 청군의 평양 도착 후 일본인에 대한 그곳 인민들의 적개심은 더욱 증가하였다 한다(〈여단 개선 후 경황〉 1894. 8. 11, 《公使館記錄》 5, 15쪽).

관계와 긴밀한 관련이 있기 때문이었다. 반면 일본은 이를 간파하고 속전속결
주의를 채택하여 빠른 시일 내에 전쟁을 승리로 종결짓고자 하였다. 이를 위해
일본은 평양전투 직전인 8월 중순부터는 첩자를 중국인·조선인으로 변장하여
서북지역에 침투시켜 청군의 동태를 파악하고 각종 문서류를 수집하여 이를 병
참부 등에 보고하였다.[95]

7월 14일 평산에 통신소를 개설한 일본군은 정찰·수색을 강화하고 있었고,
당시 청군은 평양을 근거지로 하여 봉산과 안악에까지 주둔하면서 평양회전에
대비하고 있었다.[96] 7월 26일 朝日 '兩國盟約' 체결 후 일본은 조선병을 평양회
전에 동원시킬 것과 인부와 식량을 징발할 것을 조선에 강요하였다. 일본은 아
산전투부터 징발문제를 우려하였는데 평양회전을 앞두고 이의 타개는 절실한
문제였다. 그러나 아산전투 때와 마찬가지로 반일감정과 인부 도망을 초래하였
다.[97] 8월 2일을 시점으로 북진을 개시한 일본군 5사단 지휘하의 4團隊도 평
양행군시 ① 양곡운반의 어려움, ② 인부의 도피, ③ 도로의 불편, ④ 낮의 폭염
과 야간 습냉[98] 등의 어려움을 보고하였다. 그럼에도 불구하고 전쟁의 대세는
일본 편으로 기울어지고 있었다. 일본군 3사단은 7월 27일부터 30일 사이 원산
항에 상륙하였으며 8월 2일 평양을 향해 출발하였다. 한편 용산을 출발 북진한
선행대는 8월 7일 황주를 점령하였다. 이어 8월 17일 평양을 공략하여 함락시
킨 일본군은 다음날 18일 황해해전에서 승리, 청국의 북양함대를 궤멸시켰다.

일본의 평양점령·서해안 제해권 획득의 결과 청군의 전투력은 이전과 비교
가 되지 않을 정도로 약화되었다. 그 반면 일본군은 자유로이 조선 연안을 드나
들면서 군대·군수품 수송을 할 수 있게 되었다.[99] 전투의 승리로 일본은 대륙
으로의 진로를 열고, 농민군에 대한 탄압을 계통적으로 가중시킬 수 있게 된다.
8월 18일 외무대신 陸奧는 전승지역에 조선군 고급장교를 파견하여 민심을 복
종케 하라고 지시하였고,[100] 8월 19일 大鳥 공사는 평양승리의 전말을 조선인
과 재외국인에게 알리도록 지시하였다.[101] 이는 농민군을 무력화시키기 위한 선

95) 〈변복간첩일기 7〉 ≪二六新報≫ 1894년 12월 27일자
96) ≪時事新報≫ 1894년 8월 21일자
97) 朴宗根, 앞의 책, 102~103쪽
98) ≪明治 二十七·八年 日淸戰爭≫ 제2권, 93~94쪽
99) ≪日淸戰役外交史の硏究≫, 346쪽
100) 〈일본군 전승지역으로 조선인 장교 파견 지시〉 ≪公使館記錄≫ 4, 293쪽

무전의 일환으로도 작용되는 것이었다. 이날 陸奥는 大鳥에게 훈령하여 평양전투에서 청군 패주로 이 기회에 適度한 간섭이 필요하며, 그 방법으로 먼저 조선정부에 대해 일본의 세력확장에 주의할 것과, 다음으로 제3국에 대한 조선의 외교·내치상의 중대한 사건은 공사의 동의 후 시행케 할 것을 지시하였다.[102] 이는 대조선 정책의 자신감에서 기인하는 것으로 앞에서 언급한 7월 17일 채택된 乙案, 즉 '보호국화' 정책은 이때부터 본격적으로 시작된다고 하겠다. 이 훈령의 결과 농민군 토벌은 더 적극적이 되었다. 평양전투·황해해전에서 승리한 일본군은 지속적인 대청전쟁을 위해 일부는 계속 북상하고 나머지는 농민군 진압을 위해 대거 남하하고 있었다.

당시 대원군·이준용·농민군·조선정부 모두 평양전의 승패 여하에 대단한 관심을 가지고 있었다. 한편 평양회전 직후 대원군은 정석모를 통하여 김개남에게 접근하고자 하였는데 이는 전봉준의 지시로 무산되었다. 전봉준의 대원군관은 그리 긍정적인 것만은 아니었다.[103] 봉기진정 효유에 대해서도 전봉준은 정면 거부하였다.

평양전투 시기에 가면 농민군의 활동은 이전 아산·성환 전투기에 비해 더 적극적이 된다. 제2차 농민전쟁을 일으키기 직전 전봉준은 일본군이 조선에 들어온 궁극적인 목적, 즉 '入韓의 本旨'를 확인하고자 하는 노력을 보이고,[104] 이를 통해 일본의 '보호국화'의 본질을 인식하고 있었다.[105] 전봉준은 평양전투 직전인 8월 11일 전주 전라감영에서 일본인 탐문자와 접견하고 필담으로 "그런데 우리들의 擧兵은 생각지도 않게 그 매개가 되어 금일 淸日의 兵爭을 보기에 이르렀는데, 우리는 이를 千秋의 遺憾으로 여기는 바다"라 하였다.[106] 이 단계에 가면 조선영토에서의 청·일간 전쟁은 전봉준과 농민군에게는 '천추의 유감'으로 인식될 정도로 심각한 것이었다.

101) 〈평양전승 전말상보 요망〉 9월 18일 《公使館記錄》 3, 270쪽
102) 《日韓外交資料集成》 4, 140~141쪽
103) 주 132), 133) 참조
104) 《東京朝日》 1895년 3월 5일자. 취조기록에 의하면 전봉준은 일본군 入韓의 본지를 확인하고자 사자를 서울로 파견, 한 통의 조회서를 일본공사관에 보내려고 하였음을 알 수 있다.
105) 그와 같은 점은 다음과 같은 전봉준 口供書(供草)의 내용에서 알 수 있다. "금년 6월 이래 일본이 그치지 않고 계속 우리나라에 온 것, 이는 반드시 우리나라를 倂呑코자 하는 것이다"(《東京朝日》 1895년 3월 5일자).
106) 〈東學黨守令訪問記〉 明治 27년 10월 16일 《日淸交戰錄》 12, 43쪽

이 기간 지방의 반일운동은 주로 일본군의 징발에 반대하여 행해지고 있었는데, 일본군이 북진하는 시점부터 적극적으로 전개된다.[107] 8월 7일 충청·경상도에서는 일본군과 그들의 지원세력에 대한 응징 차원에서 병참부를 습격하는 등의 운동을 전개하고 있었다.[108] 병참부는 청일전쟁의 교두보로 여기를 공격함으로써 일본의 전쟁수행에 막대한 지장을 초래하였다. 청·일전 특히 평양전투는 농민군뿐만 아니라 이들과 입장은 근본적으로 다르지만, 사태의 추이를 관망하고 있던 의병세력의 봉기도 추동하게 되는 직접적 요인으로 작용하였다. 예컨대 안동을 근거지로 하는 서상철 의병은 청일전쟁 문제를 거론하면서 일본군 철수를 주장하고 있었다.[109]

8월 17일 평양전투에서 이두황이 이끄는 조선의 壯衛營兵과 평양감사 민병석 휘하의 衛成兵은 일본군과 청군 양편에 각기 참가하여 전투를 전개하였다.[110] 당초 평양의 청·일교전시 일본의 전승을 믿지 않던 조선인들은 예상과 달리 일본의 승리가 전해지자 당황·의혹스러워 하였으며, 대다수는 아직까지 戰果에 대해서조차도 제대로 이해하고 있지 못하였다.[111] 이는 농민군에서도 거의 동일하였으리라 판단된다.

평양전 이후 함경도지방에는 새로운 관리가 도임하였으며 8월 말경부터 일체의 文報는 明治 연호를 사용하였다.[112] 이는 일본군이 이 일대의 지배권을 완전히 장악하였음을 의미한다. 평양을 중심으로 하는 서북도 마찬가지였을 것이다. 평양전투 승리가 일본의 대조선정책에 미치는 영향은 심각한 것이었다. 일본은 이를 계기로 노골적인 내정간섭정책으로 전환하였으며 이에 따라 개화정권의 개혁정책도 후퇴 내지 희석화되고 있었다.[113]

평양전투 이전부터 개화파 정부는 일본과 세를 합하여 농민군 토벌계획을 세

107) 朴宗根, 앞의 책, 196쪽
108) 〈추원경부의 지방시찰 보고요지〉 9월 6일 《公使館記錄》 4, 283쪽
109) 〈안동의병격문〉 《公使館記錄》 1, 123~125쪽. 그러나 반일에 집중하고 있었던 서상철 의병진은 그 격문으로 볼 때 반봉건적 성격은 없고 오히려 친청적 성격을 가지고 있었다.
110) 《明治 二十七·八年 日淸戰爭》 제2권, 200쪽 및 平壤民團役所, 1914 《平壤發展史》, 512쪽
111) "淸倭가 평양에서 서로 칼을 접하고 싸웠는데 왜의 사망자는 천여 명이고 청은 수백 명이다" (《響山日記》 갑오 8월 27일, 651쪽).
112) 《淸季中日韓》 6권, 3694쪽
113) 鄭昌烈, 앞의 책, 249쪽

우고 있었고,[114] 이러한 소식은 금방 전국에 깔렸다. 호남의 집강소에서는 다시 농민군을 일으켜 대적하자는 의논이 이루어졌다.[115] 이에 따라 8월 초에는 충청도 농민군, 8월 말에는 전라도 농민군이 본격적인 무력투쟁으로 전화하려는 움직임이 나타난다.[116] 평양전투 즈음인 음력 8월 경기·충청·전라·경상·강원 '5도 인민' 16명은 연명으로 大鳥 공사에게 〈陳情書〉를 제출하였는데, 이들 5도 인민이 파악한 농민군 봉기 이유 역시 일본군의 대규모 조선진출에 있었다.[117] 남·북접 연합 시도 또한 청군의 평양퇴각과 일본군 제해권 확립 즈음에 이루어진다. 충청·전라·경상 등지 농민군의 북상 준비와 천안 농민군의 일본인 살해 등의 요인으로 8월 24일경 삼남지방은 세금징수가 불가능하게 되었다. 이에 일본은 원활한 收稅를 위해 1개 중대와 30명의 순사를 파견하여 조선정부 군대에 협조케 하였다.[118]

이처럼 평양전투 이전까지는 일본의 조선지배는 안정된 것도 아니었고 당시 戰局도 예측하기 어려운 상황이었다. 식민지화에 대한 위기의식이 팽배해가는 시기는 평양전투 傳聞 이후로 보아야 할 것이다. 이 기간 전라도 농민군과 경상·충청 농민군의 행동방략과 향후 행보문제는 일정한 차이가 있었다. 대체로 전라도는 집강소와 연관하여 주로 내부모순 즉 반봉건의 폐정개혁에 주력하면서 기회를 보고 있었고, 반면 경상·충청도의 농민군은 척일의 깃발을 들고 지속적으로 병참부를 습격하는 등 대외모순 해결에 노력하고 있었다.

당시 전봉준은 반봉건 문제 해결에 집중 할애하였고 평양전투 이전까지 관망적인 경향이 강하였다. 그러나 8월 말 이후에도 전봉준은 '官民相和之策'을 견지, 주변세력의 움직임을 보면서 나름대로 시간을 벌고 있었다고 생각된다. 반면 '官民相和'가 불가능하다고 보는 계열인 김개남은 전봉준·손화중의 보류권유를 거부하고 남원입성 후 농민군을 무장시키면서 인근 지역을 점령하고 8월 25일 大會를 개최, 재봉기의 분위기를 강화하고 있었다.[119] 이와 같은 움직임은

---

114) 〈추원 경부의 지방시찰 보고요지〉《公使館記錄》 4, 283쪽
115) 吳知泳, 《東學史》(초고본), 47쪽
116) 김양식, 〈1, 2차 全州和約과 執綱所 운영〉《역사연구》 2, 161쪽
117) "이번 여름 귀국이 대병을 보낸 후 그〔농민군〕세가 더욱 치열하고…"라는 진정서의 구절(《大阪每日》 1894년 10월 4일자).
118) 〈동학당 진압을 위한 일본군 파견 승인 요청〉《公使館記錄》 4, 297쪽
119) 김양식, 앞 논문, 161, 165쪽;《梧下記聞》 2필, 91~93쪽

8월 말부터 도처에서 나타나고 있었다. 그것은 결국 제2차 농민전쟁이 임박하고 있음을 예고하는 것이었다.

5. 일본군의 청국진입과 농민군의 재봉기

평양의 청국군 후퇴는 일본이 농민군과 전면전을 전개할 수 있게 되는 계기가 되었다. 평양전투 후 일본군은 '폭도토벌'을 명분으로 농민군에게 방향을 돌렸다. 일본은 이미 2차 봉기 발발 이전부터 본격적인 진압체제를 취하였다. 그 이유는 ① 농민군이라는 위협요소의 존속은 조선 '보호국화' 정책과 대청전쟁 진행에 중대한 장애로 그 여파가 북부에까지 확대되기 이전에 발본하자는 것이고, ② 신속히 진압함으로써 열강의 '성가신' 간섭요소를 미연에 저지하는 데 있었다.[120]

그 결과 9월 중순 일본 병참부는 대본영에 농민군 토벌에 전념할 군대 특파를 요청하였다. 大鳥도 전라도·충청도의 농민군이 연합하여 서울로 올라온다는 보고를 접하고 9월 19일 대본영 육군참모에게 정벌병력 증강을 요청하였다.[121] 이는 농민군세력에 대한 강한 위기의식을 반영한 것으로 일본은 곧바로 응원병을 조선에 파견하였다.[122] 일본은 9월 중순부터 농민군 재봉기의 구도로 파악하고 있었다. 이에 대본영은 대대적 토벌작전으로 전환코자 하였다. 이는 청일전쟁 진행과정에서 일본이 계속적으로 승리함에 따르는 자신감에 연유하는 바 크다. 이에 따라 조선정부도 온건책을 견지하던 전라감사 김학진을 파면하고 농민군 토벌에 강력한 입장을 취하던 홍주목사 이승우를 일시 감사로 임명하였다. 이와 더불어 농민군 진압에 앞서 일본은 서울을 비롯한 전국 각처에 방을 붙여 평양전투의 승리를 지속적으로 홍보하였다. 일본군의 평양전 승리 이후 노골적으로 일본편향으로 방향을 정립하는 지방관도 생겨났다.[123]

---

120) 朴宗根, 앞의 책, 211쪽
121) 〈동학당 정토를 위한 병력 증강 요청〉 10월 17일 《公使館記錄》 3, 284쪽
122) 《日淸交戰錄》 제13호, 明治 27년 10월 20일
123) 일례를 들면 9월 초 해주부사 趙熙一은 자구책으로 관내에 방을 걸어 평양전투의 일본군 승리를 상세하게 알려 황해도 농민군 무마의 효과를 기대하고자 하였다. 그는 농민들에게 일본군에 협조할 것을 당부하면서 일본군을 비방하거나 평양전투에서의 일본의 승리를 패배라 말하는

청일전쟁 초기 일본의 목적은 조선지배에 국한된 제한전의 의미가 강하였다고 할 수 있다. 그런데 전쟁수행 과정에서 예상 이상으로 무기력한 청군의 모습을 보자 본래의 정책을 대폭 수정하지 않을 수 없었다. 이에 따라 일본은 평양·황해 전투 직후 제2군 편성에 착수하고, 청국 본토의 분할을 목적으로 대륙침략전쟁에 박차를 가하게 되었다. 9월 26일 일본군의 청국영토 진입 이후 전쟁은 성격변화를 보이게 된다. 일본군이 압록강을 넘어 청국영토로 진입하기 직전까지 당시 우리나라에서는 청일전쟁과 농민전쟁이라는 2개의 전쟁이 병행되고 있었다.[124] 이 양자는 성격이 서로 다른 종류의 전쟁이나 상호 밀접한 관련과 영향력을 가지면서 전개된다. 그러나 이제 청군이 사라진 조선 내에서는 일본은 농민군의 활동 저지에 주력할 수 있게 되었다.

일본군이 농민군 토멸에 본격적으로 투입되는 것은 평양전투 한 달여 후부터 시작되었다. 총리대신 김홍집은 일본의 청국 봉황성·여순구 함락을 기대하면서 충청관찰사 박제순에게 보내는 서한에 다음과 같이 적고 있다. "전쟁이 종결된 후 일본 육병 10만이 개선하고 그 소식이 비도에게 들리면 당연히 이들은 소산할 것이고 그날은 멀지 않았다. 매우 관심이 되는 바이다."[125] 즉 대청전 수행 병력이 개선하는 즉시 농민군 토멸에 투입되기를 고대하고 있었다. 이어 9월 21일 농민군 焦土를 위해 일본은 신정부와 결탁, 신정부는 이를 수락하고 농민군에 대한 대대적인 '살륙정책'을 공식적으로 취하기 시작하였다.

이와 같은 일본의 대조선정책 변화에 따라 大鳥가 체임되고 9월 27일 井上馨이 주한일본공사로 부임하였다. 대부분의 조선정책을 본국의 훈령에 따라 시행하고 杉村 등 강경파의 견제에 의해 개인적 입지가 약했던 大鳥와는 달리 일본 정계의 원로이면서 본국 정부로부터 막강한 권한을 위임받은 井上은 부임하자마자 곧바로 대원군 추방작전을 전개하였다. 그는 10월 1일 대원군과의 대좌에서 일본의 토벌군 파견은 조선정부의 청원에 의해 부득불 이루어진 것으로 명분화하고 있다.[126] 그 후 井上은 11월 초경 대원군의 '농민군 선동'과 청군지원

자를 체포하여 엄형을 가하고 있었다(《大阪朝日》 明治 27년 10월 17일자).

124) 농민전쟁의 실태를 알 수 있는 한 자료에 의하면 "客擾連至本倭"라 하여 조선 내에서의 청국과 일본과의 전쟁을 '客擾', 즉 남들의 소란[전쟁]으로 평가하고 있다(《金若濟日記》 권3, 甲午 11월 20일).

125) 〈錦營來札〉(道園) 9월 9일 《東學亂記錄》 上, 78쪽

126) 양인의 대화내용은 《秘書類纂》 下, 263쪽 참조.

요청 서한 등을 문제삼고, 나아가 이준용과 농민군 관련설 등을 제기하면서 결국 대원군을 정계에서 사퇴시켰다. 이 기간은 일본군이 청국영토로 진입한 직후인 청일전쟁 종반으로 일본측 입장에서 보면 이제 대원군은 그 '상징성'과 '대민안집'이라는 이용가치가 소멸되었다고 할 수 있다. 뿐만 아니라 일본은 고종을 위협하여 친일정권의 수립, 각종 신조약 강요, 이권침탈 등을 야기하였다. 즉 일본의 입장을 대변할 친일정부를 앞세워야만 농민군 진압의 효율성을 기할 수 있기 때문이었다. 조선에서 치러진 대청전쟁에서의 승리는 일본이 조선지배정책을 노골화하는 직접적 계기가 되었다.

이러한 일련의 계기적 과정에서 농민군 재봉기의 배경을 찾을 수 있다. 노골적인 식민지화의 요구와 국가적 위기는 농민군의 일차적인 목적인 반봉건사업 추진과정에 커다란 장애요소로 기능하는 것이었다. 그러므로 농민군은 재봉기하여 반침략 의지를 천명하였다. 후일 재봉기의 목적에 관한 일본공사 井上의 심문에 전봉준은 답하기를, 먼저 奸倭을 갈고 중앙정부와 협력하여 일본병을 척퇴코자 擧義하기에 이르렀다고 하였다. 이 시기에 가면 농민전쟁은 반혁명적 세력에 대한 응징의 성격을 갖는 반침략 전쟁으로 전화되는 의미를 갖는다. 그리고 이러한 반침략 전쟁은 반봉건 전쟁과 동시 병행적으로 추진되는 것이다.

전면적 재봉기 이전인 8월 말~9월 초엽 이후부터 농민군의 움직임이 활발해지고 그러한 분위기는 남부의 도처에서 보인다. 경상도의 진주농민군 집강소인 忠慶大都所에서는 9월 2일과 10일 관내에 방문을 내걸었다. 특히 9월 10일의 재차 방문에 의하면 옛 兵使의 유임을 바라고 '倭人과의 조약에 따라 선출된' 신임 병사의 부임을 저지코자 진주에서 농민군 대회를 갖고자 하였다 한다.[127] 이를 저지하기 위해 일본군은 9월 24일 부산으로부터 수비대 1개 중대를 파견하였다.[128] 또한 전라도 집강소 設包 지역 지방관들의 첩보에 의하면 이곳에서

---

127) 〈嶺右(경상우도)의 各邑 各村에 사는 大小民들에게〉라는 방문에 "우리나라는 옛날부터 小中華라 칭해 왔으며… 삼천리는 예의의 나라이고 풍부한 강토이다. 그러나 지금은 國運이 否塞하고 人道가 頹廢하므로 간신들이 禍를 불러들여 倭胡들이 우리 국경을 침범하기에 이르렀다. 그리하여 북쪽 三道는 모두 胡人의 땅이 되었고, 남쪽 五道는 倭賊들이 가득하여…"라 하였다(《東學黨의 檄文 通報 및 情報通知 要請》 1894년 10월 22일 《公使館記錄》 1, 140쪽). 이에 의하면 진주의 농민군들은 성리학적 명분론의 입장, 즉 華夷論的 '小中華' 의식을 견지하면서, 우리 국내에서 서로 싸우는 일본과 청국 모두 오랑캐로 비판하고 있다. 이는 여타 지역 농민군의 격문에서는 보기 힘든 매우 독특한 경우이다.

는 10일 전후로 전면적인 봉기 준비의 움직임이 나타나고 있었다. ≪駐韓日本
公使館記錄≫에 나타난 사례를 근거로 이를 도표화하면 다음과 같다.

지 역	일 시	인 원	내　　　　　용
高山縣	9월 10일	300여 명	군기고를 부수고 군기와 물품을 탈취
礪山府	9월 10일		대포와 창으로 군기고에 돌입, 물건을 탈취
全州府	9월 13일		군기고를 파괴하고 銃桶과 環刀를 탈취
威鳳山城	9월 16일	100여 명	군기고의 물품을 모두 탈취
南原府	9월 16일		色吏를 난타하고 官庫의 쌀과 軍米를 탈취
綾 州	9월 16일	10여 명	동전 2만 량과 백목 30통을 남원대도소로 수송토록 재촉

　* 〈全州近地 東學黨의 官庫物品 奪取에 관한 報告〉≪駐韓日本公使館記錄≫ 1(①〈行全羅道
　　觀察使 兼都巡察使 親軍武南營外使 爲謄報事〉開國 503년 9월 15일, 129쪽 ②〈行全羅道觀察
　　使 兼都巡察使 親軍武南營外使 爲謄報事〉開國 503년 9월 18일, 130~131쪽)

　한편 9월 10일 태인현감의 첩보내용에 의하면 전봉준은 私通에서 "지금 이런
거사는 몹시 커서 비용이 많이 들게 되므로 公穀과 公錢을 이용해야 하겠으니 군
수미 300석과 동전 2천 량을 밤 사이 금구 원평의 大都所로 수송하기 바란다"[129]
고 하였다 한다. 다른 '東匪의 私通文'[130]에도 "군기고에 있는 화약·탄환·창
포 등을 하나도 빠짐없이 대도소로 수송하기 바란다"로 되어 있다. 이는 김제군
수의 牒呈과도 일치한다.

　이로 볼 때 전봉준도 9월 초엽부터 제2차 전쟁 준비에 마지막 박차를 가하고
있었다. 실제 그 자신도 삼례역에서 800여 명의 부하를 인솔하고 9월 14일 새
벽 전주성 내로 들어와 두 차례에 걸쳐 군기고의 화포와 탄환·環刀 등의 무기
를 탈취, 다시 삼례로 향하였다. 이 당시 김개남의 남원대도소에서는 光州牧·
高山縣에 傳通을 보내어 동전·백미·백목 등을 수송하라 하였고, 삼례대도소
에서도 砲軍이 돌아다니며 群山과 인근 읍에 통문을 돌려 곡물반입을 강요하여
각 읍으로 당시 독촉받지 않은 곳이 없다 할 정도였다.[131]

　농민군은 대원군 재등장의 희구와 개화파 신정부에 대한 불신, 경복궁쿠데타

　128) 〈東學黨의 檄文 通報 및 情報通知 要請〉≪公使館記錄≫ 1, 139쪽
　129) 위 표의 자료 ②, 130쪽
　130) 위와 같음
　131) 표의 자료, 131쪽

와 일본군의 국토유린 및 농민군 탄압에 대한 응징의 결의를 강하게 가지게 되었다. 전봉준의 견해도 대체로 이와 같다고 할 수 있다. 그러나 다른 것은 유사하더라도 대원군觀에 대해서만은 전봉준은 일반 농민군과는 약간 다른 견해를 가지고 있었던 듯하다. 그것은 1895년 양 2월 일본공사 井上의 대원군 관련설 힐문에 대한 전봉준 답변에서도 명확히 보인다. 일본과 갑오정부는 대원군의 재등장을 두려워하여 '농민군 사주설' 혹은 '밀약설'을 거론하여 대원군을 묶어놓으려고 하였다. 당시 井上의 "대원군은 어떤 사람인가"라는 질문에 전봉준은 "대원군이 계속 정치를 행하는 것은 威權이 매우 깊은 것이지만 당시는 老衰하여 정치를 집행할 기력이 없다. 원래 우리나라의 정치를 그르치게 한 것도 모두 대원군이 한 것이기 때문에 인민들은 그에게 설복하지 않는다"[132]라고 답하고 있다. 그렇다면 전봉준보다 대원군측에서 더 적극적인 제휴의 손짓이 있었다고 보아야 할 것이다.

전봉준은 공초에서 대원군의 효유문은 보았으나 이는 깊이 믿기 어려우므로 다시 재기를 도모하였고, 그 이유는 "下情이 상달되지 못하고 上澤이 下究되기 어렵기 때문에" 상경하여 民意를 상세히 개진함과 더불어 일본의 의도를 파악하고자 한 것이었다 한다.[133] 전봉준은 이미 7, 8월 사이에 경복궁쿠데타 소식을 알고 있었다.[134] 그럼에도 즉각 재기포를 자제하면서 제2차 전쟁을 준비하기 위해 장시간 고려를 한 듯하다.

이전부터 일부 국지적 형태를 보이고 있었지만, 전면적인 2차 농민전쟁으로의 전화는 삼례의 대도소를 거점으로 한 전봉준의 활동으로부터 시작되었다. 전봉준이 주장하는 재봉기 이유는 중앙관료를 갈고, 일본병과 접전하여 이를 척퇴하는 데 있었다.[135] 이듬해 법부대신 서광범 주제하의 3월 29일(양) 법무아문 권설재판소의 판결선고서에 의하면

---

132) ≪郵便報知≫ 明治 28년 3월 7일자, 〈東學黨巨魁の審問〉(信夫淸三郞, 1970 ≪增補 日淸戰爭≫ 21쪽에서 재인용). 이와 비슷한 내용은 박영효의 전봉준 심문내용 중에서도 보인다. 재판소에서 박영효가 대원군과의 연락 여부를 문초하자 전봉준은 "대원군 또한 有勢한 자로 어찌 백성을 위하여 同情이 있었으랴"하여 대원군과 농민의 계급적 기반의 차이를 말하면서 전쟁과정에서 일본측에 의해 지속적으로 거론되던 '대원군 지령설'을 정면으로 부인하고 있다〔吳知泳, ≪東學史≫(초고본)〕.
133) 〈全琫準 五次問目〉 乙未 2월 19일
134) 위와 같음
135) 〈全琫準 初招問目〉 및 ≪東京朝日≫ 1895년 3월 5일자

7월 하순의 태인 제집으로 귀거하니라. 그 후 피고는 일본군대가 대궐로 들어갔단 말을 듣고 필시 일본인이 아국을 倂呑코져 하는 뜻인 줄 알고 일본병을 쳐 물리치고 그 거류민을 국외로 구축할 마음으로 다시 起兵을 도모하여 전주 근처 삼례역이 토지광활하고 전라도 요충으로 동년 9월경에 태인을 發程하여 원평을 지나 參禮驛에 이르러 그곳을 기병하는 大都所로 삼고 진안접주, 전주접주… 등 각 지방 인민에게 혹 격문을 돌리고 혹 유세하고 전라우도의 군사를 모으기를 4천여 명이 됨에 각 관아에 들어가 군기를 강탈, 각 지방 富民의 전곡을 징봉…[136]

이라 하여 그 이유를 일본의 조선 '병탄' 위기에 저항코자 하는, 즉 반외세적 측면에 중점을 두고 있었음을 알 수 있다.[137]

재봉기의 시점은 일본군이 청국 영토로 진입하는 시기와 같다. 의주함락 이후 압록강을 넘어가고 봉천전투에서의 일본군 대첩 소식을 듣자 조선인의 위기의식은 더욱 고조되었으며[138] 따라서 대일관의 근본적인 변화가 있게 되었다. 당시 경상·전라·충청은 농민군의 세력범위에 있었으며, 서도(평안·황해)는 청·일 교전에 통로가 막혀 있었다. 외무대신 김윤식의 표현에 따르면 "우리 정부는 공고하지 않기 때문에 누차 외부의 刺衝을 만나고 내부의 풍파를 일으켜"라 하여 정부의 약체성을 탄식하고 있다.[139] 군국기무처에서 의정한 '개혁'도 효율적으로 전파되기 힘들 지경이었다.[140] 청일전쟁과 농민전쟁의 영향으로 인한 전국의 세입상황을 살펴보면 평안·황해 2도는 청일전쟁으로 유린당하고, 전라·충청과 경상도의 절반은 농민군과 관군에 징수당하고, 강원도는 산악이 많고, 함경도의 징세는 변경수비 군수에 충당하였다. 따라서 조선은 재정이 궁

---

136) 〈東學農民軍指揮者 全琫準, 孫化中, 崔永昌(卿宣) 判決宣告書 原本〉(《韓國學報》 39, 1985년 여름호 부록, 189쪽).

137) 정토군 독립 제19대대 사령관 南小四郎의 전봉준 포획 당시 취조문에서도 그와 같은 사실을 확인할 수 있다(《東京朝日》 1895년 3월 5일자). 전봉준은 경복궁쿠데타 이래 일본군의 폭주를 '병탄'의 구조로 이해하고 있다.

138) 〈한인의 감정〉《大阪朝日》 1894년 9월 25일자

139) 〈외대 김윤식과의 담화 보고의 건〉《日韓外交資料集成》 4, 170쪽. 다소 과장된 표현이겠지만 김윤식은 박제순에게 보내는 편지에서 이와 같은 상황 때문에 "朝令은 10리 밖에서도 시행되고 있지 않다[朝令不行於十里外]"라는 표현을 쓰고 있다(〈錦營來札(雲養)〉 甲午 8월 11일 《東學亂記錄》 上, 85쪽).

140) 菊池謙讓, 1937 《朝鮮近代史》(下) 鷄鳴社, 338쪽

핍하게 되었으며, 서울과 경기 일원을 제하면 조세징수 자체가 가능한 것이 아니었다. 당연히 당해년도의 세입은 세출을 감당할 수 없게 되었다.[141] 이는 일본측의 대청전쟁 작전수행에 중대한 장애를 초래하는 것이었다.

그럼에도 불구하고 10월 12, 13일 양일간 일본군은 금주·대련만을 함락하였다. 중국 관내 동북부에서의 청국과의 전투는 일본군을 조선의 농민군 진압에 투입시키는 데 많은 어려움이 따르는 것이었다. 그렇지만 이제 일본은 金州·大連灣 함락으로 중국 관내에서 청국과 전투를 벌이던 병력 일부를 농민군 토벌에 집중적으로 투입시킬 수 있었다.

이즈음 인천의 伊藤 중좌는 井上 공사에게 15일에 삼로진군 병력이 용산을 출발, 남하하라는 출동명령을 받았으니 출발하겠다고 보고하였다.[142] 한편 이 날 井上은 大山 대장에게 전문을 보내어 금주와 대련만 함락을 축하하면서 반면 농민군 '만연'에 대한 대책으로 ① 3개 중대를 출동시켜 농민군을 적극적으로 정토케 할 것과, ② 대원군·이준용과 농민군 연결의 개연성을 차단하라 하였다.[143] 井上은 다시 陸奥 외무대신에게 농민군 토벌방법으로 道를 3분하여 농민군을 포위, 일거에 '박멸'하는 방법을 채택하고 있다고 보고하고 있다.[144] 10월 19일 野村靖 내무대신은 훈령으로 청국과 조선의 '점령지'[145]에 경찰관을 파견하고, 농민군 정벌시 순사 13명을 군대에 부수시켜 서류를 수색하고 수령을 포박하도록 하였다. 곧바로 다음날 陸奥는 井上에게 전보하여 '할 수 있다면 강력하게' 순사파견을 시행토록 지시하였다.[146]

한편 南小四郎이 이끄는 후비보병 독립 제19대대는 10월 2일 일본을 출발하여 9일 인천에 도착하였다. 농민군 토벌 전담부대인 제19대대 파견 목적은 명분상 조선군을 응원하는 것으로 되어 있으나 실제로는 ① 조선의 군대를 그들의 지휘하에 두고 일본군법을 적용, 절제에 복종케 하고, ② 남원 지역을 중심으로 하는 전라도 농민군의 근거지를 진압, 이들을 소탕하고, ③ 향후 이 지역 농민

---

141) 〈내정개혁을 위한 대한정략에 관한 보고〉 11월 24일 《公使館記錄》 5, 74쪽
142) 〈3로로 진군한 일본군 용산출발 명령〉 11월 10일 《公使館記錄》 3, 373쪽
143) 〈대원군과 동학당 정토에 관한 보고〉 11월 20일 《公使館記錄》 3, 374~375쪽
144) 〈동학당 토벌방법 보고의 건〉 11월 16일 《日韓外交資料集成》 4, 207쪽
145) 내무대신의 훈령은 일본정부의 방침이라 할 수 있다. 그러므로 '점령지'라면 '보호국화'와는 다른 차원으로 일본의 대조선정책도 이즈음 더욱 강경하게 바뀌고 있음을 알 수 있다.
146) 〈청국점령지에 경찰관 파견에 관한 건〉 《日韓外交資料集成》 4, 207~208쪽

군이 강원·함경 및 경상도 방면으로 도주하는 것을 방비함에 있었다.[147] 10월 15일 19대는 농민군의 본격토벌을 위해 남하하였다. 이와 같이 농민군에 대해 대대적 토벌작전으로 전환될 즈음 정부에서는 각 도 지방관리와 대소인민에게 농민군 剿滅을 위해 3로로 진군한 일본군에 적극 협력과 주선을 권유하는 취지의 '勅諭' 포고문을 발표하였다.[148]

10월 25일 여순함락 직전 무렵에 가면 일본군과 관군 연합군은 농민군과 치열한 전투를 벌이고 있었다. 농민군 토벌에서의 핵심은 관군이 아니라 일본군이었다. 일본은 관군을 구사하였고 관군은 일본군 산하에 배치되어 더불어 농민군을 진압하였다. 10월 12일 井上 공사는 伊藤 병참감에게 농민군 진압차 출동하는 대장들에게 훈령하여 한국군 각 부대에게 일본 士官의 명령에 복종케 하고 일본군법을 준수케 하며, 군사의 진퇴도 일본사관의 지휘명령에 따르게 할 것이라고 지시하였다.[149]

당시 개화당 정부의 농민군 진압 기본방침도 "모름지기 일본사관과 협의하여 만약 공적이 있으면 즉 사관에게 양보하여 그 환심을 사는 것이 금일의 묘책이다"[150]라는 표현처럼 철저하게 일본에 부수하는 것이었다. 무기력한 정부는 농민군 진압이 어렵게 되자 일본군의 무력과 그들의 절제로 이를 해결하기를 희구하였다. 그것은 이후 공문의 〈大日本軍 第二中隊 大隊長 南小四郞 麾下 左先鋒 李(圭泰)〉[151]라는 제목의 예에서도 알 수 있다. 조선의 군대가 이와 같이 철저하게 일본군에 종속됨에 따라 자신들에게 대항할 위험성이 전혀 없다고 판단한 일본은 12월 말 농민군의 신속한 진압을 위해 조선군에 탄환 30만 발을 지급하였다.[152]

한편 여순함락 기간에 일본은 조선정부와 '朝日共守同盟'을 체결하여 청국군을 정토하는 방안을 마련하였다.[153] 이 조약의 명분은 양국이 동맹하여 청국과 싸우는 데 있다고 하지만 실제는 농민군 토벌에 주안점을 두고 있었다. 井上은

---

147) 〈동학당 진압을 위한 제19대대 파견에 따른 훈령〉 11월 9일 《公使館記錄》 5, 65~68쪽
148) 《高宗實錄》 고종 31년 11월 4일조
149) 《公使館記錄》 5, 68쪽
150) 〈李圭泰往復書竝墓誌銘〉 《東學亂記錄》 下, 478~479쪽
151) 〈日本士官函謄〉 갑오년 12월 25일 《東學亂記錄》 下, 448쪽
152) 〈日本士官函謄〉 12월 말일, 427쪽
153) 〈조선국 내정개혁에 관한 보고의 건〉 11월 24일 《日韓外交資料集成》 4, 238~240쪽

11월 1일 외무대신 김윤식에게 보내는 전문에 양국이 동맹하여 청국과 싸우고 있는 이러한 '비상시기'임에도 불구하고 일본군을 경내에서 쫓아버리려고 농민군은 누차 군용전신선을 방해하고 土官을 살해할 뿐만 아니라 병참부를 습격한다고 하였다. 따라서 이들은 일반 범죄인과 다른 것으로 '수괴'와 관련인 심문 시 일본영사의 입회를 요구하였다.[154]

제2차 전쟁 이후 농민군 활동은 매우 치열하게 전개되었다. 특히 충청·전라도 농민군의 盛勢는 京軍과 지방 감영병으로써는 '以寡敵衆'의 형세였다. 10월 24일 지리산 하단 하동·곤양·단성·진주 일대는, 진주 討捕使의 비유에 의하면 마치 "밥에 파리가 몰려드는 것과 같다"고 할 정도로 이곳의 농민군세력이 강하여 지방관이 일본병 주참을 '엎드려' 원할 정도가 되었다.[155]

삼남의 농민군 토벌에 주력할 이 시기 수원은 충청도 농민군 초토의 사령기지로서 역할하였다. 華營에서는 총리대신에게 전보하여 천안에 분국을 두어 공주·청주·보은 등의 소식을 듣게 하였다.[156] 또한 이전의 평양전투, 황해해전의 청일전쟁 지역인 서북지역은 경성에서 지속적으로 李鶴圭·趙熙一·權瀅鎭 등 3명의 선유사를 파견, 일본군대와 같이 북진하면서 출병의 뜻을 諭示하였다.[157] 일본은 10월 말 황해도 농민군 정토명령에 부수하여 농민군에게 보낸 대원군·이준용·민비 서한 입수에 주력하고 있었다.[158] 황해도는 11월 10일에 일본병사가 海營 공해에 주둔하게 된다. 이곳에서는 일본군 주둔 이후에야 비로소 관측에서 힘을 얻어 농민군 진압작전을 체계적으로 전개할 수 있게 된다. 그러나 농민군의 저항은 만만치 않게 전개되었다. 이곳에서는 지방서리들로서 농민군에 참여하는 자도 적지 않았다.[159]

청일전쟁 말기 일본측은 청군이 농민군을 소집하여 관군과 더불어 일본군과

---

154) 〈동학당 심판에 일본영사 입회 요구〉 11월 27일 ≪公使館記錄≫ 5, 5쪽
155) 〈札移電存案〉 갑오 10월 24일 ≪各司謄錄≫ 63, 283쪽
156) 〈札移電存案〉 갑오 11월 13일, 286쪽
157) ≪大阪朝日≫ 明治 27년 12월 5일자. 그럼에도 불구하고 이 지역 농민군은 일본군과 대적하고 있는 청국군에 대한 호응의 의지를 보이고 있었다. '평산 수접주'에게 보내는 통문에 의하면 倡義한 海安의 수접주는 먼저 道伯 부자의 首級을 베어 淸陣에 보내고자 하였다(〈黃海道東學黨征討略記〉≪韓國民衆運動史資料大系—1894년의 農民戰爭 篇 ①≫ 여강출판사, 541~543쪽).
158) 〈충청·황해도 동학당 정토상황〉 11월 26일 ≪公使館記錄≫ 3, 304쪽
159) 〈甲午海營匪擾顚末〉 ≪東學亂記錄≫ 下, 732~733쪽 및 〈黃海道東學黨征討略記〉, 525~526쪽

개화당을 살륙코자 한다는 여론을 환기시켜 농민군 토벌명분을 계속 축적하고 있었다. 또한 대원군과 그 손자 이준용이 농민군을 이용하여 일본 공사관을 습격할 것이라는 설을 유포하였다.[160] 따라서 더 적극적인 농민군 토벌책이 지속적으로 있어야 할 것이라 주장하였다.

그렇지만 평양전 이후 중국 본토의 대청전에서 일본군의 계속되는 승리로 조만간에 청·일간의 '和局'이 예견되고 있었다. 이 기간 일본은 농민군의 '用力撲滅'을 위해 많은 軍火로 호남으로 내려갔으며, 개화파 내각에서도 '비도의 剿滅'은 멀지 않았다고 생각하고 있었다.[161]

이러한 상황에서 농민군 지도부는 더욱 위기의식을 가지게 되었다. 또한 일본군에 대한 힘의 열세로 더이상 농민적 지향을 확산시켜나가기 어려운 상황에 직면하게 하였다. 이에 농민군 지도부는 부득이 官兵과 화해를 모색할 수밖에 없었다. 전봉준은 11월 12일 京軍과 監營兵 및 이서·상인 등에게 '告示'를 발해 조선사람끼리의 골육상쟁을 지양하고 "道는 다르나 斥倭와 斥和는 그 뜻이 같은 것"이라 하면서 '同心合力'하여 연합을 통한 대일 항전을 제의하였다.[162]

이와 같은 구상에도 불구하고 현실적인 힘의 열세는 농민군으로 하여금 계속 수세에 몰리게 하는 길로 들어서게 하였다. 우세한 화력과 관군의 지원을 받는 일본군의 대대적인 '토비' 활동으로 농민군은 곳곳에서 연전 연패하였다. 11월 중순 해미·서산·태안 등 충청도 해안지역은 일본군이 '義勇兵'을 구사하여 도주하던 농민군 수백 명을 체포하였고,[163] 전라도 농민군 주력이 활동하던 흥덕·고창 지역에서는 京軍이 民堡軍의 '赴義'를 통하여 패잔농민군('流賊')을 잡아 살해하고 있었다.[164] 일본군은 농민군 토벌 京軍을 배속받아 계속해서 대거 남하하였다.[165]

이듬해 청일전쟁 막바지인 1월 초 일본은 온건책으로 이른바 '歸順反正'의

160) ≪二六新報≫ 1894년 12월 7일자
161) 〈錦營來札(雲養)〉甲午 11월 冬至 前 1일 ≪東學亂記錄≫ 上, 95쪽
162) 〈宣諭榜文幷東徒上書所志謄書〉중 〈고시 경군여영병이교시민〉≪東學亂記錄≫ 下, 379쪽.
    이 국편 복간본 해당 사료의 재검토 문제는 이이화, 1990 〈전봉준과 동학농민전쟁 ③〉≪역사비평≫ 계간 9호, 312쪽 참조.
163) 〈해미 방면의 동도 진정되다〉≪大阪每日≫ 1894년 12월 19일자
164) 〈'興德官'의 密令〉≪擧義錄≫ 甲午 11월 25일, 21~22쪽
165) 〈札移電存案〉갑오 12월 18일, 291쪽

농민군 효유방안을 마련함과 동시에 강경책으로 청일전쟁 병사 중 일부를 지
방관과 연합하여 농민군 토벌에 참여시켰다.[166] 이는 농민군 잔여세력까지 완
전 토멸을 기도하는 것이다. 따라서 한 달 후가 되면 지방에 출정했던 일본군
은 목적을 달성하고 서울로 속속 귀환하고 있었다.[167] 정월 말 호남의 경군과
일본군은 모두 철수하였다. 이 시기에 가면 대다수 농민군은 궤멸되거나 각 지
역으로 은둔하고 있었다. 잔여세력 초멸에 노력하는 기간이 되는 것이다. 그해
2월 일본은 농민군 토멸 후 잔여세력 재발 방지를 위해 각 요지에 일본군을 주
둔시켰고,[168] 대청전쟁을 사실상 승리로 귀결짓는 시모노세키조약 체결 즈음인
3월 수비대 1만을 조선에 배치하였다.[169] 이는 농민군의 완전 진압을 의미하는
것이며, 결국 이 기간에 이르면 일본과 농민군의 전쟁은 농민군의 완전한 참패
로 끝나게 된다.

6. 맺음말

이상에서 청일전쟁과 농민전쟁의 상호 규정력에 대해 살펴보았다. 청일전쟁
은 19세기 말 동아시아 3국이 식민지·반식민지로 전락하느냐 아니면 제국주
의 국가로 귀결되는가를 결정하는 중요한 사건이었다. 물론 본고는 청나라와
일본 사이의 전쟁의 전개나 혹은 국제정세의 변화를 다루고자 하는 것은 아니
다. 우리의 문제의식은 국내에서 일어난 농민전쟁에 청일전쟁이 어떠한 영향을
미쳤는가이며, 차원을 달리하는 두 개의 전쟁이 어느 정도 상호 규정력을 가지
고 진행되었는가 하는 점에 있다. 나아가 이는 궁극적으로 우리의 근대화 과정
에 어떠한 영향을 미쳤는가를 밝히는 데 도움이 되고자 하는 것이다.

청·일간의 전쟁 빌미를 제공한 것은 조선에서 전개된 농민전쟁이었다. 반봉

---

166) 〈츠쿠바함 승선 병사로서 동학당 토멸협력方의 건〉 1895년 1월 26일 ≪日韓外交資料集成≫
    4, 326쪽
167) 〈札移電存案〉 을미 정월 11일, 293쪽
168) 〈동학당 토벌을 위하여 일본군대의 각 요지 分屯에 관한 건〉 1895년 3월 12일 ≪日韓外交資
    料集成≫ 4, 354~355쪽
169) 〈일청평화 후에 있어서 對韓방침을 정하는 건에 붙인 內申의 건〉 1895년 4월 8일 ≪日韓外
    交資料集成≫ 4, 361~362쪽

건의 입장에서 출발한 농민군들은 마침내 한반도 남부를 점령하게 되었고, 당황한 조선정부는 외세에 의존하여 농민전쟁을 진압하려 하였다. 이에 따라 청군이 진주하고 동시에 '텐진조약'에 의거하여 일본군이 진출하게 되었다. 청·일군의 출병은 농민전쟁의 판도를 변화시키는 계기가 되었다. 전라도 전주를 점령한 농민군은 외국군의 조선진출은 농민전쟁 수행에 심각한 문제를 야기할 뿐만 아니라, 국제분쟁 내지는 조선이 식민지화되는 것으로 발전할지도 모른다는 판단을 내리게 되었다. 이러한 인식하에 농민군은 서둘러 정부군과 강화조약을 체결하게 되었고, 전라도 각 지역에 집강소를 설치하고 농민적 지배를 강화하고 있었다.

이렇게 되자 청·일군의 출병 명분은 사라지게 되었다. 하지만 여기서 간과될 수 없는 점은 일본의 출병의도이다. 일본은 그동안 한반도에서 주도권을 탈취하기 위해 많은 노력을 기울여왔으나, 번번이 청국의 개입에 의해 좌절되었다. 이때 농민전쟁이 일어나게 되었고, 이를 명분으로 청국과의 일대 전쟁을 야기하여 한반도의 주도권을 장악하고자 하였다. 이를 위해 일본은 우선 조선의 '개혁'을 들고나왔고 쿠데타적인 방법을 통해 친일정권을 수립하였다. 이틀 후에는 충청도 아산 앞바다의 청국함대를 선제기습함으로써 청국과의 전쟁을 도발하였다.

초기전투에서부터 일본군은 전투의 주도권을 장악해갔다. 그러나 문제는 조선민중의 방해로 인하여 병참이 확보되지 못하는 등 전쟁수행에 막대한 지장을 초래하게 되었다는 점이다. 어쨌든 일본군의 정예한 화력 앞에 패배한 청군은 한반도의 남부에서 축출되었다. 초기전투에서의 일본군의 승리는 농민군을 당황하게 하였고, 혹시 이 전쟁이 일본의 승리로 귀결되지 않을까 하는 우려도 있었다. 한편 국제정세에 어두운 일부 농민군은 결국은 대국인 청국의 승리로 돌아갈 것이라는 은근한 기대도 없지 않았고, 농민군을 북상시켜 청군을 도와서 일본군을 축출해야 한다는 주장도 있었다. 하지만 농민군 주력은 주로 내부문제에 치중하여 개혁사업을 전개하면서 청·일군의 동향을 예의주시하고 있었다.

그러나 이어지는 평양전투에서도 일본군은 우세한 전략전술로 청국군을 한반도에서 몰아내게 되었다. 평양전투의 승리는 일본으로 하여금 개화파 주도의 개혁정책을 후퇴시키고 노골적인 내정간섭으로 전환하게 되는 계기가 되었다.

이와 더불어 청국과의 전쟁수행에 지장이 없는 한 병력의 일부를 남하시켜 농민군을 진압하고자 하였다. 이렇게 상황이 급박하게 전개되자 농민군 내부에서도 곧바로 대일전쟁을 일으키자는 입장과 농민군의 역량을 보존하려는 입장으로 양분되는 등 청일전쟁의 전개양상은 직접적으로 농민군의 동향에 영향을 미치게 되었다.

조선정부의 기대에도 불구하고 청국은 그야말로 무기력하게 일본군의 공세에 굴복하면서 한반도에서 물러나게 되었다. 이제 청군이 사라진 조선에서 일본으로서는 농민군의 활동을 저지시키는 일만 남게 되었고, 개화파 정권에 압력을 가하여 농민군에 대한 대대적 살륙정책을 취하도록 강요하게 되었다. 이러한 변화는 농민군이 정세인식을 재고하는 기회가 되었다. 이제 일본의 직접적인 농민군 탄압이 진행되면서 반봉건사업 추진자체가 위협받았을 뿐만 아니라, 나아가 식민지화 요구와 국가적 위기 앞에서 반침략의 재차 봉기는 필연적이었다. 전봉준은 재차 봉기의 목적은 중앙의 간신배와 일본병을 척퇴시키는 데 있다는 점을 분명히 하였다. 농민군이 이러한 결정을 내리게 되는 데는 일본군의 직접적인 농민군 탄압도 하나의 원인이었지만, 친일 갑오정권이 구사하는 외세의존적 행태가 자극제가 되었다고 보인다. 2차 봉기는 본격적으로 봉건정부와 일본군을 상대로 한 전면적인 전쟁이었다.

대련·여순 전투를 전후한 시기 국내 진압작전에 일본병이 본격적으로 투입되면서, 이들은 토벌의 주력군으로 기능하였다. 나아가 여순이 함락된 이후에는 조선정부와 '朝日共守同盟'을 체결하여 농민군 토벌에 주력하였다. 농민군은 전국 곳곳에서 토벌군에 대항하여 전투를 벌였지만, 일본군의 병력과 우세한 화력 앞에서 더욱 위기의식이 고양되어만 갔다. 농민군은 몇몇 곳에서는 승리를 한 적도 있었지만, 일본군의 토벌 앞에서는 대부분 패배로 귀결되었다. 결정적으로 이현·우금치 전투 이후에는 농민군은 궤멸 해산되었고, 이제 남은 것은 정부군과 일본군의 잔여농민군에 대한 잔혹한 살상행위뿐이었다.

갑오정권의 개혁정책과 농민군 대책

왕 현 종
연세대 강사

1. 머리말

　19세기 말 조선사회는 서구 제국주의 열강을 비롯한 청국·일본의 침략책동으로 인해 국권의 위기가 심화되고 있었다. 내적으로도 여러 사회계급들이 사회체제의 개혁을 둘러싸고 상호 대립하고 있었다.[1] 그러한 가운데 1894년 초에 농민봉기, 이어 6월 말 청일전쟁이 발발하는 상황에서 새로 구성된 조선정부는 6월 말부터 3개월여 동안 조선 국가제도와 봉건사회 전반에 대한 '大更張'을 실시하였다. 이른바 '甲午改革'이 바로 그것이다.[2]

---

1) 金容燮, 1988 〈近代化過程에서의 農業改革의 두 方向〉《한국자본주의 성격논쟁》; 鄭昌烈, 1982 〈韓末 變革運動의 政治·經濟的 性格〉《한국민족주의론》참조

486

지금까지의 연구에 의하면, 갑오개혁은 개혁 관료층을 중심으로 하여 조선왕
조 국가의 봉건제도를 일거에 근대국가체제로 개혁하려고 하였으며, 이는 농민
군의 개혁요구와 개화파의 개혁구상 혹은 일본의 내정개혁 요구에 의해 추진된
것으로 보고 있다. 이것은 조선후기 이래 국가재조론의 개혁 흐름과 이어 있으
며, 봉건부세인 삼정의 폐단을 시정하고 지주적 상품경제를 그대로 유지하는
가운데, 근대국가, 근대사회로의 전망을 가졌다고 평가되고 있다.[3]

그런데 갑오개혁이 조선후기 이래 지주적 입장의 개량적 근대화운동이라면,
이와는 대조적으로 전개된 변혁운동이 있었다. 1894년 농민전쟁은 조선후기 이
래 전개되어온 농민항쟁의 흐름을 이어받아 조선 봉건사회체제를 무너뜨리고
일본제국주의 침략에 대항하여 민족모순을 해결하려고 한 민중운동이었다.

그렇다면 이 시기 변혁운동의 양 축을 형성하고 있었던 갑오개혁과 농민전쟁
의 운동이 1894년 시점에서 어떻게 결합하고 있는가. 이제까지 연구에서는 농
민군은 초기 군국기무처의 개혁사업이 시작되었을 때 이를 환영하였고 9월 초
순까지 개화파와의 연합이나 동맹 가능성을 기대하고 있었지만, 9월 중순 이후
일본의 보호국화 추진과 친일세력의 확대 등으로 인해 국권의 위기상황이 되자
봉기했다고 하였다.[4] 그런데 갑오개혁과 농민군의 구체적인 관련성이나 일제와
의 관련성에 대해 아직 충분히 해명하지 못하고 있다. 이러한 문제를 검토하기
위해서는 농민전쟁과 갑오개혁을 따로 떼어놓고 검토할 것이 아니라 상호 관련
성 속에서 정합적으로 설명해야 한다. 그래야만 양자가 취한 근대적 개혁 방향
이나 제국주의의 대응방식의 차이를 해명할 수 있을 것이다.[5]

2) 甲午改革은 일반적으로 '甲午更張'이라고도 하며, 1894년 6월 25일(양 7월 27일)부터 1895년
12월 28일(양 1896년 2월 11일)까지 전개된 甲午 乙未年間의 改革을 통칭하는 用語이다.
3) 田保橋潔, 1944 〈近代朝鮮における政治的改革〉《近代朝鮮史研究》; 元裕漢, 1973 〈東學農民
蜂起와 甲午改革〉《한국사》 17 ; 金容燮, 1975 〈甲申 甲午改革期 開化派의 農業論〉《동방학
지》 15(《한국근대농업사연구》 재수록) ; 朴宗根, 1982 《淸日戰爭과 朝鮮》(1989, 朴英宰
譯) 일조각 ; 吳斗煥, 1984 〈甲午經濟改革의 구조와 성격〉《(인하대)논문집》 제3집 ; 사회과학
원 력사연구소, 1980 《조선전사》(근대 1) ; 柳永益, 1990 《甲午更張의 硏究》 일조각 참고
4) 이에 대하여 양자의 관계를 직접적인 협력관계로 보는 입장에서 보는 견해(愼鏞廈, 1985 〈甲午
農民戰爭의 主體勢力과 社會身分〉《한국사연구》 50·51합집)가 있으며, 반대로 상호 대립적
인 관계로 보아 비판하는 문제제기(李離和, 1993 〈폐정개혁과 갑오개혁의 연관성 규명〉《동학
농민혁명과 사회변동》 한울)도 있었다. 또한 근대개혁안의 비교와 국민적 통합의 측면에서 相
親的 관계로 보는 관점〔鄭昌烈, 1994 〈갑오농민전쟁과 갑오개혁의 관계〉《100년 전 한국사회
와 국제관계》(발표문, 아주대 인문과학연구소)〕도 제기되고 있다.

여기에서는 甲午改革을 추진하는 '甲午改革 政府 혹은 甲午政權'이 추진하는 근대적 개혁과 방향을 중심으로 검토하면서, 농민군의 개혁요구를 어떻게 받아들이고 있었는가하는 문제를 구체적으로 살펴보려고 한다.[6] 특히 1894년 당시 변혁운동세력의 인식 변화와 대응에 주목하여 정리해보고자 하였다.

우선 1894년 초부터 전개된 農民戰爭의 전개에 대응하여 政府 支配層의 이해와 대응방식의 변화를 살펴보려고 한다. 당시 閔氏政權이라고 하는 政府 支配層과 개혁관료들이 취한 농민군대책의 차이점에 주목하려고 한다.

다음으로 甲午政權의 집권경위와 담당세력을 검토하면서 구체적인 개혁정책의 내용을 다루려고 한다. 특히 6월 말 軍國機務處의 성립과 7월 중순 권력획득 과정 그리고 근대적 개혁정책 중에서 농민전쟁 수습책을 중심으로 살펴보려고 한다.

그리고 8월 말 9월 중순에 이르는 시기에 朝鮮政府 내에서 甲午政權의 위상변화와 관련하여 제2차 농민전쟁에 대한 진압과정을 검토하려고 한다. 특히 갑오정권이 일대 정권의 퇴진위기를 맞이하면서도 농민군의 개혁요구를 수렴하지 못하고 도리어 이들을 탄압할 수밖에 없었던 원인들을 구체적으로 분석해보려고 한다. 그리하여 농민전쟁과 갑오개혁의 대립원인이 일제의 개입이라는 외부적 계기뿐만 아니라 본질적으로 개혁내용과 방향의 대립에서 연유하였다는 사실을 지적해보려고 한다.

2. 중앙정계의 동향과 농민 대책

1894년 1월 古阜民亂에 이어 3월 중순 무장에서 봉기한 農民軍은 순식간에 전라도 일대를 석권하면서 봉건적 폐정을 개혁하고 부패 관리를 징치하는 개혁운동을 전개하고 있었다. 그런데 중앙정부는 처음부터 민란의 전개상황을 정확

---

5) 이 시기에 주요 정치세력은 보수, 개혁, 농민군세력, 일본제국주의 등 네 세력으로 범주화시킬 수 있겠다. 1894년에 이들이 어떤 역학관계 속에서 활동했는가를 파악해야만, 향후 조선사회의 발전방향과 그것이 지닌 계급적, 민족적 성격을 파악할 수 있을 것으로 생각한다.

6) 甲午改革의 1차적 국면, 즉 6월 말부터 9월 말에 이르는 소위 '軍國機務處' 단계의 정권을 농민전쟁이나 일본의 보호국화 기도와 관련하여 이후 정권의 성격과 다르다고 보고 일단 구별하여 논의해보려고 한다.

하게 파악하지 못하고 있었다. 2월 15일에서야 전라감사 金文鉉과 고부군수 趙秉甲에게 각각 越俸과 拿問定罪하는 조처를 취하였다. 또한 장흥부사 李容泰를 안핵사로 파견하면서 읍폐의 교구방략을 소상하게 조사할 것과 민란의 首倡者 이외에 脅從之類는 효유하여 해산시킨다는 방침을 전달하였다.[7] 이어 2월 22일에는 국왕의 綸音을 반포하여, 민란의 원인이 "탐학한 관리가 백성을 침탈한 데 있다"고 규정하고 여러 지방관리의 藏否를 조사 보고하도록 하는 조치를 취하였다.[8] 이러한 대책은 이전의 민란을 다루는 대책에서 크게 벗어난 것은 아니었다. 1894년 2월, 3월간 정부지배층은 민란의 원인을 봉건국가 체제적인 문제가 아니라 관리의 부패와 민중수탈에 있다고 보고 이들의 침탈만 제거한다면 민란은 곧 수습될 수 있다고 판단하고 있었다.

그렇지만 3월 중순 이후에도 민란은 전국적으로 더 확산되어갔다. 이에 따라 삼남지역 농민군에 대한 본격적인 탄압이 전개되었다. 3월 25일에는 호서·호남·영남의 '挾雜之類'들의 聚黨을 엄단할 것을 명령하는 등 강경 방침을 전달했다.[9] 27일에는 壯衛營 正領官 洪啓薰을 全羅兵使로 임명하여 파견하였으며, 곧이어 4월 2일에는 兩湖招討使로 격을 높여 壯衛營兵을 이끌고 농민군 토벌에 나서도록 하였다.[10]

이런 상황에서 4월 4일 개최된 時原任大臣會議에서는 농민군 봉기에 대한 근본대책과 원인 규명을 둘러싸고 처음으로 일대 격론을 벌이게 되었다.[11] 여기서 判府事 沈舜澤, 鄭範朝, 左議政 趙秉世 등은 민이 관의 탐학을 호소할 데도 없어 어쩔 수 없이 민란을 일으켰다는 사정에 대해 일면 동정하면서도, 난을 일으킨 首魁를 잡아들여야 평민들이 다시 농촌으로 돌아가 安集할 것이므로 먼저 剿除한 연후에 弊政을 개혁할 것을 주장하였다. 반면에 判府事 金弘集은 首魁를 포착하는 것조차 사람을 얻은 이후에나 가능할 것이라고 하면서 농민 탄압에 유보적인 태도를 취하고 있었다. 아무튼 이날 회의의 결론은 이전과 마찬가지로 先彈壓의 방침을 재확인했을 뿐이었다. 이것은 폐정의 원인이 민씨정권에게 있다는 책임론을 모면하고 현존 집권층의 이해를 그대로 보존 유지하기 위

---

7) 《日省錄》 고종 31, 갑오 2월 15일, 48쪽
8) 《일성록》 고종 31, 갑오 2월 22일 〈下綸音于各道郡邑民人〉, 56~57쪽
9) 《일성록》 고종 31, 갑오 3월 25일 〈命湖西湖南嶺南雜類聚黨嚴飭禁斷〉, 92쪽
10) 《일성록》 고종 31, 갑오 4월 2일, 99쪽 ; 《兩湖招討謄錄》, 《兩湖電紀》 4월조
11) 《일성록》 고종 31, 갑오 4월 4일 〈召見時原任大臣閣臣于熙政堂〉, 101~102쪽

한 방책이었다.

이후 政府는 각 지역의 민란에 대해 더 강경한 대책으로 나아갔다. 4월 10일에 김해부의 민란을 진압할 것을 표명하였으며 12일에 회덕군에 모인 聚徒 등에 대해서도 "이들을 赤子로 보아 용서할 수 없으니 해당 도의 道臣과 招討使로 하여금 법에 따라 집행할 것"을 명령하고 있다.[12] 또한 민란 발생지역의 책임자에 대한 문책인사를 취하였다. 4월 18일과 25일에는 전라, 충청, 경상 등 三南의 감사를 전격적으로 모두 교체하는 인사를 단행했다. 즉 전라감사에는 외무협판 金鶴鎭을 임명하였으며 25일에는 충청감사 趙秉鎬를 경상감사로 전임 발령하고, 知宗正卿 李鐵永을 충청감사로 임명하였다.[13] 이들 중 金鶴鎭은 이전에 都承旨를 역임하였으며 趙秉鎬는 興宣大院君의 사위로서 고종의 측근인사였기 때문에 이들에게 민란을 수습할 수 있는 전권을 부여하고 있었다.[14]

그러나 농민군은 이러한 봉건정부의 탄압에도 불구하고 전라도 일대를 석권하면서 4월 27일 전주성을 점령하였다.[15] 이 사건은 결국 민씨정권의 퇴진과 전면적인 권력개편을 요구하는 사건이었다. 29일 정부에서는 閔泳駿이 주도하여 청병을 차용해서라도 농민군을 모두 초토할 것을 결정하게 되었다.[16] 그렇지만 청군에 이어 일본정부의 개입이 이어졌으므로 이제 민씨정권의 붕괴위기와 함께 국제적 내정간섭으로 비화되기에 이르렀다.[17]

---

12) 《일성록》 고종 31. 갑오 4월 10·12일, 109~110쪽.
13) 4월 18일 이후 전라감사 경질, 안핵사 귀양, 均田使의 減下 등 조치에 이어, 24일 다시 金文鉉, 趙秉甲, 李容泰를 처벌했다〔《일성록》 고종 31, 갑오 4월 18일(116~118쪽), 24~25일(124~127쪽) 참조〕.
14) 4월 24일에 高宗은 金鶴鎭에게 全羅道觀察使 겸 兵馬水軍節度使, 都巡察使, 全州府尹, 親軍武南營外使 등 호남일대의 전권을 부여해주면서 '便宜從事'로 처결케 했다. 이것은 충청감사 이헌영에게도 마찬가지였다〔《일성록》 고종 31, 갑오 4월 18일(116~118쪽), 24~25일(124~127쪽) 참조〕.
15) 농민군들은 폐정개혁에 의한 輔國安民을 목적으로 하여, 전주성을 함락시켜 이를 근거로 중앙권력의 교체를 기도했다. 특히 4월 18일 나주공형에 보내는 통문 및 4월 19일 함평에서 초토사에게 보내는 전문에서 대원군 옹립을 제기하였다. 이는 중앙정부의 권력교체를 직접적으로 요구한 것으로 정계개편 논의를 촉진시켰다.
16) 고종은 이 자리에서 淸兵借用案을 제기하여 金炳始 등의 반대의견을 물리치고 대신들의 동의를 얻어냈다. 이미 28일에 閔泳駿이 고종의 내락을 받아 袁世凱에게 借兵案을 제의하였고, 4월 29일에는 시원임대신회의 이전에 정식 외교문서로서 차병요구서를 袁世凱에게 전달한 바 있었다(《甲午實記》, 8쪽 참조).
17) 일본대리공사 杉村濬은 4월 18일(양 5. 22.)에 이미 농민전쟁에 대해 조선정부가 취할 만한

490

이렇게 상황이 급변하자 민씨정권은 일본군의 개입을 막기 위해 청국의 아산 상륙을 당분간 연기하는 한편, 농민군의 전주성 점령사태를 조기에 해결하고자 농민군을 적극적으로 회유하기 시작하였다. 그 결과 5월 8일 '全州講和'을 통해서 농민군과 정부군과의 타협이 성립되었다. 이때는 농민군의 개혁조항 27개조를 수용하고 국왕에게 상주하여 실시케 한다는 것과 농민군의 解散 歸業이라는 조건을 갖고 있었다.[18] 그렇지만 이러한 해산 조건은 지켜지지 않았다. 5월 12일 고종의 綸音에서도 나타나듯이, 민생을 이롭게 하고자 대경장을 펼칠 것을 천명하였으나, 다만 관과 민이 각기 직분을 지킬 것을 당부하는 선에서 사태를 수습하려고 했다.[19] 또한 민란의 원인을 여전히 지방관 책임으로만 돌리면서 "方伯守令이 또 백성을 침학하는 자가 있으면 내가 결단코 법으로 처결하여 용서하지 않을 것"이라고 하여, 탐학한 지방관의 징치를 원칙적으로 강조할 뿐이었다.

전주성을 철수한 농민군은 이후 전라도 각처에 집강소를 설치하였다. 5월 11일 전봉준 등은 순변사 李元會에게 '全羅道儒生等 願情'을 제출하면서 폐정개혁안 14개조를 제시하였으며,[20] 그것도 수용되지 않자 농민적 입장에서 독자적으로 전라도 일대 폐정을 개혁하였다.

한편 1894년 3월 이후 중앙정계는 김옥균 암살을 계기로 해서 갑신정변의 주모자인 개화파에 대해 탄압을 다시 강화하는 조치를 취하고 있었다.[21] 그런데

두 가지 대응책을 예상하고 있었다. '제1책은 내정개혁으로 회유책을 취하는 것', '제2책은 兵을 청국에서 빌어 亂黨을 무력으로 평정하는 것'이었다. 그러나 전자는 민씨정권에게 타격이 되기 때문에 후자의 방법을 취할 것으로 파악하고 일본군의 출병대책을 마련해야 한다고 보고하고 있었다(《日本外交文書》 27-2, 152~153쪽 ; 朴宗根, 앞의 책, 15쪽 참조).

18) 《兩湖招討謄錄》, 209~210쪽 ; 《兩湖電記》 5월 7일, 21일 電報 ; 《全琫準判決宣言書》 참조
19) 《일성록》 고종 31, 갑오 5월 12일〈下綸音于兩湖民人〉, 145~146쪽
20) 金允植, 《續陰晴史》 上, 갑오 6월조, 322~323쪽
21) 2월 22일 상해에서 암살된 김옥균의 시신이 3월 7일 인천에 도착하자, 민씨정권은 당시 집권관료들을 다수 동원하면서 갑신정변의 주모자인 개화파에 대해 탄압하고 있었다. 여기에는 영의정 沈舜澤 이하 金弘集·趙秉世·鄭範朝 등과 사헌부, 사간원의 관료들이 주축이 되었다. 金玉均을 适(李适)·雲(致雲)의 例로 陵遲處斬했으며, 洪英植의 屍身을 剖棺戮셨으며 討逆科를 설치하였다(《甲午實紀》 갑오 3월 10일, 23일 ; 《羅巖隨錄》 갑오 3월조). 또한 일본에 있던 朴泳孝에 대한 암살도 시도되고 있었다. 又有李逸稙 權東壽者 受密旨入日本 圖殺泳孝 發覺被執于巡捕 權東壽匿于我國公館 日延送巡捕入署 搜出而拏去 署理公事兪箕煥 以爲辱國 即爲回國 泳孝爲日本富人壻 方設善鄰義塾 廣招學徒云(《속음청사》 상, 갑오 3월 19일).

이제 호남지역 농민군에 대한 탄압으로 정국의 초점이 옮아가고 나아가 민씨정권의 실정에 대한 책임자 처벌로 전환되자, 兪吉濬, 金嘉鎭, 安駉壽, 金鶴羽 등 개혁관료들은 5월 초부터 본격적으로 정치세력화를 이루어 나갔다. 이들은 민씨정권의 청군파병 요청에 대해서, "전라지방민이 폭동을 일으킨 것은 본래 지방관리들의 탐욕과 학정에 기인한 것이며 그 책임은 閔氏一門에게 돌아오기 때문이라"고 사태의 원인을 정확히 파악하고 있었다. 또한 외세의 개입으로 말미암아 조선의 국체가 위태롭다고 판단하고, "일본과 청국 두 나라 사이에 의논이 잘 이루어져서 조선에 대해 中立 혹은 保護國의 자격이 주어져 조선이 餘命을 유지하게 하는 방법"을 고려하고 있었다.[22] 이는 외세에 의존하여 조선의 국권 위기를 극복하려는 인식의 일단을 보여준다.

이 시기 開化政策의 실무를 담당하고 있던 관료들은 자신의 개혁방안을 실현시킬 수 있는 改革政權의 수립운동을 시도하고 있었다. 이러한 시도는 농민군과의 연계를 통해서 이루어지지 않았다.[23] 국내 정치세력 기반이 취약하다고 판단한 이들은 도리어 일본과의 연계를 통해서 집권하려고 했던 것으로 보인다.[24]

이와 같이 1월 초 농민군의 봉기로부터 시작된 정국의 위기국면은 5월 초 농민전쟁의 진압을 명분으로 하여 청국과 일본이 군사적으로 개입하게 되자 농민전쟁은 이제 청·일 양국의 정치적, 군사적 대결의 장으로 전화하게 되었으며, 閔氏政權, 改革官僚, 大院君 등 국내 정치세력도 호남 일대의 민란에 대한 책임을 둘러싸고 중앙정계에서는 각 정치세력간에 치열하게 논쟁이 전개되었다.[25]

22) 〈淸國出援에 대한 朝鮮朝廷內의 不服黨의 運動과 袁氏의 密話〉 6월 6일(음 5. 3) 《주한일본공사관기록》 1, 266~269쪽
23) 鄭喬는 "東徒가 初起했을 때 兪吉濬, 金鶴羽 등은 乘機하여 閔氏들의 執政을 타도하고 집권하고자 비밀리에 東徒에 通謨하였다"고 하였다(鄭喬, 《大韓季年史》 갑오 10월조, 99쪽). 그러나 실제로 그러한 시도는 구체적으로 실현되지 못한 것으로 보인다.
24) 〈安駉壽氏의 內話〉 6월 24일(음 5. 21) 《주한일본공사관기록》 3, 發제85호, 24~26쪽
25) 5월 1일부터 6월 초까지 時原任大臣과 三司가 여러 차례 金文鉉에 대한 처벌을 요청했으나 '棄城 越境封彊之臣'의 죄명으로 '滅死安置'할 뿐이었다. 고종도 그러한 처벌 수준에서 마무리하려고 하였다. 이는 민씨정권 퇴진으로 이어질 수 있는 민감한 사안이었기 때문이다(《일성록》 고종 31, 갑오 5월 1·7·8·9·10일, 6월 3·10일, 134~168쪽).

3. 갑오정권의 수립과 내정개혁

1) 일본의 개입과 갑오정권의 수립

일본은 5월 초순 농민군의 일시 해산으로 사태가 수습되어 일본군의 조선주둔
명목이 없어지고 대신에 청·일 양군의 공동철병이 요구되자, 조선이 독립국임에
도 불구하고 청이 조선을 자신의 속방으로 간주하여 내정간섭을 한다는 屬邦論을
제기하여 전쟁의 구실로 삼으려고 했다. 그러나 5월 25일, 27일, 28일 등 세 차
례에 걸쳐 러시아가 일본의 군사간섭을 비난해왔으므로 본국 정부에서 러시아의
간섭을 받을 우려가 있다고 판단하고 屬邦論을 철회하였다.[26] 대신에 일본은 조
선의 내정개혁을 제기하면서 군사적 주둔 명분을 확보하려고 했다. 특히 그들의
목적에 동조하는 정치세력으로 개혁관료들을 규합하고 또한 대원군을 포섭하려
고 했다.[27] 일본은 5월 25일 속방과 내정개혁 문제에 대해 조선정부에 회답을 강
요하고, 6월 1일 내정개혁 5개조를 제시하였으며, 8일과 9일 老人亭 會議를 통해
전 27개조에 이르는 '內政改革方案綱目' 실시를 강요하였다.[28]

이에 대응하여 조선정부는 5월 25일 일본의 내정간섭에 대항하는 독자적인
개혁방침을 정하였으며,[29] 6월 6일 '自修自强'을 목표로 하는 '大更張 大懲創'을
선언하였고,[30] 11일에는 校正廳을 설치하고 革弊 12개 조항을 마련하였다.[31]
이렇게 내정개혁의 분위기가 조성되어가고 있었지만, 교정청의 구성원이 종래
의 시원임대신을 그대로 포함하는 방식을 취하고 있어서 보수적인 인사들로 포
괄되어 있었으며,[32] 또한 여기서 의결한 개혁강령도 실제 농민군들이 제기한 개

---

26) 朴宗根, 1989 앞의 책, 43~47쪽
27) 5월 10일(양 6. 13) 杉村濬은 "조선 내부에서 변혁을 일으키기 위해서는 閔氏黨을 몰아내고 반
    대파 또는 중립적 인사들을 정부에 등용하도록 해야할 것"이라고 외무대신에게 보고하고 있다(≪在
    韓苦心錄≫, 12~13쪽). 이후 일본은 본격적으로 개혁관료들을 포섭하기 시작한 것으로 보인다.
28) 〈內政改革勸告에 대한 朝鮮政府의 反應〉≪주한일본공사관기록≫ 1, 發 제90호, 102~108쪽
    ; 機密 제121호 70〈內政改革案提出의 件〉, 294~298쪽
29) ≪일성록≫ 고종 31, 갑오 5월 25일〈召見時原任大臣閣臣于康寧殿〉, 160~162쪽
30) ≪일성록≫ 고종 31, 갑오 6월 6일〈飭廟堂〉, 171쪽
31) '六月十六日校正廳議定革弊條件'(≪속음청사≫ 상, 갑오 6월조)
32) 교정청의 總裁官은 영부사 申應朝, 영의정 沈舜澤, 판부사 金宏集, 영돈령 金炳始, 좌의정 趙
    秉世, 우의정 鄭範朝, 堂上官에는 중추부사 金永壽, 호조판서 朴定陽, 병조판서 閔泳奎, 한성판

혁안이 충분히 반영되었다고 보기 어려웠다.[33]

한편 일본으로서는 청일전쟁을 일으키는 데 전쟁의 명분을 확보해주는 동시에 전쟁수행에 협조해주는 친일정부의 존재가 필요하였다. 6월 8일 내정개혁 요구를 거절한다면, 군사적 위협으로 강제하거나 아니면 조약개정을 통해 최혜· 국조관의 특권을 향유하도록 강요하는 차선책도 마련하고 있었다.[34] 6월 13일 제3차 노인정회의와 다음날 정부의 의결 통보를 통해 조선정부는 일본의 내정개혁 요구를 정식으로 거부하였다. 이때 조선측은 일본이 타국의 내정개혁을 권고하기 전에 철병부터 실행할 것, 일본이 요구하는 내정개혁 요건은 이미 교정청을 통해서 독자적으로 실시하고 있다는 등의 반박논리를 내세웠다.[35]

일본은 이제 속방론이나 내정개혁 강요를 통해서는 청일간의 전쟁을 일으키거나 현실적으로 정권교체가 무망한 상황이었으므로 군사개입을 통해 '早期'에 소기의 목적을 달성하려고 했다.[36] 6월 21일 새벽 일본군의 경복궁 점령은 조선정국을 일거에 전환시키는 계기가 되었다.

이에 따라 6월 22일에는 고종의 국정에 대한 親裁는 대원군으로 넘어가게 되었으며,[37] 25일에는 金弘集을 수반으로 하는 새로운 권력이 수립되었다. 여기서 갑오개혁의 추진기구는 '軍國機務處'였다. 6월 26일 공포된 '軍國機務處章程'에 의하면, 군국기무처는 중앙의 행정·사법기구를 개혁하고 國政改革 및 殖産興業 등 일체 군국사무를 담당하는 의결기구로 규정되었다. 회의원들은 주요한 안건을 토의하여 '議案'으로 공표하였다. 議案은 비록 국왕에게 올려 旨를 받기는 하지만 그것은 거의 형식적인 절차에 불과했던 것이었다. 이렇게 군국기무처는 개혁추진의 실질적인 권력기구로 자리잡고 있었다.[38]

윤 申正熙, 대호군 李裕承, 대호군 金晩植, 이조판서 尹用求, 대호군 趙鐘弼, 협판 내무부사 沈相薰·金宗漢·趙寅承·金思轍, 郎廳에는 부사관 金珏鉉·鄭寅杓 등이 임명되었다.

33) 교정청 설치 이후 각 기관이 10년간 새로 설정된 잡세를 전격적으로 혁파하거나 지방관의 불법적인 수탈 금지 등을 포함하고 있지만 '負褓商外 托名聚黨者 各別痛禁事'와 같이 농민군의 취당을 금지하고 있다. 이는 일정 한도에서 폐정개혁 요구를 탐관오리의 추방으로 잘라내고 부분적인 조세 이정을 통해 수습하려는 것이었다(≪甲午實記≫ 6월 11·12·14일 참조).

34) 〈朝鮮內政改革의 勸告가 거절될 때 日本이 취할 수단에 관한 품의〉(大鳥圭介 ⇒ 陸奧宗光) ≪주한일본공사관기록≫ 1, 기밀 제122호, 本71, 298~299쪽

35) 〈內政改革 勸告에 대한 朝鮮政府의 回答〉 7월 18일(大鳥圭介⇒陸奧宗光) ≪주한일본공사관기록≫ 1, 기밀 제129호 本74, 302~303쪽 ; 柳永益, 1990 앞의 책, 10~12쪽

36) 朴宗根, 1989 앞의 책, 48~90쪽 참조

37) 凡今庶務緊重 與海陸軍事務 大院君前命進明裁決(≪일성록≫고종 31, 갑오 6월 22일, 187쪽).

494

개혁사업은 중앙행정체계의 개편으로부터 시작되었다. 6월 28일 군국기무처
는 '議政府 이하 各 衙門의 제도와 역할을 제정하는 데 本朝의 成憲을 기초로 하
고 각국의 通例를 참고하여' 중앙관제를 개혁한다는 방침을 세웠다. 먼저 중앙
행정기구는 "百官을 總理하고 庶政과 邦國을 다스린다"고 규정된 議政府를 중심
으로 개편하되 議政府와 宮內府를 분리하여 국가와 왕실의 권한을 구분하려는
구상을 관철시켰으며 이전의 내무부와 6조 및 기타 남설된 기구를 통폐합시키
기로 방침을 설정하였다. 그리하여 중앙행정부서는 內務, 外務, 度支, 法務, 學
務, 工務, 軍務, 農商 등 여덟 衙門으로 개편시켰다.[39]

이 시기 중앙권력구조의 개편에서 보이는 특징은 君主 내지 宮內府의 권한을
축소하여 군주의 전제권을 제한하고 있는 반면,[40] 의정부의 총리대신이 입법기
관인 군국기무처와 관리임용·규찰 기능의 都察院을 장악하고 8개 아문을 통제
하고 있는 권력구조를 가지고 있었다.[41] 중앙관제의 제도적 정비를 통해서 의정
부의 총리대신인 김홍집과 도헌 유길준 등이 정치운영을 독점하고 권력강화를
꾀할 수 있는 체제였다. 그렇지만 그것은 단지 제도적 차원에 그칠 뿐이었고 사
실상 행정기구를 능가하는 군국기무처와 그 회의원이 권력을 분점하는 형태를
가지고 있었다.[42]

---

38) 군국기무처의 기능과 권한에 대해서 다음과 같이 규정되어 있다. 一. 軍國機務處卽 軍國機務
一切更張之處也 一. 軍國機務由本處議決後稟旨擧行 一. 京外職官府職制, 州縣職制, 行政與司法
應行一切規則, 田賦貨稅及各項財政應行一切規則, 學政, 軍政, 殖産興業及營商所關一切事務 以上
諸項外凡係軍國一應事務皆可會議〔《章程存案》(奎 17237) 6월 26일〕.
39) 이러한 일련의 중앙관제를 비롯하여 그에 따른 후속인사와 각 아문의 관제규정은 6월 28일부터 시작
하여 7월 20일까지 마무리하기로 예정하고 있었다. 그렇지만 실제로 이전 기구들이 완전히 개편된 것
은 7월 18일이었다〔《議案》(奎 20066) 갑오 6월 28일 ; '一 各衙門職制實施限期以七月二十日爲定
事' 《議案》 갑오 7월 1일 ; '一 議政府及各衙門通行規則商確妥定事' 《議案》 갑오 7월 2일 참조〕.
40) 서영희, 1990 〈1894~1904년의 政治體制 變動과 宮內府〉《韓國史論》 23, 362~363쪽 참조
41) 都察院은 과거제도 폐지 이후 選擧條例를 제정하고 관료의 임면, 법률의 제정, 국정에 관한 상
소를 거치는 심의기구로 규정되었으므로 갑오정권의 핵심기구로 기능할 수 있었다.
42) 兪吉濬은 1889년 《西遊見聞》을 정리하면서 조선이 취해야 할 이상적인 정체를 '君民共治'라
고 하였다. 그런데 이러한 政體에서 인민의 의사를 대변하고 公道를 시행하는 정치의 주체로서
執權官僚集團이 설정되었다(유길준전서편찬위원회 편, 1971 《兪吉濬全書》 I 일조각). 1890
년 金允植이 저술한 〈十六私議〉〈第一 薦法〉條에서도 능력있는 관료층의 충원과 집권관료세력의
지위 강화를 바탕으로 해서 輔相을 중심으로 국정개혁을 주도하려고 하였다(〈十六私議〉 《金允
植全集》). 한편 朴泳孝는 '君權有定'이라는 制限된 君權을 가진 '君民共治'의 政體를 바람직한
정치형태로 제기하고 있었다(《朴泳孝 上疏文》〈總論〉條 참조).

　　그러면 군국기무처의 구성원은 어떠한 관료세력을 포괄하고 있었으며 이들의 권력장악의 정도는 어떠하였는가.[43]

43) 〈표〉 **군국기무처 회의원의 경력과 관직 현황**

	성명	나이	주요 경력	1894년 관직상황			비고
				전반기	당시	후반기	
1	金弘集	52	제2차수신사(80) 예조판서,독판교섭통상사무(84) 좌의정, 총리내무부사(87)	판부사	영의정	총리대신	
2	朴定陽	54	조사일본시찰단조사(81) 기기국총판(83) 주미특명전권공사(87~89) 호조판서(92)	한성판윤 호조판서	내무독판	학무아문 대신	
3	金允植	59	영선사(81) 강화유수(82) 독판교섭통상사무(85) 면천군 유배(86~94)	향리죄인	강화유수	외무아문 대신	
4	魚允中	46	일본시찰단朝士(81) 군국사무아문 참의(82) 선혜청 당상(85) 양호선무사(93)	승정원 승지	한성부 우윤	탁지아문 대신	임명(7.2)
5	金宗漢	50	사간원 대사간(84) 병조참판(86) 한성부우윤(89) 사헌부 대사헌(91) 형조참판, 승정원 승지(93)	도승지	내무협판	궁내부 협판	
6	金嘉鎭	48	통리교섭사무아문 주사(82) 내무부 주사(85) 내무참의(90) 주일공사관 변사대신(93) 승정원 승지(93)	내무참의	외무협판	공조판서,외무아문 협판	
7	安駉壽	41	통리교섭사무아문 주사(87) 전환국방판(90~94)장위영 영관(90)	전병사	우포장	공무아문 협판	
8	趙羲淵	38	훈련병대생도(81) 기기국위원·방판(83~87) 연무공원참리(88) 한성부좌윤(91) 장위영 병방(93)	장위사	장위사	군무아문 협판, 대신서리	
9	金鶴羽	32	기기국위원(84) 내무부주사(85) 연무공원사무(88)	연무공원 사무	내무참의	법무아문 협판	
10	李允用	40	전라병사, 한성부우윤(85) 홍주목사(89) 총어영병방(93)		대호군	경무사	대원군의 사위
11	閔泳達	35	홍문관 부수찬(85) 형조참판(90) 예조판서(93)	내무부사 호조판서	내무협판	내무아문 대신	민영상 교체 (7.9)
12	鄭敬源	53	친군우영 군사(84) 홍문관 부교리(91) 승정원 승지(92)	내무참의	내무참의	학무아문협판 호서선무사(79)	
13	兪吉濬	38	통리교섭통상사무아문 주사(83)	외무주사	외무참의	도헌	
14	朴準陽	27	내무부 주사(86)	전승지	내무참의	내무아문 참의	
15	李應翼	?		외무주사	공조참의	학무아문 참의	
16	徐相集	29	사간원 정언(88) 홍문관 부응교(91)		부호군	공무아문 참의	
17	權濚鎭	?	훈련첨정 연무공원사무(88)	전첨정 기 기국방판	내무참의	통위영 병방 선천부사(8.20)	
18	金夏英	? 45	통리교섭아문 주사(86) 기기국사사(90) 광무국 위원(90)	외무주사 동부승지	외무참의	외무아문 참의 원산감리(8.7)	8.22 박탈
19	李源兢	?	통리교섭통상사무 주사(83) 홍문관 교리(91)	부교리	내무참의	북청부사(8.10)	8.22 박탈
20	李泰容	?	선공감 가감역(82) 홍문관 교리(84) 사간원 사간(85) 내금장(91)	전승지	이조참의	도헌, 남양부 안핵사(6.28)	7.2 임명 8.22 박탈
21	權在衡	39	통상아문 주사(85) 전보국 주사(90)	장위영문 안	내무참의	외무아문참의한 성부 우윤	7.2 임명
22	李道宰	46	홍문관 부교리(83) 의주부윤, 이조참의(84) 승정원 승지(85) 공조참판(85)	加藏罪人	공조협판	공무아문 협판, 전라감사	8.22 임명
23	申箕善	44	홍문관 교리, 군국사무아문 참의(82)	安置罪人	동지중추 원사		8.22 임명
24	禹範善	?			장위영 정령관		8.22 임명

[비고] 군국기무처 회의원 임명은 대부분 1894년 6월 25일이며, 정식으로 신관제에 따른 관직을 얻은 것은 7월 15일이었다 (《日省錄》, 《官報》 해당일자 관직임명 기사 및 柳永益, 《甲午更張硏究》, 141쪽 일부 재인용).

당시 군국기무처 회의원들은 세력기반이 일치하고 있는 것이 아니었다. 1880년대 이래 중앙관료로 중진 관료의 위치를 차지하고 있으면서도 閔氏政權에서 소외되었던 김홍집, 어윤중, 김윤식, 박정양 등이 참여하고 있다.

또한 민씨정권하에서 개화정책의 실무자였던 김가진, 조희연, 김학우, 권형진 등 소장관료층, 그리고 일본, 미국의 유학경험을 가지고 있는 유길준 등이 참여하였다. 이들은 대부분 1880년대 이래 개화정책을 담당하고 있었던 통리기무아문 계통의 主事 出身으로서 1894년 당시 내무부, 외무아문 참의에 올라있던 관료들이었다. 이들은 모두 민씨정권의 대외개방정책에 깊숙이 참여하여 일본·청국·미국·러시아 등 해외열강의 근대문명과 접촉한 경험을 가지고 있어 외교통상 관계 업무에서 실무경험을 쌓아가고 있던 관료층이었다.[44] 갑오정권에서는 이러한 두 계통의 개혁관료층을 주축으로 이루어지고 있었다. 여기에 대원군 계열이 일부 참여하고 있는 정권이었다.[45]

이러한 과정을 통하여 갑오정권은 초기에 군국기무처 개혁활동을 통하여 권력의 입지를 확보할 수 있었으며 군국기무처의 회의원만이 정부정책을 결정하고 시행할 수 있는 권한을 부여받은 관료층이었다.[46] 여기에서 제외된 정부인사들은 정권에서 아무런 힘을 가질 수 없었다. 이제 7월 15일에는 군국기무처 회의원 다수가 정부의 대신 혹은 협판으로 임명되어 권력의 중추기구를 장악하였다.[47] 이어 7월 20일부터 실시된 신관제하에서 이들 군국기무처 회의원들은 새로운 국가권력의 담당자로 갑오정권을 정식 출범시킬 수 있었다.[48]

---

44) 柳永益은 이들 세도가문과 거리가 먼 비교적 한미한 가문의 출신으로서 개인적 능력으로써 출세한 업적지향형 인물이었으며 대개 양반의 서자이거나 중인층으로 신분제도 내지 정치체제에 불만이 많은 인물이었다고 평가하였다(≪甲午更張硏究≫, 139~144쪽 참조).

45) 대원군 계열의 인물로는 박준양, 이원극, 이태용 등이었다(杉村濬, ≪明治二十七 二十八年 在韓苦心錄≫, 66쪽 ; 柳永益, 앞의 책, 139~143쪽 참조). 그러나 앞의 표에서 알 수 있듯이 이들은 8월 22일에는 군국기무처 회의원 자격을 박탈당하고 있다.

46) "一 李埈鎔議員 啓差事 雖蒙不必加差之處分 現帶議政府有司之任 有異前日 本處議員爲差下事 批曰 己有前旨姑徐"(≪議定存案≫ 갑오 7월 17일)에서와 같이 고종은 대원군의 손자 李埈鎔이 군국기무처 의원으로 됨으로써 그의 권한이 강화될 것을 우려하여, 국왕의 임명을 받는 내무협판에 머물러 있게 했다는 것에서도 알 수 있다.

47) 新官制 실시 이후에도 7월 17일에 구관제 六曹의 判書, 參判 등을 임명하였는데, 이는 단순히 관원의 원활한 교체와 예우 차원에서 이루어진 것으로 보인다(≪일성록≫ 고종 31, 개국 503년 7월 17일 ; ≪관보≫ 관직임명 기사 참조).

48) ≪일성록≫ 고종 31, 갑오 7월 20일, 246쪽

2) 내정개혁과 농민군 회유책

갑오정권에서 실제 개혁의 추진기구였던 軍國機務處에서는 설립 초기인 6월 말부터 조선 봉건사회 구조를 해체시키고 근대국가, 근대사회로 나아가려는 방안을 토의 결정하고 개혁의안을 공포하였다.

6월 28일 班常이라는 신분적 차별제도를 폐지하고 귀천에 구별없이 人材를 채용할 것을 선언하였으며, 이어 공사노비제도의 폐지, 인신매매의 금지 등 사회신분제를 폐지하는 의안을 의결하였다.[49] 7월 2일에는 칠반천인을 해방하며 양반의 상업경영 자유화를 공포했다.[50] 7월 3일에는 과거제도의 폐지와 선거조례의 제정, 연좌법 폐지를 선언하여 양반관료 이외의 능력있는 인사의 권력참여를 허용할 것을 표명하고 있었다.[51] 또한 7월 12일에는 鄕會 設置의 건을 제정하여 지방민의 권력참여를 제도화시키려는 의향을 나타냈다.[52] 이러한 법제적 조처를 통해서 적어도 양반과 상·천민의 신분적 차별을 두는 제도는 국가제도상 완전히 폐지되었다.

또한 三政의 개혁에 대해서는 우선 종래 여러가지 부세의 현물납과 봉건재정 원칙을 개혁하여 각종 賦稅 名目의 간소화와 租稅의 금납화를 추진하였다. 7월 10일 조세금납화 결의 의안을 통해서 10월부터 실시를 예고하고 있었고,[53] 軍

---

49) "門閥과 班常, 等級의 차별을 혁파하고 貴賤에 관계없이 인재를 選用할 것", "과부의 再嫁는 貴賤을 논하지 말고 자유에 맡길 것", "公私奴婢의 제도는 일체 혁파하고 사람을 판매하는 일은 일절 금할 것"(≪議定存案≫ 議案 草記, 6월 28일).

50) "驛人과 倡優, 皮工 등은 모두 천인에서 면함을 허용할 것", "무릇 관인이 비록 높은 관직을 지낸 자라 하더라도 휴관한 후에 마음대로 상업에 종사할 것"(≪議定存案≫ 議案 草記, 7월 2일).

51) "一 科文取士는 본래 朝廷에서 정한 制度와 관련된 것이지만 헛된 문장으로는 참된 인재를 수용하기 어려우므로 科擧의 法을 上奏하여 재가를 얻어 變通한 후에 따로이 選擧條例를 정할 일"(≪議定存案≫ 議案 草記, 7월 3일).

52) "一 各道의 道臣으로 하여금 地方官에게 명령하여 鄕會를 설치케 하고 各面의 人民들이 자세히 알고 老鍊한 한 사람을 選拔하여 鄕會員으로 삼아 本邑의 公堂에 와서 회의케 하라. 무릇 發令, 고칠 폐막 等의 일에 대해 마땅히 본 읍에서 시정할 수 있는 것은 可否로 評議하여 공동 결정한 연후에 시행할 것"(≪議定存案≫ 議案 草記, 7월 12일).

53) "甲午 10월부터 각 도의 각양 賦稅 軍保 등 일체 상납하는 大小米·太·木·布를 모두 代錢하여 마련한다. 은행을 설립하여 公錢을 획급하고 米穀을 貿遷하게 하여 근본을 넉넉하게 하고 原錢을 탁지아문에 상환하되 기한에 맞추어 잘못되지 말게 하며, 代錢은 다시 상세히 酌量할 것"(≪議定存案≫ 議案 草記, 7월 10일).

498

布는 신분제를 전면 폐지하는 가운데 모든 호에서 戶稅를 내도록 했고 還穀制
는 환곡의 폐단을 금지하고 社倉制를 세우려는 원칙을 세우고 있었다.[54] 이는
신분, 지역에 따르는 부세불균을 제거하고 '均賦均稅'의 원칙을 확립하려는 것
이었다. 또한 지방의 여러 명목이 봉건적 수탈과 탐학한 지방관을 금지하고 다
스릴 것을 선언하고 있었다.[55]

이러한 軍國機務處의 改革 議案은 1차 농민전쟁에서 제기된 농민들의 사회개
혁 및 삼정개혁 요구를 대부분 수용한 것이라고 할 수 있다. 군국기무처는 사회
개혁안을 7월 1일부터 활판 인쇄하여 널리 지방에 유포했으며,[56] 체계적으로
설명하기 위하여 7월 25일에는 가장 급한 先務 27개조를 전국에 한글로 유포하
여 모든 사람에게 알리도록 하고 있었다.[57]

또한 정부의 개혁사업을 설명하기 위해서 6월 28일에는 三南廉察使 嚴世永
을 宣撫使로 겸해 발령하여 각 지방관과 더불어 농민들을 귀화시키도록 하였
다.[58] 이에 따라 그는 전라감사 金鶴鎭과 더불어 선무활동을 벌이고 있었다.
宣撫의 중점은 軍國機務處의 개혁의안을 설명하여 농민군을 효유하고 개혁사
업에 동참하도록 하는 데 있었다. 이러한 분위기 속에서 7월 6일경 호남지역
에서는 전라감사 金鶴鎭과 全琫準 사이에 전주회담이 열려 '官民相和策'을 협
의하였으며 이어 전라도 각 지역에 농민군에 의한 집강소 설치가 공인되기에
이르렀다.[59] 따라서 농민군의 폐정개혁 12개 강령도 사실 軍國機務處 초기 개
혁의안 공포를 토대로 하여 이루어질 수 있는 것이었다.[60]

---

54) "一 備荒의 穀食은 빠르게 마련하고 민으로 하여금 社倉을 설립하게 하여 米租를 쌓아 定期로
출납하는 것이 가장 좋은 제도라 政府에서는 따로 條例를 정하여 각 州縣에 頒給하여 편히 遵行
할 것"(≪議定存案≫ 議案 草記, 8월 10일).
55) ≪일성록≫ 고종 31, 갑오 7월 2일, 12일, 15일, 205~233쪽
56) ≪일성록≫ 갑오 7월 1일, 204쪽
57) 전라감사 김학진은 7월 12일, 6월 28일과 7월 2일에 제정된 군국기무처 의안 25개 중 9개를
적시한 공문을 각 군에 보내어 게시하도록 하였다(≪隨錄≫, 46~47쪽). 이에 따라 7월 21일
關草를 통해서 군국기무처 의안이 각 지방에 유포되고 있었다(≪日史≫ 7월 21일). 한편 경상도
에서는 7월 19일 이후 각 지방에 유포되고 있는데, 7월 23일 동래지방에도 유포되었다. 8월 8
일에는 경상감영은 7월 25일에 중앙에서 만든 先務 27개조를 유포시키고 있었다(≪目錄≫(규
18149 5-4) 四). 또한 8월 20일에는 8월 10일 이후 결의한 議案을 고시하도록 하고 있다(≪關
草存案≫ 갑오 7월 25일, 8월 20일 참조).
58) ≪일성록≫ 고종 31, 갑오 6월 28일, 196~197쪽
59) 鄭昌烈, 1991 ≪갑오농민전쟁연구≫, 210~232쪽 참조

갑오정권은 7월 9일 학부협판 겸 의원인 鄭敬源을 三南宣撫使로 임명하였고 이후 兩湖宣撫使로 활동케 하였다. 7월 26일에는 都憲 李重夏를 嶺南宣撫使로 임명하여 경상도지역의 선무를 담당케 하였다. 7월 말 8월 초 충청지역에서 정경원은 각지 東學 接主를 執綱으로 差定하여,[61] 갑오정권의 개혁사업에 순응하도록 유도했다.[62]

한편 갑오정권은 정권의 기반을 스스로 형성하지 못한 채, 일본이라는 외세에 의해 조기에 권력을 획득했기 때문에 취약한 권력의 명분과 입지를 확대시키려는 방안을 여러 각도에서 추진하고 있었다.

우선 농민군의 부패 관료의 교체와 숙청 요구를 일부 수용하는 선상에서 민씨정권 관료층과의 단절을 기도하고 있었다. 7월 15일 前 刑曹參議 池錫永 상소에 대한 응답으로 議案을 제정하면서, 민씨척족정권 내 책임자 처벌을 국왕에게 요구하고 있었다. 대상은 前 宣惠廳 堂上 閔泳駿, 민씨 측근인 巫女 眞靈君, 前 三道統制使 閔炯植 3인에 불과하였다. 실제 이들에게 엄벌이 가해지지 않았다. 결국 농민들의 정치개혁 요구에 크게 부응하지 못한 것이었다.[63] 또한 관제 개혁으로 인해 실업한 기존 양반관료층의 저항을 무마하기 위해 7월 8일 의정부 산하에 散班院을 설치하기도 하고, 7월 17일 이들에게 장차 일정한 봉급을 주기로 하는 방안을 고려하고 있었다.[64] 이러한 조처는 어디까지나 "금일 朝鮮의 勢는 上下가 一心하여 保合大和하지 않으면 不可"하는 인식에서 나온 것

---

60) 7월 15일경 농민군 지도부는 남원에서 청국과 일본의 개전과 폐정개혁 방안에 대한 농민군대회를 개설하여 전라도 집강소의 강령과 통치권을 강화하려고 하였다. 이때 결의된 執綱所의 政綱 중에서 "一. 貪官汚吏는 袪根할 事 一. 儒林과 兩班輩의 巢窟을 討滅할 事 一. 奴文書를 불지를 事 一. 土地는 平均分作으로 할 事" 등 탐관오리와 양반에 대한 토벌, 신분제 혁파, 토지문제 등에 농민적 개혁을 위해 강경한 입장이 부각되고 있다. 더욱이 외세문제에 대해서는 "一. 外賊과 連絡하는 자는 버힐 事'라고 하였다(《梧下記聞》 2필, 179~180쪽 ; 《東學史》(초고본), 476~478쪽 ; 동학농민전쟁 백주년기념사업추진위원회 편, 1994 《東學農民戰爭史料大系》 1 여강출판사 참조).

61) 宣撫使 鄭敬源은 7월 15일 공주에 도착하여 열읍에 관문을 보내고 巡使 朴齊純과 상의하였는데, 고식책으로 匪魁 崔時亨에게 각 읍에 있는 그 무리들 가운데서 택하게 하여 執綱의 직임에 차정하고 그로 하여금 그 무리 가운데 행패를 부리는 자들을 금찰케 하였다(《洪陽紀事》 7월 20일).

62) 배항섭, 1994 〈충청지역 동학농민군의 동향과 동학교단〉 《백제문화》 23집, 96쪽

63) 《일성록》 고종 31, 갑오 7월 15일, 232쪽

64) 《議定存案》 갑오 7월 8일, 17일 참조

이었다.[65]

또한 중앙정부 내에서 군국기무처 성원의 권한 강화를 도모하였다.[66] 나아가 국왕이 직접 개혁정책에 참여함으로써 권력의 입지를 강화하려고 하였다. 그래서 8월 4일 '大君主 陛下가 百官을 거느리고 御外殿에 나아가 萬機를 親裁'하는 議案을 결의하고 국왕의 신임을 확인하는 행사를 가지려고 하였다. 그러나 고종은 이러한 제의를 거절하였으며 8월 20일에 결의된 같은 내용의 의안도 끝내 거절하였다.[67]

또한 이 시기 개혁정책과 의안은 아직 사회개혁의 방향을 제시하는 원론적 차원에 머무는 것이었다. 갑오정권은 당시 봉건국가의 여러 폐단 가운데 농민 몰락의 원인을 지방관의 탐학이나 봉건적 조세제도의 폐단으로 말미암아 발생된 것으로 파악하고, 이에 대한 전면적인 개혁에 초점을 맞추고 농민전쟁을 수습하는 방안을 세우고 있었다. 그렇지만 7월 20일 정식으로 갑오정권이 발족한 이후에도 조세제도의 개혁을 위시하여 제반 사회개혁 조치에 대해 구체적인 시행방침을 제시하지 못하고 있었다.

8월 2일 전라감사 김학진은 당시 호남지역 농민군의 조세개혁 요구를 '全州 士民聯狀諸條'라는 명의로 하여 장계를 올렸다. 여기에서는 未納稅米의 詳定 代錢納 조정, 洑稅 및 雜稅의 혁파, 陳結의 견세, 전운사의 잡비, 양여미 등의 폐지를 요청하였다. 이에 대해 갑오정권은 그대로 시행하게 하였으나 특히 均田畓에 대한 賭租濫捧 문제는 道臣에게 일단 다시 조사하여 금지시키도록 하는 조처를 취하였다.[68] 또한 8월 4일에는 염찰사 엄세영의 狀啓가 있었다. 여기서도 전운소의 폐단을 量餘米, 新創名目, 漕復移劃, 輪費劃下, 從人驛卒의

65) 吉曰 僕下官 每事但從我總理大臣命令 不別有計畫 而我大臣恒言 今日朝鮮之勢 非上下一心 保合大和則不可 每令諸僚 雖有前日之嫌芥者 皆想忘 而國耳無私 以共濟國事(≪兪吉濬全書≫ IV, 357쪽 참조)
66) "一 各衙門大臣及將臣警務使 兼軍國機務處 會議員事"(≪議定存案≫ 갑오 7월 18일 議案)에서 나타난 것과 같이, 군국기무처 회의원과 각 아문대신이 달라 정책의 혼선과 불일치를 극복하고 신정권을 담당한 각 아문대신을 중심으로 권력을 움직여 나가려고 하였다.
67) "一 지금 事勢를 고려하건대, 大君主 陛下가 百官을 거느리고 御外殿에 萬機를 親裁한 연후에나 王政이 가히 朝廷할 수 있고 가히 맑을 수 있습니다. 이미 啓한 바 있으며 국왕도 허락했습니다. 마땅히 회의날 總裁大臣은 議員과 몇 수행원을 데리고 便殿에 나아가 장차 당일 論議한 案件을 올려 시행할 것"(≪議定存案≫ 8월 4일, 20일 議案).
68) ≪일성록≫ 고종 31, 갑오 8월 2일, 263~264쪽

토색, 稅穀攤의 증가 등을 열거하면서 加斂이 늘고 吏逋가 늘어나 결국 민요
가 발생한 것으로 보고되었다. 이에 대해 정부는 前 摠務官 趙弼永의 徒配를
결정하는 한편, 앞으로 결정될 결가 책정을 통해 결세문제는 시정될 것으로
전망하고 있었다.[69] 그렇지만 실제 조세제도의 개혁에 대한 구체적인 방안이
제시되지 못하고 있었다. 조세금납화의 원칙을 정한 이후 結價의 책정을 둘러
싼 의혹들이 제기되고 있는 상황에서 8월 4일 "급히 結價를 책정 行會하여 民
疑를 풀도록 할 것"이라는 의안을 제출하는 것으로 보아 이 시기까지도 구체
적인 조세금납화 방안을 마련하지 못했던 것이었다.[70]

또한 신분제 혁파 의안이 공포된 이후, 지방 도처에서 奴婢文書를 소각한다
거나 양반층을 능욕하는 일이 벌어지는 등 신분투쟁이 치열하게 전개되었다.
양반들은 이런 상황에 대해 갑오정권에 거세게 항의하였으며, 이에 갑오정권은
해방된 노비와 양반 사이의 신분투쟁을 완화하기 위한 수정안을 제시하기에 이
르렀다. 즉 公私奴婢의 法은 "救恤의 뜻으로 壓良爲賤하여 대대로 役을 지우는
것을 금한 것이지 일찍이 販賣된 자를 논한 것은 아니다"라는 것이었다.[71] 이
關文은 이전 신분제 혁파 법령에서 후퇴하여 봉건세력과 타협적인 입장에서 신
분제를 해체시켜 나가겠다는 의도를 나타낸 것이었다.[72]

따라서 갑오정권은 중앙권력에서 권력의 정당성이나 통치기반을 확고히 하지
못하고 있었으므로 종래 양반관료층에 대한 매우 온건한 타협책을 통해서 정국
의 주도권을 행사하려고 했을 뿐이었다. 더욱이 통치범위가 전국적으로 미치는
것이 아니라 중부지역과 경상도지역에 국한되어 있을 정도로 미약한 것이었다.

이와 같이 갑오정권은 6월 말 7월 초 봉건적 폐정개혁이라는 측면에서 농민
군의 개혁요구와 기본적으로 일치하고 있었으나 7월 20일 갑오정권 출범 이후
에도 사회개혁안 시행방침을 구체화시키지 못하고 있었다. 8월 초에 이르러서
는 당시 농민들이 정부에 요구하거나 스스로 실천하고 있던 사회개혁안을 그대
로 수용하려고 하지 않았다.[73] 그리하여 이들의 선무활동은 더이상 실효를 거두

---

69) 《關草存案》 갑오 8월 4일
70) 《일성록》 고종 31, 갑오 8월 4일 ; 《議定存案》 갑오 8월 6일 참조
71) 《關草存案》 갑오 8월 10일 ; 慎鏞廈, 1985 〈1894년의 社會身分制의 폐지〉 《奎章閣》
    9(《한국근대사회사연구》 일지사, 1987에 재수록), 131~133쪽 참조
72) 8월 19일 대구감영에서도 신분제 폐지의안은 문벌폐지와 인재등용을 위한 것이라 하여, 반상
    차별을 그대로 인정하고 있었다(《目錄》 四, 9월 10일 참조).

지 못하였다.

8월 4일 기존의 宣撫使가 아닌 都宣撫使의 파견이 검토되고 있었다. 삼남지방 각처에 '莠民'이 날로 거칠어지고 騷訛가 날로 심해졌으므로 그 지역에서 三南 都宣撫使를 특파하여 우선 이들을 효유 귀화시키되 불가능한 경우에는 후속적으로 파견되는 군대로써 탄압한다는 방침을 세우고 있었다.[74] 이제 8월 초순경에는 양자의 개혁방식의 차이와 대립적 측면이 점차 드러나기 시작했다고 볼 수 있다.

4. 갑오정권의 농민군 진압책

1) 정권의 위기와 농민군 대책

갑오정권은 8월 중순 이후 9월 중순에 이르는 한 달여 동안 대외적인 상황 변화에 따라 정권붕괴의 위기와 개혁정책의 지체를 맞이하고 있었다. 이 시기 청일전쟁의 轉機를 이루었던 평양성전투를 배경으로 하여, 일본은 내정간섭과 친일세력의 확대를 기도하여 갑오정권을 더욱 '親日買辦化'시켜 일제에의 예속을 강화시키려고 하였다.

8월 17일 평양성전투에서 일본군이 승리하자, 8월 19일 일본 陸奧宗光 외상은 大鳥圭介 공사에게 훈령하여 "평양전투의 청군 패주로 이 기회에 적절한 간섭이 필요하며, 그 방법으로 먼저 조선정부에 대한 일본의 세력확장에 주의할 것과, 다음으로 제3국에 대한 조선의 외교 내치상의 중대한 사건은 공사의 동의 후 시행케 할 것"을 지시하였다.[75] 이는 대조선 간섭정책을 본격적으로 추진

---

73) 6월 29일 "雖平民苟有利國便民之起見者 上書于軍國機務處 付之會議事"(≪일성록≫ 고종 31, 갑오 6월 28일, 206쪽)의 議案에서도 나타났듯이, 농민들의 요구를 '利國便民'의 방안에 관한 한 전폭적으로 받아들여 검토할 것을 천명하였다. 그렇지만 9월 1일에 "自開議以下 士民之陳書于機務處者 不下數十人 就中數人 已爲收用 其餘宜 另定派員 逐一檢查 言有可探者 提出會議 轉送政府 隨才擇用事"(≪일성록≫ 고종 31, 갑오 9월 1일, 294쪽)라 하여 많은 의견이 그대로 수용된 것은 아니었으며 실제 각 지방 농민군의 상소는 받아들여지지 않았던 것으로 보인다.

74) ≪議定存案≫ 갑오 8월 4일 議案

75) ≪日韓外交資料集成≫ 4, 140~141쪽

한다는 것을 의미했다. 즉 7월 17일에 채택된 '保護國化' 정책을 적극적으로 추진하는 계기로 삼았던 것이다.[76] 따라서 일본군은 계속해서 대청전쟁의 전선을 요동·만주지방으로 확대하는 한편, 일본의 보호국화정책을 반대하고 있던 반일의병이나 농민군에 대한 진압을 서두르고 있었다.

이러한 상황에서 8월 중순 이후 농민군의 재봉기 움직임은 國王과 갑오정권을 비롯한 집권관료세력 모두에게 심각한 위기로 받아들여졌다.[77] 이에 따라 갑오정권은 농민들이 정부의 개혁사업에 따라오지 않는 한, 이들을 적극적으로 토벌할 방침을 세우게 되었다. 이는 8월 24일에 결의된 의안에서 비로소 나타났다.

> 一 原任大臣 중에서 특별히 삼남 도선무사의 일을 맡긴다는 것은 이미 의논하여 啓를 받은 바 있다. 그런데 현재 莠民의 梗化는 兩湖지방이 심하므로 우선 몇 사람을 파견하고 군사를 대동하여 길을 나누어 주재하여, 한편으로 彈壓하고 한편으로 宣諭하여 恩威를 행하면서 妖氣을 廓淸하는 것이 目下의 急務입니다. 議政府 度支衙門 및 各營에 빨리 勅令을 내려 調兵과 籌餉을 준비하여 당일 거행케 하고 軍務衙門으로 하여금 節制를 도모하고 兩湖宣撫使는 곧바로 소환하고 都宣撫使 슌은 그대로 둘 것 등을 議政府로 하여금 다시 논의하고 먼저 別諭를 행할 것을 請합니다.[78]

여기에서는 종전의 농민군 대책, 즉 한편으로 선유하고 한편으로 탄압한다는 양면책에서 벗어나 의정부, 탁지아문, 각 영에 토벌을 준비하고 군무아문으로 하여금 토벌작전을 마련해야 한다는 방침을 제시한 것이었다. 이러한 議案은 7

---

76) 7월 17일 일본 각의에서 陸奧 외상은 향후 조선에 대한 일본정부의 방침으로 4개의 대안을 제안하였다. 甲案은 청일전쟁에서 일본이 승리한 후 조선을 독립국으로 한다는 것이었고, 乙案은 보호국화안으로 더 강력한 조선문제의 간섭정책을 채택하자는 것이었다. 반면 丙案은 일청제휴론, 丁案은 중립화론이라 할 수 있다. 여기에서 일본정부는 일단 乙案을 채택하기로 결정하였다. 결국 청일전쟁에서 일본이 승리한다면 조선정책은 열강의 반응을 예의주시하는 가운데 일본의 '保護國化'를 추진하는 것이었다(《日本外交文書》 27-1, #438, 647~649쪽 ; 《蹇蹇錄》, 165~170쪽 ; 柳永益, 앞의 책, 27~28쪽 참조).

77) 일본은 8월 27일 '삼남의 東學黨들이 다시 熾烈하다는 설', 또 '東匪들이 성내로 잠입했다는 설', 29일에는 안동의 東匪들이 일본 병참부를 습격하려 한다는 보고 등을 갑오정권에 전달했다 (〈四 東學黨에 관한 件〉《주한일본공사관기록》 1, 116~132쪽 참조).

78) 《議定存案》 갑오 8월 24일 ; 《일성록》 고종 31, 갑오 8월 24일 참조

월 초 이후 갑오정권이 개혁정치를 실시하여 농민군을 설득해내려는 宣撫策이 사실상 실패하였다는 것을 의미하는 것이었으며 이제 농민군의 토벌을 더 강조하는 방침을 세운 것이었다.

그렇지만 당시 갑오정권의 일각을 담당하고 있던 大院君은 농민군 토벌을 완강히 반대하였다. 그리하여 마지막으로 농민군을 설득하기로 하였다. 대원군은 8월 24일 이후 전라·경상·충청도 등 삼남지방에 효유문을 보내면서 "조정에서 이미 三道에 宣諭使를 파견하여 德義를 베풀었으나 너희들이 끝내 이를 듣지 않고 조정에 거역한다면 이것이야말로 亂民의 죄목을 면할 수 없을 것"이라고 경고하였다. 그리고 요즈음 정부의 개혁정치에 대해 "종전 그릇된 폐단으로 백성들의 병폐가 된 것을 하나하나씩 바로잡고 隣宜를 화목하게 닦아 화평한 복을 돈독하게 하였으니 이는 모두 우리 聖上의 백성을 위하는 苦心에서 나온 것이다"라고 하면서 농민들을 설득하였다.[79] 이러한 대원군의 효유에 따라 실제 충청도 동학농민군의 일부는 회유되기도 하였다.[80]

이때 대원군의 본뜻은 농민군을 회유시켜 갑오정권에 협력하게 만드는 것은 아니었다. 도리어 농민군의 북상을 충동하고 이를 기화로 정권을 장악하는 것을 목표로 하고 있었다. 그래서 대원군은 각지에 召募使, 宣撫使라는 이름으로 동학도 鎭撫를 가장하여 충청도의 양반토호와 전라도 농민군 지도자들에게 密書를 보내어 봉기할 것을 촉구하고 있었다.[81] 일본측에서도 대원군이 이미 평양전투 직전부터 은밀히 농민군을 이용하여 갑오정권의 퇴진을 기도한 것으로 파악하고 있었으며 이를 예의주시하고 있었다.[82]

---

79) 〈충청도 동학당에 관한 휘보〉別紙(大院君曉喩文)(大鳥圭介 공사 ⇒ 陸奧 외무대신) 《주한일본공사관기록》 5, 기밀 제189호 本112, 1894년 9월 26일(음 8. 27), 47~51쪽 참조

80) 충청도지역 동학접주인 도접주 安敎善, 대접주 任基準 등을 비롯하여 18개 지역 접주들은 9월 9일경 대원군의 효유에 따라 해산하였으며 향후 정부의 조처를 기대하고 있었다〔〈興宣大院君 曉諭東學徒文〉《뮤텔문서》(《동학농민전쟁사료대계》 5권), 100~110쪽 참조〕.

81) 이른바 대원군의 밀서에는 "방금 倭寇가 闕內를 범하고 宗社에 화가 미쳐 명맥이 朝夕에 달려있으니 이러한 시기를 맞이하여 너희들이 만약 不來하면 禍患이 기필코 당도할 터"라는 내용이 있다고 한다〔〈義氏所集密諭〉《뮤텔문서》(《동학농민전쟁사료대계》 5권), 99쪽〕.

82) 일본측은 1894년 8월 말경부터 당시 대원군의 의도를 "평양에서의 일청 양군은 반드시 일본군의 패배로 돌아가고 청군은 곧바로 경성에 돌입하는 경우에 청국과 기맥을 통하고, 또 일면에는 陽으로 동학당 진무의 효유를 발하고 陰으로 밀사를 보내어 동학당을 招集하여 청군 來着時 내외 항일세력을 규합하여 일본병을 격퇴할 것을 계획"하였다는 혐의를 잡고 있었다〔〈大院君과 李埈鎔의 음모에 관한 전말 보고〉(井上馨 공사 ⇒ 陸奧 외무대신) 《주한일본공사관기록》 7, 기

9월 2일에는 대원군의 정권전복 혐의를 포착하려 했던 경무사 李允用이 대원군에 의해 전격 해임되었다.[83] 이에 따라 정권 내의 주도권을 둘러싼 대원군 계열과 갑오개화파 계열의 대립은 결정적으로 심화되었다.[84] 그러한 가운데 중앙정계에서는 이제 정식으로 갑오정권의 퇴진을 요구하는 상소문이 제출되었다. 9월 3일 宮門將 金基泓은 다음과 같은 상소를 올렸다.

　(前略) 갑신 네 凶賊의 변란을 어찌 차마 말하리오. 슬프다. 저 泳孝는 바다를 건너 도망하여 그 죄를 연구하고 나머지 흉적들을 맞이하더니 금년의 난리에 또 여덟 명의 간신들이 영효와 符同하여 몰래 왜구를 청하고 이와 같이 전에 없던 변란을 지은 것이라. 八奸은 즉 안경수 김가진 김홍집 권형진 김윤식 김종한 박정양 조희연이 이들이다. (中略) 장차 나라를 팔아먹을 마음으로 논의하여 이러한 변란을 지었으니 어찌 통탄하지 않으리오. 開化라고 말하면서 倭를 불러들여 입궐하여 聖上을 깊게 가두어 두고 궁중의 재화를 모두 취하고 각 영의 무기를 빼앗았으니 이는 어찌 매국하는 음모가 아니겠는가. (中略) 倭寇는 본시 오랑캐로서 의리를 알지 못한즉 갑신의 네 凶賊을 애써 보호하고 이제 八奸의 흉계를 곧이들어 또 이런 변란을 일으켰으니, 전하께 엎드려 원하건대 떨치고 결단하여 저 倭를 성토하고 임금을 없이여긴 泳孝를 쾌히 잡아 죽이며, 임금을 없이여기고 나라를 팔아먹은 여덟 奸臣을 빨리 죽여 곳곳에 보내어 거꾸로 매달아, 신과 사람이 함께 분하게 여긴 수치심을 씻어내리게 하소서.[85]

이 상소문에서 중요한 점은 "금년의 변란은 八奸이 박영효와 符同하여 몰래 왜구를 청하였다"라는 부분이다. 즉 박영효와 김홍집 등 八奸이 일본을 청해서 집권하면서 開化를 빙자하여 국왕을 가두고 궁중재화와 군기를 탈취하였으며

　밀 發 제48호, 1895년 5월 9일(음 4. 15), 15~19쪽).

83) 〈朝鮮政府 내의 小紛爭과 大院君一家의 改心 및 警務使 李允用의 官職 削奪〉《주한일본공사관기록》 5, 기밀 제191호 本114, 52~54쪽

84) 유길준은 일본 방문중 무쓰 외상과의 대담에서 "陸奧曰 聞機務處少年輩爲一黨 大院君及老小頑固爲一黨 政府若干人爲一黨 此非黨派而何 吉曰 此吾所謂非黨也 此皆方向未定故也 國是一立 皆將趨向 合爲一黨也"(《兪吉濬全書》 IV, 367쪽)이라 하여, 정권 내 두 파의 분열에 대해 심각하게 생각하지 않았으며 조만간 하나의 개혁세력으로 합일될 수 있을 것으로 전망하기도 하였다.

85) 《관보》 개국 503년 9월 1일, 4일 ; 《일본외교문서》 27-1. #458의 부속서 〈宮門將金基泓上疏ノ件〉 10월 10일(음 9. 12.), 676~677쪽 ; 《甲午實記》 9월 4일 ; 〈守門將 金基泓 上疏〉(9월 3일), 《羅岩隨錄》 217, 394쪽)

이것은 바로 無君 賣國의 음모라고 지적하였다. 이것은 당시 갑오개혁정권을
바라보는 보수적 시각이라고 할 수 있다. 그런데 8월 1일에 올린 박영효의 原情
上疏 이후 보수유생들이 올린 박영효 탄핵상소 중에서는 갑신정변의 餘黨을 "君
父를 욕보이고 日本과 和親을 주장하며 賣國하는 자"들로 규정하였을 뿐이었는
데,[86] 여기서는 이러한 시각을 더욱 확장하여 이들과 현정부의 핵심 관료들을 싸
잡아 친일매국자로 규정한 것이었다. 이 상소문은 양자의 결합에 대해 구체적인
사실 여부를 밝히지 못하고 있으나, 일본의 보호국화 의도가 강화되는 8월 말의
시점에서 보면 비교적 정확한 정세인식을 가지고 있었다고 할 수 있다.[87] 이와
같이 개화파의 집권과 국정개혁이 기본적으로 일본에게 나라를 팔아먹으려는
음모에서 일어난 것이라는 지적은 당시 농민군의 정세인식에도 큰 영향을 미쳤
을 것이다.[88]

이러한 탄핵상소 이후 각 衙門의 大臣들이 관례상 사임하는 절차를 밟게 되

---

86) 〈承宣院以罪人 朴泳孝 原情捧入啓〉 《일성록》 고종 31, 갑오 8월 1일, 262쪽 ; 〈承宣 金敎獻
陳啓請亟寢成命 賜批〉 《일성록》 고종 31, 갑오 8월 4일, 265쪽 ; 〈前校理 柳冕鎬上疏〉 《羅岩
隨錄》 218, 8월 9일, 395~396쪽).

87) 일본은 이미 6월 26일부터 친일내각의 핵심인물로 朴泳孝, 徐光範 등 갑신개화파 망명정치인
들을 귀국, 복권시켜 정권에 참여시키려는 계획을 추진하고 있었으며 공개적으로 요구하고 있었
다. 당시 갑오정권의 담당자인 김홍집 등 온건개화파 및 유길준, 안경수, 김가진 등 신진 개혁관
료층은 박영효 등과 일정한 거리를 두고 있었다. 그 이유는 갑신정변 세력이 아직 逆賊으로 각
인되어 있었으므로 될 수 있는 한 배제하려 한 때문이었다. 7월 초 귀국한 박영효는 8월 초에 고
종에게 '조선국이 위급한 存亡之秋를 맞이하고 있으며 개혁을 자신에게 위임할 것'을 요청하였으
며, "一. 현재의 內閣人事를 更迭하고 많은 지방의 명사를 등용해서 內閣을 조직할 것, 一. 王妃
를 폐할 것, 一. 大院君에게 만약 專橫의 모습이 보이면 그를 물리칠 것, 一. 刑罰을 엄하게 해서
정부의 위신을 세울 것, 一. 新官制를 폐하고 舊官制로 돌릴 것" 등을 통해 군국기무처를 중심으
로 하는 현 갑오정권을 붕괴시키려고 하였다(〈大闕內 風聞에 대한 米 露 兩公使의 談話 및 朴泳
孝 任官件〉(大鳥 공사⇒ 陸奥 외무대신) 《주한일본공사관기록》 5, 1894년 9월 8일(음 8. 9),
33~36쪽 참조).

88) 1894년 10월 10일 발표된 것으로 추정되는 〈고시 경군여영병이교시민〉에서는 "(前略)갑신십
월의 수흉(四凶)이 협격(俠敵)ㅎ야 군부(君父)의 위퇴(危殆)ㅎ미 묘석(朝夕)의 잇더니 종사(宗
社)의 홍복(興復)으로 간당(奸黨)을 쇼멸(消滅)ㅎ고 금년십월의 기화간당(開化奸黨)이 왜국(倭
國)을 쳐결(締結)ㅎ여 승야입경(乘夜入京)ㅎ야 군부를 핍박(逼迫)ㅎ고 국권(國權)을 쳔ᄌ(擅
恣)ㅎ며 우황 방빅슈령(方伯守令)이 다 기화중 쇼쇽으로 인민을 무휼(無恤)ㅎ지 안이코 살륙(殺
戮)을 죠하 ㅎ며 싱녕(生靈)을 도탄(塗炭)ㅎ미 (後略)"(〈宣諭榜文竝東徒上書所志謄書〉《東學
亂記錄》 하, 379쪽)라고 되어 있다. 여기에서도 갑신정변의 4흉과 마찬가지로 갑오정권의 담당
자들을 '開化奸黨'으로 파악하면서 일본과 체결하여 군부를 핍박하고 국권을 농단하는 자들로 규
정하고 있으며 백성을 무휼치 않고 살륙하는 등 폐정을 그대로 행하는 것으로 파악하고 있다.

었다.[89] 9월 4일에는 총리대신 김홍집을 비롯하여 농상대신인 엄세영과 도헌 이헌영이, 다음날에는 학무대신 박정양, 궁내부협판 김종한, 외무협판 김가진 이 그리고 6일에는 외무대신 김윤식과 장위사 조희연, 경리사 안경수 등이 사 직소를 올렸다. 더구나 총리대신 김홍집은 개혁정책 실시로 인한 국가체제의 변화와 농민들을 다스리지 못한 죄 등을 열거하면서 거듭 사직을 받아줄 것을 요청하였다.[90] 이렇게 갑오정권의 주요 인사들이 사직소를 올려 집무가 이루 어지지 않음으로써 일정 기간 권력의 공백이 초래되었다. 더구나 9일에는 죽 산·안성 지방에서 농민봉기가 일어났으므로 일대 정권의 붕괴 위기를 맞게 되었다.[91]

따라서 갑오정권의 개혁관료들은 내외적인 정권붕괴 위기를 정면으로 돌파 하기 위해 권력강화와 기반확대를 도모해야만 했다. 가장 먼저 취한 조치는 중앙정부권력에서는 군국기무처의 위상을 높이고 개혁관료를 정권의 핵심으 로 삼으려는 것이었다. 9월 11일 '萬國의 通例에 따라' 군국기무처를 의정부 의 예하기구가 아닌 의정부와 대치하는 독립된 立法機構로 개혁할 것을 의결 하였다.[92] 이는 군국기무처를 의회로 승격시켜 행정부와 의사부로 나누어 근 대적인 兩權分立의 형태로 政體 改正을 시도한 것이었다. 이러한 정책은 기본 적으로 군국기무처를 중심으로 정권위기의 국면을 타파하고 정국을 주도적으 로 운영하기 위한 방안이었다. 또한 9월 17일 군국기무처는 7월 18일에 이미 결의한 바[93] 있는 各 大臣과 將臣, 警務使 등이 모두 기무처 회의원이 되는 의

---

89) 8월 6일과 20일에 軍國機務處는 탄핵상소가 반드시 都察院을 경유하도록 하는 의안을 결의한 바 있었지만, 이 상소는 국왕에게 직접 올려진 것으로 보인다(≪일성록≫ 고종 31, 갑오 9월 4 ·5·6·7일, 298~303쪽).

90) ≪일성록≫ 고종 31, 갑오 9월 4·5·7·13일, 298~311쪽

91) "近日 匪徒가 猖獗하여 마침내 경기까지 범하게 되었다. 이때 지방관은 직무를 비우니 극히 염 려스럽다. 廟堂에 령을 내려 빨리 내려보내도록 하라. 竹山과 安城 兩邑의 경우에는 본시 匪徒가 많이 모여가는 곳이니 더욱이 잠시도 비워둘 수 없다. 아울러 교체하고 정부에 청하여 감당할 인 물을 골라 차정하여 보내고 병사를 대동하여 가서 힘써 剿捕할 것"(≪일성록≫ 고종 31, 갑오 9 월 9일 議案, 305쪽 ;≪주한일본공사관기록≫ 5, 60쪽).

92) "議會는 議事部이고 政府는 行政部이다. 양자는 서로 대치해야 하고 섞이는 것은 不可하다. 이 는 萬國通例이다. 軍國機務處가 議政府에 隸屬되어 있는데, 특수하게 속해 있는 것은 事體에 맞 지 않는다. 이제 마땅히 機務處의 章程을 고쳐 하나의 일을 맡게 하여 정부와 더불어 서로 上下할 것"(≪일성록≫ 고종 31, 갑오 9월 11일 議案, 308쪽).

93) ≪일성록≫ 고종 31, 개국 503년 7월 18일 議案, 239쪽

안을 재차 요청한 것도 권력입지의 강화를 추구하려는 맥락에서 취해진 조처였다.[94]

그렇지만 고종은 이 시기에도 이전과 마찬가지로 갑오정권의 개혁사업에 대해 전면적으로 찬동, 후원해주지 않았다. 특히 갑오정권의 권력강화에 반대하고 9월 21일에는 議事部·行政部가 서로 대치케 한다는 의안과 承宣院을 정부에 移屬하자는 의안을 폐기하였다.[95] 다만 총리대신 김홍집이 국왕의 신임을 재확인하기 위해 거듭 사직소를 올린 것에 대해 재등용을 촉구하는 정도였다. 결국 갑오정권의 개혁관료세력은 대원군파 혹은 민씨척족파 등 다른 정치세력으로부터 정권퇴진을 요구받고 있었을 뿐만 아니라 고종의 지지도 확보해내지 못함으로써 중앙정부 내에서 매우 불안정한 위치에 놓여 있었다고 할 수 있다.[96]

다음으로 취한 조치는 갑오 10월 조세금납화정책의 전면적인 시행을 앞두고 이제까지 구체화되지 못했던 삼정이정책과 조세금납화 방식에 대한 구체안을 강구하기 시작한 것이었다. 우선 9월 15일 조세제도의 폐단과 대책을 보고한 경상감사 趙秉鎬와 영남선무사 李重夏의 장계를 받아들여 일정한 대책을 마련하기로 하였다.

경상감사 조병호는 '捄弊諸條'를 통해서 이 지역 조세제도의 폐단과 대책을 정리하고 있는데, 주요한 내용은 먼저 경상도 내 還摠 중 11개 邑驛의 還摠을 폐지하고 '歸結'하여 결세로 수봉하며 統營 還弊도 이정하여 혁파할 것, 陳結 11,703결을 모두 탕감할 것, 1결의 결가와 태가를 종전처럼 약정하고 잡비를 거두지 말 것, 전운소에 의한 代錢收捧에 따르는 운반비와 제반 폐단을 변통할 것, 그리고 도내 민요는 주로 科外徵排한 폐막에서 일어났으므로 이제 개혁할 것 등을 요청하였다.[97] 또한 영남선무사 이중하는 이미 여러 차례 각 지역의 민

---

94) 一 七月十八日 議案中 各衙門大臣及將臣警務使 兼軍國機務處會議員事 己蒙允下 而伊來有若傍觀槪不如規 請更降勅旨 使之按會來參以廣議事之路事(《일성록》 고종 31, 개국 503년 9월 17일 議案, 319쪽)

95) 《한말근대법령자료집》 I, 갑오 9월 21일 議案, 105쪽 ; 《관보》 개국 503년 9월 22일

96) 新官制 이후 새로 부임하는 지방관은 국왕이 아니라 일본에 의해 임명되었다고 비난받았다. 10월 3일 군국기무처 의원인 申箕善은 신분제 폐지와 외국제도의 수용을 비판했다(〈前承旨 申箕善疏〉《일성록》 고종 31, 갑오 10월 3일, 343~345쪽). 4일에는 대원군 계열에 의해 정권 핵심인사인 金鶴羽가 암살되었으며 주요 인사들의 암살음모가 적발되었다.

97) 《일성록》 고종 31, 갑오 9월 15일, 314쪽

란에 대한 안핵사 활동을 통하여 조세의 폐단에 대한 시정을 요구하였으며, 특히 陳荒結의 怨徵과 虛簿還穀의 白地徵耗, 그리고 結價 戶布錢의 加增 등을 시정해야 한다고 하였다.[98]

이를 토대로 하여 정부는 '嶺南捄弊別單'을 작성하였다.[99] 여기에서는 먼저 경상도의 환곡 72만여 석의 폐단을 시정하기 위해 실총을 조사하여 社還으로 전환케 하는 방침을 세우고, 京營邑의 捧耗는 도내의 原結에 통계하여 고루 나누어 받고 統營 및 右兵營 還穀은 매석 定價 8량으로 수봉하여 이것으로 지방관아의 경비를 지출하게 할 것 등을 결정하였다. 이러한 '罷還歸結'을 통해서 還穀의 弊端을 일거에 해결하고자 하였다. 그리고 지세의 금납화 조치를 구체적으로 규정하는 결가책정의 원칙을 비로소 결정하였다.[100] 그동안 토지에 부과되고 있던 전세, 대동, 결전, 삼수미, 포량미 등의 조세명목을 합쳐서 '結價'의 형태로 책정되었다. 또한 지세 지역을 漕納邑과 山郡으로 나누어 차등 부과하는 것으로 결정되었다. 그밖에 陳結, 進上 및 京作貢 등을 조사하여 減下하고 일체 잡비를 事案別로 폐지하는 조치를 내리고 있다. 9월 16일에는 10월부터 실시하기로 한 지세제도의 結價 策定 기준을 嶺南의 예를 기준으로 하여 각 도에 확대 실시키로 하였다.[101] 또한 17일에는 영남과 호남의 진휼책을 추진하여 민심수습에 나서고 있었다.[102]

그렇지만 당시 농민들은 지주 소작제로 인해 초래된 농업문제를 해결하기 위해서는 단지 조세제도의 개혁에 그치지 않고 농민적 토지개혁을 요구하고 있었다. 이들은 초기부터 '陳畓已墾處賭租也',[103] '洑稅及宮畓勿施事', '各宮房輪回結 一倂革罷事',[104] '均田官之幻弄陳結 害民甚大革罷事', '該邑地方官 買畓用山於本邑 依律勘處事',[105] '均田御史 革罷事'[106] 등을 요구하고 있었다. 더욱

98) 《일성록》 고종 31, 갑오 9월 15일, 314쪽
99) 《일성록》 고종 31, 갑오 9월 15일, 314~315쪽 ; 《승정원일기》 고종 31, 갑오 9월 15·16일, 68~70쪽
100) 왕현종, 1992 〈한말(1894~1904) 지세제도의 개혁과 성격〉《한국사연구》 제77집, 91~97쪽 참조
101) 《일성록》 고종 31, 갑오 9월 16일, 316쪽
102) 《일성록》 고종 31, 갑오 9월 17일, 317~318쪽
103) 〈古阜査覈狀覆啓〉《일성록》 고종 31, 갑오 4월 24일, 125쪽
104) 〈全羅道儒生等原情于巡邊使李元會〉(5월 11일경)《속음청사》 상, 322~323쪽
105) 〈原情列錄追到者〉(5월 17일경)《속음청사》 상, 323~324쪽

510

이 집강소기 폐정개혁 정강 12개조 중에서 "土地를 平均으로 分作케 할 事"라는 토지 균등분작의 요구를 내세우고 농민봉기 각 지역에서 답권을 빼앗거나 지주의 도조를 탈취하는 등 지주제를 반대하면서 농민적 토지소유를 지향하고 있었다.[107]

이에 대응하여 갑오정권은 농민들이 요구하는 조세개혁을 일부 수용하면서도 토지개혁의 요구는 그대로 받아들이지 않았다. 8월 26일 군국기무처에서 결정한 다음의 의안은 토지문제의 해결방향에 대한 일정한 지침을 제시해주고 있었다.

각 궁방이 소유한 田土, 收穫 등은 전과 같이 각 궁방의 소관으로 귀속하고, 단 지세는 新式에 의해 낸다. 각 역의 종래 薄稅한 것이나 각 둔토에서 賭租를 내지만 세를 내지 않던 것도 모두 新式에 의하여 작인 및 馬戶로 하여금 내게 할 것.[108]

이는 종래 면세지였던 各 宮房 및 驛屯土에서 새로운 지세제도에 의해 출세한다는 방침을 제시한 것이었다. 그런데 중요한 점은 단지 출세 여부가 아니라 이러한 기관이 소유한 田土와 賭租 등을 현재 상태 그대로 소유권을 인정하여 각 궁방과 국유의 토지로 귀속시킨다는 내용이다. 이는 결국 토지개혁의 요구를 수용하지 않겠다는 입장을 표명한 것이었다. 이를테면 전라도일대 최대 소유권 분쟁이 일어났던 '均田'의 처리방식에서도 확인할 수 있다.[109] 균전에는 전주, 김제, 태인, 금구, 부안, 임피, 옥구 등 7읍의 진전들이 포함되었는데, 진전 개간을 하면서 限年停稅라 하여 結稅를 내지 않고 3년 후에 아주 낮은 소작료만 받을 것처럼 선전하였으므로 일반 민전도 다수 혼입되었다. 따라서 균전에 편입된 토지가 3901결 89부 2속으로 확대되었다. 그런데 1892년부터 지세뿐

106) 《大韓季年史》 上, 고종 31년 5월, 86쪽
107) 《金若濟日記》 3, 갑오 7월 30일 ;〈巡撫先鋒陣騰錄〉《동학란기록》 상, 650~651쪽 참조
108) 《일성록》 고종 31, 갑오 8월 26일 ;《議定存案》 개국 503년 8월 26일
109) 균전은 원래 1876년 및 1888년 두 차례 대흉년을 거쳐 광범하게 발생된 진전을 개간하기 위해 1891년 명례궁에서 개간자금을 대고 농민들을 동원하면서 형성되었다(金容燮,〈高宗朝 王室의 均田收賭問題〉《한국근대농업사연구》 하(증보판), 462~473쪽 ; 왕현종, 1991 〈호남지역 지주제의 확대와 토지문제〉《1894년 농민전쟁연구 1》, 38~44, 61~64쪽 참조).

만 아니라 도조도 받아들여 임피 1,196석, 부안 305석, 옥구 76석 등을 남징하고 있었다.[110] 이는 당시 균전사 金昌錫과 명례궁이라는 궁방이 결탁해서 농민들의 토지를 횡탈한 대표적인 토지문제로 되었다.

갑오정권은 9월 17일 "7개 읍의 起墾 畓土는 금년조부터 原摠에 다시 포함시켜 출세할 것"을 결정하여 탁지아문 관할로 넘겨 해결하려고 했다.[111] 균전문제를 진전의 출세문제로 축소 처리하려고 한 반면, 8월 26일 의안에서 결정한 바와 같이 민전침탈과 지주경영 문제는 아예 도외시한 것이었다. 이렇듯 당대 최대 지주로서 궁방과 국유지에서 소유와 경영을 그대로 유지시킨다는 방침을 정했으므로 일반 민전의 소유권 분쟁을 대부분 해결하려고 하지 않았으며 지주의 토지소유와 경영을 그대로 유지시킨다는 방침에는 변함이 없었다.[112]

이와 같이 갑오정권이 농민군의 재봉기에 대처하여 조세제도 개혁 절목을 마련한 것은 뒤에서 보는 바와 같이 농민군을 회유하는 미봉책에 불과했으며, 균전문제를 둘러싼 해결방식의 차이에서 알 수 있듯이, 토지문제의 해결을 둘러싸고 농민군과 갑오정권은 정면으로 대립하고 있었다.[113]

2) 일본의 개입과 농민군 토벌

이 시기 갑오정권은 8월 말 9월 초의 시점에서 2차 봉기를 준비하는 전라·

---

110) ≪各部府來牒≫(內藏院) 7책, 광무 8년(1904) 7월 15일
111) ≪일성록≫ 고종 31, 갑오 9월 17일, 320쪽
112) 물론 갑오정권이 토지분쟁을 전혀 수용하지 않으려는 것은 아니었다. 군국기무처에서는 관리나 토호에 의해 억울하게 빼앗긴 토지를 조사할 것을 규정하면서 10년 이내에 발생한 것에 한정하였으며, 그것도 집단분쟁이 아닌 개별 분쟁으로 처리하려고 하였다(≪일성록≫ 고종 31, 갑오 7월 15일 議案 참조).
113) 갑오정권의 주도적 역할을 담당하였던 金允植은 1890년에 지은 〈護富論〉과 〈十六私議〉에서 경제적 측면에서 지주와 요호부민을 근대화의 주체로 설정하고 이들에 대한 불법적인 침탈을 막아야 한다는 논리를 제시하였다. 이는 토지분배론을 봉쇄하면서 조세제도의 개혁을 통한 지주경영의 보장, 그리고 미곡상품 유통의 활성화를 이용한 부르주아지 육성에 관심을 갖는 것이었다. 또한 兪吉濬도 1891년에 저술한 〈地稅議〉에서 사유재산권을 절대 불가침의 차원으로 인정하였으며 지주제도 인정하고 토지분배론에 대해 강력하게 반대하고 있었다. 결국 자본주의적 경제구조의 수립에 주체가 되어야 할 것은 지주와 부민들이었다[金容燮, 1975〈甲申甲午改革期 開化派의 農業論〉(≪근대농업사연구≫에 재수록), 314~324쪽].

충청지역 농민군의 동향과 그들의 요구를 충분히 파악하지 못하고 있었다. 그리고 이미 재봉기한 농민들의 동향에 대한 구체적인 정보도 갖지 못했다. 단지 일본측에서 제공하는 정보를 통해 간접적으로 상황을 감지할 뿐이었다.[114]

더구나 9월 초에는 대원군의 효유활동을 통해서 호서·호남의 농민군이 일단 귀화한 것으로 판단하고 있었다.[115] 그렇지만 9월 9일에 일어난 죽산·안성 지방의 농민봉기는 갑오정권으로 하여금 정권붕괴의 위기의식을 심화시켰다. 이러한 상황은 당시 외무대신 김윤식의 9월 13일자 일기에 잘 나타나 있다. "외무아문에 들르고 군국기무처 회의소에 갔다. 동학의 소요가 날로 치열해져서 경기와 호서지방에서 피난하려는 사람들이 계속해서 보따리를 싸서 서울로 들어오고 있다. 또한 장차 서울을 쳐들어온다고 한다. 정부는 壯衛營 領官 李斗璜과 經理廳 領官 成夏永을 각기 죽산과 안성 군수로 임명 파송하고 군대를 거느리고 부임하도록 하여 때를 보아 剿撫토록 하였다. 또한 장차 계속해서 京兵을 파견하여 申林과 尹雄烈이 거느리고 내려가게 했다"라고 하였다.[116] 이처럼 농민군의 재봉기 움직임을 듣고 군국기무처를 핵심으로 하는 갑오정권은 긴급한 진압대책을 마련하게 되었다.

그리하여 갑오정권은 9월 14일 정식으로 농민군에 대한 진압방침을 천명하였다.

九月 十四日
相考할 것. 東擾가 하나같이 어찌 이렇게 되었는가. 諭敎와 廟飭을 이미 여러 차례 내려보냈는데도 모이고 흩어짐이 일정치 않으니 언제나 그치게 할지 모르겠다. 이제 추수할 때를 맞이하여 많은 民生들이 안도하지 못하고 있으니 이를 생각하면 놀랍고 탄식함이 그지없다. 도의 帥臣과 邑鎭 관리들은 진정 협심하여 대책을 마련하고 勸撫의 방안을 갖추었으면 저 무리들의 硬化가 어찌 여기까지 이르렀겠는가. 이제 한편으로 恩撫를 행하는 것은 不可하니 그치고, 마침내 부득이하게 用武해야

---

114) 외무대신 김윤식은 9월 7일자 일기에서 "赴外署 日公使送函 示嶺南東學檄文 以今月二十五日 聚于安東 欲討日人 聲勢甚張皇 又聞兩湖東學徒 聚衆向京 將於望間犯京云"라 하여 전적으로 일본의 입장을 그대로 수용하고 있었다(《속음청사》 상, 고종 31년 9월 7일, 339쪽).

115) 錦伯書來 雲峴丈曉諭文下去後 各包東學 上書陳情 有歸化之意云(《속음청사》 상, 고종 31년 9월 8일). 完營曉諭人上書雲峴 湖南東徒 聞曉諭 莫不感化 輸納軍器 而有解散之意云(같은 책, 고종 31년 9월 10일).

116) 《속음청사》 상, 고종 31년 9월 13일, 339쪽

할 것이다. 그리고 가만히 생각컨대, 徒黨 중에 반드시 강압에 못이겨 참여했으나 아직 양심이 남아있는 자가 다수 있을 것이니 모름지기 그른 길을 버리고 바른 길로 향하는 의리로써 포고하여 각기 해산케 하라. 만일 渠魁를 잡아들이는 자가 있으면 먼저 영읍에서 중히 論賞해주고 朝家에서는 또한 각별히 錄用하도록 해야 한다. 만일 이와 같이 다시 廟飭을 내린 후에도 또한 여전히 아무런 조처를 취하지 않는다면 마땅히 돌아갈 바가 있을 것이다. 두려워하는 마음으로 거행할 일이다. 勦捕 사항을 일일이 보고함이 마땅할 것.

右關 忠淸監營兵營 三號, 忠 二十一
慶尙監營左右兵營 各二號, 慶 三十五[117]

여기에서는 종래 한편으로 탄압하고 한편으로 선유하면서 恩威를 겸비한다는 양면책을 변경하여 "이제 恩撫는 불가하니 그만둔"다고 하듯이 이제 포기하였다. 마침내 부득이하게 '用武'하는 것, 즉 진압 방침을 비로소 확정하였다. 구체적인 진압방법은 아직 중앙에서 군대를 파견하여 진압할 수 없으므로 각 지방의 감영 병영에 위임하였으며, 강박에 못이겨 가담한 자를 회유하여 해산케 하고 주모자에 대한 포상을 강조하여 논상하고 錄用할 것 등의 조건을 내세우며, 최대한 회유하면서도 이에 따르지 않는 농민군은 철저하게 토벌할 것을 지시하고 있다. 이러한 훈령은 위와 같이 충청감영과 경상감영뿐만 아니라 경기도 수원부와 전라도 병영에도 하달되었다.[118] 이러한 과정을 통해 농민군을 탄압하려는 방침이 이제 전국적으로 전달되고 있었음을 알 수 있다.

그렇지만 갑오정권이 독자적으로 농민군 토벌에 나설 수는 없었다. 그것은 정부군이 수도방위에만 그치고 있을 뿐 별도로 군사동원 능력이 없었기 때문이었다. 결국 토벌군은 일본의 군사적 원조를 통해서 이루어지지 않으면 안되었다.

일본정부와 일본공사 大鳥는 9월 16일 갑오정권에 보낸 書翰에서, 삼남지방의 동학농민군이 특히 일본군에 대한 공격을 감행하고 있으므로 이러한 '國害를 제거하기 위해서' 파병할 것을 주장하였다.[119] 그리고 9월 18일에는 일본군이

117) ≪關草存案≫ 9월 14일 訓令.
118) 〈京畿 19, 水原 13, 全羅監 19, 兵營 2호 訓令)(9월 14일) ≪關草存案≫
119) 〈東學黨의 再起와 日軍의 匪徒鎭壓에 따라 朝鮮政府의 協助 要請〉 ≪주한일본공사관기록≫ 1, 제202호, 132~133쪽 참조

농민군을 진압하는 데 갑오정권이 협조해야만 한다는 내용을 담은 최후 통첩을 가하고 있었다.

> (前略) 지난 날 本使가 누차 귀대신께 宣諭使를 파견하여 그들을 불러 慰諭를 하도록 하고, 그들은 그래도 귀순하지 않으면 병력을 동원하여 討伐을 감행하도록 하여, 그때 우리도 병력을 파견하여 剿討를 돕게 하도록 勸告하였습니다. 그러나 아직까지 그 권고를 시행하지 않고 있습니다.(中略) 더욱이 본년 7월 26일 우리 양국은 盟約을 체결하고 淸兵을 境外로 물리칠 것을 主旨로 합의하였으나, 지금 그 匪徒들이 패전한 청병과 결탁하여 우리 병사들과 인민들을 물리치자는 명분을 내세우고 있습니다.(中略) 지금 本使는 경성과 부산 두 곳에 우리 병사 약간 명을 파견하여 귀국 병사와 합세한 후, 그들을 초토하는 우리를 도와서 기어이 그 匪黨들을 소탕하여 일국의 禍根을 영원히 제거하고자 하오니 (中略) 우리가 병력을 파견한 本意를 多事多忙한 각 지방관과 陣頭에 임한 各隊의 軍官에게 자상하고 간절한 諭示로 선포하여, 우리 병사들과 마음을 함께 하고 또 죽을 힘을 다하여 匪徒들을 剿滅하도록 하여, 이들이 큰 전공을 세운다면 우리 양국은 더없이 다행스러울 것입니다.(中略) 조속히 우리의 勸告를 시행하시기 바랍니다. 또 그렇게 해야만 될 것이다. 이에 다시 조회를 하는 것이다.[120]

여기서 그는 외무대신 김윤식에게 이미 여러 차례 보낸 조회문을 통해서 그 동안 선유와 토벌을 감행하도록 권고했다는 것을 강조하였다. 그리고 최근 비도들의 경성침범설과 청 패잔병의 합세설을 근거로 하여 "一國의 禍根을 영원히 제거해야 한다"는 점을 강조했다. 특히 지방관 및 出征隊 관리들에게 일본군대와 합심협력하여 匪徒를 섬멸시켜야 할 것을 강요하고 있었다. 즉 조·일 양국의 합동작전에 의해 농민군을 완전히 토벌해야 한다는 것이었다. 또한 이것은 이미 朝日盟約에 근거를 두고 있다고 강변했다.

이는 바로 7월 26일에 조인된 '朝日 兩國盟約'을 말하는 것이다. 이 조약은 대청전쟁을 수행하는 데 조선과 일본 양국이 '攻守相助'한다는 내용의 군사동맹이었다.[121] 이는 갑오정권의 권력기반이 미약한 상태에서 일본의 정치 군사

---

120) 〈東學黨의 再起와 日軍의 匪徒鎭壓에 따라 朝鮮政府의 協助 要請〉 《주한일본공사관기록》 1, 제202호, 照會, 132~133쪽(원문 : 428쪽) 참조

121) 여기에는 조선정부가 일본에게 청군 철퇴를 의뢰해서 전쟁이 발발한 것으로 명문화하여 마치 청일전쟁이 조선의 요청에 의해 정당하게 이루어진 것으로 합리화하였을 뿐만 아니라 전쟁수

적 도움으로 집권했다는 사정이 작용했으며 당시 갑오정권의 대일종속성을
잘 드러내주는 것이었다. 그런데 군사동맹의 의의는 대청전쟁이 아니라 국내
2차 농민전쟁의 진압에 있었다. 실제 9월 이후 反日 봉기한 농민군 진압에는
'盟約'을 확대해석하여 인부와 식량의 징발뿐만 아니라 군사동원에까지 이르
렀던 것이다.[122]

이에 따라 갑오정권은 일본의 농민군 탄압 강요를 그대로 수용하였다. 같은
날인 9월 18일 湖西·湖南의 농민군에 대한 剿討를 결정하고 일본군대의 출병
을 요청하였다.[123] 이렇게 갑오정권이 농민군을 탄압하기 위해 일본과 결합한
이유는 조선이 본래 獨立國이었지만 1880년대 청국의 종주권 강화로 인한 '屬
邦' 상태에서 일본의 절대적인 도움으로 '獨立'된 것으로 생각하였던 인식에서
비롯된 것이었다. 결국 일본이 조선을 정치 군사적으로 침략하고 있다는 것을
인식하지 못했을 뿐만 아니라, 도리어 조선의 근대화에 도움을 줄 것으로 기대
하고 있었던 데서 연유했다.[124]

결국 농민군의 재봉기에 대해서는 9월 14일에 세워진 방침대로 각 邑鎭에 徵
兵하여 방어에 대비하고 토멸 후에 상황을 보고하라는 강경탄압 방침을 지시하
였다.[125] 이후 며칠간 농민군의 토벌방식에 대해서 논의를 거듭하고 난 후,[126] 9

행 물자와 인력을 원활하게 제공받기 위한 제반 협조사항을 명시적으로 규정하였다(〈朝日兩國盟
約 調印의 件〉《주한일본공사관기록》5, 機密 제174호 本98, 26~27쪽 ; 《議定存案》갑오
7월 1일 議案 참조).

122) 朴宗根, 앞의 책, 94~99쪽

123) 杉村濬은 9월 22일 조선정부의 제대신들이 자주 원병파견을 요청해왔으며 대원군이 동학당
진압에 반대하는 상황에서, 이미 제대신과 '내적으로 타협을 본 후', 일본이 출병한다는 조회를
먼저 보내고 이를 받아 외무대신이 출병요청을 하였다고 본국에 보고하고 있다(〈東學黨 鎭壓을
위한 援兵派遣 決定〉(양 10. 20) 《주한일본공사관기록》5, 機密 제205호 本124, 64쪽(원문
: 323쪽) 참조). 그러나 이 보고서는 일본이 동학당의 반일운동에 대항하기 위해 이미 토벌방침
을 설정해놓고 형식적으로 조선정부의 협조를 구하는 방식을 취했던 것으로 보아 자신들의 침략
의도를 합리화하려는 날조된 부분으로 보아야 한다.

124) 兪吉濬은 1894년 7월 이후 개혁사업이 他動力, 일본의 군사력에 의해 촉구되어 전국인민과
세계만국, 후세자손 등에게 부끄러움을 남긴 '三恥'를 남겼다고 하였다. 그런데 그는 일본의 지도
하에 이루어진 개혁이 비록 타율적이긴 해도 당연한 것으로 받아들이고 있었다. "오직 改革을 잘
해서 자기의 獨立을 보존하고 남에게 불욕을 당하지 않으면서 開進의 실효를 거두어 保國安民을
하면 오히려 허물을 벗어날 수 있다"고 평가하고 있다(《유길준전서》4, 376~377쪽 ; 《議奏》
21책,〈秘密會議 求ᄒᄂ 請議書〉1895년 6월 19일 참조).

125) 《일성록》고종 31, 갑오 9월 18일, 321쪽

월 22일 申正熙를 都巡撫使로 임명하고 兩湖巡撫營을 설치함으로써 본격적인 농민군 토벌작전에 나서게 되었다.[127]

한편 9월 18일 충청감사 박제순은 "호남 匪徒에 대한 놀라운 소식이 왔다. 지금 저 비도는 亂形이 이미 뚜렷해졌는데, 道臣과 守宰가 剿討의 방책은 생각하지 않고 있으며 읍의 보고도 늦어졌는데도 도의 장계는 애초부터 감계하지 않는다"라고 전라감사의 태도를 비판하면서 인책을 요구했다.[128] 이에 김학진은 자신의 죄상을 거론하면서 사퇴를 요청했으나 사직소는 곧바로 수리되지 않았다.[129] 이 지방에서 이미 난이 일어났으면서도 장계를 올리지 않았다는 죄로 '越俸之典'을 내렸을 뿐이었다. 그렇지만 농민군 재봉기의 책임을 묻지 않을 수 없었으므로 9월 22일 전라도 남원취회와 금구취회당의 봉기에 책임을 지워 전라감사 김학진을 해임하기에 이르렀다.[130] 이제 더이상 전라도지역에서 전봉준과 김학진의 타협국면은 지속될 수 없었다.

9월 26일 고종은 敎書를 통해 농민군 토벌을 천명하였다.[131] 여기에서 국왕을 비롯한 갑오정권이 갖고 있는 제2차 농민전쟁에 대한 인식이 여실하게 나타난다. 즉 처음 봉기가 봉건적 탐학에 따라 어쩔 수 없이 일어났던 점을 인정하

---

126) 東徒自湖南馳迪列邑 直向京城 警報四至 朝廷議設巡撫營 而議尙未定(≪속음청사≫ 상, 고종 31년 9월 20일)

127) ≪일성록≫ 고종 31, 갑오 9월 22일, 326쪽

128) ≪일성록≫ 고종 31, 갑오 9월 18일, 321쪽

129) 전라감사 金鶴鎭은 辭職疏에서 세 가지 죄상을 언급하고 있다. 첫째, 主辱之變에 신하가 죽음으로써 의를 나타내지 못한 것 둘째, 임금의 명령을 욕되게 하고 무리들이 병기를 탈취한 것, 셋째 사람을 속이고 하늘을 속인 죄 등이었다. 그리고 농민군을 釋兵이나 歸化를 이루어내지 못한 책임을 지고 사퇴할 뜻을 밝혔다(≪일성록≫ 고종 31, 갑오 9월 18일, 321쪽).

130) ≪일성록≫ 고종 31, 갑오 9월 22일, 327쪽

131) "敎에서 이르기를, 民擾가 일어난 것은 탐학으로 인한 고통을 참을 수 없었기 때문이라. 그 情狀이 애절했기 때문에 국가가 차마 토벌을 하지 않고 慰撫만 주력하였다. 이제 저들의 행동이 倡亂에 있다고 한다. 대중을 현혹시켰고 무기를 빼앗아 성을 공격하는 데 良民들이 거리낌없이 행동하였다고 한다. 지난번에 巡撫使를 나누어 보내 계속해서 포고했는데, 정말 완고하게 悖逆을 뉘우치지 않고 날로 심해지니 이를 良民으로 볼 수 없다. 이제 장차 出師의 명을 내려 요상한 기운을 깨끗이 쓸어낼 터이니 匪徒들은 무기를 버리고 歸化하여 각기 자기의 本業으로 돌아가라. 혹 그 魁首를 잡아 바친다면 마땅히 죽음을 면하고 상을 받을 것이다. 오히려 대중의 힘을 믿고 王命에 감히 항거하거나 얼굴은 고치되 본심은 바꾸지 않고 반복하기를 마음대로 한다면 모두 잡아죽이고 용서하지 않겠다. 廟堂은 이러한 뜻으로 각 도의 도신 및 선무사에게 알리어 匪徒에게 보이게 하고 후회가 없도록 할 것이다"(≪일성록≫ 고종 31, 갑오 9월 26일, 333~334쪽).

였으나 이제는 양민들이 일으킨 것이 아니라 匪徒들이 일으킨 亂, 悖逆이라고 규정하고 있다. 이들이 다시 歸化하지 않고 王命을 拒逆한다면 모두 '誅滅'하겠다는 것이었다. 농민군의 재봉기가 반일 민족운동과 친일 매국정권 퇴진운동을 목표로 두고 있는 데 반하여, 이 운동을 국가를 전복시키는 운동으로 규정하고 이들을 匪徒로 파악하였던 것이다. 양자를 적대적인 관계로 만드는 데 정국의 파국을 조정할 수 있는 타협방안이 제기되거나 중간조정자가 없었던 점도 작용하고 있었다.[132] 결국 갑오정권은 이 시기에 농민군을 적대적인 관계로 파악하고 진압, 토벌함으로써 자신들이 구상하고 있는 지주 지배층 위주의 근대국가 개혁운동을 추진해나가려 했다.

이 시기에는 일본의 정치적 군사적 침략이 이전에 비해 더욱 노골화되고 있었다. 이에 따라 9월 중순 이후 농민군 진압의 주도권은 갑오정권이 아니라 사실상 일본에 넘어가 있었다.

9월 29일 새로 부임한 井上馨 주한일본공사는 일본의 保護國化를 수립하기 위해, 대원군 계열 및 농민군 등의 반일세력을 거세하는 작업을 시도하였다.[133] 10월 12일 仁川兵站 司令官 伊藤祐義는 동학군 진압을 위한 파견대장에게 내리는 訓令을 통해 "동학농민군의 근거를 찾아내어 초멸할 것, 우두머리로 인정되는 자는 체포하여 서울의 일본공사관으로 보낼 것, 동학당 거물급 사이의 왕복문서 또는 정부 내부의 관리나 지방관 또는 유력한 측과 동학당간에 왕복한 문서를 수집할 것, 그리고 파견 조선군 각 부대의 진퇴와 조달은 모두 일

---

132) 갑오정권 수립 이후 국왕과 민비, 대원군, 개화파, 개혁관료 등 사이에 이견을 조정했던 것은 바로 都憲 兪吉濬이었다(〈別紙〉《주한일본공사관기록》 5, 기밀 제188호 本111, 45~46쪽). 9월 12일경 갑오정권은 장기적인 개혁정책을 추진하는 데 일본의 협조를 구하기 위해 그를 일본에 파견하기로 결정(《都憲 兪吉濬氏가 金總理大臣의 內命을 받고 渡航하는 件》《주한일본공사관기록》 5, 기밀 제197호 本118, 59~60쪽), 9월 15일 報聘大使 義和君의 日本 방문시 수행원과 함께 일본으로 출발시켰다. 그는 9월 29일경 대본영이 설치된 廣島로 伊藤博文을 찾아가 金弘集의 친서를 전달하고 일본인 顧問官, 군사교관 파견 및 國債 모집에 대해 협의하였다〔《유길준전서》 IV(일조각, 1971), 353~391쪽 ; 伊藤博文 關係文書研究會 編, 〈178, 明治 27년 10월 27일(음력 9월 29일)〉 陸奧宗光 ⇒ 伊藤博文 편지, 《伊藤博文關係文書》 七(고서방, 1979), 308쪽〕. 그러나 伊藤博文은 이미 새로 부임한 주한일본공사 井上馨에게 전권을 부여했으니 속히 귀국하여 井上 공사와 협의할 것을 통고했다. 결국 兪吉濬의 일본방문은 아무런 성과없이 수포로 돌아갔다. 그러는 동안 조선에서는 농민군의 2차 봉기와 탄압결정이 내려지고 농민군 토벌이 진행되었다.

133) 柳永益, 1990 앞의 책, 36~45쪽

518

본 사관의 명령에 따르게 할 것" 등을 지시하고 있다.[134] 실제 농민군에 대한 진압은 일본군의 지휘하에 조선정부군 및 유생의 민보군 합동으로 이루어졌다.[135]

10월 23일과 24일 어전회의에서 井上 공사는 20개조의 改革案을 제출하였다.[136] 이것은 일본의 지도와 후원으로 보장된 保護國으로 만드는 작업의 일환이었다.[137] 이를 관철시키기 위해 그는 현재 농민군을 진압하기 위해 파견된 일본군대를 소환할 것이라고 위협함으로써 고종과 갑오정권이 수용하지 않을 수 없게 만들었다.[138]

이에 따라 11월 4일 국왕의 이름으로 내린 詔勅에서는 농민군 토벌의 입장을 다시금 천명하였다. "일본국은 다른 뜻이 아니라 오로지 우리를 도와 亂을 평정하고 政治를 고치고 백성을 편안케 하여 이웃의 화목을 돈독히 하는 좋은 일"이라고 하여, 일본을 우방으로 간주하면서 일본의 침략성을 부정하였다.[139] 반면에 농민군의 봉기에 대해서는 "義擧를 빌어 감히 亂이라고 칭하는 것을 행하는가. 이는 한갓 이웃나라를 원수처럼 보는 것인즉 우리 국가를 그렇게 보는 것이다"라 하여 개혁의 대세에 동참하지 않으려는 농민군을 匪徒로 파악하고 日兵과 함께 초토할 것을 강조하고 있다. 그렇지만 농민군은 공주성 공방전이 진행되었던 마지막 순간까지도 민족상잔을 회피하고 일제에 대항하는 민족해방전쟁을 호소하였다.[140] 그러나 갑오정권과 일제는 이런 인식을 가진 농민군의 개혁 요구나 반일운동을 받아들일 수는 없었다. 결국 갑오정권의 개혁정책에 따라오지 않는 한 그들은 '良民'이 아니라 '亂民'으로 규정되고 결국 토벌 대상에 불과한 것이었다.[141]

---

134) 〈後備步兵 제19대대 運營上의 訓令과 日程表〉《주한일본공사관기록》 1, 153~156쪽 참조
135) 愼鏞廈, 1993 《東學과 甲午農民戰爭硏究》, 322~327쪽
136) 田保橋潔, 〈近代朝鮮における政治的改革〉, 82쪽 ; 《일본외교문서》 27-II, 93~96쪽
137) 11월 21일 朴泳孝·徐光範 등을 중심으로 하는 새로운 정권은 비록 갑오정권의 요인들이 그대로 참여하는 형태를 취하고 있었으나, 갑오정권은 기반이 되었던 대원군의 퇴진과 더불어 군국기무처도 폐지됨으로써 사실상 종막을 고하였으며 日本에의 예속성이 더 강해진 親日開化政權으로 귀결되었다(朴宗根, 앞의 책, 137~173쪽 ; 柳永益, 1990 앞의 책, 36~50쪽 참조).
138) 〈甲午更張의 成功不能理由와 簽政綱領 및 東學助剿隊의 撤回通告〉 갑오 11월 7일(음 10. 10)《구한국외교문서(日案)》 3
139) 《관보》 개국 503년 11월 4일
140) 〈선봉진정보첩〉《동학란기록》 하, 185~186쪽
141) 1894년 9월 봉기 이후 농민군은 일제와 갑오정권에 의해서 가혹한 탄압 속에 초토되었다.

이상과 같이 9월 초순 중앙정계의 개편과 농민군 대책을 둘러싸고 각 정치세
력간의 모순이 확대되고, 농민군과 갑오정권의 적대적인 대립으로 발전되었던
데는 사회체제의 개혁을 둘러싼 입장 대립을 기본으로 하면서 외세인식의 적대
적 성격으로 말미암은 것이었다.

5. 맺음말

이상과 같이 1894년 甲午改革을 담당하는 '甲午改革政府 혹은 甲午政權'이
어떻게 성립하였으며, 이들의 권력기반, 개혁 내용과 방향이 농민전쟁과 어떠
한 관련을 맺고 있었는지를 살펴보았다.

우선 농민전쟁의 전개와 관련하여 정부지배층의 이해와 대응방식을 시기적으
로 검토하였다. 1894년 상반기 민씨정권은 민란의 발생이 국가체제의 문제로
말미암은 것이 아니라 관리의 부패와 백성에의 침학으로 일어났다고 파악하였
다. 그래서 일부 지방관의 징치에 그쳤다. 농민군을 토벌하는 데, 청국의 진압
군을 동원하면서까지 철저한 진압을 기도하고 있었다고 파악했다.

이에 반해서 갑오정권은 '先改革 後彈壓'의 입장을 가지고 있었으므로 근대적
개혁정책을 통해 체제개혁을 수행하였다. 갑오정권의 집권은 비록 일본의 정치
력, 군사력에 의존하여 이루어진 것이었으나 조선내정에 관한 한 주체적으로
개혁을 이루어내고 있었다. 군국기무처는 갑오정권의 핵심기구로서 주요한 정
책을 토의 결정했으며 이 기구의 회의원들이 7월 20일 신관제 실시와 더불어
정식으로 국가권력을 장악하게 되었다. 비록 1894년 하반기 약 3개월이라는 짧
은 시간 동안 진행되었으나 조선왕조 국가체제를 전면적으로 해체시키는 역할
을 담당했다.

한편 갑오정권은 취약한 집권의 명분과 권력기반 확보를 위해 중앙정부 내에

특히 그들은 근대적인 재판제도의 시행과정에서도 최소한의 인권도 보장받지 못했다. 1895년 3
월 25일 법률 1호로 반포된 '裁判所構成法'과 같은 날 칙령 50호로 반포된 '裁判所處務規程通則'
에 의하면, 民·刑事사건 모두 적어도 2심의 재판과 소송이 가능해졌다. 그러나 시행일인 4월 1
일을 이틀 앞둔 3월 29일에 개설된 법무아문 權設 裁判所에서, 봉건적인 형법인 大典會通 刑典
'軍服騎馬作變官門 不得時斬'이라는 죄목으로 농민전쟁 지도자들에게 전격적으로 사형이 선고되
었다. 바로 이 점에서 갑오개혁의 역사적 성격을 파악해낼 수 있을 것이다.

서 군국기무처 성원의 권력강화를 도모했으며 국왕의 참여를 유도하려고 하였다. 또한 갑오정권이 집권관료세력의 양반지주적 기반과 타협해가면서 봉건 조세제도의 해결에만 치중하는 개혁정책을 폈다는 점에 주목했다. 이러한 개혁정책의 방향은 농민경제를 안정시키고 지주적 상품경제를 그대로 유지하면서 근대사회로의 전망을 가지고 있었다고 할 수 있다. 반면에 이러한 개혁정책에 의하여 농민들이 그대로 따라올 것이라는 안이한 정세인식을 가지고 있었다고 파악했다.

갑오정권과 농민군의 관계는 6월 말 7월 초 봉건적 폐정개혁이라는 측면에서는 기본적으로 일치하고 있었으나 8월 초 이후 개혁안을 구체화시키지 못하고 농민군의 개혁요구도 그대로 수용하려 하지 않았으므로 양자의 대립적 측면이 점차 가시화되기 시작했다고 보았다. 더욱이 평양성전투 이후 8월 24일에는 정부의 개혁사업에 따라오지 않는 한 농민군을 토벌한다는 방침을 세우고 있었으며, 다른 한편으로 대원군의 효유활동을 통해 농민군을 설득하려고 하였다. 그렇지만 9월 초 갑오정권 퇴진 요구가 나타났으며 이에 대항하여 갑오정권은 일련의 권력강화와 개혁정책의 구체화를 시도하였다. 결국 이때 제시된 농민군 대책은 회유하기 위한 방안에 불과했으며 9월 14일 농민군 탄압방침을 결정하였다. 그리고 9월 18일에 일본의 출병요구를 수용하면서 22일 양호순무영을 설치함으로써 농민군 토벌에 나섰던 것이었다.

이렇게 갑오개혁 정권과 농민군세력이 적대한 원인으로는, 첫째 8월 말 9월 초 정권기반의 허약성으로 말미암아 일제의 정치 군사적 간섭에 지나치게 의존하였다는 점, 둘째 7월 초 이후 급격하게 추진된 개혁조치에 수반되어 구체적인 후속조치를 취해야 했음에도 불구하고 9월 중순에 이르기까지 민중들의 개혁요구에도 부응하지 못하고 도리어 기존의 지주·관료적 입장을 고수했다는 점, 셋째 당시의 정세인식이 내정개혁에 고정되어 있어서 외세의 후원에 의해 개혁이 추진되는 것도 어쩔 수 없는 현실로 받아들이고 있었던 점 등 인식의 오류에서 발생했다. 이러한 인식을 바탕으로 하는 한, 갑오정권의 개혁관료들은 농민군의 개혁요구나 반일운동을 그대로 받아들일 수 없었다. 그들의 개혁정책에 따라오지 않는 한, 농민들은 양민이 아니라 '匪徒', '亂民'으로 규정되고 결국 토벌 대상에 불과한 것이었다.

따라서 갑오정권과 농민군세력의 적대관계는 무엇보다도 '斥倭'와 '改革'에 대

한 이해의 차이에서 비롯되는 것으로서 갑오정권의 대응방식에서 일본의 제국
주의적 침략에 대항하는 반제 민족운동으로의 결집이라는 민족사적 이해가 결
여되어 있었던 점에 있었다고 하겠다. 그리하여 갑오정권은 기본적으로 권력기
반의 정당성과 기반을 주체적으로 확보하는 데 실패하였으며 일본제국주의의
정치 군사적 침략이라는 외부의 계기에 의해 성립·해체·재편되는 과정을 겪
었다고 할 수 있다.

1894년 농민전쟁연구 4

▨

찍은날 1995년 11월 1일
펴낸날 1995년 11월 15일

▨

지은이 한국역사연구회
펴낸이 장두환
펴낸곳 **역사비평사**

▨

등록번호 제 1-669호(1988. 2. 22)
서울시 중구 필동 2가 120-1
전화 279-0157, 0976(영업) · 279-0158(편집)
팩시밀리 277-3462

▨

값 12,000원

* 잘못된 책은 구입하신 서점에서 바꾸어 드립니다.

ISBN 89-7696-013-0